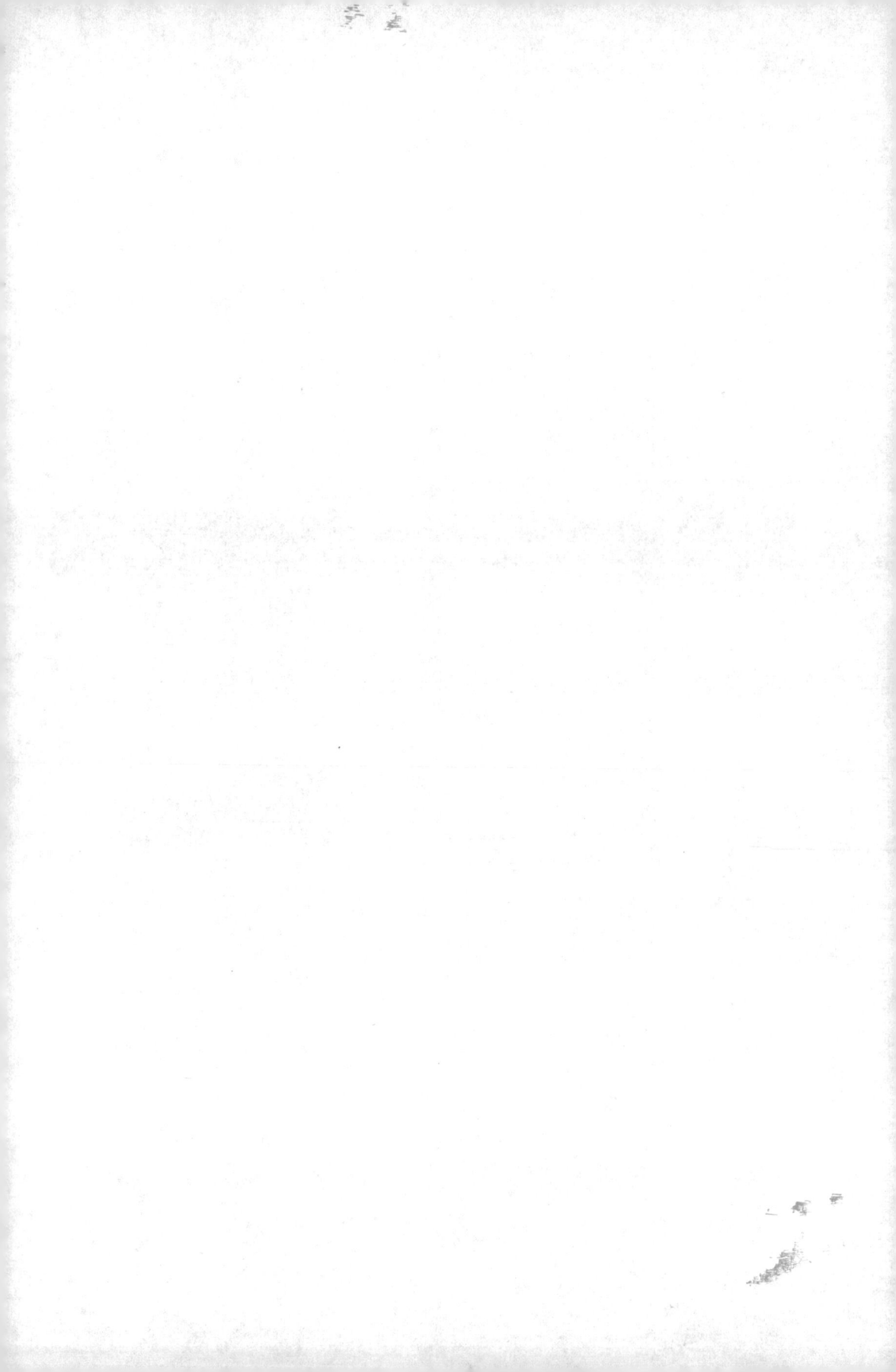

"凉州与中国的文化交流与文明嬗变"

学术研讨会论文集

中国社会科学院古代史研究所
武 威 市 凉 州 文 化 研 究 院 编

乌云高娃　张国才　主编

雷　博　王守荣　席晓喆　副主编

中西書局

图书在版编目(CIP)数据

"凉州与中国的文化交流与文明嬗变"学术研讨会论文集 / 中国社会科学院古代史研究所,武威市凉州文化研究院编;乌云高娃,张国才主编. —上海：中西书局，2021

ISBN 978-7-5475-1854-0

Ⅰ.①凉… Ⅱ.①中… ②武… ③乌… ④张… Ⅲ.①地方文化-武威-学术会议-文集 Ⅳ.①G127.423-53

中国版本图书馆 CIP 数据核字(2021)第 123097 号

"LIANGZHOU YU ZHONGGUO DE WENHUA JIAOLIU YU WENMING SHANBIAN" XUESHU YANTAOHUI LUNWENJI

"凉州与中国的文化交流与文明嬗变"学术研讨会论文集

中国社会科学院古代史研究所　武威市凉州文化研究院 编

乌云高娃　张国才 主编

雷　博　王守荣　席晓喆 副主编

责任编辑	邓益明	
装帧设计	黄　骏	
责任印制	朱人杰	

出版发行　上海世纪出版集团
中西書局(www.zxpress.com.cn)

地　址	上海市陕西北路 457 号(邮政编码：200040)	
印　刷	上海中华印刷有限公司	
开　本	700×1000 毫米　1/16	
印　张	34.25	
字　数	523 000	
版　次	2021 年 9 月第 1 版　2021 年 9 月第 1 次印刷	
书　号	ISBN 978-7-5475-1854-0/G·631	
定　价	218.00 元	

本书如有质量问题,请与承印厂联系。电话：021-69213456

目　　录

致 辞 一

中共武威市委书记 柳 鹏

尊敬的卜宪群所长,

尊敬的各位领导、各位专家学者、各位嘉宾,朋友们:

在这金风送爽、硕果累累的美好时节,"凉州与中国的民族融合和文明嬗变"学术研讨会隆重开幕了。在此,我谨代表中共武威市委、武威市人民政府,向远道而来出席研讨会的各位领导、专家、学者、来宾表示热烈的欢迎!

一年前,习近平总书记在甘肃考察时指出,要大力挖掘、传承、保护、弘扬传统文化,揭示蕴含其中的文化精神、文化胸怀,坚定文化自信。今天,我们举办"凉州与中国的民族融合和文明嬗变"学术研讨会,就是全面贯彻落实习近平总书记视察甘肃重要讲话和指示精神的具体行动,也是挖掘凉州文化内涵,提炼其精神标识和文化精髓,打造凉州文化品牌的一场学术盛宴。

武威是国家历史文化名城,中国旅游标志之都,丝绸之路上重要的黄金节点,也是中西文化交流融合的大舞台。在漫长的历史发展过程中,农耕文明与游牧文明、中西方文化、多民族文化在这里交汇融合、包容开放,多种文明融会贯通,多元文化互学互鉴,形成了以武威为中心的凉州文化。凉州文化地域特色鲜明,内涵博大,底蕴深厚,给武威这片神奇的土地增添了无穷的魅力,是历史留给武威人民的巨大财富,在中国的民族融合和文明嬗变历史进程中,发挥了独特又重要的作用,在中国文化发展史上谱写了辉煌灿烂的绚丽篇章。

绵亘万里、延续千年的古丝绸之路,架起了中西方文化交流汇通的桥梁;悠远浩博、气象恢宏的凉州文化,书写了武威灿烂辉煌的历史篇章。站在新的历史起点上,武威承载着弘扬中华优秀传统文化和凉州文化的新使命,也再次成为丝绸之路沿线文化交流交融的重要枢纽。近年来,我们坚持走绿色发展、生态优先之路,牢固树立文化旅游深度融合发展理念,全面推进文化旅游名市建设,已成功举办了四届凉州文化论坛。中国社会科学院古代史研究所与我市广泛开展合作,在我市设立凉州文化研究基地,连续三年举办国际国内凉州文化学术研讨会,广泛开展学术交流,深入研究凉州历史文化及其蕴含的时代价值,形成了一系列高水平的学术成果,凉州文化研究工作搭上了全国快车,凉州文化的挖掘、研究、传承和弘扬得到了新的开拓和发展,凉州文化品牌形象得到全面展现,武威知名度和影响力进一步扩大,为全方位挖掘凉州文化内涵及当代价值,打造凉州文化品牌,服务我市经济社会高质量发展提供了强有力的学术支撑。在此,对一直关心支持武威发展的卜宪群所长及各位专家学者表示崇高的敬意和衷心的感谢!

文化因交流而丰富,因包容而多彩,因互鉴而提高。真诚期望各位专家学者进一步集思广益、兼收并蓄,指导和帮助我们更好地传承和弘扬凉州文化;充分发挥这次研讨会的平台优势、智力优势,向外界更好地展示凉州文化;也真诚期待各位专家继续关注武威、宣传推介武威,为打造凉州文化品牌凝聚智慧和力量。

同志们、朋友们,我们将以习近平新时代中国特色社会主义思想为指引,深入贯彻落实习近平总书记视察甘肃重要讲话和指示精神,牢牢把握"一带一路"倡议的新理念、新思想、新部署,秉承中华民族优秀文化传统,坚定文化自信,深挖凉州文化丰富内涵,进一步促进凉州文化创造性转化和创新性发展,推动历史文化推陈出新、古为今用,加快文化旅游名市建设,在建设生态美、产业优、百姓富的和谐武威的征程上,奋力谱写新的时代篇章!

最后,预祝研讨会取得圆满成功!衷心祝愿各位领导、专家学者和朋友们身体健康、万事如意!

谢谢大家!

致　辞　二

中国社会科学院古代史研究所所长　卜宪群

尊敬的柳鹏书记，尊敬的周伟市长，

尊敬的各位领导、嘉宾，各位专家学者，各位朋友们：

大家上午好！

一个月前，我来武威参加第四届凉州文化论坛，那时候还是夏末初秋，一转眼就到了真正的深秋时节。很高兴能够再次回到武威，参加本次"凉州与中国的民族融合和文明嬗变"学术研讨会。在此，我谨代表中国社会科学院古代史研究所，向本次会议的召开表示热烈的祝贺；向莅临本次会议的各位领导、各位嘉宾、各位学者和各位朋友们，表示衷心的问候！

武威，古称姑臧、休屠、凉州，是我国西部历史文化名城，河西走廊的起点，丝绸之路的重要节点。从地缘角度看，武威处于中原、蒙古、河西走廊和青藏高原四大板块相联结的枢纽位置，在军事、政治、文化交流、民族融合方面具有不可替代的重要作用。

上古时期，先民在这里生活繁衍，创造了马家窑、齐家、沙井等史前文化。汉武帝开拓西域，设立河西四郡，以此为起点，逐步将西域归入了统一的多民族国家的版图，在政治上影响深远，也为中国文化带来刚健豪迈与丰富多彩的气象。雷台汉墓出土的铜奔马，俗称"马踏飞燕"，就代表了这样一种精神，被国家旅游局确定为中国旅游的标志。

魏晋南北朝时期，中原长期战乱，而河西地区的五凉政权保持了政治的相对稳定，当时的凉州社会安定，商贸繁荣，中原士人来此避难，弦诵箫吹，衣冠不坠，保存并传承了中原文化。这一时期东西方思想、宗教、文化往来传播十分繁盛。而武威正是这一繁荣交流的节点。著名高僧鸠摩罗什在凉州翻译了近百部佛经，给中国佛教思想的发展注入了全新的气象，被誉为汉传佛教的"八宗之祖"。在佛教造像艺术方面,武威天梯山石窟是中国的"石窟鼻祖",对云冈石窟、龙门石窟产生了深刻影响。

盛唐时期,武威是仅次于长安、洛阳的国际性大都市。"凉州七里十万家,胡人半解弹琵琶。""葡萄美酒夜光杯,欲饮琵琶马上催。"风靡一时的《凉州词》,唱出了人们对这座边塞都市的寄托想象,也呈现出唐帝国开放包容的雄浑气度。

宋辽夏金时期武威属西夏,是汉族、党项族等多民族融合的重要区域。蒙元时期,蒙古宗王阔端代表汗廷与西藏活佛萨迦·班智达在武威举行"凉州会盟",这一重大历史事件使西藏正式纳入祖国版图,成为中国不可分割的一部分,此后中原各王朝及历届中央政府,都对西藏行使着完全主权,把西藏划为一个行政区域。可以说,"凉州会盟"意义十分重大。

总之,武威为中国历史上"大一统"国家治理体系的建立作出过重要贡献,在中西经济文化交流中一直扮演着重要角色,更是当前"一带一路"建设中的重要支点。研究凉州历史,有助于我们正确认识和理解中国数千年来民族融合和文明嬗变的进程,对当代中国社会的进步与发展,有深刻的启示意义。

2019年8月,习近平总书记在甘肃视察时指出,要大力挖掘、传承、保护、弘扬传统文化,揭示蕴含其中的文化精神、文化胸怀,坚定文化自信。武威市贯彻落实总书记指示精神,坚持以"凉州文化,武威名片"为基本定位,加大保护、研究、宣传、阐释、传承的力度,中国社会科学院古代史研究所也在各方面给予了大力支持。在中国社会科学院党组和武威市委、市政府的领导下,古代史研究所与武威市广泛开展合作,全方位推进工作落实,取得了实质性进展和突破。

一是在2018年9月,中国社会科学院古代史研究所与武威市委、市政府签署协议,设立凉州文化研究基地,秉承"立足武威、研究武威、服务武威"的原则,依靠两地资源、人才和学科的各自优势,组织学术研究和课题攻关。二是举办了一系列国际性、高层次的学术研讨会,多方位挖掘武威的历史文化内涵,凝聚区域人文精神,提升地域文化品位。

2018年以来,中国社会科学院古代史研究所与武威市先后联合举办了"凉州文化与丝绸之路"国际学术研讨会、"交流与融合:隋唐河西文化与丝路文明"学术研讨会,与会的100多位专家学者从不同角度和层面进行了广泛、深入的学术交流和研讨。

本次"凉州与中国的民族融合和文明嬗变"学术研讨会,我们邀请了来自全国高校和研究机构的多位著名专家学者,就南北朝五凉政治与文化研究、五凉时期佛教传入与中国化研究、元代蒙藏关系与凉州会盟研究,以及丝绸之路社会经济与艺术文化研究等相关议题进行探讨。

我们希望在两天的会议和考察过程中,各位学者可以围绕相关议题,进行充分的学术探讨。同时希望大家能够在这里亲身感受凉州文化的厚重与博大,感受中国文明中蕴含的雄伟开阔的气象格局。期待各位专家学者结合自己的研究成果,为武威文化、社会和经济发展建言献策,共同努力,促进凉州历史文化的创造性转化和创新性发展。

最后,祝本次学术研讨会圆满成功!

谢谢大家!

陆上丝绸之路的多民族迁移与定居

——以居延 E. P. T59. 582 简和悬泉置里程简记载的驿站名为考察中心[*]

刘永胜

西北师范大学历史文化学院

在我国西北地区,秦汉时期居住着许多少数民族,如乌孙、匈奴、月氏、羌族、焉耆、氐族、卢水胡、吐蕃、回鹘等,这些民族的游牧地和居住地由于战争与和平、经商往来、移民屯垦、战后安置等原因沿着陆上丝绸之路不断迁移变化,这从一些出土的汉简文献中可以得到印证。如居延 E. P. T59. 582 简和敦煌悬泉置里程简记载有一些特殊的驿站名称,如月氏道、日勒、钧耆、屋兰、氐池、乌兰、𪏊得、鱳里、居延、好止、鸾鸟等,这些名称大多数是一些西域少数民族部落或者"部落王"的名称,但是却出现在今天武威、酒泉、张掖、白银、平凉、天水等地区,反映出当时少数民族向内地迁移定居,而汉族向西迁移的情况。也有一些内地的地名在河西以及新疆地区出现,这反映出随着汉武帝时期打败匈奴,在西部开疆拓土、移民实边,迁去了大量的汉族人口,有侨置郡县的情况,所以内地的一些地名出现在了西部及河西走廊地区。

1972 年,在汉代居延甲渠侯官遗址(今内蒙古额济纳旗破城子)出土了一枚珍贵的记载汉代交通路线、驿置里程的汉简,即 E. P. T59. 582 简,另外,敦煌悬泉置也出土了一些里程简,它们记载的驿站名称反映了当时少数民族的迁移状况。

据 1974 年发掘于破城子的居延里程简(E. P. T59:582)记载:

* 本文是国家社科基金西部项目"丝绸之路东段线路历史地理考察研究"(项目编号:15XZS009)的阶段性成果。

长安至茂陵七十里　　　月氏至乌氏五十里

茂陵至茨置卅五里　　　乌氏至泾阳五十里

茨置至好止七十五里　　泾阳至平林置六十里

好止至义置七十五里　　平林置至高平八十里

……

媪围至居延置九十里　　删丹至日勒八十七里

居延置至𬴊里九十里　　日勒至钧著置五十里

𬴊里至循次九十里　　　钧著置至屋兰五十里

循次至小张掖六十里　　屋兰至氐池五十里①

此简虽然中间有缺,但仍然记载了汉代长安至氐池的地名及里程,是当时东西交通及丝绸之路东段北线的重要文献证明。该简里程刚好缺高平(固原市)至媪围(景泰芦阳城)这一段路程所经过的驿站。下面笔者对居延里程简中记载的驿站城址及其名称进行考证,以便发现西北地区民族迁移的足迹。

一、破城子汉代里程简中的驿站名称之来源

据笔者对破城子里程简考证,泾阳县、乌氏县、月氏道、平林置、媪围县、居延置、𬴊里、循次、小张掖、删丹、日勒、钧著(即钧耆)、屋兰县、氐(氐)池等驿站、城址名称来源如下:

(一) 泾阳县

破城子汉简中有驿站泾阳。泾阳,战国秦县。据《史记》卷五《秦本纪》记载:秦昭襄王六年(前301)"泾阳君质于齐"。泾阳君,秦昭王同母弟。昭襄王二十一年(前286)"泾阳君封宛"。泾阳君,《索引》曰:"名市。"《正义》曰:"泾阳君,秦王弟,名悝。泾阳,雍州县也。"可见,泾阳由人名变为地名。

据《汉书·地理志》记载:"泾阳开头山在西,禹贡泾水所出,东南至阳陵入渭,过郡三,行千六十里。雍州川,师古曰:"开音苦见反(kan),又音牵(qian),此山在今灵州东南,土俗语讹谓之

---

① 甘肃省文物考古研究所:《居延新简》,文物出版社,1990年,第396页。

汧屯山。"①《元和郡县图志》原州平高县:"笄头山,一名崆峒山,在县西一百里,即黄帝谒广成子学道之处。"②笄头山在泾阳西,则说明泾阳县在崆峒山东。《淮南子》云:"头山,一名薄落山。故泾水,亦曰薄落水,又南流经都卢山山路之中,常如弹筝之声,故行旅因谓之弹筝峡。"笄头山,一名薄落山。皆指今六盘山及其余脉。故泾水,亦曰薄落水。弹筝峡,即今宁夏泾源县窑店之西的三关口。因此,泾阳县城址就有了一个大概的方位,其治所应在弹筝峡附近的泾河河谷。

张多勇曾经对平凉市安国镇周围一带的古城遗址进行了实地踏勘。他认为"安国镇坐落在泾河支流颉河的南岸,西距平凉市区18公里,在一级和二级阶地上都有古城遗址,一二级阶地落差100米,在这里发现古驿站遗址七处。其中油坊庄上下层共有两个遗址,他认为下层遗址靠东南,称其为南遗址,应为汉代泾阳县城址。上层遗址应为十六国后赵的陇东郡治,北魏属陇东郡,北周废,地置朝那县,即北周的朝那县遗址,隋大业二年(606)改为平凉县,开元五年(717)移于泾水南(即孟城子)。在遗址北有高7米、周30米的冢状坟茔,有盗洞三个,外有围墙80×200米,称为王子坟,系明朝藩王所遗"③。

据《后汉书》记载:"泾阳,县名,属安定郡,今原州平(阳)〔高〕县南泾阳故城是也。"④可见,汉代泾阳县城址在平高县南面。唐李贤注《后汉书》曰:"泾阳,县名,属安定郡,故城在今原州平凉县南也。"⑤章怀太子李贤是初唐人,唐初平凉县在今崆峒区安国镇油坊庄北城遗址,北周、隋唐的朝那县、平凉县遗址稍微靠北,汉代城址靠南,两者可以互证。据《元和郡县图志》记载:"平凉县,本汉泾阳县地。今县西四十里泾阳故城是也。"唐元和四年(809),置行渭州、渭州于今平凉地(另考),平凉县从安国镇东移至今平凉。

①　(汉)班固:《汉书》卷二八《地理志》,中华书局,1974年,第1574页。
②　(唐)李吉甫:《元和郡县图志》卷三《关内道·原州平高县》,中华书局,1976年。
③　张多勇:《从居延E.P.T59.582汉简看汉代泾阳县、乌氏县、月氏道城址》,《敦煌研究》2008年第2期,第65—70页。
④　(宋)范晔撰,(唐)李贤等注:《后汉书》卷一三《隗嚣公孙述列传》,中华书局,1965年,第522页。
⑤　(宋)范晔撰,(唐)李贤等注:《后汉书》卷八《孝灵帝纪》,中华书局,1965年,第329页。

"今县西四十里泾阳故城"正是指安国镇油坊庄遗址。《甘肃通志·古迹》平凉府平凉县"泾阳故城在府西四十里"①，亦指安国镇油坊庄遗址。

《中国历史地名大辞典》记载："泾阳县，秦置，属北地郡。治所在今甘肃平凉市西北四十里安国镇油坊庄。"②汉代泾阳县城址的考证，为我们考证月氏道和乌氏县城址的位置提供了地理坐标。

（二）乌氏县

乌氏，《史记》索隐曰：乌音于然反（yan），氏音支（zhi）。

据《史记·匈奴列传》记载："秦穆公得由余，西戎八国服于秦。故自陇以西有绵诸、绲戎、翟、豲之戎，岐、梁山、泾、漆之北有义渠、大荔、乌氏、朐衍之戎。而晋北有林胡、楼烦之戎，燕北有东胡、山戎。各分散居溪谷，自有君长，往往而聚者百有余戎，然莫能相一。"③乌氏，春秋时戎族，秦穆公（前659—前621）时尚存。乌氏条下注曰："周之故地，后入戎，秦惠王取之置乌氏县也。"春秋末期，秦惠王（前500—前491）取之，置乌氏县，乌氏县当为陇东地区最古老的县。

《史记·郦商传》载，郦商"破雍将军乌氏"④。《汉书·郦商传》记载："沛公为汉王，赐商爵信成君，以将军为陇西都尉，别定北地郡，破章邯别将于乌氏、栒邑、泥阳。"⑤由此看出乌氏县秦时继续沿用。《史记·货殖列传》记载，乌氏县有从事牧业者名倮（le），"乌氏倮畜牧，及众，斥卖，求奇缯物，间献遗戎王。戎王什倍其偿，与之畜，畜至用谷量马牛。秦始皇帝令倮比封君，以时与列臣朝请"⑥。乌氏倮在农牧交界地带，做边贸生意，用山谷量马牛，富比王侯。

由这些记载可以看出，"乌氏"这一地名的来源是由于这里居住、活动过

---

① （清）许容、李迪：《甘肃通志》卷二二《古迹·平凉府平凉县》，兰州大学出版社，2018年点校本。

② 史为乐：《中国历史地名大辞典》，中国社会科学出版社，2005年，第1677页。

③ （汉）司马迁：《史记》卷一一〇《匈奴列传》，中华书局，1974年，第1998页。

④ （汉）司马迁：《史记》卷九五《樊郦滕灌列传》，中华书局，1974年，第2661页。

⑤ （汉）班固撰，颜师古注：《汉书》卷四一《樊郦滕灌傅靳周传》，中华书局，1974年，第2074页。

⑥ （汉）司马迁：《史记》卷一二九《货殖列传》，中华书局，1974年，第3260页。

乌氏戎,因而得名,并且一直沿用下来。

关于乌氏县的地望古籍中有多种说法,至今未有定论。

据《汉书》卷二八《地理志》记载:"乌氏,乌水出西,北入河。都卢山在西。莽曰乌亭。"①"都卢山即六盘山,乌水出西,北入河,其地理位置当在今宁夏清水河流域。但这里没有古城遗址,而且清水河流域为高平县所在。乌水西出,与都卢山都在乌氏县的西部,这样乌氏县的西部辖境包括今天的固原南部地区。由此推断乌氏县治所应在今平凉一带。"②据《后汉书·隗嚣公孙述列传》记载:"安定乌氏县有瓦亭故关,有瓦亭川水,在今原州南。"③《后汉书·郡国志》记载:"乌枝,有瓦亭山,薄落谷。"《中国历史地名大辞典》:"乌支县,即乌氏县,战国秦置,在今宁夏固原县(现为固原市)东南。"④据此记载,提出在固原市东南的说法,认为乌氏县在泾州(今泾川县)东。《史记正义》对汉代乌氏县的注解是:"县在泾州安定县东四十里。"⑤又言:"《括地志》云:乌氏故城,在泾州安定县东三十里。"⑥两说不相符,但都认为在泾州安定县东。章怀太子注《后汉书》亦曰:"乌氏,县名,属安定郡,故城在今泾州安定县东也。"⑦《太平寰宇记·关西道》"泾州保定县":"乌氏故城,即乌亭也,废城在今县东焉。"云泾州、保定县治所相同,都在今泾川水泉寺。乌氏县当在其东。清代杨守敬《汉书地理志补校》云:"泾州东十里有湫池,又北二十里有乌氏城,疑此乃后魏时徙置,非汉时故治也。"⑧可见,泾州东之乌氏县为北魏之乌氏县。那么,汉代的乌氏县城址到底在哪里呢?

① (汉)班固:《汉书》卷二八《地理志》"安定郡·乌氏",中华书局,1974年,第1615页。

② 张多勇:《从居延E.P.T59.582汉简看汉代泾阳县、乌氏县、月氏道城址》,《敦煌研究》2008年第2期,第65—70页。

③ (宋)范晔撰,(唐)李贤等注:《后汉书》卷一三《隗嚣公孙述列传》,中华书局,1965年,第528页。

④ 史为乐:《中国历史地名大辞典》,中国社会科学出版社,2005年,第461页。

⑤ (汉)司马迁:《史记》卷九五《樊郦滕灌列传》,中华书局,1974年,第2675页。

⑥ (汉)司马迁:《史记》卷一一○《匈奴列传》,中华书局,1974年。

⑦ (宋)范晔撰,(唐)李贤等注:《后汉书》卷一三《隗嚣公孙述列传》,中华书局,1965年,第521页。

⑧ (清)杨守敬:《汉书地理志补校》,《二十五史补编》第1册,中华书局,1955年,第462页。

据《资治通鉴》胡三省注曰："汉乌氏县属安定郡,故城在弹筝峡东。"①
《甘肃通志·古迹》平凉府:"乌氏废县,在府西北……晋魏时徙治泾州界,故
县废。"②这里提出了乌氏县在平凉府西北的新观点。有人认为汉代乌氏县
城址可能在平凉市东面十里铺的泾河北岸杜家沟。

笔者检索《居延新简》破城子 E. P. T59. 582 号简,为一简两栏,其文关
于"乌氏"的记载曰:

> 月氏至乌氏五十里
>
> 乌氏至泾阳五十里
>
> 泾阳至平林置六十里
>
> 平林置至高平八十里③

E. P. T59. 582 号汉简的记载,为我们解决安定郡的城镇道里提供了宝
贵的第一手资料。

1. 汉、晋乌氏县城

高平县在今固原市向无争议,依前所考,汉泾阳县的治所在崆峒区安国
镇油坊庄遗址。据张多勇考察发现,"从汉泾阳(今油坊庄)至高平(今固原)
只有两条道路可通:一是沿今天平凉至固原的公路途经弹筝峡(今三关口)、
瓦亭(宋瓦亭,称西瓦亭)、青石嘴、开城梁、开城至固原,我们今称其为瓦亭
道。另一条路是沿安国镇河北的火龙沟北上,至洪河河谷的彭阳县新集乡,
再翻越姚家塬至古城镇(汉朝那县治所),再沿茹河河谷至青石嘴、开城梁、
开城至固原,我们称其为泾阳—朝那道。今从古城镇至固原虽可沿任山河
而行,但古时此道不通。两条道路的里程相近,皆为 70 公里"④。据 E. P.
T59. 582 汉简所载:"泾阳至平林置六十里,平林置至高平八十里",则泾阳
至高平应为一百四十里,两地相距与今里相合。

---

①　《资治通鉴》卷一九二《唐纪》,太宗文武大圣大广孝皇帝贞观元年,中华书局,1956 年,
第 6033 页。

②　(清)许容、李迪:《甘肃通志》卷二二《古迹·平凉府平凉县》,兰州大学出版社,2018
年点校本。

③　甘肃省文物考古研究所:《居延新简》,文物出版社,1990 年,第 396 页。

④　张多勇:《从居延 E. P. T59. 582 汉简看汉代泾阳县、乌氏县、月氏道城址》,《敦煌研
究》2008 年第 2 期,第 65—70 页。

在 E. P. T59. 582 简中，从泾阳至高平中间未提到朝那，而是中间相隔一个平林置，可见当时官道并未走"泾阳—朝那道"。而走"瓦亭道"，除了弹筝峡地势险要，仅宽 20 米，其余地方并无大山深沟，沿山谷不需太费力气即可通过，而且山谷间比较平直，沿途无须翻山越岭，这里山体皆由石质石灰岩组成，且降水稀少，历史时期不会有太大的地貌变迁，可以说"瓦亭道"是一个天然的通道，古人不会舍此而翻山越岭走"泾阳—朝那道"。可见，"瓦亭道"是泾阳通高平的理想通途。据 E. P. T59. 582 汉简所载泾阳至平林置六十里，平林置至高平八十里的里程，由此推算平林置可能在今大湾一带。据考察，在今原州区大湾乡政府所在地的南 200 米的地方发现有大量绳纹瓦片堆积，并有汉代建筑残件，说明汉代曾有人类在此活动。"根据沿途对地势的观察，大湾西北距油坊庄 30 公里，正合汉简里程，可以确定大湾就是汉代的平林置。"①

祝世林认为："从安国镇河北的火龙沟北上，是瓦亭峡道未开通前平凉北去固原的古道。"②看来不妥，"瓦亭道"早已通之。这证明了 E. P. T59. 582 汉简中从汉泾阳（今油坊庄）至高平（今固原）的里程记载正确，月氏道和乌氏亦有了确切的里程依据。"月氏至乌氏五十里，乌氏至泾阳五十里。"十里铺东距油坊庄正好五十里，与 E. P. T59. 582 汉简"乌氏至泾阳五十里"相合。所以，十里铺就是汉代乌氏县遗址。

据《后汉书·郡国志》记载："安定郡，八城，户六千九十四，口二万九千六十"，这与《汉书·地理志》所载"安定郡户四万二千七百二十五，口十四万三千二百九十四"已大不相同。就八县平均而论，每县不足四千人。"前已论及，《汉书·地理志》没有西汉瓦亭属于乌氏县的记载。正是由于东汉时期泾阳县废，朝那县南迁，乌氏县管辖范围才包括了原泾阳县、朝那县地，乌氏县才有了瓦亭。"③即《后汉书·郡国志》"乌枝，有瓦亭山"。据《晋书》卷一四《地理志》记载："安定郡，统县七，临泾（泾川水泉寺）、朝那（灵台县朝那

① 张多勇：《从居延 E. P. T59. 582 汉简看汉代泾阳县、乌氏县、月氏道城址》，《敦煌研究》2008 年第 2 期，第 65—70 页。
② 祝世林：《平凉古代史考述》，平凉地区地方志编纂委员会办公室，1997 年，第 24 页。
③ 张多勇：《从居延 E. P. T59. 582 汉简看汉代泾阳县、乌氏县、月氏道城址》，《敦煌研究》2008 年第 2 期，第 65—70 页。

镇)、乌氏、都卢(平凉西)、鹑觚(长武县居家乡韩党村)、阴密(今灵台县城)、
西川(今灵台梁原乡付家沟)。"①西晋安定郡所辖范围基本在平凉市,乌氏县
并未迁徙。

2. 北魏乌氏县城

据《魏书》卷一六〇《地形志》记载:"泾州,领郡六,县十七。安定郡,领
县五:安定、临泾(泾川水泉寺)、朝那、乌氏、石堂。"清朝纪昀等编《魏书考
证》曰:"安定郡乌氏,按汉志、晋志作乌氏,《后汉书·郡国志》作乌枝,此作
乌氏当是氏字误多一点耳。"②综合前引乌氏县治所的第二种看法,认为乌氏
县在泾州东。杨守敬:"泾州东十里有漱池,又北二十里有乌氏城,疑此乃后
魏时徙置,非汉时故治也。"③北魏乌氏城在泾州东十里,又北二十里,今泾川
县玉都乡太阳墩有一古城符合以上记载。"该遗址位于玉都乡太阳墩行政
村张家沟自然村瓦子坷崂,今为麦田,地面分布大量的布纹瓦片、素面陶片,
瓦片分布区东西距 300 米,南北距 200 米,符合县城规模,这里当为北魏乌氏
县城。"④据《旧唐书》卷一〇《肃宗纪》记载,太子"至安定郡,斩新平太守薛
羽,保定太守余毅,以其弃郡也。庚子至乌氏驿,彭原太守李遵谒见,率兵士
奉迎,仍进衣服粮糒。上至彭原,又募得甲士四百"⑤。可见,乌氏驿当在泾
州与彭原之间。这个遗址也正在其中,唐朝将这里改置乌氏驿。

(三) 月氏道

据《汉书·地理志》记载:"安定郡,武帝元鼎三年置。县二十一,有高
平……月氏道。"⑥据《西北论衡·西北历代地方行政区划沿革略》记载:"月
氏道,汉置,故城在甘肃平凉县附近(阙不可考)。"《中国古今地名大辞典》记
载:"月氏道,汉置,后汉省,今阙,当在甘肃境。"⑦

---

① (唐)房玄龄:《晋书》卷一四《地理志上》,中华书局,1974 年,第 431 页。
② (清)纪昀等编:《魏书考证》卷一六〇,孙云龙辑,清抄本。
③ (清)杨守敬:《汉书地理志补校》,《二十五史补编》第 1 册,中华书局,1955 年,第 462 页。
④ 张多勇:《从居延 E. P. T59. 582 汉简看汉代泾阳县、乌氏县、月氏道城址》,《敦煌研究》2008 年第 2 期,第 65—70 页。
⑤ (后晋)刘昫等:《旧唐书》卷一〇《肃宗纪》,中华书局,1975 年,第 241 页。
⑥ (汉)班固:《汉书》卷二八《地理志》,中华书局,1974 年,第 1615 页。
⑦ 史为乐:《中国历史地名大辞典》,中国社会科学出版社,2005 年,第 1687 页。

据考证:"月氏"为地名,即汉代的月氏道。"道"是汉代县一级的行政建置。《后汉书·百官志》说:"凡县蛮夷曰道。"即凡是少数民族聚居地而设为县的,就名之曰"道"。"月氏道"作为县一级的行政建置,存在的时间不长,西汉置,东汉废除。据《汉书·地理志》记载:"月氏道,莽曰月顺。"《汉书·百官公卿表》:"列侯所食县曰国,皇太后、皇后、公主所食曰邑,有蛮夷曰道。"①《汉书·地理志》中县邑之以道名者共二十九。"月氏道"一定是"蛮夷"定居处无疑。但从何而来,有三种可能:早已定居于此;被匈奴冒顿打败西走,"其余小众不能去者";霍去病破匈奴,月氏来降与汉人错居。哪种可能性大? 史书对之没有记载。不管怎么说,平凉地区在汉代有月氏人生活、定居,这是肯定的,"月氏道"这一地名本身就反映了汉代民族迁移的经常性和普遍性。

"月氏道"因月氏部落之居住而得名。秦朝统一全国后,"西逐诸戎",月氏族部落已经退到河西及西域地区,为何在汉代的安定郡会出现"月氏道"? 这与民族迁移有关系。

周朝初年,原来居住在祖厉河流域的禺知部落(即《史记》中的月氏或月支)曾经东迁至泾水流域的平凉、固原一带,但是,由于受到义渠戎的侵迫,于战国后期结盟西行,击灭乌孙,成立当时一个比较大的月氏国。据《太平寰宇记》记载:"月氏,音肉支。"②本戎族,"人民赤白色,便习弓马"③,应为印欧人种。"始月氏居敦煌祁连间",《史记·大宛列传》记载:"初,月氏居敦煌以东,祁连山以西。及为匈奴所败,乃远去过宛,西击大夏而臣之……其余小众不能去者保南山羌号小月氏。"④约在今河西走廊一带,后被匈奴冒顿打败西走,之后分为大月氏、小月氏。大月氏"遂都妫水,北为王庭。其余小众不能去者,保南山羌号小月氏"。妫水即今阿姆河。可见,月氏被匈奴击败西迁后,其中残留的一部分号称"小月氏",以区别于西迁的"大月氏"。

汉武帝元狩二年(前 121)春,霍去病至祁连山,捕首虏甚多。上(汉武

---

①　(汉)班固:《汉书》卷一九《百官公卿表》,中华书局,1974 年,第 739 页。

②　(北宋)乐史:《太平寰宇记》卷一八四《大月氏国》,中华书局,1982 年。

③　(汉)司马迁:《史记》卷一二三《大宛列传》,中华书局,1974 年,第 3160 页。

④　同上书,第 3162 页。

帝)曰:"骠骑将军涉钧耆、济居延,遂臻小月氏,攻祁连山,扬武乎鱳得。"①小月氏受到征伐。《后汉书》卷七七《西羌传》记载:"及骠骑将军霍去病破匈奴,取西河地,开湟中,于是月氏来降,与汉人错居。"②对这些来降的月氏族,当时究竟安置在何地,史书没有详细记载。但在当时的北地郡(后安定郡)应该安置了一部分月氏部族。"从时间上来看,霍去病在元狩二年(前121)征伐月氏,而安定郡的析置在元鼎三年(前114),即在霍去病征伐月氏八年之后。这说明早在元鼎三年之前,投降的月氏部族已经被安置在安定郡的范围之内。"③所以,在安定郡所辖的二十一县中,出现了月氏道。

据《后汉书·西羌传》记载:"湟中月氏胡,其先大月氏之别也,旧在张掖、酒泉地。月氏王为匈奴冒顿所杀,余种分散,西逾葱岭。其羸弱者南入山阻,依诸羌居止,遂与共婚姻。及骠骑将军霍去病破匈奴,取西河地,开湟中,于是月氏来降,与汉人错居。"④李春茂认为:"东迁的月氏人应安置在月氏道。"⑤但《后汉书》又载:"被服饮食言语略与羌同,亦以父名母姓为种。其大种有七,胜兵合九千余人,分在湟中及令居。又数百户在张掖,号曰义从胡。中平元年(184),与北宫伯玉等反,杀护羌校尉泠征、金城太守陈懿,遂寇乱陇右焉。"⑥可见,湟中月氏胡居住在湟中(湟水谷地)及令居,少数在张掖,与安定郡的月氏道应该没有关系,因为汉灵帝中平元年(184)湟中"月氏胡反","寇乱陇右"。这时月氏道早已废弃。此时,湟中月氏胡已成为羌人的一种。

据前引 E. P. T59.582 简"月氏至乌氏五十里",确定了乌氏县的地

---

① (汉)司马迁:《史记》卷五五《霍去病传》,中华书局,1974年。
② (宋)范晔撰,(唐)李贤等注:《后汉书》卷八七《西羌传》,中华书局,1965年,第2899页。
③ 薛正昌:《汉以前固原的几个历史地理问题探讨》,宁夏固原地区地方志办公室编《固原史地文集》,宁夏人民出版社,1990年,第70页。
④ (宋)范晔撰,(唐)李贤等注:《后汉书》卷八七《西羌传》,中华书局,1965年,第2899页。
⑤ 李春茂:《平凉古地名初探》,兰州大学出版社,1996年,第38页。
⑥ (宋)范晔撰,(唐)李贤等注:《后汉书》卷八七《西羌传》,中华书局,1965年,第2899页。

望后,推测出月氏道的治所应在平凉市崆峒区的白水乡一带。据张多勇考察,"月氏道在今天平凉市崆峒区东南白水乡一带。有遗址以及烧制变形的陶片"①。"在白水乡与花所乡交会的瘘家沟,有许多大型汉代墓,该墓群位于泾河南岸瘘家沟与泾河交会的东西两侧,有大型墓冢五座,皆有盗洞,周围另有被破坏的残墓五座,单砖券顶,砖的形制为汉砖无疑。"②

瘘家沟东距十里铺(乌氏县治所)27 公里,与 E. P. T59. 582 汉简记载的"乌氏至泾阳五十里"差距不大。故此确定瘘家沟遗址为汉代月氏道治所。据《文物》1989 年第 5 期报道:"在崇信县黄寨乡河湾村庙家山出土一'货泉'铜制钱范,铜母范其背面筑有'月氏'二字。"③"这里距瘘家沟 10 公里,证明新莽时期月氏道当距此不远,亦可证明瘘家沟遗址应为汉代月氏道治所。"④

月氏道是月氏人部落居住地的一种行政区划。"月氏道的设置可能在元狩二年至元狩四年之间,是汉朝征伐匈奴后的结果。到东汉,月氏道被废除。从月氏道建置的兴废来看,其间有一个过程。自汉武帝元鼎三年设置安定郡到西汉灭亡,在这大约 150 余年的时间里,西汉安定郡已经成为内地,基本上是农牧业相结合的地区,月氏族已经融入汉族之中了。"⑤月氏道的废置,并不意味着这里的月氏族又迁移到其他地方了。在东汉时期,一直把投降的匈奴、羌等少数民族内迁,所以,东汉不会把月氏道的月氏族又迁到其他地方。当时的安定郡已经是汉族、匈奴、羌人、月氏族的杂居区。据《三国志·魏志·曹真传》记载:"黄初八年,诸葛亮围祁山,南安、天水、安定三郡反,应亮。帝遣真督诸军,军郿,遣张郃击亮将马谡,大破之。安定民杨条等略吏民保月支城,真进军围之,条谓其众曰:'大将军自来,吾愿早降耳。'遂自缚出,三郡皆平。"⑥三国没有月氏道或月氏县,这个月支城当为汉

---

① 张多勇:《从居延 E. P. T59. 582 汉简看汉代泾阳县、乌氏县、月氏道城址》,《敦煌研究》2008 年第 2 期,第 65—70 页。

② 同上注。

③ 周荣:《甘肃崇信县出土"货泉"铜母范》,《文物》1989 年第 5 期,第 55 页。

④ 张多勇:《从居延 E. P. T59. 582 汉简看汉代泾阳县、乌氏县、月氏道城址》,《敦煌研究》2008 年第 2 期,第 65—70 页。

⑤ 薛正昌:《汉以前固原的几个历史地理问题探讨》,宁夏固原地区地方志办公室编《固原史地文集》,宁夏人民出版社,1990 年,第 71 页。

⑥ (晋)陈寿:《三国志》卷九《魏志·曹真传》,中华书局,1959 年,第 281 页。

代月氏道的古治所。可见,这里的月氏族并没有迁走。

据《中国历史地名大辞典》:"月氏道,西汉置,属安定郡。治所当在今宁夏隆德县境。东汉省。按:月氏本部族名,游牧于甘肃敦煌、祁连间,后为匈奴所逼西迁。次盖以其国降人所置。"[1]此观点有误,当未关注 E. P. T59.582 汉简所得结论,也未能重视考古发现。《中国历史地图集》亦将月氏道标于六盘山区今宁夏隆德县的位置,亦有误。据 1982 年出土于甘肃崇信县黄寨乡河湾村的"月氏铭"货泉铜母范,不仅表明新莽时期在今天的平凉市崇信县确实有"月氏道"的地方建置,也证明在月氏道曾经铸造过钱币。此铜母范平面略呈方形,周有边框。范高 0.7 厘米,周长 24.5 厘米。范面中间有一凸起的圆形平顶,底部呈"X"字形钮将范面分为两部分,共列钱四枚,左为钱背,右为钱面,钱面阴文篆书"货泉"二字。范面右侧上下右边各有三角形凹槽一个,左侧上下左边有三角形乳突与之对称。在铜母范背面铸有铭文"月氏"二字。这是翻模铸钱用的母范。这块"月氏铭"铜母范的出土,也有助于我们研究丝绸之路北道在关陇地区的走向,证明破城子居延里程简对丝绸之路记载的准确性,是研究丝绸之路的重要实物证据。

(四) 屋兰县古城

据考证,屋兰古城在今天张掖市城东 20 公里处一个名字叫"古城"的村子里。这座古城又名东古城、算盘城,汉代曾经在此设置过屋兰县,元、明、清时期,称作仁寿驿。据《汉书·武帝纪》记载,武帝元狩二年(前 121),霍去病进军河西,匈奴归汉。元鼎六年(前 111),在河西设张掖郡,辖十县,屋兰县为其一。[2] 公元 9 年,王莽改制时,改张掖郡为设屏郡,以屋兰县为传武县。公元 25 年,东汉时期仍称屋兰县,为张掖郡所辖八县之一。汉献帝时期,张掖郡辖觻得、昭武、氐池、屋兰四县。三国时期,张掖郡辖觻得、昭武、屋兰三县。西晋时期,张掖郡辖永平(即觻得)、临泽(即昭武)、屋兰三县。五凉时期,在屋兰县设西安郡,辖屋兰县,曾驻军五千,后城遭兵燹,北凉段业时期再筑新城。直到北魏灭北凉后,屋兰县随西安郡一起被废。到了唐

---

① 史为乐:《中国历史地名大辞典》,中国社会科学出版社,2005 年,第 461 页。
② (汉)班固:《汉书》卷六《武帝纪》,中华书局,1974 年。

代,屋兰县一直是安北都护府城。元、明、清时期,这里还是重要的驿站,称为仁寿驿。这里距离山丹县的东乐镇不足 50 里。

屋兰亦作"屋阑",据《甘州府志》记载:"屋兰今屋笆也,西汉以名县,东汉魏晋讹阑(兰)。"①顾祖禹《读史方舆纪要》记载,屋兰得名自当地居民的称呼,屋与乌同音,兰与阑声母相同,屋兰县当为乌犁部旧居之地,部落王降汉之后,汉朝以其地置屋兰县。② 另一种说法是屋兰县此地芦苇丛生,芦苇织成房笆,当时人称房笆为屋兰,故名,或以"芦苇"为名。笔者认为前一种说法比较符合实际,因为这里以前就是乌犁部旧地,乌犁部降汉之后,汉朝以其地置屋兰县。乌犁部为匈奴旧部之一。

在屋兰古城东侧,有一处古墓群,当地人叫"甲子墩古墓群",占地十几亩,20 世纪 60 年代至 90 年代,由于当地居民不断开垦耕地以及不法分子的盗掘,文物部门先后对众多被盗或者暴露的墓葬进行了抢救性清理。墓葬皆为汉砖墓室,分为单、双、三室等墓室类型,时代从西汉延续至魏晋。墓区内分布有众多的封土堆,特别在中心区域内的东、西两座明代烽火台周围,有底径 6—15 米、残高 3—5 米的高大封土堆近 30 座。在这些墓葬中出土了许多随葬器物,有陶壶、陶钟、仓、灶、罐子、井、博山炉,还有木马、木牛、铜弩机等等,这些都是汉代遗物。考古界认为,甲子墩汉墓群是河西地区规模较大的古墓群之一,并且保存较好,出土器物丰富,对研究汉晋时期河西地区的丧葬制度、丧葬习俗以及政治、经济、军事、民族融合、文化传播等方面都有很高的文物价值。如此庞大的古墓群,足见屋兰县古城在汉代的繁荣富庶,同时也表明屋兰县在古代河西走廊军事、政治、交通、民族融合等方面有举足轻重的作用。

(五) 氏池县

据《重刊甘镇志》和《甘州府志》记载:早在公元前 111 年,汉武帝建立张掖郡后,就在今民乐境内设置了第一个县——氏池县。

---

① （清）钟赓起:《甘州府志二》卷一《建置》,乾隆四十四年刊本影印,《中国方志丛书·华北地方》第 561 号,成文出版社有限公司,第 123 页。

② （清）顾祖禹著:《读史方舆纪要》,中华书局,1955 年。

氏族是我国西北的一个古代民族,在我国历史上曾经占据过重要地位。南北朝以后,他们大部分融入汉族之中,成为西北地区汉族的一个重要组成部分。据《辞海》氏族栏目中称:"氏族,古民族,殷周至南北朝分布在今天陕西、甘肃、四川等省,从事畜牧业和农业。汉魏以后,长期与汉人杂居,大量吸收汉文化。两晋、十六国间,建立仇池、前秦、后凉等政权。"汉武帝元鼎六年(前111),在今民乐县境内洪水城建立氏池县。王莽新朝始建国元年(9),改氏池县为否武县。到东汉建武三年(27),光武帝刘秀令郡县恢复旧名,县名仍恢复为氏池县。① 县名中有一个"氏"字,由此可以印证氏族在民乐县境内活动的情况。

地处甘青交界丝绸之路要道上的民乐县,自古以来就是一个多民族争夺、交往、融合的前沿阵地。几千年来,氏族、羌族、乌孙、月氏、匈奴、卢水胡、吐蕃、回鹘、党项等少数民族,都曾经在这块土地上生活过。形成了以汉族为主体,各少数民族杂居的格局,共同创造了河西走廊的历史和文化。

如民乐县永固古城,在先秦时期就已是月氏人在黑河以东的中心城市,与黑河以西的昭武城一起被称为月氏东西二城,与中原有广泛的联系,是东西方贸易的中介与通道。公元前203年,匈奴冒顿单于派右贤王稽粥进军河西,"以夷灭月氏","杀月氏王,以其头为饮器"。不久,冒顿单于去世,右贤王继位为单于,即匈奴老上单于,他改筑月氏东城(即永固城)为单于城,城中建有行宫,由其子右贤王坐镇,该城遂成为老上单于的避暑城。

(六)删丹县

据居延里程简记载:"删丹至日勒八十七里,日勒至钧著五十里,钧著至屋兰五十里,屋兰至氏池五十里。"删丹就是今天的山丹县城,因为这里有一条山丹河,所以取名叫删丹,它是古丝绸之路上的一个重要站点。

(七)钧耆置

"钧著"可能是"钧耆"的误写,实际上是同一个地方。其位置可能在今

---

① 民乐县县志编制委员会编:《民乐县志》"建置",甘肃人民出版社,1996年,第101页。

天山丹城西北的东乐乡附近,删丹河水流经其地。《汉书·霍去病传》记载:
"去病出北地,遂深入不毛……至祁连山,捕首虏甚多。上曰:骠骑将军涉钧
耆、济居延,遂臻小月氏,攻祁连山,扬武乎觻得。"①由此可以推断,"涉钧耆"
就是涉水走过山丹河的下游。钧耆是焉耆的一个分支部落,由汉简记载的
这个地名判断,汉代及以前可能就有焉耆人在河西走廊游牧定居。

焉耆音同"焉支",由匈奴王"雁疵王"部族名称转化而来。西汉元狩二
年(前121)骠骑大将军霍去病大破焉支山匈奴,匈奴裨王雁疵王降汉,被封
为辉渠侯,其余部西迁西域,征服了焉耆盆地的敦薨人,焉耆之名自此见于
史籍。

(八) 日勒

汉代张掖郡所属的日勒县城,在今山丹县城东南位奇乡十里堡村二社
居民区,西北距离县城五华里处,由此循古道往西北 50 里至钧耆。日勒是
龙勒的误读,又称龙部族,源出焉耆,吐蕃占领安西四镇后开始内迁,曾经在
晚唐、五代的河西历史上留下过重要足迹。

龙家源出焉耆,写于唐代光启元年(885)的敦煌文书 S.367《沙洲伊州地
志》"伊州"条下有明确记载:"龙部落本焉耆人,今甘、肃、伊州各有首领,其
人轻锐,健战斗,皆禀皇化。"这是认识龙家归属及其迁徙、流布的一条重要
史料。由此可知那些自西向东流散于伊州、肃州、甘州等地的龙家人,当来
自焉耆。

写于中和四年(884)的 S.0389《肃州防戍都状》记载:原来居住在甘州
城中的龙家诸部落与甘州城外的回鹘人争战,由于城中粮尽,无法拒守,龙
王只得率领龙家人及退浑(吐谷浑)等族退出甘州,并入肃州逐粮。从此,肃
州成了龙家人的主要居住处,也就是从此以后龙家归顺了归义军政权,并且
经常向归义军"送钱纳粮",以示顺化。

居延里程简中出现日勒(即龙勒)这个地名,说明早在汉代,就可能已经
有焉耆人的分支在张掖郡删丹县一带游牧或者居住。

---

① (汉) 班固:《汉书》卷二五《卫青霍去病传》,中华书局,1974 年,第 2480 页。

（九）觻得县古城

武帝元鼎六年（前111），设立觻得县（在张掖市西北15公里处，俗名黑水国城），此地原来是匈奴浑邪王的王城，后来为匈奴觻得王所居，汉代以其为张掖郡郡治。（注意：匈奴休屠王的王城在今天武威市东北，有人说在紧靠永昌县的蔡旗堡，有人说在与永昌县相连的武威市四坝乡一带）。汉简中出现觻得这个地名，说明汉代沿用了匈奴时期的地名。钧耆距离张掖郡郡治觻得城不过百里之遥，"骠骑将军涉钧耆、济居延，遂臻小月氏，攻祁连山，扬武乎觻得"[①]，这是霍去病行军路线的实际记录。

匈奴是中国北方草原上的一个古老民族，过着逐水草而迁徙的生活。公元前209年，冒顿杀父自立为单于后，势力大增，有"控弦之士三十余万"，控制了西起西域，东到辽东的广大地区。其地分为左中右三部分。单于王庭居于中间，东西两部分分别由左右贤王统辖。西汉初期，匈奴击败月氏，占有整个河西地区，境内属于浑邪王管辖。民乐县境内的永固城是浑邪王的避暑胜地。匈奴以河西地区为基地，联合青海的羌族，不断向西汉发动进攻，引起汉朝的惶恐与不安。汉武帝继位后，决定联合月氏、乌孙共同夹击匈奴。汉武帝元狩二年（前121），两次派霍去病进军河西，攻占焉支山和祁连山，"捕首虏甚多"，使得匈奴势力遭受重创。匈奴在河西的失败，招致单于的恼怒，他立即召见驻守河西的浑邪王和休屠王赴单于王庭问罪。两王惧怕被诛杀，遂谋降汉，后来休屠王反悔，遂被浑邪王所杀，之后，浑邪王率领四万余人降汉。西汉政府将其安置在陇西、北地等五郡故塞外，史称"五属国"。至此，河西走廊正式纳入汉朝版图。

（十）媪卫（围）古城

地处甘肃腹地的媪围县（今景泰县），是丝绸之路北线的必经之地，它在我国多民族的发展史上具有重要地位。这里在汉代以前也是匈奴故地。先秦时期曾是羌族游牧之地，这里发现了许多岩画，就是他们活动生活的有力证据。据业师李并成考证，媪围城的遗址在景泰县卢阳镇吊沟村大树梁大沙河北岸的吊沟古城。因为附近有一条媪围水而得名。

[①] （汉）班固：《汉书》卷五五《卫青霍去病传》，中华书局，1974年，第2840页。

(十一) 居延置

"媪围至居延置九十里,居延置至鯈里九十里,鯈里至揟次九十里,揟次至小张掖九十里。"根据里程判断,再加实地考察,居延置肯定在景泰县境内。从景泰县的地理条件来看,境内去凉州的路线有两条:一条是经过红水乡(即旧红水县城)、牦牛圈(即长岭)、裴家营、大靖、土门子到凉州;另一条是经过寺儿滩、新堡子到大靖,然后再经土门子到凉州。通过寺儿滩的这条路比较直,并且有泉水,在当时交通不便的情况下,来往传递信件的人步行或者骑马,都会选择捷径,取直线走,因而经过寺滩、新堡子的可能性比较大。据考证,在今天寺滩乡政府正西处的白茨水村有一座古城遗址,距离媪围古城恰好90里,并且出土文物大多为汉代遗物。从里程、建筑、贸易、人口、驻军等方面看,白茨水古城遗址就是汉代的居延置驿站,它是古丝绸之路的必经之地。居延置往北不远处有条河叫居延水(今石羊河),西汉时期在河西走廊的武威地区曾经设立过居延县。

(十二) 鯈里

从居延置往西走90里,即到达古浪县的大靖镇。据李并成师考证,汉代扑割县的城址就在大靖镇往北1公里处一个叫古城头的地方。[①] 以此推断,鯈里应该是扑割县下辖的一个乡里。

(十三) 揟次县古城遗址

由鯈里往西走90里,就到达古浪县土门镇。揟次即汉代武威郡揟次县,据考证其城址在今土门镇往西3公里处的王家小庄附近。而土门镇的土门堡是明朝万历二十七年所筑,它位于古浪河下游绿洲上。古浪河主河道就从土门堡西面流过。

(十四) 小张掖

由揟次往西走60里,至小张掖,据考证,小张掖是汉代武威郡下属的一个县,其城址在今武威市东南约60里处的东河乡王景寨村,该村内有座古城遗址,

---

① 李并成:《河西走廊历史地理》,甘肃人民出版社,1995年,第46—48页。

城址内有汉代云纹瓦当。在该城东西3公里，南北2.5公里处，均有汉墓群。

二、敦煌悬泉置里程简记载的驿站名考证

1990—1992年，在敦煌市甜水井东南三公里处的汉代悬泉置遗址，出土了一枚珍贵的汉代里程简，即Ⅱ0214①：130简，该简恰好可以与居延破城子汉简相互印证和补充，这两枚汉简为我们研究汉代丝绸之路提供了绝好的第一手史料。依据里程简及有关史料，汉代河西走廊至长安的交通道路，主要有长安至武威（即姑臧）的北道和长安至武威的南道两条路线。居延破城子里程简记载的就是北道；而敦煌悬泉V1611③：39简A、B两面，对由长安通往武威南北两道的若干地点也有相应的一些记载，其中A面记载有"东去安定高平三千一百五十一里"，这就是走北道而往，与居延里程简记载的丝路北道线路相一致。

敦煌悬泉V1611③：39B简记载："悬泉至金城允吾二千八百八十里，东南。天水平襄二千八百卅，东南。东南去刺史□三□……一八十里……长安四千八十……"①取向东南，经由金城、天水等地而至长安，这条路线就是南道。丝路南道大多数路段沿着渭河谷地行进，沿途人口比较稠密，城镇较多，比较繁华，安全性也比北道要好；但是路途比较遥远，取南道从长安至武威路途长达880公里，合汉代里程2116里，比走长安至武威的北道远出160公里，合汉代里程385里，至少要多出古代四天的路程，并且南道要翻越陇关和乌鞘岭，比较艰辛。

敦煌悬泉置里程简Ⅱ0214①：130简记载的也是南线里程和驿站。

由上面所引用的汉简里程可知，长安至悬泉置大约是4080里，那么由武威至悬泉置大约1964里，大约合今天817公里，这与今天的道里大体吻合。

丝路南道的开辟应该比北道稍微晚一些。据《汉书·地理志》记载，南道所经过的金城郡迟至汉昭帝始元六年（前81）设置，比汉武帝设置河西四郡晚了几十年，也比北道所经过的武帝元鼎三年（前114）设立的安定郡（郡

① 甘肃省文物考古研究所：《敦煌悬泉汉简释文选》，《文物》2000年第5期，第27—45页；又见胡平生、张德芳《敦煌悬泉汉简释粹》，上海古籍出版社，2001年，第56页。

治在高平)晚了三十余年。

丝路北道开辟较早,自武帝设立河西四郡、县伊始即当开通,并且线路比较顺直,由长安直取西北方向,大体沿着泾河河谷而上,经过高平、媪卫等地,直达武威(即姑臧),全程长约 720 公里,合汉里 1730 里,比南道近 160 公里,合汉里 385 里。但该道沿途自然条件较差,地理景观比较荒凉,人烟稀少,并且位置偏北,靠近蒙古高原,距离匈奴人原来的游牧地比较近,道路安全有时没有保障。北道于靖远县石门乡的索桥渡口或者水泉镇的鹯阴渡口过黄河,到达媪卫城、居延置、觻里、媭次、小张掖等地,抵达汉代武威郡治姑臧城。为了保护这条丝路北道,汉代打败匈奴后,专门修了从靖远县索桥渡口至武威四百多里的汉长城。

下面笔者对悬泉置里程简记载的驿站、城址及其名称来源进行考证:

(一) 令居县

令居县是汉代金城郡属县,据李并成师考察,兰州市永登县红城镇玉山村西 500 米多的玉山古城即是该县遗址。令居县城位于庄浪河谷,北距永登县城大约 35 公里;南距庄浪河入黄河口 30 公里许,合汉里 72 里,恰为一天的行程。

(二) 苍松

敦煌悬泉置里程简Ⅱ0214①：130 简之 A 第一栏记载:"……苍松去鸾鸟六十五里,鸾鸟去小张掖六十里,小张掖去姑臧六十七里,姑臧去显美七十五里……"①可见,此简所记载的是长安通往姑臧的南道。

苍松县,是汉代武威郡的属县。据《汉书·地理志》记载:"苍松南山,松陕水所出,北至媭次入海。"陕松水即今天的古浪河,北至媭次所入的海就是今天的邓马营湖(即汤家海)。可见苍松县位于媭次县(今古浪县土门镇西王家小庄)以南,并且苍松县境内有古浪河源头南山(即祁连山)。"根据悬泉置里程简记载的里程,苍松县至小张掖有 125 汉里。小张掖即前面考证出的武

---

① 甘肃省文物考古研究所:《敦煌悬泉汉简释文选》,《文物》2000 年第 5 期,第 27—45 页;又见胡平生、张德芳《敦煌悬泉汉简释粹》,上海古籍出版社,2001 年,第 56 页。

威市王景寨古城。由小张掖古城向南 38 公里多即抵达古浪河出山口,该口呈 V 字形向北敞开,向南则进入古浪河峡谷,该峡谷既是沟通兰州与河西走廊的必经之地,又是河西走廊通往南羌的要径,交通和军事地位十分重要,历来被称为中国西部的金关锁钥。由古浪峡口再向南 16 公里处,是今天古浪县龙沟乡政府驻地,这里是古浪峡谷中一块比较宽阔的地方,东西宽达1.5 公里多。在河谷西侧的台地上有一座古城遗址,当地人称为黑松驿城,因为明清时期曾经在这里设立过黑松驿,故而得此名。根据遗留文物和城址规模,是汉代遗址。该城西面山坡上有大片汉墓群。所以,汉代的苍松县城,就是今天的黑松驿古城。"①

(三)鸾鸟县

"Ⅱ0214①:130 简,鸾鸟县位于苍松县往北 65 里处,合今天约 28 公里;鸾鸟县又北去小张掖六十里,合今天大约 26 公里。苍松县古城遗址在黑松驿,由这里沿着古浪河谷北出,大约走十六公里即到达古浪河的出山口,这里是今天古浪县城所在地,是一片绿洲。由这个出山口再向北走 12公里,到达小桥村的东南,是古浪河 V 字形冲积平原的中部,这里有个叫'一堵城'的地方,当地群众说这是一座古城遗址的西墙。这座古城今天已经没有遗物可寻,但当地群众说以前曾经出土过五铢钱,还有汉简数枚。这里正是汉代的鸾鸟县城址。"②城西约两公里的平顶山山前缓坡处向南直到县城一带,分布着大量的汉代小型砖墓室,出土过汉代的灰陶罐、砖块等物。据《后汉书·段颍传》唐章怀太子李贤注:"(鸾鸟)故城在今凉州昌松县北。"唐凉州昌松县正是今天的古浪县城,一堵城正位于该县城以北。一堵城南去苍松县城址黑松驿古城 28 公里,北去小张掖故址王景寨古城恰好大约 26 公里(汉里 60 里),可见,一堵城是汉代鸾鸟城无疑。由鸾鸟城北去抵达汉代武威郡张掖县(即小张掖),可与从长安经过高平、媼卫而至姑臧的丝路北道会合。相传鸾鸟是羌人的图腾崇拜物,类似鹰隼,以鸾鸟为地名,可见羌人

---

① 田澍、何玉红:《丝绸之路研究·交通与文化》,《汉代河西走廊东段交通路线考》,甘肃文化出版社,2014 年,第 15 页。

② 同上书,第 16 页。

曾经在古浪县一堵城这一带活动、居住、游牧过，后来迁走了。

（四）显美县

汉武帝元狩二年（前121），霍去病击败匈奴后，汉武帝在今永昌县曾经设立过四个县，即鸾鸟县、番和（即番禾）县、骊靬县、显美县。分别属于武威郡和张掖郡管辖。武帝元鼎六年（前111），置张掖郡，领十个县，其中显美县属于张掖郡管辖。东汉时期，显美县由张掖郡划归武威郡管辖。那么汉代的显美县古城遗址在哪里呢？

根据"小张掖去姑臧六十七里，姑臧去显美七十五里"，李并成师在《河西走廊历史地理》中考证认为显美县在永昌县。永昌县以前属于武威管辖，而汉代显美县也与姑臧相连。

（五）姑臧县城址

姑臧是汉代武威郡郡治，李并成师考得："西汉姑臧县城在今武威城西北大约2公里处的三摞城，大约到西汉后期至东汉前期迁到今天的武威市城内"[①]，是匈奴休屠王所筑，原名"盖臧城"。汉张掖县（即王景寨古城）位于三摞城27公里处，恰好与悬泉Ⅱ0214①：130简"小张掖去姑臧六十七里"的记载相吻合。姑臧地处石羊河绿洲腹地，是长安连通河西走廊南北两条丝绸之路的交汇点，物产丰饶、人烟稠密，为汉唐时期我国西北地区除了首都长安之外最大的城市。早在东汉时期姑臧就已经成为"货通胡羌，市日四合"的富邑，降至唐代，更是发展成了一座国际性的都市，"凉州七城十万家，胡人半解弹琵琶"。可见，当时姑臧城里少数民族非常多。

三、羌族、卢水胡、乌孙等少数民族在西北的迁移、定居情况

（一）羌族在西北的迁移定居情况

在甘肃靖远县大芦子乡出土的"晋归义羌王印"，西和县出土的归义羌

---

① 李并成：《河西走廊历史地理》，甘肃人民出版社，1995年，第56页。

侯印,新疆出土的"归义羌王印"等珍贵文物,证明羌族在西北地区大量存在,并且在不断迁徙。

1. 甘肃省靖远县出土的"晋归义羌王印"

在 1939 年,靖远县大芦子乡一位农民,在祖厉河边的沙河中挖出一枚金印,大小如麻将,外形呈长方体,驼钮金质,阳文篆字,其上刻有"晋归义羌王"字样,属于国家一级文物。所谓"归义"是汉晋政府给予少数民族首领统辖边远少数民族权力的一种封号。西汉、东汉、魏晋时期,中央政府在赠给少数民族首领的官印之首,署上"汉"或者"晋"字,下面为民族名。并且在民族名前后加上"归义"二字,又经常以驼钮作为这种印的基本钮式。这枚印章的出土,证明在汉、晋时期,甘肃靖远县一带大量居住、游牧着羌族人。

自汉武帝派卫青、霍去病击败匈奴以后,在元狩三年(前 120),为了安置投降的休屠、浑邪部匈奴部众,汉朝曾经设置过安定属国(具体方位不详)。据《后汉书·冯异传》记载,降者万余人,其中包括匈奴、羌人。东汉永元十三年(101),护羌校尉周鲔等击败陇西、金城西羌,徙降众六千余口于汉阳、安定、陇西等郡。[1] 东汉建宁二年(169),冯禅等徙汉阳郡降羌四千余人于安定。[2] 汉末,西北少数民族乘中原战乱,不断内迁。三国时期,魏将郭淮出兵陇西,打败蜀将姜维,降服迷当羌和氏人,强令休图胡三千余家"徙安定之高平"[3]。靖远县在汉代属于安定郡祖厉县和鹯阴县管辖范围,所以,当时也肯定迁徙来大量的羌族。

2. 甘肃西和县出土的"晋归义羌侯印""晋归义氐王印"

在甘肃省西和县曾经出土过一枚跪羊式单孔钮"晋归义羌侯印",还出土一枚"晋归义氐王印",研究认为,这些金印是晋武帝泰始元年(265)以后颁发给甘肃靖远县和西和县、礼县一带的羌族或者氐族部落酋长的印章。

羌族是我国西部的古老民族,夏商周时期,河西走廊就是羌族活动的主要地区之一。夏朝时期,张掖、酒泉属于"雍州之城,戎羌居之"。西汉时期,

---

① (宋)范晔撰,(唐)李贤等注:《后汉书》卷八七《西羌传》,中华书局,1965 年,第 2884 页。

② (宋)范晔撰,(唐)李贤等注:《后汉书》卷六五《段颍传》,中华书局,1965 年,第 2152 页。

③ (西晋)陈寿:《三国志》卷二六《魏书·郭淮传》,中华书局,1956 年,第 734 页。

羌族的一小部分居住在河西走廊南部的黑羌州及祁连山中,大部分则在青海生活,以游牧为主,也有从事农耕生产的。河西走廊境内的东灰山遗址表明,羌族不仅饲养羊、猪等牲畜,而且还种植小麦、大麦、粟、高粱等农作物。河西走廊是我国小麦、高粱的最早传播种植地之一。《说文解字》解释"羌"字为"西部牧羊人",这说明羌族是以羊为图腾崇拜的部族,这与羌人"事瀜瓶为大神"的记载相吻合。考古界认为,东灰山文化是古代羌族留下来的,这证明河西走廊境内最早的居民为羌族,距今大约有五千年的历史。

汉武帝在河西走廊设置河西四郡,其目的之一就是为了"隔绝胡羌,使南北不得交关",并且设立护羌校尉以加强对羌族的控制。到了东汉,羌族起义连绵不断,河西各地是羌族的主要活动场所。十六国时期,羌族的一支"烧河部落"居住在南山(即祁连山),与卢水胡为邻,后来被卢水胡击败,除部分迁徙至金城临羌县(今青海湟源县东南)外,仍有许多羌族部众长期生活在河西走廊的祁连山一带。

3. 新疆沙雅县于什格提古城出土的一枚"汉归义羌长印"

该印系铜质,这说明,我国在汉代就已经开始对少数民族首领颁发官印,以示羁縻。据《汉书》记载,汉宣帝时期,就曾经大量对少数民族首领颁发印信、封号,王莽改制时期,收回官印、改变对少数民族首领的封号,曾经引起少数民族大规模"叛乱"。汉代是中国封建社会经济文化发展的一个高峰,也是中国历史发展的重要时期,特别是对西域在内的边疆地区的管制,对以后中国历史的发展产生了深远的影响。由这枚出土的印章可以推断,羌族也曾经大规模迁移过,在新疆地区也大量居住、游牧过。

公元前60年,汉朝在乌垒城(今轮台县策大雅南)设置西域都护府,郑吉为首位都护。汉朝统一西域后,在当地实施适合西域统治的典章制度,推行一系列屯田戍边、兴修水利等发展农业的政策,修建城堡,建立烽燧。与此同时,在政治制度上,汉朝政府在西域施行和中原一样的官印制度,1953年新疆沙雅县于什格提古城出土的"汉归义羌长印",是汉朝在西域推行官印制度的重要例证。

"汉归义羌长印"现藏于中国国家博物馆,铜质、正方形,通高3.5厘米,边长2.3厘米,纽与印座之间有一个小孔,用于系绶带。阴刻,印文为篆文"汉归义羌长"五字,印文文字端庄古朴,字迹清晰。其印纽为一只绵羊,绵羊头部平视,温顺地蹲卧在铜印上,造型生动逼真,具有象征性。"归义"是汉朝中央政府给予归附部落民族首领的封号。新疆南部一带,汉晋时为古代羌族活动的地区,此印是当时汉朝政府颁发给活动在新疆南部地区古代羌族首领的印章。

羌族是我国古老的民族之一,是形成中华民族的重要远祖。传说中的炎帝也是羌族的祖先。早在 3 000 多年前的殷周时期,羌人就活动在我国的西北,后来,羌族的一部分向东迁徙,较早地融入了华夏族;一部分留在了原地,或向今甘肃、青海、西藏等地迁徙。学者推测,羌人至少在战国时期进入西域,随着秦的势力不断向西发展,迫使一部分羌族部落由河湟地区经阿尔金山进入塔里木盆地南缘。新疆的羌人,也有学者认为其中有一部分是西汉赵破奴将军去西域赴任时从甘肃河西走廊带去的。

羌人在新疆的活动已被考古资料所证实。1976—1977 年,新疆考古工作者在位于帕米尔高原塔什库尔干塔吉克自治县北 4 公里的香宝宝古墓群进行考古发掘,共发掘墓葬 40 座,其中火葬墓 19 个,土葬墓 21 个。随葬品在火葬墓出土较多,主要是陶器、铜器、铁器、金器、木器以及石头、骨头、玛瑙、耳环、项链等饰品。羌族古时流行火葬习俗,学者由此推断,该墓地为我国春秋战国时期活动在这一带的羌人墓地。学者们根据《汉书·西域传》《三国志》《西域图考》等中国古代文献的记载,研究认为,西域诸国中的若羌、西夜(今叶城县境内)、子合(今叶城县境内)、蒲犁、依耐、无雷,是羌人建立的。由此看来,羌人活动的范围包括塔里木盆地东部沿阿尔金山、昆仑山、喀喇昆仑山至帕米尔这一广大地区。

这方"汉归义羌长印"的出土,再次表明,塔里木盆地周缘一些绿洲,确实曾有过羌人活动,另一方面则证明中原内地的官印制度,同样在西域执行过。它有效地保证了西域各地民族的良性发展,而成为后代中央王朝统治者仿效的范例。

官印制度是我国政治制度史的重要组成部分。汉代玺印的主体包括官印和私印。官印范围包括皇帝玺印,中央颁发给诸侯王、地方官的官印以及中央颁发给少数民族的官印。西汉在西域地区设置西域都护府,都护由中央政府委派,下分设副校尉、丞、司马、侯、千长等,与此同时,保留原来西域诸国名称,封任原有的国王,并根据官爵的高低,有金印紫绶和紫印墨绶之别,均由西域都护统领。到东汉时期,中央政府仍然维持这一赐绶制度。今新疆沙雅县于什格提汉代遗址出土的"汉归义羌长印",系汉朝赐予羌族首领者。西域都护府下属官吏有当地贵族,也有中央委派的。

由以上出土的印章可以发现,羌族也曾经大规模迁移过,在甘肃、青海、新疆等地也大量居住、迁移、游牧过。

(二) 卢水胡在我国西北地区的迁移定居情况

卢水胡自西汉以来就活动在河西各地,其首领为沮渠氏。因其"先世为匈奴左沮渠,遂以官为氏焉"。"世居卢水(民乐县南古古城大都麻和黑河上游)为豪酋",故而又称为卢水胡。东汉窦融割据时期,曾经得到卢水胡的帮助。朝廷还在张掖设立专门管理卢水胡的属国。东汉建武末年,卢水胡击败了张掖南山的烧河羌,并据有其地。东汉章帝元和三年(86),卢水胡发生"骚乱",邓训拜张掖太守,后来接任护羌校尉,推行民族和睦政策,收服了卢水胡。东晋末年十六国时期,卢水胡又从临松(即南古古城)崛起。北凉就是卢水胡所建立的一个政权,其建立者沮渠蒙逊是临松卢水胡人,是河西大族。他本人博览群书、通晓天文,是一个汉化很深的胡人。沮渠蒙逊的伯父罗仇、曲粥都是后凉武将,被后凉王吕光所杀。沮渠蒙逊遂造反于临松,一旬之间,众至万余,屯聚金山(今民乐县城一带),推举后凉建康太守段业为凉州牧、建康公,建元神玺,沮渠蒙逊为张掖太守。公元 401 年,沮渠蒙逊杀段业,自立为凉州牧、张掖公,改元永安。于 410 年攻克武威,412 年迁都武威,自称河西王。后来攻杀西凉李歆,破敦煌,据有全凉。沮渠蒙逊在位时,兴学校、倡儒学、劝科农桑、禁奢侈、赢得好评。但由于朝无纲纪,赏罚不明,杀人过滥,在位三十三年而亡,谥号"武宣王"。

卢水胡是汉代至南北朝时期活跃于西北河西走廊的一个少数民族,既有匈奴、月氏的成分,又在民族演进中吸收了羯族、氐族、羌族、汉族的成分,因而兼具白种人和黄种人的特征,其核心部分被认为源自商代的卢方。

活动于中国西北部的卢水胡可以分为三大部:泾渭流域的安定卢水胡、河西走廊的临松卢水胡、河湟谷地的湟中卢水胡。安定郡是卢水胡的发源地,境内有卢水(又名泸水)向东南流入泾河,自古便是羌戎杂居的半农半牧地带。卢水之名源于殷商时代的西戎卢方,卢方是以现在的甘肃平凉崆峒山为根据地的部落方国。

武王伐纣之后，西戎卢方和西迁泾、渭流域的彭人部落逐渐融合成为彭卢戎，活动于今天甘肃东部和宁夏南部。（彭人部落源自大彭氏国，大彭氏国位于徐州，是夏商时代的诸侯，曾经称霸一时，后被商朝中兴之主武丁灭国。大彭氏国亡国后，部分彭人投奔商朝的敌国西戎，在泾渭流域定居下来，与周人、卢人毗邻，并加入周人的灭商战争，对此《尚书·牧誓》有生动的描写）。彭人、卢人除了在泾渭流域的彭卢戎外，还有随周人东迁内地的，被周王朝封为子爵之国，称为彭国、卢国，但都在春秋时期亡于楚国。

留居西戎故地的彭卢戎则在春秋时期为义渠戎国所灭。当义渠戎国在公元前 272 年亡于秦国后，彭卢戎的遗民开始受到华夏族的影响，成为半戎半夏的宗族，不少人改用汉姓，彭姓是其中之一。秦汉以来，彭卢戎的遗民广泛吸收其他部族加入，比如匈奴、月氏、赀虏、杂胡、秦胡、羯族、氐羌乃至汉族等等，并最终以"卢水胡"这一民族共同体的形象登上了历史舞台。

随着卢水胡被中央政权征调到其他地区，其活动区域从陕甘宁交界处的泾、渭流域逐渐扩大到甘肃河西走廊、青海河湟谷地一带，泾、渭流域的安定卢水胡是其本部，河湟谷地的湟中卢水胡以及河西走廊的临松卢水胡则是其迁徙后的别部，2006 年青海出土的"安定左佰长"铜印就是这段迁徙历史的明证。

从东汉开始，卢水胡作为雇佣军曾多次出征西域和匈奴，镇压各地起义，是汉代河西士兵的重要来源。卢水胡雇佣军中也有因军功被汉族朝廷启用而彻底汉化的。这群生活在祖国西北的族群在活跃了四五百年之后于南北朝时期渐渐与其他民族一道融入了汉族之中。

（三）乌孙在河西走廊的活动情况

乌孙是居住在河西走廊的一个古老的游牧民族，大部分生活于今酒泉、张掖市一带，对汉代西北边疆曾经产生过很大影响。乌孙与月氏同居河西，而当时乌孙势力较弱。秦汉之际，乌孙被月氏击败，其国王难兜靡被处以车刑。乌孙部落因此奔走匈奴，被安置在居延一带生活，匈奴扶持难兜靡之子昆莫继续统治乌孙各部落。公元前 174—前 161 年，乌孙在匈奴支持下，继续西迁，袭击大月氏，逼迫其南迁，乌孙遂占领伊犁河流域和天山以北的广大地区从事游牧活动,人口多达 63 万。西汉元狩四年(前 119),汉武帝派张骞出使西域,联系乌孙,又先后将细君、解忧二位公主嫁给乌孙王。到了本始三年(前 71),汉与乌孙各出兵 26 万,打败匈奴,才奠定了西北边防的稳定局面。

小　结

从屋兰、觻得、月氏道、乌氏、日勒、钧耆、折兰城等地名可以反映出汉代及以前这些少数民族在河西走廊和西北地区的定居、迁移、招抚和安置情况。如乌孙、月氏、匈奴、羌族、氐族、卢水胡、汉族都曾经在武威地区及河西走廊生活定居过,反映出我国西北地区的民族融合状况。从上文考证也可以反映出汉代开疆拓土、逐步向西部推进,设郡置县、屯垦移民、打通交通、设立驿站的情况。

由以上考证还可以看出,随着汉朝向西北开拓、扩展,一些内地的古地名也跟着向西部迁移。比如"休屠泽"是"故匈奴休屠王地",在今民勤县境内,"古文以为野猪泽",而把《尚书·禹贡》中的野猪泽也搬到了河西。同样,"居延"本为水名,在今天武威市东南,即石羊河。至太初元年(前 104)设置酒泉、张掖两郡之后,命强弩都尉路博德筑"居延"以卫酒泉,于是,就把居延这个地名从武威地区侨置到了今天内蒙古额济纳旗境内,而把发源于南山羌谷的羌谷水(即黑河),也就是"古文以为弱水"终端流注的湖名之曰"居延泽"。《汉书·地理志》在张掖郡居延县下记载曰:"居延泽在东北,古文以为流沙。"如果不是埋藏在地下两千年之久的汉简被挖掘出来,使我们看到了文献实证,这些问题就很难解决了。另外,破城子居延里程简中的"小张掖"不是今天的张掖市甘州区,它是属于汉代武威郡下辖的一个县,城址在今武威市东南大约六十华里处的东河乡王景寨村。后来,随着汉武帝向西开疆拓土,在今张掖市又设立了张掖郡,武威郡下属的"小张掖"这个地名被侨置到了今张掖市甘州区。这说明,当时有许多内地的地名向西侨置的情况。

据《汉书·霍去病传》记载:"去病出北地,遂深入不毛……至祁连山,捕首房甚多。上曰:骠骑将军涉钧耆、济居延,遂臻小月氏,攻祁连山,扬武乎鳞得。"注引张晏曰:"钧耆、居延,皆水名也。"水名一般指河流而言。这里没有说是"泽"或"海",如"休屠泽""居延海""蒲类海"之类。《汉书·武帝纪》注中,韦昭认为"济居延",渡过的是汉代武威郡"小张掖县"境内的居延河,即今天的石羊河。石羊河位于今武威市东南,当黄羊河汇入石羊河主河道以后,石羊河水量大增,所以要"济渡"。渡过石羊河就可以迅速攻下姑臧城。所以,"济居延"肯定不是渡过内蒙古额济纳旗的"居延泽"。而设置在媪围县境内的"居延置",我们可以理解为通向居延水(即石羊河)的一个驿站(汉代称"置")。"可见,当时霍去病的进军路线是从长安到高平,再到媪围、姑臧、张掖、酒泉的。在西域和河西走廊出现了一些内地的地名,如居延泽、休屠泽(后改名野猪泽)、番和县等等,这是西汉在西北开疆拓土、向西推进后实行移民实边、侨置郡县的结果,即把内地的一些地名搬到了西部地区。"①

---

① 田澍、何玉红:《丝绸之路研究:交通与文化》,甘肃文化出版社,2013年,第78页。

史籍和汉简中的武威郡
——以姑臧县、张掖县为例

赵尔阳

清华大学出土文献研究与保护中心

《汉书·地理志》记载西汉末年时武威郡下辖 10 县,分别是姑臧、张掖、武威、休屠、揩次、鸾鸟、扑劖、媪围、苍松、宣威。① 这些县名在史籍和汉简中都有相关的例证。我们结合史书及出土简牍,对汉代武威郡的姑臧县和张掖县进行论述。

姑臧是汉代武威郡治,《汉志》载:"姑臧,南山,谷水所出,北至武威入海,行七百九十里。"②说明姑臧境内有南山,即今武威南部之山,谷水即今石羊河,流经汉姑臧县,向北至汉武威县流入猪野泽,行程七百九十里(约今328.5 公里)。

两汉之交时,中原动荡不安,唯独河西由于窦融的治理而安定少战乱。建武五年,河西大将军窦融任命孔奋为姑臧县长,在孔奋的治理下,姑臧经济发展迅速,成为河西的商业中心。《后汉书·孔奋传》载:"时天下扰乱,唯河西独安,而姑臧称为富邑,通货羌胡,市日四合,每居县者,不盈数月辄致丰积。"③说明在东汉初年时,中原战乱不已,唯独河西政治清明、社会安定,姑臧在当时是一个富裕的城市,商业经济发达,与周边少数民族也进行频繁的商品交换,姑臧城内市场每日开合四次,商人在此经商贩卖,不出数月就会发家致富。

关于汉代姑臧城的地望,学术界主要有三种观点。一种认为两汉时姑

---

① 《汉书》卷二八下《地理志下》,中华书局,1964 年,第 1612 页。
② 同上书,第 1612 页。
③ 《后汉书》卷三一《孔奋传》,中华书局,1965 年,第 1098 页。

臧城一直在武威旧城范围之内,持此观点的学者有梁新民、郝树声等。① 一种认为姑臧城址最初在武威城西北 2 公里处的金羊镇赵家磨村南的锁阳城(又名三摞城)遗址,西汉后期至东汉前期时城址搬迁至今武威旧城,持此观点的学者主要有李并成、高荣等。② 还有一种观点认为姑臧城址在武威旧城东北二里,持此观点的学者主要有王乃昂、蔡为民等。③ 上述三种观点可概括为今址说、西北锁阳城说、东北二里说。

"东北二里说"的论证材料主要源自明清以来的地理方志,缺乏早期的文献依据,也缺乏考古学上的地层、遗迹遗物支撑,故此说证据不足。"西北锁阳城说"的论证材料主要有《光武帝纪》李贤注、《窦融传》李贤注引《西河旧事》、《水经注》卷四十郦道元注引王隐《晋书》,但这些史料都不能明确地推出姑臧县城两汉时期有过迁徙且最初城址是西北锁阳城之观点,且现存锁阳城遗址规模和形制都很小,不像汉代河西郡治之城。

"今址说"的材料依据主要是历史文献的记载及武威旧城古迹的位置等,例如《后汉书·窦融传》李贤注"姑臧"引《西河旧事》曰:"凉州城,昔匈奴故盖臧城,后人音讹,名'姑臧'也。"④据此,则姑臧城最初是匈奴修筑的盖臧城,姑臧城的得名是匈奴地名音讹而来,说明汉代的姑臧城沿袭自匈奴盖臧城,史料未见迁徙之文。王隐《晋书》对姑臧城的描述为:"凉州有龙形,故曰卧龙城,南北七里,东西三里,本匈奴所筑也。及张氏之世居也,又增筑四城箱各千步。"⑤这段材料也说明姑臧城始为匈奴所筑,到前凉张氏政权时在旧城基础上进一步扩建。此外,武威旧城众多的古迹位置也表明汉代姑臧城

① 梁新民:《姑臧故城地理位置初探》,《敦煌学辑刊》1987 年第 1 期,第 107—112 页。郝树声:《悬泉里程简地理考述》,收入氏著《悬泉汉简研究》,甘肃文化出版社,2009 年,第 108—110 页。
② 李并成:《河西走廊历史地理》,甘肃人民出版社,1995 年,第 20—23、35—38 页。高荣:《汉代武威郡治考辩》,收入《凉州文化与丝绸之路国际学术研讨会论文集》,中国社会科学出版社,2019 年,第 95—106 页。
③ 王乃昂、蔡为民:《凉都姑臧城址及茂区变适初探》,《西北史地》1997 年第 4 期,第 7—12 页。
④ 《后汉书》卷二三《窦融传》,中华书局,1965 年,第 805 页。
⑤ 郦道元著,陈桥驿校证:《水经注校证》卷四〇《禹贡山水泽地所在》,中华书局,2007 年,第 953 页。

未曾迁徙,如清代在甘凉道署(今武威市政府院内)曾出土"澄华井"石碑,碑文由东汉著名书法家张芝书写,张芝主要生活在东汉桓、灵时期,说明至迟在东汉后期时姑臧城就位于武威旧城之内,其行政公署与今天的市政府所在地高度吻合。魏晋时期,前凉张氏扩建姑臧城以及高僧鸠摩罗什驻锡罗什寺,这些遗迹都在今武威旧城内。因此,我们认为两汉魏晋时期的姑臧城一直在武威老城内,并未有明确的史料能证明姑臧城址在两汉时发生过迁移。

肩水金关汉简中对姑臧有零星的记载,我们举例如下:

(1) ☑成汉里公乘章严,年十九·葆姑臧休神里任昌,年卌五,字幼☑

73EJT2:10A

☑☑头头头　☑　　　　　　　73EJT2:10B

(2) 万岁里公乘藉忠,年卌八　为姑臧尉徐严葆,与严俱之官　正月庚午入　　　　　　　73EJT6:52

(3) ……一封居延甲候诣姑臧,二封张掖广地候印,一封诣……

☑☑☑卒高宗受橐他莫隧卒赵人,即行,日蚤食时付沙头亭卒充

73EJT23:938

(4) ☑三　·姑臧沙上☑☑　　　73EJT4:11

简 73EJT2:10 上下有所残断,性质很可能是出入名籍。此简正面记载了章严和任昌的身份信息,背面应属习字。由简可知,任昌籍贯姑臧休神里,年龄 45 岁,其身份是"葆",他被成汉里公乘章严担保。简 73EJT6:52 也是出入名籍,此简是金关关吏对籍忠、徐严通过金关时的记录。由简可知,徐严职务姑臧县尉(相当于今公安局长和武装部长),他担保万岁里公乘籍忠,与之一起前往肩水候官,他们是正月庚午日由北向南通过金关的,推测两人自居延过来。

简 73EJT23:938 是邮书传递记录,此简形制为宽木牍,牍上记录了众多邮书在驿北亭的交付情形。由简可知,其中一封文书是居延甲渠候发给姑臧县廷的,甲渠候官和姑臧县都是县级的军政机构,甲渠候官负责居延甲

渠塞的军事防御,姑臧县负责本县的行政治理,两机构有文书的往来,说明甲渠候官和姑臧县存在政务军务的沟通和交流。简 73EJT4∶11 残断很严重,但简文记载姑臧有沙上里,可补史书之阙。

另外,汉简中还有"姑臧库"的记载。据马智全研究,姑臧库是河西地区重要的兵器储备库,居延、肩水、敦煌等地戍边的士卒部分兵器来源于姑臧库,河东、东郡等中原戍卒前往河西戍边时,要在姑臧库领受兵器。姑臧库兵器的完整或缺损,也要向边塞屯戍机构或上级部门说明情况,反映出姑臧库与河西边塞兵物管理存在特殊关系。① 我们举例如下:

(5) ·第十七部黄龙元年六月卒假兵姑臧名籍　　EPT52∶399

(6) ·武威郡姑臧别库假戍田卒兵☐　　　　　　EPT58∶55

(7) 元康二年五月己巳朔辛卯,武威库令安世别缮治卒兵姑臧,敢
　　言之:酒泉大守府移丞相府书曰,大守☐
　　迎卒受兵,谨披槃持,与将卒长吏相助至署所,毋令卒得擅道用
　　弩射禽兽,斗巳,前☐书☐
　　居延不遣长吏逢迎卒,今东郡遣利昌侯国相力、白马司空佐梁,
　　将戍卒☐　　　　　　　　　　　　　　　　EPT53∶63

(8) 戍卒河东郡汾阴宜都里杜充　　所假姑臧赤盾一,桂两端小伤
　　各一所　　　　　　　　　　　　　　　　　敦 TH.1730

简 EPT52∶399 出土于甲渠候官遗址,此简是"甲渠第十七部卒假兵姑臧名籍"的标题简,说明甲渠塞第十七部戍卒的一些兵器是由姑臧发给。"假兵"表明戍卒只有兵器的使用权而没所有权,兵器归官家所有,戍卒在退役时所假兵器应上交官府。简 EPT58∶55 下端有所残断,性质也属于"武威郡姑臧别库假戍田卒兵(名籍)"的标题简。上述两简皆出自居延都尉辖下的甲渠候官遗址,此处距离姑臧有千里之远,但在居延戍边的戍田卒除一部分是张掖郡人外,其他皆为关东郡国之民,他们前往居延皆须经过武威郡。武威是关东戍卒越过黄河进入河西的第一站,姑臧是河西的都会之一,汉王朝在这里设有重要的武库——姑臧库,推测这些戍田卒所假的姑臧库

① 马智全:《姑臧库与汉代河西兵物管理》,《鲁东大学学报》2016 年第 1 期,第 62—64 页。

兵器当是在前往戍所途经姑臧库时领取的,说明姑臧库与居延的屯戍机构之间存在着兵器供给关系。

简 EPT53∶63 是武威库令安世发给居延的一封公文,内容是根据丞相府书的要求,边郡(东郡)长史和护送戍卒到边塞的内郡长史要相互协作,确保戍卒安全到达戍所,迎接戍卒的边郡长史要做好戍卒兵器领取工作,并要求戍卒爱护兵器,不得用兵器射杀禽兽或相互争斗。东郡派出利昌侯国相力、白马司空佐梁护送戍卒,而未见居延方面派出长吏迎接东郡来的戍卒,故武威库令安世发文询问情况。由简可知,这批戍卒来自东郡,戍地是居延。简文"武威库令安世别缮治卒兵姑臧"表明武威库令安世兼理姑臧兵器修缮之事。"武威库"指郡一级的武库,武威库令安世兼理部分姑臧兵器之事,表明姑臧库地位重要。简 TH.1730 出土于敦煌汉代烽隧遗址,此简记录了戍卒杜充兵器的折伤情况。他的兵器是赤盾,该盾有所缺伤,此赤盾"所假姑臧"——由姑臧发放。杜充是河东郡人,在敦煌边塞戍边,说明戍守在敦煌汉塞的戍卒部分兵器亦可能来自姑臧库。

武威郡辖有张掖县,传统观点认为张掖县在武威南二百里。《大清一统志》载:"张掖废县,在武威县南。汉置,属武威郡,后汉因之,晋省。《唐书·地理志》'凉州南二百里有张掖守捉',因旧为名。"[1]由于汉张掖县在西晋时就被省并,后世记述很少,清代以来的学者将唐代凉州张掖守捉的驻地认为是汉张掖县的旧址,认为唐张掖守捉沿用了汉张掖县的旧称,这一观点被写进清代编的《甘肃通志》《大清一统志》等官方权威地理志,晚清学者王先谦的《汉书补注》、吴卓信的《汉书地理志补注》等私家著述也继承这一说法,使此说在学界影响甚大,清以后的学者一般都将汉张掖县的位置注为武威南二百里。通过计量,唐代一里约今 531 米,[2]则唐代张掖守捉的位置在今武威南 106 公里左右。察之地图,今武威南 100 公里为天祝县境内,这里属于祁连山区,交通不便,气候严寒,此处虽可设置军事戍所,但设立县城较为困难,在两千年前的汉代,县城必定设置在农业基础好、交通便捷的地方。

---

① 《大清一统志》卷一六《凉州府》"张掖废县"条。

② 唐代一里为 1 800 尺,唐代的尺有大尺、小尺两种,日常生活中主要用大尺。多数学者将唐代一尺定为 29.5 厘米,则唐代一里约今 531 米。详参丘光明《中国历代度量考》,科学出版社,1992 年,第 88 页。

因此汉张掖县决不在此,李并成对此有过论述。①

    1949 年后,随着编纂历史地图集的需要,史学工作者对历史上的地名进行了系统的梳理与考证,其中最为重要、影响最大的成果就是谭其骧主编的《中国历史地图集》。②《地图集》第二册绘制了秦、西汉、东汉时期各区域的政区图,对两汉"凉州刺史部"的县级地名都进行了定位和标注。此图集将汉张掖县的位置考订在武威南的张义堡乡(今凉州区张义镇),由于《地图集》影响大、权威高,此说被学界多数学者所接受,许多学者撰文考证汉张掖县地望在今武威张义镇。③ 查之古籍,这种说法未见早期史料依据。汉张掖县在西晋时就被省并,此后武威郡再未设置过张掖县,张掖县省并距今已有1 700 多年。唐代虽在凉州设过张掖守捉,但《唐志》记载的张掖守捉在武威南二百里(今 100 多公里),今天的张义镇在武威市区南 62 公里(约为汉里百五十里,唐里百一十七里),张义镇的距离与史书所载唐张掖守捉的距离不符,故今日之张义镇不一定是唐代张掖守捉的驻地,更难推出是汉代张掖县的治所。从张义镇所处的地理环境来讲,这里交通不便、地形狭小、山大沟深,虽有张义古城堡遗址,但此遗址的修筑年代和性质目前尚不清楚。④ 因此,从史籍记述和交通情形来讲,今张义镇不可能是汉代张掖县的治所。

    随着居延、武威、敦煌等地汉简的出土,使我们可以利用这些汉代的文

① 李并成:《河西走廊历史地理》,甘肃人民出版社,1995 年,第 38 页。
② 谭其骧主编:《中国历史地图集》(1—8 册),中国地图出版社,1982 年。以下简称《地图集》。
③ 认为汉张掖县在武威南张义乡的论著有:谭其骧主编《中国历史地图集》第 2 册《秦·西汉·东汉时期》,中国地图出版社,1982 年,第 33 页;钱林书编著《续汉书郡国志汇释》,安徽教育出版社,2007 年,第 353 页;史为乐主编《中国历史地名大辞典》,中国社会科学出版社,2005 年,第 1378 页;魏嵩山主编《中国历史地名大辞典》,广东教育出版社,1995 年,第 576 页。此外,武威当地的一些文史工作者也认为汉张掖县位置在今武威张义镇。王宝元《汉武威郡张掖县考》,收入氏著《凉州春秋》,兰州大学出版社,2003 年,第 27 页;宋振林:《说古道今话张义》,收入氏著《武威探古》,中国国际出版社,2009 年,第 210 页;武威通志编委会编纂《武威通志·大事卷》,甘肃人民出版社,2007 年,第 4 页。相关论著很多,限于篇幅,不再赘述。
④ 张义古城堡位于凉州区张义镇张义堡村,此城平面呈正方形,边长 400 米,原城四角均有角墩,开东、西城门,东有瓮城,西有吊桥。此城的修筑年代尚不清楚,此遗址目前是甘肃省文物保护单位。详参凉州区文体局编《武威市文物志》第 1 章《古遗址》,武威市华凯印刷有限责任公司印刷,2004 年,第 24 页。

书档案或墓葬遗物来探索汉张掖县的地望及相关信息。

葆小张掖有义里□　　　　　　　　　　　119.67（A32 金关）

简 119.67 是居延旧简中的一支，出土于 A32 金关遗址。劳榦对这支简进行过讨论，他认为"此简之小张掖，当指张掖县而言，张掖郡治䚖得，不在张掖，与小沛同例"①。劳榦认为汉简称"小张掖"是为了与张掖郡相区别，类似于当时人称沛县为小沛，以区别于沛郡。劳榦的观点是正确的，后来出土的居延里程简和悬泉里程简亦用小张掖代指张掖县。我们分别列举简文如下：

长安至茂陵七十里　茂陵至茨置卅五里　……　　　（首栏）

……

媪围至居延置九十里　居延置至䚖里九十里　䚖里至循次九十里　循次至小张掖六十里　……　　　（第三栏）　　EPT59：582

简 EPT59：582 出土于居延甲渠候官遗址，形制为宽木牍，牍上记载了从长安至河西各地的里程，牍左侧残缺，部分地名和里程缺失，但牍上依然保留了长安到河西 20 多个地点的路线及里程，史料价值非常珍贵。此牍自上至下分四栏书写，其中第三栏残存简文记录了媪围至小张掖的地名路线及里程。由简可知，循次至小张掖六十里（约今 25 公里）。

……仓松去鸧鸟六十五里，鸧鸟去小张掖六十里，小张掖去姑臧六十七里，姑臧去显美七十五里……　　　（第一栏）

……氐池去䚖得五十四里，䚖得去昭武六十二里府下，昭武去祁连置六十一里，祁连置去表是七十里……　　　（第二栏）

……玉门去沙头九十九里，沙头去乾齐八十五里，乾齐去渊泉五十八里。右酒泉郡县置十一·六百九十四里。（第三栏）Ⅱ

　　　　　　　　　　　　90DXT0214①：130

上简是悬泉汉简中的一支，形制为宽木牍，此牍内容为县置道里簿。此牍分上、中、下三栏书写，两侧有所残缺，但保留的释文较多，信息较全面。此牍三栏分别记载了武威、张掖、酒泉三郡的县置道里远近，是研究汉代西

---

① 劳榦：《居延汉简考释》，第 30 页，"小张掖"条。

北交通路线、考证河西县置位置的重要资料。此牍中两次出现小张掖,分别记录了小张掖到鸞鸟、姑臧间的里程,是我们探究汉代小张掖地望最早、最可靠,也最重要的史料。

根据两篇牍文的记述,我们可以明确知晓小张掖距离周边县置的里程和方位:䝱次至小张掖六十里(约今 25 公里),鸞鸟到小张掖六十里(约今 25 公里),小张掖到姑臧六十七里(约今 28 公里),并且小张掖处于从仓松到显美的交通路线上,图示如下:

仓松━━━━➤鸞鸟━━━━➤小张掖━━━━➤姑臧━━━━➤显美

这条路线是由南折向西北的,故小张掖必处于姑臧之南。王宗维认为汉张掖县在今武威西北的洪祥镇。① 此说与悬泉木牍所记方位不符,且洪祥一带自古就是洪积戈壁滩,农耕条件很差,这里不可能是汉代县城之所在。

李并成、吴礽骧、郝树声等学者结合居延、悬泉里程简对张掖县的地望进行了新的探索。李并成认为张掖县在今武威东河乡王景寨村,作者于1986 年亲自考察了这里,发现古城周边散布着汉代残瓦片、灰陶片,指出王景寨古城傍湖近水,地广土肥,发展农业条件优良,认定此处为汉张掖县城。② 吴礽骧长期踏察河西汉代遗址,他认为张掖县当在黄羊河东岸,即武威市七里乡七里堡(今黄羊镇七里村七里堡)一带。他指出杂木河是汉代姑臧县与张掖县的界河,张掖县城在今韩佐乡五坝山墓群以东。③ 郝树声认为悬泉里程简所记录的交通路线与今天的兰新铁路和 312 国道走向相一致,作者依据此方向,根据简文"小张掖去姑臧六十七里(今 28 公里)"推定汉张掖县的位置在今武威南谢河镇武家寨一带。④

我们通过察看地图,三位学者考证的汉张掖县地望都在武威南 28 公里,且相互之间位置接近。郝树声推定的谢河武家寨和吴礽骧认定的七里乡七里堡实为一处,都位于今黄羊河东岸谢河镇北面一带。从交通条件来

---

① 王宗维:《汉代丝绸之路的咽喉——河西路》,昆仑出版社,2001 年,第 231 页。

② 李并成:《河西走廊历史地理》,甘肃人民出版社,1995 年,第 39 页。

③ 吴礽骧:《河西汉代驿道与沿线古城小考》,《简帛研究二〇〇一》,广西师范大学出版社,2001 年,第 341 页。

④ 郝树声:《悬泉里程简地理考述》,收入氏著《悬泉汉简研究》,甘肃文化出版社,2009 年,第 112—113 页。

看,自南向北越过乌鞘岭,经今天祝、古浪到武威,黄羊镇、谢河镇是必经之路,历史上也是沿着此条路线进入河西,推定汉张掖县在今谢河镇既符合汉简记述,也和历史上的交通路线相吻合,而东河王景寨则稍显迂回。因此,我们认同吴礽骧和郝树声的观点,汉代的张掖县治当在今凉州区谢河镇的北面,这里地势开阔、土壤平整,又处于交通孔道,无论从汉简记述抑或地理形势来判断,这里都是汉张掖县的合理驻地。

1984 年,甘肃省文物考古研究所在武威市韩佐乡五坝山(今韩佐乡宏化村)进行汉墓发掘,其中的 3 号墓出土木牍 1 枚,内容为墓主人私事文告,"张掖西乡定武里田升宁,今归黄,过所毋留难也,故为……"①根据牍文记载,此处是张掖西乡,则张掖县治必在此墓以东,而谢河镇武家寨就位于此墓东南10 公里。因此,推定汉张掖县治在今谢河镇北面也与武威发掘的汉墓方位、出土的木牍简文相吻合。

新公布的肩水金关汉简对张掖县有非常零星的记载:

武威郡张掖丞从史公乘陵里曹奉,年五十　　　　73EJT37∶1079

· 循客张掖和平里孙立,字君功,年卅四五、短壮、黑色、细身、小头、方面、小髭、少须、身端直,初亡时黑帻☐ 73EJT37∶675＋688②

简 73EJT37∶1079 性质属于出入关致籍。此简记录了曹奉的职务、爵位、籍贯和年龄。由简可知,曹奉是武威郡张掖陵里人,职务是张掖丞从史,爵位是公乘,年龄 50 岁。

简 T37∶675＋688 是一份追捕逃亡者孙立的公文,简文详细记录了孙立的籍贯、身份、名字、年龄、体貌特征及逃亡时所穿的衣服等,反映了汉代在追查亡人方面有严格详尽的记录。

综上所述,西汉时武威郡辖有姑臧、张掖等十县,其中姑臧是武威郡治。自武威设郡后,此地迅速成为汉王朝西北的政治、经济、军事重镇,武威和其他河西边郡一样,起着隔绝羌胡、通货西域的交通孔道作用。到东汉时,武

---

① 简文出自《甘肃武威五坝山 3 号汉墓木牍》,收入李均明、何双全编《散见简牍合辑》,文物出版社,1990 年,第 25 页。

② 此简由姚磊缀合。详参姚磊《肩水金关汉简(四)缀合札记(十则)》,《简帛研究二〇一六·秋冬卷》,广西师范大学出版社,2017 年,第 236 页。

威郡治姑臧已成为河西地区的商业中心,东汉末年时凉州牧治所迁至姑臧,此后姑臧一直是河西地区的军政中心、商业都会。关于姑臧城的最初位置,学界一直有不同的观点,但早期史料无确切证据能证明姑臧城址曾有过迁徙,故姑臧城初在武威东北二里、西北锁阳城之观点有待商榷。根据汉简可知,汉代姑臧有西(乡)比夜里、休神里、沙上里等乡里,姑臧库为河西地区的重要武库,是张掖、敦煌等河西边塞戍边士卒兵器的重要来源地之一。张掖县是武威郡所辖的重要县邑,其地望学界一直聚讼不已,居延、悬泉里程简的出土为解决张掖县地望提供了原始材料。在汉简中,为了与张掖郡相区别,张掖县往往写作"小张掖"。根据简文记述,张掖县位于姑臧南六十七里(约今 28 千米),其处于仓松至显美的交通要道上,其地望在今凉州区谢河镇北面。汉代张掖县有西乡定武里、陵里、和平里等乡里。通过出土汉简,我们可以对汉代武威郡基层乡里和普通百姓生活管窥一二。

表1　汉简武威郡姑臧县、张掖县乡里人物信息表

县名	里 名	姓名	身 份	其他信息	简号或出处
姑臧	西比夜里		葆		97.9
	休神里	任昌		年四十五	73EJT2：10
		徐严	姑臧尉		73EJT6：52
	沙上里				73EJT4：11
	渠门里	张口口			铭旌①
	西乡阎导里	壶子梁			铭旌②
张掖	有义里		葆		119.67
	西乡定武里	田升宁		今归黄泉	五坝山汉墓木牍③
	陵里	曹奉	张掖丞从史	爵公乘,年五十	73EJT37：1079
	和平里	孙立	循客	字君功、年卅四五,逃亡	73EJT37：675 + 688

① 此为铭旌上的文字,出自甘肃省博物馆《甘肃武威磨咀子汉墓发掘》,《考古》1960 年第 9 期。
② 党国栋:《武威县磨嘴子古墓清理纪要》,《文物参考资料》1958 年第 11 期。
③ 《甘肃武威五坝山 3 号汉墓木牍》,收入李均明、何双全编《散见简牍合辑》,文物出版社,1990 年,第 25 页。

汉塞遗址出土所谓"黄羊夹"
使用方式考索 *

高启安
河西学院历史文化与旅游学院

20 世纪,在河西走廊以及黑河下游的一些汉代长城烽燧遗址中,曾经出土了十几枚捕猎器具,形制相同,坊间多称其为"黄羊夹",并对其工作原理作了简单介绍,多认为只要羊足踏入"黄羊夹"中,夹子中的尖状签子就会扎进羊足,羊在奔跑时就会失去平衡栽倒,从而被猎人捕获。笔者在各博物馆参观,多次看到这些捕猎器具,对其能否起到捕猎作用产生了怀疑,亦曾询问过相关学者和考古工作者。一些学者不同意上述意见,认为此物套圈部分柔软,签子并未固定在套圈上,即便兽足踏入,也不会紧紧卡住,猎物极易挣脱或带着此物逃跑。一般猎人设置此类机关,不会守在附近,不会发生一旦猎物触动机关,猎人马上就可以出来追逐或猎捕的事。另外一些学者怀疑此捕兽器具就不是用来捕猎野羊这类猎物的,按照其形状可能是捕猎小型猎物如啮齿类动物的用具(顺之可入而不能逆之以出)。但啮齿类动物是会打洞的,即便从此掉入,也会打洞从边上逃走,且此具很小很轻,起不到阻挡作用。因此,迄今关于此捕兽器,尚需要探索其工作原理和使用方式。

一、出土及收藏状况

所谓"黄羊夹"主要出土于河西汉代遗址中。目前,笔者共收集到多达十几枚遗存物图像:阳关博物馆展出 2 枚(征集,出土于敦煌境内长城沿线

---

* 本文是国家社科基金重大项目"敦煌中外关系史料的整理与研究"(项目编号:19ZDA198)的阶段性成果。

烽燧),敦煌市博物馆展出 1 枚(黄墩农场南烽燧),甘肃省博物馆展出 1 枚,出土于金塔县肩水金关;甘肃省文物考古研究所共收藏 9 枚,出土于敦煌马圈湾等遗址或长城烽燧;金塔县博物馆收藏 1 枚(金塔沙河墩烽火台遗址采集);瓜州县博物馆收藏 1 枚(瓜州县西湖长城采集);英国考古学家奥雷尔·斯坦因(Marc Aurel Stein)《从罗布沙漠到敦煌》和《亚洲腹地考古图记》两书各记录 1 枚。各博物馆收藏物图片如下。

图一

图二

图一,甘肃省博物馆展出。收藏于甘肃省文物考古研究所。右件出土于肩水金关遗址。孙机先生在《汉代物质文化资料图说》一书中曾引用,有线图。孙先生说:"居延金关遗址出土过一种圆形捕兽器,周围缚有尖木,能顺之以入而不能逆之以出。"①左件也借展于甘肃省文物考古研究所。②

图二,敦煌阳关博物馆收藏。标"黄羊套"。汉。上:周长 18 厘米,直径 6.8 厘米;下:周长 18 厘米,直径 6.9 厘米。"茇

① 此图为甘肃省博物馆展出时,李国民先生拍摄。图片由李国民先生提供。孙机:《汉代物质文化资料图说》(增订本),上海古籍出版社,2012 年,第 26 页。

② 经询问甘肃省博物馆刘志华先生,谓两件文物均藏于甘肃省文物考古研究所,一件出土于肩水金关,另一件省博物馆当时展出时没有记录出土地点。

芨草绳缠成圆圈,内侧插满尖竹签,呈向心状,草圈拴重物,置于地面小洞口,可以陷捉黄羊等动物。当时的戍边士卒靠此补充生活的不足。"①

图三,敦煌市博物馆收藏的"黄羊夹",直径 11.5 厘米,1998 年 5 月出土于黄墩农场南烽燧。材料:芨芨草、木,时代为西汉。编号:206B.C.-24A.D.②

图三

图四

图四,金塔县博物馆收藏。金塔沙河墩烽火台遗址采集,直径 19.3 厘米,高 2.8 厘米。材料:芦苇、毛绳。③

图五,瓜州县西湖长城采集,瓜州县博物馆收藏。外径 18 厘米,内径12.6 厘米,高 6.8 厘米。

图五

图六

---

① 纪永元、初世宾主编:《阳关博物馆文物图录》,甘肃人民美术出版社,2013 年,第 29
页。出土于敦煌境内长城边烽燧上,征集。
② 敦煌市博物馆编,傅立诚主编:《敦煌文物》,甘肃人民出版社,2002 年,第 41 页。
③ 图片、大小数据由金塔县博物馆提供。

图六，T13：02，敦煌马圈湾出土。甘肃简牍博物馆藏。①

材料：木签、红柳条。

此件因有三根签子为废弃的简牍，为汉简研究者所熟知，分别为马圈湾汉简 1131—1133 号。内容：1131："言之官檄以月十三日"；1132："□□得□穀者□"；1133："食麦一石九斗五升"。见图七。②

1992 年至 1995 年，甘肃省文物局组织人员，对疏勒河流域汉代长城进行了全面考察，在今瓜州县桥湾东部地区 171 号障城遗址上也发现了一枚"木制猎具"："障墙内外地面有较多粗、细绳纹陶片，残器等；采集镞杆，铜扣，木制猎具。猎具直径为 14～18 厘米。长城在燧烽北 10 米。"③此"木制猎具"应该就是所谓"黄羊夹"。该件文物现藏于甘肃简牍博物馆。

图七

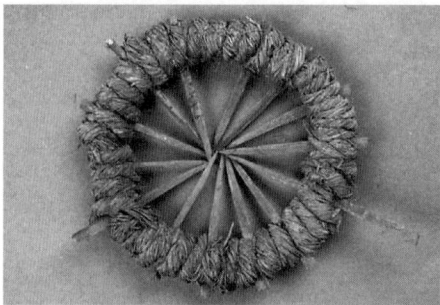

图八

图九

英国考古学家斯坦因在两次中国探险中，在今敦煌市和金塔县长城烽燧上分别发现了两枚类似文物。见图十二、图十四。

---

① 图片由甘肃简牍博物馆提供。

② 张德芳：《敦煌马圈湾汉简集释》，甘肃文化出版社，2013 年，第 169 页。

③ 甘肃省文物局编，岳邦湖、种圣祖著：《疏勒河流域汉代长城考察报告》，文物出版社，2001 年，第 72 页。

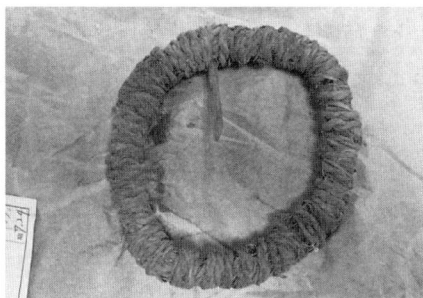

图十

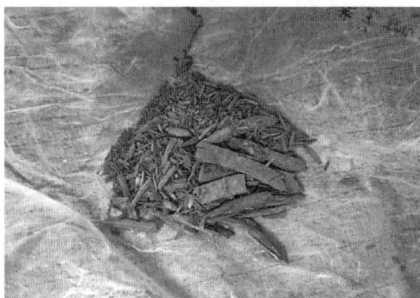

图十一①

图十二

图十三②

① 图八至图十一,甘肃简牍博物馆收藏并提供。

② https：//www. britishmuseum. org/collection/object/A_MAS‐796。Stein (1928 vol. I, addenda et corrigenda P. 421) cites a letter from H. Balfour, curator of the Pitt-Rivers Museum in Oxford. "The principle is this：The spiked wheel is laid over a hole in the ground and concealed. A noose is placed over the wheel, the loop of the noose lying over the ring of the wheel; the other end of the noose-cord being attached either to a tree, or to a log. An animal placing its foot upon the wheel causes the spike to give way, the leg of the beast sinking through into the hole in the ground. The spikes hold firmly upon the beast's leg, and in endeavouring to shake off the painful, spiky wheel, the noose (which is supported by the wheel) is caused to draw tight and so the beast is held fast — or has to trail a log along as it runs off. Thus the wheel is not in itself the trap, but it functions as an accessory in securing that the noose shall operate, the noose being the real trap. " 斯坦因(1928 年,第一卷,附录和勘误表,第 421 页)引用了牛津皮特·里弗斯博物馆馆长 H. 巴尔福(H. Balfour)的一封信:"原理是这样的：尖头的圆圈放在地上的一个陷阱洞口,然后隐藏起来。套绳放置在圈上,套绳的环套在圈的环上;套绳的另一端可以系在树上,也可以系在木头上。当猎物的蹄子踩在圈上,会使签子退让,猎物的蹄子就会陷进陷阱里,签子会牢牢地固定在猎物的腿上,在努力挣扎摆脱套圈时,套绳(由圈支撑)被拉紧,所以猎物被紧紧地拴住——或者在它跑开的时候必须沿着一根木头走。因此,套圈本身并不是陷阱,但它起着辅助作用,确保套绳能够运行,套绳才是真正的陷阱。"

图十二,斯坦因收集品。"T. XV. a. i. 009,是个套野兽用的机关,保存完好。"①这件文物现藏大英博物馆,馆藏号"A_MAS‐796"。见图十三。

在肃州到毛目段长城 T. XLI. i 烽燧上,斯坦因还发现了一件与敦煌 15 号烽燧相同的狩猎用具:"木质机关的一部分。用草拧成,呈不规则的环形。

环形内部绑着很多带尖的木条,木条尖端都汇集在环形的中心。大概是用来捕猎用的机关,类似《西域考古图记》第二卷 782 页和第四卷图版 LIV 中的 T. XV. a, i. 009。补遗和勘误直径约为 6 英寸。图版 XLVI。"③如图十四。

图十四②

目前所知,所谓"黄羊夹"只出现在河西走廊及黑河流域的汉代烽燧遗址上,可判断成守边关的将士和驿站管理人员闲暇时用以捕猎以补充肉食,改善伙食。

为何此捕猎工具几乎都出自烽燧呢? 这应该和汉代守烽燧的"烽子"(此称谓较晚,大概在晚唐五代才出现。但守烽燧者的职责却相同,故以此称之)的饮食生活有关。

根据汉简记载,守烽燧的将士几乎常年守护在烽燧下,饮食结构单调。因此,将士们就想办法通过生产来补贴用度。条件好的烽燧,底下或附近有水源,可以种点粮食作物和蔬菜,肉食的补充,几乎都靠狩猎或捕鱼(汉简记载有时也购买一些肉食)获得(长城烽燧上间或出土有渔具)。而获得猎物

---

① [英]奥雷尔·斯坦因著,赵燕、谢仲礼、秦立彦译:《从罗布沙漠到敦煌》,广西师范大学出版社,2000 年,第 300 页,图Ⅲ。关于该件文物,在《西域考古图记》中也有记载:"T. XV. a. i. 009(图版 LIV),是个套野兽用的机关,保存完好,T. A. 乔伊斯先生在文物目录说明了它的用法。"(见[英]奥雷尔·斯坦因著,中国社会科学院考古研究所主持,巫新华等译《西域考古图记》第二卷第十九章《玉门关》第五节《古代丝绸贸易的遗物》,广西师范大学出版社,1998 年,第 399 页,图版第四卷第 54 页。)

② [英]奥雷尔·斯坦因著,巫新华、秦立彦、龚国强、艾力江译:《亚洲腹地考古图记》第三卷图版第 46 页,XLVI,"T. XLI. I. 06",广西师范大学出版社,2004 年。

③ [英]奥雷尔·斯坦因著,巫新华、秦立彦、龚国强、艾力江译:《亚洲腹地考古图记》第一卷第十二章,广西师范大学出版社,2004 年,第 592 页。

的主要方式就是制作此类捕兽器——捕获黄羊、岩羊等。而汉代河西西部一带,野生动物的分布不但广泛,而且密度较高。烽燧底下的水源应该就是许多野生动物饮水之处,在此等地方挖陷阱、下套,极易获得猎物。烽燧出现如此多的黄羊套,可以窥见汉代职守烽燧士兵生活之一斑,也说明狩猎是汉代西部守燧将士获得肉食及其皮张的重要来源。

二、名称、结构及材料

关于其名称,考古报告称之为"狩猎工具"①、"猎具"、"捕兽机"②,博物馆展出时标为"黄羊夹"。孙机先生说:"斯坦因在玉门关附近的 15 号烽燧遗址中发现过完全相同的器物。它或即《周礼·雍氏》所说'春令为阱、擭'的擭之类。《尚书·费誓》孔疏引王肃曰:'擭,所以捕禽兽机槛之属。'擭又名削格(《庄子·胠箧篇》)、峭格(《吴都赋》)。削、峭义通。格者,《说文》谓'木长貌',削谓刮削之,正与此器的构造相合。不过汉代最常用的猎具还是罟。《周礼·兽人》:'兽人掌罟田兽。'是将罟作为狩猎所用网具的总称。细分起来,当如《尔雅·释器》所说'鸟罟谓之罗,兔罟谓之罥,麋罟谓之罞,彘罟谓之羉'。它们既然各有专名,形状亦应各具特点,只因缺乏形象资料,不能尽知其详。"③

《周礼·秋官·雍氏》:"春令为阱、擭、沟渎之利于民者,秋令塞阱杜擭。"郑玄注曰:擭,柞鄂也。坚地阱浅,则设柞鄂于其中。贾公彦疏"柞鄂":"柞鄂者,或以为竖柞于中,向上鄂鄂然,所以载禽兽,使足不至地,不得跃而出,谓之柞鄂也。"④《礼记·中庸》:"人皆曰予知,驱而纳诸罟擭陷阱之中,而莫之知辟也。"郑玄注:擭,胡化反。《尚书传》云:捕兽机槛。孔颖达疏曰:

---

① 甘肃省博物馆、敦煌县文化馆:《敦煌马圈湾汉代烽燧遗址发掘简报》,《文物》1981 年第 10 期,第 1—8 页。

② 斯坦因称之为"捕猎用的机关"或"套野兽用的机关",大英博物馆称之为"捕兽机"。

③ 孙机:《汉代物质文化资料图说》(增订本),上海古籍出版社,2012 年,第 26 页。

④ 《周礼注疏》卷三六,(清)阮元辑《十三经注疏》,浙江古籍出版社影印,1998 年,第885 页。

攫谓柞鄂也。① 按照郑玄说法,"攫"即"柞鄂"。"坚地阱浅",可以设置"柞鄂",则与此等捕猎工具相类。但按照贾公彦的说法,"柞鄂"是一种大型陷阱,中有机关,猎物足不着地,难以跃出,当不是此类捕猎工具。可见到了后世,经学家们已经将"柞鄂"解释为深而大的陷阱了。

宋人林之奇《尚书全解》解"攫"谓:"攫、窜,皆捕兽之器。攫以捕虎豹,穿地为深坑,又设机于上,防其跃而出也。窜以捕小兽亦穿地为深坑,入必不能出,但不设机耳。"②

另一宋代经学家夏僎撰《夏氏尚书详解》解读"攫"和"窜"谓:"或平时为攫,以取猛兽者,今则杜而绝之;为窜以取小兽者,今则室而塞之。攫、窜皆捕兽之器,穿地为深坑,又设机于上,以防其跃出者,谓之攫;穿地为深坑,使入不能出,其上不复设机者,谓之窜。攫有机,故绝之;窜惟坑耳,故塞之。"③

这些说法似均与出土物不类。

攫

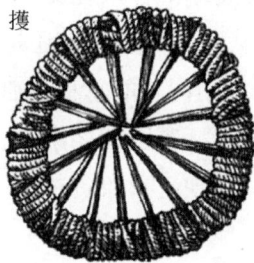

图十五

肩水金关出土的这件物品(现于甘肃省博物馆展出者)线图上,孙先生注为"攫"。见图十五。④

肉眼观察以上数枚捕猎工具,其结构及材料可分为三部分:

其一,套圈。由数根芦苇或柳条编成圈状内芯,外缠以芨芨草(Achnatherumsplendens)绳(仔细看,甚至大多不是拧成的芨芨草绳,而是用芨芨草胡拧成的简易绳索。河西所谓芨芨草绳,是将芨芨草枝干用水浸泡数日,在石砧板上砸绵,然后搓拧成的绳索。而芨芨胡绳索是芨芨草的"秧子",其拧成的绳索抗拉强度要比芨芨绳索弱得多,但因此也柔软得多。这也可能是套圈缠绕材料多选取芨芨草胡绳索的原因)或毛绳。从目

① 《礼记正义》卷五二,(清)阮元辑《十三经注疏》,浙江古籍出版社影印,1998年,第1626页。
② (宋)林之奇撰:《尚书全解》卷四十,台湾商务印书馆景印《文渊阁四库全书》,第55—827页。
③ (宋)夏僎撰:《夏氏尚书详解》卷二十六,台湾商务印书馆景印《文渊阁四库全书》,第56—960页。
④ 孙机:《汉代物质文化资料图说》(增订本),上海古籍出版社,2012年,第27页,图7—8。

前出土遗存物状况看,肉眼辨识,内芯有两种:芦苇及不知名木条组合(图四,金塔县博物馆,内圈为木条,外圈为芦苇)和红柳条(图六,马圈湾出土者);圈之大小(直径)从6.8厘米至20厘米不等。套圈的材料可能和其效能的发挥有一定关系,就是说套圈要柔软,不能太硬,这样,不仅签子可在外力作用下扩张,有一定弹性(这是套圈内心不用木料、签子不固定在木质圈上的根本原因),容易插进签子,而且插在圈上的签子会短时间内卡在猎物的腿足上使其不易脱落。

其二,签子。从出土状况看,多是就地取材,以木质削成,甚有将废弃的残简再加工成签子的(如图六,敦煌马圈湾出土的那一枚)。签子一头尖,一头被芨芨草绳缠绕在套圈上。每个"套圈"上的签子从8枚到20枚不等。一个重要的技术处理是,签子的长度在圈内部分,差不多半径或稍长,签子必须向心,稍下垂,略呈漏斗状。签子一头削成尖状,可卡在兽足上,起到兽蹄易进入而难脱出的作用,在猎物踏入套圈挣扎脱出时,套绳活扣紧缩,挽系住猎物。猎物越挣扎,套绳愈紧。套圈的主要作用不是扎猎物的腿,而是阻挡绳套活扣滑落,起到套绳活扣拉紧的辅助作用。

其三,套圈上缠绕的绳索。肉眼观察出土物,有芨芨草绳(图一,省博展出2件;图二下,阳关博物馆B件;图八,甘肃简牍博物馆收藏者;图十二,斯坦因收集于玉门关15号烽燧者)、芨芨草胡、毛绳(图四,金塔县博物馆)、红柳条(图二上,阳关博物馆A件)数种。缠绕绳索的功能主要是加固套圈,固定签子,但要保证签子的尖锐部分可上下有一定幅度的摆动(即不能固定死),所以,目前所见套圈上的绳索大多数为就地取材的芨芨草绳或芨芨草胡。马圈湾出土的那一件没有绳索缠绕,只有柳树细枝构成套圈,比较简陋。可能是埋藏时间较长,出土时外绳圈脱落导致。

最后,其实是最重要的工具,绳索。但遗址似乎没有配套的绳索出土,拟或是出土时忽略了。绳索的一头要设置成与套圈一般大小、随时可拉紧的活扣,置于套圈之上;一头要拴在固定的木桩或大石头(被采访者语)(斯坦因引巴尔福语,还有树)上,防止野兽挣脱逃跑。一旦兽足踏入,签子尖锐部扩张,猎物挣扎,拉动套圈,在套圈签子的阻挡下,套绳不能从兽足上脱落,而是越拉越紧,则猎物被套索拴住。

绳扣的挽系方式,根据老猎人演示,多是单扣,挽系方式在河西一带称作"抄蹄扣"。如图十六。

图十六（庞颖绘）

　　绳套在保证足够强度的前提下，不能太粗，要适当光滑，以保证在拉动时减少摩擦力。

三、捕捉方式及原理

　　如何能捕捉到野羊？甘肃省博物馆展示台上有一幅示意图（此图也用在许多博物馆）：

图十七

　　现在看来，图十七只是揭示了野羊入套的第一步，而没有展示关键的一环：套索活扣挽系住羊的腿足的这一环。

　　此等捕猎工具，在河西民间并未消失。笔者采访了一位堂兄，现年85岁的甘肃省景泰县人高启玉（甘肃省景泰县原红水乡陶瓷厂职工，小时跟父亲下过此类套子抓过石羊［岩羊］）。据他讲，倒刺状的签子的圈圈上，要套一根设计有活套扣的绳子，猎物一旦踏入小陷阱，则套圈上的签子暂时阻滞猎物腿足脱出，在签子的阻滞下，套绳抽紧，挽住猎物，猎物越挣扎，则套绳愈紧，终不能逃脱。因此，"套圈"只起伪装、辅助紧缩套索的作用，真正捉住猎物的，其实是绳索。而绳索的一头，拴在预先打入地的木桩或大石头上。如此，则此物命名为"黄羊套"更贴切。

经询问，设置"黄羊套"要挖一口径与套圈相适的小圆坑，将套圈置于圆坑之上，签子尖锐一头朝下，在套圈上放置扣绳和伪装材料，伪装材料有衰草、驴马粪、羊粪末（猎物嗅觉灵敏，马粪、羊粪有掩盖人体气味的作用）等。

但被访问者也说：套绳对于狐狸、狼一类动物，几乎不起作用。肉食性动物有时也会被套住，但它们会咬断绳索。因此，此捕猎工具多安置在水头及黄羊、石羊必经小道上，主要捉石羊和黄羊。由此，称其为"黄羊套"或"石羊套"才相宜。见图十八、十九。[①]

图十八　　　　　　　　　　图十九

正确的捕猎原理见图二十。

为何遗址多出土套圈而不见套绳索呢？因绳索的用途广泛，在不狩猎的场合，绳索可改作他用，因此，不一定和黄羊套一起出现。斯坦因在 T. VIII. 0045 烽燧曾经采集到一件"绳套"（线套）："用质地上乘的细线或软麻绳打成圆套。可能是用来套在（动物的）头上的。绳套外径 7 又 1/2 英寸，内径 4 又 1/4 英寸，厚 7/8 英寸。"[②]遗憾的是该

图二十

---

① 复制的黄羊套及其捕猎原理。

② ［英］奥雷尔·斯坦因著，中国社会科学院考古研究所主持，巫新华等译：《西域考古图记》第二卷，广西师范大学出版社，1998 年，第 435 页。

书没有这件文物的图像。从其粗细程度及"质地上乘"分析,为黄羊套配属绳扣的可能性较大。

（本文写作过程中,得到阳关博物馆、金塔县博物馆、瓜州县博物馆、甘肃简牍博物馆、甘肃省博物馆的图片资助,还得到初世宾、张德芳、李国民、李宏伟、高启玉、高启旺等先生的帮助。谨致谢忱!）

铜奔马所蕴含的地缘知识
体系与时代风尚

尚永琪

宁波大学历史系

在张骞出使西域之前,秦马和代马是东亚名马,尤其是以祁连山及泾渭为中心的秦马,在种群上是秦帝国崛起的重要力量来源,更是汉帝国战胜匈奴的主力马匹。当对匈奴的战争告一段落后,乌孙马和大宛系"天马"大批引进汉代中国。天马及其在汉代画像石、雕塑等图像中的大量出现,与汉武帝所追求的"乘天马,到天门"的时代信仰有关。武威铜奔马在造型上将"天马信仰"的载体或象征物推到了一个艺术高峰,将"天马导荐"升天的场景表达到了极致。在其背后,实质上蕴含的是汉唐时期凉州、秦陇地区在马匹养育方面的地缘技术传承和时代风尚。古代凉州与秦陇是秦马、代马和天马为主角的东西物质文化交流的对接点,农业文明与草原文化的融合地,中国传统相马技术传播的主要源头地域,西域文明东传中国的蓄水池。①

第一,凉州及其周边是秦马培育与早期育马技术传承的核心地区。秦马是春秋战国时期秦人的祖先在今甘肃、陕西一带培育豢养的蒙古马。在《史记·秦本纪》的记载中,秦人的祖先就是因为在渭河一带为周王室养马而起家。秦国的军队之所以横扫六国、统一天下,一定程度上也与其拥有大批的良马有关。而传说中的周穆王所得到的"骅骝、绿耳"等名马,也是源于今陕西地区的桃林这个地方,其地界西至潼关,也是秦地。直至东汉将军马援,正是因为在秦地养马而积累了丰富的马匹豢养技能和军事才能。对于优良秦马的记载与描写,最早记录在《战国策》卷二六张仪劝导韩国国王的说辞中,司马迁在《史记》中沿袭其说法并作了精炼概括:"秦马之良,戎兵之

---

① 　尚永琪:《国马资源谱系演进与汉唐气象的生成》,《中国社会科学》2020 年第 8 期。

众,探前趹后,蹄间三寻。腾者,不可胜数。"按张仪的说法,秦国战马精良,奔跑起来前蹄扬起,后蹄腾空,一跃就是两丈多远,能这样奔腾的骏马不计其数。这显然是张仪夸张的说辞,但是秦国拥有大批优良的代马,则是不争的事实。在西域马没有大批输入之前,代马在先秦时期是中国北方草原天字第一号的名马,所谓代马、胡犬、昆山之玉,是当时赵国的三宝。在春秋末期三家分晋的赵家赵无恤占领代地后,就用代马武装其主力车骑,为后来的胡服骑射打下基础,吃苦耐劳的骡子也是在代马的基础上由狄人培育而来的。

对整个欧亚大陆而言,中亚是一个马的策源地,①无论是中国北方的马还是欧洲马,都不同程度受到中亚马源的深刻影响。自汉代以来,中国古代文献中的"天马""宛马""于阗马"等就与此密切相关。当然,欧亚大陆东部的蒙古草原首先是东亚地区马匹的一个重要策源地,历史记载中的"秦马""代马"等良马无不与其密切相关。在这两个关于马的策源地的大背景下,中国古代相马术的发源与传承,跟河西走廊、陇右、汧渭之间、代地这几个地理点密切相关。崛起于秦雍之地的秦人族群,自其先祖非子始,就以替周王朝牧马而兴起,所以这个族群及其建立的秦国,其文化潜意识中就有着对骏马和骑兵重要作用的清醒认识。

确切说,古代历史上的相马人群体,其族群背景和养马、育马技术的积累与传承,都是在这几个地区发育起来的,并且有一个若隐若现的核心群体存在——我们虽然不能精确而清晰地断定他们的血缘或族群传承,但是以"秦人牧马"为源起的育马族群的存在,以及以"马服君"为族号的"赵—马"血缘家族的传承,我们基本上可以勾画出一个早期养马、育马技术传承的地理与族群图系。②

在中国古代的相马专家中,马援是唯一有清晰的相马事迹记载和部分相马著作内容传世的人。马援铸造的铜马被作为东汉王朝衡量骏马的标准

---

① A. H. 丹尼、V. M. 马松主编:《中亚文明史》第 1 卷,中国对外翻译出版公司,2002 年,第 9 页。

② 尚永琪:《欧亚大陆视阈中的中国古代相马术》,《丝路文明》第 1 辑,上海古籍出版社,2016 年。

法式立在皇宫宣德殿前；他撰写的《铜马相法》被列入皇家藏书，①主要内容一直传到了今天，是我们今天见到的古代《相马经》传世文献的主要组成部分之一。

马援有长期在陇右、凉州地区生活和做将军的经历，而这一地区自西周以来就是中国军马的主要养殖蓄息地，所以马援是一个具有丰富实践经验的军马专家。按马援在上奏光武帝刘秀表章中的自述，他不仅仅是有自己多年来同战马一起摸爬滚打的实践经验积累，而且在相马方面是有着专门的师承授受的。

根据马援上奏光武帝表章中的自述，他所学的相马理论知识，有一个清晰的代代传授的脉络：

西河子舆→西河仪长孺→茂陵丁君都→成纪杨子阿→茂陵马援②

马援学习相马技术的师承传授表中所隐含的信息非常丰富。

第一，这些相马人都出生在中国古代出产名马的几个特定地域。子舆、仪长孺都是西河人，而东汉的西河在今天的山西吕梁地区，在地理位置上靠近盛产"代马"的燕代之地。代马是中国古代北方出产的可以用于军事的名马，是我们今天所知的"蒙古马"之马源之一，其奔跑速度与耐力，同产于河西走廊及陇右的秦马相媲美。所以在西河这一地区有相马高手自然是在情在理。丁君都与马援出生的茂陵（今陕西扶风一带）及杨子阿出生的成纪（今甘肃天水），是属于历史上盛产秦马的"汧渭之间"。当年秦人的祖先就是因为在此地域为周王养马而起家，传说中周穆王八骏中最为神勇的几匹马就产自该地，而造父、非子也是在这里成为一代养马、驯马高手的。马援直接师承的老师是成纪（今甘肃天水）人杨子阿，这说明马援在天水做将军的时期就系统地学到了相马的理论知识。

马援所掌握的马匹选择与养护技术，是以秦汉时期"秦马"的大量存在为前提的。秦之统一天下，"秦马"功不可没，司马迁所谓"秦带甲百余万，车千乘，骑万匹……秦马之良，戎兵之众，探前趺后，蹄间三寻腾者，不可胜数"③，正

① 范晔：《后汉书》卷二四《马援传》，中华书局，1965年，第840页。
② 《后汉书》卷二四《马援传》，第840页。
③ 司马迁：《史记》卷七〇《张仪列传》，中华书局，1987年，第2293页。

是对秦马之盛的恰当描述。正是在大量秦陇战马存在的背景下,相马术才在此一地域积累深厚、代有传承。

第二,凉州及其周边是"西域天马系"马匹与秦马、代马的交汇之地。汉代边关马匹的主要来源,事实上也正是来自秦陇地理带,如悬泉置的传马补充,主要就是来自以渭河流域为中心的农牧交界地带,如其中一次性就从天水郡、安定郡调拨给敦煌郡 614 匹马。① 而唐代的国家养马场,主要设在此河陇之地、岐陇之间,所谓"国马四十万匹,皆牧河陇……置八使四十八监,占陇西、金城、平凉、天水四郡,幅员千里。自长安至陇西……岐陇间善水草及膏腴田,皆属七马坊"②。因此,作为连接西域与中原地区的河西走廊更是位置重要,它不仅是汉唐国家骏马的主要培育之地,更是在军事上隔断北部草原部族南侵、文化上源源不断接受西亚中亚直至欧洲地区文明因素的细线通道。其周边地带,不但是汉唐国家军事腹心之地,而且是一个具有发动机特征的交接性地理地带,中原农业生产资源与儒家文化传统、漠北胡马利箭与尚武风气、渡过西极流沙而来的西亚中亚物种与异域风尚,在这里交汇融合,成为一个绝佳的既有本土资源、又不乏外来资源的生长之地。所以前贤曾断言,大唐跟突厥、吐蕃争夺这一地区,实质上就是在争夺宜牧之地。

秦马是春秋战国时期秦人的祖先在今甘肃、陕西一带培育豢养的蒙古马,代马则是指今山西、内蒙古交界地区的古代代郡、雁门郡一带生长的蒙古马,随后则发展成为北方匈奴等骑乘的蒙古马的一个泛称,相当于"胡马"。在战国时期秦国扩张地盘、吞并天下的过程中,北方草原的蒙古马大量进入秦军之中,成为秦帝国军队的主要作战马匹。在西域还没有开通的西汉早期,皇帝能得到的名马也主要来自这一地区。大批代马的融入,是汉代国马改良换代的一个开始。汉初,中原地区大都是以蒙古马为母本的地方改良品种,但是农业生产方式下养育起来的马匹,其奔跑速度、耐寒能力、自然适应能力显然远远无法同草原游牧民族养育的马匹相匹敌。汉文帝时,晁错在论及汉朝与匈奴的军事差别时说:"(匈奴马)上下山阪,出入溪

---

① 悬泉汉简ⅡT0216②:123,参见张俊民《敦煌悬泉置出土文书研究》,甘肃教育出版社,2015 年,第 311 页。

② 王溥:《唐会要》卷七二《京城诸军马》,中华书局,1960 年,第 1302 页。

涧,中国之马弗与也;险道倾仄,且驰且射,中国之骑弗与也;风雨疲劳,饥渴不困,中国之人弗与也。"[1]为提高中原马匹的品质,汉朝不得不寻求大力引进优良马种,代马也即匈奴马当然是首选。

到汉武帝即位之后,汉王朝培育的"代马"系国马已经到了"阡陌之间成群,乘牸牝者摈而不得会聚"的地步,汉军终于有足够的马匹来与匈奴骑兵相对抗了。前129—前119年之间,汉武帝共发动10次汉匈之战,[2]派遣卫青、霍去病率军连续打击匈奴,不但威服西域各国,而且在自酒泉至玉门关之间,修筑了连绵如链的亭鄣,保证了西域道的畅通和对匈奴的制约。这场战争也使得汉帝国的骑兵意识进一步觉醒,正如司马迁所云:"为伐胡,盛养马。"[3]而连年战争又使马匹损耗巨大,这样更是激起汉帝国培育马匹的动力,"对匈奴的胜利,更激起统治者对养马业的重视"。当然,彼时的汉武帝和汉帝国的政治精英们,对于培育国马的热情和要求已经不仅仅满足于本土的种群了,以"天马"为蓝本的西域名马成为更高的追求目标,乌孙马和大宛马随之被引入进来。

乌孙马是西汉王朝最早大批引进输入的"天马"系西域良马,主要产地就是以今天新疆维吾尔自治区昭苏县为中心的天山、乌孙山盆地,与乌孙马有密切血缘关系的现代品种就是伊犁马。

乌孙马的输入,源于张骞的第二次出使西域。元狩四年(前119),张骞再次出使西域,目的在于联络乌孙国,夹击匈奴,但无功而返。不过乌孙王在临行之际,还是给张骞赠送了乌孙骏马数十匹作为礼物,[4]这是文献记载中乌孙马第一次被引入中原,是此次张骞出使所取得的重要成就之一,开启了乌孙马进入中原的先河。

乌孙马的大批引进始于此后不久乌孙与汉朝的和亲。乌孙派使者前来求婚,聘礼中就包括了1 000匹乌孙马。[5] 这1 000匹乌孙马的输入,已经足以作为种马来改良或优化本土马的种群。它同秦马、代马一起,成为中原马

---

① 班固:《汉书》卷四九《晁错传》,中华书局,1962年,第2281页。
② 周锡山:《汉匈四十年之战》,上海锦绣文章出版社,2012年,第47—48页。
③ 《史记》卷三〇《平准书》,第1425页。
④ 《汉书》卷六一《张骞传》,第2692页。
⑤ 《史记》卷一二三《大宛列传》,1987年,第3172页。

匹演化与改良的种群源头。而公元前 104 年,西汉大将李广利远征大宛贰师城,3 万多军队出征,不足 3 000 人活了下来,终于从贰师城俘获回 3 000匹大宛"天马",使大宛汗血宝马成为汉马的引入型种源,不但对西汉帝国的国马改良有重要的价值,并且影响到了整个汉唐时期国马谱系的改良和演化。我们在汉画像石等各类两汉美术作品中,都能见到这种体形外貌明显不同于蒙古马的优良马种。最典型者就是甘肃武威雷台汉墓出土骑兵俑中高大的马俑,被研究者认定为"大宛马"的形象,其身材高大、修长、颈部较高、身躯短,是良好的骑乘用马。

马为人类运输物品、击败反对的人群、抵抗他们的攻击。马和驴具有像牛一样的负重能力,但是却要比牛走得更快,而耗费的食物与水要更少。在可以骑乘的动物中,在没有仔细设计和制作成鞍子和坐垫的情况下,马的裸背对于人类骑乘而言是相当舒服的。马有与生俱来的从众心理和行为模式,从智能和同情性方面来加以利用,可以使得马心甘情愿地顺从人类,按照驾车人或骑手指示的方向和要求的速度而前进。马的这种能力和特征保持了几千年,已经成为人类生活中不可或缺的一部分。在漫长的岁月中,马支持和协助人类活动的方方面面,我们很容易就可以列出一个庞大的清单来:负重、参加战争、从事农业、工业、狩猎、竞赛、展示人的社会地位——当然马在这些方面发挥的功能是无法很清楚地分开来的,它们往往是混合或者重叠在一起的。马喜欢跑、跳的天性被开发,以服务于人类喜爱的狩猎、娱乐消遣和体育竞赛;同时,在战争基础上培养起来的战马的行为习惯,也更进一步被正式纳入游戏和运动、仪仗展示以及复杂的现代马术竞技中。对人类的审美观念而言,马看起来更为华丽活泼,特别是在用多彩而精心复杂的马具装扮起来时,马将会给骑在它背上的主人带来巨大的荣誉。漂亮且受过良好培训的骏马是贵重的奢华财产,拥有或掌握它们已经成为优越的社会地位的象征。

前凉姑臧城新探*

贾小军

河西学院历史文化与旅游学院

自汉及唐,武威郡(或凉州)治所姑臧城一直是丝绸之路河西走廊段最为著名的都市之一。魏晋五凉时期姑臧城一直是河西地区的政治、经济和文化中心,五凉政权中前凉、后凉、南凉和北凉都曾以之为都城,"从张氏前凉起,姑臧城的建设就日渐往规模成型、功能完备的名邑大都方向发展。到五凉时代落幕时,它已成为集政治、军事、文化各项功能于一体的河西大都会。而在经济方面,它更是通货四方的贸易中心"①。其中前凉时期对姑臧城的经营最为重要。

一、前凉经营姑臧城

晋惠帝永宁元年(301),张轨受命出任凉州刺史领护羌校尉,开始了张氏家族在河西建功立业的历史。张轨到凉州之后,首先做的与姑臧城建设有关的事应该就是"立学校"。《晋书》卷八六《张轨传》云:"永宁初,出为护羌校尉、凉州刺史……征九郡胄子五百人,立学校,始置崇文祭酒,位视别驾,春秋行乡射之礼。"②晋惠帝永兴年间(304—306),张轨派宋配平定鲜卑若罗拔能的叛乱之后,"于是大城姑臧"③,开始正式经营姑臧城。

史籍中缺少张轨"大城姑臧"之前姑臧建城的具体细节,但后世相关资

---

* 本文是国家社科基金一般项目"汉唐时期河西走廊城市发展与社会变迁研究"(项目编号:15BZS044)的阶段性成果。

① 赵向群:《史不绝书的五凉文化》,甘肃教育出版社,2014年,第203页。

② 《晋书》卷八六《张轨传》,中华书局,1974年,第2221—2222页。

③ 同上书,第2222页。

料仍能提供一些信息。清代康熙初年,武威凉庄道署内出土一块张芝手书石碣,上刻"澄华井"三字(相关讨论详后)。张芝为东汉桓帝时期的武威太守张奂之子,凉庄道署位于今武威市政府所在地。党菊红、党寿山认为:"东汉武威郡机关驻地,就在清凉庄道署、民国甘肃省第六行政督察专员公署、今武威市政府院内。"①如此,则东汉武威郡府对此地建筑有所修缮。据《晋书》卷八六《张轨传》:"初,汉末博士敦煌侯瑾谓其门人曰:'后城西泉水当竭,有双阙起其上,与东门相望。中有霸者出焉。'至魏嘉平中,郡官果起学馆,筑双阙于泉上,与东门正相望矣。"②知曹魏嘉平年间(249—254)之前的姑臧城西有"泉水",与此相对的是"东门",嘉平年间,武威郡官员在泉水枯竭了的城西修建"学馆",并"筑双阙于泉上","与东门正相望"。张轨如何"大城姑臧",史书记载阙如,但我们可以推知,东汉时期的武威郡府、曹魏时期所建"学馆""双阙"及之前的姑臧城"东门"等,应该被张轨利用,如曹魏"学馆"应该是张轨初到凉州时"立学校"的重要基础。

张轨之后,大规模进行土木兴建的先是张茂,再是张骏。张茂嗣位不久,"筑灵钧台,周轮八十余堵,基高九仞"③。此次筑台因"世难未夷,不宜劳役"④而作罢。永元三年,"茂复大城姑臧,修灵钧台"⑤,应该是在张轨的基础上对姑臧城进行了较为彻底的修缮。虽然此次修城筑台也有别驾吴绍进谏反对,但张茂以"亡兄怛然失身于物。王公设险,武夫重闭,亦达人之至戒"⑥的理由反驳,其事乃成。今武威市凉州区金羊镇李家磨村海藏寺后院有"灵钧台遗址":"略作方台形,夯土筑成,东西长46.5米、南北宽45.8米、高7.3米,夯层厚0.11—0.12米。清乾隆年间《武威县志》:'灵钧台,城北,晋张茂筑。'台西南角有清光绪三十四年(1908)石碑1通,长方形,高1.2米、宽0.45米。碑阳正中刻'晋筑灵钧台',首题'东晋明帝太宁中凉王张茂之古台',碑文楷书,记载张茂筑台之事,尾题'安肃护使者摄甘凉道事廷栋立

---

① 党菊红、党寿山:《西夏西凉府署大堂》,《西夏学》2013年第2期,第340—346页。
② 《晋书》卷八六《张轨传》,第2222页。
③ 《晋书》卷八六《张茂传》,第2231页。
④ 同上注。
⑤ 同上书,第2232页。
⑥ 同上注。

石'。台经后代重修。"①据此，则该台周长为 184.6 米。朱艳桐据《春秋公羊传》记载"雉者何？五板而堵，五堵而雉，百雉而城""八尺曰板，堵凡四十尺"②的记载推算，若灵钧台为正方形台，"灵钧台周长为 736 余米……则灵钧台边长约为 184 米，面积约 33 856 平方米……灵钧台与战国时期大梁城、赫连勃勃之统万城城墙高度相仿，且高于统万城宫墙，说明其高也……灵钧台约高 15 米左右"③。如此，则现存灵钧台遗址已远远小于张茂时新筑的灵钧台了，而张茂修筑的灵钧台规模堪比一座不小的城池。核之河西走廊现存汉魏城址，位于武威市凉州区东河乡王景寨村东 100 米的汉代王景寨城址"东西长 250 米、南北宽 150 米"④，周长 800 米，李并成认为此城即汉武威郡张掖县城；⑤张掖肃南县明花乡上井村北 3 公里处的汉唐明海城遗址"平面呈正方形，边长 155 米"⑥，周长 620 米，此城当为汉酒泉郡乐涫县治；⑦玉门市玉门镇中渠村东南 1 公里处的一座魏晋古城城址"平面呈长方形，东西长 152 米，南北宽 105 米"⑧，周长 514 米，该城当为汉代酒泉郡沙头县城，魏晋沿置于此。⑨ 与此相对照，则灵钧台规模相当于汉魏时期河西走廊一座较大的县城城址。正因具备如此规模，灵钧台应该是前凉张茂凉州牧署即前凉王宫所在。

① 国家文物局主编：《中国文物地图集·甘肃分册（下）》，测绘出版社，2011 年，第 192 页。
② 李学勤主编：《十三经注疏·春秋公羊传注疏》卷二六，定公十二年，北京大学出版社，1999 年，第 579 页。
③ 朱艳桐：《五凉时期姑臧城的扩建与城市形态》，《中国历史地理论丛》2016 年第 4 辑，第 65—73 页。
④ 国家文物局主编：《中国文物地图集·甘肃分册（下）》，测绘出版社，2011 年，第 192 页。
⑤ 李并成：《河西走廊历史地理》，甘肃人民出版社，1995 年，第 40 页。
⑥ 国家文物局主编：《中国文物地图集·甘肃分册（下）》，测绘出版社，2011 年，第 357 页。
⑦ 王北辰：《河西明海子古城考》，《王北辰西北历史地理论文集》，学苑出版社，2000 年，第 130—138 页；贾小军：《汉代酒泉郡驿置道里新考》，《敦煌研究》2020 年第 1 期，第 115—122 页。
⑧ 国家文物局主编：《中国文物地图集·甘肃分册（下）》，测绘出版社，2011 年，第 248 页。
⑨ 贾小军：《汉代酒泉郡驿置道里新考》，《敦煌研究》2020 年第 1 期，第 115—122 页。

太宁二年(324)张茂卒后,张骏继立。"赦其境内,置左右前后四率官,缮南宫。……辛晏阻兵于枹罕,骏宴群僚于闲豫堂,命窦涛等进讨辛晏。"①知张骏之前已有"南宫"和"闲豫堂",它们应为张轨或张茂"大城姑臧"时所修建,由于张轨时期凉州尚为西晋地方政权,而张茂时期前凉割据局面已经形成,故张茂新筑并命名"南宫"的可能性更大,而"闲豫堂"已难确知是张轨还是张茂修建了。

张骏新筑宫观,在张骏十二年。是年,"鄯善王元孟献女,号曰美人,立宾遐观以处之"②。也在此年,张骏"于姑臧城南筑城,起谦光殿,画以五色,饰以金玉,穷尽珍巧。殿之四面各起一殿,东曰宜阳青殿,以春三月居之,章服器物皆依方色;南曰朱阳赤殿,夏三月居之;西曰政刑白殿,秋三月居之;北曰玄武黑殿,冬三月居之。其傍皆有直省内官寺署,一同方色。及末年,任所游处,不复依四时而居"③。张骏"于姑臧城南筑城",可知张骏新筑之城在之前姑臧城的南面。据《晋书》卷六〇《索靖传》:"先时,靖行见姑臧城南石地,曰:'此后当起宫殿。'至张骏,于其地立南城,起宗庙,建宫殿焉。"④《魏书》卷九九《张骏传》也记载:"骏筑南城,起谦光殿于其中,穷珍极巧,又四面各起一殿,东曰宜阳青殿,南曰朱阳赤殿,西曰正德白殿,北曰玄武黑殿,服章器物皆依色随四时居之,其旁有直省寺署,一依方色。"⑤可知张骏所筑的新城成了新的"南城",它是一个以谦光殿为中心、规模庞大的建筑群,谦光殿东、南、西、北四面分别是宜阳青殿、朱阳赤殿、政刑白殿、玄武黑殿,这四座宫殿后来应分别被简称为"宜阳殿、朱阳殿、政刑殿(正德殿)、玄武殿"⑥。四殿周围又是建筑颜色与主殿一致的直省内官寺署,中间的谦光殿"画以五色,饰以金玉,穷尽珍巧"。所谓"谦光殿",胡三省云:"谦光殿,张骏所起;自以专制河右而世执臣节,虽谦而光,故以名殿。"⑦在新的"南城"中,直省内官

① 《晋书》卷八六《张茂传》,第 2233 页。
② 《十六国春秋辑补》卷七〇《前凉录四·张骏》,中华书局,1985 年,第 501 页。
③ 《晋书》卷八六《张骏传》,第 2237—2238 页。
④ 《晋书》卷六〇《索靖传》,第 1650 页。
⑤ 《魏书》卷九九《张骏传》,中华书局,1974 年,第 2194 页。
⑥ 《晋书》卷八六《张祚传》载:"时有神降于玄武殿,自称玄冥,与人交语。"第 2247 页。
⑦ 《资治通鉴》卷一一一安帝隆安三年十二月条胡注,中华书局,1956 年,第 3505 页。

寺署在外，内有春、夏、秋、冬四殿，四殿又将最为豪华的谦光殿围在中间，形成层层叠叠的三重建筑结构（图 1）。

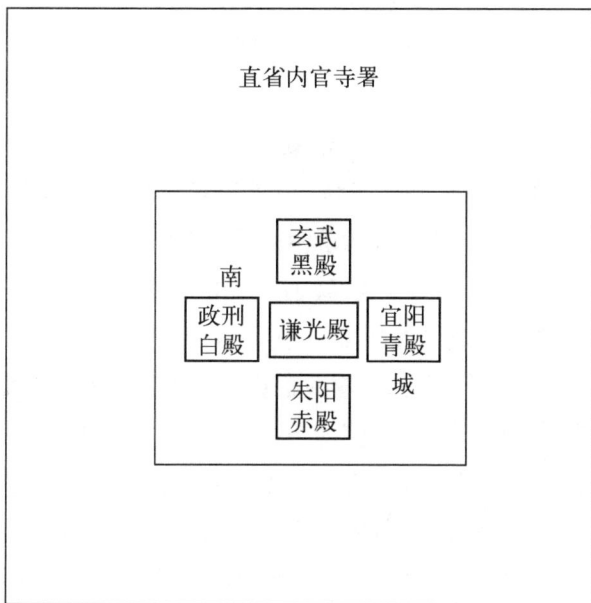

图 1　张骏新筑的姑臧南城结构示意图

张骏时期新筑的宫观楼阁不止于此。"骏十五年，以右长史任处领国子祭酒，立辟雍、明堂而行礼焉。"①可以说"辟雍、明堂"的兴建，使姑臧都城的功能更加完备。"辟雍、明堂"在姑臧城的具体位置史书缺载，已很难确知了。但前凉制度多继承汉晋而略有改移，因此我们可以根据东汉、西晋洛阳城辟雍、明堂的位置进行推断。"洛阳城南郊有南市……而城南太学和礼制建筑是洛阳城外最重要的设施。""城南出平城门是灵台、明堂、辟雍和太学遗址。""明堂是天子太庙，祭祖之所，建于光武帝建武中元元年，西晋沿用并增修，北魏在原址重建。基址全在今地表下，经复原可以大致确定它是圆形围廊环绕中间一座方形殿堂的大型建筑。""辟雍始建于东汉，以后又有所修建，基址在地表下，边长 170 米，中间有一边长 45 米的方形基址，外围有沟槽遗迹。"②张骏修建南城后，外有姑臧市（详后），市南或许就是辟雍、明堂等前

① 《十六国春秋辑补》卷七〇《前凉录四·张骏》，第 502 页。
② 张之恒主编：《中国考古通论》，南京大学出版社，2009 年，第 374 页。

凉礼制建筑。

张骏二十二年,"骏有疾……六月薨于正德前殿"①。对照前引《晋书》与《魏书》的记载,"正德前殿"即谦光殿西边的政刑白殿。六月为夏,"南曰朱阳赤殿,夏三月居之",此时张骏应居于"朱阳赤殿",而张骏却于夏天薨于政刑白殿,正与"及末年,任所游处,不复依四时而居"的记载相一致。

值得注意的是,张骏时期还在姑臧城里设有"市长",是专管贸易的官吏。史载:"骏境内尝大饥,谷价踊贵,市长谭详请出仓谷与百姓,秋收三倍征之。"②市长谭详的这个建议被从事阴据斥为"因人之饥,以要三倍,反裘伤皮"之议,故张骏未予采纳。不过《魏书》卷九九《张骏传》的记载却与此相反:"(张骏)性又贪婪。有图秦陇意。以谷帛付民,岁收倍利,利不充者,簿卖田宅。"③无论如何,据这两条史料我们终究可以了解前凉姑臧的贸易活动及货币经济,甚至百姓"簿卖田宅"的情况。看来,史书中关于张轨时期"立制准布用钱,钱遂大行,人赖其利"④的记载并非虚言。货币经济、商品贸易的恢复,进一步推动姑臧成为名邑大都。张骏二十年,"武威姑臧民曰:'白兴以女为妾,其妻妒之。兴怒,以妻为婢,为女给使。郡县以闻。'张骏大惊曰:'自古所未闻也!将为怪乎?'于姑臧市辗杀之"⑤。则前凉"姑臧市"还是惩治犯人的地方。后凉时期,张天锡世子张大豫进攻姑臧城,最终"广武人执大豫,送之,斩于姑臧市"⑥。汉、晋洛阳城南郊即南市,姑臧市也应位于姑臧南城之南。

张骏之后,前凉内政外交日渐失序,国力一降再降,再没有大规模修建姑臧城的记载。永和二年(346)张重华继立,"尊其母严氏为太王太后,居永训宫;所生母马氏为王太后,居永寿宫"⑦。知前凉王宫中有"永训宫"和"永寿宫",为太后居处。永和七年(351),张重华"宴群僚于闲豫庭,讲论经义"⑧。

① 《十六国春秋辑补》卷七〇《前凉录四·张骏》,第 503 页。
② 《晋书》卷八六《张骏传》,第 2238 页。
③ 《魏书》卷九九《张骏传》,第 2194 页。
④ 《晋书》卷八六《张轨传》,第 2226 页。
⑤ 《十六国春秋辑补》卷七〇《前凉录四·张骏》,第 503 页。
⑥ 《晋书》卷一二二《吕光载记》,第 3057 页。
⑦ 《晋书》卷八六《张重华传》,第 2240 页。
⑧ 《十六国春秋辑补》卷七一《前凉录五·张重华》,第 509 页。

"闲豫庭"当即前述张骏时期的"闲豫堂"。永和九年（353）十月，"重华寝疾临春坊……十一月，薨于平章殿"①。可知前凉王宫内还有"临春坊"和"平章殿"。

张重华世子张耀灵继立后，很快被张祚废杀："祚寻使杨秋胡害耀灵于东苑，埋之于沙坑。"②知姑臧城有"东苑"。

永和十年（354），"（张祚）僭称帝位，立宗庙，舞八佾，置百官"③，知张祚在姑臧城新立宗庙，这是其"僭称帝位"的配套措施。虽如此，毕竟在姑臧城市建设史上又进了一步。但正所谓"其兴也勃焉，其亡也忽焉"，随着前凉政权内部政治斗争的加剧和前秦逐步统一北方、不断蚕食前凉政治空间，张祚"立宗庙"成为前凉都城营建史上的绝唱。张祚时见于史籍的宫观还有飞鸾观（又作"神雀观"）、万秋阁。④ 另外，《十六国春秋辑补》有张祚败亡的详细记载，据此我们可以了解当时姑臧城内外、前凉皇宫内外的若干细节：

> 九月，宋混次于武始大泽，为灵曜发哀。闰月，混至姑臧。瓘弟琚及子嵩募数百市人，扬声言："张祚无道，我兄大军已到城东，敢有举手者，诛三族。"祚众披散。琚、嵩率众入城。祚与严展、吴绰升飞鸾观（一作"神雀观"）。张琚、张嵩杀祚守卒，死者四百余人。斩西门关纳混，领军赵长开宫门以应琚。征虏赵长、校尉张璿等惧罪，入谦光殿，呼重华母马氏出殿，拜灵曜庶弟玄靖为主。长驰入殿中，大呼称万岁。祚以长败贼，下观劳之，见混等。祚乃按剑上殿，大呼令左右死战。祚既失众心，莫有斗志。祚愕然，便下曰："欲杀我邪？"长曰："然！"遂奋槊刺祚中额。（易）揣等率众入殿，收长杀之。祚奔入万秋阁，为厨士徐黑（一作"里"）所杀。枭其首，宣示内外，暴尸道左，国内咸称万岁。⑤

"武始大泽"，亦称"武始泽"，《水经注》卷四〇："（都野泽）其水上承姑臧

① 《十六国春秋辑补》卷七一《前凉录五·张重华》，第510页。
② 《晋书》卷八六《张耀灵传》，第2246页。
③ 《晋书》卷八六《张祚传》，第2246页。《十六国春秋辑补》卷七二《前凉录六·张祚》（第513页）云："僭即王位于谦光殿。"
④ 《十六国春秋辑补》卷七二《前凉录六·张祚》，第515页。
⑤ 同上书，第515—516页。

武始泽,泽水二源,东北流为一水。"①有学者认为"武始泽"为今武威石羊河,②当是。张琚、张嵩所募"数百市人",或即前述"姑臧市"中的游民。张琚等入城后,张祚等"升飞鸾观",后又"以长败贼,下观劳之",知"飞鸾观"为前凉宫城内较高的建筑,可以俯瞰全局。宋混从"西门关"进入姑臧城,赵长则打开宫门呼应张琚,又入谦光殿"呼重华母马氏出殿",知张重华时期"居永寿宫"的马氏此时仍在宫内某处居住,应居谦光殿不远,或仍居永寿宫。张祚最后跑入万秋阁为厨士徐黑所杀,未知"万秋阁"与"厨士徐黑"有何关系,或者万秋阁本前凉内宫食膳之处,张祚走投无路进入此地,被"厨士徐黑"守株待兔式地杀掉,虽事属巧合,但也反映出张祚倒行逆施不得人心,导致天怒人怨,才得如此下场。

　　张玄靓二年(东晋穆帝升平元年,357),"右将军宋熙请取天龟观,坏以为宅"③。四年五月,"东苑大冢上忽有地陷为泽……(张)瓘征兵数万,集于姑臧,谋讨宋氏。辅国宋混与弟澄及左右壮士杨和等四十余骑奔入南城(一作门),申令诸营曰:'张瓘谋逆,被太后诏诛之。'俄而众至二千。瓘率众出战,混击败之,众悉去,瓘自杀"④。此处所谓张瓘率众"集于姑臧"之"姑臧",或为张骏筑城之前的姑臧旧城,而宋混等人则据"南城"与张瓘抗衡。张玄靓六年,张天锡谋除张邕:"天锡从兵四百人,与邕俱入朝,肃与白驹剔刀鞘出刃,从天锡入。值邕于门下,肃斫之不中,白驹继之,又不克,二人与天锡俱入禁中。邕得逸走,因率甲士三百余人反攻禁门。天锡上屋大呼……邕众闻之,悉散走,邕以剑自刎而死。于是悉诛邕党。"⑤玄靓八年,张天锡谋废玄靓自立:"天锡率众入禁门,潜害玄靓,宣言暴薨,时年十四。"⑥知"禁中"与"禁门",即前凉内宫及宫门。

　　玄靓八年,张天锡即位,"年十八,谒于太庙。尊母刘氏为太后"⑦。天锡

① 《水经注》卷四〇《都野泽》引王隐《晋书》,陈桥驿《水经注校证》,中华书局,2007年,第952页。
② 史为乐主编:《中国历史地名大辞典》,中国社会科学出版社,2005年,第1433页。
③ 《十六国春秋辑补》卷七二《前凉录六·张玄靓》,第516页。
④ 同上书,第517页。
⑤ 《晋书》卷八六《张玄靓传》,第2249页。
⑥ 同上书,第2250页。
⑦ 《十六国春秋辑补》卷七三《前凉录七·张天锡》,第519页。

二年(东晋哀帝兴宁三年,365),"天锡元日与嬖褒饮,既不受群僚朝贺,又不朝于永训宫,从事郎中张宪(一作'虑')舆榇切谏,不纳"①。"不朝于永训宫"应指不到永训宫拜见太后刘氏。已如前引,张重华时期"尊其母严氏为太王太后,居永训宫",知永训宫为张重华时期及以后前凉王太后的居所。天锡三年,"姑臧北山杨树生松叶,西苑牝鹿生角,东苑铜佛生毛。四月,延兴地震陷裂水出。天锡避正殿,引咎责躬"②。则姑臧城内还有"西苑",与"东苑"相对。又《晋书》卷八六《张天锡传》云:"初,天锡所居安昌门及平章殿无故而崩,旬日而国亡。"③知张天锡所居宫殿为"平章殿",当年张重华薨于此殿。安昌门或为平章殿近处之宫门。

东晋孝武帝太元元年(前秦建元十二年,376),"秦兵至姑臧,天锡素车白马,面缚舆榇,降于军门"④。前凉亡。"九月,秦王坚以梁熙为凉州刺史,镇姑臧。徙豪右七千余户于关中,余皆按堵如故。"⑤姑臧城归于前秦凉州刺史梁熙之手。

二、前凉时期姑臧城的形制与规模

关于姑臧城的形制与规模,学界关注甚多,⑥但仍有可置喙处。《晋书》卷八六《张轨传》云:"于是大城姑臧。其城本匈奴所筑也,南北七里,东西三里,地有龙形,故名卧龙城。"⑦《水经注》卷四○《都野泽》条引王隐《晋书》云:

> 凉州有龙形,故曰卧龙城。南北七里,东西三里,本匈奴所筑也。及张氏之世居也,又增筑四城箱各千步。东城殖园果,命曰讲武场,北城殖园果,命曰玄武圃,皆有宫殿;中城内作四时宫,随节游幸,并旧城

① 《十六国春秋辑补》卷七三《前凉录七·张天锡》,第519页。
② 同上注。
③ 《晋书》卷八六《张天锡传》,第2252页。
④ 《资治通鉴》卷一○四孝武帝太元元年八月条,第3276页。
⑤ 同上注。
⑥ 学界相关研究,朱艳桐《五凉时期姑臧城的扩建与城市形态》(《中国历史地理论丛》2016年第4辑,第65—73页)述之甚详,不赘。
⑦ 《晋书》卷八六《张轨传》,第2222页。

为五,街衢相通,二十二门,大缮宫殿观阁,采绮妆饰,拟中夏也。①

《旧唐书》卷四〇《地理志》云:"姑臧,汉县,属武威郡。所理,秦月氏戎所处。匈奴本名盖臧城,语讹为姑臧城。"②《元和郡县图志》卷四〇《陇右道下》:"(凉州)州城本匈奴所筑,汉置为县。城不方,有头尾两翅,名为鸟城。南北七里,东西三里,地有龙形,亦名卧龙城。"③《资治通鉴》卷一〇九安帝隆安元年八月条胡注云:"凉州治姑臧,有东、西苑城。"④同书卷一一一安帝隆安三年十二月条胡注云:

> 王隐《晋书》曰:凉州城东西三里,南北七里,本匈奴所筑。及张氏之世,又增筑四城,箱各千步;东城命曰讲武场,殖园果,北城名曰玄武圃,皆殖园果,有宫殿。广夏门、洪范门,皆中城门也。⑤

同书卷二一九肃宗至德二载(757)正月条云:

> 武威大城之中,小城有七,胡据其五,二城坚守。

胡注云:

> 武威郡,凉州,治姑臧,旧城匈奴所筑,南北七里,东西三里。张氏据河西,又增筑四城,箱各千步,并旧城为五。余二城未知谁所筑也。⑥

梳理以上史料,可知前凉时期的姑臧城由五城组成,分别是匈奴所筑的"南北七里,东西三里"的盖臧城,以及前凉增筑的四城。前凉所筑四城应该是东城(讲武场、东苑城)、北城(玄武圃)、中城和另外一城。又据《资治通鉴》胡注等知王隐《晋书》没有说明的另外一城应当是西苑城。

已如前述,前凉对姑臧城的增筑有三次,分别是张轨"大城姑臧"、张茂"复大城姑臧,修灵钧台"和张骏"于姑臧城南筑城"("立南城""筑南城"),而

---

① 《水经注》卷四〇《都野泽》引王隐《晋书》,陈桥驿《水经注校证》,中华书局,2007年,第953页。
② 《旧唐书》卷四〇《地理志三·河西道》,中华书局,1975年,第1640页。
③ 《元和郡县图志》卷四〇《陇右道下》,中华书局,1983年,第1018页。
④ 《资治通鉴》卷一〇九安帝隆安元年八月条胡注,第3456页。
⑤ 《资治通鉴》卷一一一安帝隆安三年十二月条胡注,第3505页。
⑥ 《资治通鉴》卷二一九肃宗至德二载正月条及胡注,第7015页。

张骏之后前凉再没有大规模筑姑臧城,因此所谓张氏"增筑四城"就应该在这三次筑城过程中形成。张轨、张茂"大城姑臧",应该就修建规模而言,其意为"大规模兴建姑臧城",因此之前匈奴的盖藏城应该被包括在他们所筑的姑臧大城之中。张骏则是在张茂"大城姑臧"的基础上新筑,因在"姑臧城南筑城"而被称为"南城"。在"南城"北边的,是张轨、张茂时代在匈奴盖藏城基础上修建的姑臧城,也即张骏之前的姑臧旧城。王隐《晋书》谓"中城内作四时宫",知"中城"内有张骏所筑的春、夏、秋、冬四殿。如此,则知"中城"即张骏所筑南城。故陈寅恪指出:"姑臧之中城即张氏、吕氏有国之宫城,齐从所谓禁城者是也。"[1]

关于上述姑臧五城的方位,据前引资料可知,东苑、西苑两城应在东西方向的一条线上修建,张轨、张茂所筑之城及匈奴盖藏城与张骏所筑南城在南北方向的一条线上。南城即中城,北城、盖藏城则在南城(中城)之北。这样看来,姑臧五城的布局,是以南城(中城)为中心,东城、西城、南城(中城)处在东西向的同一直线上,而南城(中城)、北城、盖藏城则处在南北向的同一直线上。如果姑臧五城每城大小相近,则前凉张骏之后的姑臧城就大体呈"凸"字形结构。这与朱艳桐的判断一致(如图2)。[2] 而要使"姑臧五城"之数及"城不方,有头尾两翅"相合,就需要理清北城和盖藏城的相对关系。朱艳桐认为:"最有可能的是张骏在匈奴城南面修筑南城之后,将原来建造于匈奴城内的宫殿部分改称北城。"[3]这个意见值得重视。

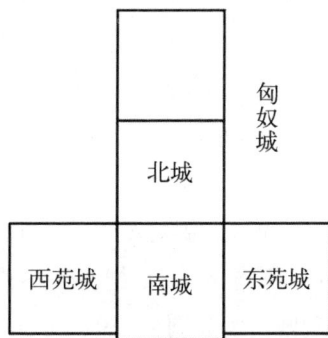

图2　五凉时期姑臧五城平面布局示意图(朱艳桐绘制)

需要注意的是,王隐《晋书》谓"北城殖园果,命曰玄武圃,皆有宫殿",知北城之中虽有宫殿,但更明显的特征在于城内尚"殖园果",因此才称"玄武

---

① 陈寅恪:《隋唐制度渊源略论稿》,中华书局,1963年,第69页。
② 朱艳桐:《五凉时期姑臧城的扩建与城市形态》图2"五凉时期姑臧五城平面布局示意图",《中国历史地理论丛》2016年第4辑,第65—73页。
③ 朱艳桐:《五凉时期姑臧城的扩建与城市形态》,《中国历史地理论丛》2016年第4辑,第65—73页。

圃"。而将以"殖园果"为特征的北城置于匈奴盖藏城和张骏南城之间,有无可能? 自汉武帝设武威郡(暂从周振鹤汉宣帝地节三年即公元前 67 年之说①)至张轨于公元 301 年担任凉州刺史后"大城姑臧",已经历 368 个春秋,其间两汉、曹魏、西晋武威郡必然对此城经过数次改造,如东汉桓帝时期大约在今武威市政府所在地设立武威郡府(详后),曹魏齐王芳嘉平年间修建"学馆""筑双阙"等,匈奴盖藏城应当已经焕然一新。张轨、张茂先后"大城姑臧"以后,焕然一新的姑臧城应当将匈奴盖藏城包括在里边,而王隐《晋书》所谓的"北城"(即"玄武圃")亦在其中。后凉吕光薨,吕绍即位,吕纂、吕弘密谋篡位,"纂于是夜率壮士数百,逾北城,攻广夏门"②。吕绍为后凉新主,居于禁宫即南城内宫,故广夏门为南城北门。吕纂"逾北城"自北而南进攻吕绍,诚如朱艳桐所说"并未途径匈奴城"③,而后来在南城的吕超"登城"与身在"北城"的吕他对话,④更说明"北城"与"南城"相邻。可见,前凉所筑"北城"在"南城"之北,而匈奴盖藏城更在"北城"之北。

另外,张骏筑南城之后姑臧城的规模如何亦需讨论,这也有助于进一步认识姑臧城的结构。据前引《晋书》卷八六《张轨传》可知,匈奴盖藏城是"南北七里,东西三里"的长方形城池。笔者曾做过计算,有三个数据可供参考⑤:一是据西晋后尺(合今 0.245 2 米)⑥,1 里为 1 800 西晋后尺,约合今 441.36 米,则盖藏城南北长 3 089.52 米,东西宽 1 324.08 米,面积为 4 090 442 平方米;二是据汉代建武铜尺(合今 0.231 米),1 里合今 415.8 米,则盖藏城长宽分别为 2 910.6 米、1 247.4 米,总面积约为 3 630 682 平方米;三是据嘉峪关新城 2 号墓出土的曹魏时期骨尺(合今 0.238 米),1 里合今 428.4

① 周振鹤:《西汉河西四郡设置年代考》,《西北史地》1985 年第 1 期;周振鹤:《西汉政区地理》,人民出版社,1987 年,第 157—168 页。

② 《晋书》卷一二二《吕纂载记》,第 3065 页。

③ 朱艳桐:《五凉时期姑臧城的扩建与城市形态》,《中国历史地理论丛》2016 年第 4 辑,第 65—73 页。

④ 《晋书》卷一二二《吕纂载记》,第 3068 页。

⑤ 贾小军:《魏晋十六国河西社会生活史》,甘肃人民出版社,2011 年,第 112—113 页。按,第一个数据根据朱艳桐《五凉时期姑臧城的扩建与城市形态》(《中国历史地理论丛》2016 年第 4 辑)的提示做了改动。

⑥ 均据梁方仲《中国历代户口、田地、田赋统计》(中华书局,2008 年,附录二"中国历代度量衡变迁表"相关数据计算)。

米,则盖藏城长宽分别为 2 998.8 米、1 285.2 米,总面积约为 3 854 058 平方米。以上最大数据为 4 090 442 平方米,约 4.1 平方公里。十六国时期匈奴人赫连勃勃兴建的大夏国都城统万城外郭周长 13 865.4 米,面积 7.7 平方公里。① 看来匈奴城均颇为宏大。位于今张掖市高台县的骆驼城遗址为北凉建康郡治,"平面呈长方形,南北长 704 米、东西宽 425 米"②,面积为 299 200 平方米,与盖藏城规模相比相差实在悬殊。看来,匈奴时代的盖藏城应该是一个有外围城垣,内部建筑零散、稀疏,或有田地园圃之属的长方形城。

前凉所筑姑臧城规模,王隐《晋书》云:"及张氏之世,又增筑四城,箱各千步。""箱"即"厢",朱艳桐引用《玉篇》"东西序也"的解释,认为"箱各千步"指小城边长"千步",③当是。按"周、秦、汉之制,均以六尺为步"④计算,"千步"即六千尺,仍以上述三种计算方式,则张氏增筑的姑臧四城边长数据分别为 1 471.2 米、1 386 米、1 428 米,周长各四千步,则分别为 5 885 米、5 544 米、5 712 米。以小城边长最小数据(1 386 米)与前述盖藏城最小宽度(1 247.4 米)、最大宽度(1 324.08 米)相对照,五凉新筑小城边长分别大于盖藏城边长 138.6 米、61.92 米,若以小城边长最大数据(1 471.2 米)对比,差距更大(分别为 196.8 米、147.12 米⑤)。

显然,前凉新筑的北城无法置于比自身更小的盖藏城内。既然如此,那只有两种可能,或者张轨、张茂"大城姑臧"时筑新的城垣将盖藏城包括在内,或者一仍其旧,盖藏城位于"北城"之北,与前凉四城合为"五城"。

据此可知,前述"凸"字形的前凉姑臧城的五城布局,即最北边是匈奴盖藏城,其南为前凉新筑的北城,北城之南是张骏所筑南城,南城东西,分别是

---

① 何一民:《中国城市史》,武汉大学出版社,2012 年,第 193 页。
② 国家文物局主编:《中国文物地图集·甘肃分册(下)》,测绘出版社,2011 年,第 335 页。
③ 朱艳桐:《五凉时期姑臧城的扩建与城市形态》,《中国历史地理论丛》2016 年第 4 辑,第 65—73 页。
④ 吴承洛:《中国度量衡史》,上海书店,1984 年,第 95 页。
⑤ 按,即使以 147.12 米的差距来算,边长 147.12 米左右的城的规模已经超过前引"东西长 152 米,南北宽 105 米"的汉、魏、晋时期沙头县城所在玉门镇中渠村东南魏晋古城了。

东苑城和西苑城。如果仅以小城城墙为界,由于北城宽度超过盖藏城,张骏以后姑臧城其实是一个自南而北东西宽度依次缩小的城池(图3),但因有张轨、张茂"大城姑臧"在先而将盖藏城包括在新姑臧城里边,"大城姑臧"之"大"者,言其筑城规模之"大"也。因此总体看来,定型后的前凉姑臧城仍然是"凸"字形城池(图4),其边长是"盖藏城外围东、西墙 + 北城北墙 + 北城东、西墙 + 东城北墙 + 西城北墙 + 东城东墙 + 西城西墙 + 东城南墙 + 南城南墙 + 西城南墙",据前述数据计算,可得最小周长(建武铜尺)为"2×2 910.6+3×1 386+7×1 386 = 19 681.2 米",以古代里数核之,为 47 里;最大周长(西晋后尺)为"2×3 089.52+3×1 471.2+7×1 471.2 = 20 891.04 米",核之古代里数,亦为 47 里。这些数据与顾祖禹所谓凉州"州城周四十五里"①有 2 里(831.68—882.72 米)的误差。若以顾氏四十五里之说为准,2 里的误差应该是盖藏城与北城南北向的总长度多了的数据。如此看来,张骏增筑后的北城与匈奴盖藏城南北方向有 1 里的重合部分,这与前述朱艳桐的判断基本一致。最小面积为"1 386×(1 386+2 910.6)+1 386×3×1 386 = 11 718 075.6 平方米,约合 11.7 平方公里",最大面积为"1 471.2×(1 471.2+3 089.52)+1 471.2×3×1 471.2 = 13 203 019.58 平方米,约合 13.2 平方公里",这个规模与 1983 年《武威城区总体规划》中城区 12.5 平方

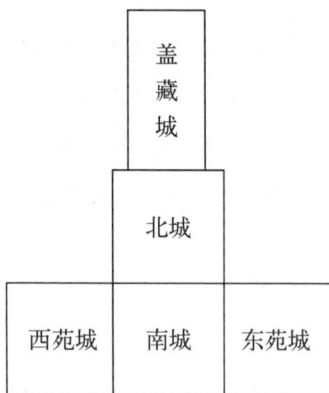

图 3　盖藏城及前凉四城初始形态　　　图 4　前凉增筑后的姑臧城结构

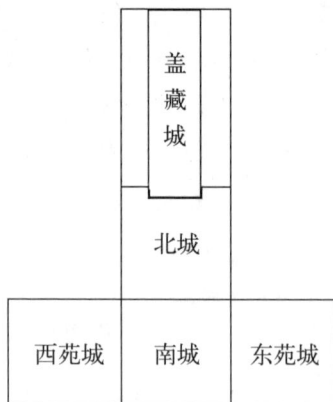

---

① （清）顾祖禹撰,贺次君、施和金点校:《读史方舆纪要》,中华书局,2005 年,第2992 页。

公里的规划①相当,甚至更大。减去北城与盖藏城重合部分的面积(576 298.8—649 328.832 平方米),则姑臧城面积为 11.2—12.6 平方公里。与前引大夏国都城统万城外郭周长 13 865.4 米、面积 7.7 平方公里相比,前凉姑臧城规模远远超过统万城。由此也可想见前凉姑臧城的确为时代之翘楚,正所谓:"姑臧本为凉州政治文化中心,复经张氏增修,遂成河西模范标准之城邑,亦如中夏之有洛阳也!"②

至于姑臧城"街衢相通,二十二门",由于张骏之后的姑臧城由五座小城构成,因此"二十二门"并不显得很多。门见诸史籍者有安昌门、广夏门、洪范门、端门、青角门、朱明门、青阳门、凉风门、当阳门(龙兴门)、九宫门、南景门等 11 门。胡三省认为,广夏门、洪范门皆姑臧中城之门,青角门为凉州中城之东门,③凉风门为姑臧城南门。④ 后凉吕纂曾"逾北城,攻广夏门"⑤,知广夏门当为姑臧南城北门。后凉吕纂时期,"有黑龙升于当阳九宫门,纂改九宫门为龙兴门"⑥。既云"当阳九宫门",则"九宫门"或为当阳门内不远处某一宫殿之门。

三、前凉姑臧今何在

关于前凉姑臧城的具体位置,史无明载,而相关考古文献及遗存有零星反映。前述位于凉州区城北金羊镇李家磨村海藏寺后院的张茂灵钧台遗迹即是其一。另外,1975 年,在位于李家磨村西南的赵家磨村发现前秦宋华墓表一件,现藏武威市博物馆,墓表云:"凉故中郎、中督护、公国中尉、晋昌太守、安定郡乌氏县梁舒,字为仁,夫人故三府录事、掌军中侯、京兆宋延女,名华,字成子,以建元十二年(376)十一月卅日葬城西十七里,杨墓东百步八五

① 武威市市志编纂委员会编:《武威市志》,兰州大学出版社,1998 年,第 548 页。
② 陈寅恪:《隋唐制度渊源略论稿》,中华书局,1963 年,第 70 页。
③ 《资治通鉴》卷一一一安帝隆安三年十二月条胡注,第 3505 页。
④ 《资治通鉴》卷一一四安帝义熙二年六月条,第 3590 页。
⑤ 《晋书》卷一二二《吕纂载记》,第 3065 页。
⑥ 《晋书》卷九五《鸠摩罗什传》,第 2501 页。

丈。"①知宋华墓在"城西十七里",以前引标准计算,"十七里"最大数据为
7 503.12 米,最小数据 7 068.6 米,也就是说宋华墓在前秦时期的姑臧城西
7—7.5 公里处。核之当年印制的武威市及周边地图,赵家磨村向东 7—7.5
公里处是新鲜公社新城村(今金羊镇新城村)到薛家庄一带,在杨家坝河以
东。而宋华墓"西百步八五丈"还有一座更加著名的"杨墓"。据《中国度量
衡史》:"周以后六尺为步,一里为一千八百尺,即一百八十丈。"②一丈为十
尺,"百步八五丈"为 685 丈,合 6 850 尺、3.8 里,仍据前引数据计算,约当
1 580—1 677 米,在地图上看,应该位于赵家磨村王家庄和许家庄之间,所以
宋华墓表所谓"杨墓"应该在这个区域寻找。若有新的发现,将更有利于我
们准确地寻找前凉姑臧城位置。

清代康熙初年,武威凉庄道署内出土一块张芝手书石碣,上刻"澄华井"
三字,著名武威学者张澍曾在《闲居杂咏》中咏及此事:"南宫旧井最甘香,安
国寺前今冽凉。可惜澄华碑已失,未探修绠一秤量。"自注云:"张骏南宫内
井水清冽,异于他井。今安国寺井水视他井较重,且在城南隅,疑南宫旧井
也。又,道署内有井,康熙初井中掘出石碣,镌'澄华井'三字,系张芝隶书,
并有铭。某观察迁任,载之去。"③倭仁《莎车行记》也记载:"(咸丰元年,
1851)三月二十四日,凉州宿。……道署西偏一井,为汉澄华井,井畔有张佰
英石刻,今无矣。古槐森郁,数百年物也。"④张芝乃东汉桓帝时期的武威太
守张奂之子。凉庄道署、"澄华井"石碣、南宫等信息,为我们寻找、认识前凉
姑臧城的位置及范围提供了重要的线索。据前述,张骏继位后曾"缮南宫",
知"南宫"为张骏之前所筑,因此"南宫"位置必不在后来以谦光殿为中心的
南城,而在盖藏城或者北城,但既云"南宫",应在当时宫殿群之南部,因此可
以认为,张骏修缮的"南宫"当在经张轨、张茂时代新筑的北城南部。如此,
则大致可以推定北城南界,当在今武威市政府所在的东大街之北。而与此

---

① 笔者据武威市博物馆藏原件录文。
② 吴承洛:《中国度量衡史》,上海书店,1984 年,第 96 页。
③ 张澍:《素养堂诗集》卷一〇,《中国西北文献丛书》第六辑《西北文学文献》第十卷,兰
  州古籍书店,1990 年,第 497 页。
④ 倭仁:《莎车行记》,王锡祺《小方壶斋舆地丛钞》第二帙第二册《莎车行记五》,光绪
  三年序,南清河王氏排印本,第 156 页。

相对,张骏新筑的南城就在"南宫"之南,即今东大街以南。设若"南宫"处于姑臧城的中轴线上,以此为据,我们就可以大体推知盖藏城、张轨和张茂"大城姑臧"之后姑臧城的位置。仍据前述计算方法,盖藏城南北七里,最小长度为2 910.6米,加上北城南北长度1 386米,则为4 296.6米,就是张骏之前姑臧城的南北最小长度;盖藏城南北最大长度为3 089.52米,加上北城南北长度1 471.2米为4 560.72米,是张骏之前姑臧城的南北最大长度。也就是说,张骏之前姑臧城北界,在今武威市城区东大街以北4 296.6—4 560.72米范围内,核之百度地图①,这个范围最北到了今天雷台公园以北的凉州区武双路五一小学。张轨、张茂"大城姑臧"之后,姑臧城东西宽度暂认为即北城宽度,最小1 386米、最大1 471.2米,即约1.4—1.5公里。又从东大街向南1.4公里到1.5公里范围,就到了张骏筑城之后的姑臧城南界,核之武威城区地图,大约到了甘肃省公路总段驻地至天主堂一线。而张骏新筑的西城、南城、东城东西向总的长度亦可求知,即最小为3×1 386＝4 158米,最大为3×1 471.2＝4 413.6米,约4.2公里至4.4公里。设若今武威市政府大院处在东西向正中位置,以此为起点向东、向西2.1—2.2公里,东边就到了二环东路(滨河路),西边也到二环西路(民勤路)。② 如此,则张骏修筑之后的姑臧城位置大体可以复原出来,由于东面是河流,所以城的东南角应依河而建,并不规则。

　　如果以上复原结果可信,我们就可以对现存武威城区相关魏晋五凉遗存进行重新认识。先看灵钧台遗址。张茂所筑灵钧台肯定位于盖藏城或北城之内,位于海藏寺后院内的灵钧台遗址显然在上述姑臧城范围之外,因此所谓该遗址为灵钧台或为后人臆断。以常理推断,海藏寺位于海藏河以北,因此若将位于海藏河以北的这处古台认作灵钧台的话,不利于追求"王公守险,武夫重闭"的张茂筑城设防。复原出的姑臧城北界正位于杨家坝河和海藏河之间,既有城墙之险,又有河流护卫,也是出于相同的理由。因此王乃

① 网址 https：//ditu.cncn.com/wuwei(最近更新时间：2020年4月15日)。
② 据前引百度地图及星球地图出版社编制《甘肃省地图册》"武威城区"地图(星球地图出版社,2013年修订第2版,第50—51页)。按,上述判断略有误差,因为严格按照数据,最东边到了滨河路及杨家坝河以东,无法筑城,故最东边以滨河路为界,与此距离相对,最西边也取了靠东的位置。

昂、蔡为民认为"凉都姑臧城址大体位于海藏河与杨家坝河之间"①是可信的,但必须指出,姑臧城位于海藏河与杨家坝河之间只是姑臧城的最北端。而灵钧台遗址规模(东西长 46. 5 米、南北宽 45. 8 米,周长 184. 6 米)与《晋书》卷八六《张茂传》所记载(周轮八十余堵,周长约今 736 余米)的差距过大,所以应当不是同一古台。

次论前秦宋华墓表。该墓表是 1975 年平田整地时发现,墓葬情况不明。② 若以发现该目标的赵家磨村为宋华墓所在地,则据墓表所云"城西十七里",前秦姑臧城也到了杨家坝河以东,同样不利于筑城、设防。看来该墓表所载数据虽然准确,但因具体墓葬资料缺失,仍不能据之准确地找到前秦时期的姑臧城。

武威城区东北隅的大云寺原名宏藏寺,据《凉州卫大云寺古刹功德碑》记载:"大云寺者,晋凉州牧张天锡升平之年所置也。本名宏藏寺,后改为大云,因则天大圣皇妃临朝之日,创诸州各置大云,随改号为天赐庵。其地接四郡,境控三边冲要……花楼院有七层木浮图,即张氏建寺之日造,高一百八十尺,层列周围二十八间。"③知大云寺乃前凉张天锡始建。现存清代重修钟楼 1 座,④位于市内北大街西侧的罗什寺塔,相传为葬鸠摩罗什之舌处,该寺"始建年代不详,寺院在唐代时扩建,明清时皆有修葺……现存塔为 1934年重建"⑤。以前述姑臧城址复原结果核之,大云寺及后来的罗什寺均位于张轨、张茂"大城姑臧"后的姑臧城内。《魏书》卷一一四《释老志》记载:"凉州自张轨后,世信佛教。"⑥《十六国春秋辑补》卷七三《前凉录七》亦云:"(张天锡三年,366)姑臧……西苑牝鹿生角,东苑铜佛生毛。"⑦都说明前凉姑臧

---

① 王乃昂、蔡为民:《凉都姑臧城址及茂区变适初探》,《西北史地》1997 年第 4 期,第 7—12 页。

② 国家文物局主编:《中国文物地图集·甘肃分册(下)》,测绘出版社,2011 年,第 200 页。

③ 王其英主编:《武威金石录》,兰州大学出版社,2001 年,第 41—42 页。

④ 国家文物局主编:《中国文物地图集·甘肃分册(下)》,测绘出版社,2011 年,第 201 页。

⑤ 同上书,第 206 页。

⑥ 《魏书》卷一一四《释老志》,第 3032 页。

⑦ 《十六国春秋辑补》卷七三《前凉录七·张天锡》,第 519 页。

城内有"铜佛"是可信的。

另外还可据复原结果对《水经注》相关内容进行辨识。《水经注》卷四〇《都野泽》条云：

> 都野泽在武威县东北。县在姑臧城北三百里，东北即休屠泽也。《古文》以为猪野也。其水上承姑臧武始泽。泽水二源，东北流为一水，迳姑臧县故城西，东北流，水侧有灵渊池。……泽水又东北流迳马城东，城即休屠县之故城也，本匈奴休屠王都，谓之马城河。又东北与横水合，水出姑臧城下，武威郡，凉州治。……其水侧城北流，注马城河。河水又东北，清涧水入焉，俗亦谓之五涧水也，水出姑臧城东，而西北流注马城河。河水又与长泉水合，水出姑臧东揟次县，王莽之播德也，西北历黄沙阜（今腾格里沙漠），而东北流注马城河。①

据前述可知，"武始泽"当为今武威市北石羊河水系的泛称，"灵渊池"为今海藏寺湖，②现已成为沼泽湿地。海藏河、湖均位于姑臧城西，所谓"故城"，当指匈奴盖藏城。"马城"即休屠县故城，或即今四坝镇三岔村三岔古城。③ 马城河即石羊河干流。横水即今滨河路东侧之杨家坝河，已如前述，前凉张骏之后的姑臧城东墙即傍河而建，所谓"水出姑臧城下"也。清涧水即今白塔河，长泉水即今洪水河，汇入白塔河、洪水河后，石羊河水量更大，最后注入都野泽。

另外还有一点需要略加申述。据前揭前凉姑臧城复原结果可知，前凉姑臧城面积广大，南北长、东西狭，是座"凸"字形大城。正因其大，故在盖藏城内有已经考古发现的雷台墓，在东苑城有史书中记载的"东苑大冢"④，西苑"牝鹿生角"的"异象"则显示前凉时期西城内尚有牧区，等等。但前引《元和郡县图志》卷四〇《陇右道下》谓"城不方，有头尾两翅，名为鸟城"，"两翅"

---

① 《水经注》卷四〇《都野泽》条，陈桥驿《水经注校证》，中华书局，2007 年，第 952—953 页。

② 王宝元：《凉城沧桑》，甘肃人民出版社，1992 年，第 10—19 页。

③ 李并成：《河西走廊历史地理》，甘肃人民出版社，1995 年，第 42 页；国家文物局主编：《中国文物地图集·甘肃分册（下）》，测绘出版社，2011 年，第 190 页。

④ 《十六国春秋辑补》卷七二《前凉录六·张玄靓》，第 517 页。

```
        ┌───────┐
        │ 盖     │
        │ 藏     │
        │ 城     │
        ├───────┤
        │       │
        │ 北城   │
        │       │
┌───────┼───────┼───────┐
│       │       │       │
│ 西苑城 │ 南城   │ 东苑城 │
│       │       │       │
└───────┼───────┼───────┘
        │ 姑臧市 │
        └───────┘
```

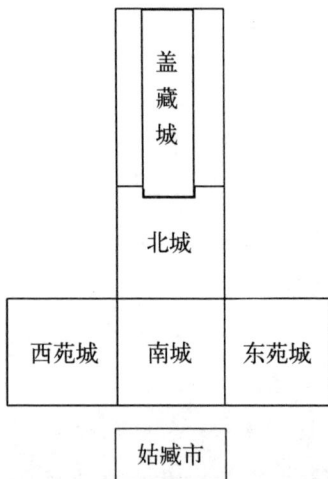

图5　姑臧"鸟城"结构示意图

即东城、西城,"头尾"何解？或许应该从前述"姑臧市"中去寻找答案。陈寅恪指出:"以通常情势论,姑臧市场在增筑之南城,即当中城前门之正面,实最为可能。"①这与汉晋洛阳城南郊有南市一致。姑臧市除了日常商品贸易活动外,还是一个惩治犯人的地方,各色人等在此聚集,非常活跃,如张琚、张嵩曾募"数百市人"反击张祚。"姑臧市"之南,则应该是明堂、辟雍等礼制建筑。这种宫在北、市在南,左右东、西苑的结构,正与《元和郡县图志》"头尾""两翅"之说相合,"姑臧市"及明堂、辟雍等礼制建筑成为"鸟城"之"头"(图5)。

---

① 陈寅恪:《隋唐制度渊源略论稿》,第70页。

前凉末主张天锡和
《凉州府志备考》"张天锡三书"

赵大泰

武威市凉州文化研究院

《三国演义》开篇有言：话说天下大势，分久必合，合久必分。西晋末年，先有"八王之乱"，后有"五胡乱华"，天下一统重归于群雄争霸，东晋占据了江南、荆湘地区，在北方和西南地区则先后建立了二十多个国家。北魏史学家崔鸿撰写了一本史书《十六国春秋》，选取其中十六个国家来代表这段时期，史称为"五胡十六国"。

在十六国中，前凉、后凉、北凉、南凉、西凉五个以"凉"为国号的割据政权，在301年至439年的140年间，活跃于河西走廊一带，史称"五凉"。

其兴也勃焉，其亡也忽焉。对于五个凉国来说，既有乱世枭雄的开国君主，也有葬送祖业的亡国之君。"五凉"的五位开国君主张轨、吕光、沮渠蒙逊、秃发乌孤、李暠都为我们留下了开国创业的传奇故事。亡国之君张天锡、吕隆、沮渠牧健、秃发傉檀、李歆也留下了令人唏嘘的故事。

一、奇葩的前凉末主张天锡

前凉末主张天锡(346—406)是张骏的儿子，张祚和张重华的弟弟，是前凉的第九位国主，在位时间为363—376年。张天锡诛杀了权臣张邕，又杀害了侄儿张玄靓，踩着一堆尸体于363年掌握了政权。张天锡能言善辩，很有文才，但"荒于声色，不恤政事"，"数宴园池，政事颇废"，①最终葬送了前凉的大好河山。

---

① 《晋书》卷八六《张轨传》，中华书局，1974年标点本，第2250、2251页。

376 年,前秦苻坚发动了灭凉之战。苻坚派遣 13 万大军,渡过黄河,翻越洪池岭(乌鞘岭),直逼姑臧城,张天锡不敌,只得开城投降。自此,张轨和他的子孙后代经营的前凉政权画上了句号。

苻坚是个大度的君主,张天锡也是个幸运的亡国之君。张天锡被安置到长安,得以苟活性命,还被封为尚书、归义侯。383 年,苻坚南下进攻东晋,任张天锡为征南司马,随军出征。张天锡乘着苻坚兵败淝水,逃到建康,投奔东晋。

张天锡受到了东晋朝廷的笼络和礼遇,但也常常受到东晋权臣的蔑视与羞辱。张天锡在东晋待了 13 年,东晋孝武帝去世后,他便告老还乡了。406 年,张天锡去世,享年 61 岁。作为一名亡国之君,能够善终,这在历史上是不多见的。

1976 年,在平凉市泾川县玉都镇一个叫太阳墩的村子,出土了一批窖藏文物,其中有一方铜印"归义侯印"经过考证正是苻坚赐给张天锡的印章。看来,张天锡的后代为了生存,只能藏起宝物,隐姓埋名地生活。

论及张天锡,网络文章不乏奇谈怪论,"投降两国还能善终的亡国之君""好口才""号称脱口秀大师,靠耍嘴皮子讨生活""鲜为人知的搞笑皇帝""历史上最能扯的末代皇帝""骗妻自杀""晚年患了精神病",诸如此类,不胜枚举,张天锡真堪称"奇葩的末代国主"。

二、《凉州府志备考》中的"张天锡三书"

抛却网络上的"戏说历史"和标题党的"语不惊人死不休"的吸引眼球的奇谈怪论,历史上的张天锡到底是怎样一个人呢? 我们可以从清代武威籍著名学者张澍所著的《凉州府志备考》中收录的《前凉录》"张天锡三书"一窥端倪。

(一) 苻坚谕张天锡书

《前凉录》:苻坚遣张据率甲士还凉州,使著作郎阎负、梁殊送之。因命王猛为书,谕天锡曰:

"昔贵公称藩刘、石者,惟审于强弱也。今凉土之力,则损于往时,论大秦之德,则非二赵之匹,而将军翻然自绝,无乃非宗庙之福也欤?夫以秦之威,旁振无外,可以回弱水使东流,返江河使西注。关东既平,将移兵河右,恐非六郡士民所能抗也。刘表谓汉南可保,将军谓河西可全。吉凶在身,元龟不远,宜深算妙虑,自求多福,无使六世之业,一旦而坠地也。"①

这份文书,是前秦苻坚手下最主要的谋士武将王猛所写。王猛号称"功盖诸葛第一人",文武双全,辅佐苻坚统一了北方。无奈王猛英年早逝,苻坚没有遵从王猛"不要进攻东晋"的临终遗言,最终有淝水之败。

因为实力悬殊,前凉政权一度臣服于前秦,但统一北方是前秦的国家战略,二者不可能长期和平共存。

366年,张天锡与前秦断绝了臣服关系。367年,张天锡亲自征讨叛凉割据的李俨。李俨大败,退守枹罕,连忙向苻坚求救。苻坚派王猛救援,张天锡大败,死者十之二三。王猛致信张天锡劝其退兵,张天锡便撤兵而回。在枹罕之战中,张天锡的手下张据被俘虏。

376年,苻坚发动了灭凉之战。在出军的同时,苻坚派著作郎阎负、梁殊送还俘虏的张据及兵士,并晓瑜张天锡投降,送上了王猛所书的这份《苻坚谕张天锡书》。张天锡杀死了阎负、梁殊,派兵与苻坚大军作战,最终兵败投降。

王猛的这份文书,气势雄宏,软硬兼施。文书的大意是说:前凉政权曾经臣服于前赵刘渊、刘聪,后赵石勒、石虎等辈,是因为对实力强弱的判断。现在前凉的实力弱于以往,前秦的实力绝非前赵、后赵所能匹敌,而张天锡决然对抗前秦,绝对是以卵击石,自取灭亡,就像三国时期刘表对抗曹操一样,不会有好下场。

在绝对的实力碾压之下,张天锡也回天乏力,稍作抵抗之后只能俯首投降。

(二) 张天锡遗郭瑀书

《前凉录》:咸安二年,张天锡遣使者孟公明,蒲轮玄纁,征敦煌处士

---

① （清）张澍辑录:《凉州府志备考》,三秦出版社,1988年,第583页。

郭瑀,遗之书曰:

"先生潜光九皋,怀真独远,心与至境冥符,志与四时消息。岂知苍生倒悬,四海待拯者乎? 孤忝承时运,负荷大业,思与贤明,同赞帝道。昔传说龙翔殷商,尚父鹰扬周室,孔圣车不停轨,墨子驾不俟旦,皆以黔首之祸,不可以不救,君不得独立,道由人弘故也。况今九服陷为狄场,二都尽为寇穴,天子僻陋江东,名儒论于左衽,创毒之甚,开辟未有。先生怀济世之才,坐观而不救,其于仁智,孤窃惑焉。故遣使者虚左授绥,鹄企先生,乃眷下国。"①

大儒郭瑀是敦煌郡人,青年时拜隐居在张掖东山的郭荷为师,潜心攻读,精通经义。郭荷死后,弟子兼女婿的郭瑀守孝三年,继承师业,到临松薤谷(今马蹄山)开凿石窟,设馆讲学,著书立说,弟子多达千余人。

咸安,是东晋简文帝司马昱的年号,时间跨度为371—372年。咸安二年即372年,张天锡派遣使者孟公明请郭瑀出山辅政,给予很高的规格,"蒲轮玄纁",并亲自写了这份文书。蒲轮的意思是,在车轮上裹上蒲草,以减少震动。玄纁,是指玄色(黑色略带浅红色)的布帛。这些是帝王用来延聘贤士的礼节和礼品。

《晋书》记载,"天锡少有文才,流誉远近"②,这份文书充分反映了张天锡的高超文才。文书用儒家兼济天下的伦理道德指责郭瑀,请求郭瑀下山拯救黎民百姓于水火,辅佐凉国建功立业。文书的大意是说,郭瑀先生隐居在深山,悠然自得,难道不知道如今苍生倒悬、四海待拯吗?像姜尚、孔子、墨子这些圣人,在黎民百姓遭遇苦难时,都会挺身而出,赴汤蹈火在所不惜。如今"胡人作乱",长安和洛阳二京陷落,天子避难江东,百姓流离失所,先生怀济世之才,要是观而不救,那就是不仁不智。现在派遣使者,恳请先生下山辅佐朝政。

结果如何呢? 郭瑀鄙夷张天锡杀死侄儿篡位夺权,判断张天锡并非建功立业的有道明君,所以拒绝下山,并指着山间的飞鸟说:"此鸟也,安可笼哉?"使者以捕杀郭瑀的学生为要挟,郭瑀无奈只能答应下山。到了武威不

① (清)张澍辑录:《凉州府志备考》,第583—584页。
② 《晋书》卷八六《张轨传》,第2252页。

久,张天锡的母亲忽然去世,郭瑀趁乱逃回了马蹄山。因为内忧外患,张天锡也就顾不上郭瑀了。

(三) 张天锡答索商书

《前凉录》:兴宁三年,张天锡数游园池,政事颇废,荡寇将军、校书祭酒索商上书极谏。天锡答曰:

"吾非好行,行有得也。观朝荣,则敬才秀之士;玩芝兰,则爱德行之臣;观松竹,则思贞操之贤;临清流,则贵廉洁之行;览蔓草,则赋①贪秽之吏;逢飙风,则恶凶狡之徒。若引而申之,触类而通之,庶无遗漏矣。"②

兴宁是东晋哀帝司马丕的年号,时间跨度为 363—365 年。365 年,张天锡继位后频繁地游山玩水,政事颇被荒废。荡寇将军、校书祭酒索商上书极力劝谏,张天锡答复说:"我不是喜好出行,而是出行有所收获。观看早晨开放的花朵,就能尊敬才能出众之士;赏玩芝兰,就喜爱有德行之臣;看到松竹,就想念有贞操的贤者;面对清澈的流水,就看重廉洁的品行;看到蔓延的野草,就讨厌贪污的官吏;碰到暴风,就憎恶凶狠狡诈之徒。像这样加以引申,触类旁通,就差不多没有遗漏了。"

游山玩水,不理政事,还如此振振有词,理直气壮,张天锡被诟病"善于耍嘴皮子",估计大都是因为这条史料记载。

当然,张天锡的好口才,除了可以挡回臣下的指责,也可以回击同僚的嘲讽。张天锡利用淝水之战的时机,逃到东晋朝廷后,很受恩遇。朝中官员因为他是亡国俘虏,大都诋毁他。张天锡本字"公纯嘏",因为被人嘲笑三个字,改成了两个字"纯嘏"。会稽王司马道子曾经问他西方的特产,张天锡应声回答说:"桑葚甜甘,鸱鸮革响;乳酪养性,人无妒心。"意思就是"桑葚甘甜,鸱鸮吃了改变声音;乳酪养性,人吃了没有妒心"。

张天锡晚年精神昏乱,虽然有爵位,不再被人看作同列。虽然饱受嘲讽羞辱,但总算在乱世中苟活性命,不知是张天锡装疯卖傻,明哲保身,还是张

---

① 《晋书·张天锡传》"赋"作"贱"。
② (清)张澍辑录:《凉州府志备考》,第 584 页。

天锡命当寿终正寝,因祸得福。

任何一个历史人物都是多面的,不能作非白即黑的简单判断。通过赏读收入《凉州府志备考》的三份关于张天锡的文书,我们了解到了一个多姿多彩的前凉末主张天锡,也了解到了 1 600 多年前波澜壮阔的历史风云。

魏安焦氏家族与五凉后期政治演进

魏军刚

青海师范大学历史学院

十六国时期,河西大姓诸如敦煌张、宋、索、令狐、阴氏,武威贾、阴、段、孟氏,西平麴、郭、田、卫氏,金城赵、麹、边、宗氏等,不同程度地活跃在政治、军事和文化领域,构成了五凉王国存在发展的重要社会基础。有关河西大姓尤其是他们与五凉政权的关系,之前的学者已从各层面、各角度展开了讨论,成果丰硕,[①]但对史书中偶有提及、政治实力和社会影响都相对较弱的"小姓"(相对"著姓""大姓"而言)群体的关注则不够。本文选取魏安焦氏家族作为个案,主要讨论十六国后期河西地区"小姓"家族的历史活动情况。之所以选择魏安焦氏作为研究对象,基于如下考虑:第一,就史籍记载的十六国时期河西"小姓"家族而言,魏安焦氏是唯一与五凉政权都发生政治联系的家族,具有一定的典型性;第二,虽然史书记载魏安焦氏人物的事迹不多,且主要活动时间集中在386—412年之间,但他们是当时河西很多重要历史事件的亲历者,而这些事件又不同程度地影响了河西政治的发展走向。通过分析魏安焦氏家族发展兴衰的历史轨迹及其与五凉政权的互动关系,有助于认识在十六国后期河西政局频繁变动中"小姓"家族扮演的历史角色。

---

① 参见［日］白须净真《在地豪族·名族社會—四世紀の河西—》,［日］池田溫編《講座敦煌3·敦煌の社會》,大東出版社,1980年,第3—49页;武守志《五凉政权与西州大姓》,《西北师大学报》1985年第4期,第25—31页;赵向群《河西著姓社会探赜》,《西北师大学报》1989年第5期,第74—80页;尤成民《汉晋时期河西大姓的特点和历史作用》,《兰州大学学报》1992年第1期,第80—87页;冯培红《敦煌大族与五凉王国》,收入氏著《敦煌学与五凉史论稿》,浙江大学出版社,2017年,第237—335页;魏军刚《后凉、南凉易代之际:西平大族与河湟地域政治》,冯立君、胡耀飞主编《中国与域外》第2号,韩国学术信息出版社,2017年,第245—257页。

一、淝水战后魏安焦氏家族参与
张大豫复辟前凉的运动

（一）关于"魏安"地名——从《资治通鉴》胡注谈起

一般认为，十六国时期的魏安县，在今天甘肃省古浪县境内。在讨论魏安焦氏家族之前，有必要对魏安地名作一番简要考述。《晋书·吕光载记》记载，淝水战后，原前凉世子张大豫潜回河西，举兵复国，"魏安人焦松、齐肃、张济等起兵数千，迎大豫于揟次，陷昌松郡"①。这是"魏安"作为地名，首次在传世史籍中出现。《资治通鉴》系此事在东晋孝武帝太元十一年（386）二月，胡三省对魏安县作注解。胡注云："《五代志》：武威郡昌松县，后魏置昌松郡；后周废郡，以揟次县入焉。又有后魏魏安郡，后亦废。《载记》言焦松等迎大豫于揟次，则魏安盖后魏所置郡。《晋书》成于唐，唐史臣以后魏郡名书之耳。"②据此可知，胡氏认为十六国时期河西无"魏安"地名，北魏始有魏安郡，唐初修《晋书》错将北魏郡名前置于十六国时期。

但胡三省的解释值得商榷，除《晋书》《资治通鉴》之外，"魏安"地名在北魏崔鸿撰《十六国春秋》之《后凉录》《南凉录》《北凉录》《西凉录》《后秦录》中也有多次出现。唐初官修《晋书》载记部分、北宋司马光编纂《资治通鉴》相关内容，均取材于崔氏的《十六国春秋》，其所记"魏安"地名当因袭崔书内容。据学者考证，崔鸿所撰《十六国春秋》在宋以后逐渐散佚，到元代胡三省注《资治通鉴》时，很可能因未见到崔氏原书记载而有此误解。我们还可列出一条史料，证明后凉时期已存在"魏安"地名。明代屠乔孙等辑《十六国春秋·后凉录四》记"齐从，魏安人也"③。齐从，与《晋书·吕光载记》所记"魏安人齐肃"为同族。这表明，迟至十六国后凉时期河西已出现了"魏安"地名。魏俊杰考证，后凉时期分武威置昌松郡（392—399 年改称东张掖郡）辖

---

① 《晋书》卷一二二《吕光载记》，中华书局，1974 年标点本，第 3057 页。
② 《资治通鉴》卷一〇六，东晋孝武帝太元十一年二月条胡注，中华书局，2011 年标点本，第 3410—3411 页。
③ （明）屠乔孙、项琳辑：《十六国春秋》卷八四《后凉录四》，台湾商务印书馆 1986 年文渊阁《四库全书》影印本，第 463 册，第 998 页下栏。

领 5 县，其中就有魏安县。① 另外，《宋书·氐胡传》记载"武威人焦朗"②信息，这与《晋书》《资治通鉴》《十六国春秋》所记"魏安人焦朗"不同，似可推测魏安原是武威郡属县，后凉分武威置昌松郡时，划归后者管辖，南凉、北凉等政权沿袭不改。

北魏魏安郡置废时间虽然不详，但应该是受到五凉政区设置的影响，郡下或设魏安县。元代胡三省注解《资治通鉴》东晋孝武帝太元十一年二月条中出现在河西境内的"魏安"地名，可能是没有见到崔鸿《十六国春秋》原书造成了误判，似不可取。

（二）淝水战后焦松支持张大豫复辟前凉

东晋太元八年（前秦建元十九年，383），淝水之战使前秦由盛而衰。在北方地区，鲜卑慕容氏、拓跋氏、乞伏氏等纷纷举兵复国，建立了西燕、后燕、北魏、西秦等国。在河西地区，原前凉世子张大豫潜回河西，在鲜卑秃发部和魏安焦氏等的支持下，也擎举复国大旗，与前秦大将吕光争夺凉州控制权。《晋书·吕光载记》记："初，苻坚之败，张天锡南奔，其世子大豫为长水校尉王穆所匿。及坚还长安，穆将大豫奔秃发思复犍，思复犍送之魏安。是月，魏安人焦松、齐肃、张济等起兵数千，迎大豫于揟次，陷昌松郡。"③《资治通鉴》也记"魏安人焦松、齐肃、张济等聚兵数千人迎（张）大豫为主，攻吕光昌松郡，拔之，执太守王世强"④。这是传世史籍中有关魏安焦氏家族人物的最早明确记述。

张大豫依靠鲜卑秃发部和魏安焦松等人的力量攻占昌松郡，击败吕光部将杜进，造成进逼姑臧的态势。接着，王穆针对"（吕）光粮丰城固，甲兵精锐，逼之不利"的情况，提出"席卷岭西，厉兵积粟，然后东向与之争"⑤的战略。但张大豫没有听从王穆的建议，而是急于改元建号，恢复前凉正统，于

① 魏俊杰：《十六国疆域与政区研究》，复旦大学出版社，2018 年，第 406 页。
② 《宋书》卷九八《氐胡传》，中华书局，1974 年标点本，第 2413 页。
③ 《晋书》卷一二二《吕光载记》，中华书局，1974 年标点本，第 3057 页。
④ 《资治通鉴》卷一六，东晋孝武帝太元十一年二月条，中华书局，2011 年标点本，第 3411 页。
⑤ 同上注。

东晋太元十一年二月自称抚军将军、凉州牧,改元凤凰,正式建立与吕光相对峙的政权。张大豫屯兵于姑臧城西的杨坞,同时派王穆西向争取"岭西诸郡"支持,史书记载"建康太守李隰、祁连都尉严纯及阎袭起兵应之"①。我们将张大豫建立的政权,姑且称之为"后前凉政权"(针对前凉政权而言)。

四月,张大豫进屯姑臧城西,王穆及秃发奚于率主力三万屯兵城南,与吕光决战,结果吕光"斩奚于等两万余级"②,大获全胜。支持张大豫起兵的魏安焦松、齐肃、张济等人,也由此消失于史籍记载中,或与秃发奚于一并阵亡。于是张大豫被迫放弃争夺姑臧城的计划,率领残部向西逃至西郡。十一月,张大豫"自西郡诣临洮,驱略百姓五千余户,保据俱城"③。次年(387)七月,吕光部将彭晃、徐炅追击张大豫至临洮,败之,"大豫奔广武,王穆奔建康"④,分别投靠秃发思复鞬和建康太守李隰。但是,秃发部在此前的姑臧城南战役中实力耗损严重,已无力庇护张大豫。八月,张大豫被广武人执送姑臧,被吕光斩杀。此后王穆则以建康郡为基地,进据酒泉郡,自称大将军、凉州牧,继承张大豫"后前凉政权"的政治遗产,并得到敦煌大族索嘏和名士郭瑀支持。但由于王穆集团内部不合,十二月,吕光趁王穆攻打索嘏之际出兵,王穆兵败被杀。至此,前凉复国行动彻底失败,存在不到两年的"后前凉政权"正式灭亡。

(三) 前凉后期安定张氏与魏安焦氏的婚姻关系——张大豫依靠魏安焦氏复国之原因蠡测

我们分析张大豫"后前凉政权"的支持者——河西鲜卑秃发思复鞬以及魏安焦松、齐肃、张济等,均非河西著姓大族。前者是河西当地的少数民族,后者只能算是汉人"小姓"。至于后来王穆割据酒泉称凉州牧,得到敦煌索嘏等河西大姓的支持,另当别论。淝水战后初期,张大豫之所以起兵复国,

---

① 《晋书》卷一二二《吕光载记》,中华书局,1974 年标点本,第 3057 页。
② 《资治通鉴》卷一〇六,东晋孝武帝太元十一年四月条,中华书局,2011 年标点本,第 3415 页。
③ 《晋书》卷一二二《吕光载记》,中华书局,1974 年标点本,第 3057 页。
④ 《资治通鉴》卷一〇七,东晋孝武帝太元十二年七月条,中华书局,2011 年标点本,第 3431 页。

除有当时前秦政权崩溃后北方陷入割据混乱的历史机遇外,还因为前凉统治河西地区长达 76 年,在河西胡汉民众心里仍然存在一定的政治号召力。但他选择广武鲜卑秃发部、魏安汉人"小姓"而非依靠汉晋以来势力强大的河西大姓,是值得注意的现象。我们推测,原因有三:首先,广武、魏安等地,是张大豫潜回河西的必经地,也是他与吕光争夺姑臧控制权的战略要地;其次,秃发部自前凉末年思复鞬继任以来逐渐崛起,拥有一定的政治军事实力;再次,张大豫投奔魏安焦松等人,可能与其母焦氏出身魏安焦氏家族有关,对此略作申论。

《资治通鉴》记载:"初,张大锡之杀张邕也,刘肃及安定梁景皆有功,二人由是有宠,赐姓张氏,以为己子,使预政事。天锡荒于酒色,不亲庶务,黜世子大怀而立嬖妾焦氏之子大豫,以焦氏为左夫人,人情愤怨。"①史籍虽未言明张大豫之母焦氏的籍贯,但目前史书所见河西焦氏人物的籍贯只有魏安,当然不排除有其他籍贯的焦氏为史书漏载的可能。考虑到张大豫母为焦氏,其起兵复国又依靠魏安焦松等人,似不应只是史书记载的巧合。至少,不排除张大豫母焦氏出自魏安焦氏家族的可能性。冯培红分析前凉王室的婚姻圈特征,指出除了陇西辛氏、武威贾氏和敦煌张氏外,安定张氏更多地选择与郡望或里贯不明的小姓通婚。② 因此,将张大豫之母焦氏与作为"小姓"的魏安焦氏联系起来,不无可能。若推测不误,那么淝水战后初期张大豫依靠魏安焦松、齐肃、张济等数千人之力起兵复国,可以说是在依靠舅氏家族的力量。

二、后凉末年内乱与魏安焦氏家族的政治选择

(一) 后凉时期魏安焦氏家族的政治境遇

张大豫兵败姑臧城西后,魏安焦松、齐肃、张济等人下落不明,此后在史籍中也再未出现。如前推测,焦松等人可能与秃发奚于一起阵亡。那么,后

---

① 《资治通鉴》卷一〇四,东晋孝武帝太元元年(376)五月条,中华书局,2011 年标点本,第 3323 页。

② 冯培红:《敦煌大族与五凉王国》,收入氏著《敦煌学与五凉史论稿》,浙江大学出版社,2017 年,第 276—377 页。

凉建立后,魏安焦氏家族的政治境遇如何?

从史书记载来看,吕光对参与当时张大豫复国活动的各方势力,包括魏安焦氏在内,似乎并未穷治其罪,而且还通过多种方式将他们纳入后凉统治集团。秃发部在秃发思复鞬死后,其子乌孤继位,积极结好后凉吕光,先后获封冠军大将军、河西鲜卑大都统、广武县侯(394),广武郡公(395),征南大将军、益州牧、左贤王(396,未受)等官爵。① 魏安豪族也随河西形势的变化,对吕光的政治态度发生了改变,有些家族甚至与后凉实现政治合作,而史籍中也没有见到他们再度反叛的记载。与焦松一同起兵的齐肃,其家族有齐从一人,担任后凉左卫将军官职,被纳入禁卫武官系统,颇得吕光、吕纂父子的亲重。

《十六国春秋·后凉录四》记:"齐从,魏安人也。仕吕光为左卫将军,守融明观。绍初嗣立,纂与弘率壮士攻洪范门,从逆问之曰:'谁也?'众曰:'太原公。'从曰:'国有大故,主上新立,太原公行不由道,夜入禁城,将为乱邪?'因抽剑直前,斫纂中额。纂左右擒之,纂曰:'义士也。'赦之勿杀。及即伪位,谓从曰:'卿前斫我,一何甚也!'从泣曰:'隐王,先帝所立,陛下虽应天顺时,而微心未达,此时惟恐陛下不死,何谓甚也。'纂嘉其忠,因善遇之。"②《晋书·吕纂载记》也记有齐从据融明观拒吕纂之事,但不提他是"魏安人"。③屠乔孙等辑崔鸿《十六国春秋》记后凉齐从为魏安人,当有所本。当然,也有学者怀疑齐从是氐族人。④

根据鲜卑秃发部族和魏安齐氏的情况推测,后凉时期魏安焦氏家族政治境遇不会太差。但在张大豫起兵失败(386)至后凉神鼎元年(401)的整整15年(386—401)间,史籍中再未出现魏安焦氏人物活动的记载。大概是因为焦松追随张大豫起兵失败,家族实力受到削弱,于是接受后凉吕氏的统治,休养生息、积蓄实力。此外,史籍中出现有焦辨一人,身份是吕纂的部

---

① 《晋书》卷一二六《秃发乌孤载记》,中华书局,1974 年标点本,第 3141—3142 页。

② (明)屠乔孙、项琳辑:《十六国春秋》卷八四《后凉录四》,台湾商务印书馆 1986 年文渊阁《四库全书》影印本,第 463 册,第 998 页下栏,999 页上栏。

③ 《晋书》卷一二二《吕纂载记》,中华书局,1974 年标点本,第 3065 页。

④ 杨铭:《氐族的姓氏及婚姻》,《西北民族研究》1992 年第 1 期,第 241—251 页。

将，①但此人的族属、籍贯等信息均不清楚，尚不能确定他就是魏安焦氏家族的成员，有学者怀疑他是追随吕光西征滞留河西的氐人。②

（二）后凉末年内乱与焦朗叛附后秦

魏安焦氏家族在政治上再度活跃，是后凉神鼎元年（401）吕隆弑吕纂自立后焦朗引后秦兵进入河西。《晋书·吕隆载记》记载："（吕）隆多杀豪望，以立威名，内外嚣然，人不自固。魏安人焦朗遣使说姚兴将姚硕德曰：'吕氏因秦之乱，制命此州。自武皇弃世，诸子竞寻干戈，德刑不恤，残暴是先，饥馑流亡，死者太半，唯泣诉昊天，而精诚无感。伏惟明公道迈前贤，任尊分陕，宜兼弱攻昧，经略此方，救生灵之沈溺，布徽政于玉门。篡夺之际，为功不难。'遣妻子为质。硕德遂率众至姑臧。"③由此观之，后凉吕隆"多杀豪望，以立威名，内外嚣然，人不自固"是导致焦朗"背凉附秦"的直接原因。就当时河西政治形势而言，南凉秃发利鹿孤割据西平，北凉沮渠蒙逊割据张掖，西凉李暠割据敦煌，加上后凉吕隆占据姑臧，形成"四凉并立"的政治格局。建都长安的后秦政权，正处于国力强盛时期，向西灭亡西秦兼并陇右地区，隔黄河观衅凉州。焦朗权衡利弊，选择投靠势力最强大的后秦，意在寻求新的政治庇护，以维系家族利益，显然是十分明智的。

焦朗引姚硕德进兵姑臧，揭开了后秦经略河西的序幕。后凉神鼎元年七月，姚硕德大军以焦朗为向导，进兵姑臧，击败吕超等人，于是吕隆"收集离散，婴城固守"④。后秦军队在姑臧战役中获胜，加速了后凉统治集团内部的崩溃，先是，吕隆叔父"巴西公他率东苑之众二万五千降于秦"⑤，八月，姑臧城内"东人多谋外叛，将军魏益多又唱动群心，乃谋杀隆、超，事发，诛之，死者三百余家"⑥。在此情形下，姚硕德一方面任命后凉降将姜纪为武威太

---

① 《晋书》卷一二二《吕纂载记》，中华书局，1974 年标点本，第 3066 页。
② 杨铭：《氐族的姓氏及婚姻》，《西北民族研究》1992 年第 1 期，第 241—251 页。
③ 《晋书》卷一二二《吕隆载记》，中华书局，1974 年标点本，第 3069—3070 页。
④ 同上书，第 3070 页。
⑤ 《资治通鉴》卷一一二，东晋安帝隆安五年（401）七月条，中华书局，2011 年标点本，第 3582 页。
⑥ 《晋书》卷一二二《吕隆载记》，中华书局，1974 年标点本，第 3070 页。

守,"配兵二千,屯据晏然"①,另一方面"抚纳夷、夏,分置守宰,节食聚粟,为持久之计"②。于是,后凉集团内部出现"请和于秦"的声音,吕隆起初反对,但在吕超劝说下同意投降。姚硕德任命吕隆为使持节、镇西大将军、凉州刺史、建康公,携后凉宗室子弟、文武旧臣为质率兵撤离姑臧,返回长安。至此,后凉统治者在政治上失去独立性,名义上成为后秦治下的凉州刺史。此前,南凉、北凉和西凉等国已经纷纷向姚兴奉表称臣,这样后秦通过军事、政治手段,初步建立起与诸凉王国宗藩关系,实现了对河西地区的间接控制,从而影响了此后数年间河西政局的变化。

　　姚硕德撤兵后,尽管后凉已经臣服,但政治中心远在关中长安的后秦政权无法对姑臧及周边地区实现有效统治,焦朗和姜纪等人遂扮演了后秦政权控制河西地区的重要角色。姜纪初降后秦时,曾经向姚硕德进言:"吕隆孤城无援,明公以大军临之,其势必请降;然彼徒文降而已,未肯遂服也。请给纪步骑三千,与王松忩因焦朗、华纯之众,伺其衅隙,隆不足取也。不然,今秃发在南,兵强国富,若兼姑臧而据之,威势益盛,沮渠蒙逊、李暠不能抗也,必将归之,如此,则为国家之大敌矣。"③按照姜纪的战略构想,后秦想要彻底降服后凉,"焦朗、华纯之众"是主要的依靠力量。后秦撤兵后,后凉统治者展开了对姜纪、焦朗的军事进攻,企图消灭后秦在河西东部统治的政治代言人。十二月,"吕超攻姜纪,不克,遂攻焦朗"④。面对后凉进攻,焦朗遣质求救于南凉,双方连兵在姑臧城外击败后凉军队。后来,秃发傉檀进攻魏安,焦朗出降,遂仕南凉。

三、秃发利鹿孤占据魏安与焦朗入仕南凉

（一）南凉控制魏安与焦氏家族归附

如前所述,淝水战后原前凉世子张大豫依靠河西鲜卑和魏安焦松等人

---

① 《资治通鉴》卷一一二,东晋安帝隆安五年七月条,中华书局,2011 年标点本,第3582 页。
② 同上书,第 3584 页。
③ 同上注。
④ 同上书,第 3587 页。

展开复国行动,魏安焦氏与秃发氏已经发生联系。后凉神鼎元年十二月,焦朗为抵御吕超进攻而遣质联络秃发利鹿孤,为此后南凉占领魏安和焦朗入仕南凉提供了历史契机。《资治通鉴》记载:

> 吕超攻姜纪,不克,遂攻焦朗。朗遣其弟子嵩为质于河西王利鹿孤以请迎,利鹿孤遣车骑将军俱檀赴之。比至,超已退,朗闭门拒之。俱檀怒,将攻之,镇北将军俱延谏曰:"安土重迁,人之常情。朗孤城无食,今年不降,后年自服,何必多杀士卒以攻之! 若其不捷,彼必去从他国。弃州境士民以资邻敌,非计也;不如以善言谕之。"檀乃与朗连和,遂曜兵姑臧,壁于胡阮。①

吕超进攻姜纪不利,遂转攻焦朗,迫使其求救于南凉,原因正如秃发俱延所讲,是魏安城"孤城无食",难以独自抵御后凉进攻。但南凉兵至魏安时,吕超已经退兵,焦朗反悔,不愿归附。焦朗此举引起秃发俱檀的不满,试图以军事手段强占魏安,因秃发俱延力谏而止,遂结成平等的政治军事"连和"关系,共同进军姑臧。根据秃发俱延的判断,焦朗之所以反悔,不愿归附南凉,是因为不愿举城迁徙,放弃魏安根据地。之后,双方进军姑臧,但从史书记载来看,双方与后凉之间的战争,主要由南凉军队承担,焦朗等人发挥的作用有限。

后凉神鼎二年(402)二月,北凉沮渠蒙逊进攻姑臧,南凉秃发利鹿孤应吕隆之邀派秃发俱檀前往救援。但南凉援兵未至,后凉已击败北凉军队并与之结盟,秃发俱檀遂迁凉泽段冢百姓五百余户而还,在退兵途中攻克焦朗所在的魏安城。史称,南凉"中散骑常侍张融言于利鹿孤曰:'焦朗兄弟据魏安,潜通姚氏,数为反覆,今不取,后必为朝廷忧。'利鹿孤遣俱檀讨之,朗面缚出降,俱檀送于西平,徙其民于乐都"②。据引文,张融列举讨伐焦朗的理由:一是"潜通姚氏",二是"数为反覆"。其中"数为反覆"指的便是,401年十二月吕超攻魏安,焦朗请求南凉援助,之后又反悔之事。但归根结底,南

---

① 《资治通鉴》卷一一二,东晋安帝隆安五年十二月条,中华书局,2011 年标点本,第3587 页。
② 《资治通鉴》卷一一二,东晋安帝元兴元年(402)二月条,中华书局,2011 年标点本,第3593 页。

凉讨伐焦氏是因为魏安是其进兵姑臧必经的战略要地。也正因如此,盘踞此地的焦朗家族才受到后秦、后凉、南凉等政权的重视。南凉统治者野心勃勃,绝不会坐视焦朗盘踞魏安城,成为阻挡其占据姑臧、统一河西的障碍。根据史书记载,南凉统治者不仅出兵以武力迫使焦朗归降,而且采取"徙民"方法,将焦氏家族及其所属兵民悉数迁徙至乐都,彻底摧毁焦氏家族盘踞魏安的军事力量。此后,焦朗作为南凉朝廷臣僚身份出现在史籍中,先后徙居西平、姑臧等地。

南凉降服焦朗、占领魏安以后,置戍镇守,不仅实现了对后凉姑臧城在南面的战略包围,也阻断了后秦经略河西走廊东部的交通要道。《资治通鉴》记"(后)秦镇远将军赵曜帅二万西屯金城,建节将军王松忽帅骑助吕隆守姑臧。松忽至魏安,傉檀弟文真击而虏之。傉檀大怒,送松忽还长安,深自陈谢"①。不同于前次焦朗引姚硕德进军姑臧,此次王松忽进军在经过南凉控制下的魏安城时,遭到秃发文支的攻击,导致后秦援助吕隆的军事行动失败。南凉派遣宗室将领秃发文支镇守,也显示统治者对魏安的重视。后凉灭亡,后秦占据姑臧及周边地区,虽然设置凉州刺史管辖,但由于魏安、昌松等地为南凉控制,凉州实际上成为"飞地"。南凉对后秦政权政治态度的恭顺与否,直接影响着姚兴对凉州地区的控制和经略的成功与否。

(二) 焦朗参与南凉与大夏的"阳武之役"

焦朗进入南凉,任官情况不详,在军政事务上也少见亮相。史书仅记载他参与了南凉弘昌六年(大夏龙昇元年,407)十一月的"阳武之役"。《晋书·赫连勃勃载记》记载:

> 勃勃初僭号,求婚于秃发傉檀,傉檀弗许。勃勃怒,率骑二万伐之,自杨非至于支阳三百余里,杀伤万余人,驱掠二万七千口、牛马羊数十万而还。傉檀率众追之,其将焦朗谓傉檀曰:"勃勃天姿雄鸷,御军齐肃,未可轻也。今因抄掠之资,率思归之士,人自为战,难与争锋。不如从温围北渡,趣万斛堆,阻水结营,制其咽喉,百战百胜之术也。"傉檀将

① 《资治通鉴》卷一一二,东晋安帝元兴元年十二月条,中华书局,2011年标点本,第3603页。

贺连怒曰："勃勃以死亡之余,率乌合之众,犯顺结祸,幸有大功。今牛羊塞路,财宝若山,窘弊之余,人怀贪竞,不能督厉士众以抗我也。我以大军临之,必土崩鱼溃。今引军避之,示敌以弱。我众气锐,宜在速追。"傉檀曰:"吾追计决矣,敢谏者斩!"勃勃闻而大喜,乃于阳武下陕凿凌埋车以塞路。傉檀遣善射者射之,中勃勃左臂。勃勃乃勒众逆击,大败之,追奔八十余里,杀伤万计,斩其大将十余人,以为京观,号"髑髅台",还于岭北。①

由此推之,焦朗归降南凉后,可能作为军事将领随征各地。从引文看,他在南凉追击大夏的军事行动中,提出的"从温围北渡,趣万斛堆,阻水结营,制其咽喉,百战百胜之术",颇具战略眼光。但南凉统治者因骄傲轻敌拒绝这一正确建议,导致战争失败,损失惨重,"名臣勇将死者十之六七,傉檀与数骑奔南山,几为追骑所得"②。此战为南凉政权由盛而衰的转折点,也是大夏赫连勃勃崛起的关键之战,又间接导致南凉与后秦之间"姑臧之战"发生,河陇政治格局遂因之一变。③"阳武之役"后,焦朗随秃发傉檀回到姑臧城。但经历战败南凉内部发生分裂,而内乱又招致外部后秦、北凉政权的侵略。在内忧外患中,秃发傉檀于嘉平三年(410)四月,留大司农成公绪守姑臧,迁都乐都。随即,姑臧城民驱逐成公绪,推举焦朗为主。这一事件,标志着魏安焦氏家族在政治上正式与南凉决裂,在沉寂了近10年后摆脱秃发氏控制,再度崛起。

另外,史书还提到,后凉吕超进攻魏安城,焦朗"遣其弟子嵩为质于河西王利鹿孤以请迎"。关于焦嵩事迹,在史书中仅此一见,其后下落不明。西秦灭南凉占据河湟诸郡后,有尚书、商州刺史、浇河太守焦嵩,④但无法确定与焦朗弟子焦嵩是否为同一人。周伟洲统计西秦政权焦氏人物共有焦遗、

① 《晋书》卷一三〇《赫连勃勃载记》,中华书局,1974年标点本,第3203—3204页。
② 《资治通鉴》卷一一四,东晋安帝义熙三年(407)十一月条,中华书局,2011年标点本,第3659页。
③ 魏军刚:《十六国时期南凉、大夏"阳武之役"述论》,《石河子大学学报》2020年第6期,第119—124页。
④ 《资治通鉴》卷一二一,南朝宋文帝元嘉五年(428)正月条,中华书局,2011年标点本,第3861—3862页。

焦华、焦袭、焦亮、焦楷和焦嵩6人，除焦嵩外其他5人籍贯均是陇西。[①]因此，西秦焦嵩出自陇西焦氏家族的可能性似乎更大一些，当然也不完全排除他是由南凉进入西秦的魏安焦氏家族的成员。

四、魏安焦朗占据姑臧城及其与北凉、西凉之关系

（一）焦朗占据姑臧及其与北凉的关系

南凉嘉平三年，秃发傉檀放弃姑臧，迁都乐都，焦朗等人据姑臧自立，标志着魏安焦氏家族势力达到顶峰。随着北凉势力介入姑臧城，魏安焦氏选择归附沮渠蒙逊。但关于此事，各类史书记载多有差异，需要进一步分析内中细节，才能判断魏安焦氏家族与北凉政权的复杂关系。

《晋书·秃发傉檀载记》云："傉檀始出城，焦谌、王侯等闭门作难，收合三千余家，保据南城。谌推焦朗为大都督、龙骧大将军，谌为凉州刺史，降于蒙逊。"[②]由此可知，焦朗占据姑臧后确实投降了北凉，但具体细节不详。《晋书·沮渠蒙逊载记》记"及傉檀南奔乐都，魏安人焦朗据姑臧自立，蒙逊率步骑三万攻朗，克而宥之"[③]。此一史料，提供了不同于《秃发傉檀载记》的信息，表明焦朗面对北凉进攻，凭城据守，在城破被俘后才归顺。我们再结合《资治通鉴》记载来分析。

《资治通鉴》卷一一五记（东晋义熙六年，410）三月"傉檀才出城，魏安人侯谌等闭门作乱，收合三千余家，据南城，推焦朗为大都督、龙骧大将军，谌自称凉州刺史，降于蒙逊"[④]。"侯谌"应是"焦谌、王侯"之误，其他内容与《晋书·秃发傉檀载记》相同。又，卷一一六记（东晋义熙七年，411）二月"焦朗犹据姑臧，沮渠蒙逊攻拔其城，执朗而宥之；以其弟挈为秦州刺史，镇姑臧"[⑤]。综

---

① 周伟洲：《南凉与西秦》，广西师范大学出版社，2006年，第178—180页。
② 《晋书》卷一二六《秃发傉檀载记》，中华书局，1974年标点本，第3153页。
③ 《晋书》卷一二九《沮渠蒙逊载记》，中华书局，1974年标点本，第3194页。
④ 《资治通鉴》卷一一五，东晋安帝义熙六年四月条，中华书局，2011年标点本，第3688页。
⑤ 《资治通鉴》卷一一六，东晋安帝义熙七年二月条，中华书局，2011年标点本，第3703页。

合《晋书》《通鉴》记载判断,410 年三月焦朗初据姑臧即归降沮渠蒙逊,可能是为防止南凉势力反扑,但实际上北凉没有对姑臧城进行实际性占领,该城的控制权仍掌握在焦朗手中,所以才有 411 年二月沮渠蒙逊攻城之事,焦朗被俘但得到宽宥。

关于焦朗的结局,《宋书·氐胡传》提供了另种信息,"六年,蒙逊攻破傉檀,傉檀走屯乐都。武威人焦朗入姑臧,自号骠骑大将军,臣于李暠。八年,蒙逊攻焦朗,杀之"①。《宋书》使用东晋年号,"六年""八年",分别指义熙六年、八年(412)。据此可知,焦朗在 412 年被沮渠蒙逊攻杀。依据上文,411年二月沮渠蒙逊攻占姑臧后"执朗而宥之",并未行诛杀之事,只是以沮渠挈为秦州刺史,镇守该城。《宋书》提到"八年,蒙逊攻焦朗,杀之"显然是在宽宥焦朗之后的第二年才实行的。412 年十月,北凉迁都姑臧,诛杀焦朗当在迁都前后发生,可能意在铲除焦朗在姑臧城的势力。

(二) 焦朗占据姑臧与称臣于西凉

《宋书·氐胡传》还提到焦朗占据姑臧后,向西凉李暠称臣。此事在北魏崔鸿所撰《十六国春秋·西凉录一》中也有记载。明屠乔孙等辑《十六国春秋·西凉录一》记:"建初六年,春三月,魏安焦朗据姑臧,自号龙骧大将军,遣使称臣,暠以其所称而授之。"②清汤球辑《十六国春秋辑补·西凉录一》也记:"(建初)六年,春三月,魏安焦朗据姑臧,自号龙骧大将军,遣使称臣。暠以其所称而授之。"③表明焦朗在占据姑臧城初期,在向北凉请降的同时,也向西凉政权称臣,其目的仍是借此防止南凉势力的反扑,加强对姑臧城的控制,同时也为牵制北凉势力。

焦朗向西凉称臣的时间,应在 410 年三月至 411 年二月之间。因为,北凉在 411 年二月攻克姑臧以后,先后任命宗室沮渠挈和沮渠益子为护羌校尉、秦州刺史,镇守该城。此后,焦朗虽然被宽待但应该被严密控制了,再与

① 《宋书》卷九十八《氐胡传》,中华书局,1974 年标点本,第 2413 页。
② (明)屠乔孙、项琳辑:《十六国春秋》卷九一《西凉录一》,台湾商务印书馆 1986 年文渊阁《四库全书》影印本,第 463 册,第 1047 页下栏。
③ (清)汤球辑补,王鲁一、王立华点校:《十六国春秋辑补》卷九三《西凉录二》,齐鲁书社,2000 年标点本,第 636 页。

西凉进行政治来往的可能性较小,直到412年被杀。另外,《宋书》提到焦朗"自号骠骑大将军",与《十六国春秋》《晋书》《资治通鉴》所记的"大都督、龙骧大将军"名号有异,当以后者为准。412年,沮渠蒙逊迁都姑臧,从而揭开北凉历史发展的新进程。魏安焦氏家族,经焦朗被诛事件后迅速衰落了,而其家族成员的活动也不再见于史籍记载。

五、结　语

淝水战后,河西政局的频繁变动,为魏安焦氏家族的兴起和发展提供了历史机遇。在前凉原世子张大豫擎举复国的政治大旗时,以焦松为代表的魏安"小姓"家族是"后前凉政权"存在发展的重要政治军事基础。张大豫依靠魏安焦氏家族起兵,很可能与其母焦氏出自该家族有关。后凉时期,魏安焦氏家族虽然因焦松追随张大豫起兵,实力受损,但据鲜卑秃发部族和魏安齐氏的情况推测,其政治境遇尚好,得以休养生息、积蓄实力。后凉末年,吕氏统治集团内乱,焦朗审时度势投靠了后秦,引姚硕德进军姑臧,魏安焦氏家族在政治上再度活跃。焦朗引后秦势力介入河西,后凉、南凉、北凉、西凉诸国先后臣服,此后数年河西政治发展以后秦与诸凉政权之间结成的宗藩体系为基本特征。后凉吕隆投降,姚硕德暂时撤兵,焦朗成为后秦间接控制河西走廊东部的政治代言人之一,因此引起后凉的进攻,迫使其与南凉联合,但最终因势单力薄为南凉吞并。

南凉攻占魏安后,焦朗及其家族、属民被迁至乐都郡,失去魏安根据地的焦氏家族力量大为削弱。尽管焦朗在南凉谋得官职,但没有被重用。南凉迁都姑臧后,焦朗及家族成员随迁该城,其后参与南凉与大夏的"阳武之役",虽有进言但未被采纳,并未发挥实际作用。南凉放弃姑臧后,已失去魏安根据地的焦朗据城自立,标志着魏安焦氏家族势力达到顶峰。为防止南凉势力的反扑,焦朗先后向北凉和西凉称臣。但北凉最终攻克姑臧,任命宗室成员镇守该城,失去姑臧控制权的焦朗先是城破被俘后得到宽宥,最后在沮渠蒙逊迁都姑臧前后被杀。自此,魏安焦氏家族势力衰落,消失于史籍中。

纵观魏安焦氏家族近三十年的兴衰发展史,其在河西走廊东部的政治军事活动,与五凉后期河西政局的频繁演变密切关联。焦朗先后周旋于后凉、后秦、南凉、北凉、西凉各政权之间,甚至利用南凉、北凉争战出现的权力真空期短暂占据姑臧实现自立。尽管这对当时河西政治演进产生了一定的影响,但仍无法改变作为"小姓"的焦氏家族在当时河西各种势力角逐的政治"夹缝"中求生存的基本情形。总而言之,十六国时期,河西大姓是五凉政权国家权力的绝对主导,"小姓"阶层在日常政治事务中发挥的作用有限,魏安焦氏家族只是作为特殊个案被史官记录,而更多其他河西"小姓"家族则是湮没无闻。

北凉王国中枢职官考[*]

朱艳桐

浙江理工大学马克思主义学院

　　五凉王国从前凉张骏时代起，在官员设置和都城布局上都有意逐步完备台省诸卿官员建制。[①] 后凉、南凉、北凉在自立初期以"二府"官为主，执政者称王后即确立台省制。北凉沮渠蒙逊即河西王之始，"置官僚如吕光为三河王故事"，"三河王故事"即"置百官自丞郎已下"，[②]这一行政体制奠定了北凉王国的职官制度。北凉职官上承魏晋、下启高昌国，与后凉、南凉、大夏、刘宋等职官互有借鉴。

　　清代学者缪荃孙整理的《北凉百官表》是较早关注北凉职官制度的著作，该表分年罗列任职职官，除去重复共收录北凉中枢职官 13 条，遗失颇多，且有失误。[③] 冯君实评价此表："择其要职，排比任官人名，并未对各有关官职的职能予以剖判。"在此缺憾之下，冯氏作《十六国官制初探》，[④]其后周伟洲作《十六国官制研究》，[⑤]二文对十六国职官的共性问题作了研究，冯氏所论"前凉职官拟于王者而微异其名"、周文探讨的十六国承袭魏晋的中枢职官制度，都与北凉职官制度息息相关。2015 年贾小军《五凉职官制度研

---

[*] 本文是 2021 年度杭州市哲学社会科学规划常规性课题"4—5 世纪丝路河陇地区民族认同研究"（M21JC045）的成果之一。

[①] 前凉张骏设置职官，"官号皆拟天朝，而微辨其名"，其于姑臧南城修筑四时宫，"其傍皆有直省内官寺署"，见《魏书》卷九九《私署凉州牧张寔附张骏传》，中华书局，1974年，第 2195 页，《晋书》卷八六《张轨附张骏传》，中华书局，1974 年，第 2238 页。

[②] 《晋书》卷一二二《吕光载记》，第 3059 页。

[③] 缪荃孙：《北凉百官表》，二十五史刊行委员会编集《二十五史补编》，开明书店，1937年，第 4073—4075 页。

[④] 冯君实：《十六国官制初探》，《东北师大学报》1984 年第 4 期。

[⑤] 周伟洲：《十六国官制研究》，《文史》2002 年第 1 辑。

究》列表统计了北凉职官,分段业初年、段业称凉王时期、沮渠蒙逊永安年间、称河西王时期、流亡高昌时期五个时段概述北凉职官的特征,在中枢官方面对宋繇所任右丞相和阚骃所任大行作具体考论。① 2016 年陈楚羚《十六国三省官职考》研究十六国时期的三省官职,按照尚书、中书、门下三省分条目叙述十六国职官,北凉亦在其中。②

　　前辈时贤在研究北凉职官时或按年代、或按执政者加以区分,这种方式利于看到时代特征,但考虑到北凉的资料较少,再割裂为各个时段,难免零碎,本文以台省、诸卿为类,以图清晰展现北凉中枢职官的体系。本文将利用《北魏王使君郭夫人墓志铭》《北魏赵眪墓志》《北魏张略墓志》《北齐张宗宪墓志铭》和敦煌吐鲁番文书等出土资料,丰富北凉中枢职官史料。且参考魏晋南北朝的职官情况详细考释北凉"右丞相""中散常侍""秘书考课郎中""大行"等职官。

　　北凉段业、沮渠蒙逊先称公、后称王,其二人执政初期均实行"二府"制,③称王、为王国以后才实行台省制,"置百官丞郎已下"。限于篇幅,本文将集中考论北凉王国的中枢官制。

一、北凉之"四省"官员

　　十六国多设置尚书、中书、门下三省,南北朝时亦会在三省之外增设集书省和秘书省,有"五省"之号。以现存史料来看,北凉中枢设置了尚书、中书、门下、秘书四省。

尚书省

　　北凉中枢官员以尚书省记载最多,尚书省总管全国政务,其职官见表1。

①　贾小军《五凉职官制度研究》,西北师范大学 2015 年博士学位论文,第 83—100 页,后修改刊于中国秦汉史研究会等编《凉州文化与丝绸之路国际学术研讨会论文集》,中国社会科学出版社,2019 年,第 440—460 页。
②　陈楚羚:《十六国三省官职考》,兰州大学 2016 年硕士学位论文。
③　"二府"指都督府和凉州府,参冯君实《十六国官制初探》,《东北师大学报》1984 年第4 期。

表1 北凉尚书省职官表

官职＼执政者		段 业	沮渠蒙逊	沮渠牧犍	沮渠无讳 沮渠安周	备 注
录尚书事			沮渠政德	沮渠封坛		
左右丞	左丞	沮渠蒙逊	房晷	宋繇 姚定国		
	右丞	梁中庸				
尚 书	兵部尚书		张湛	张湛		
	吏部尚书			"尚书吏部"		
	都官尚书			张湛		
	民部尚书					据"民部郎"推测
尚书郎	吏部郎中		宋繇	房恩成		
	库部郎中		宗舒	鹿寿兴		
	金部郎中			赵柔		
	民部郎		张略			
	尚书郎		王杼 宗舒 张略			
中兵校郎			杨定归			

沮渠蒙逊时世子沮渠政德"加镇卫大将军、录尚书事"[1],沮渠牧犍即河西王后,"立子封坛为世子,加抚军大将军、录尚书事"[2]。陈琳国指出录尚书事者有一部分就是"尚未加冕和即将加冕的皇帝"[3],就目前所见资料,北凉录尚书事多是世子的加官,即以将加冕称王的世子为录尚书事。

沮渠氏北凉初建之时房晷与梁中庸分列左、右长史,长史是五凉二府体制下的行政首脑,蒙逊称河西王后左长史房晷递升左丞,冯君实论到:"以长史为首的四佐(长史、司马、从事中郎、主簿)实际地位相当于尚书令仆等职,

---

[1] 《晋书》卷一二九《沮渠蒙逊载记》,第3195页。

[2] 司马光编著,胡三省音注:《资治通鉴》卷一二二"宋文帝元嘉十年(433)"条,中华书局,1956年,第3848页。

[3] 陈琳国:《魏晋南北朝政治制度研究》,文津出版社,1994年,第38页。

所以一旦那个国君称王称帝,原来的长史便当然的升格为尚书令仆了。"①沮渠蒙逊即河西王之始,"置官僚如吕光为三河王故事","三河王故事"当指吕光称三河王时"置百官自丞郎已下",北凉仿照后凉以左、右丞为尚书省长官。左丞又比右丞地位更高,《魏书·宋繇传》记载"蒙逊之将死也,以子牧犍委托之。牧犍以繇为左丞"②,宋繇作为蒙逊托孤之臣,任尚书左丞统揽朝政。

尚书丞本为协助仆射而设,晋制,尚书左丞位在六品。徐美莉从尚书令、仆射、丞、郎的分工职事中找到了简化尚书省行政运作的制度根据,指出以丞为首依然能带动尚书省运转。③ 北凉以丞为行政首脑变相降低了尚书省长官的地位,拉大了与录尚书事之间的距离,可防止权臣擅政,同时亦能增强世子、录尚书事的执政权力。前凉的尚书令张瓘、宋混、宋澄,后凉尚书仆射王详都发生过叛变,北凉可能从中吸取了经验教训,中枢职官始终以尚书丞为首。

尚书丞之下置诸曹尚书。《魏书》载张湛"仕沮渠蒙逊,黄门侍郎、兵部尚书"④。《资治通鉴》记载沮渠牧犍以"张湛为兵部尚书"⑤,《魏书》《资治通鉴》分别将张湛为兵部尚书时间系于蒙逊、牧犍二朝,本文亦按此制表。

《北齐张宗宪墓志铭》记载:

> 曾祖湛,凉都官尚书,立事立功,有道有德。⑥

根据墓志记载,曾祖张湛为敦煌人,与《魏书》《北史》记载的北凉兵部尚书张湛同名且都为敦煌人,二者很可能是同一人,即张湛又任北凉都官尚书。此条墓志材料有可能是记载北凉情况,亦可能是活动于北齐时代的后人误将北齐的都官尚书移植到祖先记载上,笔者更倾向于前种猜测,即北凉已置都官尚书。《宋书·百官志》记载"青龙二年(234)有军事,尚书令陈矫

① 冯君实:《十六国官制初探》,《东北师大学报》1984 年第 4 期。
② 《魏书》卷五二《宋繇传》,第 1153 页。
③ 徐美莉:《十六国的行政中枢制度及其新因素》,《甘肃民族研究》2013 年第 4 期。
④ 《魏书》卷五二《张湛传》,第 1154 页。
⑤ 《资治通鉴》卷一二三"宋文帝元嘉十六年(439)"条,胡三省注"曹魏置五兵尚书。据此,则兵部之号起于河西"(第 3877 页),此述有所不妥,后燕、西秦亦置尚书兵部。
⑥ 贾振林编著:《文化安丰》,大象出版社,2011 年,第 328—329 页。

奏置都官、骑兵二曹郎"①,曹魏置都官曹郎之后,西晋、东晋承其制设都官郎,刘宋永初元年(420)"置都官尚书"②,齐梁陈与北魏皆置都官尚书。据《资治通鉴》的记载,大夏凤翔六年(418)条,赫连勃勃任命王买德为都官尚书,③时间比刘宋尚早,大体十六国时期是都官由郎官升为列曹尚书的重要时期。北凉与大夏、刘宋多有交往,可能亦置都官尚书。北凉都官可能主掌刑狱。曹魏置都官郎的起因是当年"有军事"。《宋书》又明确记载"都官主军事刑狱","都官尚书领都官、水部、库部、功论四曹",《通典》载"宋又置都官尚书,主军事、刑狱,领都官、水部、库部、功论四曹"④,说明刘宋时期都官的职掌包括军事和刑狱两方面,北凉已置兵部尚书掌军事,那么都官尚书当主刑狱。

宋繇、房恩成为吏部郎中,即有吏部曹,北凉当承袭魏晋之制,设尚书吏部。吐鲁番出土的《追赠且渠封戴敦煌太守木表》记载北凉追赠沮渠封戴为敦煌太守。追赠令结尾处写"承平十三年四月廿一日起尚书吏部"⑤,此木表不仅证明了北凉设吏部尚书统领吏部,亦说明追赠令的形成是由吏部主持的。⑥ 史载宋繇"拜尚书吏部郎中,委以铨衡之任"⑦,即吏部郎中主选事。

《北魏张略墓志》记载张略任北凉"尚书郎、民部"⑧,梁春胜指出"'民部'后当承前'尚书郎'而省'郎'字"⑨,本文从之。西秦曾以王松寿为民部尚书,⑩焦华为尚书民部郎,⑪说明十六国时期已有民部尚书、民部郎之职官。后凉以程肇任民部尚书,北凉很可能承后凉制置尚书民部,下设民部郎。

---

① 《宋书》卷三九《百官志上》,第 1236 页。
② 《宋书》卷三《武帝纪》,第 56 页。
③ 《资治通鉴》卷一一八"晋安帝义熙十四年(418)"条,第 3721 页。
④ 杜佑:《通典》卷二三《职官五·刑部尚书》,中华书局,1988 年,第 644 页。
⑤ 新疆维吾尔自治区博物馆编:《新疆出土文物》,文物出版社,1975 年,图 53,第 33 页。
⑥ 孟宪实:《麹氏高昌追赠制度初探》,《敦煌吐鲁番研究》第 5 卷,2001 年,第 154 页。
⑦ 《魏书》卷五二《宋繇传》,第 1153 页。
⑧ 辽宁省文物考古研究所、朝阳市博物馆:《朝阳市发现的几座北魏墓》,《辽海文物学刊》1995 年第 1 期。罗新、叶炜指出该墓志所记历官封爵,应当都得自北凉(《新出魏晋南北朝墓志疏证》,中华书局,2005 年,第 48—49 页)。
⑨ 梁春胜:《〈新出魏晋南北朝墓志疏证〉疏误举正》,《河北大学学报》2011 年第 3 期。
⑩ 《晋书》卷一二五《乞伏国仁附乾归载记》,第 3118 页。
⑪ 《资治通鉴》卷一一五"晋安帝义熙五年(409)"条,第 3621 页。

北凉亦置库部郎中,魏晋南北朝时期库部或领于都官,或领于度支金部郎中,五凉时期尚没有成例可推断其归属。魏晋南北朝时期金部大多隶属于度支,但北凉尚未见该尚书记载。

中兵校郎的记载见于《魏书》,"蒙逊遣中兵校郎杨定归"①。中兵之名,见于曹魏,置五兵尚书,统中兵、外兵、骑兵、别兵、都兵五郎。中兵主管都城军队。张金龙认为中兵校郎是负责中兵即禁卫军的事务,很可能是负责禁卫军"校事",其职责同门下校郎。② 北凉中兵校郎制为麴氏高昌继承,在文书押署中署位在日期之前,其职责为出纳审查。麴氏时期,中兵机构下还有中兵参军、中郎以及行中兵校郎事一类官,王素指出高昌国内中兵校郎是中兵机关的首长,"麴氏高昌存在由高昌王直接领导的中央出纳审查机构。该机构继承北凉,分为门下、中兵两个机关。门下职掌文事,中兵职掌武备"③。可能北凉时期亦存在独立的中兵机构。

缪荃孙《北凉百官表》中列了"右丞相宋繇",此条当误。《魏书·宋繇传》记载:"牧犍以繇为左丞,……世祖拜繇为河西王右丞相。"④按此记载,宋繇在北凉官至尚书左丞,北魏拜为河西王右丞相。"右丞相"的记载十分值得怀疑。魏晋时期"其相国、丞相,或为赠官,或则不置,自为尊崇之位,多非人臣之职"⑤。北魏不设丞相,更何况北魏封沮渠牧犍为河西王,不可能拜其臣子为丞相。当以《魏书·沮渠牧犍传》"其相宋繇"⑥的记载为是,宋繇任职为河西王相。《资治通鉴》亦记载北魏"以宋繇为河西王右相"⑦。因此,宋繇在北凉为尚书左丞,北魏拜为河西王右相。

中书省

北凉亦置中书省,其职官见表 2。

---

① 《魏书》卷三六《李顺传》,第 830 页。
② 张金龙:《魏晋南北朝禁卫武官制度研究》,中华书局,2004 年,第 399 页。
③ 王素:《麴氏高昌中央行政体制考论》,《文物》1989 年第 11 期。
④ 《魏书》卷五二《宋繇传》,第 1153 页。
⑤ 《通典》卷二一《职官三》,第 538 页。
⑥ 《魏书》卷九九《卢水胡沮渠蒙逊附牧犍传》,第 2206 页。
⑦ 《资治通鉴》卷一二二"宋文帝元嘉十年(433)"条,第 3848 页。

表 2　北凉中书省职官表

官职＼执政者	段　业	沮渠蒙逊	沮渠牧犍	沮渠无讳、安周
中书侍郎		张穆、宗钦	巩澄	
中书郎中				夏侯粲
(中书)舍人		黄迅		张季宗
通事舍人			孙通	

中书侍郎本为中书省副职,北凉以之为中书长官。沮渠蒙逊时张穆为中书侍郎,"委以机密之任"①。魏晋以来,"妙选文学通识之士为之(中书监、令)"②,宗敞对秃发傉檀评说"张穆、边宪,文齐杨、班"③,以张穆比西汉擅长辞赋的扬雄,其文学造诣颇高,北凉选任中书之官当与魏晋时期一样以文学见长。《通典》记载中书侍郎"职副掌王言,更入直省五日,从驾则正直从,次直守"④。蒙逊巡至青海湖北部西王母寺,"命其中书侍郎张穆赋焉"⑤,张穆随蒙逊出巡当是履行其"从驾"掌王言之责。北凉中书尚未见到正直、次直之分。

中书郎中夏侯粲见于《凉王大且渠安周造祠碑》,"中书郎中夏侯粲作"。此官不见于史料记载,荣新江指出:"或许是由中原魏晋官制发展而来,其职掌与魏晋中书之'掌王言'相同。《安周碑》即代凉王所撰文字。"⑥

北凉出现了舍人、中书舍人、通事舍人的不同记载。沮渠蒙逊"遣舍人黄迅报聘益州"⑦,《大凉张季宗及夫人宋氏墓表》载"河西王通事舍人敦煌张季宗之墓表"⑧,《北齐书·孙腾传》记载孙通"仕沮渠氏为中书舍人"⑨。曹

---

① 《晋书》卷一二九《沮渠蒙逊载记》,第 3195 页。
② 徐坚等:《初学记》卷一一《职官上·中书令》,中华书局,1962 年,第 271 页。
③ 《晋书》卷一二六《秃发傉檀载记》,第 3149 页。
④ 《通典》卷二一《职官三·中书侍郎》,第 563 页。
⑤ 《晋书》卷一二九《沮渠蒙逊载记》,第 3197 页。
⑥ 荣新江:《〈且渠安周碑〉与高昌大凉政权》,《燕京学报》新 5 期,1998 年,第 73 页。
⑦ 《晋书》卷一二九《沮渠蒙逊载记》,第 3196 页。
⑧ 侯灿、吴美琳:《吐鲁番出土砖志集注》,巴蜀书社,2003 年,第 7 页。
⑨ 《北齐书》卷一八《孙腾传》,中华书局,1972 年,第 233 页。

魏初置通事,后改通事舍人,晋初舍人、通事各一人,后改为通事舍人。① 十六国时期,后赵、大夏皆称为"舍人"。②《通典》记萧梁时"除'通事'字,直曰中书舍人"③,说明"中书舍人"作为官名是后来才出现的,北齐时期,中书省又领舍人省,中书舍人、主书各十人。④ 在北齐任官的孙腾追溯祖孙通北凉任官情况时可能以北齐的"中书舍人"代称了北凉官职。出土墓表更能反映当时的制度情况,北凉当置通事舍人,简称舍人,其职能应沿袭魏晋"掌奏案章"。

门下省

表 3　北凉门下省职官表

官职 ＼ 执政者		段业	沮渠蒙逊	沮渠牧犍	沮渠无讳、安周
门下侍郎		马权			
黄门侍郎			郭祗、张湛		
散骑常侍	中散骑常侍	宋繇			
	散骑常侍				张幼达
	常侍				氾儁(?)
门下校郎			刘祥		

北凉以侍郎为门下省长官。段业时有"门下侍郎马权"⑤,沮渠蒙逊时有

---

① 李林甫等撰,陈仲夫点校:《唐六典》卷九《中书舍人》记载曹魏时期中书置通事一人,掌呈奏案章,高贵乡公正始中改为通事舍人(中华书局,1992 年,第 275—276 页)。《晋书》卷二四《职官志》记载"案晋初置舍人、通事各一人,江左合舍人通事谓之通事舍人,掌呈奏案章"(第 735 页)。《通典》卷二一《职官三·中书舍人》记载"魏置中书通事舍人,或曰舍人通事,各为一职。晋江左乃合之,谓之通事舍人。武冠,绛朝服,掌呈奏案章"(第 563 页)。

② 后赵石勒"遣其舍人王子春、董肇等多赍珍宝"(《晋书》卷一〇四《石勒载记上》,第 2721 页)。大夏赫连勃勃"召裕使前,口授舍人为书"(《晋书》卷一三〇《赫连勃勃载记》,第 3208 页)。

③ 《通典》卷二一《职官三·中书舍人》,第 563—564 页。

④ 《隋书》卷二七《百官中》,中华书局,1973 年,第 754 页。

⑤ 《晋书》卷一二九《沮渠蒙逊载记》,第 3191 页。

黄门侍郎张湛,①大体段业北凉呼为门下侍郎,沮渠北凉为黄门侍郎。《魏书·沮渠蒙逊传》记载了蒙逊上北魏的表文:"往年侍郎郭祗等还,奉被诏书。"②王素指出郭祗使魏在北凉永安元年(401)或玄始元年(412),是为北凉与北魏第一、二次交通。③ 前文已述沮渠蒙逊 412 年称河西王后才置台省,郭祗的身份既为侍郎,当为 412 年使魏。411 至 417 年中书侍郎由张穆担任,④那么郭祗所任应为黄门侍郎。

《魏书·宋繇传》记载"后奔段业,业拜繇中散、常侍"⑤。《北史·宋繇传》将"中散、常侍"记载为"中散骑常侍"。⑥《资治通鉴》采《魏书》记载,校勘句读为"中散常侍","中散常侍"与《北史》记载"中散骑常侍"均不见于史书职官志。

胡三省解释此官为"以中散大夫常侍左右也"⑦。周伟洲解释为"魏晋之中常侍"⑧,此观点有待商榷。东汉以降中常侍为宦者。十六国时仍置,均为中宫宦官,⑨而散骑常侍明确为"不用宦者"⑩,《通典》亦载"后用士人"⑪。北凉担任此官的宋繇出自河西著姓士族敦煌宋氏,与选用宦者之中常侍无涉,因此此官还需从"散骑常侍"的发展流变中考论。

隋虞世南《北堂书钞》"散骑常侍·同掌规谏"条与唐徐坚等编《初学记》"散骑常侍·事对·掌规谏"条均引《魏志》,云:

---

① 《魏书》卷五二《张湛传》,第 1154 页。
② 《魏书》卷九九《卢水胡沮渠蒙逊传》,第 2204 页。
③ 王素:《高昌史稿·交通编》,北京:文物出版社,2000 年,第 349—350 页。
④ 《晋书》卷一二九《沮渠蒙逊载记》记载 411 年沮渠蒙逊任命张穆为中书侍郎,417 年沮渠蒙逊祀西王母寺,命其中书侍郎张穆作赋(第 3195、3197 页)。
⑤ 《魏书》卷五二《宋繇传》,第 1152 页。
⑥ 《北史》卷三四《宋繇传》,第 1270 页。
⑦ 《资治通鉴》卷一一一"晋安帝隆安四年(400)"条,第 3509 页。
⑧ 周伟洲:《南凉与西秦》,陕西人民出版社,1987 年,第 64 页,其在《十六国官制研究》中指出五胡政权多置散骑常侍,也有中常侍一职,并列举成汉、汉赵、后赵置散骑常侍与中常侍(第 57 页)。
⑨ 连先用:《魏晋南北朝散骑诸官的若干问题研究》,郑州大学 2015 年硕士学位论文,第 17—25 页。
⑩ 李昉:《太平御览》卷二二四《职官·散骑常侍》引《魏志》,中华书局,1960 年,第 1064 页。
⑪ 《通典》卷二一《职官典三·侍中·散骑常侍》,第 552 页。

文帝延康元年(220),置散骑常侍为一官,省"中"字,置四人,与侍
中同掌规谏。①

从《魏志》叙述看,曹魏时期散骑与中常侍合为一官,省"中"字为散骑常侍,
北凉的"中散骑常侍"则可视作二官合一而未省"中"字。与北凉几乎同时代
的南凉亦置"中散骑常侍",因此,"中散骑常侍"当是"散骑"和"中常侍"合为
"散骑常侍"的中间环节。可类证此观点的是东吴"散骑中常侍"②,同样未省
"中"字,只是"中"字的位置不同。概言之,魏晋十六国散骑与中常侍合为一
官的发展过程中,曹魏径省"中"字为"散骑常侍";东吴未省"中"字,为"散骑
中常侍";十六国时期北凉和南凉称之为"中散骑常侍"。南凉中散骑常侍张
融言于秃发利鹿孤分析焦朗占据姑臧的形势,主张讨伐焦朗,这与散骑常侍
"与侍中同掌规谏"的职事相合。

《大凉张幼达及夫人宋氏墓表》记载"龙骧将军散骑常侍,敦煌张幼达之
墓表"③,张幼达任北凉散骑常侍。虽然刘宋以散骑常侍为沮渠蒙逊、牧犍、
无讳的加官,但北凉仍会将此官私署。《三国志》记载东吴王蕃任"散骑中常
侍",又简称其为"常侍",④说明东吴的散骑中常侍与散骑常侍一样可以简称
为常侍。北凉中散骑常侍与散骑常侍、常侍之间的关系尚不明晰。北凉公
侯属官亦置常侍。氾儁所任常侍为中散还是公侯属官仍待考。

《晋书·沮渠蒙逊载记》:"蒙逊闻刘裕灭姚泓,怒甚。门下校郎刘祥言
事于蒙逊。"⑤胡三省注"门下校郎"曰:"自曹操、孙权置校事司察群臣,谓之校
郎,后遂因之。蒙逊置诸曹校郎,如门下校郎、中兵校郎是也。"⑥唐长孺指出:

按曹操所置校事,专主刺举。孙权所置校事,其职务是"典校诸官

① 虞世南:《北堂书钞》卷五八《散骑常侍·同掌规谏》,中国书店,1989年,第192页。徐
坚等编:《初学记》卷一二《散骑常侍·事对·掌规谏》,第286页。
② 王蕃担任散骑中常侍的记载见陈寿撰,裴松之注《三国志》卷六五《吴书·王蕃传》,中
华书局,1982年,第1327、1453页;卷六五《吴书·楼玄传》,第1454页;卷五八《吴
书·陆逊附子抗传》,第1358页。
③ 侯灿、吴美琳:《吐鲁番出土砖志集注》,第11页。
④ 《三国志》卷六五《吴书·王蕃传》,第1453页。
⑤ 《晋书》卷一二九《沮渠蒙逊载记》,第3198页。
⑥ 《资治通鉴》卷一一八"晋安帝义熙十三年(417)"条,第3711页。

府及州郡文书",属中书,所以称为"中书典校"。典校郎,虽也刺举群臣,名义上却是中书审查文书的郎官,与魏之校事稍有不同。北凉的门下校郎似较接近孙吴。①

北凉门下校郎之制为麹氏高昌继承,《梁书》云高昌有四镇将军及杂号将军、长史、司马、门下校郎、中兵校郎、通事舍人等。② 北凉校郎上承东吴,下启麹氏高昌国校郎之职。吐鲁番出土麹氏高昌国官文书也多见门下校郎的押署,唐长孺指出"从这些奏文的署衔和文书形式看来像是门下审核传宣,尚书台奉行之制"③。陈仲安也指出门下校郎"主要职责在于审核文书","另一任务似在通传敕令"。④

秘书省

《魏书·刘昞传》记载"拜秘书郎,专管注记"⑤,河西名儒刘昞掌图书注记。魏晋时期,秘书郎已取代了汉代校书郎,并从两汉职位"校书"发展为正式的官位"秘书郎",《晋书》记载郑默"起家秘书郎,考核旧文,删省浮秽"⑥,即秘书郎主校书。秘书郎一官在南朝发生异化,成为士族高门起家的标配,多当官而不任其事。⑦ 从刘昞管注记来看,北凉之秘书郎仍上承西晋,以掌图书为主,与南朝差异较大。

《魏书·阚骃传》记载:

> 拜秘书考课郎中,给文吏三十人,典校经籍,刊定诸子三千余卷。⑧

秘书考课郎中一职不见于传世职官志。王东洋认为"北凉秘书省置'文吏三十人'",推测秘书考课郎中是专职考课此文吏三十人的,不知其他省府是否

---

① 唐长孺:《从吐鲁番出土文书中所见的高昌郡县行政制度》,《文物》1978 年第 6 期。
② 《梁书》卷五四《西北诸戎·高昌国》,中华书局,1973 年,第 811 页。
③ 唐长孺:《从吐鲁番出土文书中所见的高昌郡县行政制度》,《文物》1978 年第 6 期。
④ 陈仲安:《麹氏高昌时期门下诸部考源》,唐长孺主编《敦煌吐鲁番文书初探》,武汉大学出版社,1983 年,第 10—11 页。
⑤ 《魏书》卷五二《刘昞传》,第 1160 页。
⑥ 《晋书》卷四四《郑袤附子默传》,第 1251 页。
⑦ 刘啸:《从职位到官位(一):以汉魏南北朝的校书郎为例》,《文史哲》2019 年第 1 期。
⑧ 《魏书》卷五二《阚骃传》,第 1159 页。

有相似设置,以考课本部门吏员"①。蒙逊所给三十人为吏而非官,专门设置考课郎中考课吏员,并不常见。陈楚羚认为阚骃职官应句读为秘书郎、考课郎中,考课郎虽不见其名,但有考功郎,晋时郑默即起家秘书郎,后转尚书考功郎,②考此观点似也不妥。

从史籍记载看阚骃的职责是领导三十文吏典校经籍,刊定诸子,所行属秘书职事。《新唐书》记载秘书郎掌四部图籍,"以甲乙丙丁为部,皆有三本,一曰正,二曰副,三曰贮。凡课写功程,皆分判"③。"课写"意为抄写,考课郎中之名可能与考订、课写有关。史载阚骃"博通经传","注王朗《易传》,学者借以通经",其本身为经学大家,同时北凉亦注重发展经学,④北凉世子沮渠兴国遣使奉表刘宋,"请《周易》及子集诸书"⑤,张湛、刘昞、程骏都是《易》学大师。北凉以阚骃为考课郎中,是充分考虑了阚骃的经学修养,知人善任,以之点校经典。"秘书考课郎中"一官将"秘书"提出,说明北凉已置秘书省,职官见表4。

表4　北凉秘书省职官表

官职 ＼ 执政者	段业	沮渠蒙逊	沮渠牧犍	沮渠无讳、安周
秘书郎		刘昞		
秘书考课郎中		阚骃		

北凉设置了尚书、中书、门下省,因为阚骃官拜秘书考课郎中,当也置秘书省,现尚未见到北凉设置集书省或散骑省的证据。北凉诸省中,以尚书省为最主要行政机构,官员设置较为完备。

二、御史、诸卿及其他中枢职官

北凉承袭魏晋置御史台和诸卿。世子之下设置世子属官,亦称东宫官,

---

① 王东洋:《魏晋南北朝考课制度研究》,社会科学文献出版社,2009年,第111页。
② 《晋书》卷四四《郑袤附默传》,第1251页。陈楚羚:《十六国三省官职考》,第69页。
③ 《新唐书》卷四七《百官二·秘书省·秘书郎》,中华书局,1975年,第1215页。
④ 《魏书》卷五二《阚骃传》,第1159页。
⑤ 《宋书》九八《氐胡·大且渠蒙逊传》,第2414页。

见表5。

表5　北凉御史、诸卿、世子官表

官职 ＼ 执政者		段业	沮渠蒙逊	沮渠牧犍	沮渠无讳 沮渠安周
御史	御史				索宁
	殿中侍御史		赵护		
诸卿	奉常			张体顺	
	大行			阚骃	
	太史令		（刘梁）、张衍、 赵畋		
	国师		刘昞		
	国师助教		索敞、阴兴		
东宫	世子洗马		宗钦		
	东宫（世子）侍讲			王悦之父、 程骏、程弘	
	东宫记室主簿		张略		
中兵	中兵校郎		杨定归		

御史

御史索宁的记载见于《凉王大且渠安周造祠碑》，碑文结尾记载"监造□（法）师法铠，典作御史索宁"，此碑由法师法铠监造，土木营造由御史索宁负责。营造本不是御史的职事，可能出于沮渠安周对此次建祠造碑的重视，以御史担任。

《北魏赵晒墓志》记载"曾祖讳护，凉殿中侍御史领宿卫"[1]。按墓志记载的赵氏世系与任官经历来看，赵护可能于后凉或北凉时期任殿中侍御史。[2]后凉有殿中侍御史王回。《晋书·职官志》记载："魏兰台遣二御史居殿中，

① 赵文成、赵君平编：《秦晋豫新出墓志蒐佚续编》，国家图书馆出版社，2015年，第58页。
② 朱艳桐：《〈北魏赵晒墓志〉考释》，待刊。

伺察非法,即其始也。及晋,置四人,江左置二人。"①北凉可能置此官以"伺察非法"。

大行

《魏书·阚骃传》记载"牧犍待之弥重,拜大行,迁尚书"②。贾小军认为"大行"是大鸿胪属官"大行令",陈楚羚根据《北史·阚骃传》"拜大行台,迁尚书"③的记载认为是大行台。④ 下文对这两种观点做一检讨。

大行令,即大鸿胪属官之一,《晋书·职官志》记载"大鸿胪,统大行、典客、园池、华林园、钩盾等令"⑤,大行令本周官大行人,掌大宾客之礼,汉武帝更名大行令。⑥ 颜师古曰"事之尊重者遣大鸿胪,而轻贱者遣大行人",即大行主掌宾客。阚骃曾著《十三州志》,是一部以两汉版图为蓝本,记载山川道里、风俗制度、人物古迹、民族传说等诸多方面的全国地理总志。⑦ 这部著作在十六国时期即受重视,曾作为北凉呈给刘宋的"献书"。郦道元《水经注》引此书百余条。刘知幾赞"阚骃所书,殚于四国。斯则言皆雅正,事无偏党者矣"⑧。《十三州志》亦有多条西域诸国的记述,可推知阚骃对诸国地理风俗颇为熟悉,很可能凭此任"大行",主掌宾客之礼。

《北史·阚骃传》记载"拜大行台,迁尚书",严耕望指出行台为尚书行台的简称,初始为临时随军,后来为尚书台之地方分支机构,即代表中央指挥地方之机构。⑨ 大行台为魏晋时期设置的中枢派出机构,⑩十六国时期后赵

---

① 《晋书》卷二四《职官志》,第739页。
② 《魏书》卷五二《阚骃传》,第1159页。
③ 《北史》卷三四《阚骃传》,中华书局,1974年,第1267页。
④ 陈楚羚:《十六国三省官职考》,第50页。
⑤ 《晋书》卷二四《职官志》,第737页。
⑥ 《通典》卷二六《职官八·鸿胪卿》,第723—724页。
⑦ 王力波:《阚骃及其著作研究》,《古籍整理研究学刊》2004年第5期。
⑧ 刘知幾著,浦起龙通释:《史通通释》卷十《杂述》,上海古籍出版社,2009年,第256页。
⑨ 严耕望:《中国地方行政制度史·魏晋南北朝地方行政制度》,上海古籍出版社,2007年,第801页。
⑩ 魏晋南北朝行台研究参见牟发松《魏晋南朝的行台》《东魏北齐的地方行台》(《魏晋南北朝隋唐史资料》第9、10合期,1988年);牟发松《六镇起义前的北魏行台》(《魏晋南北朝隋唐史资料》第11期,1991年)等。

置行台,北凉亦可能有此制。根据《北史》记阚骃任大行台事在沮渠牧犍时期,阚骃可能在牧犍亲征出巡时期随之处理政事,或阚骃作为中央官被抽调组成行台,派往各地巡查或者处理地方军政事务。

《魏书》和《北史》两条记载一字之差,造成了理解上的困难,惜现在尚无更多史料可进一步说明此问题。本文从阚骃著述《十三州志》的经历来看更倾向于"大行令"的观点。且"拜"字后常加官名,像《北史》所载直接加"大行台"这样机构名称的情况并不常见。但在缺乏史料的情况下"大行台"的观点亦难轻易否定。

奉常

P. 2005《唐沙州都督府图经卷第三》"一所异怪"条记载敦煌老父投书,"凉王且渠茂虔访于奉常张体顺"。张体顺原为西凉重臣,改仕北凉后任奉常。其出自河西老牌大族敦煌张氏,具备渊博的礼仪文化知识,因此任九卿礼官。

太史令

407 年北凉将伐南凉:

> 时地震,山崩折木。太史令刘梁言于蒙逊曰:"辛酉,金也。地动于金,金动刻木,大军东行无前之征。"①

此年沮渠蒙逊尚未称王,北凉仍行"二府"制,太史令的设置应是补充"二府"制中没有掌天文历算之官的缺憾。

沮渠蒙逊称王后行台省制亦置太史令。北凉佯攻西秦之前,"太史令张衍言于蒙逊曰:'今岁临泽城西当有破兵。'"②北凉时期太史令仍以掌天文历法为主,并以之影响朝廷的军事方略。《隋书·经籍志》"《河西甲寅元历》一卷"下记载"凉太史赵歕撰"③,甲寅即公元 414 年,此年为玄始年,说明赵歕曾任沮渠蒙逊太史令。元嘉十四年(437)沮渠牧犍向刘宋献书,其中就有

---

① 《晋书》卷一二九《沮渠蒙逊载记》,第 3194 页。
② 同上书,第 3198 页。
③ 《隋书》卷三四《经籍志》,第 1022 页。

"《赵㫤传》并《甲寅元历》一卷"①。《魏书·律历志上》云"高宗践祚,乃用敦煌赵㫤《甲寅》之历"②,《甲寅历》传播至刘宋、北魏,北凉历法知识传播范围广。

国师、助教、博士

沮渠蒙逊在姑臧西苑筑陆沉观,安排名儒刘昞入内讲学,蒙逊"躬往礼焉","学徒数百,月致羊酒"。沮渠牧犍尊刘昞为国师,敦煌索敞、阴兴为助教。③《魏书·索敞传》记载:"为刘昞助教,专心经籍,尽能传昞之业。"④冯君实指出国师助教为官名,北凉置,"协助国子博士传授儒经"⑤。索敞、阴兴为国子助教,主传业,可能北凉设置了国子学、太学一类的官学。

东宫官

北凉实行嫡长子继承制,执政者称王之时册立世子,世子在北凉也称为东宫。魏晋期间随着秘书的发育,太子洗马"职如谒者、秘书郎也"⑥。太子洗马职责之一就是草拟东宫章表奏议。《梁书·文学上》记"旧事,东宫官属,通为清选,洗马掌文翰,尤为清者"⑦,《梁书》所记旧事符合两晋时期的情况。北凉世子洗马宗钦"少而好学,有儒者之风,博综群言,声著河右"⑧,从宗钦所上《东宫侍臣箴》《与高允书》来看,其文采很好,北凉世子洗马选官当亦以文书才义为标准。

东宫侍讲之官起自曹魏,胡三省注曰:"以在少帝左右,令侍讲说。"⑨程

---

① 《宋书》九八《氐胡·大且渠蒙逊传》,第 2416 页。

② 《魏书》卷一〇七上《律历志上》,第 2660 页。

③ 《魏书》卷五二《刘昞传》,第 1160—1161 页。

④ 《魏书》卷五二《索敞传》,第 1162 页。

⑤ 胡守为、杨廷福主编:《中国历史大辞典·魏晋南北朝史卷》,冯君实编"国师助教"条,上海辞书出版社,2000 年,第 442 页。

⑥ 《宋书》卷四〇《百官下》,第 1254 页。

⑦ 《梁书》卷四九《文学上·庚於陵传》,第 689 页。

⑧ 《魏书》卷五二《宗钦传》,第 1154 页。

⑨ 《资治通鉴》卷七四"魏明帝景初三年(239)"条,第 2346 页。

骏，"沮渠牧犍擢为东宫侍讲"①，从"擢"字来看，北凉时亦置东宫侍讲一职官。《资治通鉴》载"广平程骏、骏从弟弘为世子侍讲"②，程骏、程弘兄弟俱为东宫侍讲。程骏72岁卒于太和九年(485)，即生于414年，程弘与骏同年，二人任沮渠牧犍朝东宫侍讲时约为20—26岁。大体北凉东宫侍讲一官选任年纪较轻者任之。程骏在北魏任著作佐郎，"虽才学互有长短，然俱为称职，并号长者"③，史评程弘"亦以文辩"④。东宫侍讲者需学识丰富，有文辩之才。《北魏王使君郭夫人墓志铭》载王悦父亲"沮渠时东宫侍讲"⑤，可补充北凉东宫侍讲另一条史料。

《魏书·程骏传》记载程骏与程弘"俱选与牧犍世子参乘出入，时论美之"⑥。参乘为车驾出入时担任左右警卫之人，并不属于职官。二人可能以东宫侍讲身份为世子参乘。

三、结　语

北凉尚书省以左、右丞为首，中书省以中书侍郎为首，门下(黄门)侍郎为门下省长官，即以次官领导完成各部门间协同。后凉、南凉官员的升格是伴随着执政者名号的变更而发生的，后凉吕光由三河王号变成天王号，即开始设置尚书仆射；南凉秃发傉檀由河西王改称凉王，始置尚书仆射；而北凉段业、沮渠蒙逊、沮渠牧犍称凉王或河西王，尚书省始终以左右丞为首，中枢建置并未升格。从现有材料来看，北凉至少设置了尚书、中书、门下、秘书四省，其中尚书省的发育更为完备，任职官员也更多，尚书机构当是北凉王国体制下最主要的行政机构。

就具体职官设置来看，北凉未置丞相，所谓宋繇任"右丞相"的记载只

---

① 《魏书》卷六〇《程骏传》，第1345页。

② 《资治通鉴》卷一二三"宋文帝元嘉十六年(439)"条，第3877页。

③ 《魏书》卷八四《平恒传》，第1845页。

④ 《魏书》卷六〇《程骏附程伯达传》，第1350页。

⑤ 赵万里主编：《汉魏南北朝墓志集释》，科学出版社，1956年，图版二八七，第60页。
赵超：《汉魏南北朝墓志汇编》，天津古籍出版社，1992年，第310页。

⑥ 《魏书》卷六〇《程骏附程伯达传》，第1350页。

是史料误书,当时宋繇任北凉尚书左丞,北魏拜之为河西王右相。曹魏时期散骑与中常侍合为一官,省"中"字为散骑常侍;东吴未省"中"字,而置"散骑中常侍";北凉、南凉则置"中散骑常侍",此点是散骑发展史上不可忽略的重要环节。十六国时期是都官由郎官升为列曹尚书的重要时期。曹魏、两晋设置都官郎,北凉、大夏均置都官尚书,与之时代相近的刘宋亦置尚书。北凉呈现出对"校"职的重视,中枢置门下校郎、中兵校郎,地方上设置校曹主簿。王素曾论证段氏北凉时期"校"职已被重视,这两个系统的形成是在沮渠氏北凉时期。① 北凉的"校"职也为高昌国所继承,并发展成为独立机构。从"中散骑常侍""都官尚书""门下校郎""中兵校郎"等职官来看,北凉职官上承魏晋、下启高昌国,与后凉、南凉、大夏、刘宋等职官制度互有借鉴。

(论文原刊于《西夏研究》2021 年第 3 期)

---

① 王素:《高昌郡府官制研究》,新疆吐鲁番地区文物局编《吐鲁番学研究:第二届吐鲁番国际学术研讨会论文集》,上海辞书出版社,2006 年,第 18—19 页。

北凉匈奴贵族吸纳汉族
文化的功效意义

程对山

中共武威市委党史和地方志研究中心

东晋十六国之"五凉"诸国中,匈奴贵族沮渠氏统治的北凉王国逐步强大,经东征西伐逐步统一河西地区,疆域面积达到前凉统治时期的规模。辖境约为今甘肃全境、宁夏西部地区、青海湟水流域、陕西西北部和内蒙古额济纳旗等部分地区,甚至包括新疆部分地区。史家曾喟叹:"西控西域,东尽河湟,尝置沙州于酒泉,秦州于张掖。而凉州仍治姑臧,前凉旧壤,几奄有之矣!"[1]其"国祚"维持时间也仅次于前凉,前凉统治者历九主共76年,北凉历三主共42年,是仅次于前凉的强大割据王朝。北凉统治时期,呈现出社会安定、生产发展、国力强盛、文教昌明局面,这一切与匈奴贵族吸纳借鉴汉族先进文化元素及治国方略难以分开。

后凉龙飞二年(397),建康郡太守段业在沮渠蒙逊等匈奴贵族的拥戴下反叛后凉,后以张掖为都,建立"北凉"割据政权。仅过了三年,沮渠蒙逊即取代段业成为"北凉王"。此后匈奴贵族登上政治大舞台,先后攻灭南凉、西凉,统一河西地区。沮渠蒙逊将首都从张掖迁至姑臧,创建了彪炳史册的历史功勋。沮渠氏匈奴史称"卢水胡",其先祖原在西汉时期任匈奴王室重要官职,相当于中央汉室中的"宰相"一职,史称"左沮渠""右沮渠"等。[2] 霍去病西击匈奴收归河西走廊至西汉版图,除设置"河西四郡"外还设置张掖属国,将投降汉室的匈奴迁移安置到祁连山北麓的扁都口河、马蹄河、山丹河一带。这些河谷皆为黑河支流,古称"卢水",安置于此的匈奴因而被史家称

---

① (清)顾祖禹:《读史方舆纪要》卷三,中华书局,2005年,第141页。

② (唐)房玄龄等:《晋书》,中华书局,1974年,第3189页。

为"卢水胡",此后以先祖官职"沮渠"为姓氏。沮渠氏匈奴贵族在与汉族人民杂处聚居的漫长岁月里,不断吸纳汉族文化,并逐步"汉化"而形成了统辖王国的较高的治理才能,表现出鲜明的政治功效和历史意义。

一、借鉴汉族王朝"罪己文化"传统检讨过失, 发展生产,国力迅速增强

沮渠蒙逊是匈奴贵族中的杰出代表,其长时间有意识地主动吸纳接受汉地儒学文化,从而精通经玄文史之学。他非常重视民生疾苦,采用安民修政方针以提高北凉国力生产水平。在戎马倥偬之中千方百计地减少役事,避免百姓过多耽误农时。成为国主后仍时常反省自己的政治得失,思考刑狱和赋敛适中问题。玄始元年(412),蒙逊母亲车氏病重,他登上张掖城南景门,下诏书检讨自己的失误:"太后不豫,涉岁弥增,将刑狱枉滥,众有怨乎?赋役繁重,时不堪乎?群望不絜,神所谴乎?内省诸身,未知罪之攸在。可大赦殊死已下。"[1]

蒙逊母亲得了重病,本是身体虚弱和调理失当所致。蒙逊却检讨自己治下王国里是否存在"刑狱枉滥""赋役繁重"现象,内省诸身,检理朝政。玄始六年(417),因时雨不至,旱情再现,百姓生产生活备受影响,他再次下诏责罪自己。罪己诏是古代皇帝在国家遭受重大自然灾害或因为皇帝的错误做法激起重大民变时为了表示自己的悔过而颁布的诏书。以汉文帝第一次发布罪己诏始,中国历史长河中包括袁世凯在内总共有89位皇帝下过260多份罪己诏。仅西汉至东晋十六国时期,发布罪己诏的历代帝王就达25人,其中汉朝15位、三国3位(曹魏1位、孙吴2位)、晋朝7位,很早就形成了中华帝王特有的一种"罪己文化"。[2] 沮渠蒙逊较好地吸纳汉族帝王的"罪己文化"传统,反省检讨政治得失,能清醒地面对因政治缺失而造成的民生问题,在五凉诸国"皇帝"中实在难能可贵。

[1] 《晋书》卷一二九《沮渠蒙逊传》,第3196页。
[2] 杨兴培:《罪己诏:中国古代帝王的自省与表演》,《领导文萃》2016年第4期,第94—97页。

沮渠蒙逊善于汲取历史经验教训,效法古代明君,罪己而宽众,显露出政治家特有的襟怀和品格,才德智慧众皆佩服,其施行勤政安民的政策,使北凉国力迅速增强。

二、借鉴汉族政权方略,撰定"朝堂之制",恢复王国治理之典章制度

匈奴贵族沮渠氏占领河西后,北凉成为中国北方较有影响力的割据王国,治理责任更加重大。沮渠蒙逊重视吏治,严明政教。玄始七年(418),蒙逊广泛征求群僚意见,让他们指出北凉吏治中存在的问题。臣僚将所有意见建议进行归纳,形成建立朝纲及整肃吏治的建言书,称:"设官分职,所以经国济时;恪勤官次,所以缉熙庶政。当官者以匪躬为务,受任者以忘身为效。自皇纲初震,戎马生郊,公私草创,未遑旧式。而朝士多违宪制,不遵典章;或公文御案,在家卧署;或事无可否,望空而过。至今黜陟绝于皇朝,驳议寝于圣世,清浊共流,能否相杂,人无劝竞之心,苟为度日之事。岂忧公忘私,奉上之道也!今皇化日隆,遐迩宁泰。宜肃振纲维,申修旧则。"①这份建策指出,设立官级分授职务的目的是治国理政,文官当埋头苦干理好政务,武职应舍生忘死报效朝廷。但是,因为国家初立征战不断,有关公私事务的规定都是草创粗设,许多方面来不及依照规矩办理。于是出现了"人无劝竞之心,苟为度日之事"的惰政怠政行为。建议在北凉国内外祥和安宁之时,"宜肃振纲维,申修旧则",履行官员考核黜陟制度,使为官者人人通晓并恪守朝纲政纪。沮渠蒙逊采纳这封建言,责成征南将军姚艾与尚书左丞房晷等撰定朝纲制,在北凉王廷推行。

在五凉时代,前有汉人创建的前凉和西凉政权,但借助政绩考核制度以整饬吏治的记载,却仅见于匈奴贵族建立的北凉政权。北凉时期的匈奴贵族多出身武旅,上沙场能勇武善战,入庙堂后则骄惰奢纵,懒惰理政,严重影响王廷尊严和行政效率。沮渠蒙逊颁定朝堂制度的意义不仅扭转官场作风,更重要的是吸纳借鉴汉族王朝的官吏制度传统,极大地推进了北凉王国

---

① 《晋书》卷一二九《沮渠蒙逊传》,第3198页。

的社会教化及政权统辖水平。

在汉族王权制度中,考绩、奖惩、黜陟等措施都是由上向下予以推行,具有一定的执行力度。特别是"驳议"制度,提倡底层官员向朝廷提出辩论意见。蒙逊吸纳汉地典章制度,推行申修驳议旧制,显然是为减少自己决策中的失误,其进步意义超越了同时代的汉族统治者。他较好地恢复保存了中原皇室朝政运行的典章制度,将北凉王国建立成一个彻头彻尾的封建王国政权。所以,"肃振纲维,申修旧则"的朝堂制度颁布后,实行不过十天时间,朝廷风气便发生与此前截然不同的变化。《晋书》用"行之旬日,百僚振肃"概括了变化后的吏治气象,所有官员皆言行振奋,吏道肃然。

三、重视汉族文人儒士,促进文化学术繁荣发展

《晋书》称沮渠蒙逊"博涉群史,颇晓天文",具有很高的文化素养,所以倾心仰慕士林人物。攻克西凉首都酒泉之后,将河西名士刘昞迎请至姑臧,视之为儒学泰斗。为了让他静心研究学问,特地在姑臧西苑另建一座书斋,取名为"陆沈观",供刘昞专用。蒙逊特意将河西颇有影响的学人索敞和阴兴配备为刘昞的"助教",另选数百名学生随他学习经书文章。刘昞也不负蒙逊厚望,在姑臧撰写了大量著作,如《略记》《凉书》《敦煌实录》《方言》《靖恭堂铭》,另注《周易》《韩子》《人物志》《黄石公三略》等,体现出五凉时期河西儒学发展的最高水平。

占领酒泉之后,蒙逊曾到另一位儒士宋繇家里拜访,看到宋繇家里有数千卷图书,而盐米仅数十斛而已,不觉叹曰:"孤不喜克李歆,欣得宋繇耳。"[1]其后宋繇出仕北凉,名重当世。按说,宋繇为李暠异父同母弟,曾为西凉对抗北凉出谋划策屡建大功,实为北凉"罪臣"。但蒙逊尽释前嫌,将王廷中最重要的尚书吏部郎中一职派给宋繇担任,命之掌管官吏选拔大权。在五凉时代,匈奴贵族沮渠氏统治时期是人才积累最多的时期,也是众多汉族名士流芳青史的时期。如金城人宗钦,与河西名士宗敞是同胞兄弟,是蒙逊时的中书侍郎、世子洗马,史书称之"博综群言,声著河右",因学术成就卓著而彪

---

① （北齐）魏收:《魏书》卷五二《宋繇传》,中华书局,1974 年,第 1153 页。

炳史册。

　　玄始十一年(422)，蒙逊在姑臧城谦光殿大宴群臣，刘昞侍坐。席间，蒙逊和刘昞就孔子与圣人之间的名实问题进行讨论。蒙逊向刘昞询问孔子是什么样的人？刘昞以"圣人"对之。蒙逊说，《庄子》里说孔子在陈国受辱，为防追兵找到自己，曾"伐树削迹"。这样的行为还像"圣人"吗？刘昞竟难以对答，座中群臣也一筹莫展。沮渠蒙逊通过"鲁侯信之，大城曲阜""(齐人)不克而还"①的故事说明孔子所以称"圣人"是缘于他"先知先觉"的禀性。在沮渠蒙逊的倡导下，凉州汉文化典籍的修习及学术研读达到了一定的水平，并呈现出玄学神秘化的倾向。为了方便和文人学士来往，蒙逊专门修建了"游林堂"，供自己和文人学士在一起谈史论经。《十六国春秋》载，"十四年，起游林堂于内苑，图列古圣贤之像。九月，堂成，遂宴群臣，论谈经传"②。

　　在北凉文化多元、学术繁荣的背景下，姑臧汇聚了大量文人学士，除大儒刘昞、宋繇外，还有著名学者赵畋、阚骃、段龟龙等人。自然科学也获得发展，出现了一批对后世影响较大的《十三州志》《玄始历》《阴阳历书》等天文地理学著作。可见，蒙逊对北凉王国的治理策略完全得益于其吸纳汉族优秀文化，采取汉族政权的统辖方略，部分典章制度及文教措施甚至超越了汉人治理的前凉和西凉的水平。

四、开启南北两地文化交流通道，促进文化交流

　　玄始九年(420)，沮渠蒙逊攻灭西凉的那一年，刘裕取代东晋建立刘宋王朝。因为刘裕承袭东晋衣钵，故蒙逊视之为"正朔"王朝，向江南遣使朝贡。为了提升江南王朝对北凉的认同感，他以经史典籍为桥梁，以文化交流为手段，加深两国之间的关系。《晋书》载刘宋元嘉三年(426)，"世子兴国遣使奉表，请《周易》及子集诸书，太祖并赐之，合四百七十五卷。蒙逊又就司徒王弘求《搜神记》，弘写与之"③。沮渠蒙逊为了表达对刘宋王朝的重视，特

---

① 《太平御览》卷一二四引崔鸿《十六国春秋·北凉录》，《四部丛刊·子部·太平御览》第 5 册，上海书店出版社，1936 年影印本。
② 同上书，第 137 页。
③ (梁) 沈约：《宋书》卷九八《氐胡传》，中华书局，1974 年，第 2415 页。

让世子沮渠安国亲自遣使奉表进贡,并请求宋廷向凉国赠书,宋文帝将《周易》子集诸书 475 卷汉学典籍赠予北凉。史料中没有提供书籍目录,但这 475 卷汉地儒家经典流布凉州,使中原儒学典籍得以保存于河西大地,在中国文化史上具有重要影响意义。

后来,北凉使者又到江南刘宋王国,将凉州保存的河西学者创作或整理的书籍共 19 部 154 卷赠予刘宋。《宋书·氐胡传》中载有赠送书籍的目录:"并献《周生子》十三卷,《时务论》十二卷,《三国总略》二十卷,《俗问》十一卷,《十三州志》十卷,《文检》六卷,《四科传》四卷,《敦煌实录》十卷,《凉书》十卷,《汉皇德传》二十五卷,《亡典》七卷,《魏驳》九卷,《谢艾集》八卷,《古今字》二卷,《乘丘先生》三卷,《周髀》一卷,《皇帝王历三合纪》一卷,《赵歐传》并《甲寅元历》一卷,《孔子赞》一卷,合一百五十四卷。"①这批著作中既有经史子集,也有文字学、数学、天文历法方面的专著,大多为河西本土学者著述和辑录。《周生子》全名《周生子要论》,是三国时期敦煌儒士周生烈所撰。《时务论》和《乘丘先生》是魏晋之际凉州著名历法家杨伟著作。《俗问》是河西文人整理的古本《黄帝内经》中的部分内容。《汉皇德传》为汉代敦煌学人侯瑾所撰。《敦煌实录》和《凉书》为河西大儒刘昞所撰。《谢艾集》是前凉诗人、军事家谢艾的诗文作品。《正史汇目》载《三国总略》为蒙逊之子牧犍编纂。《十三州志》是北凉秘书考课郎中阚骃著,《甲寅元历》和《周髀》为北凉太史令赵歐所著。《孔子赞》是河西文人抄录司马迁《孔子世家赞》而成的文献作品。

上列作品中,最著名的作品当为《十三州志》和《甲寅元历》。《十三州志》是一部全国性的地理总志,内容以汉代所设十三州为纲,系统介绍各地郡县沿革、河道发源及流向、社会风俗等地理现象,行世后受到当时和后世学者重视,郦道元《水经注》引用《十三州志》材料多达百余条。唐朝史学家刘知幾在《史通》中称,"阚骃所书,殚于四国。斯则言皆雅正,事无偏党者矣"②。《甲寅元历》最早提出改革闰法,改订了以往十九年置七个闰月的闰周,采用六百年置二百二十一个闰月的闰周,使历法更为精密。北魏攻灭北

① 《宋书》卷九八《氐胡传》,第 2416 页。
② （唐）刘知幾:《史通》,中州古籍出版社,2012 年,第 119 页。

凉后,《甲寅元历》取代《景初历》一直使用,对南北朝时期杰出天文学家祖冲之编写《大明历》具有重大影响。

从这些著作中不难看出北凉时期学术研究极为发达,甚至可以说,从永嘉之乱到北魏统一北方的这一百多年间,凉州地区实际上是中国北方的文化中心。西晋发生"永嘉之乱"后,中原一片地狱之象,皇家典籍流失殆尽。北凉将河西保存的传统文化典籍献呈江南,在文化交流史上具有重要的历史意义。

五、北凉儒学传播北魏及中原大地,"河西遗传"成为隋唐文化源头之一

沮渠蒙逊吸纳汉地文化,重视经史文玄诸学研究活动,使凉州汇聚了大量的儒学人才。这些儒学人才成为北魏汉化的主力军,促进了中原文教学术的发展,为"河西遗传"成为隋唐文化的源头奠定了重要的基础。

太延五年(439),拓跋焘攻灭北凉。《魏书》载,北凉亡国后拓跋焘下令"徙凉州民三万余家于京师"[1],"收其城内户口二十余万,仓库珍宝不可称计"[2]。在徙至平城的庞大移民队伍中,声名卓著的北凉儒士如敦煌索敞、张湛、阚骃,武威阴兴、段承根,金城赵柔、宗钦等显然在列。还有流寓到凉州的广平人程骏、程弘,河内人常爽等,大量的河陇士人也举族迁往北魏,如金城赵氏和宗氏、陇西李氏、晋昌唐氏等。这些凉州士人在北魏参与制度文化建设,在修订朝令、修著国史和置馆讲学等方面作出了突出贡献,促进了北魏王室"全盘汉化"的历史进程。北魏典章制度因而打上深刻的河西文化烙印,"河西因子特为显著"[3]。特别是凉州士人在北魏置馆讲学,历时弥久,改变了拓跋氏"戎车屡驾,征伐为事"的生活习俗,使"京师贵游子弟未遑学术"的荒芜状况有了很大改观。

翻检隋唐史书,许多篇章皆带有五凉文化的深刻烙印。河西士人参与

---

① 《魏书》卷九九《沮渠蒙逊传》,第2308页。
② 《魏书》卷四上《世祖太武帝纪》,第90页。
③ 陈寅恪:《隋唐制度渊源略论稿》,中华书局,2017年,第96页。

制定的北魏刑律,历魏齐、隋唐诸朝犹在适用,成为两千年来东亚刑律之准则。北魏修建洛阳城时参照姑臧城"宫北市南"格局,进而影响到隋唐长安城的营建。隋朝编修音乐大成,确立九部作品为宫廷音乐,其中"西凉乐""龟兹乐""天竺乐"等六部作品为五凉时期从河西传入中原的乐曲。陈寅恪指出:"秦凉诸州西北一隅之地,其文化上续汉魏西晋之学风,下开魏齐隋唐之制度,承前启后,继绝扶衰,五百年间延绵一脉。"①也从另一个角度点明了北凉匈奴贵族吸纳汉族文化,促进文教学术发展,汇聚形成博大精深的"河西遗传",最终产生"凉州因子"的功效作用,在中华文明传承发展史上具有极为重要的历史意义。

---

①　陈寅恪:《隋唐制度渊源略论稿》,中华书局,2017 年,第 112 页。

五凉河西士族的崇文尚武特征

冯晓鹃

浙江大学历史学系

一、五凉时期的河西士族

在魏晋南北朝时期,河西地区相继出现了五个以"凉"①为国号的割据政权,即汉族张氏建立的前凉(301—376)、氐族吕氏建立的后凉(386—401)、鲜卑秃发氏建立的南凉(397—414)、汉族李氏建立的西凉(400—421)、匈奴卢水胡沮渠氏建立的北凉(401—439)。② 在此期间,河西地区涌现出大量士人群体,史载"凉州自张氏以来,号为多士"③,正是对这一情况的有力说明。五凉的河西士人与文化由此成为学界关注的重点课题之一,并取得了一定的研究成果。④ 那么,河西"多士"局面是如何形成,又是如何体现的呢? 这

---

① 五凉政权之所以被称为"凉",是因为东汉至魏晋时期河西地区属于凉州刺史部。(参见赵向群著,贾小军修订《五凉史》,社会科学文献出版社,2019 年,引言第 1 页。)

② 齐陈骏先生认为,北凉立国时间,一般从沮渠蒙逊算起,到牧犍止,共三十九年(401—439);若加上沮渠无讳、沮渠安周割据高昌的历史,则为六十年(401—460);若往前推把段业执政的四年计算在内,总共为六十四年(397—460);赵向群先生亦持此观点。(参见齐陈骏、陆庆夫、郭锋《五凉史略》,甘肃人民出版社,1988 年,第 141 页;赵向群著,贾小军修订《五凉史》,社会科学文献出版社,2019 年,第 216—255、472 页)

③ (宋)司马光编著;(元)胡三省注:《资治通鉴》卷一二三"宋文帝元嘉十六年(439)十二月"条,中华书局,2013 年版精装典藏本,第 3996 页。

④ 黎尚诚、武守志、赵以武、陆庆夫、赵向群、冯培红、贾小军、杨际平等学者都在这方面开展了相关研究。具体参见黎尚诚《五凉时期的河西文化》,《西北师大学报》1985 年第 3 期;武守志《五凉政权与西州大姓》,《西北师大学报》1985 年第 4 期;陆庆夫《五凉文化简论》,《敦煌学辑刊》1987 年第 1 期;武守志《五凉时期的河西儒学》,《西北史地》1987 年第 2 期;赵以武《五凉文化述论》,甘肃人民出版社,1989 年;赵向群《河西著姓社会探赜》,《西北师大学报》1989 年第 5 期;邵如林《"河西文化"论》,《西北 (转下页)

是一个值得探讨的问题。

结合相关史籍及前人研究成果可知,河西士族的发展可大致分为以下两个阶段:两汉、曹魏西晋时期,伴随着历代政权对河西地区的开拓经营,河西士族逐渐成长发展起来,可谓第一阶段;五凉政权割据河西期间,大量中原士人迁入河西并与当地士人共同发展,形成了河西士族繁荣发展局面,此为第二阶段,也是本文重点研究的阶段。

在第一阶段,基于河西在地缘政治中的重要地位,汉王朝和曹魏、西晋政权先后统治河西,他们通过设置郡县、修筑边塞堡垒、徙民戍边屯田、派遣官吏管理河西等举措开发经营河西,促进了河西社会发展,也稳定了河西社会秩序。在这过程中,伴随着大量移民迁徙定居河西,部分士人家族在文化教育、军事方面崭露头角。除了大规模的中原移民,还陆续有因犯罪避祸、拓边及征战而入徙河西的士族家庭,他们逐渐成为当地的主体民族,有的还发展成为当地大族,如索、张、氾、阴、令狐等氏。① 此外,当中原战乱之际,还有大量士人奔赴河西,并与河西士族一起发展壮大。如西汉末年天下大乱之际,"河西独安"②,且"河西殷富,带河为固,张掖属国精兵万骑,一旦缓急,杜绝河津,足以自守,此遗种处也"③,于是累世在河西为官的窦融家族举家

(接上页)史地》1995 年第 2 期;施光明《十六国时期西域与五凉文化交流论述》,《兰州学刊》1990 年第 2 期;胡阿祥《魏晋时期河西地区本土文学述论》,《洛阳大学学报》2002 年第 3 期;冯培红《汉晋敦煌大族略论》,《敦煌学辑刊》2005 年第 2 期;任伟《十六国时期的河西本土文学及其与南北各方的交流》,《河西学院学报》2008 年第 6 期;冯培红《汉宋间敦煌家族史研究回顾与述评》(上),《敦煌学辑刊》2008 年第 3 期;冯培红、孔令梅《汉宋间敦煌家族史研究回顾与述评》(中),《敦煌学辑刊》2008 年第 4 期;冯培红、孔令梅《汉宋间敦煌家族史研究回顾与述评》(下),《敦煌学辑刊》2010 年第 3 期;冯培红《敦煌大族、名士与北凉王国——兼论五凉后期儒学从大族到名士的转变》,《敦煌吐鲁番研究》2015 年第 1 期;许世江《敦煌大姓与前凉、西凉政治》,西北师范大学 2015 年硕士学位论文;贾小军《魏晋十六国河西史稿》,天津古籍出版社,2009 年;杨际平、郭锋、张和平《五—十世纪敦煌的家庭与家族关系》,岳麓书社,1997 年;白守宁《五凉时期的河西文化与文学》,南京师范大学 2017 年硕士学位论文;冯培红《敦煌大族与五凉王国》,载于其著《敦煌学与五凉史论稿》,浙江大学出版社,2017 年,第237—334 页;孔文祥《五凉经学史初探》,兰州大学 2020 年硕士学位论文等。

① 参见冯培红《汉晋敦煌大族略论》,《敦煌学辑刊》2005 年第 2 期。
② 《后汉书》卷三十一《孔奋传》,中华书局,1965 年,第 1098 页。
③ 《后汉书》卷二十三《窦融传》,第 797 页。

迁入河西,并在河西建立了第一个封建割据政权。窦融在保据河西期间,"抚结雄杰,怀辑羌虏",与河西诸郡英俊关系和善,并在当地形成了一个士族大姓联盟,①梁统、史苞、厍钧、竺曾、辛肜等皆为其中代表;同时,窦融还实行宽和的政策,使河西"上下相亲,晏然富殖",于是"安定、北地、上郡流人避凶饥者,归之不绝"②。一些中原贤能士人,如经学大师班彪、③孔奋、④儒学大师蔡茂⑤等也因战乱避难来到河西,并受到窦融礼待。此后,河西地区教育渐渐兴起,如武威太守任延曾在河西"造立校官,自掾(吏)〔史〕子孙,皆令诣学受业,复其徭役。章句既通,悉显拔荣进之。郡遂有儒雅之士"⑥,河西由此出现了一批学有成就的士人群体,如张奂、侯瑾等皆为当时的河西儒士,并有著述流传。⑦

　　到曹魏时期,朝廷派遣了张既、苏则、徐邈、仓慈、皇甫隆等良吏在凉州为民兴利造福,使得河西地区生产逐渐恢复,流民回归,社会渐趋稳定,⑧河西经济也历经汉末曲折发展后又呈现初步繁荣局面。⑨ 这时河西"大姓雄张,遂以为俗"⑩,大量世族地主集团产生,并出现了周生烈、张恭等著名士人。到西晋时期,又发展形成了更多河西士族,如驰名内外的"敦煌五龙",即索靖、氾衷、张甝、索紾、索永⑪。总的来说,以上第一阶段的发展,为五凉

---

① 参见余英时《士与中国文化》,上海人民出版社,2013 年,第 219 页。

② 《后汉书》卷二十三《窦融传》,第 797 页。

③ 班彪来到河西后,"河西大将军窦融以为从事,深敬待之,接以师友之道。彪乃为融划策事汉,总西河以拒隗嚣"。(参见《后汉书》卷四十《班彪列传》,第 1324 页)

④ 史载:"遭王莽乱,奋与老母幼弟避兵河西。"(《后汉书》卷三十一《孔奋传》,第 1098 页)

⑤ 史载:"会天下扰乱,茂素与窦融善,因避难归之。"(参见《后汉书》卷二十六《蔡茂传》,第 907 页)

⑥ 《后汉书》卷七十六《任延传》,第 2463 页。

⑦ 张奂、侯瑾皆为敦煌人,张奂曾学《欧阳尚书》,并将四十五万余言的《牟氏章句》删减为九万;侯瑾曾作《矫世论》《应宾难》《汉记》《皇德传》三十篇及杂文数十篇。(参见《后汉书》卷六十五《张奂传》,第 2138、2142 页;《后汉书》卷八十《文苑·侯瑾传》,第 2649 页)

⑧ 参见齐陈骏主编《西北通史(第二卷)》,兰州大学出版社,2005 年,第 36 页。

⑨ 参见赵向群《汉晋之际河西经济区的变迁》,《西北师大学报》1990 年第 5 期。

⑩ 《三国志》卷十六《仓慈传》,第 512 页。

⑪ 《敦煌社会经济文献真迹释录》作"索馆"。(参见唐耕耦、陆宏基《敦煌社会经济文献真迹释录》(一),书目文献出版社,1986 年,第 103 页)

时期河西士族的发展奠定了重要基础。

从张轨出任凉州刺史,建立前凉割据政权,经后凉、南凉、北凉、西凉政权,直至北魏灭北凉,可称为第二阶段。在这期间,五凉政权汇聚了大量人才,河西"多士"局面展现得淋漓尽致。

首先,中原士人迁入河西为河西士族发展注入了新力量。张轨出任凉州刺史期间,中原地区相继发生了"八王之乱""永嘉之乱",社会动荡不安,黎民百姓四处流亡。河西因所处之地相对偏远,受战乱影响较小,加之张轨在河西域内采取了一系列"保境安民"①措施,因而与中原地区比起来,生活环境相对较为安宁,正如当时长安民谣曰"秦中川,血没腕,惟有凉州倚柱观"②,河西成为乱世中的一片乐土,于是"中州避难来者日月相继"③。在这些避乱而来的徙民中,有很多具有较高文化修养的中原士人,见于史料中的至少包括江、裴、程、王、赵、司马、常、杜氏等家族,张轨对他们进行了妥善安置并以礼相待,使其得以在河西世代相承。

其次,五凉政权大量招贤纳士,为河西士族提供了发展舞台。前凉张轨"以宋配、阴充、氾瑗、阴澹为股肱谋主"④,还笼络了索氏、曹氏、张氏、令狐氏等敦煌大族并委以要职,因此当时河西主要地方官员,基本上涵盖了张轨所能拉拢的所有河西著姓。⑤ 其后代亦多重视人才,如张寔"学尚明察,敬贤爱士";张骏"勤修庶政,总御文武,咸得其用",被称为"积贤君"。⑥ 南凉立国之初,秃发乌孤亦大量招揽人才,组成了以秃发氏为核心,河西士人为骨干的南凉统治集团,⑦史载:

---

① 保境安民措施有以下:第一,联合河西大族的力量,用以稳固自己的统治(包括阴充、阴澹、氾瑗、索氏、令狐氏、张氏及陇西辛氏、曹氏、李氏、晋昌张氏、武威贾氏等大族);第二,注意经济、文化的发展,安定河西内部的社会秩序;第三,为保境安民,对强大的少数民族政权实行和战的两手政策,并积极经营西域地区。(参见齐陈骏主编《西北通史(第二卷)》,第96—104页)
② 《晋书》卷八十六《张寔传》,中华书局,1974年,第2229页。
③ 《晋书》卷八十六《张轨传》,第2225页。
④ 同上书,第2221—2222页。
⑤ 参见贾小军《魏晋十六国河西社会生活史》,甘肃人民出版社,2011年,第47—48页。
⑥ 参见《晋书》卷八十六《张寔传》,第2226页;《晋书》卷八十六《张骏传》,第2237页。
⑦ 参见齐陈骏、陆庆夫、郭锋《五凉史略》,第103页。

> 署弟利鹿孤为骠骑大将军、西平公,镇安夷,傉檀为车骑大将军、广武公,镇西平。以杨轨为宾客。金石生、时连珍,四夷之豪隽;阴训、郭倖,西州之德望;杨统、杨贞、卫殷、麹丞明、郭黄、郭奋、史暠、鹿嵩,文武之秀杰;梁昶、韩疋、张昶、郭韶,中州之才令;金树、薛翘、赵振、王忠、赵晁、苏霸,秦雍之世门,皆内居显位,外宰郡县。官方授才,咸得其所。①

到秃发傉檀时,宗敞又向他推荐了一大批人才,即:"段懿、孟祎,武威之宿望;辛晁、彭敏,秦陇之冠冕;裴敏、马辅,中州之令族;张昶,凉国之旧胤;张穆、边宪,文齐杨、班;梁崧、赵昌,武同飞、羽。"②

李暠初建政权时,就以张、索、令狐、阴、氾、尹、宋等著姓大族参与政事,表现出鲜明的"著姓政治"③色彩,即:

> 以唐瑶为征东将军,郭谦为军谘祭酒,索仙为左长史,张邈为右长史,尹建兴为左司马,张体顺为右司马,张条为牧府左长史,令狐溢为右长史,张林为太府主簿,宋繇、张谡为从事中郎,繇加折冲将军,谡加扬武将军,索承明为牧府右司马,令狐迁为武卫将军、晋兴太守,氾德瑜为宁远将军、西郡太守,张靖为折冲将军、河湟太守,索训为威远将军、西平太守,赵开为驿马护军、大夏太守,索慈为广武太守,阴亮为西安太守,令狐赫为武威太守,索术为武兴太守,以招怀东夏。④

北凉政权亦重视人才引用。史载蒙逊"擢任贤才,文武咸悦"⑤,诚然是也,如西凉灭亡后,沮渠蒙逊对其旧臣"皆随才擢叙"⑥。沮渠牧犍效仿了蒙逊的做法,"以敦煌阚骃为姑臧太守,张湛为兵部尚书,刘昞、索敞、阴兴为国

---

① 《晋书》卷一二六《秃发乌孤载记》,第 3143 页。

② 《晋书》卷一二六《秃发傉檀载记》,第 3149 页。

③ 参见赵向群著,贾小军修订《五凉史》,第 194—198 页。

④ 《晋书》卷八十七《凉武昭王李玄盛传》,第 2259 页。

⑤ 《晋书》卷一二九《沮渠蒙逊载记》,第 3192 页。

⑥ 同上书,第 3199 页。

师助教,金城宗钦①世子洗马,赵柔为金部郎,广平程骏、骏从弟弘为世子侍讲"②,以上这些士人大多具有较高的文化修养,他们的支持,不仅为稳固北凉政权、增强北凉国力,进而促进北凉在河西的霸业做出了重要贡献,还有力地促进了北凉文教事业的发展。

　　由上可见,在五凉时期,河西地区涌现出大量士人群体,除张、宋、索、李、阴、氾、宗、马氏等"河西著姓"或"西州大姓"外,还包括沮渠氏、秃发氏等少数民族士族,以及部分流寓河西的中原士族。他们活跃于河西历史舞台,承前启后,对五凉政权及后世产生了深远影响。武守志的《五凉政权与西州大姓》③与赵向群的《河西著姓社会探赜》④曾对河西士族进行了探究,他们认为,河西士族"借助"五凉政权以维护家族地位,并集中了包括门宗、经济、军事、文化、婚宦等在内的社会优势,在河西具有强大的社会力量和地位,从而构成了"河西著姓社会"。此外,这些河西士族在文化上"承前启后,继绝扶衰","上继承汉魏、西晋之学风,下开(北)魏、(北)齐、隋、唐之制度",不仅使河西文化成为北朝文化系统中的重要组成部分,还随之成为隋唐制度渊源之一。⑤

二、五凉河西士族的崇文尚武特征

　　那么,河西士族为何能够在五凉时期取得繁荣发展,并得以传承、延续呢? 陈寅恪先生曾指出:

　　　　盖张轨领凉州之后,河西秩序安定,经济丰饶,既为中州人士避难之地,复是流民移徙之区,百余年间纷争扰攘固所不免,但较之河北、山

---

① 此处"宋钦"当作"宗钦"。按:《北史》卷三十四《张湛传》载,崔浩注《易》,叙曰:"敦煌张湛、金城宗钦、武威段承根三人皆儒者,并有俊才,见称西州。每与余论《易》,余以《左氏传》卦解之,遂相劝为解注,故为之解。"(《北史》卷三十四《张湛传》,中华书局,1974年,第1265页)
② 《资治通鉴》卷一二三"宋文帝元嘉十六年(439)十二月"条,第3996页。
③ 武守志:《五凉政权与西州大姓》,《西北师大学报》1985年第4期。
④ 赵向群:《河西著姓社会探赜》,《西北师大学报》1989年第5期。
⑤ 参见陈寅恪《隋唐制度渊源略论稿》,上海古籍出版社,2020年,第45页。

东屡经大乱者,略胜一筹。故托命河西之士庶犹可以苏喘息长子孙,而世族学者自得保身传代以延其家业也。①

陈先生认为,河西相对安宁的社会环境及良好的经济基础为河西士族的绵延提供了重要条件。笔者认为,除此之外,河西士族的发展延续还离不开士族自身内部条件,即与其家风与家学亦具有很大关联。施光明、崔会琴、阴朝霞等学者曾对敦煌大族的家风有所探讨,认为宋氏等敦煌大族具有崇文尚武风尚,②但所涉家族较少,无法体现出河西士族的整体状况。因此,笔者拟结合五凉时期河西士族的生平经历、任职与成就等情况,对他们所表现出的家风特征进行分析和探究,进而深入了解河西士族的传承、发展的内在因素,以期获得对河西士族更为清晰的认识。据笔者统计,具有崇文尚武特征的士族至少包括宋、张、李、索、氾、阴、马、宗、谢及令狐、秃发、沮渠等氏,具体探讨如下。

1. 宋氏

宋氏是有名的西州大姓,在五凉时期,有许多宋氏家族成员参与政治,并在五凉政权中担任要职,建立了诸多功绩。

在前凉时期,宋氏家族"世仕张轨子孙"③。宋配是前凉张轨的"股肱谋主"之一,曾协助张轨讨伐叛乱,当鲜卑若罗拔能侵寇凉州时,他被任为司马前往讨伐,最终"斩拔能,俘十余万口",使张轨名震河西。宋配之子宋悌、孙

---

① 陈寅恪:《隋唐制度渊源略论稿》,第 29 页。

② 崔会琴的《十六国北朝时期敦煌大族及其家风研究》从家风的角度出发,介绍了十六国时期敦煌索、张、令狐、宋、阴、氾氏等大族的发展历程、特点及相关社会生活状况,分析出他们具有崇尚儒学、家族本位、兼资武力、奉佛写经的家风,认为其家族家风的延续推动着他们历经政权更替而依然能够延续辉煌。施光明的《西州大姓敦煌宋氏研究》以敦煌宋氏家族为典型代表,总结出河西大姓具有"尚武""崇儒"的特点。另外,阴朝霞、李冰的《论两汉隋唐时期敦煌大族崇文尚武之大族风尚》结合敦煌地区的自然人文环境及阴、张、李、索氏等敦煌大族的家族渊源与任职情况,认为敦煌大族具有"崇文尚武"的风尚,有别于中原高门视武职为浊而尚清谈。(参见崔会琴《十六国北朝时期敦煌大族及其家风研究》,华中师范大学 2016 年硕士学位论文;施光明《西州大姓敦煌宋氏研究》,载于中国魏晋南北朝史学会编《魏晋南北朝史论文集》,齐鲁书社,1991 年,第 166—177 页;阴朝霞、李冰《论两汉隋唐时期敦煌大族崇文尚武之大族风尚》,《内蒙古农业大学学报》2009 年第 5 期)

③ 《魏书》卷五十二《宋繇传》,中华书局,1974 年,第 1152 页。

宋寮皆任职前凉。其中宋寮在张玄靓时官至龙骧将军、武兴太守。可见宋配、宋寮等人皆为具备武力才干之人。

　　宋配之曾孙宋繇，即西凉主李暠的同母弟，是一位在文治武功方面皆取得重要成就的人物。史载宋繇"少而有志尚"，幼丧父母，曾对妹夫张彦说："门户倾覆，负荷在繇，不衔胆自厉，何以继承先业！"于是随张彦至酒泉追师就学，"闭室诵书，昼夜不倦，博通经史，诸子群言，靡不览综"。在后凉时，宋繇因精通儒学而"举秀才，除郎中"，后被段业任为中散、常侍；其后又奔赴西凉李暠处，被任为折冲将军、从事中郎，他曾领兵"东伐凉兴，并击玉门以西诸城，皆下之"，随后便在玉门和阳关一带兴办屯田，"广田积谷，为东伐之资"①，为西凉政权开拓疆土立下了功劳。到李歆时，宋繇历任武卫将军、广夏太守、军谘祭酒、录三府事等职。宋繇在参与政治军事活动的同时，还不忘精研其所爱好的儒学，正如史载："虽在兵难之间，讲诵不废，每闻儒士在门，常倒屣出迎，停寝政事，引谈经籍。"②当沮渠蒙逊灭西凉于酒泉时，"于繇室得书数千卷，盐米数十斛而已"，于是感叹"孤不喜克李歆，欣得宋繇耳"，蒙逊任宋繇为尚书吏部郎中，并委之以铨衡之任，牧犍时官至左丞，后来北魏世祖还任其为河西王右丞相。③

　　在五凉时期还有其他宋氏家族成员。在前凉时期，宋毅被张寔任为威远将军，宋辑被张骏任为扬烈将军、中坚将军；在张重华时期，又有宋晏任大夏太守，宋矩任宛戍都尉，宋修任骁骑将军。前凉张祚时，隐居于酒泉南山的宋纤"明究经纬，弟子受业三千余人"，他曾为《论语》作注，并作诗颂数万言，年至八十岁，仍"笃学不倦"，后来被张祚征聘为太子太傅；还有宋混被任为尚书仆射、辅国将军。到张玄靓时，宋混又官至都督中外诸军事，车骑大将军，假节、辅政；宋混去世后，弟宋澄任领军将军，辅政。张天锡时，宋皓任安西将军。

　　由上可见，宋氏家族以军功起家，累世为官，在前凉、西凉、北凉三个割据政权中皆占有重要地位，尽管河西地区风云变幻，政权更替，宋氏家族却

---

① 《晋书》卷八十七《凉武昭王李玄盛传》，第 2259 页。
② 《魏书》卷五十二《宋繇传》，第 1152—1153 页。
③ 参见《魏书》卷五十二《宋繇传》，第 1153 页。

保持着声望和权威。不难看出,宋氏家族之所以累世不衰,不仅在于他们善于领兵作战,还在于对家族文化的重视,宋繇之所以能够辗转于多个政权,亦得益于这种文武兼备的才能。

2. 张氏

张氏是河西著姓,早在东汉时期,就有敦煌经学大师张奂被誉为"凉州三明"之一,其子张芝、张昶皆善草书,名冠河西,此后,敦煌张氏继续延续壮大。五凉时期,安定张氏来到河西建立了前凉割据政权,并与敦煌张氏在河西地区共同生存发展。

张轨为安定乌氏人,是前凉政权的建立者。史载张轨"家世孝廉,以儒学显"①,于永宁元年(301)出任凉州刺史,从此其家族世代居住河西。张轨初到河西时,便"以宋配、阴充、氾瑗、阴澹为股肱谋主,征九郡胄子五百人,立学校,始置崇文祭酒②,位视别驾,春秋行乡射之礼"③,不仅广泛招纳贤能士人参与政治,还十分重视河西地区文化教育建设。此外,面对当时河西地区"鲜卑反叛,寇盗从横",张轨进行了有力的讨伐,斩首万余级,并由此"威著西州,化行河右"④。随后张轨又平定了张镇、张越兄弟试图颠覆张轨统治的政变活动及韩稚、曹祛、胡瑁、裴苞、麴儒等的分裂割据活动,张轨死后,其子张寔和张茂又镇压了河西地方豪强势力,从而稳定了河西社会内部秩序,保障了河西边境安宁。

张轨之孙张骏,"十岁能属文",曾著有《薤露》《东门行》,被收录于《乐府诗集》,⑤还作有上疏,⑥文采洋溢。张骏在位期间,还通过征战"尽有陇西之地",并击败了龟兹、鄯善,称霸西域,使河西境内出现了"士马强盛""刑清国富"的局面。此后,张轨玄孙张天锡"少有文才,流誉远近",并具有一定的

---

① 《晋书》卷八十六《张轨传》,第 2221 页。
② 崇文祭酒相当于文学祭酒、儒林祭酒等,是州级官学,在国学则称国子祭酒或博士祭酒。
③ 《晋书》卷八十六《张轨传》,第 2221—2222 页。
④ 同上书,第 2221 页。
⑤ 参见(宋)郭茂倩编《乐府诗集》卷二十七《相和歌词》十二,中华书局,1979 年,第 397、550—551 页;庆振轩《张骏〈薤露行〉散论》,载于庆振轩主编《丝路文化与五凉文学研究》,人民出版社,2012 年,第 147—155 页。
⑥ 参见《晋书》卷八十六《张骏传》,第 2239—2240 页。

"魏晋风度",在《世说新语》中,有三条语及张天锡,其中《言语篇》两条,《赏誉篇》一条。张天锡的敏捷善对、言话如流、"谈言微中",正是魏晋风度的重要体现,①从中也可看出张天锡的才智修养。

除张轨家族外,敦煌张氏也在河西继续发展。在西凉时期,朝廷汇集了大量张氏家族成员担任要职,如张邈为右长史,张体顺为右司马,张条为牧府左长史,张谡为从事中郎,张靖为折冲将军、河湟太守等。另外,敦煌张穆"博通经史,才藻清赡"②,曾任后秦治中,与宗敞、边宪、胡威等共同撰有《理王尚疏》,宗敞评价张穆与边宪之文学才干如同扬雄、班固;北凉时,张穆被沮渠蒙逊任为中书侍郎,并被委以机密之任。可看出,敦煌张氏既有张体顺、张条、张靖等参与军政事务之人,也有张穆这样通经善文之士。

敦煌、安定张氏家族皆是五凉河西士族的重要成员,他们不但有身居高职者,如张体顺、张穆、张靖等,更有建立割据政权者,如张轨、张骏、张天锡等。从他们的生平经历及任职情况可看出,无论是敦煌还是安定张氏,其家族成员多兼有文武才干。他们不仅能参与军政、讨伐叛乱、开疆拓土,在军事上建立功绩,还具有较高的学术文化修养,能作文赋诗,甚至建立学校开展教育,为河西文化教育事业发展做出了重要贡献。

3. 李氏

在五凉时期,李暠家族"世为西州右姓"③,李暠的高祖李雍、曾祖李柔,曾出仕晋朝为郡守;祖父李弇,是一位有谋略和志向的将领,曾出仕前凉张轨为武卫将军、安世亭侯,其后又凭借其武功而受到张骏的赏识。其后,李弇之孙李暠在河西地区建立了西凉政权,将李氏家族发展成为河西的显贵著姓。

李暠具有雄才大略,文武兼备。史载,李暠"少而好学,性沉敏宽和,美器度,通涉经史,尤善文义。及长,颇习武艺,诵孙吴兵法",后"以纬世之量,当吕氏之末,为群雄所奉,遂起霸图,兵无血刃,坐定千里,谓张氏之业指期

① 参见高原《前凉后主张天锡的"魏晋风度"》,载于庆振轩主编《丝路文化与五凉文学研究》,第169—177页。
② 《晋书》卷一二九《沮渠蒙逊载记》,第3195页。
③ 《晋书》卷八十七《凉武昭王李玄盛传》,第2257页。

而成,河西十郡岁月而一"①,并在敦煌建立了西凉割据政权。李暠在统治西凉期间,大力倡导儒学。他在立国之初就"立泮宫,增高门学生五百人。起嘉纳堂于后园,以图赞所志",其后又在"上巳日宴于曲水,命群僚赋诗"②,并亲自为之作序,重视开展教学及学术文化活动,促进了河西文教事业的发展。此外,李暠本人曾创作诗赋数十篇,包括《槐树赋》《大酒容赋》《述志赋》《靖恭堂颂》《上巳日曲水诗宴序》《辛夫人诔》和东晋王朝表文、诫诸子手令、临终遗嘱等诗、赋、文数十篇,③足见其出色的文学才华。其诫诸子手令实为家训,告诫诸子如何立身处世、参与国家政务的处理,如"克己纂修""节酒慎言,喜怒必思,爱而知恶,憎而知善,动念宽恕,审而后举""事任公平,坦然无类""无愧于前志"等,殷切之言,溢于言表,从中亦可见李暠对家学教育的重视。

李暠之子李翻,曾为西凉骁骑将军,祁连、酒泉、晋昌三郡太守。孙李宝"沉雅有度量,骁勇善抚接"④,北凉亡后,曾与舅唐契向北逃奔至伊吾,后又南归敦煌,"修缮城府,规复先业",并遣使奉表归诚北魏,被北魏任为"使持节、侍中、都督西垂诸军事、镇西大将军、开府仪同三司、领护西戎校尉、沙州牧、敦煌公"⑤,令其镇守敦煌。其后入魏,又先后担任外都大官、镇南将军、并州刺史、内都大官、镇北将军等职。李氏家族继续在中原地区绵延发展。

总之,李氏家族在河西地区的活动历史,从李弇到李宝共历经五世,经历了"因武功强盛而崛起""因政治发达而兴隆""因坚守学行而生生不息,因传承文明而繁衍成为世家"⑥的发展过程。他们不仅骁勇善战,且注重文化修养的提升,并延续着这样的家学传统。不仅如此,李氏在统治西凉期间,

---

① 《晋书》卷八十七《凉武昭王李玄盛传》,第 2257、2265 页。
② 同上书,第 2259、2264 页。
③ 参见《晋书》卷八十七《凉武昭王李玄盛传》,第 2265—2272 页;钟书林《五至十一世纪敦煌文学研究》,中国社会科学出版社,2018 年,第 5 页。
④ 《北史》卷一○○《序传》,第 3316 页。
⑤ 同上书,第 3317 页。
⑥ 李凭以《北史》中记载的大量宗族为依据,将他们的发展经历划分为三种类型:其一,因武功强盛而崛起,因攻战失利而衰退;其二,因政治发达而兴隆,因权势更替而败颓;其三,因坚守学行而生生不息,因传承文明而繁衍成为世家。(参见李凭《李弇后裔的迁徙经历与文化传承——〈北史·序传〉读后》,《社会科学战线》2019 年第 6 期)

还造就、培养了大批儒学精英,如宋繇、刘昞等,这些儒士为汉魏文化在中原大地的复兴发挥了重要的作用,因此,李氏家族在汉魏文化的传承和发展中的作用也因此超越了家学和家族的意义。① 以上也当是李氏家族历经长期发展而未衰落的重要原因。

4. 索氏

索氏家族最初是在元鼎六年(前111)从钜鹿南和迁到河西敦煌,即索抚一支,因曾居钜鹿以北,又常被称为"北索";王莽天凤三年(16),又有索骏一支从钜鹿以南迁到敦煌,称"南索"。② 这两支索氏家族成员也在河西生根发芽,随后在敦煌、武威等地崭露头角,如西晋时期,有索靖、索紾、索永与氾衷、张甝并称"敦煌五龙",在当时驰名海内。索靖"累世官族",少有逸群之量,博通经史,兼修内纬,著有《草书状》《五行三统正验论》与《索子》《晋诗》各二十卷。③ 到五凉时期,索氏家族仍"世为冠族",从史籍及相关出土文献中,可寻得该家族成员在此期间的大致发展情况。

索袭是前凉河西士人,史载其"虚靖好学,不应州郡之命,举孝廉、贤良方正,皆以疾辞。游思于阴阳之术,著天文地理十余篇,多所启发"④。张茂时,敦煌太守阴澹前去造访,深受触动,称索袭为"硕德名儒"。

索统,"少游京师,受业太学,博综经籍,遂为通儒。明阴阳天文,善术数占候",据记载,令狐策、索绥、张邈等人皆曾寻他占梦,"凡所占莫不验"。敦煌太守阴澹请其为西阁祭酒,被索统推辞,其后阴澹又"以束帛礼之,月致羊酒"⑤。

索泮,"少时游侠,及长,变节好学,有佐世才器",前凉张天锡辅政时被任为冠军、记室参军,到张天锡即位后又历任司兵、羽林左监、中垒将军、西郡武威太守、典戎校尉等职。索泮在任职期间,"有勤干之称",且"政务宽和,戎夏怀其惠,天锡甚敬之"。前秦苻坚见而叹曰:"凉州信多君子!"因索泮在河西具有很高的德望,被苻坚拜为别驾。索泮之弟索菱,亦"有俊才",

① 参见周伟洲《中国文化世家·关陇卷》,湖北教育出版社,2004年,第84页。
② 参见唐耕耦、陆宏基《敦煌社会经济文献真迹释录》(一),第102—103页。
③ 参见《晋书》卷六十《索靖传》,第1648—1649页。
④ 《晋书》卷九十四《隐逸·索袭传》,第2448—2449页。
⑤ 《晋书》卷九十五《艺术·索统传》,第2494—2495页。

曾在张天锡时任执法中郎、冗从右监,后又被苻坚任为伏波将军、典农都尉。①

另外,索氏家族还有位文武之士索苞,据刘昞《敦煌实录》记载,索苞"有文武,举孝廉,除郎中。每征伐克敌,勇冠三军,时人比之关羽"。当宋澄在金城被羌人围困,穷途末路之时,索苞率军进入战场,很快就突破包围,使得羌人"散走称神"②。可见索苞不仅具有文化才能,还有着惊人的军事才干。

在此后的西凉、北凉时期,索氏家族继续活跃于政治舞台。如在西凉政权中,索承明出仕为牧府右司马,索仙为左长史,索术为武兴太守,索训为威远将军、西平太守,索慈为广武太守等。在北凉时,索敞担任河西儒学大师刘昞的助教,专心于各种经籍,并能尽传刘昞之业;后入魏,因其深厚的儒学修养被任为中书博士,在太学任教十余年,教授京师大族贵胄子弟,其弟子后来官位显达至尚书牧守的有数十人;教学之余,还著有《丧服要记》《名字论》。

由上可见,索氏家族成员或因自身丰厚的学识而备受尊重,并在文化教育或著述方面做出了较大成就,如索袭、索统、索敞等;或凭借文武才干而名扬河西,参与政治与战争,并取得了卓越功勋,如索泮、索苞等。他们延续了两汉以来的家族地位,在五凉政治舞台上充分发挥才能,并在河西社会历史上留下了深深的印记。

5. 氾氏

氾氏家族最初迁到河西的人物是氾雄,其本为汉成帝御史,在河平元年(前28)从济北卢县迁到敦煌,此后"代代相生,遂为敦煌望族","冠盖西土,朱紫腾名"。③ 在东汉时期,氾孚"居高笃学,有梁鸿周党之伦"。西晋时,氾祎"少好学,事师(师事)司空索静(靖),通三礼、三传、三易、河图洛书、玄明究算历";其弟氾毗,曾"讨虏有功,封安乐亭侯",还曾任西海太守,为人"好雅贤";另外还有氾衷为西晋敦煌五龙之一。氾氏家族发展到五凉时期,更是人才辈出。

---

① 参见《晋书》卷一一五《苻登载记》,第 2954—2955 页。
② 参见(宋)李昉等编《太平御览》卷四三七《人事部七八·勇五》,中华书局,1960 年,第 2011 页。
③ 唐耕耦、陆宏基:《敦煌社会经济文献真迹释录》(一),第 104 页。

氾瑗，"少刚果有壮节，州辟主簿、治中、别驾、从事，举秀才"，被张轨评价为"此真将相才，吾当与共济时难"，并成为张轨的"股肱谋主"之一，曾率军协助张轨平定了河西内乱。

氾昭，少时从索袭受业，"善属文"，曾与武威段遐论圣人之道，十分有条理，且为人方正，曾被张轨任为从事、主簿等职；张寔继位后，面对当时"众纲弛废，行政不修"的情况，氾昭被选去担任作为当时十郡之首的武威的从事，以肃清局面。氾昭上台后，刚毅雅亮，使得"豪杰望风栗服"。

（氾毗侄）氾续，"文藻清丽"，为张重华器重，被任为小府参军、右军都尉。（氾祎孙）氾浡，"刚鲠峻直，博学属文"，"弱冠屡陈时正损益"，曾被前凉王张骏任为都官从事、儒林郎中等，管理要务。氾曼，"性沉邃有志性"，曾任前凉临泽都尉，后因其"佐命之功"，被封为安乐亭侯、凉兴令，其后又担任了理曹郎中、湟河太守、陵江将军、振武将军等职。①

由上可见，氾氏家族经两汉时期的发展，到西晋时期已成为河西望族，在文化、军事上取得了重要进步和成就，声名远扬。至五凉时期，氾氏后代继续延续家族家学传统，既重视文学修养，又积极参与政权政治军事活动，如氾瑗、氾昭、氾续、氾浡等，可看出他们在文武方面皆有所长。

6. 阴氏

阴氏为河西地区大姓，前凉张轨依靠强宗大族维持统治，其中，阴澹、阴充皆为"股肱谋主"之一，四大股肱谋主，阴氏就有两位，他们参与政要，为张轨出谋划策，成为张轨的得力助手。其后，阴澹又被任为治中从事、督护参军、武威太守、敦煌太守等职，②为张轨保据立足河西贡献了重要力量，故有后人指出，"轨保凉州，阴澹之力"③；另外，他曾著有《魏纪》十二卷。④

此外，还有其他阴氏成员在张氏政权中担任重职。阴濬为张轨时将领，曾与北宫纯、张纂、马鲂等率军击破了侵犯洛阳的王弥军队，并在河东打败

① 以上氾瑗至氾曼有关记载，参见唐耕耦、陆宏基《敦煌社会经济文献真迹释录》（一），第 106—108 页。

② 参见《晋书》卷八十六《张轨传》，第 2221 页；（清）汤球辑，吴振清校注《三十国春秋辑本》，天津古籍出版社，2009 年，第 29 页。

③ 《魏书》卷九十九《张骏传》，第 2195 页。

④ 《隋书》卷三十三《经籍志二》，中华书局，1973 年，第 957 页。

了刘聪军队,显示出河西强大的军事力量,致使京师有歌曰:"凉州大马,横行天下。凉州鸲鹆,寇贼消;鸲鹆翩翩,怖杀人。"①阴鉴为张茂时宁羌护军;阴预在张轨时为左督护,张寔时为前军督护;阴据为张骏时从事,曾谏言反对趁河西境内遇到饥荒而上涨谷价的观点,到张天锡时又为将领。

阴氏家族在河西地区门宗强盛,是支持前凉张氏政权保据河西的重要力量,他们不仅担任要职,参与政权建设,有的还进行著述,在政治、军事、文化方面皆有所长。由于阴氏家族在河西境内声望很高,曾受到张骏的猜忌,于是张骏逼迫阴澹之弟阴鉴自杀,导致大失人情,从中亦可见阴氏在凉州的势力之大。

7. 马氏

马氏家族在五凉时期至少有马鲂、马岌、马诜、马辅、马权、马鬶等十多位比较有名的人物,②他们先后出仕五凉政权,担任要职。

马鲂在前凉张轨时任太府主簿,曾与阴澹、北宫纯等率军击破了王弥、刘聪军队。在京师陷落时,马鲂向张轨谏言说"四海倾覆,乘兴未反,明公以全州之力径造平阳,必当万里风披,有征无战",为张轨出谋划策;其后,在张茂劳苦百姓修筑灵钧台时又谏言说"今世难未夷,唯当弘尚道素,不宜劳役崇饰台榭。……每所经营,轻违雅度,实非士女所望于明公"③,劝止了张茂大肆修建灵台的活动。

马岌是一位有谋略、有文采之人,他在张茂时任参军,张骏时任酒泉太守,张重华时任左长史,张祚继位后又被任为尚书,善于向朝廷谏言献策。如刘曜攻打前凉时,他劝张茂亲征,并谏言说:"今大贼自至,不烦远师,遐迩之情,实系此州,事势不可以不出。且宜立信勇之验,以副秦陇之望。"④张茂采纳了马岌的建议,最终击走了刘曜军队。另外,他还作有《题宋纤石壁诗》留存至今,其文内容如下:"丹崖百丈,青壁万寻。奇木蓊郁,蔚若邓林。其人如

---

① 《晋书》卷八十六《张轨传》,第 2223 页。
② 参见朱艳桐《酒泉马氏与五凉王国——以〈西凉建初四年(408)秀才对策文〉与辛氏墓志中"马鬶"为中心》,《敦煌研究》2017 年第 5 期。
③ 《晋书》卷八十六《张轨传》,第 2225 页。
④ 《晋书》卷八十六《张茂传》,第 2231 页。

玉,维国之琛。室迩人遐,实劳我心。"①可见马岌兼有谋略与文才。

马诜在前凉张骏时任长史、别驾,他曾受张骏派遣向后赵石勒"奉图送高昌、于阗、鄯善、大宛使,献其方物"②,其后张骏惮于石季龙势力强大,又派遣马诜奉表朝拜。③

马权,"隽爽有逸气,武略过人",曾为北凉段业时期门下侍郎,后又取代沮渠蒙逊成为张掖太守,蒙逊既惧怕马权威严,同时心里又抱怨,于是对段业谗言说"天下不足虑,惟当忧马权耳"④,蒙逊对马权的忌惮,也从侧面反映了马权武略之高。

马骘,为西凉时期秀才。敦煌吐鲁番出土文书中的《西凉建初四年(公元四〇八年)秀才对策文》记载马骘的对策文如下:

> 凉州秀才粪土臣马骘稽首言:臣以疏陋,才非翘颖……伏惟殿下应期命世……岂臣管窥所宜对扬。仰缘神策,冒臣所闻。臣骘诚惶诚恐,顿首,死罪死罪。

> 建初四年正月戊申朔一日戊申上。

> 臣骘言:臣闻上古之时,人性纯朴,未生争心,天下大和,故结绳而治。……□至三代,质文损益,时移世变,淳风乃弊。故《老子》□:"绝圣弃智,其利百倍。"隆平之基,以道为本。……

> 臣骘言:夫关雎之鸟,鸷而有别,故喻(下阙)□有巢,维鸠居之,以喻夫人配德行化。……文王之教,自近及远,是以为化之首。……

> 臣骘言:臣以为仓颉观鸟迹以立文字,圣人通玄,示有所因。后世变易,故有鸟篆草隶六体之形。诸如此比,触类而异,其源难究。……

> 臣骘言:夫日行经二十八宿,冬处虚危,故称北陆,夏处井鬼,故称南陆。当以七宿为位,不以所见为正。日随天旋,行有常则。……⑤

---

① 《晋书》卷九十四《隐逸·宋纤传》,第2453页。
② 《晋书》卷一〇五《石勒载记》,第2747页。
③ 参见《晋书》卷一〇六《石季龙载记》,第2771页。
④ 《晋书》卷一二九《沮渠蒙逊载记》,第3191页。
⑤ 参见中国文物研究所、新疆维吾尔自治区博物馆、武汉大学历史系编《吐鲁番出土文书》(一),文物出版社,1992年,第59—60页;韩理洲等辑校编年《全三国两晋南朝文补遗》,三秦出版社,2013年,第173页。

马骘的对策文中涉及历史、人性、周文王治国教化之道、《老子》《诗经》、文字源流演变、天文星象等内容，引经据典，洋洋洒洒六七百字，足见马骘学识之丰富及儒学修养之深厚。

由上可见，马氏家族在五凉时期既有马鲂、马权等武略之士，又有马岌、马诜等谏言辅政谏言之才，还有马骘这样具有儒学涵养的秀才文人。

8. 宗氏

宗氏家族亦是河西大族之一，在五凉时期有宗燮、宗敞、宗钦等人物。

宗敞为金城人氏，父亲宗燮，后凉时先后任湟河太守、尚书郎、太常卿等职。宗敞曾在后秦任凉州主簿、别驾，与治中张穆、主簿边宪、胡威等为同事，并共作有《理王尚疏》，姚兴览而大悦，但不知宗敞其人，于是向臣下询问此人情况。姚兴门下侍郎说宗敞乃"西方之英隽"，其后吕超又对其文才进行了评价"（宗）敞在西土，时论甚美，方敞魏之陈、徐，晋之潘、陆"①，姚兴不禁感慨："凉州小地，宁有此才乎？"并赦免了王尚之罪。南凉秃发傉檀亦十分重视宗敞，曾对宗敞说"吾得凉州三千余家，情之所寄，唯卿一人"②，并将其任为太傅主簿。

宗敞弟宗钦，"少而好学，有儒者之风，博综群言，声著河右"③，北凉时历任中书侍郎、世子洗马，曾撰有《蒙逊记》十卷，上表《东宫侍臣箴》。北凉灭后入魏，被任为鹰扬将军，其后又被提拔为著作郎。

可看出，宗氏家族成员历代皆具有较高的文化修养，且文采优美，主要从事文职，在当时深受后秦、南凉、北凉政权统治者的重视。

9. 谢氏

谢氏家族的主要代表人物是谢艾，史载其"兼资文武，明识兵略"。谢艾在张重华时期曾担任使持节、军师将军，多次参与对外征战并取得胜利，曾被升迁为太府左长史，进封福禄县伯。时任别驾从事的索遐曾对张重华进言说："左长史谢艾，文武兼资，国之方邵，宜委以推毂之任……"于是谢艾被任为使持节、都督征讨诸军事、行卫将军，最终打败了后赵王擢军队，并在归

① 《晋书》卷一一七《姚兴载记》，第2988页。
② 《晋书》卷一二六《秃发傉檀载记》，第3149页。
③ 《魏书》卷五十二《宗钦传》，第1154页。

途中讨伐了虏斯骨真万余落。① 张骏时期，谢艾又成功抵御了石季龙的入侵，并"讨南羌于阗和，大破之"。谢艾屡立军功，足见其卓越的武力才能。

此外，谢艾还具有一定的文学才能，他曾著有《谢艾集》八卷。② 梁代刘勰在《文心雕龙·熔裁》篇中提到："昔谢艾、王济，西河文士；张俊（骏）以为：艾繁而不可删，济略而不可益。若二子者，可谓练熔裁而晓繁略矣。"③对谢艾的文学才干给予了很高的评价。

10. 令狐氏

令狐氏家族是敦煌大族。早在东汉时期就有令狐由出任伊吾都尉，在西域建立军功，发展到东汉中后期，该家族逐渐完成了从武力军功向文化世家的转变，并出现了像令狐溥这样著名的学者兼官员。④

到五凉时期，令狐氏家族继续发展，但在文化角色上发生了一定转变。令狐亚曾在前凉张轨时期任主簿，在张镇叛乱之际，曾向张镇陈说其中的利害关系，最终成功说服了张镇，为平定内乱做出了重要贡献。在西凉政权中亦有大量令狐氏为官，如令狐迁曾任武卫将军、晋兴太守，令狐溢为右长史，令狐赫为武威太守。⑤ 在北凉时期，则主要有令狐飒、令狐岌、令狐广嗣等，他们都是经文抄刻人。对于令狐氏家族在五凉时期的发展情况，曾有学者指出："在前凉、西凉等政权中，令狐氏主要是儒宦世家，彰显尊严与威望；北凉统治时期，敦煌令狐氏官场失势，他们寻求新的发展道路，为人抄写佛经，传播佛教，敦煌令狐氏的文化角色发生变化，实现了由儒学独尊到儒释兼通的变动。"⑥北凉以来，令狐氏家族为佛教的东传和进一步发展做出了重要贡献，⑦其后，到北朝时期，令狐氏家族继续活跃于政治舞台，于是后世称其"世

---

① 以上参见《晋书》卷八十六《张重华传》，第 2240—2241 页。
② 参见《隋书》卷三十五《经籍志四》，第 1067 页。
③ （南朝梁）刘勰著，陆侃如、牟世金译注：《文心雕龙译注》，齐鲁书社，2009 年，第 437 页。
④ 参见冯培红《汉晋敦煌大族略论》，《敦煌学辑刊》2005 年第 2 期。
⑤ 《晋书》卷八十七《凉武昭王李玄盛传》，第 2259 页。
⑥ 参见孔令梅、杜斗城《十六国北朝时期敦煌令狐氏与佛教关系探究》，《敦煌研究》2010 年第 5 期。
⑦ 参见胡立华《论敦煌令狐家族在河西文化史上的地位》，《社会科学战线》2007 年第 6 期。

为西土冠冕"①。

令狐氏家族之所以能够长期立足于河西社会,与他们重视家族文武才能的培养具有很大关系,汉晋以来的儒学文化修养,为其在五凉时期的发展奠定了基础,也为他们担任官职或从事抄写佛经的工作提供了便利,令狐氏由此世代相传,并在河西地区保持着较高的威望。

11. 秃发氏

秃发氏是较早立足河西的鲜卑人,在河西地区具有较大的势力,曾一度尽有河西之地,并在后来建立了南凉割据政权。秃发匹孤在东汉时期自塞北迁入河西,经寿阗、树机能、务丸、推斤、思复鞬等世代相承,到五凉时期有秃发乌孤、秃发利鹿孤、秃发傉檀、秃发明德归等人。

秃发乌孤,曾任后凉冠军大将军、河西鲜卑大都统、广武县侯,他先率兵讨伐了乙弗、折掘、契汗各部,之后又打败了意云鲜卑,使得河南鲜卑吐秖等十二部大人,皆附于自身门下。随后秃发乌孤力量不断壮大,并于晋隆安元年(397)称霸河西,自称大都督、大将军、大单于、西平王。其后又自称武威王,并迁都乐都,并开始部署门下士人,召集了金石生等四夷豪俊、阴训等西州德望,杨统、史暠等文武秀杰,及中州才令、秦雍世门,皆授予官职,予以重用。

乌孤逝世后,弟秃发利鹿孤继位,他曾思考如何实现道化,以改变民俗凋敝的情况,并广泛采纳群臣谏言。之后,他采纳了祠部郎中史暠提出的"宜建学校,开庠序,选者德硕儒以训胄子"的建议,"以田玄冲、赵诞为博士祭酒,以教胄子"②。其在位期间,敬贤爱士,常征聘有德望之士与之共事。利鹿孤其人,正如后凉昌松太守孟祎评价指出:"声播宇内,文德以绥远人,威武以惩不恪。"③

利鹿孤去世后,弟秃发傉檀嗣位。傉檀"少机警,有才略",其父亲曾对诸子说:"傉檀明识干艺,非汝等辈也。"④傉檀具有雄才武略,且十分重视人才。他曾接受宗敞的建议,用威信安抚了"武威宿望""秦陇冠冕""中州令

---

① 《北史》卷六十七《令狐整传》,中华书局,1974年,第2349页。
② 《晋书》卷一二六《秃发利鹿孤载记》,第3146页。
③ 同上注。
④ 《晋书》卷一二六《秃发傉檀载记》,第3147页。

族""凉国旧胤"以及其他文武之士,并以宗敞为太府主簿,总领府事,这一策略稳固了秃发氏割据政权。傉檀还具有较高的文化涵养。吕光的尚书郎宗蟁评价傉檀:"君神爽宏拔,逸气陵云,命世之杰也,必当克清世难。"后来,他还与后秦尚书郎韦宗"论六国从横之规,三家战争之略,远言天命废兴,近陈人事成败,机变无穷,辞致清辩",韦宗由是感叹道:"命世大才、经纶名教者,不必华宗夏士……《五经》之外,冠冕之表,复自有人。车骑神机秀发,信一代之伟人……"于是韦宗回到长安后告诉姚兴:"凉州虽残弊之后,风化未颓。"①

傉檀之子秃发明德归,为南凉南中郎将、领昌松太守。据史载,明德归"俊爽聪悟",具有较高的文学才能,深受傉檀宠爱;明德归刚满十三岁时,就作有《高昌殿赋》,提笔即成,整整齐齐,傉檀看后称赞不已,将其比之于曹子建。

秃发氏不仅凭借武力建立南凉割据政权,还积极征引儒士开展教育,重用有才之士参与政务,注重南凉境内风俗教化。且秃发傉檀、明德归皆有较高的文学才能,辞致清辩,能作诗赋,可见秃发氏亦注重家族文化修养的培养。可以说,秃发氏家族在河西世代延续,离不开他们自身文武才干的支撑。

12. 沮渠氏

沮渠氏是北凉割据政权统治者,在军事、文化方面取得了重要成就。史载:"大且渠蒙逊本张掖临松卢水胡人也。……蒙逊高祖晖、仲归,曾祖遮皆雄健有勇名……"②蒙逊本人"博涉群史,颇晓天文,雄杰有英略"③,具有一定的文化修养。他尊重人才,灭西凉后继续重用其旧臣。西凉从事郎中张显曾评价说:"沮渠蒙逊,胡夷之杰,内修政事,外礼英贤,攻战之际,身均士卒,百姓怀之,乐为之用。"④蒙逊之子沮渠牧犍十分喜爱文学,并继承父亲蒙

---

① 《晋书》卷一二六《秃发傉檀载记》,第3151页。
② 参见《宋书》卷九十八《氐胡·大且渠蒙逊传》,中华书局,1974年,第2412页。《晋书》载:"沮渠蒙逊,临松卢水胡人也。其先世为匈奴左沮渠,遂以官为氏焉。"(《晋书》卷一二九《沮渠蒙逊载记》,第3189页)
③ 《晋书》卷一二九《沮渠蒙逊载记》,第3189页。
④ 《资治通鉴》卷一一八"晋恭帝元熙元年(419)五月"条,第3840页。

逊的做法,重用了大量河西士族及阚骃、张湛、刘昞、索敞、阴兴、宗钦、赵柔、程骏等著名儒士参与北凉政治及文化教育。

在北凉时期,蒙逊、牧犍父子还曾遣使奉表至江南刘宋王朝,求取大量经史子集,并献去不少河西学者的著作。据史载,宋元嘉三年(426),沮渠蒙逊"遣使奉表,请《周易》及子、集诸书,太祖并赐之,合四百七十五卷",同时,"又就司徒王弘求《搜神记》,弘写与之"。① 元嘉十四年(437),沮渠牧犍向刘宋献书并请求一些书目,史载:

> 茂虔(牧犍)奉表献方物,并献《周生子》十三卷,《时务论》十二卷,《三国总略》二十卷,《俗问》十一卷,《十三州志》十卷,《文检》六卷,《四科传》四卷,《敦煌实录》十卷,《凉书》十卷,《汉皇德传》二十五卷,《亡典》七卷,《魏驳》九卷,《谢艾集》八卷,《古今字》二卷,《乘丘先生》三卷,《周髀》一卷,《皇帝王历三合纪》一卷,《赵歐传》并《甲寅元历》一卷,《孔子赞》一卷,合一百五十四卷。茂虔(牧犍)又求晋、赵《起居注》诸杂书数十件,太祖赐之。②

在以上往来请求书籍的过程中,可看出沮渠氏对文化的重视,这既促进了南北之间的文化交流,也推进了河西文化的传播与发展。

综合以上五凉河西士族的生平经历及任职等情况可看出,他们大多在河西历史上具有重要地位,观察其家族成员可发现,他们大多兼具文、武才能,表现出崇文尚武的精神;尤其是累世不衰的士族,如宋、张、李、索、氾等氏,更是如此。儒学大师宋繇参与征战,并转迁于多个政权深受重视之事前文已述,其文武兼备自不必多言。此外,像谢艾、阴澹、张骏、李暠这样具有武略之士,分别作有文集、史书、诗词歌赋等文学作品流传于世,足见他们也都是文武兼备之人。秃发氏、沮渠氏等少数民族士族,也十分重视文治武功,他们大量引进文武之才,这也从侧面反映出当时对士人文武才华的重视。以上所列举诸人或位高权重,或名著河西,无疑有助于引领时代风尚,

---

① 《宋书》卷九十八《氏胡·大且渠蒙逊传》,第2415页。
② 同上书,第2416页。《资治通鉴》载:"是岁,沮渠牧犍遣封坛如魏,亦遣使诣建康,献杂书及敦煌赵歐所撰《甲寅元历》,并求杂书数十种,帝皆与之。"(《资治通鉴》卷一二三"文帝元嘉十四年(437)条",第3986页)

促使河西地区崇文尚武风气的形成,崇文尚武也成为五凉河西士族的重要精神特质。

那么,导致五凉时期的河西士族表现出崇文尚武特征的原因是什么?他们是否与同一时期其他士族有所不同呢?

三、"崇文尚武"的原因分析——兼论河西士族与江左士族之不同

笔者认为,五凉时期河西士族崇文尚武特征的形成,与河西地区自然人文环境、士族家学文化以及五凉政权的相关政策密不可分。

首先,河西地区特殊的地理位置,使其在历史上成为众多民族生存、迁徙和争夺之地,生活于其中的人民亦逐渐形成了尚武习俗。史载"自武威以西,本匈奴浑邪王、休屠王地……习俗颇殊,地广民稀,水草宜畜牧,故凉州之畜为天下饶",汉代迁往河西保边塞的移民,"咸以兵马为务"[1],正是在这样的环境下,河西逐渐成为一个具有较强军事力量的地区。有学者曾指出,河西地区出土的五凉时期的衣物疏中有弩机及弓箭等部件,影响了高昌骑射之风的形成,[2]这从侧面反映了河西地区军事较为发达的情况。生活在这种环境中的河西士族,也就逐渐染上尚勇习武的风气。此外,河西地区自身又是一个"战场",即使是在相对安宁的五凉时期,亦大小征战不断。这种常需征战的环境迫使当地人时常警惕,具有征战能力。[3]

其次,士族家学文化亦对其家族崇文尚武风气的形成有重要影响。陈寅恪先生曾指出:"夫士族之特点既在其门风之优美,不同于凡庶,而优美之门风实基于学业之因袭。故士族家世相传之学业乃于当时之政治社会有极重要之影响。"[4]可见家学在士族门风的形成及政治社会地位的巩固中皆发挥了重要作用。总体而言,五凉时期的河西士族崇尚传统儒学文化,注重务

---

① 《汉书》卷二十八《地理志下》,中华书局,1962 年,第 1644—1645 页。
② 参见裴成国《论高昌的骑射之风》,《西域研究》2016 年第 1 期。
③ 参见阴朝霞、李冰《论两汉隋唐时期敦煌大族崇文尚武之大族风尚》,《内蒙古农业大学学报》2009 年第 5 期。
④ 陈寅恪:《唐代政治史述论稿》,生活·新知·读书三联书店,1956 年,第 72 页。

实性,①这也促使了他们注重实干精神,而不会视武职为耻。

最后,五凉政权统治者崇尚文教、重视文武贤才的政策,使得河西士族有更多参与政治军事活动及从事文化教育的机会,且前凉张氏、西凉李氏、南凉秃发氏、北凉沮渠氏皆文韬武略之士,无疑也影响了河西士族崇文尚武风气的形成。五凉政权重用文武贤才的情况,前文已提及,兹不赘述。对于他们崇尚文教的情况,正如陈寅恪先生所言:

> 张轨、李暠皆汉族世家,其本身即以经学文艺著称,故能设学校奖儒业。……若其他割据之雄,段业则事功不成而文采特著,吕氏、秃发、沮渠之徒俱非汉族,不好读书,然仍能欣赏汉化,擢用士人,故河西区域受制于胡戎,而文化学术亦不因以沦替……②

前凉张轨、张骏,南凉秃发乌利鹿孤,西凉李暠,北凉沮渠蒙逊、沮渠牧犍等在割据河西期间,采取了崇尚儒学、兴办官学、倡导民间学术、鼓励著述、进行文化交流等措施,为五凉河西文化的繁荣发展做出了重要贡献。

五凉时期河西士族的崇文尚武特征,与同一时期江左士族形成了鲜明对比。这主要是因为东晋门阀特权带来的严重后果:一方面,高级士族凭门第而不必靠才干就可入仕为官、升迁。他们当中有一部分人沉溺于清闲的生活,逐渐脱离实际统治事务,甚至拒绝担任某些事务繁杂、辛苦的官职,特别是武职,因而政治、军事才干越来越削弱。东晋以后,鄙薄武事之风越发盛行,在当时,不仅士兵,就连一般武将也被列入"小人"行列。另一方面,即使某些高级士族仍具有一定的统治才干,但他们在激烈的政治斗争,甚至关乎王朝更替的斗争中,往往明哲保身,而不愿意冒风险,按照封建名教行事。③ 因此,当时弥漫于江左社会的风尚是重文轻武。

此外,当时处于五燕政权下的华北士族亦具有自身独特的发展特征,他们与慕容鲜卑之间存在长期合作的关系,合作的途径即为出仕,使其在政治、经济和宗族形态等方面受到很深影响,并在基本面貌上发生

---

① 参见武守志《五凉时期的河西儒学》,《西北史地》1987 年第 2 期。

② 陈寅恪:《隋唐制度渊源略论稿》,第 29 页。

③ 参见祝总斌《试论东晋后期高级士族之没落及桓玄代晋之性质》,《北京大学学报》1985 年第 3 期。

了很大的改变。① 包括地位较高的渤海封氏、高氏,昌黎韩氏,北平阳氏等,亦在华北地区取得了重要发展,但总体而言,他们大多充任郡太守,成为地方政府组织者,在"崇文尚武"方面表现得没有河西士族那样突出。

四、结　语

五凉时期河西士族的形成是一个漫长而又复杂的历程,其间杂糅了自然人文地理、区域社会历史、传统习俗、内外局势及割据政权等诸多影响因素,并在历史上呈现出不同的发展形式。但总体来看,他们大多重视家族成员文化修养及武力才能的培养和提升,以获取生存之道,河西士族表现出崇文尚武的特征,有别于同一时期江左地区重文轻武的情况。

河西士族崇文尚武,有助于家族血脉、文脉的延续与传承,历经诸多政权而不衰,为河西社会文化做出了卓越的贡献。士族家族内部长期积累的家学文化传承下来。此外,他们从事文化教育和著述的活动,极大地促进了河西文化发展,使得五凉时期的河西地区出现了文化昌明的景象,并成为当时北方文化的中心,②为保存传承中原文化做出了重要贡献。这些士族保存传承的文化因子随后成为北朝隋唐制度的重要渊源,对后世产生了深远影响。

此外,河西士族作为河西社会的中坚力量,其尚武习俗在保障河西境内及边境安宁中发挥了重要作用。河西地区(尤其是敦煌地区)自汉至唐一直是个重要的边防要塞,因此有许多河西士族,如宋、张、李、阴、令狐等氏,都曾参与了巩固边防、开拓边疆的征战活动,他们在西域地区领兵作战,或任职、移民于西域,为西域经营事务、维护西域边防做出了重要贡献。③ 河西士

---

① 参见罗新《五燕政权下的华北士族》,《国学研究》第四卷,北京大学出版社,1997 年,第127—155 页。

② 赵以武指出:"西晋灭亡直到北魏中叶的一百多年间,河西地区成了除江南以外的第二个文化中心,在我国文化发展史上占有很重要的地位。"(参见赵以武《五凉文化述论》,甘肃人民出版社,1989 年,第3 页)

③ 参见冯培红《汉唐敦煌大族与西域边防》,载于氏著《敦煌学与五凉史论稿》,浙江大学出版社,2017 年,第 187—236 页。

族不仅保障了西部边境安宁,同时,还进一步加强了对于西域地区的管理,相互征战与迁徙有助于民族之间的交往交流交融,进而也促进了西北疆域的形成。

通过考察河西士族在河西历史舞台上的各种表现,并从中探究河西士族的崇文尚武特征,不仅深入了解了五凉时期河西士族的生存状况及传承发展的内在因素,对河西士族有了更加清晰深入的认识,也有助于从区域社会历史的角度理解士族风尚的形成路径,从而更为全面地观察历史时期士族社会的发展状况。以上为本人拙见,不足之处,望方家不吝赐教。

五凉政治文化中的谶言与谶谣[*]

吕宗力

南京大学、香港科技大学

五凉是政治概念，也是地域和时间概念。五凉指两晋十六国时期的约 160 年（或说 140 余年）间在河西走廊先后或同时建立的五个地方性政权：安定乌氏人张轨（或说张寔）建立的前凉（301/317—376，都姑臧），略阳氐人吕光建立的后凉（386—403，都姑臧），河西鲜卑人秃发乌孤建立的南凉（397—414，都乐都），京兆人段业、临松卢水胡人沮渠蒙逊建立的北凉（397—439 或 460，都张掖、姑臧），陇西成纪人李暠建立的西凉（400—421，都敦煌、酒泉）。

西晋立国，承汉末以来政治、风俗之弊，涉乱世之末，"百端待理"；但晋武帝以"仅足守成之才，而当开创之世"，[①]在位二十五年，遗留不少政治隐患。惠帝即位后，后宫皇室政争激烈，手握军权的宗室诸侯王相继发动的八王之乱导致持续十六年的内战；内徙和附塞的匈奴、羌、氐、鲜卑等少数族群积怨思叛。西晋的政局和社会情境，危如累卵。惠帝永宁元年（301），安定乌氏（今甘肃平凉）人张轨（255—314）出任护羌校尉、凉州刺史，开启了河西的五凉时代。

河西走廊位处中原连接西域的重要通道，自汉武帝起陆续设置酒泉、武威、张掖、敦煌、金城诸郡，与陇右诸郡，并属凉州。东汉献帝建安十八年（213）曾并凉州入雍州，魏文帝黄初元年（220），分雍州的河西八郡（金城、武威、张掖、酒泉、敦煌、西海、西平、西郡），复置凉州，治姑臧（今甘肃武威）。

---

[*] 本文是国家社科基金重大项目"纬书文献的综合整理与研究"（项目编号：20&ZD226）的阶段性成果。

① 吕思勉：《两晋南北朝史》，上海古籍出版社，2005 年，第 10 页。

姑臧从此成为河西地区的政治中心。西晋惠帝时又增置狄道郡。辖境约相当于今甘肃西部、青海东部、新疆东部、宁夏西部、内蒙古西部。

河西走廊在秦至西汉初本是月氏、匈奴等族群生活、游牧的场域。西汉朝廷大规模屯田,"徙民实边",内地汉人大批移居开发,发展农牧业,生态环境逐渐改变,当地的政治、社会、经济结构和文化习俗也发生了巨大变化。新莽后期,中原动荡,割据陇右、河西的隗嚣、窦融,皆出身豪族,倾心学术,善待士人。不少文士学者到凉州避难。① 整个两汉时期,凉州地区的经济和文化建设成果丰硕,"西州"大族著姓茁壮成长。但毕竟地处边陲,开发较晚,多族群杂居,战事频繁,民风尚武。东汉"羌患"严重,社会生产和安定大受影响。东汉末年,河西经济曾遭到极大破坏,人口死亡或流徙严重。魏文帝始高度重视河西经济和社会秩序的恢复。前后数任凉州刺史和郡太守,如张既、徐邈、苏则、仓慈、毌丘兴、范粲、范茂等,兴修水利、鼓励农耕、招徕流民、兴办官学、安抚羌胡、保护商旅,都称得上"国之良吏"。至明帝世,已出现"家家丰足,仓库盈溢"的局面。② 但西晋凉州乱势复炽。武帝泰始(265—274)年间,羌胡、鲜卑屡"叛",秦州刺史胡烈,凉州刺史牵弘、杨欣等先后战死。惠帝元康九年(299),贾后诬陷愍怀太子司马遹"谋反",废黜太子,"大难旋作,边务更无人措意矣"。③ 时任散骑常侍、征西军司,出身安定士族、熟知河西局势的张轨"求为凉州",其实可以算是临危受命了。

一、谶言、谶谣与前凉

1."张氏霸凉"

这是传统史学书写中,与前凉肇基关系最密切的一则谶言。东晋史学家王隐,生活年代稍晚于张轨,所撰《晋书》卷二和卷七记载,东汉末年的博士侯瑾,敦煌人,"善内学(纬学)",曾向弟子预言:"凉州城西有泉水当竭,当

---

① 　如东汉建武间,武威太守任延"造立校官,自掾史子孙,皆令诣学受业,复其徭役。章句既通,悉显拔荣进之。郡遂有儒雅之士"(《后汉书·循吏·任延传》)。
② 　参阅陆庆夫《曹魏时期河西经济恢复原因浅析》,《甘肃社会科学》1985 年第 4 期,第63—67 页;周振鹤《中国历史文化区域研究》,复旦大学出版社,1997 年,第 252 页。
③ 　吕思勉:《两晋南北朝史》,第 18—21 页。

有双阙起其上,与东门相望,中有霸者出焉。"至曹魏嘉平年间(249—254),当时的武威太守条茂"起学舍筑阙于此泉,太守填水造起门楼,与学阙相望"①。"泉水竭、双阙起"一语成谶,"霸者出"凉州自然也成为一则谶言。而据《晋书·张轨传》,前凉奠基人张轨"以晋室多难,阴图保据河西,追窦融故事"。采取行动之前,先卜卦,得《泰》之《观》。张轨大喜,说这是"霸者之兆",于是求为凉州刺史。② 当时的秘书监缪世征、少府挚虞夜观星象,也认可:"天下方乱,避难之国唯凉土耳。张凉州德量不恒,殆其人乎!"③

凉州出"霸者"谶言,与东汉末年刘焉选择益州安身立命的故事,异曲同工。东汉灵帝末年,"政治衰缺,王室多故",略有见识的统治集团成员纷纷寻求远离皇朝中心、出牧边远州郡的机会。宗室刘焉于是上言朝廷,"选清名重臣以为牧伯,镇安方夏",私下谋求为交阯牧。"议未即行,侍中广汉董扶私谓焉曰:'京师将乱,益州分野有天子气。'焉闻扶言,意更在益州。"不久得遂所愿,出为监军使者、领益州牧。④

董扶是巴蜀谶纬大师杨厚的亲传弟子,灵帝时"拜侍中。在朝称为儒宗,甚见器重"。但董扶对灵帝政权缺乏信心,"求为蜀郡属国都尉。扶出一岁而灵帝崩,天下大乱"⑤。可知他具备明智的政治洞察力。刘焉身为宗室,"闻董扶之辞则心存益土","遽造舆服,图窃神器",固然有顺势操作之嫌,但也反映出董扶谶言对刘焉政治生涯选择的影响力。

张轨号称"汉常山景王耳十七代孙也。家世孝廉,以儒学显"⑥。又"颇识天文"⑦。曾师事西晋大儒皇甫谧,亦与中书监张华有过交往,对东汉魏晋中原政治文化中论证政权正当性的谶纬论述颇为熟悉。而身为邻近河西的安定士族,他对河西诸郡的历史和现状、政治和族群势力分布的复杂性也了若指掌,预见当时的凉州是充满风险与机遇的家族安身之地。张轨出任护

---

① 汤球:《九家旧晋书辑本》,《丛书集成初编》,商务印书馆,1936年,第213、325页。

② 汤球辑:《十六国春秋辑补》卷六七《前凉录一·张轨》,第481页。

③ 《晋书》卷八六《张轨传》,中华书局,1974年,第2222页。

④ 《三国志》卷三一《蜀书·刘焉传》,中华书局,1971年,第865页。

⑤ 同上书,第866页。

⑥ 《晋书》卷八六《张轨传》,第2221页。

⑦ 《魏书》卷九九《私署凉州牧张寔传》,中华书局,1974年,第2193页。

羌校尉、凉州刺史后,精心经营凉州,笼络索氏、李氏、曹氏、张氏、阎氏等西州著姓,"内抚遗黎,外攘逋寇"①,"霸者出凉州"谶言应验,"张氏霸凉"的政治局面成形。自张轨刺凉至东晋太武帝太元元年(376)末代凉王张天锡降前秦,张氏政权割据凉州达五世九主、76 年,在十六国中享国最久。其第四、五代统治者张骏、张重华父子在位期间,境内分置凉、沙、河三州,其疆域"尝南逾河、湟,东至秦、陇,西包葱岭,北暨居延"②。

前凉时期,"张氏霸凉"并不只是张轨家族自说自话的舆论导向,也是在凉州地区传播甚广、信者颇众的谶言。东晋怀帝永嘉二年(308),张轨患中风不能说话,命次子张茂代行州事。凉州晋昌郡大族张越,③时任梁州刺史,却以"谶言'张氏霸凉',自以才力应之",志在凉州,"遂托病归河西,阴图代轨",联合其兄酒泉太守张镇、西平太守曹袪等传檄郡县,图谋废黜张轨,取而代之。张轨长子张寔在凉州高层官吏和多数大族的支持下,平定了张越之乱。④ 而张越以"张氏霸凉"谶言为其推翻张轨的舆论先导和心理依托,说明前凉初期该谶言尚未被视作专为张轨家族量身打造的政治符号。

冯培红在《敦煌大族与五凉王国》一文中对"张氏霸凉"谶言有精彩的论述。他认为,"张氏霸凉"很可能是 301 年张轨出刺凉州之前就已经制造出来的谶言,是为安定张氏统治凉州作舆论准备。然而,仅言"张氏霸凉",并不足以当作张轨称霸凉州的唯一根据。因为河西地区自汉代以来就有著名的敦煌张氏,其声望与影响要比从陇右徙入的安定张氏大得多。因此,"张氏霸凉"这一谶言的出现,虽然为安定张氏割据凉州创造了舆论条件,但同时也为敦煌张氏与安定张氏争夺凉州统治权埋下了伏笔。⑤ 谶言和谶谣的特点是"诡为隐语,欲决吉凶",以模糊、暧昧的表述,预留诠释、验证和利用的空间。新莽末年流行的"刘氏应王"和西晋以来广泛流传的"李弘当王"谶

---

① 《晋书》卷八六《张轨传》,第 2253 页。
② (清) 顾祖禹撰,贺次君、施和金点校:《读史方舆纪要》卷三,中华书局,2005 年。
③ 晋昌郡是西晋惠帝元康五年(295)主要从敦煌郡中分出来的,晋昌张氏即汉代敦煌郡渊泉县张氏,实为原敦煌张氏。见冯培红《汉晋敦煌大族略论》,《敦煌学辑刊》2005 年第 2 期,第 100—116 页。
④ 《晋书》卷八六《张轨传》,第 2223—2224 页。
⑤ 冯培红:《敦煌大族与五凉王国》,载《敦煌学与五凉史论稿》,浙江大学出版社,2017 年。

言,就是典型。即使张轨家族有创制"张氏霸凉"谶言的动机与可能,但谶言一旦公开流传,则姓张者皆有可能对号入座,非原创者可以垄断专利。

2. 石文图谶"初祚天下,西方安万年"

西晋永嘉年间(307—313),匈奴汉赵政权屡发"胡骑"攻破洛阳、长安,两俘晋帝。张轨恪守臣节,遣使贡献大量凉州良马、毯布,又派北宫纯、张纂、马鲂、阴浚等率州军协防洛阳,屡挫刘曜、王弥等,成为西晋末年朝廷的重要助力。但值此西晋命若悬丝之际,"张掖临松山石有'金马'字,磨灭粗可识,而'张'字分明,又有文曰:'初祚天下,西方安万年。'姑臧又有玄石,白点成二十八宿。"①

符瑞,或祥瑞,即被视为吉祥的自然现象,是汉儒天人感应和谶纬君权天授论述的重要符号意象,也是当时社会、政治文化中的流行话语。皇权更迭、五运转移之际,甚至贵人降生之刻,往往伴随有多种"符瑞",时人视为启示天意的征兆。石头有纹理,有些石纹酷似文字、图画。这些出自大自然鬼斧神工的意象,古人往往视之为天启信息。②

张掖地区的灵异石纹,魏晋之际开始见诸史籍。笔者在《东汉魏晋十六国凉州地区谶纬学述略》一文中已有较详细的介绍,此不赘。这里需要强调的是,张掖石纹图谶的内容是"与时俱进"的。如《三国志》裴松之注引《魏氏春秋》言魏明帝青龙三年(235):

> 是岁张掖郡删丹县金山玄川溢涌,宝石负图,状象灵龟,广一丈六尺,长一丈七尺一寸,围五丈八寸,立于川西。有石马七,其一仙人骑之,其一羁绊,其五有形而不善成。有玉匣关盖于前,上有玉字,玉玦二,璜一。麒麟在东,凤鸟在南,白虎在西,牺牛在北,马自中布列四面,色皆苍白。其南有五字,曰"上上三天王";又曰"述大金,大讨曹,金但取之,金立中,大金马一匹在中,大吉开寿,此马甲寅述水"。凡"中"字六,"金"字十;又有若八卦及列宿孛彗之象焉。③

又有马形奇石上出现"大讨曹""金当取之"谶文,显然是"魏、晋代兴之

---

① 《晋书》卷八六《张轨传》,第 2223 页。
② 参阅拙著《汉代的谣言》,浙江大学出版社,2011 年,第 127—130 页。
③ 《三国志》卷三《魏书·明帝纪》,第 106 页。

符"。干宝《搜神记》所记两晋版本：

> 初，汉元、成之世，先识之士有言曰："魏年有和，当有开石于西三千馀里，系五马，文曰'大讨曹'。"及魏之初兴也，张掖之柳谷，有开石焉，始见于建安，形成于黄初，文备于太和，周围七寻，中高一仞，苍质素章，龙马、麟鹿、凤皇、仙人之象，粲然咸著，此一事者，魏、晋代兴之符也。

> 至晋泰始三年，张掖太守焦胜上言："以留郡本国图校今石文，文字多少不同，谨具图上。"按其文有五马象，其一有人平上帻，执戟而乘之，其一有若马形而不成，其字有"金"，有"中"，有"大司马"，有"王"，有"大吉"，有"正"，有"开寿"，其一成行，曰"金当取之"。①

《晋书·张轨传》之"'张'字分明，又有文曰:'初祚天下，西方安万年'"，应该是第三个版本。北魏太平真君五年(444)二月，张掖郡上报丘池县大柳谷山石纹图谶，预言前凉、后秦政权的命运，是第四个版本。

张掖奇石，当时也被称为"玄石"。所谓姑臧玄石，应该就是在武威地区发现的奇石。《张轨传》版本的奇石谶文，很可能是张轨刺凉之后，经有心人解读出来的内容，以利于论证安定张氏割据凉州的正当性。

3. "公头坠地而不觉"

张轨死后，其长子张寔继位，割据凉州。《魏书·张寔传》："于时天下丧乱，秦雍之民死十八九，唯凉州独全。寔自恃众强，转为骄恣。平文皇帝四年，寔为左右阎沙等所杀。先是谣曰：'蛇利炮，蛇利炮，公头坠地而不觉。'"②

前凉第二任君主张寔执政凉州期间，有流人京兆刘弘，③挟左道以惑百姓，受道者千余人。张寔的部属中，也颇有事之者，帐下阎沙、牙门赵仰，都是刘弘的同乡。刘弘煽惑阎沙、赵仰说："天与我神玺，应王凉州。"这显然是

---

① 干宝撰、汪绍楹点校：《搜神记》，中华书局，1979 年，第 93 页。
② 《魏书》卷九九《私署凉州牧张寔传》，第 2194 页。
③ 魏晋南北朝至隋，"李弘应王"谶言流行。各地民间武装抗争的主事者一再借用李弘、李洪、刘弘之名，甚至改姓名以应谶。参阅拙作《谶纬与十六国北朝的政治与社会》。

谶言"李(刘)弘应王"的变奏。阎沙、赵仰深信其言,刺杀张寔。① 时为东晋愍帝建兴八年(320),张寔子张骏年幼,遂由其弟张茂摄事。张茂杀伐果决,"能断大事",诛杀参与刺杀的阎沙及其党羽数百人。

4."手莫头,图凉州"

前凉政权虽然竭力笼络西州大族,但也难免与一些本土大族发生利益冲突。以上讨论的晋昌张氏,就是敦煌著姓。张寔与武威贾氏联姻,而贾氏与晋昌张氏一样,也是当地的"头等甲族"。② 张寔的妻弟贾摹,势倾西土。当时凉州地区流传一首谶谣:"手莫头,图凉州。"这是一首字谜谶谣,"手莫头"可以诠释为"摹"字。张茂对贾摹甚为忌惮,借谶谣为由头,"诱而杀之。于是豪右屏迹,威行凉州"③。

冯培红引述《十六国春秋·前凉录》,指出这次事件中,敦煌张氏也站在武威贾氏一边:敦煌郡主簿张宅梦见走马上山,绕舍三周,但见松柏,不知门处;索统为之解梦,称后三年必有大祸,"宅果与贾摹等谋反伏诛"。可知张茂执政时,敦煌张氏仍在蓄谋反抗,并与武威贾摹实行联手,反映了河西大族与前凉张氏的持续较量。④

5."鸿从南来雀不惊"与"张儿食之口正披"

张茂死后无子,由张寔之子张骏继位。张骏治凉二十余年,"有计略,于是厉操改节,勤修庶政,总御文武,咸得其用,远近嘉咏,号曰积贤君。自轨据凉州,属天下之乱,所在征伐,军无宁岁。至骏,境内渐平。又使其将杨宣率众越流沙,伐龟兹、鄯善,于是西域并降。鄯善王元孟献女,号曰美人,立宾遐观以处之。焉耆前部、于阗王并遣使贡方物。得玉玺于河,其文曰'执万国,建无极'"⑤。在当时的政治文化中,"得玉玺于河"是一种符瑞,玺文则是一则谶言,预言前凉的强盛。

---

① 《晋书》卷八六《张轨传》,第2230页。
② 冯培红:《敦煌大族与五凉王国》,载《敦煌学与五凉史论稿》,浙江大学出版社,2017年。
③ 《晋书》卷八六《张轨传》,第2232页。
④ 冯培红:《敦煌大族与五凉王国》,载《敦煌学与五凉史论稿》,浙江大学出版社,2017年。
⑤ 《晋书》卷八六《张轨传》,第2237页。

据说张骏即位之初,姑臧一带流传民谣:"鸿从南来雀不惊,谁谓孤雏尾翅生,高举六翮凤皇鸣。"①不久"陇西人辛晏以枹罕降之,骏遂有河南之地,至于狄道,与石勒分境"②。时人认为这是一首谶谣,预言张骏收复河南之地,至此应验。

张骏在位期间,曾多次击败前赵刘曜、后赵石虎的军事攻击。《魏书》记载,当时姑臧及诸郡国儿童皆歌谣曰:"刘新妇簸米,石新妇炊殺,羝荡涤,簸张儿,张儿食之口正披。"③刘新妇、石新妇自是影射刘曜、石虎,"羝"指氐秦,"张儿"指张骏,似乎隐喻刘曜、石虎、苻坚争相做米做菜喂食张骏,实则暗示当时周边各地对凉州的垂涎用兵。④ 但《魏书》撰者以为这是一首谶谣,"谓刘曜、石虎并伐凉州不克,至坚而(张天锡)降之也"⑤。

6. "军出不复还"

张骏、张重华父子统治时,前凉达于极盛。353 年,张重华死,其太子张曜灵嗣位为前凉第六位君主,但其伯父、张骏庶长子张祚随即废黜张曜灵,自称大都督、大将军、凉州牧、凉公。

张祚因为得位的正当性颇受争议,焦虑心理无解,执政期间对灵异图谶特别敏感。"有神降,自称'玄冥',与人交语,祚日夜祈之,神言与其福利,祚信焉。"⑥

355 年,张祚派部将易揣、张玲率大军攻击镇守枹罕的同族张瓘,又派张掖太守索孚去取代张瓘镇守枹罕。当时有张掖人王鸾颇知神道,预言:"军出不复还,凉国将有不利矣。"张祚大怒,"以鸾妖言沮众,斩之以徇,三军乃发"。王鸾临刑时再作预言:"我死不二十日,军必败。"张祚虽杀王鸾,却内心不安。"时有神降于玄武殿,自称玄冥,与人交语。祚日夜祈之,神言与之福利,祚甚信之。"结果易揣、张玲和索孚都被张瓘击

① 《晋书》卷八六《张轨传》,第 2234 页。
② 《魏书》卷九九《私署凉州牧张寔传附张骏传》,第 2194 页。
③ 同上书,第 2198 页。
④ 毕晓琼:《五凉时期凉州歌谣研究》,《吉林广播电视大学学术论坛学报》2017 年第 12 期,第 156—158 页。
⑤ 《魏书》卷九九《私署凉州牧张寔传附张骏传》,第 2198 页。
⑥ 同上书,第 2196 页。

败。张瓘军乘胜追击,敦煌大姓宋混等聚众内应。"祚既失众心,莫有斗志,于是被杀。"①

7. "张氏应衰,卫氏当兴"

前凉自张祚谋篡,宫廷政变和王室内斗频繁,社会矛盾也愈益尖锐,危机四伏。张祚死后,张瓘兄弟拥立张重华少子、张曜灵之弟张玄靓(《魏书》作"靖")即位。陇西人李俨诛大姓彭姚,自立于陇右,奉东晋年号。西平人卫缲又据郡叛。

张瓘谋划征讨卫缲,但以其兄张珪"在缲中为疑";而"缲亦以弟在瓘中",彼此投鼠忌器,经年不相伐。西平郡有一位懂星占谶纬的"高人"郭勋,为卫缲作"谶":"张氏应衰,卫氏当兴,岂得以一弟而灭一门,宜速伐瓘。"②卫缲很愿意相信,张瓘却先下手为强,大败卫缲。

8. "灭宋者,田土子"

张瓘以拥立之功为尚书令、凉州牧秉政。"瓘兄弟强盛,负其勋力,有篡立之谋","谋诛诸宋,废玄靖自立"。③ 于是尚书仆射、辅国将军"宋混与弟澄共讨瓘,尽夷其属"④。宋混为骠骑大将军、尚书令。宋混病死后,其弟宋澄辅政。

时值大旱,宋澄欲登带石山祈雨。他的弟弟告诫说:"世人云登此山者破家身亡。"澄不信,策马登山,马倒伤足。又有御史房屋柱自燃燋折,有人认为这是天启意象:"柱之为字也,左木右主,'宋'字含木,木燋,宋破而主存,灾之大也,宜防之。"又所乘马五匹,一夜中髭尾秃,人曰:"尾之为字也,尸下毛,毛去尸,绝灭之征。"这都是两晋南北朝时期常见的拆字谶。据说当时还有歌谣流传:"灭宋者,田土子。"不久,宋澄的部属司马、张瓘之弟张邕,起兵杀玄安,尽诛宋氏。⑤ 邕一名野,"田土子"谶于是应验。

---

① 《晋书》卷八六《张轨传》,第 2247—2248 页。
② 同上书,第 2248 页。
③ 《魏书》卷九九《私署凉州牧张寔传附张骏传》,第 2197 页。
④ 《晋书》卷八六《张轨传》,第 2249 页。
⑤ 《魏书》卷九九《私署凉州牧张寔传附张骏传》,第 2197—2198 页。

二、谶言、谶谣与后凉

后凉政权建立者吕光,略阳氐人。原为苻坚大将,战功卓著,受命率军降服西域。后前秦因淝水之战战败而瓦解,吕光回军击败前秦凉州刺史梁熙,入主凉州。盛时领有今甘肃河西走廊、青海河湟地区及新疆东部。东晋隆安元年(397)后凉军败于西秦,声威渐衰。其下属河西鲜卑大都督秃发乌孤自立为西平王,建立南凉政权。建康太守段业和张掖卢水胡人沮渠蒙逊合兵占据姑臧以西,建立北凉政权。后凉疆域自此支离破碎。

《晋书·吕光载记》记载了一些吕光的出生灵异和特异相貌,如"生于枋头,夜有神光之异,故以为名";"身长八尺四寸,目重瞳子,左肘有肉印";"左臂内脉起成字,文曰'巨霸'"。又有种种祥瑞:

> 营外夜有一黑物,大如断堤,摇动有头角,目光若电,及明而云雾四周,遂不复见。旦视其处,南北五里,东西三十余步,鳞甲隐地之所,昭然犹在。光笑曰:"黑龙也。"俄而云起西北,暴雨灭其迹。杜进言于光曰:"龙者神兽,人君利见之象。《易》曰:'见龙在田,德施普也。'斯诚明将军道合灵和,德符幽显。愿将军勉之,以成大庆。"光有喜色。
>
> 又进攻龟兹城,夜梦金象飞越城外。光曰:"此谓佛神去之,胡必亡矣。"①

这些意象都是谶纬论证受命帝王的常见符号,"金象"则涂抹上当时当地特有的佛教光彩。

386年,吕光得知苻坚被姚苌所杀,自称使持节、侍中、中外大都督、督陇右河西诸军事、大将军、凉州牧、酒泉公等,建年号为太安。太安三年八月,"甘露降逍遥园,白燕翔于酒泉,众燕成列而从之"②。又,"是时麟见金泽县,百兽从之,光以为己瑞",于是改元麟嘉,进号三河王。③ 他建都于姑臧后,还

---

① 《晋书》卷一二二《吕光载记》,第3055页。
② 汤球辑:《十六国春秋辑补》卷八一《后凉录一·吕光》,第571页。
③ 《晋书》卷一二二《吕光载记》,第3059页。

"曾以郭𪏩言谶,改昌松为东张掖郡"①。

1. "兄弟相灭百姓弊"

南齐祖冲之《述异记》:"吕光承康元年,有鬼叫于都街曰:'兄弟相灭百姓弊。'徼吏寻视之,则无所见。其年光死,子绍代立。五日,绍庶兄纂,杀绍自立。"②后凉龙飞四年(399)十二月,吕光病重,吕绍才干平平,但以嫡长子得立为太子,至此嗣位。吕光同时以庶长子吕纂为太尉,绍弟吕弘为司徒。据《晋书·吕光载记》,吕光临终前提醒吕绍:"吾终以后,使纂统六军,弘管朝政,汝恭己无为,委重二兄,庶可以济。若内相猜贰,衅起萧墙,则晋、赵之变旦夕至矣。"又语重心长地告诫吕纂、吕弘:"永业才非拨乱,直以正嫡有常,猥居元首。今外有强寇,人心未宁,汝兄弟缉穆,则贻厥万世。若内自相图,则祸不旋踵。"纂、弘泣曰:"不敢有二心。"然而吕绍嗣位五日,就被吕纂逼死。吕纂自立为天王。此后吕氏家族兄弟相残、朝纲混乱,百姓饥困,"兄弟相灭百姓弊"一语成谶。

2. "胡奴斫人头"

裴景仁《秦记》:

> 吕光破龟兹,始获鸠摩罗什。光死,子缵立,戏弄鸠摩罗什,或共棋博,及杀子,云:"斫胡奴头。"什曰:"不斫胡奴头,其胡奴斫人头。"后,缵弟越(当作超)字胡奴,果斫缵头。③

五凉佛教盛行,吕纂号天王,即用佛教转轮王之义。吕光西征,灭龟兹,将西域高僧鸠摩罗什带回凉州。鸠摩罗什居凉州十七年,备受后凉历代君主礼遇,吕隆尊其为国师。魏晋南北朝时期的高僧们,不少善作"佛谶",以迎合当时的政治和社会需求。《秦记》所记,是吕纂与鸠摩罗什之间的一则戏语,却准确预言了吕纂的政治命运:在位三年,被小字胡奴的堂弟吕超刺杀。

---

① 《晋书》卷一四《地理志上》,第434页。谶言具体内容不详。
② 《太平广记》卷三二一"吕光"条引。又见崔鸿《十六国春秋·后凉录》。承康年号,未见存世史籍著录。
③ 汤球:《三十国春秋辑本》,第53页。缵当作纂。吕超为吕纂堂弟。《晋书·吕纂载记》:"初,纂尝与鸠摩罗什棋,杀罗什子,曰:'斫胡奴头。'罗什曰:'不斫胡奴头,胡奴斫人头。'超小字胡奴,竟以杀纂。"

3. "代吕者王"

西平郡郭黁,少学《老》《易》,明天文星占,以占候神验著称凉州,善作谶言。

前凉张天锡末年,郭黁任职郡主簿。前秦凡有西伐动向,太守赵凝必使黁占筮。郭黁说:"若郡内二月十五日失囚者,东军当至,凉祚必终。"赵凝于是令属县警惕,杜绝失囚。"至十五日,鲜卑折掘送马于凝,凝怒其非骏,幽之内厩,鲜卑惧而夜遁。凝以告黁,黁曰:'是也。国家将亡,不可复振。'"

前秦统治凉州地区期间,长安当阳门震。凉州刺史梁熙问郭黁吉凶,郭黁预言:"为四夷之事也。当有外国二王来朝主上,一当反国,一死此城。"一年后,"鄯善及前部王朝于苻坚,西归,鄯善王死于姑臧"。

前秦亡国,吕光率西征军入主凉州,建立后凉政权,与陇西的西秦乞伏乾归争战互有胜负。有一次:

> 光将伐乞伏乾归,黁谏曰:"今太白未出,不宜行师,往必无功,终当覆败。"太史令贾曜以为必有秦陇之地。及克金城,光使曜诘黁,黁密谓光曰:"昨有流星东堕,当有伏尸死将,虽得此城,忧在不守。正月上旬,河冰将解,若不早渡,恐有大变。"后二日而败问至,光引军渡河讫,冰泮。时人服其神验。光以黁为散骑常侍、太常。①

郭黁不仅擅长占候,更对政局走势有精细的观察和敏锐的触觉。吕光龙飞二年(397),郭黁观察星象,发现"凉之分野将有大兵",又预见"主上老病,太子冲暗,纂等凶武,一旦不讳,必有难作",遂联手尚书仆射王详,发动政变。"百姓闻黁起兵,咸以圣人起事,事无不成,故相率从之如不及。"②可以想见郭黁占验在后凉民众中的影响力以及谶言、星占信仰之深入人心。就连吕纂的部属杨统,也游说他的从兄杨恒:"郭黁明善天文,起兵其当有以。京城之外非复朝廷之有,纂今还都,复何所补!统请除纂,勒兵推兄为盟主,西袭吕弘,据张掖以号令诸郡,亦千载一时也。"③

"黁以为代吕者王,乃推王乞基为主。后吕隆降姚兴,兴以王尚为凉州

---

① 《晋书》卷九五《艺术·郭黁传》,第2499页。
② 同上注。
③ 《晋书》卷一二二《吕光载记》,第3062页。

刺史,终如麘言。""代吕者王",应该是当时后凉地区流传的谶言。郭麘还曾预言"凉州谦光殿后当有索头鲜卑居之";"终于秃发傉檀、沮渠蒙逊迭据姑臧"。①

后面的故事载于《资治通鉴》:

> (吕)纂与西安太守石元良共击麘,大破之,乃得入姑臧。麘得光孙八人于东苑,及败而恚,悉投于锋上,枝分节解,饮其血以盟众,众皆掩目。

> 凉人张捷、宋生等招集戎、夏三千人,反于休屠城,与麘共推凉后将军杨轨为盟主。轨,略阳氏也。将军程肇谏曰:"卿弃龙头而从蛇尾,非计也。"轨不从,自称大将军、凉州牧、西平公。

> 纂击破麘将王斐于城西,麘兵势渐衰,遣使请救于秃发乌孤。②

郭麘战败后,投奔西秦乞伏乾归,授建忠将军、散骑常侍。西秦投降后秦后,姚兴任郭麘为太史令。但郭麘以谶言"灭姚者晋",携妻子逃往东晋,为追兵所杀。

三、谶言与南凉

南凉政权由河西鲜卑贵族秃发乌孤所建,初都乐都,后徙都西平,再迁回乐都,最后都姑臧。盛时领有今甘肃河西东部、青海北部。

秃发与拓跋是同一血缘氏族的两个鲜卑部落,汉魏之际,其先祖匹孤率部自塞北迁于河西,被称为河西鲜卑。"匹孤卒,子寿阗立。初,寿阗之在孕,母胡掖氏因寝而产于被中,鲜卑谓被为'秃发',因而氏焉。"③正如与其同血脉的拓跋部先祖有天女神话(《魏书·序纪》),秃发部也有带有谶纬色彩的先祖诞生神话:

> 后凉秃发乌孤七世祖寿阗之在孕也,母梦一老父被髪左衽,乘白马,谓曰:"尔夫虽西移,终当东归,至京,必生贵男,长为人主。"言终胎

---

① 《晋书》卷九五《艺术·郭麘传》,第2499页。
② 《资治通鉴》卷一〇九《晋纪三十一》,中华书局,1976年,第3457页。
③ 《晋书》卷一二六《秃发乌孤载记》,第3141页。

动而窹，后因寝，生寿阗被中，因以秃发为号，寿阗为名。①

四、谶言与北凉

397年，卢水胡首领沮渠蒙逊、沮渠男成等反叛后凉，拥立建康太守段业为使持节、大都督、龙骧大将军、凉州牧、建康公，其政权史称北凉。北凉疆域西起高昌，东至金城，南达西海（今青海），北抵居延。较之约略同时期的后凉、南凉、西凉，最为强盛。

段业，"京兆人也。博涉史传，有尺牍之才，为杜进记室，从征塞表。儒素长者，无他权略，威禁不行，群下擅命，尤信卜筮、谶记、巫觋、征祥"②。

四年后，沮渠蒙逊等杀段业，自任使持节、大都督、大将军、凉州牧、张掖公，改元永安。蒙逊虽是匈奴支脉卢水胡人，却重视儒学、优礼士人。他本人"博涉群史，颇晓天文"，对谶纬学颇熟悉，当时也有关于他的谶言流传："沮渠蒙逊，其先世为匈奴左沮渠，因以官为氏。少牧羊，卧息田畔，忽见沙门以手摩其头曰：'尔后当王，此土不久苦焉。'言终而灭。"③

永安三年（403），蒙逊接受后秦姚兴封授官爵镇西大将军、沙州刺史、西海侯，在攻打杨统前有地震异象，蒙逊以之为"百战百胜之象"：

> 时地震，山崩折木。太史令刘梁言于蒙逊曰："辛酉，金也。地动于金，金动刻木，大军东行无前之征。"时张掖城每有光色，蒙逊曰："王气将成，百战百胜之象也。"遂攻秃发西郡太守杨统于日勒。④

433年蒙逊死，其三子牧犍（字茂虔）继位，称河西王，改元永和。永和三年五月，亦出现了谶言：

> 西中郎将炖煌太守沮渠唐儿上言曰："十五日，有一老父见于郡城东门。投书，忽然不见。其书一纸，八字满之，文曰：'凉王三十年若七年'。"虔访于奉常张慎，曰："昔虢将亡，神降于莘。深愿陛下克念修政，

① 汤球：《三十国春秋辑本》，《丛书集成初编》，商务印书馆，1936年，第12页。
② 《晋书》卷一二九《沮渠蒙逊载记》，第3189页。
③ 汤球：《三十国春秋辑本》，《丛书集成初编》，商务印书馆，1936年，第12页。
④ 《晋书》卷一二九《沮渠蒙逊载记》，第3194页。

以副三十年之庆。若盘于游田,荒于酒色,臣恐七年将有大变。"虔
不悦。

　　七年正月,朝群臣于谦光殿。有狐在于东序,门首不见其入。左右
以告,禽之不获。二月,端门崩。①

谶言和狐异,皆预示北凉衰亡之兆。牧犍在位七年,北魏灭北凉。

五、谶言、谶谣与西凉

　　1. "君当位极人臣,李君有国土之分"

　　西凉政权创建者李暠(351—417),出身陇西大姓,"通涉经史,尤善文
义",显然也应通晓谶纬。年轻时曾与郭黁及其同母弟宋繇同宿,郭黁告诉
宋繇:"君当位极人臣,李君有国土之分,家有騧草马生白额驹,此其时也。"②
李暠自任大都督、大将军、凉公、领秦凉二州牧、护羌校尉,建立西凉政权后,
果然以宋繇为谋主,去世前又命宋繇为顾命大臣,辅佐世子李歆,将西凉军
国大事均托付宋繇。

　　2. "敦煌空虚,不是福地"

　　敦煌学者刘昞,长于史学和《易》学,隐居酒泉,西凉王李暠征为儒林祭
酒、从事中郎。"著《略记》百三十篇、八十四卷,《凉书》十卷,《敦煌实录》二
十卷,《方言》三卷,《靖恭堂铭》一卷,注《周易》《韩子》《人物志》《黄石公三
略》,并行于世",可惜多已亡佚。唐宋间类书,如《白帖》《太平御览》《太平广
记》等引述了一些《敦煌实录》佚文。从现存零星佚文看,《敦煌实录》叙述张
骏、李暠等五凉政权君主事迹时,颇多符瑞、灵异故事。③ 如:

　　　　晋安帝隆安元年,凉州牧李暠微服出城,逢虎道边,虎化为人,遥呼
　　暠为西凉君,暠因弯弧待之,又遥呼暠曰:"有事告汝,无疑也。"暠知其
　　异,投弓于地,人乃前曰:"敦煌空虚,不是福地,君之子孙王于西凉,不

---

①　汤球辑:《十六国春秋辑补》卷九七《北凉录三·沮渠茂虔》,第670—671页。
②　《晋书》卷八七《李暠传》,第2257页。
③　邢培顺、王明东:《刘昞与他的〈敦煌实录〉》,《古籍整理研究学刊》2017年第3期,第
　　3页。

如从酒泉。"言讫乃失。暠乃移都酒泉。①

3. "南风动，吹长木，胡桐椎，不中穀"

李暠去世，子李歆（字士业）嗣位，"用刑颇严，又缮筑不止"，屡与北凉交战。从事中郎张显上疏谏诤：

> 入岁已来，阴阳失序，屡有贼风暴雨，犯伤和气。今区域三分，势不久并，并兼之本，实在农战，怀远之略，事归宽简。而更繁刑峻法，宫室是务，人力凋残，百姓愁悴。致灾之咎，实此之由。②

当时敦煌、酒泉一带地震频发，陨星坠落，天色昏暗，狐上南门。主簿汜称上疏，引述种种天地异变与五凉政治的感应互动先例：

> 臣闻天之子爱人后，殷勤至矣。故政之不修，则垂灾谴以戒之。改者虽危必昌，宋景是也；其不改者，虽安必亡，虢公是也。元年三月癸卯，敦煌谦德堂陷；八月，效谷地烈；二年元日，昏雾四塞；四月，日赤无光，二旬乃复；十一月，狐上南门；今兹春夏地颇五震；六月，陨星于建康。臣虽学不稽古，敏谢仲舒，颇亦闻道于先师，且行年五十有九，请为殿下略言耳目之所闻见，不复能远论书传之事也。
>
> 乃者咸安之初，西平地烈，狐入谦光殿前，俄而秦师奄至，都城不守。梁熙既为凉州，借秦氏兵乱，规有全凉之地，外不抚百姓，内多聚敛，建元十九年姑臧南门崩，陨石于闲豫堂，二十年而吕光东反，子败于前，身戮于后。段业因群胡创乱，遂称制此方，三年之中，地震五十余所，既而先王龙兴瓜州，蒙逊杀之张掖。此皆目前之成事，亦殿下之所闻知。效谷，先王鸿渐之始，谦德，即尊之室，基陷地裂，大凶之征也。日者太阳之精，中国之象，赤而无光，中国将为胡夷之所陵灭。谚曰："野兽入家，主人将去。"今狐上南门，亦灾之大也。又狐者胡也，天意若曰将有胡人居于此城，南面而居者也。昔春秋之世，星陨于宋，襄公卒为楚所擒。地者至阴，胡夷之象，当静而动，反乱天常，天意若曰胡夷将

---

① （宋）李昉等撰：《太平御览》卷一六五引《敦煌实录》，《四部丛刊三编·子部·太平御览》第 6 册，上海书店出版社，2015 年影印本，第 194 页。
② 《晋书》卷八七《李暠传》，第 2268 页。

震动中国,中国若不修德,将有宋襄之祸。

　　臣蒙先朝布衣之眷,辄自同子弟之亲,是以不避忤上之诛,昧死而进愚款。愿殿下亲仁善邻,养威观衅,罢宫室之务,止游畋之娱。后宫嫔妃、诸夷子女,躬受分田,身劝蚕绩,以清俭素德为荣,息兹奢靡之费,百姓租税,专拟军国。虚衿下士,广招英隽,修秦氏之术,以强国富俗。待国有数年之积,庭盈文武之士,然后命韩白为前驱,纳子房之妙算,一鼓而姑臧可平,长驱可以饮马泾渭,方江面而争天下,岂蒙逊之足忧!不然,臣恐宗庙之危必不出纪。①

以上谏诤皆企图引谶纬灾异论述打动统治者,但未获李歆接纳。

　　420 年,歆闻沮渠蒙逊南伐南凉,率军往攻北凉都城张掖,途中为蒙逊所败。蒙逊杀李歆,进占酒泉。李歆未败之前,西凉传说种种异象和谶谣:

　　有大蛇从南门而入,至于恭德殿前;有双雉飞出宫内;通街大树上有乌鹊争巢,鹊为乌所杀。又有敦煌父老令狐炽梦白头公衣帢而谓炽曰:"南风动,吹长木,胡桐椎,不中毂。"言讫忽然不见。士业小字桐椎,至是而亡。②

余　论

　　陈苏镇在《春秋与汉道——两汉政治与政治文化》的"引言"中,综合国内外诸家论述,对"政治文化"作了一个简要的定义:

　　"政治文化"就是一个民族在特定时期和特定环境中形成的群体政治心态。这种心态构成政治生活的软环境,对人们的政治行为有制约作用,与政治演进、制度变迁等现象存在互动关系。相对而言,"政治学说"、"政治思想"、"政治哲学"等,属于学者或政治精英;"政治文化"则属于"群体"、"社会"或"民族",其中不仅包括"精英",也包括"大众"。政治思想要在被人们普遍理解和接受从而形成某种政治文化之后,才

---

① 《晋书》卷八七《李暠传》,第 2268—2270 页。
② 同上书,第 2270 页。

　　　　会对实际政治生活产生较大影响。①

　　这里所说的特定时期和特定环境,不仅是指现实社会、经济、政治活动的影响,也应该包括历史和传统的影响。

　　五凉时期的河西,特别在前凉前期,与同时的中原相比,算是比较安定、和平,统治者多崇儒重文,所以有相当数量的中原士人视河西凉州为避难乐土。但河西的政治势力版图相当复杂,特别是前凉张重华以后,河西各地域、族群、大族的博弈角力此起彼伏,周边势力(包括中原、陇右和鲜卑、氐、羌等族群)的觊觎、入侵持续不绝。前秦和北魏两度吞并河西。生活在河西的精英和大众,心理上难免前景难测的忧虑和面对战乱、资源贫乏的恐惧。

　　五凉王国,都是地区性的政权,政权的建立者,多属外来势力。如前凉奠基人张轨,本是西晋朝廷派驻凉州的刺史。他和他的继位者,纠结于奉晋正朔与割据自立之间,在名分大义上长期存有焦虑感。作为凉州近邻的安定乌氏望族入主凉州,张氏与凉州本土大族,在政治、经济资源的分配上自然也存在着微妙的关系。自张祚谋篡,宫廷政变和王室内斗频繁。深受苻坚器重的前秦氐族将领吕光,率西征大军,一记回马枪,击杀苻坚所置凉州刺史梁熙,建立后凉王国。吕光凭借氐族军力,强行压制凉州本土势力,但其王室内部政争激烈,外部相持敌对的周边政权则有羌姚氏后秦,鲜卑乞伏氏西秦,从后凉分裂出去的卢水胡沮渠氏北凉、鲜卑秃发氏南凉。北凉沮渠氏和南凉秃发氏迁入河西已久,算是本土势力,但对他们的统治对象(以汉族和非本族群体为主)而言,他们也是外来者。西凉李氏是从北凉叛出。所以,五凉诸政权乃至大多数君主,都面临统治合法性建构的议题。

　　相对弱势的地方性政权与中央政权或周边强势政权的和平相处之道,一般是奉后者正朔或名义上的依附关系。但在自己的统治区域内,也不能仅靠赤裸裸的暴力维持统治,即中国传统政治智慧所谓"马上得天下,安能马上治之?"(《史记·郦生陆贾列传》)现代政治学学者认为,被统治者的"同意"是政权合法性中非常重要的组成部分,只有当政府的权威被统治者所自愿认可,并能使其主动履行政治义务的时候,才能说一个政府具有了合法

---

① 　陈苏镇:《春秋与汉道——两汉政治与政治文化》,中华书局,2011年,第5—6页。

性。古今中外，论证统治合法性有多种途径和理论体系，而在五凉时期河西地区政治文化的软环境中，最能令本土精英和大众乃至少数族群"信服"的合法性论述，则是"天命攸归"和"天意所向"。天命和天意体现为"话语"形式之一，就是东汉以来在凉州汉人移民乃至少数族群中极为流行的天谴灾异意象和谶言、谶谣。[①]　这种源自中原的政治文化论述为五凉的统治者和被统治者都提供了一定的心理支撑。

在当时当地的政治文化语境中，天谴灾异意象和谶言、谶谣有助于一些政治人物扩大影响、争取人心，加强统治集团内部的凝聚力，如围绕"张氏霸凉"的一系列意象和谶语。这种政治意味浓厚的话语，一旦成形和传播，并广为接受，就可能成为施展魔法的工具，富有政治影响力。统治者如果熟练掌握这种语言符号，就是"绝对的政治大师"。[②]　张掖石文图谶"与时俱进"的不同版本就是操纵玩弄语言符号的佳例。但我们不能简单地将灾异意象、谶言、谶谣等理解为统治者欺骗民众、蛊惑人心的语言游戏。灾异意象、谶言、谶谣在中国的政治文化中，从来都是双刃剑。

鲁惟一曾指出，一个帝王为了维持自己的权力，必须证明兆象是自然正常运转的一部分。如果灾异发生，他就无权宣称自己是这个世界体系中名正言顺的统治者。他和他的臣属就会失去人们的信任。但如果能把灾异解释为上天的庇护，就能起到扶助君王的作用。[③]　在精英和民众的心目中，上天并不偏袒某一统治者或他的家族。"张氏霸凉"，不必一定应验于张轨家族。晋昌张氏的失败，是因为前凉更多的大族和民众选择信任张轨家族及其支持者对这则谶言的诠释。而他们的信任建基于他们自己的价值和利益判断。无论精英还是民众，都因不同的纽带（家族、宗族、婚姻、地域、族群、经历、资源配置、利益诉求、个人选择等等）联结成不同的群体，或称为"信任

---

① 笔者在《东汉魏晋十六国凉州地区谶纬学述略》（《凉州文化与丝绸之路国际学术研讨会论文集》，中国社会科学出版社，2019年，第307—341页）中已讨论相关历史文化现象，此不赘。

② ［美］林·亨特：《法国大革命中的政治、文化和阶级》，汪珍珠译，华东师范大学出版社，2011年。

③ ［英］鲁惟一：《宇宙·神谕与人论——中国古典信念》，郭净、孙澄译，辽宁教育出版社，1991年，第78页。

网络"。① 成功获得多数信任网络接受和支持,是谶言、谶谣得以应验的决定性条件。

笔者在《谶纬与十六国北朝的政治与社会》中曾分析十六国、北朝君主们对谶言的戒惧与迎合心态,指出石虎、苻坚、慕容垂、吕光等对谶言、谶谣之重视,已很难仅以利用、欺骗来解释。事实上,在当时的历史语境中,至少在相关史家论述所呈现的语境中,人们(包括非汉族首领)普遍相信,获大位者必有谶言图纬之支持。② 即使张掖石文图谶的前凉版本可能是伪冒产品,作伪之必要以及石文在当时政治斗争中所发挥的作用,也已显示出谶言在争取"当时人心理上"认同的特殊价值。而张轨及其支持者就算有作伪嫌疑,也不表示他们对于谶言未存信仰或敬畏之心。

五凉时期流传的谶言和谶谣,有诅咒型的,有预测型的,有拆字字谜型的,有"一语成谶"型的,等等。它们活跃于五凉的政治生活中,有时能发挥重大的政治影响力,或者成为事后的合理化诠释。拙著《汉代的谣言》第四章对谶言和谶谣的相关类型已有较详细的讨论。在此引述舒大清《对两则避世政治童谣的比较》中的精彩论述,作为结语:

> 童谣虽然是一种活动于民间的政治歌谣,却充当政治预谋的辅助角色,与正规谋士的方略有异曲同工之妙,共同服务于政治人物甚至于广大民众的政治选择。它总是关注当时第一政治或社会主题,是当时的舆论标志,拥有惊人的力量。因为承载着这样的功能,所以无论是远见的政治家、谋略过人的智士,还是隐沦于民间的左道之人,都要借力于它,以预言未来政治进程。其中既有神秘主义的非理性因素,也有基于现实常识的政治判断,而后者所占比例更大。③

---

① [美]查尔斯·蒂利:《信任与统治》,胡位钧译,上海人民出版社,2010年,第6、8页。
② 吉林大学古籍研究所编:《"1—6世纪中国北方边疆·民族·社会国际学术研讨会"论文集》,科学出版社,2008年,第253—298页。
③ 舒大清:《对两则避世政治童谣的比较》,《山西大同大学学报》2010年第6期,第42—46页。

"五凉文化"孕育下的敦煌学

刘进宝

浙江大学历史学系

古代敦煌被称为"华戎所交一都会",是中西文化交流的"咽喉"之地。作为古代中外文化交流、融合、汇聚窗口的敦煌,其本身就是中外文明交流的产物。

敦煌文化既是各种文明长期交流融汇的结晶,同时还展现了中华民族的文化精神、文化胸怀和文化自信。正是由于敦煌处于丝绸之路的要冲,长期持续的多元文化的交融荟萃,吸纳了不同地区、不同国家的文明精华,从而丰富了中华文化的内涵,催生了敦煌莫高窟和丰富多彩的敦煌文化。

从敦煌的历史可知,敦煌文化并不是西来的,而是在河西尤其是"五凉"文化的基础上,吸收了东西不同文化而形成的一种新的文化。在历史的长河中,敦煌始终以中华传统文化为根基,并不断吸纳、接受其他地域和民族的文明成果。

一

在魏晋南北朝民族矛盾、阶级矛盾尖锐的时期,河西地区由于偏处西北,远离中原,因而避免了"八王之乱""永嘉之乱"等灾难,保持了境内长期安定的环境,从而使大量避难百姓流亡到此。其实早在东汉初,孔奋因天下扰乱,想找一个安定富庶的地方侍奉老母,就选中了"独安"的河西;窦融则认为河西富庶,地势险要,是乱世"自守""遗种"之地,便选中了河西。东汉王朝建立后,光武帝刘秀对据有"河西完富,地接陇蜀"的窦融也很重视,特"授融为凉州牧"。自此,窦融及所控制的河西地区遂归附了东汉。

西晋末年,北方大乱,各民族统治者相继建立了自己的政权,敦煌先后归属前凉张氏（313—376）、前秦苻氏（376—387）、后凉吕氏（387—400）、西凉李氏（400—420）和北凉沮渠氏（421—442）等五个政权。

前凉政权占据敦煌后，出于经营西域的需要，张骏于公元 345 年将敦煌、晋昌、高昌等三郡，西域都护、戊己校尉、玉门大护军等三营合并为沙州，州治设在敦煌，任命杨宣为沙州刺史。前秦时期，为经营西域，便于 382 年派吕光进军龟兹。为了巩固后方基地敦煌，苻坚于 385 年将江汉、中原百姓 1.7 万余户迁到敦煌。同年，吕光率兵返回河西，随后建立了后凉。当 395 年后凉发生内乱时，武威、张掖等地的数千户百姓也逃到了敦煌和晋昌。

公元 400 年，李暠在敦煌自称冠军大将军、沙州刺史，建立了西凉，敦煌第一次成了割据政权的政治中心。公元 405 年，李暠为了全力对付东方的强敌北凉，决定迁都酒泉。与此同时，李暠还将苻坚时从江汉、中原迁来的民户，后凉内乱时从武威、张掖逃来的民户，都从敦煌迁到了酒泉。421 年，北凉沮渠蒙逊灭西凉。439 年，北魏拓跋焘攻克北凉都城姑臧，北凉灭亡。西凉李暠的孙子李宝便趁机返回，并派其弟李怀达为使向北魏投降。北魏就任命李怀达为敦煌太守，封李宝为镇西大将军，领护西戎校尉、沙州牧、敦煌公。444 年，李宝被北魏召往都城平城（今山西大同），北魏直接控制了河西。

北魏控制河西后，仍将敦煌作为经营西域的基地，并逐渐攻破了鄯善、焉耆和龟兹，使西域的大部分地区都为北魏所控制，丝绸之路再次打通，西域商人纷纷前来贸易。但好景不长，因此时柔然已日益强大，并与北魏争夺西域与河西。当柔然占领西域的一些地区后，敦煌便成了前沿阵地。对此，北魏政府中的一些官员于 474 年便动议放弃敦煌，把边界后撤到凉州。给事中韩秀坚持保卫敦煌，否则不但凉州难以设防，就是关中恐怕也难以安宁。韩秀的意见得到魏孝文帝的支持，敦煌不仅得以保全，而且还加强了敦煌镇的守备。

公元 524 年，孝明帝下令改镇为州，敦煌被改为瓜州。公元 534 年北魏分裂为东、西魏后，河西属西魏管辖。北周取代西魏后，继续在敦煌设置瓜州。尤其是建平公于义任瓜州刺史时（约 565—576），十分崇信佛教，开展了修窟造像的活动。正如武周圣历碑所记"复有刺史建平公、东阳王等各修一大窟，……乐僔、法良发其宗，建平、东阳弘其迹"。也正是在东阳王、建平公等敦煌地方长官的带动下,莫高窟的开窟造像之风才兴盛起来。

整个十六国时代,当北方处于混乱状态时,地处西北边陲的河西则"秩序安定,经济丰饶,既为中州人士避难之地,复是流民移徙之区,百余年间纷争扰攘固所不免,但较之河北、山东屡经大乱者,略胜一筹"①。因此,"中州避难来者日月相继"②。永嘉之乱时,京城士大夫认识到"天下方乱,避难之国唯凉土耳"。建兴之乱后,晋王司马保败亡,"其众散奔凉州者万余人"③。

正是由于汉晋时期河西的政治相对稳定,从而保证了经济的繁荣,创造了学术文化发展和繁荣的基本条件和土壤,涌现了不少著名的文人学士和能工巧匠。大量士庶的避居河西,使河西的文人学士大为增加,并对保留中原先进文化及推动河西文化的发展,产生了积极的影响。正如胡三省所说:"永嘉之乱,中州之人士避地河西,张氏礼而用之,子孙相承,衣冠不坠,故凉州号为多士。"④中原文人学士涌入河西,只是河西"多士"的一个原因。另外,随着汉代对河西的经营,河西地区尤其是凉州,文化有了较大发展,涌现了大量的文人学士。当安定世族张轨出牧凉州后,他采取保境安民、兴办文教、选拔人才的各种政策,为河西的地主阶级创造了保存和发展自己家族和家学的有利条件,从而吸引了不少的中州人士流向河西,这就给本来"多士"的凉州,扩大了"士"的范围。⑤

中国古代的学术传承,主要是家学和师承。河西的文人学士,多出自西州大姓,如安定张氏、陇西李氏、略阳郭氏、西平田氏、金城宗氏以及敦煌宋、阴、索、氾等。当中原动荡时,西州大姓在相对安定的河西一隅,"专心经籍",致力学术,既可以发展本地的学术文化,又能保存、继承固有的传统文化,正如陈寅恪所说:"刘(渊)石(勒)纷乱之时,中原之地悉为战区,独河西一隅自前凉张氏以后尚称治安,故其本土世家之学术既可以保存,外来避乱

① 　陈寅恪:《隋唐制度渊源略论稿》,上海古籍出版社,1982年,第26页。
② 　(唐)房玄龄等撰:《晋书》卷八六《张轨传》,中华书局,1974年,第2225页。
③ 　同上书,第2230页。
④ 　(宋)司马光编著:《资治通鉴》卷一二三"文帝元嘉十六年十二月"条胡注,中华书局,1956年,第3877页。
⑤ 　参阅武守志《五凉时期的河西儒学》,《西北史地》1987年第2期。

之儒英亦得就之传授,历时既久,其文化学术遂渐具地域性质。"①正是由于这个原因,再加上五凉统治者大都重视学术文化,遂使河西地区的文化事业在两汉以来的基础上得到了迅速发展,出现了繁荣兴盛的局面,并一跃而为北方文化中心。

二

河西地区具有典型性、代表性,在文化、教育上有重大影响的文士学人,大都出自敦煌。敦煌儒士在河西儒学中的地位和作用,揭示了敦煌文化的历史高度。陈垣曾经指出:"自汉以来,敦煌文化极盛,其地为西域与京洛出入必经之孔道,实中西文化交流之枢纽。"②可以说,没有汉魏以来敦煌文化的发展,便不可能孕育出像刘昞这样的儒学大师。而一些退隐或隐居的知识分子能够离开中原地区的物质文明,来到河西各地,固然有当时政治上的原因,但也说明当时的河西已具有了他们从事著述和讲学的物质条件。而这些都说明,汉晋文化传统在河西已打下了坚实而深厚的基础,五凉文化不仅继承了汉晋文化传统,并在此基础上不断发展,渐趋成熟。敦煌佛教艺术,正是在这种历史、文化基础上产生和发展的。

佛教是一个世界性的宗教,莫高窟就是在佛教东传过程中产生的,并将内容丰富的佛教文化完整地保存下来。十六国时期,当社会动荡时,佛教却得到了迅速发展。尤其是河西地区,佛教更为流行,并对南北朝佛教的广泛传播起了桥梁作用。正如《魏书·释老志》所说:"凉州自张轨后,世信佛教。敦煌地接西域,道俗交得其旧式,村坞相属,多有塔寺。太延中,凉州平,徙其国人于京邑,沙门佛事皆俱东,象教弥增矣。"③

河西地区佛教的兴盛,首先表现在译经方面。早在西晋时期,河西地区的佛经翻译就很负盛名,如竺法护世居敦煌,并组织了自己的译场,号称敦煌菩萨。据记载,太康五年(284),罽宾文士竺侯征若携《修行道地经》至敦

---

① 陈寅恪:《隋唐制度渊源略论稿》,上海古籍出版社,1982年,第19页。
② 陈垣:《跋西凉户籍残卷》,见沙知、孔祥星编《敦煌吐鲁番文书研究》,甘肃人民出版社,1984年。
③ 《魏书》卷一一四《释老志》,中华书局,1974年,第3032页。

煌,月支竺法护"究天竺语,又畅晋言,于此相值,共演之。其笔受者,菩萨弟子法乘、月支法宝"①;"太康五年十月十四日,菩萨沙门法护于敦煌从龟兹副使羌子侯得此梵书《不退转法轮经》,口敷晋言,授沙门法乘使流布,一切咸悉闻知"②。

昙无谶也是一个有名的翻译家。他曾由中印度去罽宾,辗转龟兹、鄯善到敦煌。北凉攻灭西凉后,昙无谶来到姑臧,沮渠蒙逊对他"接待甚厚"。昙无谶在敦煌时就熟悉了汉语,在姑臧又积极学习。在进行了充分的准备后,就开始了译经工作。在译经过程中,有道俗数百人参加,遇到的许多疑难问题,独有谶"临机释滞,清辩若流"③。再加上他的文字修养很好,故其翻译工作完成得十分出色。

河西地区佛教活动的兴盛,还表现在开窟建寺的活动十分活跃。河西地区现存的石窟寺之多,在全国是少有的。这些石窟寺虽没有兴盛于汉魏,但若追溯其建窟渊源,则大都产生于十六国时期。唐道宣在谈到凉州石窟开凿时说:"凉州石崖瑞相者,昔沮渠蒙逊以晋安帝隆安元年,据有凉土,……于州南百里,连崖绵亘,东西不测,就而斫窟,安设尊仪,或石或塑,千变万化,有礼敬者,惊眩心目。"④尤其是著名的敦煌莫高窟,也是在十六国时期开寺建窟的:"莫高窟者,厥初秦建元二年(366),有沙门乐僔,戒行清虚,执心恬静,尝杖锡林野,行止此山,忽见金光,状有千佛,遂架空凿岩,造窟一龛。"⑤从早期佛教在敦煌传播的历史看,僧人崇尚开寺建窟、静坐修禅,因此选择了鸣沙山下这片流水潆洄、草木葱郁的沙漠绿洲。由于它既远离闹市,又能得到人间烟火的供应,在这里凿窟修禅,的确是很理想的。

由以上讨论可知,包括莫高窟在内的河西各石窟,都是随着佛教的东传

① 《〈修行道地经〉翻译记》,(清)严可均辑:《全晋文》卷一六六,《全上古三代秦汉三国六朝文》第3册,中华书局,1958年,第2427页。
② 《出三藏记集》卷七《阿维越致遮经第十四》,中华书局,1995年,第274页。
③ (梁)释慧皎撰,汤用彤校注:《高僧传》卷二《译经中·昙无谶传》,中华书局,2007年,第77页。
④ (唐)道宣:《集神州三宝感通录》卷中《北凉河西王南崖素像缘十五》,见《大正藏》第五十二卷,佛陀教育基金会出版部,1990年,第417—418页。
⑤ 《李克让修莫高窟佛龛碑》,参阅李永宁《敦煌莫高窟碑文录及有关问题(一)》,《敦煌研究》试刊第一期,甘肃人民出版社,1982年,第58页。

而建造的,可以说其主题就是佛教艺术。作为敦煌学主要研究对象的敦煌石窟,自然也以宣传佛经为主,但也有许多非佛教的因素,如反映民众的生产生活、民族关系、中外文化交流等方面的内容。这些画面或内容,正是以"五凉文化"为基础的中国传统文化的反映。由此可知,敦煌佛教艺术,是中国固有的民族传统文化受外来宗教刺激下出现的新形态。因此,敦煌艺术的特点,就在于其地理条件的特殊,使它具有一些个性鲜明的差异,从而显示了我国民族传统文化的生命力和创造力。①

三

敦煌学的另一主体是敦煌文献,敦煌文献虽然以佛教文献为主,约占百分之九十以上,但也有一些世俗文献,反映了中国传统文化在敦煌的传播。

敦煌文献中,就有一些五凉时期的社会经济材料,从一个侧面反映了五凉时期河西,尤其是敦煌的社会生活。如西凉建都于敦煌,敦煌文献 S. 0113 号《西凉敦煌郡敦煌县西宕乡高昌里建初十二年(416)正月籍》,就是西凉政权在敦煌所实施经济政策和制度的反映,它虽然只保留了兵裴晟、散阴怀、兵裴保、散吕沾石、兵吕德年、大府吏隋嵩、散隋杨、散唐黄等八户的户籍,但从这八户户主前的称谓可知,当时西凉将民户分为兵、散、大府吏等类,同时还将每户的人口按年龄性别区分为丁男、次男、小男、女几种,反映了当时敦煌的地域和时代特色,这对于我们了解西凉政权的统治政策有很大的帮助。

另外,本件文书也是目前所知唯一的一件十六国时代的户籍写本,如果将其与同时期中原的赋役政策进行比较,可知它基本上是西晋户调式的延续,但在丁、次的年龄上又与《晋书·食货志》所记载的标准略有不同,即成丁年龄略大一些。这既反映了敦煌的地域特色,即与当时敦煌社会稳定、人口较多有关,又与中原王朝的政策有一定的关联,说明中华文化与政策有一定的普遍性。

北魏孝明帝时将敦煌改为瓜州。北魏分裂后,河西属西魏管辖。敦煌

---

① 参阅史苇湘《敦煌佛教艺术产生的历史依据》,《敦煌研究》1982 年试刊第一期,第 129—151 页。

文献 S. 0613 号《西魏大统十三年(547)瓜州效谷郡计帐》,就是西魏统治敦煌时期的计帐资料,它对当时敦煌所实施的受田标准、丁中年限、赋税数额等都有比较详细的记载,如田制就有应受田、已受田、未受田、足、未足、麻田、园、课田、不课田等;丁户有老、丁、女、贱、婢等;纳税量词有石、升、斗、斤、两、匹、丈、尺、围等,比较清晰地反映了当时敦煌的人口、土地、赋税等情况,对了解敦煌乃至河西的地域经济有很大的作用。同时,本件还是目前所知反映北朝均田赋役制度唯一的出土文书,而历史文献中对北朝实施均田制的记载比较简略,许多具体的细节无法获知,而通过对本件文书的研究,可以从一个侧面了解北朝田制及赋税制度的相关情况,解决一些长期悬而未解的问题。

这些当时、当地的留存文献,既是研究河西地域经济和文化的重要材料,又可以与史籍文献的记载进行对比分析,探讨全国政策的一致性。

敦煌文献中不仅有《西凉敦煌郡敦煌县西宕乡高昌里建初十二年(416)正月籍》、《西魏大统十三年(547)瓜州效谷郡计帐》这样的地域文献,还有许多中原的典制文献,如《永徽东宫诸府职员令残卷》(P. 4634、S. 1880、S. 3375、S. 11446)、P. 2819《开元公式令》、P. 3087 和 S. 4673《神龙散颁刑部格》、S. 1344《开元户部格》、北图周字 51 号《开元职方格》、P. 4978《开元兵部选格》、P. 4745《贞观吏部式》、P. 2507《开元水部式》、P. 2504《天宝令式表》等等,都是敦煌文献中所留存下来唐代令、格、式残卷,它使我们看到了唐代令、格、式的大致原貌,对研究唐代官制、法制及水利灌溉等,提供了第一手资料,可补一般文献史籍之不足。①

另如敦煌文献中的儒家典籍就有九类近 40 种,共有三种源流:前朝旧典,即唐以前流传到敦煌的典籍,其中就有从南朝传到敦煌的;唐代官书,即官方专门颁行的典籍,基本上是通过唐代官方流传到敦煌的典籍;外地新籍,即根据需要从外地引进的非官方典籍。通过对这些儒家典籍的分析、探讨可知,敦煌文献中的儒家典籍,既反映了南朝的主流文化,又反映了隋唐的主流文化。自东晋南渡以后,北朝都是少数民族建立的政权,南朝自认是

---

① 参阅王永兴《敦煌吐鲁番文书与唐史研究》,《文史知识》1985 年第 6 期,第 48—52 页。

华夏文化的正统。所谓南朝文化，就是代表当时中国的主流文化。"敦煌文化远与南朝主流文化衔接，近与隋唐主流文化接轨，既代表华夏文明，也反映了隋唐主流文化的'南朝化'。"①由此可知，敦煌文化并没有因地处西北边陲而与中华主流文化隔离。

就是以宣扬、讲解佛教图像为主的变文，也可能是中国传统文化的产物。因为西晋郭璞在注释司马相如《天子游猎赋》中的"蝼蛄蛄，辚虚距"时，已经使用了"变文"这一词语，即"距虚即蛄蛄，变文互言耳"②。郭璞所说的"变文"，是儒家注经时常用的方法之一，即用通俗的词语来解释难懂的词语。③ 另外，《毛诗注疏》曰："鱼潜在渊，或在于渚。《传》：良鱼在渊，小鱼在渚。《笺》云：此言鱼之性寒则逃于渊，温则见于渚，喻贤者世乱则隐，治平则出，在世君也。《正义》曰：毛以潜渊喻隐者，不云大鱼而云良鱼，以其喻善人，故变文称良也。"④李小荣先生认为，孔颖达在《正义》中指出毛亨传《诗》时，用"良鱼"替换"大鱼"，与郭璞"变文互言"的含义是一样的。

正是因为"变文"这一注经的语言形式早就出现了，可能影响到了汉魏六朝的杂赋，并转变为一种文学的形式。我们知道，中国雅文学的传统是汉赋、唐诗、宋词、元曲、明清小说，如果说变文的写作形式与赋有一定的关联，那出现的时间就比较早了。程毅中先生在1961年初完成的《关于变文的几点探索》一文，认为"变文"不一定就是受佛教影响而产生，可能也存在着中国传统源头，即受到古代的赋，尤其是杂赋的影响。"变文这种文学形式，主要是由汉语特点所规定的四六文和七言诗所构成的。""变文作为一种说唱文学，远可以从古代的赋找到来源。"认为敦煌写本《韩朋赋》《燕子赋》等"在演述故事上和变文是相同的，只是在形式上还保存着杂赋的格局"。如《燕子赋》"实际上就是一首五言诗"，《舜子至孝变文》"就是以六言为主的赋体"，《伍子胥变文》"基本上是四六文，中间又插入几首歌词"。通过对变文体裁和内容的分析可知，"变文是在我国民族固有的赋和诗歌骈文的基础上

① 王素：《敦煌儒典与隋唐主流文化——兼谈南朝主流文化的"南朝化"问题》，《故宫博物院学刊》2005年第1期，第131—140页。
② 《汉书》卷五七上《司马相如传》，中华书局，1964年，第2539、2540页。
③ 参阅李小荣《敦煌变文》，甘肃教育出版社，2013年，第47页。
④ 《文渊阁四库全书》第69册，第508页。此据李小荣《敦煌变文》，第47页。

演进而来的"。它"既有悠久深厚的历史基础,又有丰富多样的变化形式"。①

　　以上我们从五凉文化的角度探讨了产生敦煌学的基础与背景,而敦煌
学研究的对象是敦煌文献、敦煌石窟、敦煌史地和敦煌学理论。② 除了敦煌
学理论是在敦煌学产生后不断发展、完善外,五凉历史文化是敦煌学产生的
基础。正如赵俪生先生所说:"欲究敦煌之学,须先明敦煌之学之背景与基
础,即所谓'河西之学'者是。所谓'河西之学',包括四郡、五凉、三秦与一
夏,而以'五凉'为最根本。"③由于汉魏时期河西政治稳定、经济发展,才产生
了光辉灿烂的"五凉文化",正是在"五凉文化"的基础上,产生了敦煌石窟艺
术。敦煌文献中的世俗文献,既有五凉时期统治敦煌所留存下来的《西凉敦
煌郡敦煌县西宕乡高昌里建初十二年(416)正月籍》《西魏大统十三年(547)
瓜州效谷郡计帐》等地域文献,也有反映中国传统文化的典制文献和儒家经
典,说明地处西北边陲的敦煌,一直与中华主流文化有着密切的联系。
　　正由于敦煌处于丝绸之路的要冲,长期持续的多元文化的交融荟萃,吸
纳了不同地区、不同国家的文明精华,从而丰富了中华文化的内涵,催生了
敦煌莫高窟和丰富多彩的敦煌文化。在历史的长河中,敦煌始终以中华传
统文化为根基,并不断吸纳、接受其他地域和民族的文明成果。也就是说,
敦煌文化既传承着中华传统文化的精华,同时还吸收了古代印度文明、波斯
文明、希腊文明的优秀成果,从而成为举世瞩目、特色鲜明的地域文化。

───────────────

① 程毅中:《关于变文的几点探索》,《文学遗产增刊》第 10 辑(1963 年 7 月)。此据周绍
　 良、白化文编《敦煌变文论文录》,上海古籍出版社,1982 年,上册第 373—396 页。
② 参阅刘进宝《再论敦煌学的概念和研究对象》,《敦煌研究》2019 年第 5 期,第 13—
　 18 页。
③ 参阅赵俪生《张澍的生平及其著述——为敦煌学研究贡一脔》,《兰州大学学报》1980
　 年第 4 期,第 21—25 页。

凉州道人释慧常考述

姚潇鸫　王琴

上海师范大学人文学院

　　慧常,生活在东晋十六国时期的一位僧人,慧皎的《高僧传》中没有留下任何的记载。和他有关的资料散见在道安等人所撰写的一些经序、解经等作品中,这些资料因僧祐的《出三藏记集》而得以留存至今。从零星的记载可见,慧常是凉州名僧,与道安僧团、前凉张天锡时期的译经活动、凉州佛教向中原的传播等都有极密切的联系。但由于资料极少,就笔者所见,仅杜斗城等先生合撰的《河西佛教史》中,将慧常与另一位凉州僧人竺佛念一起,合为一节展开研究。① 由于论题所限,在慧常一生的经历,由凉州向中原传送佛经的情况,译经思想等方面,尚有深入的可能,因此笔者以慧常为题展开讨论,祈方家指正。

一、慧常经历蠡测

　　据道安《渐备经十住胡名并书叙》:

　　　　《渐备经》,以泰元元年十月三日达襄阳,亦是慧常等所送,与《光赞》俱来。顷南乡间人留写,故不与《光赞》俱至耳。《首楞严》《须赖》并皆与《渐备》俱至。凉州道人释慧常,岁在壬申,于内苑寺中写此经。以酉年因寄,至子年四月二十三日达襄阳。②

　　这段记载保存在萧梁僧祐编著的《出三藏记集》中。加下划线的部分,中华书局点校本中的断句为"《首楞严》《须赖》并皆与《渐备》俱至凉州。道

---

① 杜斗城等:《河西佛教史》,中国社会科学出版社,2009 年,第 31—36 页。

② (梁)僧祐撰,苏晋仁、萧炼子点校:《出三藏记集》卷九,中华书局,1995 年,第 333 页。

人释慧常，岁在壬申，于内苑寺中写此经"。点校本的断句有误，杨发鹏在其博士论文中有所发覆：

> 文中本意为《渐备经》《首楞严》《须赖》与《光赞》等经是从凉州一起送出，但《渐备》等经由于南乡人留写，比《光赞》晚到襄阳几个月，但《渐备》《首楞严》《须赖》三部经是一起送达襄阳的。《渐备经》《首楞严》《须赖》等经本来就在凉州，一起送到凉州还有何意义？①

其实，道安在这篇《书叙》中提及"元康七年十一月二十一日沙门法护，在长安市西寺中出《渐备经》"，"不知何以遂逸在凉州不行于世"。同时还提到："张天锡更出《首楞严》。"据《首楞严后记》，《须赖经》也是与《首楞严经》同时译出的。②

这里的元康七年应是西晋惠帝的年号，即公元 297 年，到张天锡译经，中间已隔了"数十年"，《渐备经》到底何时流传到凉州的，道安显然并不清楚。另外《渐备经》是由中原向凉州传播的，《首楞严》等因为是译经，所以经书应是西域向凉州传播的，两个不同的方向，又是如何俱至的？显然，点校本的断句并不符合道安的原意。

按照新的断句，慧常就应该是一位"凉州道人"，在杨发鹏之前，周健、杜斗城、尚永琪诸先生，亦都持此观点，称慧常为凉州名僧。③ 笔者亦认同这一点。

但同样是道安，在《合放光光赞略解序》中又提及：

> 《光赞（般若经）》护公执胡本，聂承远笔受，言准天竺，事不加饰。悉则悉矣，而辞质胜文也……斯经既残不具，并《放光（般若经）》寻出，大行华京，息心居士翕然传焉。中山支和上遣人于仓垣断绢写之，持还中山。中山王及众僧城南四十里幢幡迎经。其行世如是，是故《光赞》人无知者。昔在赵魏，迸得其第一品，知有兹经，而求之不得。至此，会

① 杨发鹏：《两晋南北朝时期河陇佛教地理研究》，巴蜀书社，2014 年，第 116 页。
② （梁）僧祐：《出三藏记集》卷九、卷七，第 332、271 页。
③ 周健：《论东晋前期南北佛教的交往》，《许昌师专学报》1995 年第 1 期，第 23 页。杜斗城等：《河西佛教史》，第 34 页。尚永琪：《释道安与中古时期学问僧的培养——以长安为中心的考察》，《湖北文理学院学报》2003 年第 6 期，第 17 页。

慧常、进行、慧辩等将如天竺,路经凉州,写而因焉。①

从"将如天竺,路经凉州"的记载可见,慧常等人是为了西行求法,才途经凉州的。且从上面的引文可知:在河北(赵魏)时,道安就曾获得过《光赞般若经》的第一品,因而知道有这部汉译佛经存在,但各处寻索而无所得。从"写而因焉"一句可见,慧常等人是知道道安寻找《光赞般若经》一事,为了实现其愿望,才在姑臧的内苑寺抄写一部,交人送往襄阳。慧常寄送的另一部经书——《渐备一切智德经》的情况,也与《光赞般若经》相似。

慧常在姑臧陆续寄出了多部经书,都是给远在襄阳的道安,目标是很明确的。另外,与慧常有关的记载基本都是道安留下的。可见,慧常与道安之间有着密切的联系,且他们最初的接触一定在道安抵达长安以前。因此,有学者指出:慧常为道安的弟子。② 是否为道安的弟子很难确准,但慧常是道安僧团的成员,这点应该是没有问题的。

道安一生中并未到过凉州,这点是没有疑问的。那凉州名僧慧常又是如何加入道安僧团的? 由于资料缺乏,笔者只能作一个合理的推测:慧常可能就出生在凉州,出家受具足戒后,努力修行,在当地声名鹊起,成为凉州名僧。后来可能因为仰慕佛图澄的盛名,前往河北,③因此结识了道安,并最终加入了道安的僧团。

《渐备经十住胡名并书叙》提及:道人释慧常,岁在壬申,于内苑寺中写此经,以酉年因寄,至子年四月二十三日达襄阳。壬申应为东晋简文帝咸安二年,公元372年;酉年则为东晋孝武帝宁康元年,公元373年。道安应襄阳名士习凿齿之邀请,于东晋兴宁三年(365)时抵达襄阳。据此,笔者推断,慧常等人,是在道安僧团抵达襄阳后,或因个人追求,或因道安的指派,开始踏上西行求法的漫漫征程。

慧常在凉州的驻锡地是内苑寺,据《历代三宝记》《大唐内典录》等文献

---

① (梁) 僧祐:《出三藏记集》卷七,第266页。

② 曹虹:《慧远评传》,南京大学出版社,2002年,第68页。

③ 据《高僧传》记载:"佛调、须菩提等数十名僧,皆出自天竺、康居,不远数万之路,足涉流沙,诣(佛图)澄受训。樊沔释道安,中山竺法雅并跨越关河,听澄讲说。"[(梁)慧皎著,汤用彤校注:《高僧传》卷九,中华书局,1992年,第356页]因而,当时从各地前往师从佛图澄的僧侣不在少数。

记载,魏晋时期凉州的姑臧确有一座内苑寺。① 从寺院的名称不难看出,这应是前凉境内地位最高的寺院。一位途经此地的僧人却被安排在此驻锡,足见对慧常的重视程度,这从一个侧面也反映了慧常在凉州地区原本就有较高的声望。在姑臧,慧常参与了一些译经的活动,还抄写了一些佛经交人送往襄阳道安处,具体情况详见下文。其后他是否继续西行求法?

对此,智昇在编撰《开元释教录》时指出,慧常"元不游于天竺"。

> 其《比丘尼戒》,《僧祐录》云:晋简文帝时,沙门僧纯于西域拘夷国得梵本。到关中,令佛念、昙摩侍、慧常共出。谨按长房等录,皆以慧常为其译主,与昙摩持、竺佛念共译。今以秦僧慧常元不游于天竺,常虽共出尼戒,执本乃是昙摩,佛念传译,常为笔受……常为助翻,昙摩为主故,入昙摩之录。慧常不别存焉。

是否有转胡为汉的能力,与到没到过印度本没有必然的联系,智昇也仅是臆测。此外汤用彤先生也认为:"慧常、进行、慧辩三人,约于晋太元元年(376)前,将如天竺,路经凉州……据《祐录》十一有慧常者在长安助译《比丘尼戒本》。事在太元四年(379)。如是一人,则常等或未至天竺而返也。"②应是认为其中的时间较短(3 年),因而推测并未至天竺。但汤先生错把经书送达襄阳的时间当作慧常等人到达凉州的时间,因而才会觉得时间短促。前文提及,慧常等人到达凉州的时间不会晚于 372 年(这一年,慧常参加了在姑臧进行的译经活动),寄送经书的时间是 373 年,从 373—379 年中间有近7 年,往来印度还是有充足时间的。

另外,据《开元释教录》引《四分序》:

> 壬辰之年,有晋国沙门支法领,西越流沙,远期天竺,路经于阗,会遇昙无德部体大乘三藏沙门佛陀耶舍。才艳博闻,明练经律,三藏方等,皆讽诵通利。即于其国,广集诸经于精舍。还以岁在戊申,始达秦国,秦主姚欣然即以其年请出律藏。时集持律沙门三百余人,于长安中

① (隋)费长房:《历代三宝记》卷九,《大正新修大藏经》(以下简称《大正藏》)第 49 册,财团法人佛陀教育基金会出版部,1990 年,第 84 页中。(唐)道宣:《大唐内典录》卷三,《大正藏》第 55 册,第 255 页下。
② 汤用彤:《汉魏两晋南北朝佛教史》(增订本),北京大学出版社,2011 年,第 210 页。

寺出,即以领弟子慧辩为译。其壬辰年即秦建初七年也,戊申岁即弘始十年也。①

按时间推算,传译六十卷《四分律》的慧辩应是与慧常同行前往天竺的三人之一,他既然能有翻译广律的能力,可见梵文的水平很高,可能与其到过印度求法有关。这也从一个侧面说明慧常等人还是到了中亚或印度,只是回归的记载没有保留下来。

慧常至迟在前秦建元十五年(379)春天的时候回到长安,因为这一年从夏天开始,他连续参加了多个由道安组织的译场,参与戒律的翻译,具体情况详见下文。379 年的译经活动也是现在所能见到和慧常有关的最晚的记载了。

二、慧常在凉州的活动

慧常大约于 372 年回到了凉州,在姑臧逗留期间,他主要做了两方面的事。其一是参与了佛经翻译的活动。

"前凉时期河西佛教一定是很兴盛的,可惜,关于前凉佛教的材料遗留下来的太少。"②智昇在编撰《开元释教录》时,前凉时期的译经只能举出 4 部,他不无遗憾地表示:"前凉之代,应更出经,后进遇之,幸续编附。"③目前存下记载的,前凉的译经活动仅有一次,发生在张天锡时期,慧常就参与其间。据《首楞严后记》:

> 咸安三年,岁在癸酉,凉州刺史张天锡在州出此《首楞严经》。于时有月支优婆塞支施仑手执胡本,支博综众经,于方等三昧特善,其志业大乘学也。出《首楞严》《须赖》《上金光首》《如幻三昧》,时在凉州,州内正听堂湛露轩下集。时译者龟兹王世子帛延善晋胡音。延博解群籍,内外兼综。受者常侍西海赵潚、会水令马亦、内侍来恭政,此三人皆是俊德,有心道德。时在坐沙门释慧常、释进行。凉州(张天锡)自属辞。

---

① (唐)智昇:《开元释教录》卷四,《大正藏》第 55 册,第 517 页上。
② 杜斗城等:《河西佛教史》,第 30 页。
③ (唐)智昇:《开元释教录》卷四,第 519 页中。

辞旨如本,不加文饰,饰近俗,质近道,文质兼唯圣有之耳。①

咸安是东晋简文帝的年号,但这个年号只用了 2 年。上引文字开头的"咸安三年"是否为一年或二年之误? 甘肃省博物馆馆藏的一件前凉时期的《法句经》写本上,也有"咸安三年十月二十日沙弥净明诵习《法句经》"的题记。② 可见,咸安三年的年号,在前凉确实被使用过。简文帝于咸安二年去世,继位的是孝武帝,并在第二年改元为宁康元年,查《二十史朔闰表》,宁康元年正是癸酉年。因此,此处的咸安三年应作宁康元年。之所以出现不该存在的咸安三年,很可能是因为东西交通的阻隔,东晋改元的消息尚未传到姑臧,对于当时奉东晋为正朔的前凉来说,也就自然向下延续了。

据上引的记载,此次译经由帛延善担任传译,即口译之人;赵潇、马亦、来恭政等三人担任笔受,即将口译出来的佛经用汉字记录下来。慧常与进行并未担任什么实际的工作,他们为什么在坐? 这与当时译经的特点有关。"盖古人之译经也,译出其文,即随讲其义",汉末魏初安世高译经时已采用这种方式。③ "翻译时,译讲同施,中土道俗得聆此方未闻之妙谛,故参预译场者恒数百人至数千人。"④因此,慧常应是当时众多听讲的僧人之一,可能是其凉州名僧的身份,才被记录了下来。

其二是向中原寄送佛经,此事在《渐备经十住胡名并书叙》中记载得颇为详细:

> 《渐备经》十住与《本业》《大品》异,说事委悉于《本业》《大品》,不知何以瞳于凉州。昔凉州诸道士释教道、竺法彦义,斯二道士,并皆博学,以经法为意,不知何以不集此经,又亦不闻其有所说……而帛法巨亦是博学道士,昔邺中亦与周旋,不知何以复不集此经,又不闻其言,博闻强记信难。有护公出《须赖经》,虽不见,恒闻彦说之。张天锡更出《首楞严》,故当应委于先者。

---

① （梁）僧祐:《出三藏记集》卷七,第 271 页。
② 杜斗城等:《河西佛教史》,第 29 页。
③ 汤用彤:《汉魏两晋南北朝佛教史》(增订本),第 208、43—44 页。
④ 曹仕邦:《论中国佛教译场之译经方式与程序》,张曼涛主编《现代佛教学术丛刊》第 38 册《佛典翻译史论》,大乘文化出版社,1978 年,第 195 页。

　　元康七年十一月二十一日,沙门法护在长安市西寺中出《渐备经》……穷此一生,冀有微补。《渐备经》恨不得上一卷,冀因缘冥中之助,忽复得之……护公出《光赞》,计在《放光》前九年,不九年当八年,不知何以遂逸在凉州,不行于世……此经梵本亦言于阗沙门祇多罗所赍来也,此同如慧常等凉州来疏,正似凉州出,未详其故。或乃护公在长安时,经未流宣,唯持至凉州,未能乃详审。泰元元年,岁在丙子,五月二十四日,此经达襄阳。释慧常以酉年,因此经寄互市人康儿,展转至长安。长安安法华遣人送至互市,互市人送达襄阳,付沙门释道安。襄阳时齐僧有三百人,使释僧显写送与杨州道人竺法汰。

　　《渐备经》以泰元元年十月三日达襄阳,亦是慧常等所送,与《光赞》俱来。顷南乡间人留写,故不与《光赞》俱至耳。《首楞严》《须赖》并皆与《渐备》俱至,凉州道人释慧常,岁在壬申,于内苑寺中写此经,以酉年因寄,至子年四月二十三日达襄阳。《首楞严经》事事多于先者。非但第一第二第九,此章最多,近三四百言许,于文句极有所益。《须赖经》亦复小多,能有佳处。云有《五百戒》,不知何以不至,此乃最急,四部不具,于大化有所阙。《般若经》乃以善男子善女人为教首,而成立行之本,百行之始,犹树之有根,常以为深恨。若有缘便尽访求之理,先梵本有至信,因之勿零落。①

　　这段文字记录了《渐备一切智德经》《光赞般若经》《首楞严经》《须赖经》以及《五百戒》由西北到东南的传播过程。其中的《五百戒》,道安并未收到。多年后,当与慧常在长安再聚时,道安总算看到了这本戒律。但是看后,道安觉得"直戒戒复之,似人之所作,其义浅近"②。其余4本经书又可分为两组,《光赞般若经》和《渐备一切智德经》为一组,翻译时间较早,但在中原已经失传;《首楞严经》和《须赖经》为一组,都是新译出的,据前文,慧常还参与了译场的活动。

　　般若类佛经是早期传入我国的大乘佛教经典,东汉支娄迦谶所译的十卷本《道行般若经》是目前能看到的最早的汉译般若类经典,其次有三国吴

---

① （梁）僧祐:《出三藏记集》卷九,第331—333页。
② （梁）僧祐:《出三藏记集》卷一一,第417页。

支谦所译六卷本《大明度经》,不过这两种译本都是小品般若。至于大品般若经,当以竺法护所译《光赞般若经》最早,此经于太康七年(286)译于长安。《光赞般若经》译出九年以后,又由无罗叉、竺叔兰在洛阳译出三十卷本《放光般若波罗蜜经》。以后又有后秦鸠摩罗什在长安译出四十卷本《摩诃般若波罗蜜经》。《般若经》在魏晋南北朝颇为盛行,并与同时期的玄学思想互相影响。

法护的《光赞般若经》是《大般若经》第二会之别译,"对大乘般若理论的阐述是较全面的,涉及'学般若波罗蜜'的目的、意义和'行般若波罗蜜'的内容、方法,并且对诸多修行作出了详细的规定,还涉及'般若波罗蜜'与诸多修行之间的关系及其内在的重要性"①。道安得到此经后,"寻之玩之,欣有所益"。道安把它与当时在中原地区流行的《放光般若经》两相对照,进行研究,并指出:《放光般若经》"言少事约,删削复重,事事显炳,焕然易观也",但"从约必有所遗于天竺辞及腾每大简焉"。而《光赞般若经》"其言准天竺,事不加饰。悉则悉矣,而辞质胜文也。每至事首,辄多不便,诸反复相明,又不显灼。考其所出,事事周密耳"。只有将两部经书结合起来,才能"互相补益,所悟实多"②。可见"《光赞般若经》反映了大乘般若学最主要的内容和宗旨,成为后期翻译者进一步阐释的基础,也为大乘般若学在中国的发展起到了重要的推动作用"③。因而,道安此后大力提倡研习《光赞般若经》,该经也得以广泛流传并保存至今。

《渐备一切智德经》,是《华严经·十地品》的异译本,竺法护于元康七年(297)在长安译出此经。它与后秦鸠摩罗什、佛陀耶舍所译《十住经》是同本异译。其内容为大乘菩萨修行过程中必须经历的十个阶段或阶位及在这十个阶段所应修习的教法,从发愿、持戒、修定直到修成无上智慧。其旨在阐述大乘菩萨之理想。当时,《十住经》尚未译出,与菩萨修行有关的经典主要是《本起经》和《般若经》(大品)。而《渐备经》中关于菩萨修行的阶段(十住)、阶位(位分)、众行(修行的方式)等,与当时主要流行的经典差异很大,

---

① 买小英:《竺法护〈光赞般若经〉解析》,郑炳林主编《佛教艺术与文化国际学术研讨会论文集》,三秦出版社,2009年,第232页。
② (梁) 僧祐:《出三藏记集》卷七,第265—266页。
③ 买小英:《竺法护〈光赞般若经〉解析》,第232页。

而且在具体内容的阐述上,也比流行的经典更为详细。这些更为详细的内容,对于大乘菩萨行的研习和推广,有着极为重要的作用,因此道安也曾极力地寻访此经。

慧常寄送的《首楞严经》和《须赖经》,在当时的中原也有其他译本在流传,在姑臧最新译出的《首楞严经》在内容上较其他译本增加了不少,文句的翻译上也更为准确。新译《须赖经》的内容也有一些增加,并有重要的内容首次被翻译出来。

综上可见,慧常寄送的这些经书,都是精心选择的。寄送到的4本经书,在内容上都对当时中原流行的经典有所补充,这4部经书的传入,对于推动般若学、楞严学的发展,对于大乘菩萨行的推广等,都有积极的作用。虽然《五百戒》并未送到,但道安认为"此乃最急",因为就当时的情况而言,作为僧尼规范的戒律的翻译已严重地滞后,影响到了佛教在中国的进一步发展。不只是道安,当时佛教界的有识之士都在关注戒律的翻译。慧常之所以寄出《五百戒》,也应当是出于相同的考虑。

三、慧常在长安的活动

除了前述在姑臧时亲临《首楞严经》等经书的译场外,见于记载的,慧常参与的译经活动都发生在长安,且都与戒律有关。

据道安所撰《比丘大戒序》:

> 至岁在鹑火,自襄阳至关右,见外国道人昙摩侍讽《阿毗昙》,于律持善。遂令凉州沙门佛念写其梵文,道贤为译,慧常笔受。经夏渐冬,其文乃讫。①

又据《高僧传》:

> 时符坚素闻(道)安名,每云:"襄阳有释道安是神器,方欲致之,以辅朕躬。"后遣符丕南攻襄阳,安与朱序俱获于坚,坚谓仆射权翼曰:"朕以十万之师取襄阳,唯得一人半。"翼曰:"谁耶?"坚曰:"安公一人,习凿

---

① (梁)僧祐:《出三藏记集》卷一一,第412页。

齿半人也。"既至,住长安五重寺,僧众数千,大弘法化。①

另据《晋书·苻坚载记》:

> 太元四年……苻丕陷襄阳,执南中郎将朱序,送于长安,坚署为度支尚书。②

据上述三段材料的记载,学者大都认为《比丘大戒》的翻译时间,应该在前秦建元十五年(东晋太元四年),即379年。但方广锠先生曾指出:

> 根据道安自己所撰的《比丘大戒序》记载,他是"至岁在鹑火,自襄阳至关右",并组织翻译了这部戒本。"鹑火"是我国古代岁星纪年"十二次"所用的术语。古人为了说明日月五星的运行与节气的变换,把黄道附近一周天按照由西向东的方向分为十二个等分,叫做十二次。依次为:星纪、玄枵、娵訾、降娄、大梁、实沈、鹑首、鹑火、鹑尾、寿星、大火、析木。而道安在《关中近出尼两种坛文夏坐杂十二事并杂事共卷前、中、后三记》中明确讲:"太岁己卯,鹑尾之岁","秦建元十五年(379年)十一月五日,岁在鹑尾。"查前秦建元十五年,确为己卯年,道安的记载是可信的。既然379年是鹑尾,也就是说,道安到达襄阳的鹑火,应该是379年的前一年,即378年(前秦建元十四年)。
>
> 因此,道安到达长安的时间,不会迟于378年的夏天。
>
> 汤用彤先生根据汪日桢超辰表计算,379年为鹑首,由此认为道安上述两年的岁星纪年都错了。的确,由于超辰的干扰,岁星纪年的计算比较复杂,以至目前诸有关专家对于岁星纪年的计算法互有不同。但无论在岁星纪年的计算问题上道安发生什么错误,只要当年不是超辰年,道安就不可能把发生在同一干支年中的事情分别记载在两个岁星年中去。经请教有关专家,379年并非超辰年,而《比丘大戒序》与《关中近出尼两种坛文夏坐杂十二事并杂事共卷前、中、后三记》的写作是次序非常清楚的前后两年的事情,后一件事情的年代又非常确切明白,是

---

① （梁）慧皎著,汤用彤校注:《高僧传》卷五,第181页。
② 《晋书》卷一一三《苻坚载记》,中华书局,1974年标点本,第2901页。

379 年。所以,道安应该是 378 年到长安。①

从以上所引论述可知,《比丘大戒序》与《关中近出尼两种坛文夏坐杂十二事并杂事共卷前、中、后三记》都是道安所作是其立论的关键。但是查《出三藏记集》,后者并未标明作者。方先生认为其与《比丘尼戒本所出本末序》及《比丘大戒序》完全相符,故知为道安所撰。② 然《比丘尼戒本所出本末序》下也未署作者姓名,关于翻译人员则分别记为"赖僧纯于拘夷国来得此戒本,令佛念、昙摩持、慧常传(译)"及"僧纯于龟兹佛陀舌弥许得戒本,昙摩侍传,佛念执胡,慧常笔受"。③ 可见,两者用词并不完全相符。

笔者对岁星纪年并无研究,但道安将 378 年的岁星纪年搞错了,应该是可以肯定的。据《出三藏记集》,作为岁星纪年的"鹑火"共出现 4 处,除了道安提到的一处外,僧叡在《法华经后序》中提及:后秦弘始八年,岁次鹑火;又僧肇的《维摩诘经序》也提及:弘始八年,岁次鹑火;未详作者的《法华经出经后记》提及:东晋义熙十四年,岁次鹑火。④ 后秦弘始八年为 406 年,东晋义熙十四年为 418 年,相差 12 年,正好符合岁星纪年 12 年一轮回的规则,因而 406 年,岁次鹑火应该是没有问题的。406 年与 378 年之间相差 28 年,即使考虑到超辰的干扰,⑤378 年也绝不可能是"鹑火"之年,相应的,379 年也不可能是"鹑尾"之年。

更为重要的是,"太岁己卯,鹑尾之岁"见于中华书局点校本《出三藏记集》。但据校勘记:"'尾'字宋本、碛砂本、元本、明本作'火','鹑火'于辰为'午',非是。兹从丽本,'鹑尾'于辰为巳,则上'己卯'应作'己巳'始合。"⑥可见,点校者也注意到岁星纪年并不准确,此处应用"鹑火"还是"鹑尾"并无定论,因而即使《比丘大戒序》与《关中近出尼两种坛文夏坐杂十二事并杂事共

---

① 方广锠:《道安评传》,昆仑出版社,2004 年,第 160—161 页。
② 同上书,第 264—265 页。
③ (梁)僧祐:《出三藏记集》卷一一,第 412、417 页。
④ 同上书,第 412 页。
⑤ 岁星实际上并非刚好十二年绕天一周,而是 11.862 2 年绕天一周。这样,每年移动的范围比一个星次略微多一点,每过 86 年,就多走一个星次,叫做"超辰"。类似于阴历中置闰的方法。
⑥ (梁)僧祐:《出三藏记集》卷一一,第 425 页。

卷前、中、后三记》都是道安所作的,但"写作是次序非常清楚的前后两年的事情"却并不一定成立。

而《比丘大戒》与《关中近出尼二种坛文夏坐杂十二事并杂事》的翻译,也有在同一年中完成的可能。道安在《比丘大戒序》中提及,"经夏渐冬其文乃讫",而《关中近出尼二种坛文夏坐杂十二事并杂事》的翻译开始于十一月。因而时间上是没有冲突的。另外道安在前秦建元十八年(382)时所作的《摩诃钵罗若波罗蜜经抄序》:"昔在汉阴十有五载,讲《放光经》,岁常再遍。及至京师,渐四年矣,亦恒岁二,未敢堕息。"①不论是居襄阳(汉阴)15年还是到长安(京师)已4年的记载,都清楚地表明道安到长安的时间是379年。

综上,笔者认为慧常担任笔受的《比丘大戒》的翻译,还应该从前秦建元十五年夏天开始。此项译经工作结束后,慧常又于当年的十一月五日,参加了《大比丘尼戒仪》及《二岁戒仪》的翻译,担任的仍是笔受一职。

> 秦建元十五年十一月五日,岁在鹑尾,比丘僧纯、昙充从丘慈高德沙门佛图舌弥许,得此授《大比丘尼戒仪》及《二岁戒仪》。从受坐至嘱授诸杂事,令昙摩侍出,佛图卑为译,慧常笔受。②

《历代三宝记》《开元释教录》都有相同的记载。

慧常在长安地区参与的译经活动就留下了以上3条记载,从记载中可见,慧常在译经活动中担任的都是笔受,他对于汉译佛经特别是戒律翻译时文字的整理,有着自己独到且正确的见解。如《比丘大戒》翻译完成以后,道安"嫌其丁宁,文多反复,称即命慧常,令斥重去复"。

> 常乃避席谓:"大不宜尔。戒犹礼也,礼执而不诵,重先制也,慎举止也。戒乃径广长舌相三达心制,八辈圣士珍之宝之,师师相付,一言乖本,有逐无赦。外国持律,其事实尔。此土《尚书》及与《河洛》,其文朴质,无敢措手。明祇先王之法言而顺神命也。何至佛戒,圣贤所贵,而可改之以从方言乎? 恐失四依不严之教也。与其巧便,宁守雅正。

---

① (梁)僧祐:《出三藏记集》卷八,第289页。
② (梁)僧祐:《出三藏记集》卷一一,第418页。

译胡为秦,东教之士犹或非之,愿不刊削以从饰也。"众咸称善。于是按胡文书,唯有言倒,时从顺耳。①

中土主要流传的是大乘佛教的经典,但是在戒律方面,却主要是部派佛教时期形成的戒律,道安作序的《大比丘戒》就是其中的一种。个中原因,学者多有论述,在此不赘。与大乘戒强调"戒心"不同,部派佛教戒律强调的是"戒体",就是各种行为规范或者说行为禁忌的汇编。佛教希望通过对僧尼日常生活以及修行中各种行为的限制,来克制各种欲望的产生,最终进入佛教所追求的无差别的涅槃境界。形式为目的服务,因而,部派戒律亦即各种的行为规范特别庞杂,相应的文字特点就是道安所嫌的"文多反复",反复叮咛。

但是,就像慧常所指出的,佛教的戒律就好像儒家讲究的礼,都是"慎举止"的,都是用以具体施行的,而不是用来诵读的,因而文字的反复并无影响。况且礼也好,戒律也好,文字的反复体现的正是对某一行为规范的强调,"斥重去复"反倒会削弱对一些戒律的重视。更为重要的是,对于戒律的随意"斥、去",这个行为的本身就对戒律的神圣性产生伤害,最终导致佛法成为"不严之教"。可见,慧常对戒律翻译时文字整理的认识是非常深刻和正确的。

① (梁)僧祐:《出三藏记集》卷一一,第413页。

论昙无谶的佛学

严耀中

北京师范大学历史学院

作为丝绸之路的主要通道,经由河西走廊东往西来的佛教僧侣可谓不计其数,然以驻锡时久且圆寂于河西之天竺高僧,当推五凉时期的昙无谶。他对彼时凉州佛教之兴盛起着重要作用,亦对华土佛学之发展贡献巨大。鉴于有关后者现今论述不多,特试说之。

一、华土涅槃学之奠基者

昙无谶,中天竺人,或云昙摩谶,或云昙无忏,盖取梵音不同也。在两晋十六国时期,昙无谶在华土享有盛誉。当时普遍认为"昙摩谶法师。博通多识罗什之流,秘咒神验澄公之匹"①,也就是说他兼有彼时两大高僧鸠摩罗什与佛图澄之长。其中,将昙无谶与鸠摩罗什相提并论,在于他对大乘佛学的贡献。这主要分为两个方面:其一,昙无谶是那时仅次于鸠摩罗什的大翻译家,所译佛典计有十一部一百零四卷之多。翻译专门领域里的典籍,对该领域所包含的知识至少得有一个基本的了解是不能或缺的前提,而译者在工作过程中对著作含义有了更深的理解也是一个必然的结果。翻译的经本越多,所需的知识面也就越广,这也就是为什么说他和鸠摩罗什都是"博通多识"的理由之所在。其二,如果说鸠摩罗什"最重《般若》三论(或四论)之学",而致使"无我义始大明也"②,从而为大乘空宗的般若诸学在华土流行率先打下了厚实的基础。那么,昙无谶也为属于大乘有宗的涅槃学在东晋十

---

① 《高僧传》卷二《晋河西昙无谶》。
② 汤用彤:《汉魏两晋南北朝佛教史》第十章,中华书局,1983年,第223、224页。

六国及南北朝初期能够与般若学分庭抗礼,成为当时俱领佛家风骚的两大学派之功不可没。

说昙无谶是华土涅槃学的奠基者,殆非虚语。首先,他翻译了《大般涅槃经》三十六卷。我们知道,一个学派的成立是需要以一部或几部经典著作作为理论基础的,所以华土的涅槃学是在比较完全的《涅槃经》译本出现后才得以形成,理所当然。但这并不是一件容易的事,因为印度经籍的书写材料既非简帛,更无纸张,而主要是树叶树皮,如昙无谶首先在印度接触到的是白头禅师所授的"树皮《涅槃经》本"。以这种材料写成的经本之难以传播,是可以想见的事情,故尔昙无谶为了得到较为完整的涅槃经本子是经过不懈的努力。如他先是在"罽宾赍《大涅槃前分》十卷",后来在凉土开始翻译,又"以《涅槃经》本,品数未足,还外国究寻,值其母亡,遂留岁余。后于于阗,更得经本《中分》,复还姑臧译之。后又遣使于阗,寻得《后分》,于是续译为三十三卷",而当时法显所译此经仅为六卷,不足昙无谶译本的三分之一。因为所得《涅槃经》本仍非全本,为使译本达到完美,所以在北凉"义和三年三月(433),谶固请西行更寻《涅槃后分》"①。昙无谶为了寻找更好的翻译《涅槃经》之底本不仅付出了极大的精力,最后还贡献了自己的生命。于此需要说明的是,由于这些经本都是辗转传抄而成,因此抄本之间都是有所差异,有的甚至歧义很大,加之"后人不量愚浅,抄略此经,分作数分,随意增损,杂以世语,缘使违失本正,如乳之投水"。这就是为什么昙无谶还要去寻觅新的《涅槃后分》本子的原因所在,后来其弟子道朗追叙昙无谶译此经时"手执梵文,口宣秦言。其人神情既锐,而为法殷重,临译敬慎,殆无遗隐,搜研本正,务存经旨。唯恨胡本分离残缺未备耳"②。这正是反映出他对翻译《涅槃经》精益求精的尽责态度。昙无谶所译《涅槃经》系最早之全本,然"经中大意,宗涂悉举,无所少也。……执笔者一承经师口所译,不加华饰。其经初后所演,佛性广略之闻耳,无相违也"③。也就是说,涅槃学之要义已大致收罗在该译本之内,僧祐赞其:"至昙谶之传《涅槃》,跋陀之出《华严》,辞

---

① 均见《高僧传》卷二《晋河西昙无谶》。一说此译本"有十三品,作四十卷"。
② 均见凉州释道朗《大涅槃经序》,载《出三藏记集》卷八。
③ 无名氏:《大涅槃经记序》,载《出三藏记集》卷八。

理辩畅,明逾日月,观其为美,继轨什公矣!"①后来谢灵运等编定的所谓南本《涅槃经》的基础是在昙无谶本子上作些"治改"而已,所以"南北本在文字上,不过稍有差别"②,可见此经之译为当时及后来涅槃学在华土之发展提供了一个殷实的基础。方东美先生甚至对该经在中国佛教中的意义断言:"假使中国再出一个秦始皇,把所有的佛经都烧光,只剩下一部《大般涅槃经》,好像我们还是可以成佛。"③

从文化传播的角度来看,一部重要经典的翻译,既是译者对其所述之学说进一步认知的过程,在效果上也是把该经典理论向异地文化起着介绍和传播的作用。蒋维乔先生指出:"昙无谶所译大本告成,其所主张,一切众生,悉有佛性;无论阐提,亦可成佛;闻其说者,莫不服其卓见。当时因此经,而佛徒之思想,为之一新,可以概见。后之学者,决难置涅槃常住教于度外也。"④赖永海先生也说:"《大般涅槃经》译出,始明'一切众生悉有佛性',一阐提人,亦可成佛,故阐提成佛事,至大本经传后,始为定论。"⑤那么反过来说,对《涅槃经》所构建的佛性理论,昙无谶作为该经的译者,应该是华土最早对佛性论有比较全面和深刻认识的人。更何况他早年曾追随白头禅师学习过《涅槃经》,所以说他对涅槃学的理解,当时无出其右,《高僧传》将此期间的一些著名的涅槃学者,如道进、安阳侯、道普、法盛、法维、僧表等事迹都归附在昙无谶名下记叙,正是为了表示昙无谶系当时涅槃学之领袖。

昙无谶对涅槃学的一大贡献还在于他对大乘菩萨戒的翻译、宣传和推广,如在他的译作里就包括《菩萨戒本》《优婆塞戒》等。佛教的小乘与大乘虽然有着共同遵从的戒律精神,即"诸恶莫作,众善奉行",但两者的侧重点是不同的。小乘诸律若《僧祇律》《四分律》《五分律》《十诵律》等皆条目繁多,律宗依照《四分律》规定的比丘具足戒有二百五十项,比丘尼具足戒有三百四十八项,都是说这个不应该做、那个必须要注意防范,明显着重于"诸恶莫作"。但在所谓菩萨戒中,不仅戒条寥寥无几,而且多是涉及原则性的。

---

① 《胡汉译经文字音义同异记》,载《出三藏记集》卷一。
② 汤用彤:《理学·佛学·玄学》,北京大学出版社,1991年,第95页。
③ 方东美:《中国大乘佛学》,中华书局,2012年,第157页。
④ 蒋维乔:《中国佛教史》第三章,上海古籍出版社,2004年,第25页。
⑤ 赖永海:《中国佛性论》第三章,上海人民出版社,1988年,第51页。

如昙无谶所译的《菩萨戒本》里,强调的是:"不能一念净心者,是名为犯众多犯;若不恭敬若懒堕若懈怠犯,是犯染污起。"实际上似乎是在举例说明:若不保持本心之纯洁,就会犯各种错误,所以防范净心被染污,乃系第一要务,"是故诸菩萨,应当勤护持"。而如何护持净心,也是菩萨戒成立之本意,即是以救苦救难之精神来奉行众善,"摄善法戒,摄众生戒。此诸戒法,能起菩萨行,能成菩萨道",亦为"菩萨戒"名义之由来。劳政武先生于此解释:"所谓'菩萨戒',从广义来说,本就是指《三聚净戒》:摄律义戒(遵守律典中所规定的一切佛法精神、内容、仪式)、摄善法戒(学习佛教一切义理)、饶益有情戒(为有情众生做有益的事),故其内容可以说包罗一切,不能以多少条文来死板罗列的,否则变成'有限',与菩萨道的无限悲智不相符了。……'十善业道'实为一切大乘戒法的共轨精神,即是世俗通往菩萨戒法的正道。"[①]

菩萨戒的推广是涅槃学佛性论在中国社会中实践应用的一个重要方面,昙无谶对此可谓不遗余力。《高僧传》本传介绍了这样的例子:"初谶在姑臧,有张掖沙门道进,欲从谶受菩萨戒。谶云:'且悔过。'乃竭诚七日七夜,至第八日,诣谶求受。谶忽大怒。进更思惟,但是我业障未消耳,乃勠力三年,且禅且忏。进即于定中,见释迦文佛与诸大士授己戒法。其夕同止十余人,皆感梦如进所见。进欲诣谶说之,未及至数十步,谶惊起唱言:'善哉,善哉,已感戒矣,吾当更为汝作证。'次第于佛像前为说戒相。时沙门道朗,振誉关西。当进感戒之夕,朗亦通梦,乃自卑戒腊,求为法弟。于是从进受者千有余人,传授此法,迄至于今,皆谶之余则。"又如当时"河西王世子、抚军将军、录尚书事大沮渠兴国,与诸优婆塞等五百余人,共于都城之内,请天竺法师昙摩谶译此在家菩萨戒"[②]。由此可见,通过昙无谶的努力,彼时河西地区已经出现了传授菩萨戒的高潮,且因"《菩萨戒》诸经之研求,几专在北方。观此则凉州佛学之影响于北朝者,概可知矣"[③]。这个潮流也扩展至整个南北朝,如梁武帝曾"发弘誓心,受菩萨戒。乃幸等觉殿,降雕玉辇,屈万乘之尊,申再三之敬,暂屏衮服,恭受田衣,宣度净仪,曲躬诚肃。……上先

---

① 劳政武:《佛学别裁》第六章,上海古籍出版社,2009 年,第 135 页。
② 《优婆塞戒经记》,载《出三藏记集》卷九。
③ 汤用彤:《汉魏两晋南北朝佛教史》第十二章,第 283 页。

作礼,然后就坐。皇储以下,爰至王姬,道俗士庶,咸希度脱,弟子著籍者,凡四万八千人"①。鉴于北本《涅槃经》等都有传入江左之事实,说"菩萨戒的流传,多赖昙无谶之功"②,及"南朝佛教,比之北朝,较重义学。昙无谶之大乘学,则盛行于南"③,都并非过分。

二、密教传入之先行者

密教之在中国的传播,随着唐中期金刚智等"开元三大士"的来华达到了顶峰,但这有个从渐进到飞跃的过程。密教在印度佛教中萌生出来,是从咒术的施用起始的,由于咒术是显现宗教神秘力量的有效手段,所以在公元3至4世纪来华传法的高僧们里边,不少人或以咒术显扬神通,或致力翻译载有咒术的佛经,可以说是撒下了此后密教在东土发展的种子。

在这个时段里,依靠咒术彰显神力来赢得东土社会上下信仰佛教的西来梵僧中,昙无谶可谓其中佼佼者。昙无谶在印度时有以密咒使枯石生泉的传说,史称他"明解咒术,所向皆验,西域号为'大咒师'"。到了凉州,他先是在河西王沮渠蒙逊眼前变幻出许多鬼影,"逊见而骇怖。谶曰:'宜洁诚斋戒神咒驱之。'乃读咒三日,谓逊曰:'鬼已去矣。'时境首有见鬼者云:'见数百疫鬼奔骤而逝。'境内获安,谶之力也。逊益加敬事"④。《高僧传》将他和以神通著名的佛图澄相提并论,不过佛图澄的神通事迹虽多,但明确和咒术相关联的却甚少,因此说昙无谶在中国境内也是数一数二的"大咒师",应该当之无愧。

咒术是大乘佛教通向密教的一个重要途径。鸠摩罗什译《大智度论》卷五十八《释劝持品第三十四》云:

帝释白佛言:诸咒术中般若波罗蜜是大咒术。何以故?能常与众生道德乐故。……是般若波罗蜜咒,能灭禅定、佛道、涅槃诸著,何况贪

① 《续高僧传》卷六《梁国师草堂寺智者释慧约传》。
② 佐藤达玄:《戒律在中国佛教的发展》第十一章,释见憨等译,香光书乡出版社,1997年,第456页。
③ 汤用彤:《汉魏两晋南北朝佛教史》第十二章,第283页。
④ 均见《高僧传》卷二《晋河西昙无谶》。

欲、贪恚粗病,是故名为大明咒、无上咒、无等等咒。复次,是咒能令人
离老、病、死,能立众生于大乘,能令行者于一切众生中最大,是故言大
咒;能如是利益,故名为无上。

　　上述宣称因为咒术能泯灭人间之生老病死,甚至能泯灭"禅定、佛道、涅
槃诸著",使之众生能够与佛无差无别,所以施用咒术也是普渡众生的菩萨
行。这种观念在3至5世纪的大乘瑜伽行派里已广泛流传,成了此后萌生密
教的思想基础。昙无谶将此愿向带入东土,进行实践,有意无意地成为在中
国开辟出一条由大乘走向密教通道的先行者之一。

　　鉴于"自《大般涅槃经》中《文字品》传译以后,十四音之说引起僧徒及学
人之重视",而《隋书·经籍志叙》说"能以十四字贯一切音,文省而义广,谓
之婆罗门书"。饶宗颐先生确定:"《隋志》作者认为此《婆罗门书》即十四
音。"[1]如此,促成该《婆罗门书》在华土出现的也是《大般涅槃经》的译者昙无
谶。王邦维先生经过深入研究后指出:"昙无谶翻译的《大般涅槃经》所涉及
的'十四音',到目前为止,各方面的证据显示,仍然还是来自印度梵文的原
本"。鉴于"密宗修行,念诵咒语是最重要的事之一。咒语的念诵,要求发音
准确。咒语从印度来,准确的标准就是印度音"[2]。由此可以说,昙无谶在修
行实践中是将真正印度原音的咒语于华土施行的第一人! 或者说,是从昙
无谶开始,中国佛教里才有了完全符合印度标准的密教咒术。

　　昙无谶与密教的关联不止是在咒术的应用上,根据一些史料的记载,他
的被杀其实也与他施展一些密教法术相关。《魏书》卷九十九《卢水胡沮渠
蒙逊传》云:

　　　　始,罽宾沙门曰昙无谶,东入鄯善,自云能使鬼治病,令妇人多子,
　　　　与鄯善王妹曼头陁林私通,发觉,亡奔凉州。蒙逊宠之,号曰'圣人'。
　　　　昙无谶以男女交接之术教授妇人,蒙逊诸女、子妇皆往受法。世祖闻诸
　　　　行人,言昙无谶之术,乃召昙无谶。蒙逊不遣。遂发露其事,拷讯杀之。

----

① 　均见饶宗颐《唐以前十四音遗说考》,载氏著《梵学集》,上海古籍出版社,1993年,第
　　159页。
② 　王邦维:《北凉昙无谶依龟兹国文字说十四音事辩证》,载氏著《交流与互鉴:佛教与
　　中印文化关系论集》,三联书店(香港),2018年,第93、99页。

《魏书》这段关于昙无谶死因的记载显然和《高僧传·昙无谶传》大相径庭，但似乎也反映了一些事实。先前昙无谶已经从河西去过于阗，觅得《涅槃中分》，后又"遣使于阗，寻得《后分》"，所以虽然他要"固请"亲自再去于阗寻找善本也符合他作为翻译家一贯的认真态度。此后沙门慧观、道普等说动南朝宋文帝给"书吏十人，西行寻经"①，要取的就是这《后分》，可见它对正确全译《涅槃经》的重要性。不过尽管作为翻译家的昙无谶执着地寻取《后分》是有道理的，但对一般人来说也容易被理解为是一个借口，因为《僧传》在此前有一大段叙述北魏太武帝拓跋焘向沮渠蒙逊索要昙无谶之事："时魏虏托跋焘闻谶有道术，遣使迎请，且告逊曰：'若不遣谶，便即加兵。'逊既事谶日久，未忍听去。……逊既恡谶不遣，又迫魏之强。至逊义和三年（433）三月，谶固请西行，更寻《涅槃后分》，逊忿其欲去，乃密图害谶。"②所以不管昙无谶要到于阗取经的意图是否真实，但对沮渠蒙逊来说，把昙无谶暗杀并编造一个假象来消弭拓跋焘的索取，似乎是一个最好的办法。

这里还需要进行辨析的是，按照《魏书》的说法，昙无谶是否成了一个"淫僧"？但作为一个通晓佛学奥义，积极推行大乘戒法的高僧来说，事实应该不是如此。当然，史书里的这些记载不可能是空穴来风，可是也要注意：第一，昙无谶施行的"交接之术"是法术的一种，至少对他本人而言，是和咒术没有本质上的区别。第二，昙无谶教授这些男女交接之术，并无遮遮掩掩，乃至名声远扬，一直传到北魏。第三，无论是在西域还是河西，此术的服务对象都是所谓"胡人"，他们所感染的印度宗教文化恐怕比中原的儒家文化更多一些，对昙无谶传授之术，并没有什么忌讳。在印度，事实上密法并非佛教一家所有，而是诸教所共有，尤其"是代表着佛教和婆罗门教一个共同的发展阶段"③。而从佛教诞生的一开始，《奥义书》就与之关系密切，"佛教观念的发展反映出前期《奥义书》较早的推断"④。可以说从大乘佛教发展

①　《出三藏记集》卷十四《昙无谶传》。
②　《高僧传》卷二《晋河西昙无谶》。
③　R. C. Majumdar, *The Age of Imperial Kanauj*, Bharatiya Vidya Bhavan, Bombar, 1955，p. 259.
④　Jason Neelis, *Early Buddhist Transmission and Trade Networks*, Brill, Leiden, 2011，p. 73.

之初就开始受到婆罗门教的各种瑜伽修法的影响,这中间也可能包括后来所谓的无上瑜伽之基因。

昙无谶的如此行径或者出于对菩萨行的一种理解,即若他所译《菩萨地持经》卷九《次法方便处净心品》所说:

> 菩萨未曾恐畏故,于诸众生,起爱念心、身、口、意业,随顺行爱念安乐,是名无畏。菩萨未曾无巧便而行爱念,所谓非法、非律、非真谛,行教授非处,是名巧便。菩萨爱念为诸众生,一切所作而不疲厌,是名不厌。菩萨无请而爱念众生,是名无求。菩萨以无贪心而行爱念,不求恩报及未来爱果,是名无贪爱念。菩萨于诸众生广大爱念不限众生,于众生所得饶益不饶益,悉不弃舍,宁自苦身不苦众生,是名广大。又彼相成就,爱念众生,是名平等。爱念不限众生界,是名平等爱念,菩萨成就如是七种爱念。

又,也是昙无谶翻译的《方等大集经》卷六《宝女品第三之二》亦宣说即欲破欲:"复次宝女:菩萨修行菩提道时,不乐在家,求受五欲;乐处空闲,修出家法;乐修深义,及三脱门。以是修力,得无碍法门,无挂碍智。过魔境界,庄严具足;远离烦恼及诸恶见,说甚深义,破众疑心,除去一切诸恶觉观。"也在他所译《悲华经》卷三《诸菩萨本授记品》里包含着如此菩萨悲愿:"愿我灭度已,虽经无量无边阿僧祇劫,有无量无边阿僧祇佛刹。其中女人闻我名者,即得第一信心欢喜,发阿耨多罗三藐三菩提心。"在这些昙无谶的译经里一定会有着他相应烦恼即菩提的体会,能领悟出一种通过"善方便"而达到"无上菩提愿"之"菩萨行相"。这"譬如玻璃瓶插红花,则其色赤而透明,依然不染不易。是故,欲得最终至福,不可不证灵体真性。信仰坚固,思念深厚,以修得真性。……犹河水注大海,自能达神境"①。这也是将自身的生命力和法身之无限神力在处于动与静临界点时交会的一种体相。

阿难曾言:"我尔时思:若诸女人见佛阴藏相者,便自羞耻女人之形,愿求男子之身,修行佛相,种福德业。故我示之,不为无耻故破戒也。"②《大智度论·释初品中十喻》更是宣称:"淫欲即是道,恚痴亦如是。如此三事中,

---

① 大村西崖:《密教发达志》,日本国书刊行会,昭和四十七年(1972),第500、501页。
② 《集三藏缘记》,载《出三藏记集》卷一。

无量诸佛道。若有人分别,淫怒痴及道。是人去佛远,譬如天与地。道及淫怒痴,是一法平等。若人闻怖畏,去佛道甚远。"昙无谶既以菩萨行为己任,将阿难之辩词为自己并非犯戒的心理支撑,作为一种菩萨的如实巧渡众生之行,也合情合理。他的第一个师傅昙摩耶舍曾抱着"沙门当观方弘化,旷济为怀,何守小节独善而已"之意念来华传教,并开创教授"东土尼众"①之新法,也为他树立了一种无畏时议的榜样。但昙无谶对大乘经典之领悟而身体力行可能太超越时代,又处于异域文化的环境里,在印度宗教氛围中尚可得到理解,在儒家文士的史笔之下则引出了不少疑惑。亚当·弗格森指出"道德上的善恶之分并不能仅在外部行为的描述中得以确认",而且"具体情况是千变万化的,一般行为规则并不适用于各种情况的特殊之处。人在任何具体情况中可依赖的惟一指导,就是明智且仁慈的心灵分辨力"。② 我们完全可以参照此说来作为评论昙无谶施展密术行为的一个依据。

昙无谶其实也是在华土的佛教中"依他力"思想的主要开启者。无论是小乘还是大乘,佛陀指导的解脱及进入涅槃之道,都是在不断自觉基础上进行努力,即所谓"依自力"。但这是一条漫长、曲折、艰巨的修行过程,甚至还要经历好多世的轮回。它的不利之处在于难以吸引广大的普通民众,这就是为什么后来在大乘佛教中滋生出密教和净土信仰的重要动因。由于依他力也是一种易行的方便之道,让菩萨或本尊来援手当然会使信众更充满希望,更有修行的动力。昙无谶所施展的各种秘术和对象都是互动的,能够使受施者的自力与外力同时俱得,以获取所望之成果,故尔此也是通过树立范例为依他力观念在华土佛教中之流行开了先河。

以上所述,可知昙无谶既"晓术数、禁咒,历言他国安危,多所中验"③,同时在其所译经籍里诸如陀罗尼、灌顶等词义大量出现,为此后密教观念之普及而正本,所以说昙无谶系在东土为密教传播的先行者,大约是不会错的。

---

① 《高僧传》卷一《晋江陵辛寺昙摩耶舍》。
② 亚当·弗格森:《道德哲学原理》,孙飞宇、田耕译本,上海人民出版社,2005 年,第 84、85 页。
③ 《魏书》卷一一四《释老志》。

三、对昙无谶佛学理论结构的一些阐释

作为一个来华高僧,昙无谶的形象是多重的:既是翻译家,也是宣扬大乘佛学理论的带头人之一和积极使用禁咒密术的传道者。这些不同的宗教表现集中在一个人身上,也就必然存在着一个相互关联的内在意识结构。又,任何缺乏实践的理论都不是完整的理论,昙无谶不仅对大乘瑜伽行派的义理有着自己的认知,而且开辟了一条由此指引下的体验与宣教之路,所以他的佛学也就有了某种特殊性。

结合昙无谶的事迹,显然是一种觉与行之结合,即内证知性、外行功德的联动修佛方式,为把理论知觉锻造成度化众生的精神力量所作的不懈努力,死而后已。这和他的大乘信仰密不可分,如果说小乘佛教的追求是通过切断内欲与外境之因缘而得到解脱,获罗汉果,大乘则在菩萨行中将自我消溶于佛性本体,"我性及佛性,无二无差别"①,而入无余涅槃。然而因为世间因缘环环相即,无法单独切割,因此成佛不仅在于达到我性与佛性的无二无别,还同时要使众生性与佛性无二无别。为此,使众生成佛,佛即众生,便是大乘菩萨的使命所在。

正如涅槃经义所揭示,菩萨道之可行,首先是认知包括一阐提在内的一切众生皆有佛性,都能成佛。进而需知众生与佛乃至众生彼此之别系染净因缘所致,明白"体所缘行相,等起与差别,抉择与流转,略辩相应知"②。即一切恶业皆可随因缘变化而转化,只要有菩萨行,贪嗔痴即是菩提,世间即是涅槃。此正若《翻译名义集》所云:"秉四弘之誓心,运六度之梵行,此菩萨乘也。语其渡河,虽象马兔之有殊;论乎出宅,实羊鹿牛之无别矣。"即不在乎所度对象具有何种身份。不过鉴于众生之业各不相同,度人之道亦须区别对待,犹如一把钥匙开一把锁,"若有众生贪著五欲,于无量岁,以妙五欲充足其愿,然后劝化,令其安住阿耨多罗三藐三菩提"③。既而则推己及人,

---

① 昙无谶译:《大般涅槃经》卷八《如来性品第四之五》。
② 玄奘译:《瑜伽师地论》卷五《本地分中有寻有伺等三地之二》。
③ 昙无谶译:《大般涅槃经》卷十五《梵行品第八之一》。

若"圣人刚健以尽生之道,成己成物,而发扬物我同体之德性"①。昙无谶在河西等处之所为,很可能也是抱着验证若"有智之人,发菩提心已,即能破坏恶业等果,如须弥山"②等发菩提心而得菩提乐之果的效应。大乘的瑜伽行派与印度本土之宗教文化密切相关,其传统的瑜伽"能以生命力之盛潮灌注此身体,发施已完善化的情命体之一大作用与喜乐。……而且,在身体本身中,也将有支持着的力量之伟大存在(mahattva),一充盛底气力,能力,外发和控制着的力量之权能(bala),神经体和生理体之一种轻快,敏捷,和适应性(laghutā),在整个生理机器及其动作发条上之一容受着与反应着的权能"③。据说当时已经在印度出现的密教陀罗尼诸经里有"大自在天、乌摩为妇,生三千子等内容"④,昙无谶在来华之前应该知悉。他公然以这样的男女交接之术教授妇人,很可能是一种双修的瑜伽,使参修者焕发出"充盛底气力,能力,外发和控制着的力量之权能",有利于使之多子的宣传。如此之印度传统瑜伽也是密教无上瑜伽的重要修炼基础,不过当时或仅是视作无上菩提一类的修法。普通人更会将此当作房中术,所以沮渠蒙逊乐于使"诸女、子妇皆往受法"。其实正若高罗佩指出,密教的"金刚乘对更为古老的佛教和印度教依赖之深。三轮即'应身轮'(nirmāṇa)、'法身轮'(dharma)和'报身轮'(saṁbhoga),当然是从佛的三身(kāya)而来,而从菩提心上升的过程则是摹仿大乘教的'十地'(daśabhūmi),即成佛所历的十个阶位,它本身就是印度教瑜伽冥想的一种变体"⑤。这中间涉及的一些佛教理论和概念,在 5 世纪初的中国已颇为人知,昙无谶当然是很熟悉的。他所极力推行的菩萨戒以众善奉行为宗旨,因为善行可以是无限的,所以是否遵守戒律要以结果来验证,只要使众生能够信法而脱离苦海皆可权行方便。犹如只要能够到达目的地罗马,走任何一条道路都行,就近便利即可。故尔其所行是依据其所知指导下的主动作为,体现"菩萨若见破戒恶人,不生恶心,为设种种

---

① 熊十力:《体用论》,中华书局,1994 年,第 123 页。
② 昙无谶译:《优婆塞戒经》卷一《发菩提心品第二》。
③ 室利·阿罗频多:《瑜伽论》第十四章,徐梵澄译本,商务印书馆,1987 年,第 119 页。
④ 参见大村西崖《密教发达志》,第 446 页。
⑤ 高罗佩:《中国古代房内考》,李零、郭晓惠等译本,上海人民出版社,1990 年,第 460 页。

善巧方便,而调伏之。若不调伏,当生怜愍"①。这些也是对其思想意识中获得的感悟所进行的验证与新的探索。同时也说明"佛法本是一法,教虽多别,循枝归本,用自有体。则是权即施,无粗不妙,层次固分,而无所论于高下也"②。

由此看来,昙无谶的推广大乘戒法和施展咒术等密法也是一种知行合一的表现。如作为咒语的陀罗尼,"秦言能持,或言能遮。能持者,集种种善法,能持令不散不失,譬如完器盛水,水不漏散。能遮者,恶不善根心生,能遮令不生,若欲作恶罪,持令不作,是名陀罗尼"③。所以如此定义下的咒术完全可以视为是佛教戒律"诸恶莫作、众善奉行"的一种实践,此间不存在任何矛盾。他在北凉被尊为"圣人",亦可作为他在当地事迹被赞颂的一个侧面反映。

通过对昙无谶以上事迹的叙说与发微,可以作这样一个概述:昙无谶自幼诵习佛教各家经论,对大乘瑜伽行派的佛性论更是了然于心,明白个体与本有之间的关联及由此求得永恒之道,故不远万里奔赴东土之河西传教,亲历验证。他在知行合一的实践中不断萌发新意,若调和导善与禁恶于一法,并且在大乘教理基础上运行密术,作为消弭差别而使现象界归于寂静的一个处理方式。如此之开创,在时间上亦不晚于印度本土,其意义之大,不应忽视。

四、关于五凉时期河西佛学发展背景的几点归纳

昙无谶的佛学之得以形成,并通过其宗教实践而取得很大影响,除了本文前面所述其本人原因外,还有一些客观条件起到了促进作用。

第一,在五凉时期,河西的社会环境相对稳定。正如陈寅恪先生指出:"刘石纷乱之时,中原地区悉为战区,独河西一隅自前凉张氏以后尚称治安,故其本土世家之学术既可以保存,外来避乱之儒英亦得就之传授,历时既

---

① 昙无谶译:《优婆塞戒经》卷六《尸波罗蜜品第二十三》。
② 梁漱溟:《印度哲学概论》,上海人民出版社,2005年,第39页。
③ 鸠摩罗什译:《大智度论》卷五《初品中菩萨功德》。

久,其文化学术遂渐具地域性质。"①其实当时的宗教精英也同样利好河西的安定环境,如除昙无谶外,另一位佛学大家鸠摩罗什驻锡在河西前后竟有十七年之久,亦系有力之旁证。

第二,河西走廊作为丝绸之路的主干道,不仅是当时大部分商贸往来的必经之路,也是一条促进中西方交流的宗教文化走道。仅就佛教而言,据统计,"释慧皎著《高僧传》,收录魏晋时期高僧257人,其中出生在河西的有36人。另外,又列于五凉时期河西地区有关系的50人,竺法护、佛图澄、鸠摩罗什、昙无谶、师贤、释惠高是他们的代表"②。其实西去取经的高僧法显也应该是他们的杰出代表之一,史云他"以晋隆安三年(399),与同学慧景、道整、慧应、慧嵬等,发自长安,西渡流沙"③,足迹也曾出现在凉州的土地上。此外中原的儒家与道家也通过此路奋力向西,若"敦煌所存《周易》,均为王弼注本"④。如此的双向流通,也促进了宗教文化的繁荣,足以证明这条宗教文化通道在当时所具有的活力。若北凉石塔之"八面形塔基刻供养佛法的八神王,并附中国传统文化中寓意事物生成的八卦,八卦象征天、地、雷、风、水、火、山、泽等八种自然现象,反映了佛教文化与中国传统文化之间的撞击与融合"⑤。

第三,中亚和整个河西走廊在中古时期是许多宗教,如佛教、祆教、婆罗门教、道教等同时流播的地域,势必相互影响和促成彼此的融合,很可能因此萌生出一些具有混杂性的次生宗教形态。因此昙无谶的瑜伽行中已经包含着一些婆罗门教的元素,也并不是奇怪的事。而且也可能由此染上了一些道教的色彩,鉴于"3世纪和10世纪之间道教与南印度密教的关系密切"⑥,昙无谶的一些行为在那时被当作道教的房中术。此术在古代被视作"圣王制外乐以禁内情,而为之节文"的一种养生艺术,在汉代就有相关书籍

①　陈寅恪:《隋唐制度渊源略论稿》,中华书局,1963年,第19页。

②　赵向群:《五凉史探》,甘肃人民出版社,1996年,第249页。

③　《高僧传》卷三《宋江陵辛寺释法显》。

④　王素:《中国经学史上的新里程碑》,载《敦煌吐鲁番研究》第十六卷,2016年。

⑤　张宝玺:《北凉石塔艺术》"前言",上海辞书出版社,2006年。

⑥　李约瑟:《中国科学技术史》第五卷第五分册第三十三章,袁以苇等译本,科学出版社、上海古籍出版社,1975—2011年,第257页。

《容成阴道》《三家内房有子方》等"房中八家,百八十六卷"①,所以昙无谶施行其术,在当时人眼里也没有什么可以大惊小怪的。如此至少可以解释为这是北魏太武帝急于索取昙无谶的原因之一。拓跋焘可以说是十六国北朝期间最崇信道教的皇帝,曾"亲至道坛,受符录。备法驾,旗帜尽青,以从道家之色也",甚至把年号也改成"太平真君"。②昙无谶的咒术和双修术都和道教法术类似,所以引动了太武帝谋取其人而为己用之心。附带提一下,当时河西地区民族成分复杂,有氐、羌、鲜卑、匈奴和他们的各种分支部落,以及大批迁入的汉人使"汉晋时期敦煌居民以汉族为主"③,整个河西也应该如此。由此产生了"民族关系所显现的多元共同体现象"④。鉴于在各个民族文化中都含有独特的宗教因子,此外还要包括在河西客居的粟特人等来自中亚、天竺的不同信仰者,如此形成并非一教独大或二教对抗的多宗教氛围,对佛教这种开放性的宗教是一种有利的传播环境。

第四,昙无谶的佛学之所以起着很大影响,也和当时华土的佛教发展形势相关。这分两方面来讲:一是两晋之间玄谈盛行,其中本无与崇有二说之争辩成了一大主题,也为佛家义理之学提供了舒展的场合。先是,般若"六家七宗"等,"用'性空无我'的原则给三世因果以哲理的说明,与当时兴起的玄学恰好相得益彰"⑤。而涅槃学的佛性论亦可给崇有说以本体论层面上的支持,有利于清谈之继续。二是直至东晋十六国时期,小乘戒法还传入不全,且诸律异见纷纭,所以法显在东晋末仍"常慨经律舛阙,誓志寻求"⑥。而大乘菩萨戒简约明了,昙无谶又将戒本与经义大致翻译齐全,所以占了小乘律的先机,风行华土。又若"武威的天梯山、肃南的金塔寺、酒泉的文殊山、玉门的昌马、敦煌的莫高窟等石窟中均有北凉时期的作品"⑦,这中间也应该

---

① 《汉书》卷三十《艺文志》。
② 《魏书》卷一一四《释老志》。
③ 杨际平、郭锋、张和平:《五—十世纪敦煌的家庭与家族关系》,岳麓书社,1997 年,第5 页。
④ 赵向群:《魏晋时期河西民族融合中的羌化趋势》,载中国魏晋南北朝史学会《魏晋南北朝史研究》,湖北人民出版社,1996 年,第 287 页。
⑤ 《中国佛教史》第二章,载《周叔迦佛学论著》上集,中华书局,1991 年,第 125 页。
⑥ 《出三藏记集》卷十五《法显法师传》。
⑦ 杜斗城:《北凉译经论》,甘肃文化出版社,1995 年,第 144 页。

包含着昙无谶在河西宣扬佛法之效果。

　　总之,昙无谶的佛学观念及其传法实践也是和这些环境因素分不开的,进而证实了"佛教具有一种调和性和包容性,它能渐渐地同任何思潮或倾向都'融通无碍'"①。

---

① 中村元:《比较思想论》第二章,吴震译本,浙江人民出版社,1987年,第31页。

凉州、平城与佛教

吴洪琳

陕西师范大学中国西部边疆研究院

凉州是中国古代丝绸之路的咽喉要道,是东西方经济文化交流的枢纽。平城是北魏迁都洛阳之前的都城,也是古代丝绸之路的一个重要城市。在十六国北朝时期,凉州与平城之间的政治、经济、文化等方面的往来、交流比较多,其中一个重要方面就是佛教。十六国时期,凉州因地处西域与中原之间,是佛教传入中原地区的一个重要通道,故而佛教盛极一时,无论是僧人的数量还是当时僧人的译经活动及石窟的开凿等方面,凉州都是当之无愧的佛教中心。在北魏迁都洛阳之前,平城地区的佛教也非常兴盛,北魏诸帝除太武帝曾有过灭佛举动之外,几乎都扶持或崇信佛教,使平城也成为北方的一个佛教文化中心。而北魏迁都洛阳之前境内的佛教无论从初识还是发展、兴盛等皆与凉州或曾经寓居凉州的僧人紧密相关,本文将就十六国北朝时期凉州与平城这两个城市之间的佛教关系作一梳理。

一、北魏诸帝与平城佛教

北魏王朝,由鲜卑族拓跋部落所建。拓跋鲜卑兴起于中国东北地区,最初,佛教势力并未渗入拓跋鲜卑部落。据《魏书·释老志》记载"魏先建国于玄朔,风俗淳一,无为以自守,与西域殊绝,莫能往来。故浮图之教,未之得闻,或闻而未信也"。后来鲜卑向西、南迁移,在这一过程中逐渐与汉地发生联系,双方的交通、思想和文化交流也频繁起来,拓跋鲜卑开始接触佛教。

史书记载"及神元与魏晋通聘",而文帝沙漠汗、昭成什翼犍曾先后作为人质居于洛阳及襄国(治所在今河北邢台西南)。这两个地方在当时也是佛教传播的中心,因而沙漠汗和什翼犍在这里必然会经常接触到与佛教有关的信息。

道武帝拓跋珪(386—408 年在位)在开始统一中国北方的进程中曾有过礼遇僧人的行为。据说他在攻略黄河北岸时,所过僧寺,见沙门道士均致以礼敬:"太祖(道武帝拓跋珪)平中山,经略燕、赵,所经郡国佛寺,见诸沙门、道士,皆致精敬,禁军旅无所有犯。"并且道武帝也曾阅读过佛经,"帝好黄老,颇览佛经。但天一初定,戎车屡动,庶事草创,未建图宇、招延僧众也"①。只不过当时是建国之初,军事及政务太多,无暇顾及佛事,因而并未修建庙宇、招延僧人。此外,他还曾派人致书隐于泰山的著名僧人僧朗,以表恭敬之意,这些都说明当时佛教已开始在拓跋魏的境内产生影响。此后,拓跋部落开始与佛教有了直接的交往,渐渐"备究南夏佛法之事"。

经过十几年的经营,天下粗定,道武帝对佛教有能力或精力进行悉心维护了,故而于天兴元年(398)下诏:"其敕有司,于京城建饰容范,修整宫舍,令信向之徒,有所居止。是岁,始作五级佛图、耆阇崛山及须弥山殿,加以缋饰。别构讲堂、禅堂及沙门座,莫不严具焉。"②这也许就是平城最早的佛寺。

及"太宗(拓跋嗣,409—423 年在位)践位,遵太祖之业,亦好黄老,又崇佛法,京邑四方,建立图像,仍令沙门敷导民俗"③。对僧人法果,"弥加崇敬。永兴中,前后授以辅国、宜城子、忠信侯、安成公之号"④。中国佛教史上,僧人被封为公、侯,法果可以说是第一人,并且死后追赠老寿将军、赵胡灵公。

太武帝虽然有过灭佛行动,但是在灭佛之前对佛教也是崇信的。史载:"世祖(太武帝)即位,亦遵太祖太宗之业,每引高德沙门与共谈论,太延中……凉州平徙其国人于京邑,沙门、佛事皆俱东,象教弥增矣。"⑤

文成帝拓跋濬也好佛,"兴光元年(454)秋,敕有司于五级大寺内,为太祖已下五帝铸释迦立像五,各长一丈六尺,都用赤金二十五万斤"⑥。大同云冈石窟的开凿也是从文成之世开始的。和平(460—465)初年,僧人昙曜接

---

① 《魏书》卷一一四《释老志》,中华书局,1974 年,第 3030 页。
② 同上注。
③ 同上注。
④ 同上注。
⑤ 同上注。
⑥ 同上书,第 3036 页。

替师贤为"沙门统",文成帝"奉以师礼",而且因昙曜之请,"于京城西武州塞,凿山石壁,开窟五所,镌建佛像各一。高者七十尺,次六十尺。雕饰奇伟,冠于一世"①。

献文帝拓跋弘,对于佛教"敦信尤深。览诸经论,好老、庄。每引诸沙门能谈玄之士,与论理要"。天安元年(466),并于京城之内,"起永宁寺,构七级浮图,高三百余尺,基架博敞,为天下第一。又于天宫寺,造释迦立像。高四十三尺,用赤金十万斤,黄金六百斤。皇兴中,又构三级石浮图。榱栋楣楹,上下重结,大小皆石,高十丈。镇固巧密,为京华壮观"②。

孝文帝也是一位热心于佛教之人。承明元年(476)八月,孝文帝"于永宁寺设大法供,度良家男女为僧尼者百有余人,帝亲为剃发,施以僧服,令修道戒,资福于显祖"③。皇帝亲自为出家者剃发,这在中国历史上不多见。同一月,孝文帝"又诏起建明寺"。

因此,在诸帝的支持与倡导之下,北魏的佛教得到了迅猛发展,到了北魏太和年间(477—499),"京城内寺新旧且百所,僧尼二千余人,四方诸寺六千四百七十八,僧尼七万七千二百五十八人"④,"至延昌中(512—515),天下州郡僧尼寺,积有一万三千七百二十七所,徒侣益众"⑤,从这几个数字可以看出当时北魏境内的佛教规模。

二、寓居凉州的僧人东迁平城

北魏平城境内的佛教无论是发展还是兴盛都与凉州有着千丝万缕的联系,对于这一点,魏收撰写《魏书》之时就早已点明:"凉州自张轨后,世信佛教。敦煌地接西域,道俗交得其旧式,村坞相属,多有塔寺。太延中,凉州平,徙其国人于京邑,沙门佛事皆俱东,象教弥增矣。"⑥此后学术界对这一问

① 《魏书》卷一一四《释老志》,第 3036 页。
② 同上书,第 3038 页。
③ 同上书,第 3039 页。
④ 同上注。
⑤ 同上书,第 3042 页。
⑥ 同上书,第 3032 页。

题的论述更加明确。汤用彤先生在论及凉州禅法时就说过："后魏佛法上接北凉。而凉州在晋末为禅法最盛之地。"①

凉州佛教的繁荣很早就引起北魏朝廷的关注与渴求。北凉沮渠蒙逊时，中天竺高僧昙无谶来到凉州，他不仅精通经典，擅长翻译，译出六十余万言的大乘经书，并且能"明解咒术，所向皆验"②，因其"历言他国安危，多所中验"，故蒙逊"每以国事谘之"。③ 北魏太武帝闻知昙无谶之法术，要求蒙逊将其送到平城，并威胁说"若不遣谶，便即加兵"，但沮渠蒙逊面对威胁仍没有答应太武帝的这一要求，于是魏主又令其大臣李顺亲往北凉册封蒙逊，"使持节侍中、都督凉州西域诸军事、太傅骠骑大将军，凉州牧、凉王，加九锡之礼"，兼索要昙无谶，称谶"博通多识，罗什之流，夜咒神验，澄公之匹"④，欲令昙无谶入京讲道，但是蒙逊还是不愿意，宁可"与之俱死"，也不将昙无谶送入魏，后终于在义和三年（宋元嘉十年，433），当昙无谶西行取经时，蒙逊将其害死在路途中。⑤ 这是史书记载的北魏与凉州宗教的最早接触。

其实北魏与凉州佛教接触应该更早，石赵时的僧人单道开应该就是一个例子。据《高僧传》所载，单道开俗姓孟，是属于前凉时期的僧人。他从少年时期就与同学十人栖隐诵经。后赵石虎建武十二年（346），他从西平（今青海西宁）行至南安（今甘肃陇东），被后赵的秦州刺史获得，送到石赵的都城，他受到石虎的格外器重，并得到名僧佛图澄的称誉。而当时在石赵做质子的昭成帝什翼犍应该对单道开有所知晓。

到了北凉永和七年（439）六月，北魏大军西向，灭掉北凉之后，北魏开始直接接触凉州的佛教。曾在凉州活动的许多僧人主动或被动地迁到北魏境内，对北魏佛教的发展与兴盛影响较大。

永和七年八月，北魏兵临姑臧（今甘肃武威）；九月，北凉国主沮渠牧犍率文武官员五千人请降，北魏掠得城内户口二十余万，财宝无数，十二月，沮

① 汤用彤：《汉魏两晋南北朝佛教史》，武汉大学出版社，2008年，第532页。
② 梁慧皎撰，汤用彤校注：《高僧传》卷二《昙无谶》，中华书局，1992年，第78页。
③ 《魏书》卷一一四《释老志》，第3032页。
④ 梁慧皎撰，汤用彤校注：《高僧传》卷二《昙无谶》，第78页。
⑤ 同上书，第79页。

渠牧犍及其臣民三万余家被魏军掠至魏都平城。① 在数万被掠往平城的北凉人口中,应该包括了不少僧人。《续高僧传》卷二五载:"释僧朗,凉州人。魏虏攻凉城,民素少,乃逼斥道人用充军旅,队别兼之。及辎辕所拟,举城同陷,收登城僧三千人。至军将见魏主所,谓曰:'道人当坐禅行道,乃复作贼。深当显戮,明日斩之。'至期食时,赤气数丈,贯日直度。天师寇谦之为帝所信,奏曰:'上天降异,正为道人,实非本心,愿不须杀。'帝弟赤竖王亦同谏请,乃下敕止之,犹虏掠散配役徒,唯朗等数僧别付帐下。及魏军东还,朗与同学中路共叛……七日达于仇池,又至梁汉,出于荆州。不测其终。"②此段文字,有两点值得注意:一是北魏攻北凉都城姑臧时,被迫助凉守城的和尚即有三千多人,可见当时姑臧城中僧人之多;二是在凉州活动的僧人,确被北魏俘往平城者。故《魏书·释老志》中说:"太延中,凉州平,徙其国人于京邑,沙门佛事皆俱东,象教弥增矣。"这就是说魏灭北凉,凉州沙门的东行是后来北魏佛教兴盛的重要原因之一。

史书明确记载,北凉灭亡之后,迁至北魏都城平城的僧人有昙曜、师贤、玄高、玄畅、慧崇等,凉州僧人惠始则是北魏攻占赫连氏"大夏国"国都统万时所得。

昙曜,道宣作传,称未知为何许人,实则来自凉州:"凉沮渠牧犍时有沙门昙曜,亦以禅业见称,伪太傅张潭伏膺师礼。"③

师贤,罽宾人,东游河西,439 年北魏灭掉北凉,徙于平城,罢佛法时,师贤假为医术还俗,而守道不改。于修复日,即反沙门,其同挚五人,帝乃亲为下发,师贤仍为道人统。④ 北凉灭后,迁入平城的师贤成为北魏的沙门领袖。

释玄高,原在陇右名山麦积,后入西秦,挂锡堂术(今永靖炳灵寺),不久又游凉土,受北凉沮渠蒙逊供养,时海西樊僧印,也从高学。魏太武帝灭北凉,其舅阳平王杜超,请玄高同还平城,大流法化。⑤

---

① 《魏书》卷四《世祖纪上》,第 90 页。
② 《续高僧传》卷二十六《魏凉州沙门释僧朗传》,《大藏经·史传部二》,中华书局,2014年,第 991—992 页。
③ 梁慧皎撰,汤用彤校注:《高僧传》卷十一《玄高传》,第 413 页。
④ 《魏书》卷一一四《释老志》,第 3036 页。
⑤ 梁慧皎撰,汤用彤校注:《高僧传》卷十一《玄高传》,第 409 页。

沙门释慧崇,曾为北魏尚书韩万德门师,与玄高同时被害于平城东隅,一都道俗,无不嗟骇。①

惠始,曾以鸠摩罗什为师,②罗什曾在凉州寓居十余年。"世祖平赫连昌,得沙门惠始,姓张。家本清河,闻罗什出新经,遂诣长安见之,观习经典。坐禅于白渠北,昼则入城听讲,夕则还处静坐,三辅有识多宗之……统万平,惠始到京都,多所训导,时人莫测其迹。世祖甚重之,每加礼敬。始自习禅,至于没世,称五十余年,未尝寝卧。"③这是与凉州佛教有着间接关系的僧人。

以上皆是迁入北魏的与凉州佛教有关联的僧人,这些僧人对于北魏的佛教发展至关重要,当然另一方面,北魏的这一举动对于凉州佛教的发展有一定的削弱作用,而且在灭北凉的过程中,还对凉州的佛经加以损毁,这也对凉州的佛教产生一定的消极影响,如凉州僧人佛陀跋摩(西域人),宋元嘉(424—453)中达于西凉,有沙门道泰游葱右,"得毗婆沙梵本十有万偈",后到达凉州,得知跋摩专于此论,请为翻译。沮渠牧犍于永和五年(437)于凉州城内闲豫宫中,请跋摩译焉,"再周方讫,凡一百卷"④。439 年北凉灭,皆被焚荡。⑤

三、西来僧人在平城的活动及其对北魏佛教的影响

北魏灭北凉后,西来的凉州僧人开始进入北魏的政治、经济、宗教等各个领域。

玄高迁入平城之后,北魏太子拓跋晃事玄高为师,后因晃一时被谗,为其父所疑,玄高令作"金光明斋"七日,太武帝梦其祖及父责问何故信谗,又下诏令太子共参国政。⑥ 当时崔浩、寇谦之得宠于太武帝,恐太子晃立承之

① 梁慧皎撰,汤用彤校注:《高僧传》卷十一《玄高传》,又参见《魏书》卷一一四《释老志》。
② 《魏书》卷一一四《释老志》,第 3032 页。
③ 同上书,第 3033 页。
④ 梁慧皎撰,汤用彤校注:《高僧传》卷三《译经》,第 97 页。
⑤ 同上注。
⑥ 事在元嘉二年,《宋书》卷九十五《索虏传》有诏书,但未言其信谗及感梦事,与《南齐书》及《高僧传》不同。

日,夺其威柄,又潜云"太子前事,实有谋心。但结高公道术,故令先帝降梦。如此物论,事迹稍形,若不诛除,必为巨害",太武帝遂纳其言,玄高被杀。① 由此可知,当时有一些从凉州东迁来的僧人可能介入北魏的政治斗争之中,也因此而被害。

东迁平城的僧人中以师贤、昙曜最为有名,而且对北魏的佛教影响最大。总的说来,师贤、昙曜等凉州沙门对北魏佛教的复兴主要做了以下三个方面的工作:

其一是大规模开凿石窟,重建寺院塔像。塔寺是释教之阵地,窟龛乃禅业之依托。石窟的开凿与兴建,可以更加广泛地起到宣扬佛教、招募僧侣和吸引信徒的作用。而北凉佛教传入北魏的主要是禅法,而佛徒习禅,多离不开佛像、禅窟。在太武帝灭佛时,"土木宫塔,声教所及莫不毕毁",因此,欲恢复佛法,首先要做的工作就是重建石窟塔寺。

北魏规模宏大的云冈石窟,正是在师贤、昙曜的主持、设计下开始开凿的。北魏文成帝即位当年(452),即下诏造石像,"令如帝身",兴光元年(454)秋,又下令于五级大寺为太祖以下五帝铸释迦立像五身,各长一丈六尺。② 至昙曜掌沙门统,请于京西武州塞凿壁开石造窟五所,镌佛像各一,其高者七十尺,次者六十尺,"雕饰奇伟,冠于一世"。北魏造像既为凉州僧人所创设,其立意、型制、技法亦应来自凉州。

其二是设置"僧祇户""佛图户",扩充寺院规模,确立经济特权。昙曜主持佛教事务时,曾奏明魏帝:平齐户及诸民,有能岁输谷六十斛入僧曹者,即为"僧祇户",粟为"僧祇粟"。至于俭岁,贩给饥民,又请民犯重罪及官奴以为"佛图户",以供诸寺洒扫,岁兼营田输粟。高宗并许之,于是僧祇户、粟及寺户,遍于州镇矣。③ 这一举措不仅明确规定寺院可以拥有众多供其驱使的下等人众,且给寺院提供了经营私利、发展势力的特权。由于僧徒免役免租,天下百姓纷纷出家,国家编民日趋减少,而寺院经济实力却得到了充分发展。孝文帝太和初,京城新旧寺院且百所,僧尼二千余人,四方诸寺六千

---

① 梁慧皎撰,汤用彤校注:《高僧传》卷十一《玄高传》,第409页。
② 《魏书》卷一一四《释老志》,第3036页。
③ 同上书,第3037页。

四百七十八,僧尼七万七千二百五十八人。《魏书·释老志》记载的这一数字是很能说明问题的。

其三是通过翻译佛教经典,从理论上弘扬佛法。太武灭法之时曾在诏书中提出佛法乃汉人无赖子弟"假西戎虚诞,妄生妖孽","虽言胡神,问今胡人,共云无有"。① 此说从根本上否定了佛之存在。为了弘扬释教,必须正本清源,从理论上找到可靠根据,以正视听。因此复法之时,昙曜即率僧众积极开展译经及宣传活动。

据《魏书·释老志》载:"昙曜又与天竺沙门常那邪舍等,译出新经十四部。又有沙门道进、僧超、法存等,并有名于时,演唱诸典。"另据《续高僧传》云:"曜慨前陵废,欣今重复,故于北台石窟集诸德僧,对天竺沙门,译《付法藏传》并《净度经》,流通后贤,意存无绝。"②

从这些不同记载看,昙曜前后曾主持翻译佛典多种。其中有昙曜译《付法藏传》四卷及后来他与天竺僧人吉逸夜共译《付法藏因缘传》六卷,此经对佛教传播之经过历然可考,具有极好的宣传价值。要言之,在昙曜的大力组织下,众僧翻译了一批释教经典,从理论上大大满足了僧俗需要,使佛法深入人心,普及各地。

而师贤与昙曜的上述这些活动,几乎都留有凉州的印记。从两地石窟的情况来看,早期相似之处很多。在佛教造像、佛教建筑等方面,云冈石窟与凉州地区石窟也有联系和传承。结合敦煌莫高窟、天水麦积山早期的情况来研究,我们可以看到一些具有共性的东西。据史书记载,早在北凉沮渠蒙逊时,就曾在姑臧南山雕石崖瑞像,"为其母造丈六石像"③。可见北凉时就已经开始造比较高大的石佛像,而且是以真人为模范。主持北魏石像建造的是来自凉州的昙曜,因此很难摆脱凉州时的影响,故而可以推测,北魏造像之用意是从北凉传承过来,至少也是从那里受到了启发。而且从佛像题材看,今存云冈昙曜五窟(16—20窟)多为释迦立像、菩萨装弥勒交脚像、阿弥陀佛像等,而凉州南山之石像也多为释迦、菩萨装弥勒、佛装弥勒以及

---

① 《魏书》卷一一四《释老志》,第 3034 页。
② 《续高僧传》卷一《元魏北台恒安石窟通乐寺沙门释昙曜传》,第 12 页。
③ 道世:《法苑珠林·敬佛篇》,上海古籍出版社,1991 年,第 112 页。

阿弥陀等。二者非常相似,而且二者的壁画、壁面雕刻往往以千佛的形象为多。再从雕像风格看,"凉州模式"的佛和菩萨"面相浑圆,眼多细长型、深目高鼻,身躯强健"①。而昙曜五窟之形象也大体与此相仿。因此可以说,昙曜五窟的这些风格都是受凉州的影响所致。其实昙曜五窟的意义应该进一步研究,佛教传入南方之后,曾发生过两次"沙门是否应敬王者"的争论,一次是东晋咸康六年(340),庾冰辅政,为帝出诏令僧致拜,受到朝臣何充的反对;一次是东晋末年(403),桓玄与慧远的争论,两次争论在南方佛教发展史上意义都很重大,但是在北方,却没有出现诸如此类的争论,昙曜五窟的开凿可以说是用行动对这一争论进行了回应。

除此之外,凉州对平城佛教的影响还体现在其他方面,比如平城佛教的风格、特点等方面:

在两晋南北朝时期的佛教有南北二统,北统重视禅法戒律,这也与凉州有着密不可分的关系。凉州的很多僧人比较重视"禅法""禅定",如玄高之辈,是当时有名的禅学大师。

据《出三藏记集》卷八记载,《大般涅槃经》是在河西王(沮渠蒙逊)劝请下由昙无谶翻译的。因此经"盖是法身之玄堂,正觉之实称,众经之渊镜,万流之宗极",所以译出之后,影响极大,此经主张"一切众生,皆有佛性"。这与"般若"学派宣扬的"一切皆空"大异其趣。同时,北凉时推重禅法戒律,而昙无谶又以方术知名,他所译《菩萨戒本》,受到凉土僧人的高度重视,据《法苑珠林》卷九十八所记,当时有道进、道朗等三千余人纷纷受戒,足见大乘戒在凉土的影响之大。后来北朝佛学特重禅法戒律,追溯其源,与北凉时昙无谶的传译大有关系。"《菩萨戒》实先行于凉州,其后在北朝时,禅法戒律为所持重。而《菩萨戒》诸经之研求,几专在北方。观此则凉州佛学之影响北朝者,概可知矣。"②

其实在北魏的发展过程中,也有过其他地区佛教的因素,如赵地僧人法果。"皇始中,赵郡有沙门法果……太祖闻其名,诏以礼征赴京师。后以为道人统……法果每言太祖明睿好道,即是当今如来,沙门宜应尽礼,遂常致

---

① 宿白:《凉州石窟遗迹与"凉州模式"》,《考古学报》1986年第4期。
② 汤用彤:《汉魏两晋南北朝佛教史》,第268页。

拜。谓人曰:'能鸿道者人主也,我非拜天子,乃是礼佛耳。'"①法果的这一思想应该对昙曜五窟以帝王为范而开凿的范式有着一定的影响或推动作用。但是为什么北魏平城境内其他地区佛教因素没有被后人注意呢？其中原因之一应该是由凉州传入平城的佛法特点而决定的。凉州迁至平城的僧人著名者皆修习的是禅法,而禅法注重的一个方面就是修建石窟,这种容易保留下来的石窟使得后人了解当时北魏佛教的相关情况时,其他地区的因素就被忽略或遮蔽,而凉州佛教的因素则更加凸显。

这是凉州僧人对平城佛教风格的影响,对于北魏佛教其他方面的贡献,如寺院经济方面,也有着凉州人的痕迹。北凉灭亡之后,按《释老志》高肇奏云:"凉州军户赵苟子等二百家为僧祇户。"②这些原居于凉州的其他人户对于平城佛教的影响也应该得到关注。

综上所述,丝绸之路上的两个城市凉州与平城,因为宗教的因素产生了密切的联系。凉州与平城地区的佛教发展与兴盛有着密不可分的关系。北魏灭北凉之后,曾寓居凉州的僧人主动或被动地迁入北魏当时的都城平城,在平城这些僧人积极结交鲜卑贵族,为"太子师"出入宫廷,参与到北魏的政治等各个方面,迁入的其他人户作为"僧祇户"也为北魏境内的僧人服务,更引人注目的是师贤和昙曜先后担任沙门统之职,参与了北魏全国佛教的直接管理和某些有关制度的制定等,对北魏佛教有非常重要的影响,而昙曜主持开凿的云冈石窟更是以惊人之姿向世人展示着凉州僧人的卓越。

---

① 《魏书》卷一一四《释老志》,第 3031 页。
② 同上书,第 3042 页。

从"凉州石窟"到"云冈石窟"

——昙曜其人其事简述

柴多茂

武威市凉州文化研究院

云冈石窟开凿于北魏文成帝和平元年（460），是北魏定都平城（今山西大同）后精心打造的皇家佛教圣地，历时70年完成。编号第16至20窟为早期洞窟，是凉州籍高僧昙曜主持设计、诸多凉州僧人开凿的，被称为"昙曜五窟"，堪称中华佛教艺术的巅峰之作，代表了5世纪世界美术雕刻的最高水平。

一、昙曜生平简介

昙曜，生年不详，约卒于487—489年间，籍贯凉州（一说为罽宾人，今克什米尔一带）。他少年出家，修行禅法，坚守戒律，节操高拔，是北魏时期佛学修养最深、最有才华的一位高僧。

昙曜年轻时期所处的时代是匈奴族卢水胡沮渠蒙逊建立的北凉。在都城姑臧，他受到了太傅张潭的特别礼遇。太延五年（439）七月，北魏攻陷姑臧，北凉灭亡，迁僧人工匠3 000人、北凉国人3万户到都城平城（今山西大同市），昙曜亦在随迁的僧团之中。

入魏后，昙曜历经北魏太武、文成、献文、孝文四朝，深得皇帝知遇和礼敬。北魏太武帝年间的灭佛事件，诛沙门，焚寺院，毁佛像，许多僧人纷纷还俗以免惨遭杀害。唯独昙曜坚固道心，俨然持守其身，即使太子再三加劝，仍密持法服器物。文成帝即位后，再兴佛教，特任其为沙门统，管理僧众，整修寺宇，道誉日高。后来，他又奏请皇帝设僧祇户、僧祇粟，建立佛图户制度，作为兴隆佛法之资，并在大同通乐寺召集僧士，翻译佛经。

二、历代古籍中对昙曜的记载

昙曜的事迹首载于梁朝慧皎《高僧传》,北齐魏收《魏书·释老志》和唐朝道宣《续高僧传》、靖迈《古今译经图纪》亦有记载。

慧皎《高僧传》没有为昙曜立传,但其事迹记载于《玄高传》后,曰:

> 时河西国沮渠茂虔,时有沙门昙曜,亦以禅业见称,伪太傅张潭伏膺师礼。①

《魏书·释老志》的记述颇为详细,载曰:

> 沙门昙曜有操尚,又为恭宗所知礼。佛法之灭,沙门多以余能自效,还俗求见。曜誓欲守死,恭宗亲加劝喻,至于再三,不得已,乃止。密持法服器物,不暂离身,闻者叹重之。②

又云:

> 和平初,师贤卒。昙曜代之,更名沙门统。初昙曜以复佛法之明年,自中山被命赴京,值帝出,见于路,御马前衔曜衣,时以为马识善人。帝后奉以师礼。昙曜白帝,于京城西武州塞,凿山石壁,开窟五所,镌建佛像各一。高者七十尺,次六十尺,雕饰奇伟,冠于一世。昙曜奏:平齐户及诸民,有能岁输谷六十斛入僧曹者,即为"僧祇户",粟为"僧祇粟",至于俭岁,赈给饥民。又请民犯重罪及官奴以为"佛图户",以供诸寺扫洒,岁兼营田输粟。高宗并许之。于是僧祇户、粟及寺户,遍于州镇矣。昙曜又与天竺沙门常那邪舍等,译出新经十四部。③

道宣《续高僧传》对慧皎《高僧传》进行补苴增赓,补叙北魏高僧昙曜、昙鸾、道辩、道登等人,缉成正传。其《昙曜传》云:

> 释昙曜,未详何许人也。少出家,摄行坚贞,风鉴闲约。以元魏和

---

① 《高僧传》卷一一《释玄高》,中华书局,1992年,第413页。
② 《魏书》卷一一四《释老志》,中华书局,1974年,第3035页。
③ 同上书,第3037页。

平年任北台昭玄统,绥缉僧众,妙得其心。住恒安石窟通乐寺,即魏帝之所造也。[1]

靖迈所撰《古今译经图纪》四卷载:

> 沙门释昙曜,恒安石窟通乐寺僧。自少出家,器宇崇峙。风鉴闲约,戒行坚贞。……至和平三年岁次壬寅,昙曜为昭玄统。慨前陵废,欣今再兴,自于北台石窟寺,对印度沙门集诸大德译《净度三昧经》(一卷)、《付法传》(四卷),凡二部合五卷。[2]

三、昙曜对佛教文化的贡献

昙曜一生处于风云变幻的时代,但他以大无畏的精神和超凡的智慧,展开一系列复兴佛教的工作,无论在政治、经济、教化、艺术还是译经上,都将佛教带向复苏、繁荣,为中华佛教文化做出了重要贡献。

(一) 在凉州的功绩

十六国时期,凉州佛教文化得到了空前发展,开凿石窟、雕塑佛像、翻译佛经,呈现出一派兴旺的景象,为中原的佛教传播奠定了坚实的基础。据《魏书·释老志》载:

> 凉州自张轨后,世信佛教。敦煌地接西域,道俗交得其旧式,村坞相属,多有塔寺。[3]

翻译佛经。五凉时期,凉州僧人不仅赴西求经,返回后译经传播,使凉州成为中国佛法最盛地之一。除前凉外,后三个凉国中,北凉的译经成绩最为突出,当时闻名凉州及西北的佛经翻译家有道龚、法众、僧伽陀、昙无谶、沮渠京声、道泰和昙曜等。在凉州,昙曜参与翻译了长达 10 万偈的梵文本鸿篇巨制《大毗婆娑经》。这部经书被称为"三藏之指归,九部之司南",由凉

---

[1] (唐) 道宣撰,郭绍林点校:《续高僧传》卷一,中华书局,2014 年,第 12 页。
[2] (唐) 靖迈著:《古今译经图纪》,永乐北藏整理委员会《永乐北藏》第 144 册,线装书局,第 809—810 页。
[3] 《魏书》卷一一四《释老志》,第 3032 页。

州僧人道泰从西域带回姑臧。北凉王沮渠牧犍召集了 300 多名凉州僧人翻译此经,昙曜便参加了这次译经。可惜书成不久,北凉灭亡,此经横遭劫难,百卷之数,仅存 60 卷,即为流传于后世的《贤愚经》。同时,昙曜还参与翻译了《优婆塞戒经》。

建寺立塔。五凉时期,凉州城乡塔寺林立。据《高僧传·昙摩密多传》载:“顷之,复适凉州,仍于公府旧事,更葺堂宇,学徒济济,禅业甚盛。”①又《集神州塔寺三宝感通录》载:“于州南百里,连崖绵亘,东西不测,就而斫窟,安设尊仪,或石或塑,千变万化,有礼敬者,惊眩心目。”②姑臧城内的清应寺及姑洗塔即建于前凉时期,武威天梯山石窟亦开凿于北凉沮渠蒙逊时期(约在 412—433)。这些佛教活动,昙曜亦全部参加。特别是天梯山石窟的开凿,昙曜应是深度参与,在建筑艺术的中西结合方面作了初步的探索和尝试,为日后主持开凿云冈石窟奠定了坚实的基础。

昙曜参与开凿的天梯山石窟,是我国开凿最早的石窟之一,也是我国早期石窟艺术的代表,是云冈石窟、龙门石窟的源头,在我国佛教史上具有重要地位,著名考古学家宿白教授称之为“凉州模式”,在学术界有着“石窟鼻祖”之称。

(二)昙曜在平城的功绩

《魏书·释老志》载:“太延中,凉州平,徙其国人于京邑。沙门佛事皆俱东,象教弥增矣。”③昙曜对佛教文化的贡献主要体现在入魏后的平城活动中,集中表现在文成复法后的沙门统任上开窟造像、翻译佛经、改制寺院经济等。

翻译佛经。昙曜在武州山通乐寺设官署译场,这是中国石窟寺最早的译经场。据载:昙曜译经僧团主要人员有吉迦叶、常那邪舍、昙靖以及负责笔录汉文的刘孝标等。昙曜在平城组织过两次大规模的译经活动:一次是在和平三年(462),另一次是在延兴二年(472)。唐朝智昇《开元释教录》卷

---

① 《高僧传》卷三《昙摩密多》,第 121 页。
② (唐)道宣:《集神州塔寺三宝感通录》,永乐北藏整理委员会《永乐北藏》第 143 册,线装书局,第 404 页,作者自断句。
③ 《魏书》卷一一四《释老志》,第 3032 页。

第六载："以北魏孝文帝延兴二年壬子,为昭玄统沙门昙曜译《大方广十地》等经五部,刘孝标笔受。"隋朝费长房《历代三宝纪》卷第三载："和平元三年昭玄沙门昙曜欣三宝再兴,遂于北台石窟寺,躬译《净度三昧经》一卷、《付法藏传》四卷,流通像法也。"僧祐《出三藏记集》卷二载："《杂宝藏经》十三卷(阙)、《付法藏因缘经》六卷(阙)、《方便心论》二卷(阙)。右三部,凡二十一卷。宋明帝时,西域三藏吉迦夜于北国以伪延兴二年,共僧正昙曜译出,刘孝标笔受。此三经并未至京都。"

"昙曜五窟"。《中华文明史》(第 4 卷)写道:大同云冈石窟中年代最早的 16—20 窟,即著名的"昙曜五窟",是来自凉州、当时身为沙门统的僧人昙曜所开。"昙曜五窟"是武威天梯山石窟"凉州模式"的承袭与超越,揭示了与印度佛教不同的中国佛教艺术的开创,代表了我国北魏时期造型艺术的巅峰水平。"昙曜五窟"吸收了外来佛教造像艺术的精华,特别是"凉州模式",发展创新了中国式的佛教造像艺术,体现了我国北方各民族的精神风貌和传统艺术精髓。"昙曜五窟"所显示的粗犷、雄浑、朴实、大气的风格,以及造像中以"气"为主的造型艺术特色,是云冈石窟佛教造像所特有的。

改制寺院经济。昙曜任沙门统后,还把产生于凉州的"僧祇户"制度移至北魏,"僧祇之粟,本期济施,俭年出贷,丰则收入。山林僧尼,随以给施;民有窘弊,亦即赈之"。另外,他还创立了"僧祇粟""佛图户"制度,这不仅改善了当时的经济生活,更是中国经济史上的一大贡献。

四、凉州石窟对云冈石窟的影响

"昙曜五窟"是凉州造像艺术在云冈的一次完美展现。北凉时期,河西走廊大兴石窟,肃南马蹄寺石窟、酒泉文殊山石窟、玉门昌马石窟的第四窟、千佛洞、敦煌莫高窟第 268、272、275 窟等相继开凿。昙曜继任道人统后,建议文成帝于武州山开凿石窟。作为云冈石窟的主持者,昙曜将凉州佛教的造像艺术完美地融入石窟造像中。"昙曜五窟"从雕刻风格来看,佛像一般为磨光肉髻,面相浑圆、眉眼细长、深目高鼻、身躯健硕,这与凉州石窟的造像风格极其一致。

凉州禅修文化深刻影响着云冈石窟的开凿。五凉时期,因频繁的战乱,凉州禅法最盛,故而禅僧较多,昙曜即以禅业见称。入魏后,昙曜将凉州一带盛行的佛教修习文化带入平城,在平城选择开凿石窟时,便依凉州石窟所处环境为凭,并遵照习禅的要求。《水经注》载"山堂水殿,烟寺相望,林渊锦镜,缀目新眺",可见武州山石窟寺依山临水,环境深幽,适宜修禅。石窟西部、中部上方现存大量单独开凿的小窟,均位于造像窟附近,窟门呈圆拱形,窟顶为平顶或穹窿顶,窟内平面略方形,应都是禅窟。

从疏勒到高昌

——丝路北道的佛教传播*

陈大为

上海师范大学人文学院

从公元前 3 世纪孔雀王朝阿育王时代开始,佛教向印度各地以及周边国家传播,南到斯里兰卡和东南亚各国,北至中亚、西亚的大月氏、安息、康居,并越过帕米尔高原传入中国西北地区。

公元前 1 世纪左右佛教传入中国新疆地区,传入路线有两条:一条由迦湿弥罗(即古代的罽宾,约为现在的克什米尔地区)经丝绸之路南道首先传入于阗(今新疆和田),另一条由大月氏、康居经丝绸之路北道传入疏勒(今喀什)、龟兹(今库车)以及高昌(今吐鲁番)地区,时间略晚于于阗。经过一百多年的发展,东汉时期佛教在新疆得到了普遍传播和信仰,出现了佛教图像、寺塔、石窟等佛教建筑。发展到魏晋南北朝隋唐时期,新疆佛教进入鼎盛时期。于阗、疏勒、龟兹、高昌成为重要的佛教中心。本文探讨的是 10 世纪以前丝绸之路北道(疏勒、龟兹、高昌)佛教传播的历史。

一、佛教在疏勒的传播

疏勒是西域古国,汉代西域三十六国之一,位于今天的新疆喀什地区,居陆上丝绸之路南、北两道的交会点,是东西交通的重要枢纽。至于疏勒的名称,《大唐西域记》卷一二云:"旧谓疏勒者,乃称其城号也。"疏勒国号的正

---

* 本文是国家社科基金一般项目"中古时期敦煌在家信众的佛教信仰研究"(项目编号:16BZS042)、上海市"曙光计划"项目"丝绸之路上的佛教传播研究"(项目编号:17SG42)的阶段性成果。

音应该是"室利讫栗多底","疏勒"这个名称是以讹传讹。然而佛经汉译本《大孔雀咒王经》和《佛母大孔雀明王经》卷中都曾载有"疏勒"之名。《慧苑音义》则注说疏勒系简称。据《汉书·西域传》记载：

> 疏勒国,王治疏勒城,去长安九千三百五十里,户千五百一十,口万八千六百四十七,胜兵二千人。……东至都护治所二千二百一十里,南至莎车五百六十里。有市列。西当大月氏、大宛、康居道也。

由于疏勒与大月氏相邻,因此很早就接触到佛教。据《后汉书·西域传》记载,东汉安帝元初年间(114—120),疏勒王安国以舅舅臣磐有罪"徙于月氏",但"月氏王亲爱之",后"月氏乃遣兵送还疏勒国……迎臣磐立为王"。玄奘在《大唐西域记》卷一"迦毕试国"条也记述此事：

> 昔健驮逻国迦腻色迦王,威被邻国,化洽远方,治兵广地。至葱岭东,河西蕃维畏威送质。迦腻色迦王既得质子,特加礼命,寒暑改馆。冬居印度诸国,夏还迦毕试国,春秋止健驮逻国。故质子三时住处各建伽蓝。今此伽蓝,即夏居之所建也。故诸屋壁图画质子,容貌服饰颇同东夏。其后得还本国,心存故居,虽阻山川,不替供养。①

这位"葱岭东河西蕃维"所遣的质子,正是前文提到的臣磐。月氏王为臣磐在三个住处分别建了伽蓝(即僧院),以便冬夏迁居。可见臣磐在月氏为质时已崇信佛教,回疏勒继承王位后,因"心存故居,虽阻山川,不替供养",于是在疏勒凭借他的政治力量推行佛教,说明至迟在2世纪初疏勒已有佛教传入。"但考虑到疏勒与大月氏贵霜的密切关系,佛教的传入似应更早。"②臣磐主政期间笃信佛法,在疏勒国内广修佛寺,开窟造像。据考证位于今天喀什市北部10余公里处的伯什克然木河右岸峭壁间的三仙洞石窟寺就是臣磐在位时开凿的重要洞窟,玄奘西行时也见过这所伽蓝。从佛像和壁画特征判定洞窟开凿年代相当于东汉时期,这是目前所知中国西部保存下来的最古老的一处洞窟。

---

① （唐）玄奘、辩机著,季羡林等校注：《大唐西域记校注》,中华书局,1985年,第138—139页。
② 李进新：《丝绸之路宗教研究》,新疆人民出版社,2009年,第72页。

东晋安帝隆安四年(400),法显远赴天竺时曾途经疏勒,记述了当地般遮越师(即五年佛教大会),四方僧侣云集,疏勒王及群臣供养布施的盛况:

> 其国王作般遮越师,般遮越师,汉言五年大会也。会时,请四方沙门皆来云集,集已,庄严众僧座处,悬缯幡盖,作金银莲华,着僧座后,铺净坐具。王及群臣如法供养,或一月、二月,或三月,多在春时。王作会已,复劝诸群臣设供养,或一日、二日、三日、五日。供养都毕,王以所乘马,鞍勒自副,使国中贵重臣骑之,并诸白氎、种种珍宝,沙门所须之物,共诸群臣,发愿布施。布施已,还从僧赎。其地山寒,不生余谷,唯熟麦耳。众僧受岁已,其晨辄霜。故其王每请众僧,令麦熟然后受岁。其国中有佛唾壶以石作,色似佛钵。①

《法显传》的描述将疏勒五年佛教大会法相庄严、法器辉煌之情景展现得淋漓尽致,正如释道安所言"不依国主,则法事难立"②,上引材料体现了疏勒王对佛教的鼎力支持,以致疏勒佛教昌明隆盛。疏勒国流行小乘佛法,法显在行记中称"又有佛一齿,其国中人为佛齿起塔。有千余僧,尽小乘学"。而到玄奘行经疏勒时,谓该国"语言辞调,异于诸国,淳信佛法,勤营福利,伽蓝数百所,僧徒万余人,习学小乘教说一切有部,不究其理,多讽其文,故诵通三藏及《毗婆沙》者多矣"。《毗婆沙》是对佛典(尤其是律典或论典)的详细解说书。较之当时同为西域佛教文化中心的龟兹与于阗各只有伽蓝百余所、僧徒五千余人的情况,疏勒国的佛教蔚为可观,但因玄奘主张大乘佛法,所以指出该国僧众"不究其理,多讽其文",语有几分嘲讽批评意味,这也可以从整本《大唐西域记》中对疏勒国的记载较为简略中看出来。至8世纪初期新罗僧人慧超往五天竺国巡礼经过疏勒时,此国仍然流行小乘佛教,"有寺有僧,行小乘法,吃肉及葱韭等"。虽然疏勒国以小乘佛教为主流,但对大乘佛法并非完全排斥。公元356年,鸠摩罗什结束在罽宾(今克什米尔地区)的留学,12岁的他与母亲返回龟兹途中,在疏勒驻留年余,修习阿毗昙及六足论,应邀为王室讲说小乘经典《转法轮经》,并从大乘僧人、莎车王子须利耶苏摩诵读《中论》《百论》和《十二门论》,复从佛陀耶舍授读《十诵律》等。

---

① 章巽:《法显传校注》,上海古籍出版社,1985年,第20页。
② (梁)释慧皎:《高僧传》卷五,《大正藏》第50册,第352页上。

鸠摩罗什在疏勒完成了从小乘到大乘的转变,为他日后成为佛学大师和著名佛经翻译家奠定了基础。585 年,南印度僧人达摩笈多于来华途中,路经此国,挂锡国王所建的伽蓝二年,"仍为彼僧讲《说破论》,有二千偈,旨明二部,多破外道。又为讲《如实论》,亦二千偈,约其文理乃是世间论义之法"。《说破论》《如实论》均为大乘佛教的入门之书,在"王寺"宣讲大乘学说,也并未遭到禁止。1882 年任沙俄驻喀什噶尔总领事的彼得罗夫斯基就曾在喀什发现了一卷古梵语本《法华经》,而这正是大乘佛教的重要经典。

武周天授元年(690),武则天向全国各地颁发《大云经》并令诸州兴建大云寺。《旧唐书》卷六,载初元年(689)七月条下曰:"有沙门十人伪撰《大云经》,表上之,盛言神皇受命之事。制颁于天下,令诸州各置大云寺。"①《唐会要》卷四八"寺"条云:"天授元年十月二十九日,两京及天下诸州,各置大云寺一所。"②《资治通鉴》卷二〇四亦载:"(天授元年)十月,……壬申,敕两京、诸州各置大云寺一区,藏《大云经》,使僧升高座讲解。"③疏勒都督府费时十余年在境内兴修了名扬西域的疏勒大云佛寺。其实疏勒建有大云佛寺并不奇怪,连远在今吉尔吉斯斯坦阿克贝希姆遗址的碎叶城中,也有武周时敕建的大云寺。根据莫尔佛塔("莫尔"亦译作"莫热墩")所处地理位置及遗址形制,特别是僧房和佛堂遗址上用粉白的石膏为地面铺料的华贵装饰,学者考证这很可能就是当年疏勒大云寺的遗址。莫尔佛塔位于喀什市东北约三十公里处,该塔由一座卵圆形土塔和一座覆斗形高台构成。卵圆形土塔中空,塔高十二米多,下有三层方座,以大土坯砌筑而成,土塔旁边的巨大高台,是这里的中心建筑,专门用来供佛。墙壁龛内的佛像因年久剥落,已荡然无存,但佛龛的痕迹仍然依稀可辨。莫尔佛塔附近,尚存有房舍数间,似为当年僧房。还有古代坎儿井一排,绵延约 1 公里,应是当年寺僧为取水或种植而凿。这座佛塔,是中国西部比较早的佛塔遗址,是东西方文化交流的见证。

唐中后期,伊斯兰势力入侵,喀拉汗王朝定都喀什噶尔之后,于 960 年

---

① (后晋)刘昫等:《旧唐书》,中华书局,1975 年标点本,第 121 页。
② (宋)王溥:《唐会要》上册,上海古籍出版社,1991 年,第 996 页。
③ (宋)司马光等:《资治通鉴》,中华书局,1956 年标点本,第 6469 页。

正式宣布伊斯兰教为国教。996 年,疏勒的佛教徒联络同样信仰佛教的于阗势力举行过最大的也是最后的一次武装暴动,曾一度占领了喀什噶尔城,但很快就被喀拉汗王朝的大军镇压,喀什佛教遭到严重破坏,最终消亡。

二、佛教在龟兹的传播

龟兹,在汉朝时系西域北道诸国之一,地处丝绸之路上的中西交通要冲,古代居民多属于雅利安人种,公元 840 年后,回鹘人到来,人种和语言均逐渐回鹘化。龟兹国名始见于班固《汉书·西域传》中,列为西域三十六国之一:

> 龟兹国,王治延城,去长安七千四百八十里。户六千九百七十,口八万一千三百一十七,胜兵二万一千七十六人。大都尉丞、辅国侯、安国侯、击胡侯、却胡都尉、击车师都尉、左右将、左右都尉、左右骑君、左右力辅君各一人,东西南北部千长各二人,却胡君三人,译长四人。南与精绝、东南与且末、西南与扜弥、北与乌孙、西与姑墨接。能铸冶、有铅。东至都护所乌垒城三百五十里。

延城,唐代称伊逻卢城,即今天新疆库车东郊皮朗古城。精绝位于今新疆民丰县尼雅河下游,且末在今且末县北部,扜弥位于今于田县克里雅河下游,乌孙位于今伊犁河上游,姑墨即今拜城县。乌垒城在今轮台县东北,是当时汉西域都护的治所。《后汉书》卷八八《西域传》云:"建初三年(78),班超遂定西域,因以超为都护,居龟兹。"龟兹国的疆域,据《三国志》卷三〇云:"姑墨国、温宿国、尉头国皆并属龟兹也。"《北史》卷九七《列传》中记载更为详细:"姑墨国,居南城,在龟兹西,去代一万五百里,役属龟兹。温宿国,居温宿城,在姑墨西北,去代一万五百五十里,役属龟兹。尉头国,居尉头城,在温宿北,去代一万六百五十里,役属龟兹。"①龟兹国以库车绿洲为中心,最强盛时期领土范围包括今天库车、轮台、沙雅、新和、拜城以及阿克苏等县市,在西域诸国中最为强大。

---

① (唐)李延寿:《北史》卷九七《列传》第八五"西域"条,中华书局,1974 年标点本,第 3216—3218 页。

　　龟兹在汉代丝绸之路北道中段占据关键位置,成为佛教东传的前沿和咽喉地带。1889年,一些探宝人在库车附近的一座废弃佛塔中,偶然得到了一批写在桦树皮上的梵文贝叶佛经,次年,一个名叫鲍威尔(H. Bower)的英国军官在库车收购了其中一部分文献,经时任孟加拉亚洲学会总干事的德裔英籍梵文专家霍恩雷(August Friedrich Rudolf Hoernle)教授考证是4世纪下半叶抄写的梵文《大孔雀明王经》①。随后日本、沙俄、德国等国探险家也多次发现龟兹语《大般涅槃经》《法句经》《悲华经》以及《十诵比丘戒本》等佛典残片。龟兹在地理位置上处在疏勒之东,并与疏勒有着千丝万缕的联系。《后汉书·班超传》载,永平十六年(73),龟兹王倚仗匈奴之威势,控制西域北道,进攻疏勒而杀其王,并立龟兹大臣兜题为新王。"可知龟兹与疏勒关系之密切,则佛教昔由疏勒方面输入自不为无理也。"②季羡林先生也曾指出:"佛教由印度西传至大夏,再由大夏向偏东方向流布,直到疏勒,然后再向东进向龟兹和焉耆。"③佛教传入龟兹的时间因缺乏史籍可考,尚无定论。《梁书·刘之遴传》载:"澡灌一口,铭云:元封二年,龟兹国献。"澡灌是佛教僧人使用的器物,"龟兹将一澡灌献给汉中央朝廷,必是一种重大的礼仪,很可能代表佛教集合的一种敬意"④。汉武帝元封二年也就是公元前109年,若这一时期龟兹已有佛教存在,则不但早于于阗,而且还早于大月氏,从地理方位上分析,不太可能,因缺乏旁征,也只能备一说,仅作参考。但根据汉文典籍中的一些资料可以判定,至迟在东汉初年龟兹王室就已经信仰了佛教。据《后汉书·班超传》记载,东汉永元三年(91)西域长史班超破月氏,废掉龟兹王尤利多,而立白霸为王。自此直到唐代中期,龟兹王室多以白或帛为姓,《魏书·西域传》称龟兹国"都延城,汉时旧国也,其王姓白","白""帛"通假。《新唐书·龟兹传》亦云:"俗断发齐项,惟君不剪发,姓白氏。"白姓源自古印度传说中的英雄Arjuna,该词在印度古语中

①　*The Bower Manuscript*, 3 parts, Calcutta 1893—1912.

②　［日］羽溪了谛:《西域之佛教》,贺昌群译,商务印书馆,1999年,第184页。

③　季羡林:《佛教传入龟兹和焉耆的道路和时间》,《社会科学战线》2001年第2期,第229页。

④　周青葆:《丝绸之路与龟兹佛教》,《丝绸之路》2011年第22期,第5页。

意为"白"。① 后来以白或帛为姓的西域僧人均来自龟兹,并且多为王室中人。所以,一般认为这时的龟兹王室已皈依了佛门。②

公元3世纪中期,佛教在龟兹地区广为传布,僧俗开窟造寺、礼佛供养活动已相当频繁。《晋书·四夷传》载:"龟兹国西去洛阳八千二百八十里,俗有城郭,其城三重,中有佛塔庙千所,僧侣近万人。"僧祐《出三藏记集·鸠摩罗什传》也提到"龟兹僧一万余人,几占龟兹人口十分之一"。《出三藏记集》卷一一《比丘尼戒本所出本末序》云:

> 拘夷国(即龟兹国)寺甚多,修饰至丽,王宫雕镂,立佛形象,与寺无异。有寺名达慕蓝百七十僧,北山寺名致隶蓝六十僧,剑慕王新蓝五十僧,温宿王蓝七十僧。右四寺,佛图舌弥所统。寺僧皆三月一易屋床座,或易蓝者。未满五腊,一宿不得无依止。王新僧伽蓝(九十僧,有年少沙门鸠摩罗什,才大高,明大乘学,与舌弥是师徒,而舌弥,《阿含》学者也),阿丽蓝(百八十比丘尼),输若干蓝(五十比丘尼),阿丽跋蓝(三十尼道)。右三寺,比丘尼统,依舌弥受法戒。比丘尼,外国法不得独立也。此三寺尼,多是葱岭以东王侯妇女,为道远集斯寺。用法自整,大有检制。亦三月一易房,或易寺。出行,非大尼三人不行。多持五百戒,亦无师一宿者,辄弹之。今所出《比丘尼大戒本》,此寺所常用者也。③

文中佛图舌弥是《阿含》学者,小乘造诣誉满西域,管辖着诸多寺院,既有僧寺又有比丘尼寺。这是龟兹佛教隆盛时期的写照,国王对佛教的推崇无疑是龟兹佛教昌盛的重要原因。

郦道元《水经注》卷二引《释氏西域记》云:"龟兹国北四十里有寺,名雀离大清净。"雀离大寺即上引《出三藏记集》所称北山之寺"致隶蓝",致隶系雀离的异译名,雀离大寺享有龟兹国寺的地位,《高僧传·鸠摩罗什传》记载鸠摩罗什尚在胎中之时,其母"慧解倍常,闻雀梨大寺名德既多,又有得道之

---

① 苏北海先生持不同看法,他认为一个民族的姓不可能来自别族,只可能来自本族,因为它主要是代表了某种血缘关系,所以坚持认为龟兹白姓也来源于龟兹族的部落名称。参见苏北海《丝绸之路龟兹研究》,新疆人民出版社,2009年,第33页。

② 李进新:《丝绸之路宗教研究》,新疆人民出版社,2009年,第80页。

③ (梁)释僧祐撰,苏晋仁、萧鍊子点校:《出三藏记集》,中华书局,1995年,第411页。

僧,即与王族贵女、德行诸尼,弥日设供,请斋听法"。鸠摩罗什得道之后也曾应龟兹王之邀,在此寺升座为西域诸国信佛之王公、民众宣讲佛法。雀离大寺在唐代称作昭怙厘大寺,《大唐西域记·屈支(龟兹)》云:

> 荒城北四十余里,接山阿隔一河水,有二伽蓝,同名昭怙厘,而东西相称。佛像庄饰,殆越人工。僧徒清肃,诚为勤励。东昭怙厘佛堂中有玉石,面广二尺余,色带黄白,状如海蛤。其上有佛足履迹,长尺有八寸,广余六寸矣。或有斋日,照烛光明。

可以想象当年昭怙厘大寺香火隆盛、高僧云集的场面,据考证昭怙厘大寺就是现在的苏巴什佛寺遗址。苏巴什佛寺位于库车县城东北23公里的确尔达格山(又称雀离塔格山)南麓,在铜厂河出口处两岸,东寺和西寺隔河相望。二寺均用土坯建造,东寺已毁,存庙塔、僧舍遗迹。西寺尚存僧舍残垣和数处高塔,佛塔在形制方面受到犍陀罗艺术的影响。北面有一排佛洞,洞壁上刻有佛像和龟兹文题刻。遗址曾出土过大量六朝、隋唐和北宋时期的佛教艺术品,以及龟兹文、汉文、回鹘文、梵文等佛经、书简、寺院经济文书。该遗址还曾出土多件舍利盒,是20世纪初分别由日本人大谷光瑞探险队以及法国人伯希和掘出,其中大谷光瑞探险队所获舍利盒是7世纪某位高僧大德的遗物,盒身周围绘制有精美的图像,是一队造形十分生动的乐舞图,正所谓"龟兹乐舞,名噪中原"、"管弦伎乐,特善诸国"。亦如《新唐书·龟兹传》所言"俗善歌乐,旁行书,贵浮屠法"。

魏晋时期西域高僧来中原传教者已不绝于途,其中不少译经大师来自龟兹,如曹魏时期出家为僧的龟兹国王世子帛延(亦称白延)"善晋胡音"且"博解群籍,内外兼综"。《开元释教录》卷二载其于高贵乡公甘露三年(258)"游化洛阳,止白马寺",译出了《首楞严》《须赖经》等大乘经典以及小乘部经《除灾患经》。西晋武帝太康五年(284),竺法护从龟兹副使美(或作羌)子侯处得到《阿惟越致遮经》,并在敦煌翻译此经。太康七年(286),竺法护译《正法华经》时说:"天竺沙门竺力、龟兹居士帛元信共参校。"帛元信即为龟兹国来华之居士。西晋惠帝时(290—306),龟兹僧法立和法炬(姓帛)翻译除《大方等如来藏经》一部大乘方等部经外,其余多为阿含部小乘经典。帛尸梨蜜多罗,本为龟兹国"国王之子,当承继世,而以国让弟",出家为僧。晋永嘉年间,帛尸梨蜜多罗来到中国,主持译出《大孔雀王神咒》《孔雀王杂神咒》各一卷。他是第一个将密宗咒法传授到中原的西域僧人,时人称他为"高座",后其墓葬地竟成寺院,名"高座寺"。佛图澄大师,本姓帛氏(以姓氏论,应是龟兹人),他自幼出家,能诵经数十万言,善解文义,知见超群,学识渊博。西晋怀帝永嘉四年(310)佛图澄来到洛阳,时年已七十九岁高龄,不忍永嘉之乱,生灵涂炭,遂策杖入后赵石勒军中宣说佛法,并现神变,以神通智慧感化残暴嗜杀的石勒,石勒信服,大力支持佛教,并委托佛图澄主持佛经的翻译、整理工作。竺佛调、须菩提、释道安、竺法雅等中外名僧皆跋山涉水、不远万里来从他受学求道。佛图澄能"妙解深经,旁通世论",石勒继承者石虎尊奉其"大和上",称其为"国之大宝"。这一时期大量龟兹高僧远赴中原译经传道,是龟兹与内地佛教交流关系密切的写照,对推动中原佛教发展产生积极作用。正如季羡林先生所言:"'佛'这名词不是由梵文译来的,而是间接经过龟兹文的 pud(或焉耆文的 pat)。"[①]从所译佛经名目可推知同时期龟兹国内佛教以小乘为主,兼及大乘的佛教格局,与此同时佛教密宗咒法也并未受到排斥。

公元 4 世纪末至 6 世纪中叶,龟兹佛教因鸠摩罗什的出现而发生重大转折,大乘佛教在龟兹迎来短暂的春天后又迅速衰落,小乘佛教再次占据统治地位。鸠摩罗什(约 344—413),简称罗什,意译为"童寿"。生于龟兹,父亲鸠摩罗炎出身天竺望族,母亲为龟兹王妹耆婆。罗什在龟兹广习大乘经论,讲经说法,成为中观大师。博通大乘小乘,道震西域,声被东国,四远学宗,莫之能抗。罗什的启蒙老师小乘学者槃头达多曾言:"我是和上小乘师,和上是我大乘师矣。"前秦建元十九年(即东晋太元八年,383),骁骑大将军吕光攻破龟兹,劫取罗什,强以龟兹王之女妻之,后称王凉州。因吕光父子不弘扬佛教,鸠摩罗什只能"蕴其深解,无所宣化"[②]。鸠摩罗什在凉州待了十七年学习汉文,其间以阴阳之术为吕光父子充当军政咨询。后秦弘始三年(401)姚兴攻伐后凉,亲迎罗什入长安,"待以国师之礼","使入西明阁及逍遥园",并在长安大寺组织了规模宏大的译场,请罗什主持译经事业。尔后十余年间,罗什与弟子悉心翻译了多部大小乘经、律、论。据《出三藏记集》

① 　季羡林:《中印文化关系史论文集》,生活·读书·新知三联书店,1982 年,第 333 页。
② 　周青葆:《丝绸之路佛教文化研究》,新疆人民出版社,2009 年,第 42 页。

载,罗什在弘始四年至十五年期间,译出《大品般若经》《法华经》《金刚经》《维摩经》《十诵律》《大智度论》等共 35 部 294 卷。鸠摩罗什译经庄重严谨,常"一言三复"并"与众详究",所以罗什所译经论质量远超前人,文辞优美,义理通畅,众心惬服。其弟子僧肇在《注维摩诘经序》中称罗什译经"其文约而诣,其旨婉而彰,微远之言,于兹显然"。僧祐《出三藏记集》卷一《胡汉译经音义同异记》中则称赞罗什"能表发挥翰,克明经奥。大乘微言,于斯炳焕"。罗什使中国的佛经翻译水平达到了一个前所未有的新高度,开创了中国译经史上由"旧译"到"新译"的一个新时代。他与真谛、玄奘和不空并称为中国佛教四大译经家,为佛教在中国的传播和发展做出突出贡献。

但随着鸠摩罗什东去中原,龟兹大乘佛法迅速衰落下去,有着深厚信众基础的小乘佛教继而又恢复了昔日的主流地位。7 世纪初,高僧玄奘求法路上途经龟兹,称其:"伽蓝百余所,僧徒五千余人,习学小乘教说一切有部。经教律仪,取则印度。"这一时期小乘在龟兹处于绝对强势地位还可从《华严经》在龟兹的遭遇窥其一二。《大方广佛华严经感应传》记载圣历年中(698—699),于阗三藏实叉难陀云:"龟兹国中,唯习小乘,不知释迦分化百亿,现种种身云,示新境界,不信华严大经。有梵僧,从天竺将华严梵本,至其国中。小乘师等,皆无信受,梵僧遂留经而归。小乘诸师,乃以经投弃于井。"至 8 世纪初慧超自疏勒还,经过龟兹时,小乘仍然盛行,其所著的《往五天竺国传》提到"此龟兹国足寺足僧,行小乘法,吃肉及葱韭等也,汉僧行大乘法",两派并行不悖。敦煌文书 P. 3532《慧超往五天竺国传》载:

> 又从疏勒东行一月至龟兹国,即是安西大都护府。……开元十五年十一月上旬至安西,于时节度大使赵君。且于安西有两所汉僧住持,行大乘法,不食肉也。大云寺主秀行,善能讲说,先是京中七宝台寺僧。大云寺都维那,名义超,善解律藏,旧是京中庄严寺僧也。大云寺上座,名明恽,大有行业,亦是京中僧。此等僧大好住持,甚有道心,乐崇功德。龙兴寺主名法海,虽是汉儿,生安西,学识人风,不殊华夏。①

① 图版见《法藏敦煌西域文献》第 25 卷,上海古籍出版社,2002 年,第 166 页;录文参郑炳林《敦煌地理文书汇辑校注》,甘肃教育出版社,1989 年,第 211 页。还可参阅(唐)慧超原著,张毅笺释《往五天竺国传笺释》,中华书局,2000 年,第 159—176 页。

说明龟兹也建有汉僧寺院大云寺、龙兴寺,奉行大乘佛教。汉人寺院的出现有其历史背景,高永久指出:"咸亨元年(670)吐蕃攻陷安西四镇,后有王孝杰于长寿元年(692)克复四镇,移安西都护府于龟兹,发汉兵三万戍之,到开元十五年(727)慧超到安西,见到如此多的汉僧、汉寺,就是这一历史的反映。"①从库木吐拉石窟内所见题名来看,唐代在那里巡视的汉僧达数十位之多。其中日本大谷探险队从库木吐拉千佛洞割走的一方唐代壁画榜题残留"大唐□严寺上座四镇都统律师□道"字样,□道是安西四镇的佛教最高领袖都僧统,说明龟兹是当时四镇的汉传佛教中心。

无遮大会是龟兹重要的佛事活动,《大唐西域记》"屈支(龟兹)"条云:"大城西门外路左右各有立佛像,高九十余尺。于此像前建五年一大会处。"五年一大会即无遮大会,玄奘虽未能在龟兹亲眼看见此等佛教盛会,但见到了在无遮大会处每年举行的行像活动:

> 每岁秋分数十日间,举国僧徒皆来会集。上自君王,下至士庶。捐废俗务,奉持斋戒。受经听法,渴日忘疲。诸僧伽蓝,庄严佛像。莹以珍宝,饰之锦绮。载诸辇舆,谓之行像。动以千数,云集会所。常以月十五日晦日,国王大臣,谋议国事,访及高僧,然后宣布。会场西北渡河,至阿奢理贰伽蓝。庭宇显敞,佛像工饰。僧徒肃穆,精勤匪怠。并是耆艾宿德,硕学高才,远方俊彦,慕义至止。国王大臣,士庶豪右。四事供养,久而弥敬。

每年秋季龟兹国举行的佛教行像活动,上至国王、下至黎庶,万人空巷,咸来赴会,争看佛像,受经听法,场面十分宏大。"国王大臣,谋议国事,访及高僧,然后宣布"一句说明龟兹国的重大决策都须经高僧大德的同意后方可实行,彰显了佛教势力在龟兹的强大。

龟兹佛教繁荣的重要标志还体现在龟兹石窟群的开凿上,龟兹"境内交通要道沿线广泛分布着由六百多座洞窟组成的将近二十所大小不一的石窟遗址"②,

---

① 高永久:《西域古代民族宗教综论》,高等教育出版社,1997 年,第 132—133 页。

② [意]魏正中:《区段与组合:龟兹石窟寺院遗址的考古学探索》,上海古籍出版社,2013 年,第 1 页。

故有"龟兹多凿石窟,于阗盛建塔寺"①之说。龟兹各地石窟栉比,广建塔寺,装饰佛像,彩绘壁画。龟兹石窟包括 6 个主要石窟群:克孜尔石窟、库木吐拉石窟、森木塞姆石窟、克孜尔尕哈石窟、玛扎伯哈石窟以及托乎拉克埃石窟。其中克孜尔石窟最为著名,规模最大,是龟兹石窟的典型代表。克孜尔石窟位于新疆拜城县克孜尔镇东南七千米明屋达格山的悬崖上,始建于公元 3 世纪,在公元 8、9 世纪逐渐停建,有编号的洞窟达 236 个之多,目前窟形尚完整的有 135 个。克孜尔石窟的洞窟形制大致有两种:一种为僧房,是供僧徒居住的场所,多为居室加通道结构,室内有灶炕和简单的生活设施;另一种为佛殿,是供信徒礼拜和讲经说法的地方,又称支提窟,佛典有云:有舍利者名塔,无舍利者名支提。克孜尔石窟不仅洞窟形制类型完备,壁画内容也十分丰富。壁画的题材主要是佛传、因缘和本生故事,还包括飞天、伎乐天、佛塔、菩萨、罗汉、天龙八部、民间习俗画。尤其是"飞天",辉赫轮奂,精美崇丽,给人以"天衣飞扬,满壁风动"之感。以克孜尔千佛洞为代表的龟兹石窟融合古印度、希腊、波斯和中原文化为一体,又具有浓郁的地方特色,犹如一部完整而形象的龟兹佛教史,又向人们展示了一幅古代龟兹的社会生活画卷。其风格独特之窟形和壁画,是龟兹佛教鼎盛时期的标志,在中国佛教艺术史和中亚佛教史上占据极为重要的位置,是联系西方和东方佛教文化艺术的桥梁和纽带,是丝绸之路上不可多得的一颗璀璨的明珠。

　　大中二年(848),安西回鹘国于焉耆建立,庞特勤为首任可汗。② 龟兹在其管辖范围内,从此龟兹人开始走上了回鹘化过程。但直至北宋时期,龟兹佛教依然流行,龟兹僧人多次赴宋朝贡,与中原内地佛教交流相当频繁。11世纪末至 14 世纪,随着伊斯兰势力的进入,龟兹佛教日渐衰微,龟兹地区逐渐走上伊斯兰化道路。时光倏忽而过,残垣断壁、丹青斑驳的龟兹石窟被埋没于荒沙蔓草之中近千年,直至被后人所发现。

---

① 李崇峰:《克孜尔石窟——龟兹石窟寺之典范》,上海博物馆编《于阗六篇——丝绸之路上的考古学案例》,北京大学出版社,2014 年,第 63 页。
② 杨富学:《回鹘与敦煌》,甘肃教育出版社,2013 年,第 79 页。

三、佛教在高昌的传播

高昌是汉族在西域建立的佛教国家,位于今新疆吐鲁番东南的哈喇和卓,在汉代时为西域三十六国之一的车师前国王庭地。"高昌"之名最早见于《汉书·西域传》"车师"条:"(车师后王姑句)即驰突出高昌壁,入匈奴。"西汉王朝在此地建筑军事壁垒,称为高昌壁或高昌垒。《北史·西域传》云:"地势高敞,人庶昌盛,因名高昌。"《魏书·高昌传》记载与之相同。魏晋时为高昌郡。北魏太平真君三年(442),曾据河西地区的北凉王族沮渠无讳占领此地,建立高昌北凉政权。北凉承平十八年(460),雄踞漠北的柔然攻高昌,灭高昌北凉沮渠氏。因无力直接统治,故而扶植汉人阚伯周为傀儡国王,即高昌王,高昌建国由此始。但此后战乱不绝,从公元5世纪中叶至7世纪中叶,高昌先后经历了汉族在西域建立的四个独立政权,分别是阚氏高昌、张氏高昌、马氏高昌及麹氏高昌,故史称高昌人"本汉魏遗黎",意指源于屯田士卒和避乱的内地移民后裔。《魏书·高昌传》记:"国有八城,皆有华人。"《魏书》和《周书》的《于阗传》中涉及高昌的情况,记载基本相同:"自高昌以西,诸国人等,深目高鼻,唯此一国,貌不甚胡,颇类华夏。"在文化和习俗上表现为胡、华混合,《北史》曰:"服饰,丈夫从胡法,妇人裙襦,头上作髻,其风俗政令,与华夏略同,文字亦华夏,兼用胡书,又置馆教弟子,有《毛诗》《论语》《孝经》虽习读之,而皆用胡语。"正如王素先生所言:"高昌虽然地处边疆,文化却全是由中原而来的汉文化。"[①]贞观十四年(640),唐朝灭麹氏高昌,列其地为西州,后在雅尔(交河)设安西都护府统之,此后150余年高昌地区由唐朝直接控制。

由于吐鲁番地区位于丝绸之路要道,必然受到贵霜以及吐火罗(大夏地区)佛教的影响。在车师前国时期,佛教已经流行于高昌。《汉书·西域传》云:"车师前国,王治交河,河水分流而下,故称交河。"位于今天吐鲁番市以西13公里的交河故城建筑年代距今约2 000—2 300年。城中有一面积

---

① 王素:《高昌佛祠向佛寺的演变》,《学林漫录》(第11集),中华书局,1985年,第141页。

5 000 平方米的土坯叠垒而成的规模宏大的佛寺,寺院佛殿中央方形塔柱上有 28 个佛龛,龛内佛塑虽大多被盗,但仍残存一些佛像泥塑。大寺两厢是众多僧房,左前方是一座 10 米高的佛寺鼓楼。交河大寺院的东面和南面是居民区和官署区,西面和北面为小寺院和墓葬区。城北还建有一组壮观的塔群,可能是安葬历代高僧的塔林。城内有大大小小的寺院 50 多个,足见当时佛教十分繁荣。当时佛典用吐火罗文(原始印欧语中的一种独立语言)书写,尊崇小乘一切有部。

东晋十六国北朝时期,佛法大兴,高昌译经讲法礼佛活动极为盛行,高昌僧人也远赴西方或中原进行佛教交流。吐鲁番最早的佛教遗物属于东晋时期。[1] 20 世纪初,日本大谷探险队在吐峪沟石窟寺挖走一批佛教文物,其中一件是支法户(即竺法护)译《诸佛要集经》抄本残页。这个抄本的跋语提到,此经由敦煌月支菩萨法护所译,并由他的大弟子竺法乘在东晋元康六年(296)三月所抄。[2]《出三藏记集》卷八道安《摩诃波罗蜜经抄序》记载,前秦建元十八年(382)西域车师前部王弥第来访长安,国师鸠摩罗跋提就曾向苻坚献梵本《大品经》一部。《大品经》即《大品般若经》,说明 4 世纪末高昌已有大乘佛教流行。北凉沮渠蒙逊领有此地后,高僧辈出,译经风气大盛。《出三藏记集》卷二记载,高昌沙门法众曾经应沮渠蒙逊之请,在北凉都城张掖译出《方等檀特陀罗尼经》四卷。前文所述译出《禅要》的沮渠京声也曾在高昌翻译《观世音》《弥勒》二观经各一卷。弘始二年(400)法显西行途经高昌时,得到了供给行资,为他渡沙河、越葱岭,顺利西行提供帮助。高昌沙门法盛偕师友二十九人远赴天竺,游历诸国,巡礼灵迹,于北凉作《菩萨投身饲饿虎起塔因缘经》一卷。高昌沙门道普曾远游西域,遍历诸国,精通梵文及西域各国语言,南朝宋文帝时,派遣他和书吏等十人,从海上去天竺求取《涅槃经》。公元 6 世纪时,高昌王派遣慧嵩等人,随使入北魏研习梵学。《续高僧传》卷七《释慧嵩传》云:"高昌王欲使释门更辟,乃献嵩并弟,随使入朝。高氏作相,深相器重。"慧嵩从当时著名的论师智游听受毗昙、成实之学,熟

---

[1]　林梅村:《丝绸之路考古十五讲》,北京大学出版社,2006 年,第 286 页。

[2]　贾应逸、祁小山:《印度到中国新疆的佛教艺术》,甘肃人民出版社,2002 年,第 402 页。

习小乘。据道宣记载"时智游论师,世称英杰。嵩乃从之,听《毗昙》《成实》"。"既学成望远本国请还",高昌王多次令其回国,慧嵩拒绝:"以吾之博达义,非边鄙之所资也。"高昌王大怒,"乃夷其三族",体现了高昌王渴求佛法以及希望对佛教义理深入了解的急切心情。慧嵩后至彭城(今徐州)讲学,获得"毗昙孔子"的美誉。

虽然《魏书》《北史》《隋书》的《高昌传》均记载高昌国(443—640)"俗事天神(一般认为此天神指祆教或火祆教),兼信佛法",但麴氏高昌时期(约501—640),从文物遗址和文献记载来看,更多的是国王、大臣大崇佛法,以致佛法隆盛,佛教在此地达到"像庙星罗,僧榄云布"的气象。① 坐落在吐鲁番市东面40余公里的三堡乡火焰山脚下的高昌故城,外城西南角现存一所寺院遗址,占地约一万平方米,由大门、庭院、讲经堂、藏经楼、大殿、僧房等组成。从建筑特征和残存壁画上的联珠纹图案分析,其建筑年代大约在公元6世纪,正值麴氏高昌时期。1911年在新疆吐鲁番阿斯塔那发现的《麴斌造寺碑》正面铭文表彰了麴氏王族成员高昌折冲将军、新兴县令麴斌生前施舍田宅建造佛寺的功德,背面刻有高昌王麴宝茂建昌元年(555)十二月廿三日所立《麴斌施产造寺契约》:"于新兴县城西造立一寺……传之永代。"佛教在高昌王室心目中的崇高地位可见一斑。据释道宣《续高僧传·慧乘传》记载,沙门慧乘奉炀帝之命,为高昌王麴伯雅宣讲《金光明经》,王竟以发布地,请慧乘践踏,足见麴伯雅佛教信仰的虔诚。唐太宗贞观三年(629),玄奘西行求法,高昌国王麴文泰尽礼款待,并请求永留其国,以终身供养。玄奘绝食数日表明求法心迹,王才勉强答应其西去。又请求玄奘驻足一月,为之宣讲《仁王般若经》,麴文泰低跪为蹬,请玄奘蹑上。最终国王赠以钱物、官员护送、书信旁国,倾全国之力帮玄奘西去,助其涉流沙、过诸国、逾雪岭,完成了艰苦卓绝、震撼千古的求法之行。尤其是给西突厥可汗的书信言辞恳切:"法师者是奴弟,欲求法于婆罗门国,愿可汗怜师如怜奴,仍请敕以西诸国给邬落马递送出境。"邬落马源于古代突厥语,指驿马。麴文泰对玄奘的种种尊崇厚待,实际上反映的是佛教在麴氏高昌时期的重要的地位。

---

① 严耀中:《麴氏高昌王国寺院研究》,氏著《佛教与三至十三世纪中国史》,宗教文化出版社,2007年,第138页。

崇饰佛寺、造立经像的风气在高昌极为流行,至于高昌国的佛寺情况,严耀中指出"仅在文物出版社出版的《吐鲁番出土文书》一至五册中所见麹氏高昌时期的寺院,就几达一百五十所之多"①,而高昌王国"预计实际有寺院在 200 所以上"②,足见高昌佛教之兴盛。1902—1903 年德国印度学学者阿尔伯特·格伦威德尔(A. Grünwedel)率领的普鲁士第一次吐鲁番探险队在高昌故城中发掘,于其中部偏北、被称为"可汗堡"附近东南面一处寺院遗址、德国人编号"M"的地方发现了一幢石碑,一般称其为《沮渠安周造寺功德碑》。碑文叙述了避乱西陲的高昌北凉君主沮渠安周建寺造像,以教化众生,且"刊石抒怀",求志"盛美"之举。其中"M"寺院遗址就位于高昌故城内城的中心部位,想必是"凉都高昌"时期(442—460)的重要寺院。③ 梁宝唱《名僧传》记载北魏孝文帝太和年间(477—499),高昌有仙窟寺、尼寺都郎中寺。南朝齐时高昌僧人法惠从龟兹返回高昌后,就住在"仙窟寺,宣教民众"。《比丘尼传》记录高昌都郎中寺冯尼的事迹:"冯尼者,本姓冯。高昌人也。时人敬重,因以姓为号。年三十出家,住高昌郎中寺。斋蔬一食,戒行精苦。烧六指供养,皆悉至掌。诵《大涅槃经》,三日一遍。"敦煌文书 P. 2009《西州图经残卷》记述了唐代高昌西州佛寺情况:

> 丁谷窟有寺一所,并有禅院一所。右在柳中县界至北山廿五里丁谷中,西去州廿里,寺其依山构,揆嶬疏阶,雁塔飞空,虹梁饮汉,岩峦纷纠,丛薄阡眠,既切烟云,亦亏星月,上则危峰迢遰,下[则]轻溜潺湲,实仙居之胜地,谅栖灵之秘域,见有名额僧徒居焉。④

上述引文呈现出佛教圣地丁谷中禅院林立,佛塔高耸、高梁横跨、绿荫纷纷、名僧贤集的景象。僧徒在如此"仙居胜地"修禅,适得其所。据考证,唐代西州时的丁谷寺即吐峪沟石窟,吐峪沟石窟位于新疆吐鲁番地区鄯善县吐峪

① 严耀中:《麹氏高昌王国寺院研究》,氏著《佛教与三至十三世纪中国史》,第 112 页。
② 杜斗城、郑炳林:《高昌王国的民族和人口结构》,《西北民族研究》1988 年第 1 期,第 86 页。
③ 参见贾应逸《〈沮渠安周造寺功德碑〉与北凉高昌佛教》,《西域研究》1995 年第 2 期,第 35—41 页。
④ 唐耕耦、陆宏基:《敦煌社会经济文献真迹释录》第 1 辑,书目文献出版社,1986 年,第 55 页。

沟乡,凿建于火焰山东段吐峪沟两岸,现存编号共 46 窟,其中仅有 9 个窟留有壁画。在吐鲁番地区的佛教石窟寺当中,以吐峪沟石窟的年代最早。[1] 从现存石窟形制和壁画风格分析,吐峪沟石窟大约开凿于十六国时期高昌郡之前的公元 4 世纪初,[2]大部分洞窟及壁画,应凿绘于南北朝至隋唐,即吐鲁番地区的高昌王国时期。吐峪沟还出土了高昌王麴乾固(561—601)供养抄写的多种佛经,隋唐时代的丁谷寺仍然是高昌王室的一处石窟圣地。

P. 2009《西州图经残卷》还记载西州前庭县界山北廿二里之宁戎谷有窟寺一所:

> 峭巘三成,临危而结极。曾峦四绝,架回而开轩。既庇之以崇岩,亦瓌之以清濑。云蒸霞郁,草木蒙茏,见有僧祇,久著名额。[3]

"宁戎窟寺",又称"宁戎寺",也就是现在吐鲁番市区东北约 40 公里的火焰山峡谷木头沟河西岸的伯孜克里克石窟。麴氏高昌时期,此地以北地区归宁戎县领辖;西州时期属宁戎乡,归高昌县管辖。伯孜克里克石窟是西域地区重要的佛教圣地,久负盛名。遗址中发现过写于高昌建昌五年(559)的《妙法莲花经观世音菩萨普门品》残卷,属于麴氏高昌时期。

此外,尚有古塔五区,其中:

> 圣人塔一区,右在州子城外东北角。古老传云:阿育王之所造也。按内典《付法藏经》云:输伽王于阎浮提造八万四千塔。阿输伽即阿育王也。其塔内有故碑碣,与道俗同,故此俗称圣人塔。(后缺)[4]

由于史料残缺,此塔以及其他四区塔的情况、具体位置、是否有遗址存留,尚不清楚。但从上述引文描述中,我们依然可以想象到当年香火缭绕、梵呗齐鸣的佛教圣地场面。

吐鲁番阿斯塔那 509 号墓文书《唐西州高昌县出草帐》(73TAM509:

---

[1] 林梅村:《丝绸之路考古十五讲》,北京大学出版社,2006 年,第 288 页。

[2] 也有学者认为更早,根据考古学研究,其中第 20 号窟经碳十四的测定结果,约为公元 240 年左右。参见柳洪亮《高昌石窟碳十四测定数据分析》,《新疆文物》1993 年第 3 期。

[3] 唐耕耦、陆宏基:《敦煌社会经济文献真迹释录》第 1 辑,第 55 页。

[4] 同上注。

24a、b)第 4 至 5 行有:"龙兴观柒束、大宝寺叁束半、崇宝寺拾肆束、龙兴寺贰拾肆束半。"①据陈国灿考证本件为开元廿年(732)前后帐。② 这表明唐代西州也遵照唐政府的敕令,设有龙兴寺,推测应为汉寺,体现了唐朝政府对这一地区的掌控。

安史之乱后,吐蕃攻陷陇右,继而占领西州。840 年,蒙古高原上的回鹘帝国被黠戛斯所灭,回鹘西迁,其中一支迁往高昌。唐咸通七年(866),回鹘的大首领仆固俊,打败吐蕃大将尚恐热,取得西州、北庭、轮台等城,并以高昌为首府,建立了高昌回鹘王国,高昌之名再次显赫于世。《宋史》卷四九〇《高昌国传》载:"安史之乱,其地陷没,乃复为国语,讹亦云高敞,然其地颇有回鹘,故亦谓之回鹘。"回鹘迁入高昌地区以后,先前信奉的摩尼教依然存在,还有人信仰祆教和景教,但最为盛行的是佛教,尤其是大乘佛教。敦煌文书 S.6551《讲经文》就反映了高昌回鹘佛教繁荣、多种宗教并行的局面:

门徒弟子言:皈依佛者,皈依何佛? 且不是摩尼佛,又不是波斯佛,亦不是火祆佛,乃清净法身,圆满报身,千百亿化身释迦牟尼佛。

王国内伽蓝林立,梵音遍传。这一时期,上文提到的宁戎寺已成为王家寺院,历代高昌回鹘国王大多在此建有洞窟,宽敞宏大的窟室,辉煌斑斓的壁画和塑像,很多是高昌回鹘王国鼎盛时期开凿和绘塑的。北宋乾德三年(965)十一月,"西州回鹘可汗遣僧法渊献佛牙、琉璃器、琥珀盏"于宋。雍熙元年(984)北宋使臣王延德自高昌还,在《使高昌记》中称当地有"佛寺五十余区,皆唐朝所赐额,寺中有《大藏经》《唐韵》《玉篇》《经音》……复有摩尼寺,波斯僧,各持其法,佛经所谓外道者也"。"佛寺五十余区"都被授予汉字匾额以示藏有佛经,体现了汉地佛教对回鹘地区的影响;摩尼寺是摩尼教徒的寺院,波斯僧当指聂斯脱里教(景教)僧,说明这一时期的高昌回鹘依然存在以佛教为主流的多种宗教信仰。高昌回鹘王国时期还用回鹘文翻译了大量佛教典籍。最为著名的是现藏俄罗斯科学院东方学研究所圣彼得堡分所

① 唐长孺主编,中国文物研究所等编:《吐鲁番出土文书》第 4 卷,文物出版社,1996 年,第 262 页。

② 饶宗颐主编,陈国灿著:《吐鲁番出土唐代文献编年》,新文丰出版公司,2002 年,第258—259 页。

的回鹘文《金光明最胜王经》,以及现藏中国国家图书馆的回鹘文《大唐大慈恩寺三藏法师传》,成为研究古代维吾尔语和回鹘佛教的基本史料。高昌回鹘人有着虔诚的佛教信仰,以抄写佛教经典并上演带有佛教内容的戏剧等方式建立功德,1954 年在新疆吐鲁番哈密县一座古房废地中发现的回鹘文《弥勒会见记》抄本残卷就是一个名叫依塔思·依干的都督为了自己死后能够见到弥勒佛成道而请人抄写的。《弥勒会见记》是一部讲述未来佛弥勒生平事迹的原始剧本,作品描述了弥勒菩萨上兜率天,以及在弥勒净土的各种趣事见闻。在佛教节庆期间,信徒聚集佛寺周围观看具有佛教内容的戏剧表演,众多的伽蓝寺院成为高昌回鹘国民宗教和文化生活的活动中心。

高昌故城外城的东南角还有一所寺院,残存有一座多边形的塔和一个支提窟,是城内唯一保存有较好壁画的地方。从壁画的风格和塔的造型分析,为 12—13 世纪高昌回鹘后期的建筑。伯孜克里克石窟也保留 20、53、54、56 等属于 12—13 世纪的洞窟,说明这个时期高昌地区还有佛教存在。与于阗、疏勒、龟兹的命运一样,公元 14 世纪伊斯兰势力对高昌地区发动战争,佛教文化被破坏。元明之际,高昌地区佛教式微,但有喇嘛教(藏传佛教)传布。两种宗教经过漫长对峙,终以伊斯兰教胜利而结束,大约 15 世纪中叶,高昌佛教最终退出了历史舞台。

突厥与 6 世纪欧亚大陆的
丝绸贸易探析[*]

张　爽　薛海波

南京师范大学历史系

兴起于阿尔泰山的游牧民族突厥人,在 6 世纪中后期先后击败柔然、嚈哒等游牧民族,其势力范围东起辽西、西至拜占庭东北及南俄草原、南到兴都库什山,成为蒙古西征之前欧亚草原上势力最大、控制区域最广的游牧帝国。"威服塞外诸国。其地东自辽海以西,西至西海万里,南自沙漠以北,北至北海五六千里,皆属焉。"[①]突厥崛起使中古欧亚大陆政治经济板块上,首次出现了欧亚草原游牧帝国同时与丝路上的中国、拜占庭、波斯三个主要农耕国家接壤的新格局。[②] 游牧经济在结构上有与农耕经济进行物资交换的内在要求,这使突厥必然要进入到欧亚大陆丝路贸易网络中,获取经济利益。本节拟以突厥外交军事活动为中心,对 6 世纪欧亚大陆丝绸贸易及由此而产生的突厥、中国、波斯、拜占庭等丝路主要国家的政治经济联系加以考察。

一、6 世纪突厥与西魏北周东魏北齐的丝绸贸易

公元 534 年,统治中国北方的北魏,分裂为占据关陇西北一隅的西魏和占据华北的东魏两个并立对峙政权。公元 550 年东魏建立者高欢次子高洋

---

[*] 本文是国家社科基金一般项目"4—6 世纪欧亚丝路贸易中的拜占庭、中介民族与中国关系研究"(项目编号：15BSS005)的阶段性成果。
[①] (唐)令狐德棻:《周书》卷五〇《异域下·突厥传》,中华书局,1971 年,第 909 页。
[②] 参看[美]丹尼斯·塞诺著,北京大学历史系民族史教研室译:《中古内亚的外交实践》,《丹尼斯·塞诺内亚研究文选》,中华书局,2006 年,第 228 页。

废东魏皇帝,建立北齐。公元556年西魏建立者宇文泰侄子宇文护废西魏皇帝,建立北周。公元552年突厥起兵反抗柔然之前,突厥就频繁突破西魏长城沿线防御深入内地抢掠物资。《周书》卷二七《宇文测传》载:"(西魏大统八年,542)转行绥州事。每岁河冰合后,突厥即来寇掠,先是常预遣居民入城堡以避之。测至,皆令安堵如旧。乃于要路数百处并多积柴,仍远斥候,知其动静。是年十二月,突厥从连谷入寇,去界数十里。测命积柴之处,一时纵火。突厥谓有大军至,惧而遁走,自相蹂践,委弃杂畜及辎重不可胜数。测徐率所部收之,分给百姓。自是突厥不敢复至。"绥州即今陕西绥德,邻近长城,是西魏东北边防要地。可见,6世纪中期突厥势力已从阿尔泰山扩展到漠南大部分地区。既然如此,西域诸国、河西走廊、漠南草原等欧亚丝路贸易东段的必经之路,也应在突厥势力范围所及之内。这意味着突厥在灭掉柔然前,就已具备控制西域丝路的能力。此时,突厥尚不具备大规模进攻西魏的实力,有时入塞所掠物资尚不能抵消入塞抢掠的战争成本。因此,突厥实际上希望与西魏建立和平的贸易关系,"部落稍盛,始至塞上市缯絮,愿通中国"[1]。西魏统治区仅限于关陇一隅之地,地瘠人贫,丝绸贸易是添补其国家经济收入的重要来源,而突厥随时会对其贸易线路进行抢掠和打击。西魏军队主力都用于对抗占据华北的东魏,无力再在北边部署重兵防范突厥,也无力出兵西域保护丝路。如果与突厥确立贸易关系,既可以减轻北边的军事压力,也可用经济利益使突厥成为战略盟友。无论是从确保丝路贸易的正常运转,还是战略上牵制东魏,西魏都需要与突厥建立官方丝绸贸易关系。酒泉是粟特商人在欧亚丝路东段贸易网络的重要贸易据点。公元545年,西魏派往突厥的使臣粟特商人安诺盘陁即来自酒泉。[2] 因此,安诺槃陁应是有着丰富丝路贸易经验的商人。在突厥可汗身边也有众多粟特商人,"尽皆桀黠,教导之耳"[3]。西魏与突厥确立贸易关系,不仅对突厥来说,意味着财富和经济实力的大增,[4]对西魏和突厥势力范围内的不同粟特

---

① 《周书》卷五〇《异域下·突厥传》,第908页。

② 同上注。"十一年,太祖遣酒泉胡安诺盘陁使焉。"

③ (唐)魏徵、令狐德棻:《隋书》卷六七《裴矩传》,中华书局,1973年,第1582页。

④ 《周书》卷五〇《异域下·突厥传》,第908页。"其国皆相庆曰,'今大国使至,我国将兴也。'"

商人群体来说,也意味着其西域、关陇、漠南草原丝路网络变得更加畅通。凭借与西魏丝绸贸易关系所获收益,突厥军事实力迅速壮大,①公元 546 年,突厥击溃分布在阿尔泰山以南、天山以北、准噶尔盆地的游牧民族铁勒五万之众。公元 552 年,突厥先后在怀荒(今河北张北)、沃野(今内蒙古五原)击败柔然,建立突厥帝国。突厥的势力由西域经漠南草原扩展至今河北东北部地区,长城以南的农耕区完全处于突厥骑兵威胁之下。

西魏北周占据西北一隅,地贫人穷,在经济上远没有占据华北主要农耕区的东魏北齐富裕。西魏把招徕西域商胡作为了一项重要的经济政策,"有周承丧乱之后,属战争之日,定四表以武功,安三边以权道。赵、魏尚梗,则结姻于北狄;厩库未实,则通好于西戎。由是德刑具举,声名遐洎。卉服毡裘,辐凑于属国;商胡贩客,填委于旗亭。虽东略漏三吴之地,南巡阻百越之境,而国威之所肃服,风化之所覃被,亦足为弘矣"②。如果与突厥交恶的话,突厥就会袭击、抢掠河西地区,使西域商胡无法进入河西、长安等地进行丝绸贸易。从军事上看,西魏北周军事力量也仅能维持与东魏北齐的对峙局面。如果突厥倒向东魏北齐,无疑会使西魏北周面临三面被围的战略窘境。对西魏而言,突厥已不仅是其丝路贸易伙伴,而且是可以争取对北齐发动大规模进攻、形成半包围之势的战略盟友。公元 556 年,继西魏而建的北周与突厥结成针对北齐的军事联盟关系,"突厥灭茹茹之后,尽有塞表之地,控弦数十万,志陵中夏。(西魏)太祖方与齐人争衡,结以为援"③。

就突厥来说,在崛起之初就与西魏进行丝绸贸易,不希望与西魏北周为敌;西魏北周的军事力量控制着连接中国内地和西域的交通要道河西走廊。如果突厥与西魏北周经常处于战争状态的话,其与西域的交通必然会受到西魏北周的截击,其经济也必然会受到影响。与西魏北周结成联盟,不仅可

---

① 马长寿认为突厥崛起起兵反抗柔然的原因,是善于冶铁武器精良,需要摆脱柔然落后的奴隶制生产关系的束缚(见氏著《突厥人和突厥汗国》,上海人民出版社,1957 年,第 29 页)。吴玉贵认为突厥崛起是得益于当时阿尔泰等西域东部地区,已无大游牧帝国控制,暂时出现权力真空有利的客观环境。(见氏著《突厥汗国与隋唐关系史研究》,中国社会科学出版社,1998 年,第 10 页)。

② 《周书》卷四九《异域传序》,第 884 页。

③ 《周书》卷九《皇后·武帝阿史那皇后传》,第 143—144 页。

从西魏获得每年缯絮锦彩等十万段的丝绸制品,①还可以利用西魏北周吸引北齐主力,减轻其突破长城南下抢掠华北所受的军事阻力。由此,突厥有时主动怂恿北周进攻北齐,或趁北周对北齐发动大规模进攻时,派遣上万骑兵在北周北齐鏖战之际,大肆抢掠物资。《周书》卷一九《杨忠传》载:"齐人守陉岭之隘,忠纵奇兵奋击,大破之。又留杨纂屯灵丘为后拒。突厥木汗可汗控[地]头可汗、步[离]可汗等,以十万骑来会。……突厥于是纵兵大掠,自晋阳至[平]城七百余里,人畜无孑遗,俘斩甚众。"②

为抵御突厥骑兵南下抢掠,北齐在今内蒙古中东部修建了长城工事。突厥骑兵善于野战,不善于攻坚。要突破北齐的长城防线,几乎每次都要动员数万铁骑,如公元 563 年突厥二十万众毁长城。③ 突厥各部落平日处于散居状态,要在短时间内集结、动员数量众多的骑兵绝非易事,必然要消耗大量物资,也会影响突厥部众的放牧活动,对其游牧经济构成冲击。总之,突厥虽靠武力从华北抢夺了大量财物,但所付出的代价也较为沉重。这使突厥更倾向于用和平贸易的方式,获得华北平原的丝绸等财物。突厥在军事实力上不是北齐鲜卑骑兵的对手,公元 564 年"秋,突厥众十余万来寇(幽)州境……突厥望见军威甚整,遂不敢战,即遣使求款"④。然而,突厥在长城沿线召集十万到二十余万骑兵的动员能力,仍对北齐北边防线构成了巨大压力,北齐不得不在北边部署重兵,使北齐与北周的战争中军力大受影响。

北齐开始向突厥输送大量丝绸等财物乃至和亲,以分化突厥与北周的军事同盟,扭转自身的战略劣势。"初,突厥与周和亲,许纳女为后。而齐人知之,惧成合从之势,亦遣使求婚,财馈甚厚。突厥贪其重赂,便许之。"⑤突厥遂与北齐建立了丝绸贸易关系,公元 554 年、555 年突厥连续遣使向北齐朝贡。北周为巩固与突厥的联盟关系,不得不在贸易中大幅度让利于突厥,"于时突厥屡为寇患,朝廷将结和亲,令晖赍锦彩十万,使于突厥。晖说以利

---

① 《周书》卷五〇《异域下·突厥传》,第 911 页。

② 《周书》卷一九《杨忠传》,第 318 页。

③ 《隋书》卷二二《五行志》,第 636 页。

④ (唐)李百药:《北齐书》卷一七《斛律羡传》,中华书局,1972 年,第 227 页。

⑤ 《周书》卷三三《王庆传》,中华书局,1971 年,第 575 页。

害,申国厚礼,可汗大悦"①。由此,突厥利用其偏向北周、北齐任何一方,就会给另一方带来巨大战略压力的优势,迫使北周、北齐争相向其供应大量丝绸等经济物资,"他钵(突厥可汗)弥复骄傲,至乃率其徒属曰:'但使我在南两个儿孝顺,何忧无物邪。'"②突厥利用自身战略优势,进行类似于政治讹诈的丝绸贸易,直至公元 577 年北周灭掉北齐统一中国北方后才宣告停止。隋文帝杨坚在公元 583 年的诏书中曾说:"周、齐抗衡,分割诸夏。突厥之虏,俱通二国。周人东虑,恐齐好之深,齐氏西虞,惧周交之厚。谓虏意轻重,国逐安危,非徒并有大敌之忧,思减一边之防。竭生民之力,供其来往,倾府库之财,弃于沙漠,华夏之地,实为劳扰。犹复劫剥烽戍,杀害吏民,无岁月而不有也。恶积祸盈,非止今日。"③可见,突厥通过政治勒索式的丝绸贸易,几乎致使北周、北齐财政破产、小农不堪重负的地步,说明中国北方流入到突厥的丝绸等物资难以计数。

中国分裂的政治局势,是突厥进行类似于政治讹诈的丝绸贸易,获得巨额经济利益的前提。因此,突厥对于北周和北齐的媾和行动保持着高度的关注。北周保定四年(564)北周和北齐遣使通和,"突厥闻之,复致疑阻,于是又遣庆往喻之。可汗感悦,结好如初"④。北齐为抵御突厥骑兵南下抢掠,在今内蒙古中东部修建了长城工事。在游牧社会,平时各部落都是处于分散的游牧状态,要在短时间内集结数量众多的骑兵绝非易事。同时突厥骑兵所骑的战马多不适应长城以南的水土和气候,"河清三年,周师及突厥至并州,……至陉岭,冻滑,乃铺毡以度。胡马寒瘦,膝已下皆无毛。比至长城,死且尽,乃截稍杖之以归"⑤。如果要对中国内地进行长期占领,势必会使大量的突厥部众无法从事各自的放牧生产,这不仅会对游牧经济构成冲击,而且也会使突厥部众随定居生活的到来,而丧失掉其骑兵的优势,突厥虽能时常攻入塞内抢掠北齐,但却没有长期占领内地的能力。公元 577 年北周灭北齐统一中国北方后,突厥帝国就失去了利用中国北方分裂局势,谋

---

① 《隋书》卷四六《元晖传》,第 1256 页。
② 《周书》卷五〇《异域下·突厥传》,第 911 页。
③ 《隋书》卷八四《北狄·突厥传》,第 1866 页。
④ 《周书》卷三三《王庆传》,第 575—576 页。
⑤ 李延寿:《北史》卷五一《齐宗室诸王上传》,中华书局,1974 年,第 1845 页。

求不正常丝绸贸易的政治环境。公元 581 年杨坚代周建隋后"待之甚薄,北夷大怨"①,不再继续维持这种不正常的贸易关系。

二、突厥与隋朝的丝绸贸易及东西突厥的冲突

游牧民族的可汗地位,是建立在是否能够给本民族带来战争胜利和掠夺财物的基础之上。因此,靠丝绸贸易交换、掠夺来的财物,是突厥帝国维系内部各部族团聚的主要纽带。鉴于来自中国的丝绸骤减,突厥统治阶层内部围绕继承汗位权力的斗争开始激化。《隋书》卷八四《北狄·突厥传》载:"且彼渠帅,其数凡五,昆季争长,父叔相猜,外示弥缝,内乖心腹,世行暴虐,家法残忍。"②在突厥统治区从西到东的丝路沿线、靠丝绸贸易生存的诸民族也开始不再服从突厥统治:"东夷诸国,尽挟私仇,西戎群长,皆有宿怨。突厥之北,契丹之徒,切齿磨牙,常伺其便。达头前攻酒泉,其后于阗、波斯、挹怛三国一时即叛。沙钵略近趣周槃,其部内薄孤、束纥罗寻亦翻动。往年利稽察大为高丽、靺鞨所破,娑毗设又为纥支可汗所杀。与其为邻,皆愿诛剿。部落之下,尽异纯民,千种万类,仇敌怨偶,泣血拊心,衔悲积恨。"③

为解决内部矛盾,突厥可汗只能通过入塞抢掠给隋朝施加军事压力,迫使隋朝同北周北齐一样照例向突厥每年输送大量丝绸,"由是悉众为寇,控弦之士四十万。上令柱国冯昱屯乙弗泊,兰州总管叱李长叉守临洮,上柱国李崇屯幽州,达奚长儒据周槃,皆为虏所败。于是纵兵自木硖、石门两道来寇,武威、天水、安定、金城、上郡、弘化、延安六畜咸尽"④。在北周、北齐与突厥的丝绸贸易往来中,隋朝已看出突厥经济和国家体制上的脆弱性,随即展开大规模反击,由于经济衰败、内部矛盾重重,突厥骑兵战力锐减,"沙钵略率阿波、贪汗二可汗等来拒战,皆败走遁去。时虏饥甚,不能得食,于是粉骨为粮,又多灾疫,死者极众"⑤。经此一役,突厥陷入饥荒和灾疫相互作用的

---

① 《隋书》卷八四《北狄·突厥传》,第 1865 页。
② 同上书,第 1866 页。
③ 同上书,第 1866—1867 页。
④ 同上书,第 1866 页。
⑤ 同上书,第 1867—1868 页。

危急形势中,饥荒和灾疫使马羊等牲畜因缺少饲料、染病大批死亡,这对以游牧经济为主的突厥的打击几乎是致命性的。

　　突厥灭掉柔然后,由于其疆域过于辽阔,采取的是东西分治的管理方式。西域及以西的广大地区归西突厥,漠南、漠北草原归东部突厥,①东部突厥可汗保持突厥可汗的地位。西突厥各部由室点密可汗统领,"从单于统领十大首领,有兵十万众,往平西域诸胡国,自为可汗,号十姓部落,世统其众"②。处于内外交困的突厥内部随即爆发内战,《隋书》卷八四《北狄·突厥传》载:

　　　　既而(突厥可汗)沙钵略以阿波骁悍,忌之,因其先归,袭击其部,大破之,杀阿波之母。阿波还无所归,西奔达头可汗。达头者,名玷厥,沙钵略之从父也,旧为西面可汗。既而大怒,遣阿波率兵而东,其部落归之者将十万骑,遂与沙钵略相攻。又有贪汗可汗,素睦于阿波,沙钵略夺其众而废之,贪汗亡奔达头。沙钵略从弟地勤察别统部落,与沙钵略有隙,复以众叛归阿波。连兵不已,各遣使诣阙,请和求援,上皆不许。③

　　军事的失败、内乱的打击,使突厥彻底失去了对隋朝的军事优势,东突厥沙钵略可汗与隋朝丝绸贸易的态度也随之软化。开皇四年(584),东突厥沙钵略遣使致书曰:"从天生大突厥天下贤圣天子、伊利俱卢设莫何始波罗可汗致书大隋皇帝:'使人开府徐平和至,辱告言语,具闻也。皇帝是妇父,即是翁,此是女夫,即是儿例。两境虽殊,情义是一。今重叠亲旧,子子孙孙,乃至万世不断,上天为证,终不违负。此国所有羊马,都是皇帝畜生,彼有缯彩,都是此物,彼此有何异也!'"④开皇五年(585),东突厥可汗沙钵略西被西突厥达头可汗所逼,东畏惧契丹侵掠。此时西突厥势力已经达到漠北,出于防止西突厥过于强大、用东突厥钳制西突厥的战略考虑,隋朝同意沙钵略可汗南迁到漠南。此时东突厥经济还没有从先前的打击中恢复过来,如隋文帝杨坚在派虞庆则出使东突厥时,"(高祖)敕之曰:'我欲存立突厥,彼

---

① ［日］衫山正明著,黄美蓉译:《游牧民的世界史》,广场出版,2013 年,第 240 页。
② (后晋)刘昫:《旧唐书》卷一九四下《西突厥传》,中华书局,1975 年,第 5188 页。
③ 《隋书》卷八四《北狄·突厥传》,第 1868 页。
④ 同上注。

送公马,但取五三匹'"①。隋朝转而在军事和经济上扶持东突厥,开皇六年(586)隋军帮助沙钵略可汗击败依附于西突厥、控制漠北的阿波可汗,并将所掳获的物资送给沙钵略可汗,又允许东突厥与隋朝进行丝绸贸易,"岁时贡献不绝"②。东突厥为重新获得丝路东段的控制权,沙钵略可汗的弟弟莫何可汗西征西突厥,生擒控制阿尔泰山的阿波可汗,迫使西突厥撤出漠北。③

此时隋朝在军事上处于优势,在丝绸贸易中,隋朝输往东突厥的丝绸仅在3 000至5 000缎之间,④远远少于北周时期的数量,无法满足东突厥及其内部的粟特胡商对丝绸的需要。东突厥不敢贸然发兵深入到内地抢掠,只好在开皇八年(588)用自身所产的大量马羊等牲畜作为贸易物资与隋朝互市,"突厥部落大人相率遣使贡马万匹,羊二万口,驼、牛各五百头。寻遣使请缘边置市,与中国贸易,诏许之"⑤。在此之前,马匹是否是随突厥与西魏北周双方的丝绸贸易大量流入中国北方呢? 西魏大统十七年(551)魏文帝崩,突厥土门可汗遣使来吊,赠马二百匹,其主要目的是要表示与西魏联合的诚意。废帝二年(553)二年三月,在突厥灭掉柔然后,乙息记可汗遣使献马五万匹,主要是出于争取西魏支持其灭掉柔然的考虑;⑥天和四年(569)突厥遣使献马,⑦西魏恭帝二年(555)至天和四年(569)间隔14年,可见,从突厥与西魏北周的官方贸易中,除基于政治目的的贡献马匹外,马匹并不属于突厥经常输入西魏北周的物资。在建德二年(573)、三年(574)突厥遣使献马,⑧对具体数量《周书》则没有记载,很可能是数量极少,仅具象征性意义。

北周灭掉北齐统一北方后,突厥靠在二者之间居中牟利的政治优势不复存在,为保持对北周的军事压力。北周宣政元年(578),突厥入寇幽州、杀略吏民,周武帝随即动员军队出塞反击,"帝总戎北伐。遣柱国原公姬愿、东

---

① 《隋书》卷四〇《虞庆则传》,第1174页。
② 《隋书》卷八四《北狄·突厥传》,第1870页。
③ 参看马长寿《突厥人和突厥汗国》,第29页;吴玉贵《突厥汗国与隋唐关系史研究》,第27—28页。
④ 《隋书》卷八四《北狄·突厥传》,第1870—1871页。
⑤ 同上书,第1871页。
⑥ 《周书》卷五〇《异域下·突厥传》,第908—909页。
⑦ 《周书》卷五《周武帝纪》,第77页。
⑧ 《周书》卷五〇《异域下·突厥传》,第912页。《周书》卷五《周武帝纪》,第83页。

平公宇文神举等率军,五道俱入。发关中公私驴马,悉从军"①。可知,虽然西魏北周和突厥联合近 30 年,但北周能够动用的马匹十分有限,以至于不得不征用私人的驴马。如此缺少马匹的主要原因,应是突厥对马匹流入中国内地的严格控制。马匹是突厥游牧经济的基础,是突厥人行军打仗、游牧生产必不可少的工具,也是粟特商胡用来运送货物的主要运载工具。突厥和粟特人消耗的丝绸较少,他们轻易不可能将大量马匹用于换取不能御寒保暖的丝绸。② 开皇八年(588),东突厥主动拿出如此之多的马匹与隋朝进行贸易,这是东突厥在军事优势丧失情况下的非常之举。这种以在突厥社会中最为珍贵的生产工具马匹为交换物资的丝绸贸易,持续的时间越长、规模越大,就会使突厥的军事实力损失越多。因此,东突厥难以维持这种"自残"的贸易方式,东突厥与隋朝丝绸贸易的基础仍然十分脆弱。开皇十三年(593),"流人杨钦亡入突厥,诈言彭国公刘昶共宇文氏女谋欲反隋,遣其来密告公主。雍闾信之,乃不修职贡。又遣晟出使,微观察焉。公主见晟,言辞不逊,又遣所私胡人安遂迦共钦计议,扇惑雍闾"③。从中可见,仅凭中原来的逃亡者所传的政治谣言,就可使都蓝可汗停止对隋朝朝贡,从"胡人安遂迦共钦计议,扇惑雍闾"可知,在东突厥境内的粟特商胡也对用马匹来交换丝绸的贸易方式感到不满,粟特商胡更为倾向没有成本的直接抢掠。④ 然而,慑于隋朝的军事力量,都蓝可汗并没有南下抢掠,而是向西与西突厥争夺西域丝路的控制权,以改善恶化的经济。

对隋朝而言,如果支持其中的任何一方,虽会达到消灭另一方的效果,但也会使战胜的一方迅速强大,从而对隋朝构成难以应对的军事压力。东西突厥军事实力相当,双方争斗有利于保持隋朝军事优势,因此,隋文帝杨坚并不想介入东西突厥冲突,"其后突厥达头可汗与都蓝可汗相攻,各遣使

---

① 《周书》卷六《周武帝纪》,第 106 页。

② Chrostpjer O. Beckwith, "The Impact of the Horse and Silk Trade on the Economies of Tang China and the Uighur Empire: On the Importance of International Commerce in the Early Middle Ages", *Journal of the Economic and Social History of the Orien*, Vol. XXV, Part II., 1991, p. 184.

③ 《北史》卷二二《长孙道生附长孙晟传》,第 819—820 页。

④ 参看马长寿《突厥人和突厥汗国》,上海人民出版社,1957 年,第 38 页。

请援。上使平持节宣谕,令其和解,赐缣三百匹,良马一匹而遣之。平至突厥所,为陈利害,遂各解兵"①。摆在隋朝面前的棘手问题是在东突厥内部,并没有形成对都蓝可汗制衡的势力,随着其军事实力的不断恢复,必然会重新对隋朝进行抢掠。由此,隋朝开始用联姻的方式、丝绸贸易的手段来扶持东突厥中居于北方势力较弱的启民可汗。开皇十七年(597),"突利遣使来逆女,上舍之太常,教习六礼,妻以宗女安义公主。上欲离间北夷,故特厚其礼,遣牛弘、苏威、斛律孝卿相继为使,突厥前后遣使入朝三百七十辈"②。这远远超出了隋朝原来同都蓝可汗的贸易规模,都蓝可汗遂断绝了与隋朝的朝贡贸易,转而抢掠隋朝边境。

　　为增加对隋朝的军事压力,公元 599 年,都蓝可汗和西突厥达头可汗联合起来向启民可汗和隋朝进攻,隋军遂连续反击。全面战争的爆发必然会使东西突厥的游牧经济遭到很大打击,其内部各民族也无法承受大规模战争给其带来的经济困难。都蓝可汗由此被部下所杀,西突厥达头可汗因所统领的铁勒等族的叛乱使他无法返回西突厥故地,从而亡命吐谷浑,"仁寿三年(603),有铁勒、思结、伏利具、浑、斛萨、阿拔、仆骨等十余部,尽背达头,请来降附。达头众大溃,西奔吐谷浑"③。从此,西突厥不再具备东进漠北、威胁中国北方的实力。隋朝通过受其扶持的启民可汗控制了漠北漠南,启民曾上表说,"大隋圣人莫缘可汗,怜养百姓,如天无不覆也,如地无不载也。诸姓蒙威恩,赤心归服,并将部落归投圣人可汗来也。或南入长城,或住白道,人民羊马,遍满山谷。染干譬如枯木重起枝叶,枯骨重生皮肉,千万世长与大隋典羊马也"④。隋朝由此扭转了北朝后期丝绸贸易中的被动地位,掌握了丝绸贸易的主导权,与东突厥丝绸贸易的规模也随之扩大,如"大业三年(607)四月,隋炀帝幸榆林,启民及义成公主来朝行宫,前后献马三千匹。帝大悦,赐物万二千段……帝法驾御千人大帐,享启民及其部落酋长三千五百人,赐物二十万段,其下各有差"⑤。

---

① 《隋书》卷四六《长孙平传》,第 1255 页。
② 《隋书》卷八四《北狄·突厥传》,第 1872 页。
③ 《隋书》卷五一《长孙览传附长孙晟传》,第 1335 页。
④ 《隋书》卷八四《北狄·突厥传》,第 1873 页。
⑤ 同上书,第 1874—1875 页。

三、西突厥、隋朝对西域诸国的争夺与丝绸贸易

突厥崛起于丝路东段的交通要冲阿尔泰山,西域丝路沿线众多国家和民族也成为其征服的目标。突厥先征服的是分布在阿尔泰山以南、天山以北、准噶尔盆地的铁勒人,①"有伊利可汗,以兵击铁勒,大败之,降五万余家"②。随后突厥东进灭掉柔然,在获得中国内地源源不断的大量丝绸后,迫切需要通过丝路将其贩运到拜占庭,而嚈哒却控制着丝路中段,"西域康居、于阗、沙勒、安息及诸小国三十许皆役属之"③。突厥如果要控制西域诸国,将丝绸变卖成需要的物资,就必须要取代嚈哒的支配地位,但突厥却没有单独挑战嚈哒的实力。6 世纪前期,嚈哒人与波斯围绕着丝路中亚段的控制权经常爆发战争,波斯王卑路斯甚至在战场上被嚈哒直接击毙,战败的波斯被迫向嚈哒长期缴纳巨额的黄金和白银。④ 嚈哒人是波斯的死敌,波斯王库萨河欲雪其祖父卑路斯败亡之耻。由此,突厥和波斯基于共同的经济利益和战略考虑,通过联姻的方式结成了军事联盟。⑤ 突厥在丝路中亚段的扩张,主要是由室点密可汗统率的西突厥各部来承担。大约至少在 558 年之前,嚈哒帝国就在西突厥和波斯两面夹击下崩溃,⑥嚈哒在丝路东段西域诸国的控制权也被西突厥所掌握,"龟兹、铁勒、伊吾及西域诸胡悉附之"⑦。

突厥是建立在游牧部族联盟之上的游牧帝国,他没有能力对西域诸国实行直接占领并加以管理。对在丝绸贸易中起着重要作用的西域国家,西突厥主要是在征服之后采取联姻的方式。如丝路重镇麹氏统治下的高昌,在稍对突厥入侵进行抵抗之后,出于实力悬殊的考虑,主动与西突厥建立了

---

① 参看[日] 松田寿南著,陈俊谋译《古代天山历史地理学研究》,中央民族学院出版社,1987 年,第 295—296 页。

② 《隋书》卷八四《北狄·突厥传》,第 1864 页。

③ 《魏书》卷一〇二《西域·嚈哒传》,第 1873 页。

④ 张爽:《5—6 世纪欧亚大陆的政治联系与丝绸贸易——以嚈哒帝国为中心》,《社会科学战线》2013 年第 4 期,第 130—134 页。

⑤ 参看[法] 沙畹著,冯承钧译《西突厥史料》,中华书局,2004 年,第 199—200 页。

⑥ 参看余太山《嚈哒史研究》,商务印书馆,2012 年,第 127—128 页。

⑦ 《隋书》卷八四《北狄·突厥传》。

联姻关系。① 在确立联姻关系之后,突厥为强化对其控制,往往以武力相逼,使其突厥化,"开皇十年(590),突厥破其(高昌)四城,有二千人来归中国。坚死,子伯雅立。其大母本突厥可汗女,其父死,突厥令依其俗,伯雅不从者久之。突厥逼之,不得已而从"②。在此影响下,粟特商胡集中交易的康国其婚姻丧制就已经被突厥同化。③ 对于具有一定军事实力的国家,突厥政权则是直接派遣官员对其国进行"摄领"统治,④《隋书》卷八三《西域·挹怛传》记载,挹怛国(原为嚈哒余众),俗善战,突厥就派遣通设字诘强领其国。在西突厥控制西域诸国之前,西域诸国大多可以自行到中国内地进行朝贡贸易,在西突厥统治西域之后至达头可汗亡命吐谷浑之前,西域诸国几乎没有朝贡隋朝的记载,究其原因主要在于,西突厥为了获得高额利润,垄断了西域诸国与中国内地的官方贸易,《隋书》卷八四《北狄·西突厥传》载:以大业七年(611)冬,处罗(属于东突厥阿波系,依附于西突厥)朝于临朔宫,帝享之。处罗稽首谢曰:"臣总西面诸蕃,不得早来朝拜,今参见迟晚,罪责极深,臣心里悚惧,不能道尽。"⑤除此之外,西突厥还强令西域诸国定期向其输送各自的物产,如疏勒国,"土多稻、粟、麻、麦、铜、铁、锦、雌黄,每岁常供送于突厥"⑥。同时,西突厥出于获利的考虑,严格控制着中原内地与西域诸国的进出交通,《续高僧传》卷一二《释道判传》载:

> (564)(道判)上表乞循先志,又蒙开许,敕给国书,并资行调。西度砂碛千五百里,四顾茫然,绝无水草,乘饥急行,止经七夕,便至高昌国。是小蕃附庸突厥,又请国书,至西面可汗所(此云天子治也)。彼土不识众僧,将欲加害,增人防卫,不给粮食,又不许出拾摝薪菜,但令饿死。有周国使人谏云:"此佛弟子也。本国天子大臣,敬重供养。所行之处,

---

① 黄文弼著,黄烈编:《宁朔将军麹斌造寺碑校记》,《西域史地考古论集》,商务印书馆,2015 年,第 371—372 页。对于突厥与高昌的联姻情况,请参看吴玉贵《高昌供食文书中的突厥》,《西暨流沙:隋唐突厥西域历史研究》,上海古籍出版社,2020 年,第 96—98 页。

② 《隋书》卷八三《西域·高昌传》,第 1847 页。

③ 《隋书》卷八三《西域·康国传》,第 1848 页。

④ 参看吴玉贵《突厥汗国与隋唐关系史研究》,第 53 页。

⑤ 《隋书》卷八四《北狄·西突厥传》,第 1878—1879 页。

⑥ 《隋书》卷八三《西域·疏勒传》,第 1852 页。

能令羊马孳多。"可汗欢喜。日给羊四口,以充恒食。判等放之,而自煮菜进啖。既见不杀众生,不食酒肉,所行既殊,不令西过,乃给其马乘,遣人送还。①

可见,即使是由中原到西域求法的僧侣,在进入西突厥势力所及的控制区域时,都处于严密的监视和管制之下。由此,西突厥对来自中原携带着大量丝绸等商业物资的中原商队,控制得很可能更为严格。

游牧民族从罗马—拜占庭勒索的黄金,大多数被用来换取丝绸等生活、生产物资,大量黄金进入到丝绸贸易流通体系之中。波斯的石密、胡椒、朱砂、苏合等特产,也大多进入到丝绸贸易的流通体系中。这些都经过粟特商人的转运流入西域。② 由突厥向中原勒索来的大量丝绸,也被粟特商人贩卖到西域。因此,西域诸国涌动着大量的黄金、丝绸等物品。如高昌国的丝绸制品样式极为丰富,《高昌章和十三年(543)孝姿随葬衣物疏》记载,有树叶锦面衣、锦罗当、锦襦、锦褶、绯绫襦、绯绫袄、白绫大衫、白绫小衫、白绫中衣、黄绫裙、文锦裤、绫被褥、绯红锦鸡鸣枕、波斯锦、魏锦、大绫等。③ 与丝路西段的拜占庭高昂丝价相比,西域丝价极为低廉,据《高昌内藏奏得称价钱帐》记载,生丝每十斤征称价钱(税)一文,银每一斤征称价钱一文,金每四至五两征称价钱一文。一斤生丝约相当于一两六钱银,相当于四钱金。④ 因此,西突厥通过控制高昌等西域丝路诸国,必然会在短时间内积累大量的财富,据公元 569 年拜占庭帝国派往西突厥的使臣蔡马库斯记载:

　　使团到达后,立即被召唤拜会西扎布鲁。西扎布鲁居于帐中,坐于两轮金椅上,金椅在必要时得由一匹马才能拉动……宾主双方入席,欢

---

①　《续高僧传》第十二卷《释道判传》第 517 页,《大正新修大藏经》,第 2060 页。

②　Jonathan Karam Skaff, "The Sogdian Trade Diaspora in East Turkestan during the Seventh and Eighth Centuries", *Journal of the Economic and Social History of the Orient*, 46, 4, 2003, p. 477.

③　国家文物局古文献研究室等编:《吐鲁番出土文书》第二册,文物出版社,1981 年,第 60 页。

④　国家文物局古文献研究室等编:《吐鲁番出土文书》,第三册,文物出版社,1981 年,第 320—321 页。参看姜伯勤《敦煌吐鲁番文书与丝绸之路》,文物出版社,1994 年,第 35、36 页。

宴竟日。西扎布鲁所居帐中悬饰着各色精致的丝绸……第二天又在另
一帐相聚,此处同样饰以五颜六色的丝绸,内有不同形态的雕像,西扎
布鲁坐在完全用黄金制造的床上,大帐中央有金制瓶、壶、罐……次日
又换一帐聚会。内有饰金木柱,一张由以四只金孔雀支撑的床。帐前
有一大排马车,满载银器、银盘、银碗,及大量银制动物肖像,其质量不
在我们制造的器具之下;突厥统治者竟如此富有![①]

如上所述,公元6至7世纪之交,在隋朝打击下,西突厥帝国失去了对西
域的控制,隋朝和西域诸国的丝绸贸易逐渐兴盛起来,"时西域诸蕃,多至张
掖,与中国交市"[②]。但隋朝并不仅满足于在经济上与西域进行往来,而是有
经略西域的政治目的,"(裴)矩知帝方勤远略,诸商胡至者,矩诱令言其国俗
山川险易,撰《西域图记》三卷"[③]。裴矩《西域图记》的撰写是建立在"监知关
市,寻讨书传,访采胡人,或有所疑,即译众口"的基础上,因此《西域图记》反
映了当时中原人对西域乃至拜占庭的最新认识,

> 发自敦煌,至于西海,凡为三道,各有襟带。北道从伊吾,经蒲类海
> 铁勒部,突厥可汗庭,度北流河水,至拂菻国,达于西海。其中道从高
> 昌,焉耆,龟兹,疏勒,度葱岭,又经钹汗,苏对沙那国,康国,曹国,何国,
> 大、小安国,穆国,至波斯,达于西海。其南道从鄯善,于阗,朱俱波、喝
> 槃陀,度葱岭,又经护密,吐火罗,挹怛,忛延,漕国,至北婆罗门,达于西
> 海。其三道诸国,亦各自有路,南北交通……故知伊吾、高昌、鄯善,并
> 西域之门户也。总凑敦煌,是其咽喉之地。[④]

其中"拂菻"即是令先前中原人想象颇多的拜占庭帝国,而西海则是指

---

① Menander: R. C. Blockley (ed., trans.), *The History of Menander the Guardman*,
   Introductory, Text, Translation, and Historiographical Notes, Published by Francis
   Cairns Ltd., Printed in Great Britain by Redwood Burn Lid. Trowbridge, Wiltshire,
   1985, pp. 119‑121. 下文中有关《弥南德残卷》的译文,笔者核对参照了张绪山的有关
   翻译,具体见[英] H. 裕尔撰、[法] H. 考迪埃修订、张绪山译《东域纪程录丛》,中华书
   局,2008年,第167—180页,在此向张绪山先生致谢。
② 《隋书》卷六七《裴矩传》,第1578页。
③ 同上注。
④ 同上书,第1579—1580页。

地中海，裴矩将由中国内地向欧洲的三条主要通道的最终目的地确定为地中海，①说明在隋朝和西域诸国贸易恢复的有利形势下，中国人对拜占庭的大致情况已是十分熟悉。在负责与西域通商的大臣裴矩"啖以厚利"的利诱下，原受西突厥控制的高昌（大业四年）、安国、石国（大业五年）、焉耆、龟兹、康国、于阗国、吐火罗、挹怛、米国、史国、何国、乌那曷、穆国、漕国、附国（大业中）纷纷到隋朝进行朝贡贸易。为使西域诸国在经济上依附于隋朝，隋朝采取了炫耀国力的政策：

> （裴矩）复令武威、张掖士女盛饰纵观，骑乘填咽，周亘数十里，以示中国之盛。……其冬，帝至东都（洛阳），矩以蛮夷朝贡者多，讽帝令都下大戏。征四方奇技异艺，陈于端门街，衣锦绮、珥金翠者，以十数万。又勒百官及民士女列坐棚阁而纵观焉。皆被服鲜丽，终月乃罢。又令三市店肆皆设帷帐，盛列酒食，遣掌蕃率蛮夷与民贸易，所至之处，悉令邀延就坐，醉饱而散。蛮夷嗟叹，谓中国为神仙。②

隋朝之所以采用这种不计耗费的策略，主要是隋朝在当时的国力虽然可以占领临近河西的伊吾，也可以暂时灭掉控制河西以南"甘松丝路"（即由甘肃南部、青海东部向南到四川、西藏）的吐谷浑，占领"自西平临羌城以西，且末以东，祁连以南，雪山以北，东西四千里，南北二千里"的广大地区，并置郡县镇戍、徙中原人定居，③但是由于当地属于高原气候，内地的隋朝军队无法在该地长期驻军，不得不借助原吐谷浑酋长统治，隋朝对该地的控制极为不稳。临近隋朝直接控制的地区尚且如此，离河西稍远的高昌、伊吾、焉耆，④由于补给线的拉长，隋朝根本无法在当地驻军直接进行统治。高昌被原先臣服于突厥的游牧民族铁勒所控制，不得不向铁勒交纳重税，"然伯雅先臣铁勒，而铁勒恒遣重臣在高昌国，有商胡往来者，则税之送于铁勒。虽有此令取悦中华，然竟畏铁勒而不敢改也"⑤。铁勒以西至波斯以东的广大

---

① 参看张星烺编注、朱杰勤校订《中西交通史料汇编》，中华书局，2003 年，第 164 页。
② 《隋书》卷六七《裴矩传》，第 1579—1580 页。
③ 《隋书》卷八三《西域·吐谷浑传》，第 1842、1845 页。
④ 《隋书》卷八四《北狄·铁勒传》，第 1880 页。
⑤ 《隋书》卷八三《西域·高昌传》，第 1848 页。

地区,仍处于西突厥控制之下,①在隋朝无法用军事力量控制西域诸国的时候,就只能用雄厚的经济实力使西域诸国依赖于隋朝,以期望达到防止西突厥等游牧民族再起的目的。"故皇华遣使,弗动兵车,诸蕃既从,浑、厥可灭。混一戎夏,其在兹乎!"②

从汉代以来,中原王朝企图用经济实力来控制西域诸国的策略,往往受到中原王朝政治形势的影响,一旦中国内地爆发大规模动乱或改朝换代,经济往往会受到很大冲击,这种策略就会因为没有一个稳定的王朝和经济支撑而立即失效。从大业七年(611)隋炀帝举全国之力对高丽的三次大规模征讨,全部以惨败而告终,这使隋朝统治在遍地的暴动中宣告瓦解,而西突厥的射匮可汗趁此时机重新控制了整个西域,长期臣服于隋朝的漠北东突厥也南下抢掠,这使代隋而建的唐朝,将突厥及西域问题视为关系到国家存亡的重大政治问题,开启了唐朝灭东、西突厥将势力推进到中亚,将欧亚大陆丝绸贸易推向高峰的时代。

四、西突厥、波斯、拜占庭的丝绸贸易与政治关系

西突厥游牧经济能消耗的丝绸数量极为有限,西突厥和粟特商人不择手段从中国北方低成本掠取丝绸等物资的根本目的,是要将其在中亚至拜占庭的漫长路途上进行贩卖,以获得黄金、白银等贵金属及其所需的武器、马匹、香料乃至奴隶等生产、生活物资。因此,突厥粟特商人在由阿尔泰山向东的扩张势力抢夺货源的同时,也必须向西扩张以求控制丝路中亚段,保障丝绸的销路和利益的最大化。西突厥与波斯联合消灭嚈哒后,波斯王库萨和一世占领阿姆河南岸的吐火罗、迦布逻、石汗那等地。西突厥占领嚈哒大部分地区,包括阿姆河北岸的赭时(塔什干)、拔汗那及丝路东西段交汇地索罗底亚纳地区的康国、安国、史国、小史国等地。③ 西突厥与波斯处于隔阿

---

① 在公元 6 至 7 世纪之交,西突厥帝国(阿波系)处罗可汗控制着今天山的裕勒都斯河谷至楚河之间的地区,而西突厥(室点密系)射匮可汗则控制着楚河以西、以南至锡尔河一带,参看吴玉贵《突厥汗国与隋唐关系史研究》,第 30、130 页。

② 《隋书》卷六七《裴矩传》,第 1580 页。

③ 〔法〕沙畹著,冯承钧译:《西突厥史料》,中华书局,2004 年,第 202—203 页。

姆河对峙的状态。西突厥又用金钱等经济手段,将原来受波斯控制的艾布黑兹(格鲁吉亚人)、白兰杰尔等高加索山地部落,置于自己控制下,①将势力扩张到高加索山地,对波斯北方构成了威胁。西突厥各部所面临的最主要问题,是要利用粟特商人将由西域诸国、东突厥转运而来的大量丝绸,通过波斯境内贩卖到拜占庭。波斯联合突厥消灭嚈哒的目的是要将军队从东线调到西线,集中力量对付拜占庭,以勒索更多的黄金和占领两河流域的贸易城镇,进一步控制丝路西段。然而,消灭嚈哒的结果,却是在自己东部又出现了一个比嚈哒还强大的敌人突厥。因此,突厥和粟特商人成为波斯竭力防范的对象。

在瓜分嚈哒后,室点密可汗先后两次派遣以马尼亚克为首的粟特使团,前往波斯就丝绸贸易进行谈判。第一次粟特商人请求波斯王准其商团在波斯自由贩卖生丝,被波斯王拒绝。使团所带的丝绸被波斯买下后,当众焚毁,失望而回。随后室点密可汗又派粟特使团出使,要求与波斯建立友好关系,也遭到波斯王拒绝,除三四人幸免外,粟特使团大多数成员被波斯王下令秘密毒死。② 表面上看突厥粟特使团和波斯帝国的丝绸谈判破裂,是因为波斯要垄断对拜占庭的丝绸贸易。其实,并非如此简单,第一,欧亚丝路上的商人往往又兼具间谍的角色。拜占庭史家普洛柯比在《秘史》中记载:"从前有许多深入敌国,尤其是波斯宫廷的密探是由国库供给薪俸,他们侦察帝国已发生情况的真实情报。他们回到罗马领土后,要向皇帝报告有关敌人的机密情报。警觉的罗马人有了防备,不至于遭到突然袭击。同样,米底人(波斯人)也在很久以前建立起这样的制度。"③波斯和拜占庭曾通过签订协议,来限制从事丝绸贸易的商人在彼此领土上的活动。波斯允许粟特使团到自己的首都,这本身就是波斯王在向突厥主动示好。粟特人提出要在波

① 余太山:《〈太伯里史〉所载嚈哒史料笺证》,《中亚学刊》,第二辑,中华书局,1987 年,第 57、63 页。

② Menander: R. C. Blockley (ed. , trans.), *The History of Menander the Guardman*, Introductory, Text, Translation, and Historiographical Notes, Published by Francis Cairns Ltd. ,Printed in Great Britain by Redwood Burn Lid. Trowbridge, Wiltshire, 1985 pp. 113 - 115.

③ 普罗柯比著,吴舒屏、吕丽蓉译,陈志强审校、注释:《秘史》第 19 章,上海三联书店,2007 年,第 145—146 页。

斯境内自由从事丝绸贸易等商业活动的要求,必然会对波斯国家安全构成巨大威胁。波斯帝国不可能在此问题上做出让步。第二,此时叙利亚和希腊商人已经在临近波斯西部边界的美索不达米亚平原,建立了商业据点。如果波斯允许粟特商人在波斯境内自由活动,粟特商人势必会和叙利亚、希腊商人建立商业联系,沉重打击波斯商人的利益和波斯帝国的税收。① 第三,粟特商人往往会在其商业势力范围所及之处建立自己的贸易网络,如果波斯允许粟特商人借道波斯,粟特商人就会在波斯或明或暗地建立商业据点,直接卖给波斯的消费者和来波斯采购丝绸的外国商人,②这几乎是要控制波斯的经济命脉。因此,波斯拒绝突厥所派粟特使团开展丝绸贸易的要求,实际上是出于国家军事、经济安全和当时商业惯例的考虑。

　　室点密可汗慑于波斯军力的强大,并没有对波斯发动全面战争,而是在公元569—570年将波斯占领的嚈哒领土(今阿富汗喀布尔—犍陀罗地区)占为己有,使粟特商人能够将丝绸运到印度西海岸的港口。③ 但波斯凭借其地理优势一直垄断着从印度前往拜占庭的海上丝路,据完成于6世纪后半期由希腊商人科斯马斯所写的《基督教风土志》一书中记载,波斯商人在与印度数百年的丝绸贸易中,通过经济和宗教等手段,在印度各港口及海上丝路中转斯里兰卡等海岛中形成了庞大的势力。④ 这使粟特商人企图通过海路将丝绸运到拜占庭的设想,仍然无法实现。⑤

---

①　Étienne Dela Vaissière, *Sogdian Traders: a history*, with an English Translation by James, Ward, Boston: Brill, 2005, pp. 230 - 231.

②　D. Sinor, The Historical Role of the Turk Empire, *Journal of World History*, Vol. 1, No. 2, Paris, pp430 - 431.

③　参看[俄] B. A. 李特文斯基主编、马小鹤译《中亚文明史》第3卷,中国对外翻译出版公司,2003年,第310页。

④　裕尔著,考迪埃修订,张绪山译:《东域纪程录丛》,中华书局,2008年,第184、188、195、199—200页。

⑤　面对突厥强敌和粟特商人的竞争,波斯也试图通过向中国朝贡,以建立密切的贸易和政治关系,来达到制衡突厥、粟特的战略目的。公元567年,波斯王库萨和一世派遣使者朝贡北周(《周书》卷五〇《异域下·安息传》)。北周皇帝也派遣使臣前往波斯(张星烺编注、朱杰勤校订:马尔柯姆《波斯史》,《中西交通史料汇编》,中华书局,2003年,第1053页)。然而,此时北周正处于与北齐的战争对峙状态下,而且是东突厥的战略盟友,无法向东突厥发动进攻,牵制突厥西扩,为波斯提供实质性援助。

　　西突厥在消灭嚈哒过程中,已将势力范围扩张到高加索山地。从高加索山地经南俄草原过黑海,就可到达拜占庭首都君士坦丁堡。① 在经波斯境内将丝绸直接贩卖到拜占庭的外交努力失败后,粟特首领马尼亚克转而向室点密可汗建议,直接与拜占庭帝国建立联系。公元 568 年,粟特首领马尼亚克率领突厥使团携带生丝和国书,穿越高加索山地前往拜占庭帝国,获得了拜占庭皇帝查士丁二世接见。据拜占庭史家弥南德记载,突厥西扩后中亚政治局势的变化是双方谈论的主要内容:

　　　　(粟特使者)又告诉皇帝,突厥已征服嚈哒,使他们臣服。皇帝发问:"那么,你们已经征服嚈哒全国了吗?"使者回答:"已全部征服。"皇帝又问:"嚈哒人居住于城市还是乡村?"回答:"陛下,嚈哒人居于城市。"皇帝说:"那么你们显然已占领那些城市啦!"回答:"确实如此。"皇帝说:"告诉我们,有多少阿瓦尔人(Avars)叛离突厥,是否还有阿瓦尔人归突厥统治。""陛下,还有一些仍然依附于我们。逃跑的阿瓦尔人大约有二万人左右。"于是使者详列归属突厥统治的部落。②

　　通过查士丁二世和粟特使者的问答可知,查士丁二世已知道突厥取代嚈哒成为粟特商人新的保护者,控制丝路中亚段,占领丝路众多商业城市的情况。拜占庭有可能既可从突厥获得廉价生丝,又可利用突厥来牵制波斯。

---

① 根据张绪山的研究,拜占庭与西突厥之间的联系路线主要有如下三条:从里海西北岸经高加索前往君士坦丁堡,是拜占庭帝国政治中心与欧亚草原走廊连接的第一条路线,即高加索路线;从君士坦丁堡出发乘"快船"到达黑海南岸的希诺普,从希诺普再乘船到达克里米亚西南岸的赫尔松,登陆后沿拜占庭与欧亚草原走廊连接的交通线,即克里米亚路线;由巴尔干的多瑙河中下游和色雷斯到达君士坦丁堡的第三条路线,即色雷斯线。由此可见,波斯、突厥灭嚈哒对欧亚丝路交通具有巨大的促进作用。(《西突厥与拜占庭的交往》,《中国与拜占庭帝国关系研究》,中华书局,2012 年,第 253—255 页)

② Menander: R. C Blockley. (ed., trans.), *The History of Menander the Guardman*, Introductory, Text, Translation, and Historiographical Notes, Published by Francis Cairns Ltd., Printed in Great Britain by Redwood Burn Lid. Trowbridge, Wiltshire, 1985, pp. 115 - 117. 该段史料笔者参照了张绪山的相关译文。具体见[英] H. 裕尔撰、[法] H. 考迪埃修订、张绪山译《东域纪程录丛》,中华书局,2008 年,第 170 页。

查士丁二世所提到的"阿瓦尔人"起源于阿尔泰山，[①]受突厥灭掉柔然、嚈哒西扩的压力，公元 557 至 558 年迁到高加索地区。随即，阿瓦尔可汗坎迪什(Candich)派使节到达君士坦丁堡，要求拜占庭帝国给予他们土地、礼物和年贡。拜占庭视阿瓦尔人为可助其在巴尔干抵抗斯拉夫人的力量，就允许阿瓦尔人定居在潘诺尼亚(今匈牙利东部)，[②]给予阿瓦尔使节丝绸长袍、黄金等很多贵重礼物。阿瓦尔人在征服斯拉夫人，将势力范围推进到多瑙河北部后，[③]很快将拜占庭帝国列为掠夺的目标，成为拜占庭帝国北边棘手的边患。阿瓦尔人一直是西突厥控制南俄草原丝路的对手。查士丁二世在得知阿瓦尔人与突厥是敌对关系时，必然会有利用突厥打击阿瓦尔人的战略考虑。因此，拜占庭很快就与西突厥确立了联盟关系。

　　然而，弥南德并没有记载拜占庭与粟特商人都关注的丝绸贸易问题。其原因如下：查士丁二世清楚由粟特商人组成的突厥使团，此行最主要的目的是要与拜占庭进行丝绸贸易。如果拜占庭在谈判中给以粟特商人特权和便利，那么，在获得经济利益后，西突厥能否帮助拜占庭进攻波斯、阿瓦尔人则很难说。即使给予粟特商人进行丝绸贸易的优惠条件，拜占庭也未必能买到廉价生丝。因为粟特商人不辞辛苦来到君士坦丁堡，与拜占庭谈判的目的，就是要使经济利益最大化。如果拜占庭就丝绸贸易与粟特商团达成具体协议，只会降低其谈判砝码。粟特使团几乎没提丝绸贸易的原因：一是查士丁二世为在谈判中处于优势，特意让

---

① 笔者同意余太山的观点，即阿瓦尔人是《魏书·西域传》中的"悦般"人。请参看余太山《柔然、阿瓦尔人同族论质疑——兼说阿瓦尔即悦般》，《嚈哒史研究》，商务印书馆，2012 年，第 163—192 页。本文所论的阿瓦尔人是由中亚西迁到欧洲的伪阿瓦尔人。在 558 年突厥消灭嚈哒前后，曾被西突厥征服的 Ogor 人西迁到高加索时，被当地民族误以为是可怕的阿瓦尔人，Ogor 遂以阿瓦尔人自居，即迁到东欧的伪阿瓦尔人。参看[法] 沙畹著，冯承钧译《西突厥史料》，中华书局，2004 年，第 204—205 页。岑仲勉《论希腊史所载六世纪之突厥历史(阿瓦尔问题)》，《突厥集史》下册，中华书局，1958 年，第 942 页。余太山《柔然、阿瓦尔人同族论质疑——兼说阿瓦尔即悦般》，《嚈哒史研究》，商务印书馆，2012 年，第 170—174 页。

② 参看余太山《嚈哒史研究》，商务印书馆，2012 年，第 164 页。

③ J. F. Haldon, *Byzantium in the seventh century*, *The transformation of a culture*, Cambridge university press, 1990, p. 21.

粟特人观看育蚕吐丝法,①以表示拜占庭并不急需其贩卖的丝绸。因此,粟特商人无法正式提出进行丝绸贸易的要求。二是粟特使团此行已能绕过波斯控制区,将从西突厥控制区到达君士坦丁堡的丝路考察得十分清楚,也具备了将丝绸贩卖到拜占庭的能力,因而,并不需要与拜占庭在丝绸贸易上达成相关协定。对粟特商人而言,拜占庭只要保持政治稳定,就能够消费大量丝绸,靠这一市场稳获巨利。因此,粟特商团不仅没提丝绸贸易,反而主动提出要与拜占庭建立军事联盟,郑重做出"帮助拜占庭消灭他的敌人"的承诺,②企图靠这一承诺,换取向拜占庭贩卖丝绸的经济特权和优待。

　　出于对西突厥联盟诚意的试探,公元 569 年,查士丁二世派遣帝国东部诸城总督西里西亚人蔡马库斯,跟随马尼亚克前往西突厥王庭。突厥和粟特人为显示没有与拜占庭进行丝绸贸易的急迫性,在拜占庭使臣面前显示了大量黄金和丝绸、铁器等奢侈品和日用品。③ 对于拜占庭使臣来说,突厥是否富有黄金、丝绸、铁器并不重要,关键是看突厥能否履行进攻波斯的承诺。西突厥的军事实力可以向波斯边境发动一定规模的突袭抢掠,要大规模的全面进攻、深入波斯境内则无可能。为使拜占庭使臣相信突厥信守盟约,在蔡马库斯使团在突厥驻留时,室点密可汗让蔡马库斯率二十人随他侵扰波斯,在怛逻斯(今哈萨克斯坦塔拉兹附近)前来求见的波斯使者面前,厉声指责波斯人对突厥人犯下的过错。④ 576 年,新继位的拜占庭提比略皇帝派遣使臣瓦伦丁出使西突厥,督促西突厥出兵攻打波斯,西突厥咄陆设可汗借口拜占庭与阿瓦尔人和谈,正式拒绝与波斯开战。

　　与波斯控制的沿途驿站、水源地建设已较为完善的西亚通往拜占庭的

<hr>

① Mtiller, Fragmenta Histor. Graec. , iv, p. 270,参看张绪山《六七世纪拜占庭帝国对中国的丝绸贸易活动及其历史见证》,《北大史学》第 11 辑,北京大学出版社,2005 年,第 36 页。

② Menander:R. C. Blockley (ed. , trans.), *The History of Menander the Guardman*, Introductory, Text, Translation, and Historiographical Notes, Published by Francis Cairns Ltd. , Printed in Great Britain by Redwood Burn Lid. Trowbridge, Wiltshire, 1985, p. 117.

③ Menander:R. C. Blockley (ed. , trans.), *The History of Menander the Guardman*, ARCA17, Liverpool, 1985,pp 117 - 119.

④ Ibid. , pp. 121 - 123.

丝路相比,粟特商人和拜占庭帝国建立的经高加索山脉、南俄草原、黑海沿
岸到君士坦丁堡的新通道,处于高寒地区,通行时间有限,且需要穿过荒芜
的沙漠、大河、湖泊,而且沿途还要遭到蛮族部落和波斯军队的袭击,[1]商队
货物乃至商人的生命很难得到保障。从君士坦丁堡出发经黑海、克里米亚
半岛到咸海的交通状况也十分恶劣。据弥南德记载,公元 576 年拜占庭使
臣瓦伦丁由君士坦丁堡出发,经克里米亚半岛到达咸海西部的突厥领地一
路历尽艰辛。[2] 由此,新丝路的开辟,虽可使粟特和拜占庭商人摆脱波斯控
制,但新丝路沿途基本上只有落后的蛮族部落,粟特商人无法进行相应的物
资交换,也不能获得足够的补给。因此,高加索丝路无法承载大规模、常态
化的丝绸贸易。[3] 通过这条丝路运到拜占庭的丝绸价格,很可能比从波斯进
口的丝绸还要贵。这使拜占庭企图通过直接与突厥建立联系,获得廉价生
丝的愿望成为泡影。而西突厥迟迟不进攻波斯,也使拜占庭结盟的军事目
的落空。因而,拜占庭没有必要再允许上百的粟特商人逗留在君士坦丁堡。
公元 576 年,拜占庭皇帝提比略借派瓦伦丁出使西突厥之机,将其群体驱逐
出境。[4]

瓦伦丁出使之际,阿瓦尔人在巴尔干地区的进攻侵掠,使拜占庭越来
越难以抵御,波斯也在进攻拜占庭东部边境。拜占庭帝国于公元 574—
575 年冬与阿瓦尔人缔结和约,每年付给阿瓦尔人 8 万金币,以便集中力

---

① M. Whitby, *The Emperor Maurice and his Historian. Theophylact Simocatta on Persian and Balkan Warfare.* Oxford：1998, 202ff.

② Menander：R. C. Blockley (ed., trans.), *The History of Menander the Guardman,* Introductory, Text, Translation, and Historiographical Notes, Published by Francis Cairns Ltd., Printed in Great Britain by Redwood Burn Lid. Trowbridge, Wiltshire, 1985, pp. 171 - 173.

③ Denis Sinor, "The Historical Role of the Turk Empire", *JWH.* (*Journal of World History*), Vol. 1, No. 2, 1953, p. 431.

④ Menander：R. C. Blockley (ed., trans.), *The History of Menander the Guardman,* Introductory, Text, Translation, and Historiographical Notes, Published by Francis Cairns Ltd., Printed in Great Britain by Redwood Burn Lid. Trowbridge, Wiltshire, 1985, p. 171.

量反击波斯。① 仅凭拜占庭的力量抵抗波斯收效甚微，提比略派瓦伦丁出
使西突厥的目的，就是要求西突厥对波斯发动进攻，履行共同对付波斯的承
诺。② 与拜占庭没有通过新丝路获得廉价丝绸相同，西突厥也没有从中获得
多大经济利益，西突厥并没有进攻波斯的动力。拜占庭连被西突厥打败的
阿瓦尔人都无法招架，如果西突厥向波斯进攻，拜占庭军队也不会起多大的
作用，相反会使西突厥军队变成主攻一方，遭受重大伤亡。西突厥在公元
572 年以后征服了南俄草原的阿兰人，将势力扩张至黑海，③开始触及拜占
庭帝国主导的克里米亚半岛、博斯普鲁斯港与黑海北岸地区的丝绸贸易圈，
当地的香料、纺织品、贵重的呢绒、皮毛、皮革、酒等奢侈品和奴隶已经尽在
眼前，西突厥更不会在此时丢掉即将到手的经济利益去为拜占庭攻打波斯。
因此，接见瓦伦丁的西突厥咄陆设可汗对拜占庭与阿瓦尔人的条约大加指
责，以此为借口拒绝出兵。④ 西突厥为使拜占庭帝国察觉不到其要进攻黑海
的战略意图，与瓦伦丁多次晤谈，并请瓦伦丁到阿尔泰山去见西突厥诸部首
领达头可汗（室点密可汗子），⑤在瓦伦丁动身后，西突厥就开始围攻拜占庭
在黑海的重镇博斯普鲁斯城。⑥ 西突厥与拜占庭的联盟关系正式破裂，西突

---

① 　J. B. Bury, *History of the Later Roman Empire: From the Death of Theodosius I.
to the Death of Justinian*, New York: Dover Publications, inc. , 1958, pp. 116‑117.

② 　Menander: R. C. Blockley (ed. , trans.), *The History of Menander the Guardman*,
Introductory, Text, Translation, and Historiographical Notes, Published by Francis
Cairns Ltd. , Printed in Great Britain by Redwood Burn Lid. Trowbridge, Wiltshire,
1985, p. 173.

③ 　Ibid. , p. 175.

④ 　Ibid. , p. 175.

⑤ 　吴玉贵在《高昌供食文书中的突厥》一文中，介绍了沙畹在《西突厥史料》和松田寿男
在《西突厥王庭考》中对西突厥可汗室点密和达头两次接见拜占庭使臣的地点的认
识，两人都认为是在龟兹北之"白山"，与《旧唐书》《新唐书》《通典》诸书《西突厥传》中
的南庭是一地。吴玉贵支持松田寿男对南庭地点的考察，即南庭在大裕勒都斯河谷
（今新疆吉木萨尔县，位于天山山脉和吉尔吉斯山脉的南麓）（见氏著《西暨流沙：隋唐
突厥西域历史研究》，上海古籍出版社，2020 年，第 89—90 页）

⑥ 　Menander: R. C. Blockley (ed. , trans.), *The History of Menander the Guardman*,
Introductory, Text, Translation, and Historiographical Notes, Published by Francis
Cairns Ltd. , Printed in Great Britain by Redwood Burn Lid. Trowbridge, Wiltshire,
1985, p. 179.

厥由拜占庭的战略盟友转变为其丝路贸易乃至军事上的强大对手。

余论：6世纪突厥的丝路扩张与
欧亚大陆新时代的来临

6世纪后期突厥因控制丝路而崛起，崛起后的突厥的东进和西扩基本上也是循欧亚丝路而展开。从蒙古草原到西域、中亚乃至南俄草原、黑海沿岸等欧亚丝路带，首次处于大型游牧帝国控制之下。这对活跃在丝路上的粟特商人而言，突厥帝国的出现，必然会为其险象丛生、生死莫测的丝路贸易，提供强有力的武力保护。突厥也需借助粟特商人的丝路网络和经验，来控制欧亚丝路获取经济利益。因此，6世纪突厥的扩张和征服，实际上也是游牧民族与粟特商业民族结成利益共同体，在欧亚丝路竞逐经济利益，构建贸易网络的经济扩张。突厥粟特利益共同体为经济扩张而采取的外交军事活动，直接将欧亚丝路上的中国、波斯、拜占庭等农耕大国联结在一起。

在欧亚丝路的东端，东部突厥在粟特商人的策划下，利用中国北方西魏北周、东魏北齐两政权的政治矛盾，通过武力、政治勒索等手段获取了大量丝绸和经济利益。随着隋朝统一中国，突厥失去了利用中国分裂的政治形势，进行不平等丝绸贸易从中获得巨额利润的条件，在难以逾越的长城防线、不断的军事反击，以及隋朝根据突厥自身政治组织结构上的分散性，在政治、军事、经济上采取"远交近攻"的战略面前，突厥帝国无法再从丝绸贸易中获利，从而导致其内部矛盾激化，围绕着最高统治权不断爆发的内战，最终使突厥东西两部分离。然而，隋朝却没有力量消灭突厥，此时中亚也没有能够消灭突厥的游牧民族，因此，突厥得以趁隋末中国内乱之机迅速复兴，这使代隋而建的唐朝将控制丝路中东段作为一项重要的战略目标来加以实现，将欧亚大陆丝绸贸易推向一个崭新的阶段。

6世纪中后期西突厥帝国在丝路中段的扩张，使粟特人、拜占庭帝国看到其中蕴藏的经济和政治机遇。由于波斯横亘在西突厥和拜占庭之间，控制着丝路西段，波斯成为西突厥和拜占庭之间政治外交联系的核心问题。由于波斯有十分强大的军事力量，西突厥和拜占庭双方并没有结成简单的东西夹攻的军事同盟。就西突厥—粟特商人来讲，期待通过开辟新丝路来直接与拜占庭建立丝绸贸易关系,即"先经济后政治",而拜占庭帝国则希望突厥骑兵能够帮助其牵制波斯,即"先政治后经济"。由于各自的目的相差太大,西突厥、拜占庭双方政治联盟没有发挥多大的作用,最终因为各自的经济利益而破裂。双方彼此之间热络的外交穿梭,说明此时丝路上各农耕大国和游牧帝国已经被丝绸贸易连接在一起,无法相互忽视对方的存在。

　　由于地缘因素,西突厥和受其保护的粟特商人,承担起丝绸等物资西贩的经济分工,为此西突厥先是联合波斯消灭嚈哒,控制丝路中亚段。为打通丝路西段,粟特商人以西突厥为武力后盾,在波斯和拜占庭之间展开的一系列外交经济活动,不仅是影响拜占庭和波斯乃至定居东欧的游牧民族的政治经济关系变化的重要原因,也是促使拜占庭、波斯积极与丝路游牧民族乃至中国建立政治经济关系的重要动力。因此,突厥帝国在欧亚丝路的出现,使丝路主要国家和游牧民族之间的政治经济联系更为紧密,丝路主要国家和游牧民族之间所爆发的大规模战争和外交事件,其背后都有围绕欧亚丝路控制权的争夺等经济因素在起作用,并会影响丝路的其他大国和游牧帝国。虽然由于突厥自身游牧民族组织结构的分散性、地缘过于辽阔、经济实力与政治地位的不相称,隋朝"远交近攻"战略等因素的影响,东西突厥之间围绕着最高汗位不断爆发内战,最终在 6 世纪末分裂为东西突厥两大汗国。但由于中亚尚没有能够消灭突厥的游牧民族,加之东西突厥对丝路的牢固控制,至 7 世纪阿拉伯人兴起、唐帝国经营西域中亚之前,东西突厥仍是牵动欧亚丝路主要国家和民族政治经济变动的主要势力。

唐回鹘绢马互市实质解诂*

杨富学　　安语梵

敦煌研究院人文研究部　　西北民族大学历史文化学院

　　唐玄宗天宝十四载(755)，安史之乱爆发，唐朝陷入危机，不得不邀请回鹘出兵参与平定叛乱。天宝十五载八月、十六载九月、宝应元年(762)九月，回鹘三度起兵助唐平乱，一举收复长安，二度收复洛阳，功勋卓越，受到唐王朝的倚重。安史之乱之后唐朝与回鹘之间的交往也愈加频繁，为酬谢回鹘，唐朝在原有朝贡回赐贸易的基础上，进一步约定与回鹘绢马互市。自乾元时起，双方开始了大量的贸易，不仅对唐、回鹘历史还是唐回鹘关系而言，都是重大史事，故百余年来一直受到国内外学术界的重视，研究者众，成果丰硕，①大致

---

* 本文是国家社科基金重大项目"敦煌中外关系史料的整理与研究"(项目编号：19ZDA198)的阶段性成果。

① 举其要者有松田壽男：《絹馬交易覺書》，《歷史學研究》第 6 卷第 2 号，1936 年，第 2—13 页(松田寿男著，辛德勇译《绢马交易研究札记》，刘俊文主编《日本学者研究中国史论著选译》第 9 卷《民族交通》，中华书局，1993 年，第 414—427 页)；松田壽男：《絹馬交易に關する史料》，《遊牧社會史研究》第 1 号，1969 年，第 1—14 页；Colin Mackerras, Sino-Uighur Diplomatic and Trade Contacts (744 to 840), *Central Asiatic Journal*, Vol. 13, 1969, pp. 215‑240, esp. pp. 238‑239；札奇斯钦：《对"回纥马"问题的一个看法》，《食货月刊》复刊第 1 卷第 1 期，1971 年，第 21—28 页(收入氏著《蒙古史论丛》，学海出版社，1980 年，第 179—193 页)；刘义棠：《回鹘马研究》，氏著《维吾尔研究》，正中书局，1975 年，第 321—371 页；马俊民：《唐与回纥的绢马贸易——唐代马价绢新探》，《中国史研究》1984 年第 1 期，第 67—76 页；章群：《唐代之马匹贸易——兼论唐予回纥马价绢的性质》，淡江大学中文系主编《晚唐的社会与文化》，台湾学生书局，1990 年，第 329—353 页(又见氏著《唐代蕃将研究续编》，台湾联经出版社，1990 年，第 63—84 页)；Christopher I. Beckwith, The Impact of the Horse and Silk Trade on the Economies of T'ang China and the Uighur Empire：On the Importance of International Commerce in the Early Middle Ages, *Journal of the Economic and Social History of the Orient* Vol. 34, No. 3, 1991, pp. 183‑198；齋藤勝：《唐・回鹘絹馬交易再考》，《史学雜誌》第 108 卷第 10 号，1999 年，第 33—58 页；刘正江：《回鹘与唐的马绢贸易及其实质》，《黑龙江民族丛刊》2011 年第 2 期，第 74 页。

形成了以下几种相对比较集中的学术观点：其一，绢马互市是唐与回鹘传统友好关系的继续和发展；其二，唐通过绢马互市手段以实现对回鹘的羁縻统治；其三，唐朝需要回鹘的马匹，回鹘也需要唐朝的丝绸，绢马互市对二者是各取所需，对双方有利，属于公平交易；其四，回鹘马价格明显高于市场价格，但唐出于政治角度考虑，不惜付出经济代价以换取政治上的回报。然而，笔者在近期的研究中发现，上述四种观点虽各有秉持，亦自有其道理，但都较少关注唐与回鹘绢马互市背后被掩盖的实质问题。有鉴于此，特撰本文，提出自己的一得之见。

一、唐与回鹘的绢马互市及其特点

关于唐回鹘的绢马互市，史乘多有记载，诸如两《唐书》《唐会要》《资治通鉴》《册府元龟》皆是。虽不同史料的记载不完全一致，差异互见，但对互市这一事实都予以较多的关注。这种贸易先后持续了 82 年之久，直到回鹘帝国灭亡始告终止。综观史书的记载可以看到，互市始于肃宗时期，史载"肃宗乾元中，回鹘仍岁来市，以马一匹易绢四十匹，动至数万马"①。此后，贸易不断，兹据史书记载简列其信息于下：

唐与回鹘绢马互市信息表

	时　间	交易数量等信息	史　料　依　据
1	乾元元年（758）六月	回鹘献马五百匹。	《唐会要》卷九八《回纥》，第1745 页
2	乾元年间（758—760）	肃宗乾元中，回鹘仍岁来市，以马一匹易绢四十匹，动至数万马。	《册府元龟·外臣部·互市》，第11727 页
3	永泰元年（765）闰十月	回纥进马，及宴别，前后赍缯彩十万匹而还。	《旧唐书·回纥传》，第5206 页

① （宋）王钦若等：《册府元龟》卷九九九《外臣部·互市》，中华书局，1960 年，第11727 页。

续表

	时　间	交易数量等信息	史　料　依　据
4	大历八年（773）八月	回鹘遣赤心领马一万匹来求市，帝以马价出于租赋，不欲重困于民，命有司量入计许市六千匹。	《资治通鉴·唐纪40》，第7221页；《册府元龟·帝王部·来远》，第2056页；《册府元龟·外臣部·互市》，第11727页；《新唐书·郭子仪传》，第4607页；《旧唐书·回纥传》，第5207页
5	建中元年（780）八月	源休受命出使漠北，顿莫贺可汗使谓休曰："所欠吾马直绢一百八十万匹，当速归之。"遣散支将军康赤心等随休来朝，至赤心归，唐与之帛十万匹，金银十万两，偿其马直。	《旧唐书·源休传》，第3575页；《册府元龟·奉使部·羁留》，第2937页。《新唐书·回鹘传》系于建中三年，误。
6	贞元三年（787）八月	癸亥，遣回纥使者合阙将军归，许以咸安公主妻可汗，归其马价绢五万匹。	《资治通鉴·唐纪49》，第7506页。《全唐文》卷四六四陆贽《与回鹘可汗书》载为十二万匹绢，不取。
7	贞元六年（790）六月	回纥使移职伽达干归蕃，赐马价绢三十万匹。	《旧唐书·回纥传》，第5208页；《册府元龟·外臣部·互市》，第11727页
8	贞元八年（792）七月	给回纥市马绢七万匹（或十万匹）。	《册府元龟·外臣部·互市》，第11727页记为七万匹，同书《外臣部·褒异》，第11462页又曰十万匹。
9	元和四年（809）左右	达览将军等至，省表，其马数共六千五百匹。据所到印纳马都二万匹，都计马价绢五十万匹。缘近岁已来，或有水旱。军国之用，不免阙供。今数内且方圆支二十五万匹，分付达览将军，便令归国。	《全唐文》卷六六五，第6760页；《白居易文集校注》卷二〇，第1174页
10	元和十年（815）八月	以绢十万匹偿回纥之马直。	《册府元龟·外臣部·互市》，第11727页
11	元和十年（815）十二月	以绢九万七千匹偿回纥马直。	《册府元龟·外臣部·互市》，第11727页
12	元和十一年（816）二月	以内库缯、绢六万匹偿回纥马直。	《册府元龟·外臣部·互市》，第11727页

续表

	时　间	交易数量等信息	史　料　依　据
13	元和十一年（816）四月	以绢二万五千匹偿回纥马直。	《册府元龟·外臣部·互市》，第 11727 页
14	长庆二年（822）二月	以绢五万匹赐回纥充马价。	《册府元龟·外臣部·互市》，第 11727 页；《旧唐书·回纥传》，第 5212 页
15	长庆二年（822）四月	又赐回纥马价绢七万匹。	《册府元龟·外臣部·互市》，第 11727 页；《旧唐书·回纥传》，第 5212 页
16	长庆二年（822）十二月	以绢八万匹偿回纥马直。	《册府元龟·外臣部·互市》，第 11727 页
17	大和元年（827）三月	内出绢二十六万匹赐回纥充马价。	《册府元龟·外臣部·互市》，第 11727 页
18	大和元年（827）六月	命中使以绢二十万匹付鸿胪寺宣赐回鹘充马价。	《册府元龟·外臣部·互市》，第 11727 页；《旧唐书·回纥传》，第 5213 页。《新唐书·回鹘传》（第 6130 页）记为"赐马直绢五十万"。
19	大和三年（829）正月	中使以绢二十三万匹赐回纥充马价。	《旧唐书·回纥传》，第 5213 页
20	大和四年（830）三月	回鹘遣相梅录李畅以马万匹互市。	《资治通鉴·唐纪60》，第 7870 页
21	大和七年（833）三月	回纥李义节等将驼马到。	《旧唐书·回纥传》，第 5213 页
22	开成五年（840）	回鹘宰相勿笃公叛可汗将图归义，遣人献良马三百，以求接应。	《资治通鉴》卷二六四注文，第 7942 页

上表所引文献版本如下：

《白居易文集校注》，（唐）白居易著，谢思炜校注，中华书局，2011 年。

《册府元龟》，（宋）王钦若等撰，中华书局，1960 年。

《旧唐书》，（后晋）刘昫等撰，中华书局，1975 年。

《全唐文》，（清）董浩等编，中华书局，1983 年。

《唐会要》，（宋）王溥撰，中华书局，1955 年。

《新唐书》，（宋）欧阳修、宋祁纂，中华书局，1975 年。

《资治通鉴》，（宋）司马光著，（元）胡三省注，中华书局，1956 年。

　　表中第 1、2 条看似可以归为一条，但第二条中的"仍岁"一词，说明乾元年间并非限于一次，故而分作二条。第 5、6 条涉及唐朝所欠回鹘马值，唐朝归还了部分绢匹。第4、20、21未涉及马价绢的数量。另外,最后一条,即第22条,乃回鹘帝国灭亡前夕其可汗为得到唐朝的帮助而献良马三百匹,可以不归入互市之列。但考虑到回鹘与唐朝的绢马互市都是以贡赐方式进行的,将其归入互市之列或许更为妥帖。只不过回鹘帝国还没有等到唐朝回赐便已灰飞烟灭了,所以没有回赐绢的记录。

从上表可以看到,唐与回鹘贸易有如下三个特点:

其一,贸易较为频繁,仅见于记录的就多达20余次。从上表可以看出,回鹘在很多年份中不止一次入唐互市,元和十年二次,大和十年二次,长庆二年甚至更多,多达三次。

其二,贸易持续时间长。绢马互市始于肃宗乾元元年(758)六月,回鹘向唐朝献马五百匹。[①] 此前一年,即肃宗至德二载(757),唐朝开始向回鹘借兵平定安史之乱。史载:"郭子仪以回纥兵精,劝上益征其兵以击贼。怀仁可汗遣其子叶护及将军帝德等将精兵四千余人来至凤翔。"[②]郭子仪因得到回鹘军队的帮助,于新店大败叛军。双方的结盟与友善关系,为此后互市活动的大举开展创造了条件。自肃宗肇其始,经代宗、德宗、宪宗、穆宗、文宗,相沿不绝,直到开成五年(840)回鹘帝国崩溃,历六朝,前后相续82年。

其三,贸易额巨大,据史书有确切记载的数字统计,自肃宗乾元元年(758)至开成五年(840),唐朝与回鹘之间共有22次与绢马互市相关的活动,除表中所列第1、2、4、20、21、22未记录绢的数量,5、6为归还所欠马价绢的数量,其余14条共计马价绢197.2(或194.2)万匹,其中,贞元六年30万匹(第7条),大和元年两次共计46万匹(第16、17条),元和四年(809)左右一次性交易就合50万匹绢(第9条)。数额巨大,尤其是自德宗贞元六年(790)至文宗大和三年(829),不到40年间,唐向回鹘输入的马价绢见于记录的至少有180余万匹。

上述统计只是见于记载的部分,数据很不完整。大历十四年(779)五月,代宗驾崩,"素恨回纥"的德宗继立,粟特人遂煽动牟羽可汗乘唐帝位轮

---

① （宋）王溥:《唐会要》卷九八《回纥》,中华书局,1955年,第1745页。
② 《资治通鉴》卷二二〇至德二载九月条,中华书局,1956年,第7032—7033页。

替之机南下攻唐。宰相顿莫贺劝谏,不听,"顿莫贺乘人之心,因击杀之,并杀其亲信及九姓胡所诱来者凡二千人。顿莫贺自立号为合骨咄禄毗伽可汗"①。唐派京兆少尹源休前往册封,顿莫贺对源休言:"唐负我马直百八十万匹,当速归之。"②表中显示的这一时期(758—780)的贸易数额为10万匹绢,姑且不论唐政府是否部分支付,仅欠下的就有马价绢180万匹。③看来,表中所反映的贸易量仅为其中的一小部分而已。

二、唐回鹘绢马互市之非贸易因素

唐与回鹘之间的绢马互市,理论上讲,就是回鹘每年上贡马匹给唐朝,唐朝回赐与其价值相符甚或价值更高的丝绸。回鹘"以马一匹易绢四十匹,动至数万马"④,唐朝"与之帛十万匹,偿银十万两,偿其马直(值)"。学界在探讨绢马互市时,多言其为双方互利的贸易行为,如马俊民认为:"绢马互市是两者传统友好关系的继续和发展,更重要的是这一贸易对双方全都有利。"⑤王有德也认为唐与回鹘间的绢马互市"反映的是两族间的亲善关系"⑥。刘正江认为在唐与回鹘的交往中,"绢马贸易是双方经济、政治往来的一项重要内容"⑦。这种观点从某种意义上说是可以成立的,但忽视了其中诸多的非贸易因素,也是值得进一步探讨的。

其一,绢马互市中回鹘马的价格过高。关于马价,史无明载,但唐人张

① 《旧唐书》卷一九五《回纥传》,中华书局,1975年,第5207—5208页。
② 《资治通鉴》卷二二七建中二年二月辛亥条,中华书局,1956年,第7330页。
③ Mackerras 怀疑唐朝可能从来都没有支付过,否则,不该欠多达180万匹之绢量,见 Colin Mackerras, Sino-Uighur Diplomatic and Trade Contacts (744 to 840), *Central Asiatic Journal*, Vol. 13, 1969, p. 219.
④ 《旧唐书》卷一九五《回纥传》,中华书局,1975年,第5207页。
⑤ 马俊民:《唐与回纥的绢马贸易——唐代马价绢新探》,《中国史研究》1984年第1期,第67页。
⑥ 王有德:《论唐与回纥的关系》,《新疆师范大学学报》1991年第4期,第31页。
⑦ 刘正江:《回鹘与唐的马绢贸易及其实质》,《黑龙江民族丛刊》2011年第2期,第74页。

说在评价贞观至麟德时之马价时曾言："天下以一缣易一马。"①《唐会要》记大和七年(833)银川马价"每匹上不过绢二十匹,下至十五匹"②。上马和下马,价钱相差五匹绢。③ 这一情况,与《册府元龟》所载玄宗开元十七年的情况有切合处:"[开元十七正月庚戌],骨咄俟斤遣男骨都施来朝,献马二匹,授郎将,赐帛三十段。"④每匹马获赐绢十五匹。当然,不同情况也有所见,如开元十八年,当靺鞨前来朝贡时,玄宗的赏赐就要低得多:

> [开元十八年(730)正月],壬子,大佛涅靺鞨兀异来朝,献马四十匹,授左武卫折冲,赐帛三十段……二月,渤海靺鞨遣使智蒙来朝且献方物,马三十匹,授中郎将,赐绢二十匹。⑤

靺鞨马所得赏赐一匹马不抵一匹绢,要比来自漠北的骨咄俟斤所献马低得多。况且,玄宗时期唐朝国力强盛,为开疆拓土之需要,有意高估马价以招徕诸蕃市马,《旧唐书·王忠嗣传》:

> 每至互市时,即高估马价以诱之,诸蕃闻之,竞来求市,来辄买之。故蕃马益少,而汉军益壮。⑥

王忠嗣任朔方节度使是在开元二十八年至天宝五载间(740—746)。⑦彼时正是玄宗开疆拓土的重要时期,需要通过购买战马以提高唐军的战斗力。在高估马价的情况下,玄宗对靺鞨马的回赐尚且如此之低,原因何在?抑或玄宗重漠北马而轻靺鞨马呢? 值得探讨。

---

① (宋) 王溥:《唐会要》卷七二《马》,中华书局,1955 年,第 1302 页;(唐) 张说:《大唐开元十三年陇右监校颂德碑》,(清) 董浩等编《全唐文》卷二二六,中华书局,1983 年,第 2282 页。

② (宋) 王溥:《唐会要》卷六六《群牧使》,中华书局,1955 年,第 1146 页。

③ 章群:《唐代之马匹贸易——兼论唐予回纥马绢的性质》,淡江大学中文系主编《晚唐的社会与文化》,台湾学生书局,1990 年,第 344 页(又见氏著《唐代蕃将研究续编》,台湾联经出版社,1990 年,第 77 页)。

④ (宋) 王钦若等:《册府元龟》卷九六一《外臣部·土风三》,中华书局,1960 年,第 11452 页。

⑤ 同上注。

⑥ 《旧唐书》卷一〇三《王忠嗣传》,中华书局,1975 年,第 3201 页。

⑦ 吴廷燮:《唐方镇年表》卷一,中华书局,1980 年,第 132 页。

　　另有学者根据敦煌出土文献进行统计，认为"敦煌文书反映的是比较正常的比价，即换算 1 匹马可以易绢大约 23.75 匹"①。价格略高于银川上马每匹折合二十匹绢的价格。也有人进行统计，认为"每马的平均价格是 28 匹绢"②。惜未能给出明确的计算方法，难以遽断准确与否。

　　再观安史之乱后唐回鹘互市之马价，《册府元龟》言"以马一匹易绢四十匹"③。《旧唐书·回纥传》亦载："回纥恃功，自乾元之后，屡遣使以马和市缯帛，仍岁来市，以马一匹易绢四十匹，动至数万马。"④这样的价格比上述所言所有价格都要高出许多。这还是肃宗时代的情况，到后期，马价更高，白居易诗文二度予以记载，一者为新乐府《阴山道》："五十匹缣易一匹，缣去马来无了日。"⑤二者为代皇帝所作制诰《与回鹘可汗书》："达览将军等至，省表，其马数共六千五百匹。据所到印纳马都二万匹，都计马价绢五十万匹。缘近岁已来，或有水旱。军国之用，不免阙供。今数内且方圆支二十五万匹，分付达览将军，便令归国。"⑥依白氏之言，每马值缣 50 匹。

　　陈寅恪注意到绢、缣价格之别，认为"或者马一匹直绢四十匹，直缣遂五十匹欤"⑦，岑仲勉不同意此说，指绢、缣其实是一回事。⑧ 可从。笔者认为，绢四十匹乃肃宗刚开互市时的马价，而五十匹则是白居易时代（772—846）之马价，反映的应为 9 世纪上半叶的情况。

　　揆诸上文的论述，不难看出，安史之乱后 82 年间用于互市之回鹘马价

①　李德龙：《敦煌遗书 S.8444 号研究——兼论唐末回鹘与唐的朝贡贸易》，《中央民族大学学报》1994 年第 3 期，第 39 页。
②　Christopher I. Beckwith, The Impact of the Horse and Silk Trade on the Economies of T'ang China and the Uighur Empire: On the Importance of International Commerce in the Early Middle Ages, *Journal of the Economic and Social History of the Orient* Vol. 34, No. 3, 1991, p. 188.
③　（宋）王钦若等：《册府元龟·外臣部·互市》，中华书局，1960 年，第 11727 页。
④　《旧唐书》卷一九五《回纥传》，中华书局，1975 年，第 5207 页。
⑤　（唐）白居易：《阴山道》，（清）彭定求编《全唐诗》卷四二七，中华书局，1980 年，第 4705 页。
⑥　（唐）白居易著，谢思炜校注：《白居易文集校注》卷二〇《与回鹘可汗书》，中华书局，2011 年，第 1174 页。
⑦　陈寅恪：《元白诗笺证稿》，文学古籍刊行社，1955 年，第 244 页。
⑧　岑仲勉：《隋唐史》，中华书局，1982 年，第 315 页。

大体每马值 40—50 匹绢,这比同时代之"银川马价"——每马值 15—20 匹绢——要高出二至三倍,更不用说贞观至麟德时"以一缣易一马"之马价了,那是要高出 40—50 倍的。

其二,关于唐朝对回鹘马的需求问题。刘义棠曾言:"马之于游牧民,固然具有军事与经济上之重要地位,即以农耕为主之中原,亦仍然有其重要性。考三代以来,即有马政之设,不过所牧之马为数有限,能使用于战争上者更属不多,故不足以与以马为伍之北方游牧民相抗衡。"①拥有大量马匹的回鹘对唐朝是有一定吸引力的。然而就唐与回鹘的互市而言,似有超出贸易的因素存在。

回鹘不断为唐输入马匹,而唐对马匹的需要已近饱和状态。互市表面上是你来我往的互惠互利交易,其实随着贸易的开展,到后期成为一种回鹘对唐政治上的压迫,经济上的掠夺了。史载:"回纥恃功,自乾元之后,屡遣使以马和市缯帛,仍岁来市,以马一匹易绢四十匹,动至数万马。其使候遣继留于鸿胪寺者非一,蕃得帛无厌,我得马无用,朝廷甚苦之。是时特诏厚赐遣之,示以广恩,且俾知愧也。"②"得马无用"却不得不高价购买之,反映了唐政府对互市的无奈。

唐玄宗继位之初,励精图治,开疆拓土,需要大量的马匹。安史乱后,唐朝的马政受到了极大的破坏,③尤其是吐蕃对河西、陇右的占领,更使唐朝马政雪上加霜。④ 其实,这只是问题的一方面,另一方面,随着战事的结束,唐政府"早就无志于四方了",⑤已经并不再像过去那样需要那么多的马匹了。但因为回鹘强制性输入,唐不得不接受以 1 马换 40 匹甚至 50 匹绢的价格与回鹘进行贸易,这已经超出了贸易双方各取所需的原则了。

安史之乱给唐朝造成了巨大的经济损失,兵燹所至,庐室为墟,社会生

---

① 刘义棠:《回鹘马研究》,氏著《维吾尔研究》,正中书局,1975 年,第 324 页。

② 《旧唐书》卷一九五《回纥传》,中华书局,1975 年,第 5207 页。

③ 马俊民、王世平:《唐代马政》,西北大学出版社,1995 年,第 101—103 页。

④ 齋藤勝:《唐·回鹘絹馬交易再考》,《史学雜誌》第 108 卷第 10 号,1999 年,第 34—38 页。

⑤ 札奇斯钦:《对"回纥马"问题的一个看法》,《食货月刊》复刊第 1 卷第 1 期,1971 年,第 23 页(收入氏著《蒙古史论丛》,学海出版社,1980 年,第 184 页)。

产遭到极大的破坏。安史之乱爆发前,唐朝有人口六千万,乱后只剩下一千六百万人。经济的凋敝,人口的流失,直接造成唐政府极大的财政困难。在这个时候,大量回鹘马的输入,使唐朝难以负担,《新唐书·食货志》即言:"岁送马十万匹,酬以缣帛百余万匹。而中国财力屈竭,岁负马价。"①唐代宗大历八年(773),回鹘贵族赤心领马万匹到唐朝贸易,"有司以国计不充,请市千匹。子仪以回纥前后立功,不宜阻意,请自纳一年奉物,充回纥马价"②。代宗不得已采取折中办法,一方面没允准郭子仪自纳俸禄,另一方面将朝廷官员拟议的购买一千匹改为六千匹。由此可见,唐政府财政的拮据之状。在这种情况下,言绢马贸易为互利,显然就有些说不通了。

其三,以次马充好,回鹘贡唐的马匹存在不敷使用的问题。《新唐书》卷五○《兵志》记载:"乾元后,回纥恃功,岁入马取缯,马皆病弱不可用。"③《资治通鉴》卷二二四代宗大历八年五月条亦言:"动至数万匹,马皆驽瘵无用,朝廷苦之。"④白居易诗也从侧面印证了这一现象:

　　　每至戎人送马时,道旁千里无纤草。
　　　草尽泉枯马病羸,飞龙但印骨与皮。⑤

回鹘马经过长距离的输送,等马到中原时就已经瘦成皮包骨头了,羸弱无用。大历四年(769)董晋以判官身份出使回纥,回纥责备唐朝欠马价不还,董晋答言:"尔之马岁至,吾数皮而归资。"⑥果如是,则不止羸马,甚至连死马都要照数付绢。陈寅恪讥其"贪诈",⑦不可谓之失据。不管是主观还是客观原因,回鹘输入唐朝的马匹有很多不堪用则是不争之史实。知为病马、死马而受之,且如数付绢;得而无用,却不得不得之,这些本身都是违背自愿

① 《新唐书》卷五一《食货志》,中华书局,1975年,第1348页。
② 《旧唐书》卷一九五《回纥传》,中华书局,1975年,第5207页。
③ 《新唐书》卷五○《兵志》,中华书局,1975年,第1339页。
④ 《资治通鉴》卷二二四大历八年五月条,中华书局,1956年,第7221页。
⑤ (唐)白居易:《阴山道》,(清)彭定求编《全唐诗》卷四二七,中华书局,1980年,第4705页。
⑥ (唐)韩愈撰,马其昶校注《韩昌黎文集校注》第8卷《赠太傅董公行状》,上海古籍出版社,1986年,第577页。"尔之马岁至,吾数皮而归资",《新唐书·董晋传》作:"尔之马岁五至,而边有司数皮偿资。"其中"岁五至"之说当有夸张,故不取。
⑦ 陈寅恪:《元白诗笺证稿》,文学古籍刊行社,1955年,第245页。

这一贸易之基本精神的。

三、唐回鹘绢马互市的实质在于羁縻

既然唐朝不需要回鹘马匹,而回鹘的马价又极高,甚至以劣马充好马售唐充数,唐朝何以来者不拒呢? 郭子仪所谓"回纥前后立功,不宜阻意"①正揭示了问题的实质。《旧唐书·回纥传》载:"回纥恃功,自乾元之后,屡遣使以马和市缯帛,仍岁来市。"②同样也是因为回鹘对唐朝有功。唐代周边强权环伺,尤以吐蕃威胁最大,故李泌给德宗献计:"北和回纥,南通云南,西结大食、天竺,如此则吐蕃自困,马亦易致矣……为今之计,当以回纥为先,三国差缓耳。"③这一策略,在《新唐书·吐蕃传》中有大致相同的反映,论云:"唐兴,四夷有弗率者,皆利兵移之,蹙其牙,犁其廷而后已。唯吐蕃、回鹘号强雄,为中国患最久。赞普遂尽盗河湟,薄王畿为东境,犯京师,掠近辅,残戕华人,谋夫虓帅,圜视共计,卒不得要领。晚节二姓自亡,而唐亦衰焉。"④中唐以后国力衰微,边防空虚,面对吐蕃的侵扰,不得不采取守势,在这种情势下,唐朝通过互市以"北和回纥",势必有利于对抗吐蕃势力的侵扰。虽然代价不小,但总比战祸联结所付出的巨大代价要小得多。对这一问题,陈寅恪论之精详,可以参见。⑤

是见,绢马互市之主旨不在贸易而在于羁縻。诚如刘正江所言,与回鹘保持好关系,不仅确保北边无忧,而且有助于牵制吐蕃。"正因为如此,唐王朝对于回鹘总是有求必应,既要满足其提出的互市要求,又不能在马绢贸易中坚持合理的比价。唐政府清醒地认识到,能与回鹘实现和好,最根本的措施就是长期与回鹘维持马绢贸易。"⑥

---

① 《旧唐书》卷一九五《回纥传》,中华书局,1975 年,第 5207 页。
② 同上注。
③ 《资治通鉴》卷二三三贞元三年八月戊申条,中华书局,1956 年,第 7502 页。
④ 《新唐书》卷二一六下《吐蕃传下》,中华书局,1975 年,第 6109 页。
⑤ 陈寅恪:《唐代政治史述论稿》下篇《外族盛衰之连环性及外患与内政之关系》,生活·读书·新知三联书店,2001 年,第 321—355 页。
⑥ 刘正江:《回鹘与唐的马绢贸易及其实质》,《黑龙江民族丛刊》2011 年第 2 期,第 78 页。

由于回鹘贡马"动至数万匹",而且"马皆驽瘠无用",既违背贸易各取所需的原则,也成为唐朝严重的负担,尤其是 8 世纪末以来,唐朝的两大威胁吐蕃与回鹘为争取对丝绸之路的控制权,在天山南北——尤其是陆路丝绸之路与回鹘路的枢纽北庭——对峙近半个世纪之久,边患减轻,对战马的需求日益减少,而回鹘运入的马匹却日多,①使唐朝的马价负担越来越严重。(图 1)

图 1　新疆吉木萨尔北庭故城遗址

绢马互市作为唐朝对回鹘羁縻政策之重要组成部分,礼部尚书李绛之言很有代表性:

> 回鹘盛强,北边空虚,一为风尘,则弱卒非抗敌之夫……北狄贪没,唯利是视,比进马规直,再岁不至,岂厌缯帛利哉? 殆欲风高马肥,而肆侵轶。故外攘内备,必烦朝廷……北狄西戎,素相攻讨,故边无虞。今回鹘不市马,若与吐蕃结约解仇,则将臣闭壁惮战,边人拱手受祸。②

---

① 白居易诗云:"谁知黠虏启贪心,明年马来多一倍。"见(唐)白居易《阴山道》,(清)彭定求编《全唐诗》卷四二七,中华书局,1980 年,第 4705 页。

② 《新唐书》卷二一七上《回鹘传上》,中华书局,1975 年,第 6126—6127 页。

其意很明确,唐朝北方地区边防空虚,一旦回鹘入侵,无法抵御。而回鹘与吐蕃不睦,双方争斗,唐朝才能边防无虞。如果不与回鹘市马,一旦回鹘与吐蕃解仇,那么,对唐朝的威胁可就大了。

与绢马互市相对应,唐对回鹘汗国所尊奉的摩尼教同样力行羁縻,废玄宗以来奉行二十余年的"禁断"之策而改为解禁甚至扶持。

摩尼教本为来自波斯的宗教,"延载元年(694)波斯国人拂多诞持《二宗经》伪教来朝"①。摩尼教之入华由此而始。② 但历时未久,却遭到玄宗的禁断,"开元二十年(732)七月敕,末摩尼法,本是邪见,妄称佛教,诳惑黎元,宜严加禁断"③。摩尼教的活动受到严格限制。宝应元年(762),回鹘牟羽可汗从安史叛军手中攻取洛阳,受逗留那里的四位摩尼僧影响,皈依摩尼教,并将四者携归漠北,命之传教,接着将摩尼教定为国教,摩尼教长期受到打压的命运由此而得到改变。借由回鹘的力量,摩尼教得以在唐朝境内流行,大历三年(768),代宗允准回鹘于长安兴建摩尼寺,名大云光明寺。元和二年(807),宪宗再允回鹘于东都洛阳、北京太原建寺。在此前后,又允其于江南地区的荆(今湖北江陵县)、扬(今江苏扬州市)、越(今浙江绍兴市)、洪(今江西南昌市)等州建大云光明寺。④ 从开元间"禁断"摩尼教到大历以后准许摩尼教在中原建寺,说明唐政府对摩尼教的态度发生了重大变化。究其原因,李德裕致回鹘乌介可汗信即讲得明白。他说:

> 摩尼教天宝以前,中国禁断。自累朝缘回鹘敬信,始许兴行,江淮数镇,皆令阐教。⑤

很明显,唐政权允许摩尼教"兴行",是因为"回鹘敬信"而致。后来,中原地区的回鹘摩尼教寺院成为粟特商人搜括财物的工具,最终导致会昌灭

---

① (宋)志磐:《佛祖统纪》卷三九,《大正藏》第 49 卷,No. 2035,页 369c。
② Éd. Chavannes — P. Pelliot, Un traité manichéen retrouvé en Chine, *Journal Asiatique* 1913 jan.-fév., p. 174;[法]沙畹、伯希和著,冯承钧摘译:《摩尼教流行中国考》,《西域南海史地考证译丛八编》,中华书局,1958 年,第 48 页。
③ (唐)杜佑撰,王文锦等点校:《通典》卷四〇,中华书局,1988 年,第 1103 页。
④ (宋)赞宁:《大宋僧史略》卷下,《大正藏》第 54 卷,No. 2126,页 253c。
⑤ (唐)李德裕著,傅璇琮、周建国校笺《李德裕文集校笺》卷五《赐回鹘可汗书意》,河北教育出版社,2000 年,第 67 页。

法中摩尼教寺院成为唐武宗剿灭的首要对象。①

回鹘助唐平定安史之乱,一收长安,二克东都洛阳,战功卓著。肃宗为酬谢其功,一则册封率军入唐平叛的回鹘叶护为忠义王,二则约定绢马互市,从乾元时起,双方开始了大规模的贸易活动,三则约定唐对回鹘每岁赠绢七万匹,四则以"天子真女"与回鹘和亲。代宗时期,又允准回鹘传教。

关于岁赠绢的数量,史书记载不一,李德裕奉敕撰《幽州纪圣功碑铭并序》言:

> 肃宗之戡内难也,叶护以射雕之士,亲护戎旌……既珍大憝,乃畴厥庸,特拜叶护司空,岁赐缯二万匹。厥后饰宗女以配之,立宫室以居之。至其在京师也,瑶祠云构,甲第棋布,栋宇轮奂,衣冠缟素。交利者风偃,挟邪者景附。其翁侯贵种,则被我文绩,带我金犀,悦和音,厌珍膳,竭蠹上国,百有余年。②

依李德裕之言,岁赠绢为二万匹。同样的记载又见于《资治通鉴》卷二二〇:"[至德二载十一月]己丑,以回纥叶护为司空、忠义王;岁遗回纥绢二万匹,使就朔方军受之。"③然《唐大诏令集》卷一二九《册回纥为英武威远可汗文》却言为五万匹:至德二载十一月册封默延啜为英武威远可汗,"每载赏绢五万匹"④。其事同系于至德二载十一月,故而常被人误读作同一件事的不同记载。马俊民指出,前者二万匹是赠予叶护的,后者五万匹才是赠送给可汗的。⑤ 此说颇有道理,可以取信。

同样作为羁縻手段的还有唐与回鹘的和亲。758 年,肃宗以次女为宁国

---

① 杨富学:《回鹘摩尼寺的形成及其功能的异化》,《吐鲁番学研究》2012 年第 2 期,第 44—68 页;杨富学:《回鹘摩尼教研究》,中国社会科学出版社,2016 年,第 180—213 页。

② (唐)李德裕著,傅璇琮、周建国校笺:《李德裕文集校笺》卷二《幽州纪圣功碑铭并序》,河北教育出版社,2000 年,第 11 页。

③ 《资治通鉴》卷二二〇至德二载十一月己丑条,中华书局,1956 年,第 7044 页。

④ (宋)宋敏求编:《唐大诏令集》卷一二九《册回纥为英武威远可汗文》,中华书局,2008 年,第 696 页。

⑤ 马俊民:《唐与回纥的绢马贸易——唐代马价绢新探》,《中国史研究》1984 年第 1 期,第 75 页注 4;马俊民、王世平:《唐代马政》,西北大学出版社,1995 年,第 130 页注 2。

公主,出嫁葛勒可汗默延啜,开中原皇帝嫁亲女给边疆少数民族首领之先河。继之,788 年,德宗又以第八女咸安公主嫁给回鹘长寿天亲可汗。咸安公主在回鹘中生活了 21 年,在长寿天亲可汗亡故后,按回鹘烝母报嫂之俗,相继嫁忠贞、奉诚及怀信可汗。这四位可汗均接受了唐朝的册封。第三位公主情况比较特殊。保义可汗在位时期(808—821)多次遣使入唐求和亲,得宪宗允准,以亲生女儿永安公主嫁之。不幸的是,许婚不久,宪宗与保义可汗相继亡故,和亲未成,永安公主未出阁便做了道姑。最后一位是永安公主之妹太和公主,于 821 年出嫁崇德可汗。太和公主在回鹘汗国中生活了20 年,直到回鹘汗国崩溃始返回长安。①

　　唐朝通过册封、赐绢、和亲、准行传教等措施,加上作用更为显著的绢马互市,促成了唐与回鹘联盟的形成。唐朝不仅借回鹘之兵平定了安史之乱,而且确保北方边疆无虞,诚如李德裕代唐武宗所撰《赐回鹘可汗书》所总结的那样:"可汗累代以来,推诚向国。往者中原有难,助剪群凶。列圣念功,每加优宠,宁国、咸安二公主,降嫁龙庭。爰及先朝,复以今公主(即太和公主)继好。又以土无丝纩,岁遗缣缯。恩礼转深,诸蕃称羡。久保诚信,两绝猜嫌。"②尤有进者,随着双方联系的加强,内地先进的生产技术和金银器皿、丝织品等得以源源不断地传入漠北,促进了回鹘社会经济文化的快速发展。

四、回鹘所获巨量绢匹的去向

　　回鹘本为"居无恒所,随水草流移"③的牧业民族,不管在放牧过程中还是在帐篷内居家生活,可以说都是不太适宜穿戴丝绸的。况且,漠北气候寒冷,一年之中,适宜穿丝绸的季节也很短。据现代气象记录统计,蒙古高原冬季寒冷而漫长(11 月—次年 4 月),月平均气温,北方 1 月为 -35℃,南方 1月为 -10℃,并伴有大风雪;春季(5 月—6 月)和秋季(9 月—10 月)短促,气

---

① 刘美崧:《唐代真公主与回纥的和亲》,《江西师院学报》1981 年第 4 期,第 42—51 页。
② (唐) 李德裕著,傅璇琮、周建国校笺:《李德裕文集校笺》卷五《赐回鹘可汗书》,石家庄:河北教育出版社,2000 年,第 62 页。
③ 《旧唐书》卷一九五《回纥传》,中华书局,1975 年,第 5195 页。

温也不高,一般在 10℃ 左右,有时还会突降大雪。只有夏季(7、8月)温度相对高,北方 7 月可达 18℃,南方 7 月最高可达 26℃,昼夜温差大。在这种气候条件下,只有南方地区在夏季高温时节才适宜穿戴丝绸。这是如今的气象情况,而且联系全球气候变暖这一实际情况可知,唐代时漠北气温更低。

唐代漠北地区的人口也很有限,《中国人口通史》统计:"唐朝当时的人口,直到唐中后期,由于战乱不息,社会长期动荡不安,经济步步衰退,人口一直处在下降后的停滞状态,人口长期波动在 5 030 万上下。在鼎盛时期也不过约 7 400 万人口(不包括周边少数民族人口),到其末年只剩下约 2 500 万人口了。按照《通典》的作者杜佑估计,天宝末年唐朝人口实际数约为一千三四百万,而自安史之乱之后,战乱遍及整个北方地区,使社会经济的发展受到重大的破坏,是唐由盛转衰的转折点,也使人口受到损失。"①就回鹘而言,具体人口数量史无明载,但史料提到的以下两个数据可供参考。

其一,《旧唐书·回纥传》载:"胜兵五万,人口十万人。"②人口十万,大体可信,然"胜兵五万"之说则可疑。一来兵民比例差别过小,二来,据史书记载,贞观初年(627),突厥兵十万侵回纥,回纥酋长菩萨带兵迎战,当时所领仅有五千兵。生死关头,菩萨应尽遣精锐进行抵抗才是。五千兵非全部数量,以胜兵五千再加上其他未参战者,总括为一万以内当较符合实情。

其二,《旧唐书·回纥传》又载:宝应元年(762),"回纥登里可汗倾国自来,有众十万,羊马不知其数"③。

前者言回鹘人口为十万,为早期数字;后者言南下侵唐的回鹘人有十万众,如果加上留在漠北者,"估计有 20—30 万人"④。二者相差 135 年,人口数量当有一定的增长。

唐与回鹘绢马互市数额巨大,大和元年的两次交易额达到 46 万匹绢,

---

① 葛剑雄:《中国人口通史(修订版)》,中华书局,2005 年,第 385 页。
② 《旧唐书》卷一九五《回纥传》,中华书局,1975 年,第 5195 页。
③ 同上书,第 5202 页。
④ 葛剑雄:《中国人口发展史》,福建人民出版社,1991 年,第 170 页。

元和四年(809)左右的一次更是高达 50 万匹。① 此外还有唐政府岁赐之绢七万匹。回鹘民间尚存在以马易绢的情况。贞元三年(787),李皋为对付割据淮西不听朝命的吴少诚,曾"市回鹘马益骑兵,尝大败以教士,少诚惮之"②。回鹘以如此少的人口,何需一年多达 50 余万匹甚至更多的绢呢? 漠北气候寒冷,不适宜穿戴丝绸,普通牧民,身着轻薄、柔软、细腻、光滑的丝绸又如何放牧呢? 即使不参加劳动,在帐篷内穿着丝绸,也会有诸多不便,除非达官贵族不可。那么,如此巨量之绢何往呢?

唐宰相李德裕撰《论太原及振武军镇及退浑党项等部落互市牛马骆驼等状》,其中有言:

> 右,缘回鹘新得马价绢,访闻塞上军人及诸蕃部落,苟利货财,不惜驼马。必恐充为互市,招诱外蕃,岂惟资助虏兵,实亦减耗边备。③

这里是说塞上军人及诸蕃部落将驼马出售给回鹘,从回鹘那里换得绢匹。前文既言回鹘马价超高,自然意味着马价绢超低。质言之,回鹘以超低的价格从唐人手中获得丝绸,然后又以高价出售给他人,然后再将售绢所得马匹以高价出售给唐朝,反复倒手,居间获取暴利。这应为回鹘丝绸的重要去向之一。回鹘以唐绢换取周边诸族的马匹,再将马驱赶入唐朝,以马易茶。封演谈及唐与回鹘的茶马互市,"回鹘入朝,大驱名马,市茶而归"④。名马即良马之意。这里值得注意一个问题,回鹘以嬴马入贡唐政府,却以良马在市场交易,以马换茶,进一步确证唐回鹘绢马互市超贸易因素之不虚。

上述二项虽不可小觑,但尚不能称作马价绢去向之大宗,其更重要的去

---

① 有学者依《新唐书·食货志》所载"岁送马十万匹,酬以缣帛百余万匹。而中国财力屈竭,岁负马价"而认为唐朝每年输入回鹘的绢就多达 400 万匹,见札奇斯钦《对"回纥马"问题的一个看法》,《食货月刊》复刊第 1 卷第 1 期,1971 年,第 27 页(收入氏著《蒙古史论丛》,学海出版社,1980 年,第 190 页);景兆玺《唐代的回纥与中外文化交流》,《西北第二民族学院学报》2003 年第 1 期,第 49 页。每年 400 万匹,难以想象,当为概言,而非实数也。
② 《旧唐书》卷一三一《李皋传》,中华书局,1975 年,第 3640 页。
③ (唐)李德裕著,傅璇琮、周建国校笺:《李德裕文集校笺》卷一三《论太原及振武军镇及退浑党项等部落互市牛马骆驼等状》,河北教育出版社,2000 年,第 243 页。
④ (唐)封演撰,赵贞信校注:《封氏闻见记校注》,中华书局,2005 年,第 52 页。

向应是经由粟特商人之手,或通过丝绸之路转卖于西方,或通过长安西市就地转卖了。

粟特以善于经商而闻名于世,利之所在,无远弗届。远在突厥汗国时代就已有大批粟特人定居漠北,7世纪至8世纪间,粟特故地被大食帝国占领,粟特人无家可归,更是云集漠北,以贾求售。[①]《册府元龟》称粟特人“俗习胡书,善商贾,争分铢之利。男子年二十,即远之旁国,来适中夏。利之所在,无所不到”[②]。此即对该民族的真实写照。

回鹘之接受摩尼教,其实是非常突然之事。蒙古鄂尔浑河谷哈喇巴喇哈逊遗址发现的唐代碑刻——《九姓回鹘可汗碑》对此有较为详尽的记载。宝应元年(762)九月,牟羽可汗应代宗之请,助唐讨伐史朝义。十月,收复洛阳,“顿军东都”时始与摩尼教发生接触,“将睿息等四僧入国,阐扬二祀,洞彻三际”。这四位摩尼僧“妙达名门,精通七部,才高海岳,辩若悬河”,不辱使命,很快便“开正教于回鹘”,“慕阇徒众,东西循环,往来教化”,[③]摩尼教在回鹘汗国迅速传播开来。

至于回鹘接受摩尼教的原因,范文澜研究认为,此举“很大的原因是要奉摩尼教的胡商(九姓胡)帮着回纥贵族对唐通商致富……是为了商业上的利益,要九姓胡真心帮助”[④]。林悟殊则给出了更为细致的阐释,认为“主要是由于回鹘助唐平乱后,依靠粟特人发展商业经济,因而在宗教信仰上亦不得不受到信奉摩尼教的粟特人的左右”[⑤]。应该说,这些见解都是不无道理的。尽管除此之外还有别的因素,[⑥]但回鹘接受摩尼教应与粟特人具有较高文化、善于理财、长于经商存在着密不可分的关系。一个民族在宗教上发生

①　E. G. Pulleyblank, A Soghdian colony in Inner Mongolia, *T'oung Pao* 41, 1952, pp. 317-356.
②　(宋)王钦若等:《册府元龟》卷九六一《外臣部·土风三》,中华书局,1960年,第11133页。
③　程溯洛:《释汉文〈九姓回鹘毗伽可汗碑〉中有关回鹘和唐朝的关系》,《中央民族学院学报》1978年第2期,第21页;林梅村、陈凌、王海诚:《九姓回鹘可汗碑研究》,余太山主编《欧亚学刊》第1辑,中华书局,1999年,第160—161页。
④　范文澜:《中国通史》第4册,人民出版社,1978年,第95页。
⑤　林悟殊:《回鹘奉摩尼教的社会历史根源》,《世界宗教研究》1984年第1期,第143页。
⑥　杨富学:《回鹘改宗摩尼教问题再探》,《文史》2013年第1期,第222—230页;杨富学:《回鹘摩尼教研究》,中国社会科学出版社,2016年,第89—100页。

改变,非为易事。但根据《九姓回鹘可汗碑》以及吐鲁番出土回鹘文《牟羽可汗入教记》的记载,回鹘可汗与摩尼教一经接触便决定改宗,而且将摩尼教定为国教,并采取措施,对不接受改宗者进行镇压。[1] 一般来说,一个民族之宗教信仰发生重大改变,起决定作用的往往是宗教以外的因素而非宗教自身,要么是政治的(例外喀喇汗王朝之皈依伊斯兰教,蒙古人之皈依佛教、伊斯兰教、景教等),要么是经济的,回鹘之改宗应属于后者(政治因素存在,但并非决定性的)。

从 762 年到 840 年回鹘帝国灭亡,历代回鹘可汗都很重视粟特商人。自牟羽可汗始,直到 11 世纪,除顿莫贺外,历代回鹘统治者皆崇奉摩尼教,对摩尼师之"敬重等于宰相都督,其亲信等于骨肉"[2]。军国大事常常离不开摩尼师的参与。摩尼师甚至能够左右国家大事,竟形成"可汗常与共国"[3]之局面。何以出现这种情况呢? 究其原因,关键在于回鹘统治者在经济领域仰赖于粟特人。

回鹘于 8 世纪中叶崛起朔漠时,草昧初开,文化落后,不擅理财,更无商业意识。然而,自 8 世纪末开始,回鹘兵出西域,为争夺丝绸之路的控制权而在天山南北与吐蕃展开了殊死的搏斗,究其原因,当与回鹘所得马价绢之西输不无关系。

天山以南及北庭地区,自安史之乱后二十多年内一直为吐蕃所占据,西与留守西域的唐军相颉颃,北与回鹘争衡。顿莫贺时期(780—789),大相颉于伽思率军从漠北至天山一带与吐蕃大战,双方互有胜负,相持不下。贞元五年(789),吐蕃攻北庭(新疆吉木萨尔县北破城子),回鹘大相颉于迦思与唐北庭节度使杨袭古联合守城,因北庭附近的沙陀、葛逻禄、白服突厥等部及城内的汉人"苦于回鹘诛求","皆密附吐蕃",[4]北庭遂陷,杨袭古逃至西州,被回鹘所杀。接着,吐蕃势力逐步向天山以北渗透,从回鹘手中夺取了

① 杨富学、牛汝极:《牟羽可汗与摩尼教》,《敦煌学辑刊》1987 年第 2 期,第 86—93 页。
② 陈垣:《摩尼教入中国考》,《国学季刊》第 1 卷第 2 号,1923 年,第 211 页(收入氏著《陈垣学术论文集》第 1 集,中华书局,1980 年,第 339 页)。
③ 《资治通鉴》卷二三七胡三省注文,中华书局,1963 年,第 7638 页;《新唐书》卷二一七上《回鹘传上》,中华书局,1975 年,第 6126 页。
④ 《新唐书》卷二一七上《回鹘传上》,中华书局,1975 年,第 6125 页。

准噶尔盆地的东部地区。但"北庭去回纥尤近",它不仅是控制西段商道的要津,实际上也是回鹘的西部门户,因此,回鹘倾全力与吐蕃展开争夺,直到贞元七年(791)才与安西大都护郭昕合力重新夺回北庭。至保义可汗时(808—821),回鹘与吐蕃再次战于北庭。[1]《九姓回鹘可汗碑》记载:"天可汗亲统大军,讨灭元凶,却复城邑",先克北庭继率军南下,驱逐吐蕃势力。"吐蕃大军围龟兹。天可汗领兵救援,吐蕃夷灭,奔入于术。四面合围,一时扑灭。"[2]吐蕃败于北庭后转过来围攻龟兹,保义可汗率师救援。吐蕃再败,逃遁至于术。于术乃唐朝在库车以东焉耆以西设置的一座守捉城,[3]为安西四镇之咽喉要地。吐蕃此败后,势力逐渐退出塔里木盆地,天山南北遂差不多完全处于回鹘的控制之下。[4] 北庭、龟兹逐步发展成为漠北回鹘汗国的军事重镇,驻有回鹘军队,高昌则逐步成为漠北回鹘汗国在西域的政治、宗教与文化中心。

　　840 年,回鹘帝国灭亡,部众西迁,原先控制的西域地区便成为部众最重要的落脚地,而其余的散众,虽四处流落,但仍以丝绸之路沿线为重点分布区,东起秦州(今甘肃天水),向西依次为凉州(今甘肃武威市)、甘州(今甘肃张掖市)、肃州(今甘肃酒泉市)、瓜州(今甘肃瓜州县)、沙州(今甘肃敦煌市)、伊州(今新疆哈密市)、西州(今新疆吐鲁番市)、北庭、焉耆、龟兹,凡回鹘分布之区域,皆为丝绸之路沿线的重镇所在。这应与回鹘对丝绸之路的倚重不无关系。

---

① 森安孝夫:《増補:ウィグルと吐蕃の北庭争奪戦及びその后の西域情勢について》,流沙海西奖学学会编《アジア文化史论丛》3,山川出版社,1979 年,第 201—226 页;Moriyasu Takao, Qui des Ouïgours ou des Tibétains ont gagné en 789－792 à Beš-balïq?, *Journal Asiatique* 269, 1981, pp. 193－205;杨富学:《高昌回鹘王国的西部疆域问题》,《甘肃民族研究》1990 年第 3—4 期合刊,第 69—78 页。
② 林梅村、陈凌、王海诚:《九姓回鹘可汗碑研究》,余太山主编《欧亚学刊》第 1 辑,中华书局,1999 年,第 161 页。
③ Yoshida Yutaka, Review of N. Sims-Williams — J. Hamilton, Documents turco-sogdiens du IX-X siècle de Touen-houang, *Indo-Iranica Journal* 36, 1993, pp. 366－367.
④ 孟凡人:《唐代回鹘控制北庭的过程》,《新疆社会科学》1983 年第 3 期,第 81—92 页;尹伟先:《回鹘与吐蕃对北庭、西州、凉州的争夺》,《西北民族研究》1992 年第 2 期,第 73—78 页。

安史之乱后,"回纥路"崛起,取代吐蕃占领下的河西走廊而成为沟通唐与西域的大动脉。

唐太宗贞观二十年(646),漠北诸部归附,回鹘诸部修建"参天可汗道",由漠北直通唐都长安,置六十八驿,"各有马及酒肉以供过使"①。《新唐书·地理志》记其路线曰:"又五百里至鸊鹈泉,又十里入碛,经麚鹿山、鹿耳山、错甲山、八百里至山燕子井。又西北经密粟山、达旦泊、野马泊、可汗泉、横岭、棉泉、镜泊,七百里至回鹘衙帐。"②"参天可汗道"是唐都长安前往漠北回鹘首都斡耳朵八里(图2)的道路。③ 如需继续西行,主要有两条道路可供选择,一者由斡耳朵八里西行,进入叶尼塞河流域,此为草原丝绸之路。其地高寒,非理想的丝绸消费地;另一条道路则由斡耳朵八里向西南行,经阿尔泰山进入准噶尔盆地,至于北庭,由北庭再西,循陆路丝绸之路(或曰沙漠丝绸之路、绿洲丝绸之路)可达安西(今新疆库车一带)迤西。"承平时,向西路自河西、陇右出玉门关……自艰难以后,河、陇尽陷吐蕃,若通安西、北庭,须

图2   回鹘故都——斡耳朵八里(蒙古国哈拉和林)

---

① 《资治通鉴》卷一九八贞观二十一年二月条,中华书局,1982年,第6245页。
② 《新唐书》卷四三《地理志七下》,中华书局,1975年,第1148页。
③ 薛正昌:《宁夏境内丝绸之路文化研究》,甘肃教育出版社,2013年,第33—34页。

取回纥路去。"①

所谓"回纥路",原本为历史上贯通漠北与西域的通道,在河西陷落后,唐与西域的联系需要绕道回鹘,于是,这条通道就被称作"回纥路",大体可分作两段,一段由从北庭至回鹘牙帐,另一段由回鹘牙帐而至长安,后者就是前述"参天可汗道"。

回鹘路到达北庭后,与传统的陆路丝绸之路(又称沙漠丝绸之路或绿洲丝绸之路)相交接。

陆路丝绸之路是贯通东西方的主干道,全长7 000多公里,分东、中、西3段。东段自长安(或洛阳)至敦煌,较之中西段相对稳定,长安以西大致有三条路线:

① 北线由长安(东汉时往东延伸至洛阳)、沿渭河至虢县(今宝鸡),过汧县(今陇县),越萧关、六盘山,沿祖厉河西行,在靖远渡黄河至姑臧(今武威),路程虽短,但沿途供给条件差,是早期的路线。

② 南线由长安(东汉时由洛阳)沿渭河过陇关、上邽(今天水)、狄道(今临洮)、枹罕(今河州),由永靖渡黄河,穿西宁,越大斗拔谷(今扁都口)至张掖。

③ 中线与南线在上邽分道,过陇山,至金城郡(今兰州),渡黄河,溯庄浪河,翻乌鞘岭至姑臧。南线补给条件虽好,但绕道较长,因此中线后来成为主要干线。

南北中三线会合后,由张掖经酒泉、瓜州至敦煌。由敦煌向西,又分作三道,一条沿塔里木盆地南缘,经由和田、喀什进入中亚,一条沿塔里木盆地北缘,经哈密、吐鲁番、焉耆、龟兹、喀什进入中亚,习称丝绸之路南北道。第三条由敦煌西北行,经由哈密、北庭西行,经伊犁的霍尔果斯山口或阿拉山口出境,到达中亚的哈萨克斯坦巴尔喀什湖区域。

该道沿线直到地中海区域,长期来一直是丝绸消费最重要的区域。随着回鹘商业的发展,由漠北通往西域的"回鹘路"愈益得到发展,故而大食使者自河中出发,"前往九姓可汗(Tughuzghuzian Khaqan)之国旅行时骑的是该可汗派给他的驿马。每昼夜前进三站,他在草原上旅行了二十天,那里有

① 《旧唐书》卷一七四《李德裕传》,中华书局,1975年,第4522—4523页。

许多泉水和牧草,但没有村庄或城镇,只有住在帐篷里的驿站服役者"①。"回鹘路"的开辟,沟通了唐政府与西域地方守军的联系(绕过被吐蕃占领的河西、陇右),但获益更多的应属回鹘,②进而言之,最大受益者应为主宰了回鹘经济的粟特商人。

蒙古国色楞格河希乃乌苏湖畔出土有勒立于乾元二年(759)左右的《磨延啜碑》,又称《葛勒可汗碑》或《希乃乌苏碑》,碑主即回鹘汗国第二代可汗葛勒可汗磨延啜。他曾夸耀说:"我让粟特人和中国人在色楞格河处建立了富贵城。"③汉人北行漠北,和粟特人一道活动,经行路线应是由唐境北行,经中受降城,沿"参天可汗道"而至。④

丝绸贸易长期以来都是粟特商人所长于经营的传统项目,尽管早在鄯善国时期(3—5世纪),丝织品贸易在西域一带即已相当繁荣,⑤时至唐朝,养蚕织丝技术早已传播于四域,但唐朝境内生产的丝绸,在西域、中亚、欧洲等地仍然很抢手,瞬间利增十倍。⑥ 推而论之,回鹘所得之巨量唐朝丝绸,应是通过"参天可汗道"由长安输入回鹘,然后再由回鹘牙帐西南行,通过"回鹘路"西段而输入新疆、中亚、西亚乃至欧洲。这应为回鹘马价绢的第三个去向。

回鹘马价绢的第四个去向应是粟特摩尼僧通过长安西市(图3、4)和洛阳的某场所直接贩卖了。

关于摩尼教与绢马互市之关系,章群发现了以下几点关联性:(1)摩尼教来自波斯和吐火罗斯坦(中亚粟特人的故乡),二者都在丝绸之路沿线;

① V. Minorsky, Tamim ibn Bahr's Journal to the Uyghurs, *Bulletin of School Oriental and African Studies*, 12, 1948, p. 283.

② 陈俊谋:《试论回鹘路的开通及其对回鹘的影响》,《中央民族学院学报》1987年第2期,第25—29页。

③ 耿世民:《古代突厥文碑铭研究》,中央民族大学出版社,2005年,第203页。

④ 王小甫:《"黑貂之路"质疑——古代东北亚与世界文化联系之我见》,王小甫编《盛唐时代与东北亚政局》,上海辞书出版社,2003年,第407—423页。

⑤ 杨富学、刘源:《佉卢文简牍所见鄯善国丝织品贸易》,《石河子大学学报》2017年第3期,第52—60页。

⑥ Colin Mackerras, *The Uighur Empire according to the T'ang Dynasty Histories: A Study in Sino-Uighur Relations 744 - 840*, Canberra: Australian National University Press, 1972, p. 48.

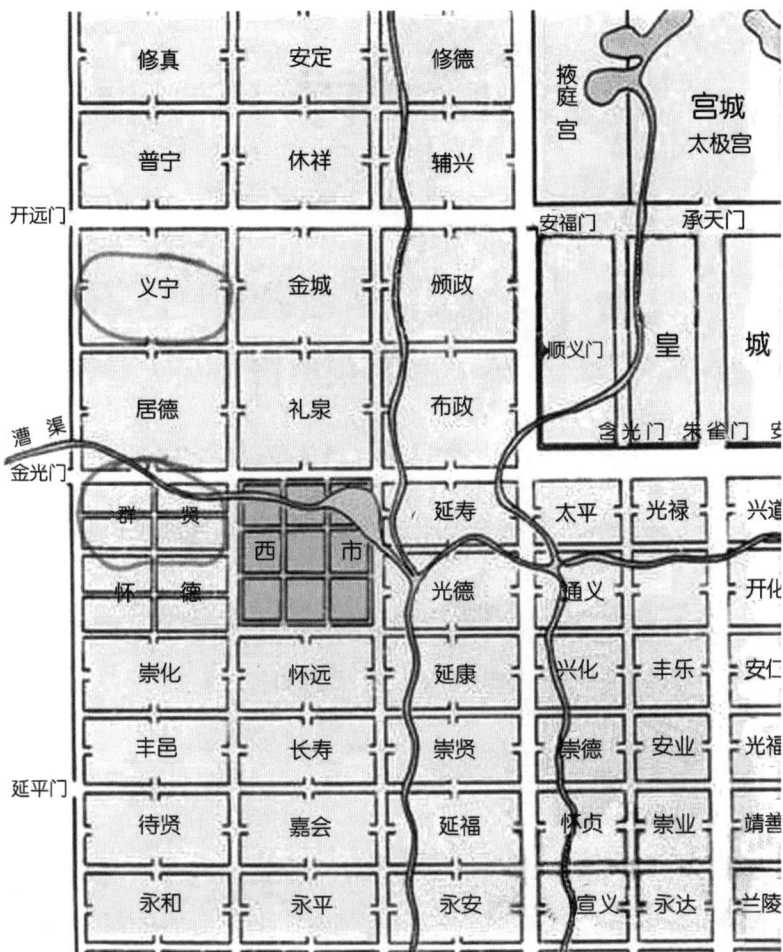

图3　大唐西市旧址所在的位置

（2）回鹘势力入唐，在至德以后，也正是摩尼教得志回鹘之时。而回鹘之大量售马于唐，时间正与此合；（3）"摩尼僧虽不至与商贾为奸，然既来之后，必至长安西市，则为无可疑者。这样说来，大慕阇（大摩尼）、拂多诞（小摩尼），不仅为教士，也兼为商客了。"①可谓得的之论。

　　长安西市，即今天西安大唐西市博物馆所在地，位处唐代长安皇城南

①　章群：《唐代之马匹贸易——兼论唐予回纥马价绢的性质》，淡江大学中文系主编《晚唐的社会与文化》，台湾学生书局，1990年，第350页（又见氏著《唐代蕃将研究续编》，台湾联经出版社，1990年，第83页）。

图4　大唐西市博物馆入口

侧,为当时世界各国的国际贸易中心。据《新唐书·回鹘传》载:"摩尼至京师,岁往来西市,商贾颇与囊橐为奸。"①李肇《唐国史补》亦言:"回鹘常与摩尼议政,故京师为之立寺……其大摩尼数年一易,往来中国;小者年转江岭,西市商胡驼囊,其源生于回鹘有功也。"②看来,无论大小摩尼僧都是长年奔走在外的,每年都要来长安,而长安的西市更是其常去处,这里正是西域胡商的聚集之所。③那里的粟特商人和摩尼僧"殖赀产,开第舍,市肆美利皆归之,日纵贪横,吏不敢问。或衣华服,诱取妻妾"④。近期笔者刊布的大唐西

①　《新唐书》卷二一七上《回鹘传上》,中华书局,1975年,第6126页。
②　(唐)李肇:《唐国史补》卷下,上海古籍出版社,1979年,第66页。
③　向达:《唐代长安与西域文明》,生活·读书·新知三联书店,1957年,第37页。
④　《资治通鉴》卷二二五大历十四年秋七月庚辰条,中华书局,1982年,第7265页。

市博物馆藏《回鹘米副侯(使)墓志》很可能就出土于西安市唐长安城德明门附近唐代回鹘人墓地,志主的身份是回鹘使者,久住长安,娶妻并生有"四息二女"。① 志主为"清净光明大师",即摩尼师是也,姓米氏,则粟特人无疑,庶几为粟特摩尼僧多重身份的真实写照。

摩尼僧与商贾相勾结,狼狈为奸。摩尼教形成之初,主张"祈祷神灵,不需要建寺院"②。所以,从波斯到中亚再到漠北,至今无可以确认的摩尼教寺院存在,只有回鹘先在中原后在西域等地建立寺院,属于例外。回鹘在中原所建寺院,要么居于政治中心,如西京长安、东都洛阳和北京太原,三京皆有摩尼寺之设,要么在经济中心,如长江流域的荆(今湖北江陵县)、扬(今江苏扬州市)、洪(今江西南昌市)、越(今浙江绍兴市)等州,恰好都位处粟特商胡最活跃的地区。③ 笔者的研究发现,唐代中原地区的回鹘摩尼寺的功能已完全异化了,不再是传教弘法的场所,充任的只不过是粟特商人和摩尼僧聚敛财物的工具而已。④ 唐武宗会昌灭法,首先就是从摩尼教寺院入手的。会昌三年(843)二月,武宗下诏:

> 回纥既以破灭,应在京外宅及东都修功德回纥,并勒冠带,各配诸道收管。其回纥及摩尼寺庄宅、钱物等,并委功德使与御史台及京兆府各差官点检收抽,不得容诸色人影占。如犯者并处极法,钱物纳官。摩尼寺僧,委中书门下条疏闻奏。⑤

从诏令看,唐武宗的着眼点不在摩尼僧,只是简单要求"委中书门下条疏闻奏"即可,重点在于寺院的财产,要求对回纥及摩尼寺庄宅钱物,差官点检收抽,"不得容诸色人影占"。从诏令对财物的关注程度以及需要功德使、

① 杨富学:《大唐西市博物馆〈回鹘米副侯墓志〉考释》,《民族研究》2015 年第 2 期,第 80 页;杨富学:《回鹘摩尼教研究》,中国社会科学出版社,2016 年,第 121 页。

② А. М. Беленицкий, *Вопросы Идеологии и Култов Согда по Материалам Пянжикентсих Храмам*, *Ивопис Древнего Пянжкента*, Москва, 1954, стр. 64.

③ 王媛媛:《唐大历、元和年间摩尼寺选址原因辨析》,《西域研究》2011 年第 3 期,第 34 页。

④ 杨富学:《回鹘摩尼寺的形成及其功能的异化》,《吐鲁番学研究》2012 年第 2 期,第 56 页;杨富学:《回鹘摩尼教研究》,中国社会科学出版社,2016 年,第 197 页。

⑤ 《旧唐书》卷一八上《武宗纪上》,中华书局,1975 年,第 594 页。

御史台、京兆府三家联合清点一事就可以推想,长安、洛阳二地摩尼寺聚敛储藏的财物无虑相当可观。843 年,也是回鹘帝国刚刚灭亡的第三年,这一年,吐蕃帝国崩溃,逃入唐境的回鹘势力被张仲武彻底剪除,而逃入西域的回鹘也在黠戛斯的不断攻击下溃不成军,不复对唐朝构成威胁。[1] 唐政府对回鹘摩尼教的镇压就是在这种背景下展开的。至于唐武宗所查封的长安、洛阳摩尼寺中有多少财物与马价绢有关,虽不得而知,但可以想见量不在少,摩尼僧很可能通过长安的西市和洛阳的某场所,转手将马价绢倒卖于唐人或当地胡商了。

五、结　　论

通过上文论述,可以得出以下几个结论:

绢马互市始于唐肃宗乾元元年(758),至于唐文宗开成五年(840),前后历六朝,计 82 年。贸易额十分巨大,有时一年的马价绢即达 50 余万匹。

所谓的"绢马互市"其实含有很多的超贸易因素,一是马价过高,达到常规价的 2—3 倍;二是唐朝因为财政困难,无力购买高价回鹘马,加上 8 世纪末期以后吐蕃将主要精力置于对丝绸之路的争夺,对唐朝的侵扰减少,唐朝压力骤减,不再需要很多的马匹,但慑于回鹘的压力,却不得不购买数量越来越多的回鹘马;三是回鹘即使以次马充好马,唐朝依旧照单全收,如数付绢。一来酬谢回鹘助唐平定安史之乱所立下的功勋,二来,也是最主要的目的,冀以通过绢马互市,以牺牲经济利益为代价,达到羁縻回鹘以制约吐蕃之目的。至于唐朝准许摩尼教在中原传播,多次以"天子真女"与回鹘和亲,其目的都与互市一样,但行羁縻之策耳。

当时回鹘人口不多,加上地方寒冷,对绢的需求量有限。回鹘通过互市而获得的巨量绢匹通过"参天可汗道",由长安运抵回鹘首都斡耳朵八里,回鹘留下极少一部分穿戴用,另有一部分与周边部族进行贸易,用低价从唐朝获得的绢帛以高价出售给周边民族以换回驼马,再以之换取中原的茶和绢。其余,也是数量更多的部分,要么经由"回鹘路"运抵北庭,进而流向西域、中

---

[1]　杨富学:《论唐与回鹘关系的历史转折》,《暨南学报》2017 年第 11 期,第 115—120 页。

亚乃至欧洲,要么直接通过长安的西市和洛阳的某场所直接回流入唐人或当地胡商之手。

　　总之,唐与回鹘之绢马互市,虽有贸易之名,但交易占主导作用的是政治因素而非各取所需的互通有无。回鹘崛起朔漠,但经济上主要受制于来自中亚的粟特人。以回鹘名义进行的大规模绢马互市,使回鹘汗国获利颇丰,而真正获利最多者当为粟特商人和摩尼僧。胡商与摩尼僧相勾结,借回鹘汗国之力以超低价攫取唐朝的绢匹,再以高价售卖,居间牟取暴利,这应是唐与回鹘绢马互市的实质所在。

唐代"安门物事变"史实考辨[*]

冯培红　殷盼盼
浙江大学历史学系

　　唐代"安史之乱"爆发后,过了一年多的时间,河西武威也发生了以九姓商胡安门物为首的反唐斗争,两支粟特安氏从东北、西北先后起事,对唐帝国的统治造成了极大威胁。学界对前者研究极多,而对后者关注甚少,原因可能是后者很快被平定,也就淡出了人们的视线。即便是关于武威、河西、甘肃或西北的地方史著作,也很少深入研究"安门物事变"。[①] 然而,这一事变发生在唐朝的危急关头,使逃难在外的唐朝君臣后方起火,尤其是新上台的唐肃宗面临腹背夹击的危险处境,形势十分严峻。实际上,这一事变的源头始于半年前武威群胡的争乱,而这又与哥舒翰统率的河、陇军队在灵宝惨败于安禄山部队有关,以至于时为太子的李亨一行路歧平凉,最后舍弃西奔河西的计划,转而北上灵武。

　　传世史籍、诗文与出土墓志对安门物事变的记载总体来说不算少,但侧重点各不相同,文字讹误亦多,时间、史事较为混乱,以致整个变乱过程不太清晰。本文着力于考证 757 年初发生的安门物事变及前一年武威群胡反唐斗争的史实,辨析并梳理变乱过程的各个环节,还历史以本来面目。这场前

---

[*]　本文是国家社科基金重点项目"中古粟特人与河西社会研究"(项目编号：19AZS005)的阶段性成果。

①　高荣主编《河西通史》(天津古籍出版社,2011 年,第 325 页)与尹伟先、杨富学、魏明孔《甘肃通史·隋唐五代卷》(甘肃人民出版社,2009 年,第 130—131 页)仅据《资治通鉴》卷二一九的记载简略言及而已;武威县志编纂委员会编《武威简史》(内部印刷,1989 年第 2 版)、郭厚安与陈守忠主编《甘肃古代史》(兰州大学出版社,1989 年)、孙占鳌主编《甘肃简史》(兰州大学出版社,2020 年)、齐陈骏主编《西北通史》第 2 卷(兰州大学出版社,2005 年),以及卢勋、萧之兴、祝启源《隋唐民族史》(四川民族出版社,1996 年)则全然没有提到这起事变。

后延续半年多的变乱虽然发生在以武威为中心的河西走廊及金城郡,但与"安史之乱"东西呼应,因此研究这场事变也有助于了解唐帝国面临的整体困局与严峻形势。

一、两《唐书》《资治通鉴》所记
安门物事变的比勘

两《唐书》中关于安门物事变的记载仅见于《肃宗纪》,但两书的侧重点各有不同。《旧唐书》卷一〇《肃宗纪》记至德二载(757)正月:

> 丙寅,武威郡九姓商胡安门物等叛,杀节度使周佖,判官崔称率众讨平之。……二月戊子,幸凤翔郡。文城太守武威郡九姓齐庄破贼五千余众。

《新唐书》卷六《肃宗纪》则记作:

> 丙寅,河西兵马使孟庭伦杀其节度使周佖,以武威郡反。……二月……壬寅,河西判官崔偁克武威郡,孟庭伦伏诛。

两书皆记述至德二载正月丙寅,武威郡发生了一场重大的变乱,当地军民杀死河西节度使周佖,变乱最后被河西判官崔称(或偁)率众讨平。对比两书,可以发现存在一些不同之处:

第一,事变的爆发时间,《旧唐书》系在正月丙寅(十七日),似乎认为"叛""杀""平"都在这一天;而《新唐书》则从正月丙寅到二月壬寅(二十四日),[1]首尾经历了 37 天。实际上,《旧唐书》所记"丙寅"当为变乱的发生日期,而非讨平之日;《新唐书》完整地记录了变乱的起讫时间,学术价值较高。

第二,事变的发动者,《旧唐书》记作武威郡九姓商胡安门物等人,《新唐书》则作河西兵马使孟庭伦,分别突出了不同的主角。安门物的姓名保留了浓郁的粟特胡风,且名前冠有"武威郡九姓商胡"七字,表明他是地地道道的武威粟特九姓商胡。《元和姓纂》卷四"安"条仅列"姑臧凉州"一望安兴贵家

---

① 　陈垣:《二十史朔闰表(附西历回历)》,古籍出版社,1956 年,第 97 页。

族,为最著名的武威粟特人。① 安门物与安兴贵家族是否有关,不得而知。②
至于河西兵马使孟庭伦,孟也是中古时期武威郡的著姓,同书卷九"孟"条记
载孟姓五望中有武威望,列有"后梁(凉)孟祎(祎)";③宗敞曾对南凉国主秃
发傉檀说:"段懿、孟祎,武威之宿望"④;《凉州府志备考·人物卷三》⑤列有前
凉孟畅、孟公明,后凉孟祎,北凉沮渠蒙逊妻孟氏,西秦孟恺5人,⑤足见十六
国时期武威孟氏人才辈出,为当地望族,唐代孟庭伦或即其家族之后裔,他
以土著豪族的身份出任河西兵马使,甚有实力。武威当地的粟特商胡代表
安门物与军方代表孟庭伦联手杀害了河西节度使周佖,但这场事变的主角
是谁,两书各执一词。

第三,事变镇压者的名字,《旧唐书》作崔称,《新唐书》作崔俑,"称"的繁
体写法为"稱",与"俑"形近,两字可通,⑥也可能是在史籍传抄或传刻的过程
中发生了变化。其官职,《旧唐书》略记作判官,《新唐书》作河西判官,但究
竟是什么使府的判官,仍欠清晰。

第四,事变的结果,《新唐书》明确记载河西兵马使孟庭伦被诛,而《旧唐
书》仅言"讨平之",至于九姓商胡安门物被杀或降,则不得而知。

第五,《旧唐书》还记载,二月戊子(十日)太子李亨到凤翔郡后,"文城太
守武威郡九姓齐庄破贼五千余众"。戊子处在正月丙寅至二月壬寅之间,且

---

① (唐)林宝撰,岑仲勉校记:《元和姓纂(附四校记)》,中华书局,1994年,第500—
   501页。

② 陈国灿推测,"首领安门物,恐怕也是周、隋间代居凉州为萨宝的安氏家族后代",见
   《魏晋至隋唐河西胡人的聚居与火祆教》,《敦煌学史事新证》,甘肃教育出版社,2002
   年,第88页。据《元和姓纂》卷四"安"条可知,周、隋间代居凉州为萨宝的安氏家族即
   为安兴贵、修仁兄弟之家族。不过,陈氏的推论尚无直接证据,仅聊备一说。

③ (唐)林宝撰,岑仲勉校记:《元和姓纂(附四校记)》,中华书局,1994年,第1336—1340
   页;(宋)邓名世撰,王力平点校:《古今姓氏书辩证》卷三四"孟"条亦作"武康(威)孟
   氏:后凉有昌松太守孟祎",江西人民出版社,2006年,第520页。《元和姓纂》《古今
   姓氏书辩证》皆有文字错误。关于人名的写法,从取名常识判断似当为孟祎,而非
   孟祎。

④ 《晋书》卷一二六《秃发傉檀载记》,中华书局,1974年标点本,第3149页。

⑤ (清)张澍辑录,周鹏飞、段宪文点校:《凉州府志备考》,三秦出版社,1988年,第
   412—428页。

⑥ (汉)许慎著,(清)段玉裁注:《说文解字注》七篇上《禾部》云:"'禹',并举也;'俑',扬
   也,今皆用'称'。'称'行而'禹''俑'废矣",上海古籍出版社,1981年,第327页。

齐庄与安门物同为武威郡九姓,"齐庄破贼"一事很可能与安门物事变有关,只不过两人的立场截然相反,齐庄可能已经汉化,取了汉式姓名,或是被赐改姓名。① 齐庄能击破五千余人,势力不可小觑。只是所冠"文城太守"一职,用意不明。文城郡即慈州,属河东道,与河西道武威郡相去甚远,暂且存疑。②

司马光在编修《资治通鉴》时,大概斟酌两《唐书·肃宗纪》的不同记事而作了折中叙述,并且增添了若干重要细节:

> 丙寅……河西兵马使盖庭伦与武威九姓商胡安门物等杀节度使周泌,聚众六万。武威大城之中,小城有七,胡据其五,二城坚守。支度判官崔称与中使刘日新以二城兵攻之,旬有七日,平之。③

第一,司马光将此条记事系于至德二载(757)正月丙寅剑南兵谋反之后,并称"旬有七日"平定了武威的这场变乱,这跟《旧唐书》系于丙寅一天、《新唐书》所记从正月丙寅到二月壬寅共 37 天均不相同,但也为认识安门物事变的阶段性提供了新的信息。

第二,对比两《唐书》与《资治通鉴》可以发现,无论是变乱的发动者抑或被杀者,姓名文字皆有歧异,如"孟"作"盖","佖"作"泌",④显然都是因为形

---

① 《新唐书》卷一三八《李抱玉传》记其始名安重璋,"天宝末,玄宗以其战河西有功,为改今名";后来安重璋上言耻与安禄山共宗,"有诏赐之姓",中华书局,1975 年标点本,第4619 页。关于赐姓为齐,亦见于同书卷五九《艺文志三》所记是光乂被"赐姓齐",第1563 页。

② 中华书局标点本"校勘记"〔九〕认为此处史文疑有讹舛,并引罗士琳等《旧唐书校勘记》卷五谓应作"交城守捉使齐庄破武威郡九姓贼",见《旧唐书》卷一〇《肃宗纪》,中华书局,1975 年标点本,第 245、265 页。"文""交"二字形近,颇易致讹;武威郡治西100 里确实有个交城,但并非设郡,而是设置守捉(见《新唐书》卷四〇《地理志四》,中华书局,1975 年标点本,第 1044 页)。《旧唐书》"校勘记"〔九〕除了作此改动外,还将"武威郡九姓"五字后移,改动尺度过大,其解释难以令人信从。或许还有一种可能,即齐庄虽为武威郡九姓,但时任文城太守,所谓"破贼"可能指他在河东一带抗击安庆绪的军队。

③ 《资治通鉴》卷二一九"唐肃宗至德二载正月"条,中华书局,1956 年,第 7015 页。

④ 《旧唐书》卷一一一《王思礼传》亦作"泌":"及翰为陇右节度使,思礼与中郎周泌为翰押衙",中华书局,1975 年标点本,第 3312 页;但《新唐书》卷一四七《王思礼传》则仍作"佖":"翰为陇右节度使,思礼与中郎将周佖事翰",中华书局,1975 年标点本,第 4749 页。

近而致误。可能是由于《资治通鉴》叙事完整,信息最为丰富,所以学界基本上都引据司马光的这段记录,但是大多未作考辨,[1]以至于出现张冠李戴、鲁鱼亥豕的情况。如前所言,孟是武威著姓,而《元和姓纂》卷一〇"盖"条所记三望中并无武威,[2]所以颇疑"盖"字为"孟"之讹。至于"佖""泌"二字,从下节所引周佖家族多位成员的墓志可知实际为"佖"。由此可知温公多误,难以完全信据《资治通鉴》。

第三,司马光将河西兵马使盖(孟)庭伦与武威九姓商胡安门物作了合并记述,叙述时孟庭伦在前,安门物在后,显然是更多地受到了《新唐书》的影响,但如后所论,这场事变的主角应该是《旧唐书》所记的粟特九姓商胡安门物。

第四,《资治通鉴》记载这场事变聚众 6 万人,可补两《唐书》之缺,弥足珍贵。天宝时武威郡有 120 281 人,[3]加上赤水军兵力 33 000 人,[4]合计 153 281 人。变乱参加者约占武威郡人口的 39%,再除去老幼病残者及女性,比例相当高。安门物为粟特九姓商胡,孟庭伦为河西兵马使,事实上河西武威的军队中就有大量胡人士兵。《新唐书》卷六七《方镇表四》"河西"条记载,景云元年(710)"置河西诸军州节度、支度、营田、督察九姓部落、赤水军兵马大使"。所谓九姓部落,主要指粟特九姓胡人,同时也包括羁縻于武威境内的突厥及铁勒九姓等部族。[5] 赤水军就是唐初粟特人安修仁归顺后设置的,[6]其

---

① 吴玉贵:《凉州粟特胡人安氏家族研究》,荣新江主编《唐研究》第 3 卷,北京大学出版社,1997 年,第 306 页;森安孝夫:《シルクロードと唐帝国》,讲谈社,2007 年,第 332 页;高荣主编:《河西通史》,天津古籍出版社,2011 年,第 325 页;尹伟先、杨富学、魏明孔:《甘肃通史·隋唐五代卷》,甘肃人民出版社,2009 年,第 131 页。

② (唐)林宝撰,岑仲勉校记:《元和姓纂(附四校记)》,中华书局,1994 年,第 1624—1625 页。

③ 《旧唐书》卷四〇《地理三》,中华书局,1975 年标点本,第 1640 页,《新唐书》卷四〇《地理四》,中华书局,1975 年标点本,第 1044 页;(唐)杜佑撰,王文锦等点校:《通典》卷一七四《州郡典四》"武威郡"条则记有 12 819 人,中华书局,1988 年点校本,第 4552 页。

④ (唐)李吉甫撰,贺次君点校:《元和郡县图志》卷四〇《陇右道下》"凉州"条,中华书局,1983 年点校本,第 1018 页。

⑤ 关于九姓的概念解释,参桑原骘藏《隋唐时代に支那に来往した西域人に就いて》,《桑原骘藏全集》第 2 卷,岩波书店,1968 年,第 331—332 页。

⑥ (宋)王溥:《唐会要》卷七八《诸使中·节度使(每使管内军附)》云:"武德二年(619)七月,安修仁以其地来降,遂置军焉",中华书局,1955 年,第 1428 页。

他胡族军队如"突厥默啜方强,取铁勒故地,故回纥与契苾、思结、浑三部度碛,徙甘、凉间,然唐常取其壮骑佐赤水军云"①;突骑施人哥舒道元(哥舒翰之父)、②契丹人李光弼曾任赤水军使,③粟特人安忠敬为赤水军副使、兼赤水军监牧使。④ 而武威土著豪族孟庭伦担任河西兵马使,掌握了河西道的兵马大权,安门物与之联手反抗唐朝,很快聚集6万人,轻而易举地杀掉了河西节度使周泌。

第五,司马光描述唐代武威城由7座小城组成,岑参《凉州馆中与诸判官夜集》云:"凉州七城十万家,胡人半解弹琵琶"⑤,说的就是武威七城与胡人居民的状况。从胡人占据5座小城来看,以安门物为首的粟特胡人是此次反唐斗争的主力,他是事变的真正主角,而孟庭伦则居于次要地位,他俩是武威当地胡汉势力的领袖。

第六,事变镇压者的名字,前述两《唐书》有崔称、崔俑两种写法,司马光沿用《旧唐书》的写法作崔称,值得注意的是其具体官名为支度判官,较之两《唐书》中的判官或河西判官的表述更加精准。此外,《资治通鉴》还提到中使刘日新,是唐肃宗派遣的监军宦官。⑥ 从两《唐书》仅记崔称(俑)及《资治通鉴》所记崔称、刘日新的位序看,崔称(俑)在平定安门物事变中起到了关键性的主导作用,而刘日新的地位次之。

第七,崔、刘二人率军经过17天奋战,平定了安门物事变。针对"旬有七日"一语,吴玉贵指出"九姓起兵在正月丙寅,二月戊子已在后二十三日,

---

① 《新唐书》卷二一七上《回鹘上》,中华书局,1975年标点本,第6114页。

② 《新唐书》卷一三五《哥舒翰传》,中华书局,1975年标点本,第4569页。

③ 《新唐书》卷一三六《李光弼传》,中华书局,1975年标点本,第4583页。

④ (唐)张说:《河西节度副大使鄯州都督安神道碑》,(宋)李昉等编《文苑英华》卷九一七,中华书局,1966年影印本,第4828页。

⑤ (唐)岑参:《凉州馆中与诸判官夜集》,(清)彭定求等编《全唐诗》卷一九九,中华书局,1960年点校本,第2055页。原写作"凉州七里(一作城)十万家"。学界基本上认为当作"城",见李国丰《"凉州七城"考》,《文史知识》1993年第11期;贾小军《魏晋十六国河西社会生活史》第四章《凉州七城十万家》,甘肃人民出版社,2011年,第102页;刘满《宋代的凉州城》,《敦煌学辑刊》1984年第2期。

⑥ 类似的情况很多,如:《旧唐书》卷一五《宪宗纪下》记"仍命内常侍崔潭峻为监军","命内常侍梁守谦监淮西行营诸军";卷一六《穆宗纪》记"令内常侍段文政监领郑滑、河东、许三道兵,救援深州",中华书局,1975年标点本,第451、457、491页。

与《通鉴》'旬有七日'不合；且平定九姓主将为支度判官崔称与中使刘日新。《德宗纪》必有错简"①。这段话颇有问题：一是"《德宗纪》"当为"《肃宗纪》"之讹；二是二月戊子为齐庄"破贼"之日，并非指平定安门物事变，吴氏没有提到《新唐书》所记二月壬寅崔俏克武威郡之事，而是从正月丙寅安门物起兵算起，至二月戊子齐庄"破贼"止。无论是算到二月戊子抑或壬寅，时间都超过了17天。实际上，从二月壬寅克武威郡往前逆推17天，为二月乙酉，如后所论，这一天可能是唐肃宗任命崔俏为河西支度判官统军出征的日子。

二、《周晓墓志铭》所记安门物事变的细节

非常难能可贵的是，西安出土了唐河西节度使周佖之母高氏、子周晓的墓志，记录了安门物事变的相关情况，尤其是后者记述备详，提供了变乱过程中的具体细节，弥足珍贵，史料价值极高。

《唐周晓墓志铭》云：

> 先考佖，河西节度使、开府仪同三司、鸿胪卿、兼御史大夫、上柱国、真阳县开国男、赠凉州都督。公即凉州府君之第三子也。……初，凉州府君之为节制也，公亦随侍河西。……至德二年（757），五凉之间，九姓谋叛。州间崩散，公府合围。贼众若林，我徒则寡。事起仓卒，计无从生。坐而待之，则以肉喂虎矣。公勇能致命，义欲安亲。壮发指冠，愤气凌敌。誓不苟免，挺身力战，彼应弦而毙者众矣。于是凶党太（大）骇，更为诡谋。诈欲归降，请公为质。初谓不信，刺血以盟。公以其必诚，乃随之而往。岂图丑虏之约，素不由衷。盟且莫从，质又奚取？竟以其年正月十九日为胡贼所害，春秋一十有七。②

墓志记载到周晓家族的五代世系，其中曾祖父周行謇为坊、成二州刺史

---

① 吴玉贵：《凉州粟特胡人安氏家族研究》，荣新江主编《唐研究》第3卷，北京大学出版社，1997年，第330页〔66〕。吴玉贵还提到"庚寅，破城"，然"庚寅"一词并不见于其所引《大唐河西平胡圣德颂并序》，倒是说到"庚午"破城，所以"庚午"当为"庚寅"之讹。
② 吴钢主编：《隋唐五代墓志汇编（陕西卷）》第4册，天津古籍出版社，1991年，第30页。

及卫尉卿,祖父周以悌为宕、岷二州刺史及四镇经略使,父周佖为河西节度使,长兄周晧为光禄卿,次兄周昉为守太子仆。关于周佖的名字,从墓志拓片可以看到"佖"字十分清晰。另外,西安还出土了周佖的女儿(陈允众夫人)、孙女(尼惠因)的墓志,也都清楚地记载到周佖之名。① 墓志为当时人所写,尤其是尼惠因的墓志由其父周晧亲撰,周晧断不会将其父周佖的名字写错,故上引两《唐书》作周佖是正确的,而《资治通鉴》及《肃宗实录》作周泌,以及《唐历》作周秘则误。②

周佖出任河西节度使的时间,《旧唐书·肃宗纪》与《资治通鉴》记载有异,前者记天宝十五载(756)七月辛酉,太子李亨至灵武,两天后(甲子)即皇帝位,是为唐肃宗,同时任命了一批新政府班子的成员:

> 以朔方度支(支度)副使③、大理司直杜鸿渐为兵部郎中,朔方节度判官崔漪为吏部郎中,并知中书舍人。以御史中丞裴冕为中书侍郎、同中书门下平章事,河西兵马使周佖为河西节度使,陇右兵马使彭元晖为陇右节度使,前蒲州刺史吕崇贲为关内节度使、兼顺化郡太守。以陈仓县令薛景仙为扶风太守,以陇右节度使郭英乂为天水郡太守。④

从上列官员的任职地域可知,唐肃宗当时能够控制的势力范围主要是朔方、河西、陇右、关内四个藩镇。河西道作为肃宗灵武政权的大后方,又是与安禄山同族的入华粟特胡人的聚居区,能否保持稳定十分关键。周佖原为河西兵马使,对河西的情况比较熟悉,肃宗上台伊始任命他为节度使,自然是希望他能负起重任,以免除灵武政权的后顾之忧。

不过,《资治通鉴》卷二一八至德元载(756)六月条则云:

---

① 樊波:《唐代画家周昉家世新证——以石刻文献为中心》,《碑林集刊》2013 年第 19 期;吴钢主编:《隋唐五代墓志汇编(陕西卷)》第 4 册,天津古籍出版社,1991 年,第 62 页。关于周佖家族的研究,参周正《唐代将门周佖家族史事丛考》,硕士学位论文,陕西师范大学,2016 年。

② 《资治通鉴》卷二一八"唐肃宗至德元载六月"条,中华书局,1956 年,第 6979 页。

③ "朔方度支副使",《新唐书》卷六《肃宗纪》(中华书局,1975 年标点本,第 156 页)、《旧唐书》卷一〇八《杜鸿渐传》(中华书局,1975 年标点本,第 3283 页)作"朔方留后、支度副使",甚是,故据改。

④ 《旧唐书》卷一〇《肃宗纪》,中华书局,1975 年标点本,第 243 页。

> 上乃以河西兵马使周泌为河西节度使,陇右兵马使彭元耀为陇右节度使,与都护思结进明等俱之镇,招其部落。

首先,周泌从河西兵马使升任河西节度使的时间为六月,这与上述《旧唐书》所记七月甲子的任命时间有异。其次,六月李亨尚未即位、改元,且从上下文的文意可知,这里的"上"是指唐玄宗,而非唐肃宗。关于这一点,连司马光都产生了困惑,《资治通鉴考异》曰:"《肃宗实录》:'即位之日,以泌为河西、耀为陇右节度使。'或者玄宗已命以二镇,二人至灵武见肃宗,又加新命乎?"①当时安禄山兵锋甚锐,势如破竹,唐军连吃败仗,玄宗"斩封常清、高仙芝于潼关,以哥舒翰为太子先锋兵马元帅,领河、陇兵募守潼关以拒之"②。作为河西军队的重要将领,河西兵马使周泌当随节度使哥舒翰东出潼关,抗御安禄山军队。哥舒翰兵败以后,唐玄宗任命王思礼为河西、陇右节度使,令其赴镇,但思礼行至平凉,听闻河西群胡作乱,遂返回玄宗行在;在此情况下,玄宗只好从河西军将中提拔周泌为河西节度使,率领残部回武威。七月甲子唐肃宗即位后,诸事草创,只是再次确认了玄宗对周、彭二人的节度使任命而已,同时也是肃宗对河、陇地域控制权的强调和重申。

756年夏,周泌升任为河西节度使,其幼子周晓年仅16岁,也随侍在武威,即墓志所记"初,凉州府君之为节制也,公亦随侍河西"。半年以后,亦即至德二载(757)正月壬寅发生了安门物事变。墓志记载周晓"义能安亲",说明在他作为人质及被杀之时,其父周泌尚在人世。所言"五凉之间,九姓谋叛",前句似说变乱波及整个五凉河西地区,而不只在武威一郡;后句提到九姓,是说变乱的主体是以安门物为首的粟特九姓胡人,而河西兵马使孟庭伦显然居于次要地位。安门物、孟庭伦聚众6万,合围进攻节度使府。河西节度使周泌寡不敌众,又计无所施;其子周晓挺身力战,顽强抵抗。后来双方进行谈判,歃血为盟,当时安门物诈言欲降,但要求以节度使幼子周晓作为人质。正月十九日,安门物将周晓杀害。查《二十史朔闰表》,推算出十九日为戊辰,上距丙寅事变爆发仅仅两天。

---

①　《资治通鉴》卷二一八"唐肃宗至德元载六月"条,中华书局,1956年,第6979页。

②　《旧唐书》卷九《玄宗纪下》,中华书局,1975年标点本,第230页。

关于周佖被杀,除了前引史籍及周晓墓志外,《唐周以悌夫人高氏墓志铭并序》也提到一句"凉州寻为猾寇所害"①。周以悌、高氏为周佖之父母,"凉州"即为周晓墓志中的"凉州府君",指驻节于凉州武威的河西节度使周佖;"猾寇"是对安门物等人的蔑称。墓志记载高氏死后,"天宝九年(750),从安西延柩至临洮军权殡。令子故河西节度、御史大夫、赠凉州都督"。周以悌在景龙(707—710)时出任四镇经略使,②高氏当是随夫前往四镇,卒于西域,其灵柩直到 750 年才运至临洮军,临洮军设在陇右节度使驻地鄯州(西平郡),③周佖当时正在陇右节度使府担任押衙,④后来相继升任为河西兵马使、节度使,最后在安门物事变中被杀。

三、从《大唐河西平胡圣德颂并序》看安门物事变

安门物事变平定以后,杨炎撰写了一篇《大唐河西平胡圣德颂并序》(以下简称为"《圣德颂》"),称颂唐肃宗派遣太仆崔俪、内常侍刘日新率军平定变乱,内容丰富,描述细致,提供了极具价值的信息。此颂在《文苑英华》⑤、《唐文粹》⑥、《全唐文》⑦中均有收录,⑧文字略有不同。兹以《文苑英华》为底本并参校其他诸本,引录于下:

① 胡戟、荣新江主编:《大唐西市博物馆藏墓志》,北京大学出版社,2012 年,第 595 页。
② 《资治通鉴》卷二〇九"唐中宗景龙二年十一月"条,中华书局,1956 年,第 6625 页。
③ (唐)李吉甫撰,贺次君点校:《元和郡县图志》卷三九《陇右道上》"鄯州"条云:"开元二十一年(733)置陇右节度使,备西戎,统临洮军开元中移就节度衙置",中华书局,1983 年点校本,第 991 页。
④ 《旧唐书》卷一一一《王思礼传》,中华书局,1975 年标点本,第 3312 页。
⑤ (唐)杨炎:《大唐河西平胡圣德颂并序》,(宋)李昉等编《文苑英华》卷七七四,中华书局,1966 年影印本,第 4076—4077 页。
⑥ (唐)杨炎:《大唐河西平胡圣德颂并序》,(宋)姚铉编《唐文粹》卷二〇,浙江人民出版社,1986 年影印本,第 3—4 页。
⑦ (唐)杨炎:《大唐河西平北圣德颂并序》,(清)董诰等编《全唐文》卷四二一,中华书局,1983 年影印本,第 4299 页。
⑧ (宋)王应麟:《玉海》卷一九四《纪功(碑铭附)》(广陵书社,2003 年,第 3563 页)收有《唐河西圣德颂》,是据《唐文粹》的节录本,但略有不同。

大唐河西平胡①圣德颂并序　　杨炎②

维唐至德二年(757)春正月,武威郡胡洎九蕃夷落,内伺师旅之间,外合狼豕之凶。据金城,害州伯。蛇变交戟之下,炎焚大泽之中。二月乙丑,皇帝以五命之服,诏太仆崔俌,总中权,专上将。誓军前之士,却城下之盟。又命内常侍刘日新,振鼓铎之音,护羌戎③之长。林竦猬合,会于东郊。粤庚午,高牙大旆,铁④马长铩,喷以清笳,阵以云蛇。位⑤列于四冲,蓬头执戟,鼓以灵鼍,进⑥于达⑦路。趫悍犷猱,虎裘猿臂,北陵于土门之队;钩车云梯,强弩坚楯,齐传⑧于西烽之亭。于是引熊虎之师,仗⑨龙蛇之剑。矛戟四起,烟尘火色;金鼓一振,天地徘徊。血乱玄⑩黄,声嚣瓦屋。是风云皆入阵,彼草木尽为兵。日月垂照于穷乡,皇灵赫临于天外。名王贵马,大玉文贝⑪,素女锦衣,百金之产,万井之资,皆委于入贡之府,布于有地之宫。是时也,千人踊⑫,万人贺。美太阶之

---

① "胡":《全唐文》误作"北"。
② "杨炎":《文苑英华》作"前人",前一篇为《灵武受命宫颂》,但未署作者名字,不过颂文中有"臣炎稽首敢献颂曰"之语,应为颂文的作者,亦即《圣德颂》的作者。需要指出的是,《灵武受命宫颂》的前一篇为《庆鸿名颂并序》,作者为独孤及,吴玉贵可能据此将"前人"当作独孤及,认为是《圣德颂》的作者,见《凉州粟特胡人安氏家族研究》,荣新江主编《唐研究》第 3 卷,北京大学出版社,1997 年,第 330 页,注〔66〕〔67〕。当误。《唐文粹》未记作者,但《玉海》节录《唐文粹》却写作"杨炎";《全唐文》亦作"杨炎",甚是。
③ "戎":《文苑英华》作"髳(一作戎)";《唐文粹》《全唐文》皆作"戎",甚是。
④ "铁":《文苑英华》此字中间部位笔画有残缺;《唐文粹》《全唐文》皆作"铁",甚是。
⑤ "位":《文苑英华》作"位(一作此字)";《唐文粹》《全唐文》皆无"位"或"此"字。
⑥ "进":《文苑英华》作"达";《唐文粹》《全唐文》皆作"进"。于义后二者为胜,且前者后面又有一"达"字。
⑦ "达":《文苑英华》作"达";《唐文粹》《全唐文》皆作"逵"。于义前者为胜。
⑧ "传":《文苑英华》作"传(一作傅,是)";《唐文粹》作"传";《全唐文》作"傅"。于义以"传"为胜。
⑨ "仗":《唐文粹》《全唐文》皆误作"杖"。
⑩ "玄":《唐文粹》"玄"字缺最后一点,《全唐文》作"元",皆为避康熙玄烨之讳。
⑪ "贝":《文苑英华》误作"具";《唐文粹》《全唐文》皆作"贝",甚是。"文贝"一词习见,如《尚书·顾命》:"西序东向,敷重底席,缀纯,文贝仍几";《晋书》卷五二《华谭传》记其与王济对话,谭答曰:"是以明珠、文贝,生于江郁之滨"。
⑫ "踊":《文苑英华》作"勇(一作踊)";《唐文粹》《全唐文》皆作"踊",甚是。

符见，颂偃伯之议①兴。特进、金城太守李万顷洎五邑长吏、军正②大夫等言曰："盖闻王命先天以奉时，贤臣③合统以偕运。靡垂④乎帝箓，不能拨乱；罔应乎间气，不得遭逢。故大人之作，必先靖难。以摧凶取暴为治⑤国，以任贤仗⑥能为建功。磅礴乎茅茨⑦之下，葳蕤乎玄⑧古之上。使⑨轩辕得之，以胜蚩尤；大夏得之，以胜有扈；西伯得之，去殷代⑩崇；我太宗得之，奄有辽海；上皇得之，克平巨猾；陛下得之，再清宇宙，扫荡氛孽⑪。允若大唐之新命，复高祖之天下。臣等恭惟六圣腾光，百有五十祀。周贲海宇⑫，铺敷⑬菌蠢。丹穴之赆，孤竹之君。金闟括⑭羽，委命下吏。陛下建大号，缵鸿业。归勋祖祢，昭事圣皇。是必天锡忠良，佐成命器之⑮臣，所应皇运之统，伏崇、羽之凶。太康西人，永永来裔。"愿篆石志美，以为颂云：

诏虎⑯臣兮殪⑰天弧⑱，载火旗⑲兮耀昆吾，霁尘垒兮被戎都。

---

① "议"：《文苑英华》误作"仪"；《唐文粹》《全唐文》皆作"议"，甚是。《后汉书》卷六〇上《马融传》："臣闻昔命师于鞬橐，偃伯于灵台"，李贤等注曰："偃，休也。伯，谓师节也"；《周书》卷六《武帝纪下》："方当偃伯灵台，休牛桃塞，无疆之庆，非独在余。"
② "正"：《文苑英华》《唐文粹》皆作"正"；《全唐文》误作"政"。
③ "臣"：《文苑英华》作"神（一作臣是）"；《唐文粹》《全唐文》皆作"臣"，甚是。
④ "垂"：《全唐文》《唐文粹》皆误作"乘"。
⑤ "治"：《文苑英华》作"治（唐讳）"；《唐文粹》《全唐文》皆作"治"。
⑥ "仗"：《唐文粹》《全唐文》皆误作"杖"。
⑦ "茅茨"后面，《唐文粹》有双行小注"一作六合"。
⑧ "玄"：《唐文粹》"玄"字缺最后一点，《全唐文》作"元"，皆为避康熙玄烨之讳。
⑨ "使"：《文苑英华》《唐文粹》皆作"斯"；《全唐文》作"使"。于义后者为胜。
⑩ "代"：《唐文粹》《全唐文》皆误作"伐"。
⑪ "孽"：《文苑英华》作"孼（一作孽）"；《唐文粹》作"𤽸"，《全唐文》作"孽"。"孽""孼"通。
⑫ "宇"：《唐文粹》《全唐文》皆误作"寓"。
⑬ "铺敷"：《文苑英华》作"泽铺（一作铺敷）"；《唐文粹》《全唐文》皆作"铺敷"。于义后者为胜。
⑭ "括"：《文苑英华》作"枯（一作括）"；《唐文粹》《全唐文》皆作"括"，甚是。
⑮ "之"：《文苑英华》《唐文粹》皆作"之"；《全唐文》作"二"。于义前者为胜。
⑯ "虎"：《文苑英华》作"虎（唐讳）"；《唐文粹》《全唐文》皆作"虎"。
⑰ "殪"：《文苑英华》误作"澶"；《唐文粹》《全唐文》皆作"殪"，甚是。
⑱ "弧"：《唐文粹》《全唐文》皆误作"狐"。
⑲ "旗"：《文苑英华》作"蘸"；《唐文粹》《全唐文》皆作"旗"。

这篇《圣德颂》的作者为名臣杨炎,《旧唐书》卷一一八《杨炎传》记其"释褐,辟河西节度掌书记……节度使吕崇贲爱其才"。据郁贤皓考证,吕崇贲出任河西节度的时间在上元元年至广德元年(760—763)。[1] 节度掌书记专掌藩镇文翰,为军中之喉舌,此颂当是杨炎在河西节度掌书记任上撰写的。换言之,颂文的撰写时间距离757年初发生安门物事变至少已有三年。

对比上引两《唐书》《资治通鉴》及《唐周晓墓志》,这篇《圣德颂》可以补充许多重要的内容与细节,特别是安门物事变波及的范围与具体的阶段更为明确:

第一,关于事变的发起者,两《唐书》所记各异,《资治通鉴》作了折中叙述,《唐周晓墓志铭》记作"九姓""胡贼",而《圣德颂》记作"武威郡胡洎九蕃夷落"。"武威郡胡"系指以武威郡九姓商胡安门物为首的粟特九姓胡人,"九蕃夷落"指武威郡境内的突厥、铁勒九姓诸部族。据《新唐书》卷四三下《地理志七》记载,唐代凉州(武威郡)境内设立皋兰州、兴昔都督府,以安置突厥部族;设立蹛林州、金水州、贺兰州、卢山都督府,以安置铁勒回纥、思结部或其别部。《旧唐书》卷四〇《地理志三》记载凉州境内的这些羁縻府、州,除突厥、吐谷浑外,皆为铁勒"契苾、思结等部,寄在凉州界内,共有户五千四十八,口一万七千二百一十二"。同书卷一〇三《王君㚟传》亦云:"初,凉州界有回纥、契苾、思结、浑四部落,代为酋长。"安门物联合的"九蕃夷落"就是这些突厥及铁勒回纥、契苾、思结、浑等部族,亦即颂文中蔑称的"外合狼豸之凶",而"内伺师旅之间"则指安门物拉拢河西兵马使孟庭伦率领的军队。由此可以看出,这场事变的真正发动者是以安门物为首的武威郡粟特胡人,同时联合突厥、铁勒诸族和孟庭伦所率军队,是一场多方势力与胡汉联合的反唐斗争。荣新江指出,"这次叛乱是由一个粟特商胡首领为首的,似乎更值得我们深思"[2];而"九蕃夷落"增添了变乱者族群身份的复杂性,以及当地汉族豪族孟庭伦的军界力量,当然这也更加符合当时武威地区的实际情势。

第二,关于镇压者的名字,颂文除崔偁、刘日新外还提到金城太守李万

[1] 郁贤皓:《唐刺史考全编》卷三九,安徽大学出版社,2000年,第481页。
[2] 荣新江:《北朝隋唐粟特人之迁徙及其聚落》,氏著《中古中国与外来文明》,生活·读书·新知三联书店,2001年,第74页。

顷及五邑长吏、军正大夫。崔俏的写法与《新唐书》同,而与《旧唐书》《资治通鉴》所记崔称相异,颇疑崔俏为佳;①其官名为太仆,实际上是以太仆卿的身份出任河西支度判官,颂文对于崔俏所任判官的具体使府提供了准确的信息,具有极高的学术价值。至德二载(757)二月乙丑,唐肃宗诏命崔俏"总中权,专上将",作为最高统帅率军前往河西进行镇压;内常侍刘日新与崔俏不是同时前往,而是后来增援的。两人所率的军队在武威东郊会师,并在庚午这一天发动总攻。这表明,崔俏原本不在武威城中,而是朝廷的太仆卿,被派任为河西支度判官,率军前往镇压,这也与《新唐书》所记"崔俏克武威郡"相合。刘日新在《资治通鉴》中仅曰中使,颂文则具体写作内常侍,官居正五品下,在内侍省中地位仅次于长官内侍。② 司马光将崔、刘二人放在一起书写,容易使人误以为他俩是唐肃宗同时派往武威的,但从颂文可知实际上是分批前往,于此也可看出这场事变的多阶段性与复杂性。值得注意的是,颂文还提到金城太守李万顷及五邑长吏、军正大夫等人,五邑长吏与金城太守相并列,似应不是指武威郡所辖之 5 县,而是河西节度使辖下的武威、张掖、酒泉、晋昌、敦煌 5 郡,这也与前引周晓墓志中的"五凉之间"指整个河西走廊相一致。

第三,颂文记载安门物等人起事后,"据金城,害州伯"。这里的"金城"有两种可能性:一是喻指武威郡,言其城池有金汤之固,所害州伯为河西节度使周佖;二是实指金城郡,从后文提到金城太守李万顷来看,此处被害州伯即金城太守为李万顷之前任。据郁贤皓考证,王思礼任金城太守在天宝十四载(755),李万顷在至德二载(757)。③ 在王、李二人之间,至少还缺一位

---

① 森安孝夫《シルクロードと唐帝国》(讲谈社,2007 年,第 332 页),尹伟先、杨富学、魏明孔《甘肃通史·隋唐五代卷》第二章《唐代前期的甘肃》(尹伟先撰)(甘肃人民出版社,2009 年,第 131 页),高荣主编《河西通史》第六章《隋唐大一统时期河西社会的全面进步》(王晓晖撰)(天津古籍出版社,2011 年,第 325 页)皆据《资治通鉴》作崔称。李益《自朔方还与郑式瞻崔称郑子周岑赞同会法云寺三门避暑》中提到一位崔称,但时代稍后,恐与镇压安门物事变的崔称(俏)不是同一人。见(清)彭定求等编《全唐诗》卷二八二,中华书局,1960 年点校本,第 3208 页。

② (唐)李林甫等撰,陈仲夫点校:《唐六典》卷一二《内侍省》,中华书局,1992 年点校本,第 356 页。

③ 郁贤皓:《唐刺史考全编》卷三〇,安徽大学出版社,2000 年,第 432—433 页。

金城太守。安门物事变初期被害的金城太守究竟是谁,因史料阙如不得而知,但从两位金城太守及五邑长吏可知,这场事变不只局限于武威一郡,而是波及金城郡与武威、张掖、酒泉、晋昌、敦煌等河西五郡,影响极大。

第四,最令人头疼的是《圣德颂》中的干支日期,均与实际日期对不上号。首先是二月乙丑,唐肃宗诏命太仆卿崔偁为河西支度判官,统军前往河西镇压,但问题是二月并无乙丑日。前引《新唐书·肃宗纪》记载二月壬寅克武威郡、诛孟庭伦,《资治通鉴》又记"旬有七日"讨平变乱。从壬寅日往前逆推 17 天,为乙酉日。因此,颇疑"乙丑"为"乙酉"之讹,亦即二月七日,此时距离正月丙寅(十七日)安门物事变爆发已有 20 天。易言之,安门物等人在正月丙寅起事后,在 20 天的时间里势力发展很快,迅速壮大到 6 万人,攻占了武威城中的 5 座小城,杀死河西节度使周佖,唐军残部只得退守剩下的 2 座小城;二月乙酉,崔偁率军前往河西,在抵达武威城郊后,安门物希望与其订立城下之盟,但遭到崔偁的拒绝。

第五,颂文提到的另一个日期,即二月庚午,崔偁、刘日新率领城外唐军发动总攻,使用钩车、云梯等攻城战具,与城中 2 座小城的唐朝守军内外合击,[①]进攻安门物等人所占的 5 座小城。然而,二月亦无庚午日。考虑到壬寅日(二十四日)最终平定变乱,颇疑"庚午"为"庚子"之讹,亦即二月二十二日,在壬寅前两天。易言之,唐军经过两天的激烈战斗,终于在壬寅日攻克武威郡,夺得名王贵马、大玉文贝、素女锦衣等物。

四、杜甫诗歌所见 756 年秋武威的群胡变乱
——兼说太子李亨舍河西、赴灵武的原因

至德二载(757)二月壬寅,历时 37 天、聚众 6 万人、攻占了武威城中 5 座小城、杀死河西节度使周佖和金城太守的安门物事变,在城外唐军、城内 2 小城守军的内外夹击下,经过两天的激战,终于被镇压下去了。然而在接下来的几个月内,经受战火洗礼的河西诸郡并不平靖,加上长达半年

① 森安孝夫《シルクロードと唐帝国》(讲谈社,2007 年,第 332 页)仅据《旧唐书·肃宗纪》《资治通鉴》认为,崔称鼓舞剩下的两座小城展开反攻。不太确切。

多的地震,①以及当时京城长安尚未收复,唐肃宗可能没有及时任命新的河西节度使。② 直到五月,才"以武部侍郎杜鸿渐为河西节度使"③。

需要注意的是,在杜鸿渐被任命为河西节度使以后,杜甫撰写了一首诗《送长孙九侍御赴武威判官》,提到武威群胡"造反"之事:

> 骢马新凿蹄,银鞍被来好。绣衣黄白郎,骑向交河道。
> 问君适万里,取别何草草。天子忧凉州,严程到须早。
> 去秋群胡反,不得无电扫。此行收遗甿,风俗方再造。
> 族父领元戎,名声国中老。夺我同官良,飘飖按城堡。
> 使我不能餐,令我恶怀抱。若人才思阔,溟涨浸绝岛。
> 尊前失诗流,塞上得国宝。皇天悲送远,云雨白浩浩。
> 东郊尚烽火,朝野色枯槁。西极柱亦倾,如何正穹昊。④

"族父领元戎"之下注曰:"时杜鸿渐为河西节度使",可证此诗撰于至德二载(757)五月鸿渐赴任河西以后。他是拥立唐肃宗的头等功臣,被派任为河西节度使,足见唐廷对河西的重视。为了给杜鸿渐配备得力的佐官,唐肃宗选调了一批朝官为河西节度使府的僚佐,其中御史台官员长孙九为判官、校书郎杜亚为从事。⑤ 杜甫《送从弟亚赴河西判官》亦曰:"西极最疮痍,连山暗烽

---

① 《旧唐书》卷三七《五行志》云:"至德元年十一月辛亥朔,河西地震有声,地裂陷,坏庐舍,张掖、酒泉尤甚。至二载六月始止",中华书局,1975 年标点本,第 1347 页。

② 郁贤皓:《唐刺史考全编》卷三九《凉州(武威郡)》(安徽大学出版社,2000 年,第 480 页)在周佖、杜鸿渐之间无其他河西节度使人物。《资治通鉴》卷二一八"唐肃宗至德二载七月"条云:"上命河西节度副使李嗣业将兵五千赴行在,嗣业与节度使梁宰谋,且缓师以观变",中华书局,1956 年,第 6987 页。这里似提到河西节度使梁宰,但从《旧唐书》卷一二八《段秀实传》所记"肃宗即位于灵武,征安西兵节度使梁宰"(中华书局,1975 年标点本,第 3584 页)可知,梁宰实为安西节度使。亦见郁贤皓《唐刺史考全编》卷四六《安西大都护府(镇西都护府)》,安徽大学出版社,2000 年,第 525 页。

③ 《旧唐书》卷一〇《肃宗纪》,中华书局,1975 年标点本,第 246 页。

④ (唐)杜甫:《送长孙九侍御赴武威判官》,(清)彭定求等编《全唐诗》卷二一七,中华书局,1960 年点校本,第 2272 页。

⑤ 《旧唐书》卷一四六《杜亚传》,中华书局,1975 年标点本,第 3962 页;《新唐书》卷一七二《杜亚传》,中华书局,1972 年标点本,第 5207 页。

燧。帝曰大布衣,藉卿佐元帅。……须存武威郡,为画长久利。"①安门物事变发生在至德二载(757)春,而杜甫诗中却言"去秋群胡反","去秋"当指 756 年秋,而不可能是 757 年或以后的秋天。长孙九赴武威的目的,杜甫说得很明白,是为了收集遗甿、再造风俗,即为安门物事变处理善后事宜。由此可见,在安门物事变爆发前一年的秋天,武威群胡已经起来反抗唐朝了。

那么,756 年秋武威群胡何以会起来反抗唐朝呢? 当时的河西形势究竟如何? 众所周知,该年六月,哥舒翰兵败于灵宝西原,投降安禄山;唐朝君臣仓皇离京出逃,马嵬驿之变杀死宰相杨国忠、杨贵妃以后:

> 凌晨将发,六军将士曰:"国忠反叛,不可更往蜀川,请之河、陇。"或言灵武、太原,或云还京,议者不一。②

杨国忠原领剑南节度使,蜀川为其势力控制之地,六军将士诛杨之后,自然不愿前往蜀川。逃难在外的唐朝君臣何去何从,议论纷纷,或言灵武,或去太原,或回驾京城,或继续前往蜀川。从《幸蜀记》的记载可知,这些言论均出自玄宗身边的宦官们,当然也有宦官主张前往河、陇,③很显然河、陇成了六军将士的首选。最后,唐玄宗听从宦官高力士的意见,选择入蜀,而太子李亨则与玄宗分道扬镳,向西北行进。当时,李亨之子建宁王李倓劝道:

> 殿下宜购募豪杰,暂往河西,收拾戎马,点集防边将卒,不下十万人。

李倓主张前往河西的建议也得到了广平王李俶(即后来的唐代宗)的赞成,④《新唐书》卷八二《十一宗诸子·承天皇帝李倓传》在类似的话语之后甚至有"于是议定"四字,可见前往河、陇尤其是河西武威是太子李亨集团讨论后的

---

① (唐)杜甫:《送从弟亚赴河西判官》,(清)彭定求等编《全唐诗》卷二一七,中华书局,1960 年点校本,第 2273 页。从原题《送从弟亚赴安西一作河西判官》,题下附注:"杜亚字次公,京兆人。肃宗在灵武,上书论时政,授校书郎。时杜鸿渐节度河西,辟为从事",以及诗文内容言及武威郡,可知"安西"当误,应为"河西"。
② 《旧唐书》卷一〇八《韦见素传》,中华书局,1975 年标点本,第 3276 页。
③ 中使常清建议去剑南、中官陈全节建议去太原、中官郭希建议去朔方,中使骆承休建议去河、陇。见《资治通鉴》卷二一八"唐肃宗至德元载六月"条,中华书局,1956 年,第 6975 页。
④ 《旧唐书》卷一一六《承天皇帝李倓传》,中华书局,1975 年标点本,第 3384 页。

共同决策,甚至连安史军队也都清楚李亨前往河西的意图:"时贼据长安,知上治兵河西。"①

然而,李亨一行在六月辛丑(十九日)到达平凉郡后,形势却发生了变化,以至于"上在平凉,数日之间未知所适"②。《资治通鉴》卷二一八至德元载(756)六月条亦云:

> 太子既留,莫知所适。广平王俶曰:"日渐晏,此不可驻,众欲何之?"皆莫对。建宁王倓曰:"殿下昔尝为朔方节度大使,将吏岁时致启,倓略识其姓名。今河西、陇右之众皆败降贼,父兄子弟多在贼中,或生异图。朔方道近,士马全盛,裴冕衣冠名族,必无贰心(胡三省注:时裴冕为河西行军司马)。贼入长安方虏掠,未暇徇地,乘此速往就之,徐图大举,此上策也。"众皆曰:"善!"

李倓原来主张"暂往河西",但到平凉以后,态度却发生了一百八十度的转变,建议不去河西,改道朔方(灵武),这显然是受到当时河西形势变化的影响,其原因是哥舒翰灵宝之败导致了河、陇军民的异动。值得注意的是,李倓劝说改道朔方时提到了裴冕,但当时裴冕为河西行军司马,"知河西留后,在武威"③。《旧唐书》卷一一三《裴冕传》云:

> 是时,冕为河西行军司马,授御史中丞,诏赴朝廷。遇太子于平凉,具陈事势,劝之朔方,遂入灵武。

裴冕为河西行军司马,与朔方本来无甚关联,但受诏东归,在平凉遇到太子李亨,所谓"具陈事势"应当主要是陈说当时河西发生的事情及时势,也劝说李亨前往朔方。裴冕对河西情势十分熟悉,却未劝原本想去河西的李亨西行武威,而是北上灵武,自然是因为河西形势突变所致。

舍河西而去灵武,实际上在裴冕来到平凉以前,李亨一行就已对河西的形势变化有所风闻。《新唐书》卷一二六《杜暹附族子鸿渐传》云:

> 禄山乱,皇太子按军平凉,未知所适,议出萧关,趣丰安。

---

① 《旧唐书》卷一〇《肃宗纪》,中华书局,1975 年标点本,第 241 页。
② 同上注。
③ 《旧唐书》卷一九一《金梁凤传》,中华书局,1975 年标点本,第 5105 页。

正因为李亨一行已经知晓河西形势发生变化,所以才会在平凉犹豫不决,未知所适,最后商议决定北出萧关,渡过黄河前往丰安。据载,丰安军位于灵武郡西,在黄河外 180 余里。① 传文接着记述,朔方支度副使杜鸿渐等人商议奉迎李亨北上灵武,"使(李)涵诣平凉见太子,太子大悦。会裴冕至自河西,亦劝之朔方"。由于杜鸿渐、李涵之邀与裴冕之劝,李亨一行在七月辛酉(九日)抵达灵武。

回过头来看,哥舒翰六月兵败降敌以后,唐玄宗任命其部将王思礼"为河西、陇右节度使,即令赴镇",但是:

> 王思礼至平凉,闻河西诸胡乱,还,诣行在。初,河西诸胡部落闻其都护皆从哥舒翰没于潼关,故争自立,相攻击;而都护实从翰在北岸,不死,又不与火拔归仁俱降贼。上乃以河西兵马使周泌为河西节度使,陇右兵马使彭元耀为陇右节度使,与都护思结进明等俱之镇,招其部落。以思礼为行在都知兵马使。

王思礼到平凉的时间,司马光系于六月壬寅(二十日)之后。② 当时,河西诸胡听到哥舒翰兵败的消息,发生争乱。王思礼是哥舒翰的老部下,连他都无法前往河西赴任,只走到平凉就抽身返回,可见当时河西形势之混乱,已经到了十分严峻的地步。而在壬寅前一天,亦即辛丑(十九日)李亨一行抵达平凉,自然也就"莫知所适"了,原因就是河西诸胡发生变乱,河西武威显然已经不宜再作为立足的根据地。

如果说六月河西诸胡还只是处在内部争斗的话,那么到了七月,又进一步受到安禄山部将高嵩的招诱:

> 安禄山遣其将高嵩以敕书、缯彩诱河、陇将士,大震关使郭英乂擒斩之。③

当时长安已为安禄山的军队攻陷,高嵩持安禄山的敕书、缯彩招诱河、陇将士,意图与河、陇军队联合夹攻逃亡途中的唐朝君臣,尤其是对于在灵武刚

---

① (唐)李吉甫撰,贺次君点校:《元和郡县图志》卷四《关内道四》"灵州·丰安军"条,中华书局,1983 年点校本,第 92 页。
② 《资治通鉴》卷二一八"唐肃宗至德元载六月"条,中华书局,1956 年,第 6979 页。
③ 《资治通鉴》卷二一八"唐肃宗至德元载七月"条,中华书局,1956 年,第 6986 页。

即位的唐肃宗来说,可谓腹背受敌,威胁巨大。高嵩的这一招诱举动虽然遭到郭英乂的打击,[①]但是在河西地区,原本已经出现的"河西诸胡乱"则更趋恶化,甚至酿成了杜甫诗中所说的"去秋群胡反",七月为秋季首月;诗中末句"东郊尚烽火,朝野色枯槁。西极柱亦倾,如何正穹昊",说的正是东面的安禄山之乱与西面的河西群胡之乱,尤其是用西极柱倾来形容后者,足见武威群胡变乱的严重性。《唐薛坦墓志铭并序》记载到这场发生在 756 年秋天武威的群胡变乱:

> 至德(756—758)初,河西节度使周贲辟公以戎掾,咨谋军事,累至凉州司马。群胡作难,伐叛有功,诏授左卫中郎将、赤水军副使。[②]

至德初,薛坦被河西节度使周贲辟署入幕,从"以戎掾,咨谋军事"来看,似乎是担任节度参谋,掌"参议谋画"[③],后来升至凉州司马。然而上文说到,天宝十五载(756)六月,唐玄宗任命周佖为河西节度使;七月甲子,太子李亨在灵武即皇帝位,改元至德,重申了对河西节度使周佖的任命。唐肃宗改元至德在 756 年的年中,颇疑薛坦墓志中的"至德初"实际上是指当年(亦即天宝十五年)的年初,当时周贲为河西节度使。[④] 墓志所记"群胡作难",当即天宝十五载(756)六月发生的河西诸胡之乱,周贲很可能死于此难,或者调离河西,所以唐玄宗任命王思礼为河西节度使,但他行至平凉后被迫返回;河西行军司马裴冕也离开武威,东至平凉,劝说李亨北上灵武;玄宗又以河西兵马使

---

① 《新唐书》卷一三三《郭英乂传》云:"禄山乱,拜秦州都督、陇右采访使。贼将高嵩拥兵入汧、陇,英乂伪劳之,且具飨,既而伏兵发,尽虏其众。"中华书局,1975 年标点本,第 4546 页。

② 吴钢主编:《隋唐五代墓志汇编(陕西卷)》第 4 册,天津古籍出版社,1991 年,第 44 页。

③ (唐)杜佑撰,王文锦等点校:《通典》卷三二《职官十四》,中华书局,1988 年点校本,第 895 页。

④ 《旧唐书》卷一○《肃宗纪》记载 755 年底,唐玄宗"召河西节度使哥舒翰为皇太子前锋兵马元帅,令率众二十万守潼关",中华书局,1975 年标点本,第 240 页。河西节度使一职遂改由周贲接掌。《圣德颂》记载金城太守李万顷等人上言,说到"周贲海宇"。郁贤皓据《唐薛坦墓志铭并序》所记"至德初,河西节度使周贲辟公以戎掾,咨谋军事",认为周贲于"至德初(756)"担任河西节度使,见《唐刺史考全编》卷三九《凉州(武威郡)》,安徽大学出版社,2000 年,第 479—480 页。但从"周贲海宇"一语看,周贲似难以当作人名来理解,应当典出《荀子·强国第十六》:"下比周贲,溃以离上矣",见王先谦《荀子集解》,收入《诸子集成》,上海书店,1986 年,第 195 页。

周佖为河西节度使,七月得到肃宗的认可。就在七月,武威群胡在安禄山部将高嵩的招诱下,变乱愈演愈烈,但最后为凉州司马薛坦镇压,武威群胡之乱暂时告一段落。薛坦因立此功而升为左卫中郎将、赤水军副使。

五、结　论

综合以上传世史籍、诗文与出土墓志等诸种史料及相关考辨,可以将安门物事变及前一年的武威群胡变乱的整个过程梳理如下:

第一,安门物事变的源头始于天宝十五载(756)六月的河西诸胡之乱,起因是原陇右、河西节度使哥舒翰兵败于灵宝西原,河、陇将士阵亡者多,消息传到河西后,引发武威群胡变乱,河西节度使周贲可能死于此难,或者调离河西,新任命的河西节度使王思礼行至平凉后,见河西形势不对,不得不中途退还;而原本打算去河西的太子李亨一行鉴于此种形势,加上河西行军司马裴冕的劝说,以及朔方支度副使杜鸿渐的迎请,遂改道北上,前往灵武。此即《资治通鉴》所记"河西诸胡乱"。

第二,至德元载(756)秋七月,武威群胡在安禄山部将高嵩的招诱下,发生了更大规模的变乱。凉州司马薛坦因镇压有功,升任为左卫中郎将、赤水军副使。此即杜甫诗中所言"去秋群胡反"与《唐薛坦墓志铭并序》所记"群胡作难"。这场将近两个月的武威群胡之乱,可以说是翌年初安门物事变的先声。

第三,至德二载(757)正月丙寅(十七日),武威郡九姓商胡安门物拉拢河西兵马使孟庭伦,联合突厥、铁勒各部族,聚众6万人,再次掀起一场轰轰烈烈的反唐斗争。这场变乱爆发伊始,杀死金城太守,合围河西节度使府。经过两天的战斗及结盟诈降,河西节度使周佖的幼子周晓作为人质,于正月十九日被杀,而周佖也未能幸免于难。武威大城中的5座小城为安门物等所攻占,剩下2座小城的唐军仍在苦苦坚守。

第四,二月乙酉(七日),唐肃宗诏命太仆卿崔俘为河西支度判官,统兵讨伐安门物,崔俘拒绝与之订立城下之盟;继崔俘之后,唐廷又继续派遣内常侍刘日新率军增援,在武威东郊与崔俘军队相会师。两天后,亦即戊子(九日)或稍后,武威郡九姓齐庄击破"贼众"5 000多人。

第五,二月庚子(二十二日),崔俪、刘日新、金城太守李万顷及五邑长吏、军正大夫等率领城外唐军与城中 2 座小城的守军内外合击,发动总攻。经过两天的激烈战斗,于壬寅(二十四日)攻克武威郡,诛杀孟庭伦,最终镇压了安门物事变。

第六,安门物事变平定后,河西仍不平靖,直到五月,唐肃宗才任命杜鸿渐为河西节度使,以长孙九、杜亚为僚佐,处理安门物事变的后事。

第七,上元元年(760),吕崇贲出任河西节度使,在他任内,掌书记杨炎撰写《大唐河西平胡圣德颂并序》,此时距离安门物事变至少已有三年时间。

和田出土鲁尼文木牍文再研究[*]

白玉冬

兰州大学敦煌学研究所

公元 10 世纪,伊斯兰教在古突厥语部族中始获传播。第一个接受伊斯兰教的喀喇汗朝政权,约 10 世纪初以后,在疏勒地区初见端倪。[①] 受萨曼王朝影响,始祖毗伽阙卡迪尔汗(Bilgä Köl Qadïr Qan)之孙萨图克布格拉(Satuq Buɣra,约 955—956 年去世)皈依伊斯兰教,并夺取汗位。之后,其子穆萨·本·萨图克(Mūsā b. Satuq)在 960 年左右征服天山北麓热海(今伊塞克湖)一带的古突厥语部众,使得两万帐古突厥语族人皈依伊斯兰教。不过,其在东方的发展并不顺利。丝路南道的佛国于阗,以及占据东部天山地区的西州回鹘王国,均充当起抵抗喀喇汗朝扩张的重任。其中的于阗王国,历经半个世纪的苦战,方在 1006 年左右灭于喀喇汗朝之手。

笔者在 2019 年对新疆和田(古于阗)策勒县达玛沟佛教遗址进行了实地考察,并依据高清度图版对当地出土的 6 片古代突厥鲁尼文木牍文进行

[*] 本文是国家社科基金重大项目"北朝至隋唐民族碑志整理与研究——以胡语和境外汉语碑志为对象"(项目编号:18ZDA177)、中央高校基本科研业务费专项资助项目"胡语与境外汉语碑刻与唐代西北地区历史"(项目编号:21lzujbkyjh004)的阶段性成果。

[①] 有关喀喇汗朝早期历史,目前仍有许多不明之处。相关介绍与研究,主要参见 C. E. Bosworth, "Ilek-Khāns", *Encyclopaedia of Islam*, New Edition 3, 1971, pp. 1113 - 1114; P. B. Golden, "The Karakhanids and Early Islam", in D. Sinor ed., *The Cambridge History of Early Inner Asia*, New York, Cambridge University Press, 1990, pp. 354 - 358;华涛《萨图克布格拉汗在天山地区的活动》,氏著《西域历史研究(八至十世纪)》,上海古籍出版社,2000 年,第 171—188 页;《喀喇汗朝王室族属问题研究》,《西域历史研究(八至十世纪)》,第 198—210 页,初刊《元史及北方民族史研究集刊》第 12、13 期,1989 年;荣新江、朱丽双《喀喇汗朝的成立》,《于阗与敦煌》,甘肃教育出版社,2013 年,第 321—326 页。

了调查(图版见文末)。① 经解读分析,发现对于阗王国抵抗喀喇汗朝扩张历史研究有所裨益。故撰此稿,以为抛砖引玉。不足之处,敬祈方家指正。

一、木牍文真实性溯源

时值 2015 年,受日本学术振兴会外籍研究员奖励金项目资助,笔者正在大阪大学进行合作研究。② 7 月末某一天,无意中发现杨富学主编《回鹘学译文集新编》收录有茨默(P. Zieme)关于中国国家图书馆藏鲁尼文残木的解读专文。③ 拜读时发现其中的 4 片鲁尼文木牍图版与茨默论文内容不合。经与杨富学取得联系,得知是新疆和田地区策勒县达玛沟北部某佛教遗址出土文物,并收到其发来的彩色图版。笔者立即着手对这 4 片木牍文进行解读研究,并于 2015 年 11 月在国内某期刊投稿。遗憾的是,论文因“纯属孤证,且木牍文公认是赝品”而未能通过评审。后向杨富学赐教,上述木牍文图版采自中国社会科学院考古研究所、中共策勒县委、策勒县人民政府著《策勒达玛沟——佛法汇集之地》图 81《达玛沟北部区域其他遗址追缴的被盗木牍文书、木简文书残件》。④ 遗憾的是,受条件所限,笔者多方查找,始终未能一睹该书真容。次年,笔者与杨富学合作,联名在“2016 敦煌论坛:交融与创新——纪念莫高窟创建 1650 周年国际学术研讨会”上发表相关研究报告。⑤ 会上,茨默对笔者释读提出诸多值得参考的意见,并建议不作发表或延缓发表。不过,考虑到该木牍文自被发现以来业经十多年,无论如何学术界应该需要一个最基本的解读底稿。故,笔者与杨富学联名刊出《新疆和田出土突厥卢尼文木牍初探:突厥语部族联手于阗对抗喀刺汗朝的新证

① 2019 年 7 月 3 日—7 日。本次调查获得中国人民大学李肖教授、策勒县文管所所长史燕女士以及策勒县广播电视局领导的大力协助,谨表感谢。
② 2013 年 11 月 18 日—2015 年 11 月 17 日,大阪大学,课题名称为“丝路视野下的高昌回鹘史研究:以人员的移动与文化的传播为核心”。
③ 茨默:《和田出土木制品卢尼文题铭》,俄军、杨富学主编《回鹘学译文集新编》,甘肃教育出版社,2015 年,第 77—79 页。
④ 香港:大成图书有限公司,2012 年,图版 81。
⑤ 敦煌研究院,2016 年 8 月 20 日—22 日。

据》(以下简称初稿)。① 后杨富学将其收入个人专著内。② 笔者则一直希望
能够调查实物,以验证是否为赝品。经中国人民大学李肖教授介绍,笔者与
策勒县文管所史燕所长取得联系,申请实地调查鲁尼文木牍文,获得批准。

2019 年 7 月 4 日上午,笔者在策勒县文体局对实物进行了调查。遗憾
的是,仓库保管员茹柯椰罕准备好的木牍文是于阗文木牍文。虽然在次日
对文物保管库房进行了仔细探查,但未能获见实物。咨询史燕所长,获得的
信息是 2011 年经新疆文物局专家鉴定,上述 4 方鲁尼文木牍文被认为与于
阗文木牍文不同,是"无研究价值之物",经由公安局退还给了最初收集到这
些木牍文的人员。笔者通过达玛沟小佛寺遗址管理员木塔力甫联系到上述
收集人员,得知上述木牍文并未转交给最初的收集者本人。不过,可以确定
的是,这些木牍文确切无疑是从达玛沟地区的某遗址中发现的。此次新疆
调查虽然未能一睹实物,但最大收货是从策勒县文体局韩勇奎书记处获赠
梦寐以求的达玛沟出土文物图录《策勒达玛沟——佛法汇集之地》。更令人
喜出望外的是,该书除图 81 外,图 80《达玛沟北部区域其他遗址追缴的被盗
木牍文书、木简文书残件》还刊出包括其他 2 方鲁尼文木牍文、1 方汉文木简
文书等在内的 12 方木牍文、木简文高清图版。因策勒县文体局文物库房并
未收存这些文物,看来它们与图 81 的 4 方鲁尼文木牍文命运相同,均被专家
认定为"无研究价值之物"而下落不明。笔者咨询韩勇奎书记和其他相关业
务人员,大家均异口同声肯定包括鲁尼文木牍文在内的这批木牍文、木简文
不可能是赝品。

于阗地处塔里木盆地南缘,无论是突厥汗国、回鹘汗国或高昌回鹘王
国,其势力是否达到此地,颇令人怀疑。而且,如斯坦因(A. Stein)、黄文弼
等学者曾被欺骗一样,和田地区的文物造假由来已久。③ 是故,国内外部分
学者对这些木牍文的来历及其真实性表示怀疑在所难免,无可厚非。幸运
的是,据笔者此前释读,这些木牍文并非意义不明的"天书",相反确切是用

---

① 《西域研究》2016 年第 4 期,第 39—49 页。
② 杨富学:《和田新出突厥卢尼文木牍及其所见史事钩沉》,载氏著《敦煌民族史探幽》,
   甘肃文化出版社,2018 年,第 149—176 页。
③ 韩索房:《一个新疆文盲古董贩子,如何骗过斯坦因、斯文赫定、季羡林》,微信公众号
   "大象公会",2017 年 11 月 27 日。

鲁尼文古代突厥语写成,词义连贯,文脉通顺,内容与于阗佛教王国抵抗喀喇汗朝的战争有关。假定这些鲁尼文木牍文是赝品的话,追缴自同人,同样发现于达玛沟北部区域其他遗址的和田文木牍文书群也只能说是赝品。"解铃还须系铃人",笔者相信策勒县文体局的判断,这些鲁尼文木牍文不会是赝品。

二、木 牍 文 译 注

据《策勒达玛沟——佛法汇集之地》介绍,这批木牍 2003 年左右出土,被不法分子收集,详细出土情况与规格不明。木牍文共 6 片,图 80 刊载 2 片,图 81 刊载 4 片。其中,后者即是笔者此前解读过的木牍文。经过仔细查验图 81,发现笔者之前的释读基本可通,唯极个别字词的诠释需要补充完善。这 4 片木牍文,笔者仍然按最初释读,依图版顺序,自上而下称之为 A、B、C、D。图 80 刊载的 2 片鲁尼文木牍文,外形、材料与 A、B、C、D 基本相同,笔者编号为 E、F。关于 E、F 的释读,最大收获是虽然文字缺损严重,但其中出现与 A、B、C、D 相同的词汇或表达方式。可以肯定的是,E、F 木牍文与 A、B、C、D 属于同一系列文物。

这批木牍文自右向左墨书鲁尼文,语言为古突厥语。字体与突厥汗国和回鹘汗国大型碑文的字体几近相同,唯木牍 B 第 3 行 uP S nč＞upasanč "优婆塞"略带弧度,与大英博物馆藏 Or. 8212 – 161 占卜文书字体相近。[①]木牍 A 和 E 只残留 2 行,其余均为 3 行。相比以往发现的鲁尼文碑铭,木牍 A 第 1 行第 11 字与木牍 C 第 2 行第 11 字出现新的文字 （uQ,详见后文）。木牍 B 第 3 行第 16 字出现不见于突厥汗国和回鹘汗国碑文,而见于上述 Or. 8212 – 161 占卜文书的文字 uP 。[②] 出现在木牍 A、B、C 第 1 行第 2 字的后舌音 S 写法正规,但见于木牍 B 第 3 行第 10、17 字,以及见于木牍 C 第 1 行末尾,木牍 D 第 3 行第 3、17 字的 S 写法稍显随意。见于木牍

---

① Or. 8212 – 161 图版可检索国际敦煌项目：http：//idp. nlc. gov. cn/database。

② 第 1、4、16、17、28、40、56、64 卦。参见 T. Tekin, *Irk Bitig : The Book of Omens*, Wiesbaden, Harrassowitz, 1993, pp. 9, 12, 16, 18, 24, 26。

C 第 3 行第 5 字、木牍 D 第 1 行第 10 字的 g ，相比正统的写法，下方多出一撇一竖。另，ü 与 Q 间，z 与 n 间，W 与 N、L 间无显著区别，L 时与 W 或 N 写法雷同。木牍 C 第 1 行第 10 字 T 与第 3 行第 3 字 T，以 1 个文字代表 2 个音。

笔者在初稿中主张据内容而言，木牍应是于祝（今新疆阿克苏乌什）地方某突厥语部族首领上给某汗的书信。现在看来，木牍可能是为了封存保管而书写的。下面，笔者给出木牍的换写（transliteration）与转写（transcription）及必要的词注。遵循凡例如下：

（1）换写：元音中，a 代表 ä/a，i 代表 i/ï，ü 代表 ö/ü，W 代表 o/u。辅音中，小写字母代表前舌音文字与双舌音文字，大写字母代表后舌音文字。文中，：为木牍停顿符号，／表示破损文字，（）表示能见到残余笔画文字，［］表示推测复原文字。

（2）转写：／表示不能复原之处，［］表示破损处的推测复原或重复文字。

（3）译文：／相当于换写和转写之不能复原部分，［］表示推测复原，（）为补充说明。

木牍 A

1. č S z：b i z／Y／／（T）u Q ü č ü：l ü z：B（W D N）ï Q（m）G i：b š W T z

   ačsïz biz／／／tuq üčü el öz bodun qamaɣï beš otuz

2. Y G i B（W L T／／／ü č W R T L N L m：Y L Q č m R W B（a）：r m s：T b č z

   yaɣï bul[tum]. öč orutlanlïm. yïlqïčïm ar oba ärmiš. at äb／／／

3. （以下残缺）

   没有贪欲的我们，即／／／的于祝（今新疆阿克苏乌什）国自身部众全员，［我们］发现了 25 个敌人。我们要亲自报仇。我的牧马人据传是 Ar 氏族。马棚……

木牍 B

1. č S z：b i z R T u Q（G R k ü）T Q N L ï Q W L G（ü）r（S）T m

ačsïz biz artuq aγïr kü at qanlïq uluγ ör šatïm.

2. (S)W (L)m (i) Y G i B W L (p k m k l m) g y T W N W ：L (m Q)

solmï yaγï bolup kim kälmägäy. tonu：almaq

3. W č i s n t g b z (S R G u P š i) u P S nč G B ŋ

učïsïntäg biz. sarïγ upasi upasančïγ bïng

没有贪欲的我们是具有非常卓越名望的汗之高大的（降魔）杵（šat，
原意为木杵）。唉里迷（即焉耆）成为了敌人谁也不会来吧！我们被
封锁住就像端角一样。撒里族的优婆夷、优婆塞一千人……

木牍 C

1. č S z ：b i z l Y R T (m) ü č r D L ïQ Y G i B S

ačsïz biz el yarat[t]ïm. üčür adalïq yaγï baš-

2. (i) W L G i b š W T Z u Q č T Q š š z n r Q m

-ï uluγï beš otuz oq ač toqïšsïzin är qam.

3. i R T u Q g d s T u Q z W (T z) L D (W)m G z š W T z b

ïrat[t]uq igdiš toquz otuz aldum. aγïz aš otuz ///

没有贪欲的我们让（他们）组织了"国"。对于术（今焉耆西车尔楚，又
名七个星）构成威胁的敌人首领 25 人就是饥饿的、没有战斗（力）的
战士和巫师。我收到了（您）远方送来的 29 匹骗马。口粮 30 份……

木牍 D

1. (D) i R Q ：R T u Q ：(W L) g d s ：Y W L i (t) l t i[m]

adïrïq artuq ol igdiš yulïtï altï[m].

2. (W)L G W G š D G (R)：L š a ：i S (y) / / /

uluγ oγuš adïγïr ališa išiyü/ / / /

3. (B)R S W R s š ü (a) T B W L m ：B R S (Y) R L / / / /

bars uruš sü at bulalïm. bars yarlïγ / / / /

其他衰弱的那些骗马，[我]让抢夺并获取了……大的氏族共同占有
着公马从事着工作……我们要末斯（Bars）寻找战斗用的军队和马
匹。末斯命令（或圣旨）……

木牍 E

1. /// B i r ü k L // š / / / / / / / / / /

///bir ök//////////

2. Y G i L W L p：i g / (d)W R i ///m Y ///d

yaγï alu alp：///urï////////

////////一个正是//////////获得敌人,勇敢/////儿子///

////////

木牍 F

1. č S z b i z Q(缺字不明)

ačsïz biz///////////////////

2. b/////////ü č ////D G i：//////

3. R Y /////////////////////////T G

/////////////////////taγ

没有贪欲的我们//////////三个//////////////////////

/////////山

词注

A-1. 〔图〕 č S z＞ačsïz：名词或形容词 ač "饥饿,欲望;饥饿的,渴望的"后续表示否定的词缀 + sïz。[1] 木牍内容是由于祝地方某突厥语部族首领上达某汗(即于阗国王)的公文(详见后文),ačsïz 应是发信人自谦用语。同一表达方式还出现在木牍 B、C、F 开头处,唯此处抬写 2 字空间。可能木牍 A 即是信首。

A-1. / / (T) uQ＞/ /tuq：第 2 字〔图〕不见于以往的突厥鲁尼文碑刻与写本文献中。考虑到其后面的 ü č ü＞üčü "于祝"是地名,故此字有可能与之前的(T)构成动词过去式的形动词,用以修饰后面的于祝。[2] 该字同时出现于木牍 C 第 2 行。古突厥语中,动词过去式存在-tuq/-tük 之形式,副词 ök/oq "正是,连"表示强调。基于此,未知文字〔图〕,笔者暂读作 uQ,转写作 oq/uq。

---

① ač 参见 G. Clauson, *An Etymological Dictionary of Pre-Thirteenth Century Turkish*, Oxford, The Clarendon Press, 1972, p. 17。

② 当然亦有可能充当终止形。

A-1. ü č ü＞üčü：地名，亦可读作 Q č Q 或 Q č ü。笔者仍视作唐代汉籍史料记录的于祝（今新疆乌什）。详见后文。

A-1. l ü z＞el öz"地方"＋"自身"：克劳森（G. Clauson）收录有两条 öz，其一是"自身，灵魂，机体内部组成，精髓"，另一是"河谷，山谷，流域"。① 笔者初稿尝试解释作"河谷"，兹予以订正。

A-2. B（W L T）/ / /＞bul［tum］"我们发现了"：初稿读作 L（W B S）［D m i z］＞alu basdïmïz"［我们］捕获并控制住了"。兹据高清图版予以更正。

A-2. ü č W R T L N L m＞öč orutlanlïm"我们要自己复仇"。初稿读作 Q č N R T L N L m＞qačan artlanlïm"我们要让他们不论何时都遵从我们"。兹据高清图版予以更正。öč"恶意，复仇"和 orut"收割，收获"参见克劳森词典。② orutlanlïm 是名词 orut 后续动词构词词缀-la-与动词再归词缀-n-，再后续第一人称复数命令形词缀-lïm。

A-2. R W B（a）：r m s＞ar oba ärmiš"据传是 Ar 氏族"：初稿读作 R W N i（z）r（m）s＞arunï az ärmiš"很累，而且数量少"。兹据高清图版予以更正。

B-1. Q N＞qan"汗"：根据文意，此处 qan"汗"应是木牍收信人。哈密屯（J. Hamilton）研究的敦煌出土回鹘文文书 P. 2998V 第 1—8 行提到马年五月，altun el y［a］l［a］vač kältimiz šačuqa yüz eligning qïz qolaɣalï qïz bultumuz……yana altun elkä äsän tükäl tägmäkimiz bolzun"我们金国使者为求百王之女来到沙州，我们已经乞得……另，但愿我们能平安抵达金国"③。此

---

① G. Clauson, *An Etymological Dictionary of Pre-Thirteenth Century Turkish*, p. 278.

② G. Clauson, *An Etymological Dictionary of Pre-Thirteenth Century Turkish*, pp. 18，202.

③ J. Hamilton, *Manuscrits ouïgours du IXe-Xe siècle de Touen-houang* 1, Paris, Peeters france, 1986, pp. 93-94; J. Hamilton, "On the Dating of the Old Turkish Manuscripts from Tunhuang", in R. E. Emmerick et al. ed., *Turfan, Khotan und Dunhuang: Vorträ der Tagung „ Annemarie v. Gabain und die Turfanforschung"*, veranstaltet von der Berlin-Brandenburgischen Akademie der Wissenschaften in Berlin, Berlin, Akademie Verlag, 1996, p. 142.

处的 altun el"金国"即为于阗国。① 看来,于阗国内除众所周知的于阗语、汉语、藏语外,至少还曾使用古突厥语。就木牍出土于和田而言,收信人视作于阗国王,并不背于理。

　　B-1. ▉▉(S)T>šat:汉语"刹"的音译。吐鲁番出土德藏第一件木杵铭文是 Tängrikän Tigin Silig Tärkän 公主王女及其丈夫 Külüg İnanč 沙州将军捐资敬造佛寺时,在楔形木柱上书写并钉入土中的功德记。在介绍完建造佛寺的原委后,言 biz ikigü tüz köngül-lüg bolup bu vrxar itgü šat ïɣač toqïyu tägint[i]m[i]z"我们二人怀着平静的心情,恭敬地把建造这座寺院的刹木(šat ïɣač)钉入(土中)"②。此处的 šat,即指钉入土中的木杵。最早的研究者缪勒(F. W. K. Müller)认为,汉文的杵与回鹘文的 qazɣuq"钉子"同意,并指出木杵文书的 šat 是用于封住地下之恶魔。③ 森安孝夫引经据典,介绍梵语 chattra"佛塔上部重叠圆盘状物"传入汉语作"刹",进而传入回鹘语作 šat,强调其与佛塔中心轴(刹柱)之间的关系,同时对缪勒意见表示赞同。④《新五代史》卷七四《四夷附录》记天福七年(942),后晋册封于阗国王李圣天使张匡邺等还,"(李)圣天又遣都督刘再昇献玉千金及玉印、降魔杵等"⑤。考虑到木牍反映与敌人的对立,此处 šat 之意可与上述木杵铭文的 šat,以及李圣天所献降魔杵等同视之,表明发信人要为可汗封锁压制住敌人。进言之,木牍 B 第 1 行 ačsïz biz artuq aɣïr kü at qanlïq uluɣ ör šatïm"没有贪欲的我们是具有非常卓越名望的汗之高大的(降魔)杵"表明,木牍发信人所属某突厥语部族,与收信人于阗国王统领下的于阗王国,当时

---

① J. Hamilton, *Manuscrits ouïgours du IXe-Xe siècle de Touen-houang* 1, p. 95;荣新江、朱丽双:《于阗与敦煌》,第 154 页。

② 森安孝夫:《西ウイグル王国史の根本史料としての棒杭文書》,氏著《東西ウイグルと中央ユーラシア》,名古屋大学出版会,2015 年,第 690—691 页。

③ F. W. K. Müller, "Zwei Pfahlinschriften aus den Turfanfunden", *Abhandlungen der Preussischen Akademie der Wissenschaften*, 1915, No. 3, p. 3 (Repr.: *Sprachwissenschaftliche Ergebnisse der deutschen Turfan-Forschung*, Vol. 3, Leipzig, 1985, pp. 461 - 462).

④ 森安孝夫:《西ウイグル王国史の根本史料としての棒杭文書》,第 716—722 页,第 729 页注 80。

⑤ 中华书局,1974 年,第 917、919 页。

在政治上至少处于结盟乃至臣属关系。

B-2. (S)W (L)m (i)＞Solmï："唆里迷"，焉耆别称，是西州回鹘王国著名城市之一。其中，第 1 字整体轮廓近似 R，但左上方呈弧状，并不像能清楚可辨的木牍 D 第 1 行第 3、5 字 R 那样棱角分明，其正上方黑色斜线或是木板自带纹色或缝隙。第 2、3 字看起来合成一近圆形，唯上方有一小缺口。第 4 字是 m。第 5 字可见竖线，但左上方和顶端亦有粗斜线，可能是木板自带纹色。从末尾 2 字推断，此词应以 mi/mič/mil/mip/mis/miš 结尾。据之后的 Y G i B W L (p)＞yaɣï bolup"成为了敌人"而言，此词应为部族名或地名。根据木牍文中出现的塔里木盆地北缘地名推断，此部族名或地名不会远离这一地区。自然，这很容易让我们想起焉耆别名 Solmï。而且，第 2 字视作 W 与 L（未见下钩）的并列更接近字体，第 1 字视作 S 的右上方斜线上部缺失或其较为随意的写法，亦未尝不可。

耿世民、张广达二位根据哈密本回鹘文《弥勒会见经》序文第十二叶背面的跋文，结合吐火罗文、粟特文史料，考证出回鹘文文献的 Solmï 即为焉耆。[1] 焉耆自西晋时代起，直至回鹘西迁至东部天山地区，一直有龙姓王族执政。840 年以后，回鹘庞特勤部占据焉耆，致使焉耆人由国王率领，迁往河西走廊，成为甘州、沙洲一带部族，号"龙家"。[2] 森安孝夫利用波斯学者伽尔迪齐（Gardīzī）书中关于托古兹古思（西州回鹘）的 Panjikath（五城，即北庭）首领 Kür Tegīn 击灭在首都 Azal（Ark，即焉耆[3]）居住的可汗兼其兄长这一记载，主张北庭回鹘仆固俊最终战胜了安西一带的庞特勤，进而创建了西州回鹘王国。张铁山与茨默（P. Zieme）二位解读的中国文化遗产研究院所藏 xj 222-0661.9 文书，是记录西州回鹘建国初期历史的珍贵史料。[4] 其中，

---

① 耿世民、张广达：《唆里迷考》，《历史研究》1980 年第 2 期，第 147—159 页。

② 荣新江：《龙家考》，《中亚学刊》第 4 辑，1995 年，第 144—160 页。

③ Azal 应视作 Ark，即焉耆，见森安孝夫《ウイグルの西遷について》，《東西ウイグルと中央ユーラシア》，第 284—286 页，初刊《东洋学报》第 59 卷第 1、2 合期，1977 年。

④ Zhang Tieshan & P. Zieme, "A Memorandum about the King of the On Uygur and His Realm", *Acta Orientalia Academiae Acientiarum Hungaricae* 64 (2), pp. 129-159，尤见第 137—138、141 页。

攻陷唆里迷城的时间至晚在 893 年之前。① 这与写于 925 年的于阗文钢和泰(Stael-Holstein)藏卷记录焉耆为西州回鹘管下城市不悖。② 982 年佚名作者著波斯文地理著作《世界境域志》(Hudūd al-ʿĀlam)记录的西州回鹘 17 个地名中,第 5 个为 Ark。③ 虽米诺尔斯基(V. Minorsky)与王志来对此读法存有疑虑,但华涛根据波斯文原文进行了勘定,介绍其为焉耆。④ 麻赫穆德·喀什噶里(Mahmud al-Kašɣari)于 11 世纪 70 年代编撰的《突厥语大辞典》(Dīvān Luɣāt at-Turk)uyɣur"回鹘(西州回鹘)"条介绍 sulmï(solmï)"唆里迷"为回鹘五城之一。⑤《元史》卷一二四《哈剌亦哈赤北鲁传》言:"哈剌亦哈赤北鲁,畏兀人也。性聪敏,习事。国王月仙帖木儿亦都护闻其名,自唆里迷国征为断事官。"⑥据这些史料,焉耆自 9 世纪中叶直至 13 世纪初一直隶属于西州回鹘。然年代约属于乾宁二年(895)左右的敦煌出土 P.3552《儿郎伟》云"西州上拱(贡)宝马,焉祁(耆)送纳金钱"⑦。敦煌出土 S.383《西天路竟》为北宋乾德四年(966)诏遣行勤等前往西域求法之行记,其中言"(高昌国)又西行一千里至月氏国"⑧。此处月氏国,实为焉耆。另据恒宁(W. B. Henning)介绍,粟特语书信文书中焉耆王与回鹘王并列,似乎唆里迷并非总是臣属于西州回鹘。⑨ 这些材料所透漏出的焉耆与西州回鹘间

① 白玉冬:《有关西州回鹘的一篇回鹘文文献——xj222-0661.9 文书的历史学考释》,《中国边疆史地研究》2014 年第 3 期,第 142 页。
② H. W. Bailey, "The Stael-Holstein Miscellany", *Asia Major*, n. s., 2-1, 1951, p.14;森安孝夫:《ウイグルの西遷について》,第 291—292 页。年代考订见 E. G. Pullyblank, "The Date of the Staël-Holstein Roll", *Asia Major*, n. s.,4-1, 1954, p. 90.
③ V. Minorsky, *The Regions of The World: A Persian Geography*, London, Messrs, Luzac, 1937, p.94;王治来:《世界境域志》,上海古籍出版社,2010 年,第 78 页及其注 8.
④ 华涛:《西域历史研究(八至十世纪)》,第 134 页。
⑤ R. Dankoff & J. Kelly, (eds. and trs.), *Compendium of the Turkic Dialects, by Mahmud al-Kašɣari*, Cambridge, Harvard University Printing Office, 1982-1985, Vol. 1, pp. 139-140.
⑥ 中华书局,1976 年,第 3046 页。
⑦ 荣新江:《晚唐归义军李氏家族执政史探微》,《文献》1989 年第 3 期,第 93 页;荣新江、朱丽双:《于阗与敦煌》,第 110 页。
⑧ 相关考证见黄盛璋《〈西天路竟〉笺证》,《敦煌学辑刊》1984 年第 2 辑,第 4—5 页。
⑨ W. B. Henning, "Argi and the 'Tokharians'", *Bulletin of the School of Oriental Studies* 9-3, 1948, pp. 557-558.

的关系,与前面介绍的二者间关系稍有出入。幸好,吐鲁番吐峪沟出土《西州回鹘造佛塔功德记》文书残片,可给我们提供一些真实线索。该文书记录在"回鹘爱登曷哩阿郍骨牟里弥施俱录阙密伽圣可汗"时,有"清信士佛弟子鄢耆镇牟虞蜜伽长史龙公及娘子温氏"等敬造佛塔。① 虽该文书年代尚难断言,但据此可知西州回鹘王国属下当时仍有龙姓鄢耆人。可能西州回鹘初期对鄢耆的统治并不牢固,是通过当地的龙公家族进行统治。该木牍文书言"唆里迷(即鄢耆)成为了敌人谁也不会来吧",这反映西州回鹘属下的鄢耆,与木牍文发信人所属部族间,乃至与于阗王国间,当时处于紧张或敌对关系。

B-3. W č i s nt (g)＞učïsïntäg:"像端角一样",名词 uč"端角"后续第三人称语尾对象格词缀 sïn,再后续后置词 täg"像……一样"。相同表现又见暾欲谷第 2 碑南面第 1 行。在介绍暾欲谷与骨咄录(即后突厥汗国首任可汗颉跌利施)领导突厥人民起事并杀死周围敌人,进而占据总材山(今阴山)北面与黑沙(今阴山北达茂旗一带)地方后,暾欲谷碑言 yaγïmïz tägrä uč oq täg ärti"我们的敌人在周围就像端角一样"②。关于暾欲谷碑出现的 uč"端角",学术界解释意见不一,此不赘述。包括该木牍文书用例在内,可能是因为端角处于物体边缘,易于被砍断击破而被用来形容处于弱势地位。

B-3. (S R G)＞sarïγ:"撒里族"。第 1 字 S 写法近似上一行第 1 字,即 Solmï"唆里迷"的 S。第 2 字 R 可见上半部。第 3 字外形近似 d,但相比木牍 C 第 3 行第 6 字 d 与木牍 D 第 1 行第 11 字 d,即 g d s＞igdiš"骟马"的 d,交叉处并非直线,相反却有空隙,完全可以视作下半段竖线缺失的 G。sarïγ 为"黄色",此处为部族名称,应即汉籍中的黄头回纥。《宋会要辑稿·蕃夷》四之一九《拂菻》云:"神宗元丰四年(1081)十月六日,拂菻国贡方物。大首领你厮都令厮孟判言:其国东南至灭力沙,北至大海,皆四十程。

① 陈国灿、伊斯拉非尔·玉苏甫:《西州回鹘时期汉文〈造佛塔记〉初探》,《历史研究》2009 年第 1 期,第 174、178—179 页;荣新江:《〈西州回鹘某年造佛塔功德记〉小考》,张定京、阿不都热西提·亚库甫编《突厥语文学研究——耿世民教授 80 华诞纪念文集》,中央民族大学出版社,2009 年,第 183、187—188 页。

② T. Tekin, *A Grammar of Orkhon Turkic*, Indiana University, 1968, pp. 249, 284;耿世民:《古代突厥文碑铭研究》,中央民族大学出版社,2005 年,第 96—97 页。

又东至西大石及于阗王所居新福州，次至旧于阗，次至约昌城，乃于阗界。次东至黄头回纥，又东至达靼，次至种榅，又至董毡所居，次至林檎城。又东至青唐，乃至中国界。"①上文之黄头回纥大体在罗布泊以南的塔里木盆地东南部。② 然木牍文中的位置当与此有别，详见后文。

　　B-3. (uP š i) uP S nč>upasi upasanč："优婆夷，优婆塞"，在家佛教男女信徒。Upasi 据 uP S nč>upasanč 推定复原。关于梵语 upāsaka 通过粟特语 'wp's'k 传入回鹘语作 upasi，梵语 upāsikā 通过粟特语 'wp's'nc 传入回鹘语作 upasanč，参见柏林吐鲁番文书及森安介绍。③

　　C-1. ü č r>üčür："于术"。参考古突厥语与中古汉语间的译音对应，④üčür 中，词头的 ü-大体与云母虞韵等，-č-与章母，-r 与入声韵尾或可与其发生对转的阳声韵尾-t 相对应。故其中的 üču 或与唐代汉文史料所见"于祝"（详见后文）有关，然末尾的-r 无法解释。中古波斯语 M1《摩尼教赞美诗集》(Mahrnāmag)是 762 年或 763 年在焉耆开写，后在 9 世纪初期续完。⑤其跋文中罗列了回鹘保义可汗（808—821 年在位）时期的回鹘王室成员，以及

---

① 《宋会要辑稿·蕃夷四》"龟兹"，中华书局影印本，1957 年，第 7723 页；郭声波点校：《宋会要辑稿·蕃夷道释》，四川大学出版社，2010 年，第 140 页。

② 相关考察主要参见钱伯权《黄头回纥的变迁及名义》，《新疆社会科学》2004 年第 6 期，第 98—99 页；钟进文《再释裕固族族称中的"sarəγ"一词》，《西北民族大学学报》2012 年第 5 期，第 75—76 页。

③ P. Zieme, *Altun yaruq sudur, Vorworte und das erste Buch: Edition und Übersetzung der alttürkischen Version des Goldglanzsūtra*, Berliner Turfantexte 18, p. 206；T. Moriyasu, "Uighur Buddhist Stake Inscriptions from Turfan", *Silk Road Studies* 5, 2001, pp. 166, 167.

④ ötükän 在汉籍中多记录作于都斤，altï čuv soγdaγ 对应汉籍的"六州胡"。其中，ö 与云母虞韵"于"，čup 与章母尤韵"州"对应。六州胡之考订，见克利亚什托尔内（С. Г. Кляшторный）著，李佩娟译《古代突厥鲁尼文碑铭：中亚细亚史原始文献》，黑龙江教育出版社，1991 年，第 86—88 页。

⑤ 相关介绍主要参见荣新江《摩尼教在高昌的初传》，新疆吐鲁番地区文物局编《吐鲁番新出摩尼教文献研究》，文物出版社，2000 年，第 221—222 页；Yoshida Yutaka, "The Karabalgasun Inscription and the Khotanese Documents", in. D. Durkin-Meisterernst/Chr. Reck/D. Weber (eds.), *Literarische Stoffe und ihre Gestaltung in mitteliranischer Zeit*, *Kolloquium anlässlich des 70*, *Geburtstages von Werner Sundermann*, Wiesbaden, Ludwig Reichert, 2009, p. 352；王媛媛《从波斯到中国：摩尼教在中亚和中国的传播》，中华书局，2012 年，第 43 页。

北庭、高昌、龟兹、焉耆、于术等地的权贵名称。① 其中，第 110 行出现'wcwrcyk，最早研究的缪勒提出是于术，堪同为 Šorčuq（焉耆西邻车尔楚，又名七个星）。② 恒宁对此提出异议，主张其应是 Uč，即于祝。③ 森安孝夫认可恒宁的堪同，同时对其表示怀疑。④ 按恒宁以为 Uč 源自吐火罗语，突厥语族（按即回鹘）移居至新疆后，此名变为 Öčü/Öču/Üčü 及其类似音，由此而衍生出 Öčür/Öčur/Üčür。恒宁进而认为于祝之祝带有尾音-k，故可以允许Öčü/Öču/Üčü 之后出现有声音（即-r）。如后所述，该木牍中出现的 ü č ü>üčü 即为于祝，其中的 čü 来自祝之中古音 t"śiəu'/tɕuwʰ，此不从恒宁之说。京都大学吉田丰教授面赐，'wcwrcyk 中，-cyk 为形容词构词词缀。吉田丰肯定 'wcwr 应为汉文史料记录的于术。⑤ 如此，木牍文中的 üčür 完全可以与'wcwr 联系起来。《新唐书》卷四三下《地理志七下》介绍焉耆至安西都护府（龟兹）路程，其中言"自焉耆西（百）五十里过铁门关，又二十里至于术守捉城"⑥。

---

① F. W. K. Müller，"Ein Doppelblatt aus einem manichäischen Hymnenbuch（Mahrna～mag)"，*Abhandlungen der Preussischen Akademie der Wissenschaften* 5，1912，pp. 9 - 12（Repr. ：*Sprachwissenschaftliche Ergebnisse der deutschen Turfan-Forschung*，Vol. 3，pp. 159 - 162）；王媛媛：《从波斯到中国：摩尼教在中亚和中国的传播》，第 44、48、50、53、56、59—60 页；荣新江：《9、10 世纪西域北道的粟特人》，氏著《中古中国与粟特文明》，生活·读书·新知三联书店，2014 年，第 129—132 页，初刊《第三届吐鲁番学暨欧亚游牧民族的起源与迁徙国际学术研讨会论文集》，上海古籍出版社，2010 年。

② F. W. K. Müller，"Ein Doppelblatt aus einem manichäischen Hymnenbuch（Mahrna～mag)"，pp. 30 - 31（Repr. ：pp. 180 - 181）.

③ W. B. Henning，"Argi and the 'Tokharians'"，pp. 567，568 - 569.

④ 森安孝夫：《増補：ウイグルと吐蕃の北庭争奪戦及びその後の西域情勢について》，《東西ウイグルと中央ユーラシア》，第 244—245 页，初刊《アジア文化史論叢》第 3辑，山川出版社，1973 年。

⑤ Y. Yoshida，"Review of N. SIMS-WlLLIAMS and J. HAMILTON，Documents turco-sogdiens du lXe-Xe de Touen-houang"，*Indo-Iranian Journal* 36，1993，pp. 366 - 367；Y. Yoshida，"The Karabalgasun Inscription and the Khotanese Documents"，pp. 352 - 353.

⑥ 《新唐书》卷四三下《地理志七下》，中华书局，1975 年，第 1151 页。相关讨论见严耕望《唐代交通图考》第二卷《河陇碛西区》，《"中研院"历史语言研究所专刊》第 83 号，1985 年，第 471—473 页；荣新江《唐代安西都护府与丝绸之路——以吐鲁番出土文书为中心》，氏著《丝绸之路与东西文化交流》，北京大学出版社，2015 年，第 13—16 页，初刊《龟兹学研究》第 5 辑，2012 年。

于术被勘定为今焉耆西面的车尔楚。① 另,《九姓回鹘可汗碑》(建于 814 年)汉文面介绍怀信可汗统帅大军与吐蕃战斗时言:"复吐蕃大军攻围龟兹,天可汗领兵救援。吐蕃畜□,奔入于术。"②惜粟特文面相关部分不见 'wcwr "于术"。③

D-3. (B)R S W R s ṡ ü (a) T B W L m＞bars uruš sü at bulalïm:我们要末斯(Bars)寻找战斗用的军队和马匹。原稿读作[B]R S(T b g)l i T L (N) L m＞bars at bäg eli atlanlïm(我们要名叫末斯的匐之部众出征)。兹予以改正。其中,ṡ 为见于叶尼塞碑铭的异体字へ,不见于突厥和回鹘的大型碑文之中。

据上面给出的译注,可了解到这些木牍出自 bars bäg"末斯匐"的上级——于祝某突厥语族部族首领。依出土地在和田而言,木牍内容应该是上述人物送达给于阗国王的官方书信。木牍 B 第 1 行"没有贪欲的我们是具有非常卓越名望的汗之高大的(降魔)杵"中提到的汗,应即指收件人于阗国王。六片木牍文表明,木牍发信人所属某突厥语部族,与收信人于阗国王统领下的于阗王国,当时在政治上至少处于结盟乃至臣属关系。

三、写 作 年 代

笔者拟从文字学、语言学、宗教学等方面,就该木牍写作年代进行探讨。

(一) 文字学

首先,木牍 A 第 1 行与木牍 C 第 2 行出现以往未被认知的文字 ,笔者试读作 uQ。在突厥鲁尼文碑刻文献中,突厥和回鹘的大型碑文属于国家

---

① F. W. K. Müller, "Ein Doppelblatt aus einem manichäischen Hymnenbuch (Mahrna～mag)", pp. 30-31(Repr. : pp. 180-181); Y. Yoshida,"The Karabalgasun Inscription and the Khotanese Documents", p. 353;严耕望:《唐代交通图考》第 2 卷,第 474 页。

② 录文见森安孝夫编《シルクロードと世界史》,大阪大学,2003 年,Fig. 1。

③ W. B. Henning, "Argi and the 'Tokharians'", p. 550; Y. Yoshida, "The Karabalgasun Inscription and the Khotanese Documents", p. 350.

主导的产物,字体规范,语法顺畅。相比之下,叶尼塞碑铭出现众多异体字,存在一字多音或一音多字现象。有学者认为叶尼塞碑铭年代更为久远。[①] 不过,叶尼塞碑铭至早不会超过突厥与回鹘的碑文,而且存在不少属于 10 或 11 世纪的碑铭。[②] 看来,这些异体字未必代表文字的古老性,相反,反映的是文字在发展过程中的变异。另外,如 9 至 10 世纪时期的早期的回鹘文字,其字体与晚期粟特文有近通之处。不过,随着时间的推移,N 左侧出现一点,X 左侧添加两点,用于区分 N 与',Q 与 G。虽然这种现象属于回鹘文所有,但其折射出文字在发展过程中的进化。与上述情况相类似,该木牍出现新的文字 ,g 下方出现一撇一竖,反映的是文字随着时代的发展而产生的某种变异。就此而言,该木牍的年代,应晚于突厥与回鹘的碑铭。

其次,木牍 B 第 3 行记录有(uP š i) uP S nč＞upasi upasanč“优婆夷,优婆塞”,其中的 uP S nč＞upasanč 的 uP 确切可见。据笔者掌握,在迄今已被发现解读的突厥鲁尼文碑刻与写本文献中,该字还出现于 Or. 8212 - 161 占卜文书中。关于上述占卜文书的写作年代,巴赞(L. Bazin)认为是 930 年 3 月 17 日或 942 年 3 月 4 日。[③] 哈密屯意见与此不悖。[④] 特勤(T. Tekin)以为有可能追溯到 9 世纪。[⑤] 虽爱尔达尔(M. Erdal)将其归为年代在 8 至 9 世纪的古突厥语第 1 组文献群中,[⑥]但其年代显然要晚于突厥与回鹘的碑铭。总之,虽难以给出确切的纪年,但上述占卜文书年代属于 9 或 10 世纪,此点无疑。就出现 uP 而言,占卜文书的上述年代可为我们提供一个可参考的数值。

(二) 语言学

木牍 A 第 1 行出现的地名 ü č ü＞üčü“于祝”可为我们提供大致年代。

---

①　王杰:《黠戛斯文化管窥》,《广播电视大学学报》2011 年第 4 期,第 90—96 页。

②　Л. Р. Кызласов, "Новая датировка памятников енисейской письменности", *Советская Археология* 1960 - 3, pp. 93 - 120; "О датировке памятников енисейской письменности", *Советская Археология* 1965 - 3, pp. 38 - 49.

③　巴赞著,耿升译:《突厥历法研究》,中华书局,1997 年,第 315 - 317 页。

④　J. HamiLton, "Le colophon de l' Irq Bitig", *Turcica* 7, 1975, p. 13.

⑤　T. Tekin, *Irk Bitig: The Book of Omens*, p. 2.

⑥　M. Erdal, "Irk bitig Üzerine Yeni Notlar", *TDAY-Belleten* 1977, pp. 117 - 119.

关于该地名,给予我们最大启发的是吐鲁番出土德藏第三件木杵铭文。该铭文以回鹘文写成,是以 Tarduš Tapmïš Yayatɣar(?)长史 Yälü Qaya 及其妻 Tängrikän Körtlä 可敦公主为首的善男信女捐资敬造佛寺时,在楔形木柱上书写并钉入土中的功德记。关于该铭文,早期的缪勒、葛玛丽(A. von Gabain)、普里查克(O. Pritsak)等认为属于漠北回鹘汗国。不过,经哈密屯、巴赞、安部健夫、森安孝夫、华涛、杨富学等学者研究,主张其属于西州回鹘时期这一观点,现几成定说。其中,森安孝夫的最新研究,在依据其实地调查的 2001 年论文基础上,[①]还吸取了哈密屯依靠红外线摄影而得出的研究成果。现从上述森安研究成果中,转引该文书开头部分。[②]

1. qutluɣ ki ot qutluɣ qoyn yïl ikinti ay üč yangï-qa ﹕kün ay t[ä]ngridä q[u]t bulmïš uluɣ

2. qut ornanmïš [a]lpïn ärdämin il tutmïš [a]lp [a]rslan qutluɣ köl bilgä t[ä]ngri ilig on [u]yɣur xan ' //////MYŠ öngtün šačiu

3. kidin uč barsxan-qatägi il[l]änü ärksinü y[a]rlïqayur uɣurda
   在具有火之元素的、有福气的己未年二月初三日,Kün Ay Tängridä Qut Bulmïš Uluɣ Qut Ornanmïš Alpïn Ärdämin Il Tutmïš Alp Arslan(原义为自日月神获得福气、身具洪福、以勇气与恩德掌控国家的勇猛的狮子)——有福气的智海天王十姓回鹘汗……了。在他统治着东至沙州、西至 Uč(即 Uč-Turfan,今乌什)和拔塞干(Barsxan,天山北麓伊塞克湖东南岸的上拔塞干)的(地域)时……

上引史料提到的 On Uyɣur Xan"十姓回鹘汗",无疑为西州回鹘可汗。森安氏将其比定为 1020 年遣使北宋的龟兹回鹘国王(即西州回鹘)"可汗狮子王智海"。[③]荣新江在对西州回鹘可汗名号进行系统归类时,持相同意见,并将

---

① T. Moriyasu, "Uighur Buddhist Stake Inscriptions from Turfan", pp. 149-223.

② 森安孝夫:《西ウイグル王国史の根本史料としての棒杭文書》,第 694—701 页。

③ 森安孝夫:《ウイグルと敦煌》,榎一雄编《講座敦煌 2 敦煌の歴史》,大东出版社,1980年,第 334—335 页;森安孝夫:《西ウイグル王国史の根本史料としての棒杭文書》,第 685 页。

其在位时间推定为 11 世纪 10 年代末至 30 年代初。① 据此我们可以得知，当可汗狮子王智海在位时，西州回鹘西部疆域抵达乌什和上巴尔斯汗。地理上，上述二者南北夹持位于中吉边境的天山别迭里山口。

不过，早期的半楷书体回鹘文文献中，词头的 N 左侧多无后期或草书体文献（约 13 至 14 世纪）中出现的一点。故 ' 与 N 间差异很小，②Uč 与 Nuč 很难辨别。百年前，缪勒将该词读作 Nuč，堪同于唐代汉文史料中的弩室羯、奴赤建和阿拉伯文、波斯文史料的 Nudj Kath（粟特语"新城"之意，位于今乌兹别克斯坦塔什干北）。③ 安部健夫在探讨西州回鹘疆域时，进一步发展了此说。④ 此后，这一读法日渐流行。不过，山田信夫在 1971 年提出，该词若读作 Uč，则与 11 世纪初期西州回鹘的西部疆域相符。⑤

Uč 与 Nuč，孰是孰非，这一问题又与反映铭文纪年的表达方式 qutluɣ ki ot qutluɣ qoyn yïl"在带有幸福的己火要素的羊年（己未年）"密切相关。上文的 ki，是汉语"吉"抑或是十干中的"己"的音译问题，长期以来困扰学术界。⑥ 由此而带来的问题是，该年究竟为火羊年，抑或为己未年。关于此问题的探讨，颇费笔墨，且已溢出本文范围，容另文详论。此处唯需提及的是，巴赞、哈密屯与森安孝夫主张的己未年，即 1019 年之说应为正确。不过，早年的森安孝夫，对在喀喇汗朝鼎盛时期的 1019 年，西州回鹘势力深达中亚塔什干一带，颇感困惑。直至 1999 年，森安有幸在柏林印度美术馆见到了原本下落不明的第三件木杆铭文，才恍然大悟。考察实物发现，以往被读作 Nuč 的词汇，实应读作 Uč。笔者曾查看森安自身拍摄的照片，发现打头的文字并非呈明显的 N 形状，完全可读作 '。

《世界境域志》第 15 章《关于葛逻禄及其城镇》记录有地名 Ūj"位于一座

① 荣新江：《〈西州回鹘某年造佛塔功德记〉小考》，第 185 页。
② 具体而言，'是自中心线向左下方伸出的小牙，N 则多是向左下方延伸的实心椭圆。
③ F. W. K. Müller, "Zwei Pfahlinschriften aus den Turfanfunden", pp. 22, 26 (Repr.: pp. 480, 484).
④ 安部健夫：《西ウィグル國史の研究》，汇文堂书店，1955 年，第 390—393 页。
⑤ 山田信夫：《トルキスタンの成立》，氏著《北アジア遊牧民族史研究》，国书刊行会，1989 年，第 200—201 页，初刊《岩波講座世界歴史 古代 六》，岩波书店，1971 年。
⑥ 相关研究史的归纳介绍，详见华涛《西域历史研究（八至十世纪）》，第 127—128 页；森安孝夫《西ウイグル王国史の根本史料としての棒杭文書》，第 684—685 页。

山上,其地约有二百人",并言此地为葛逻禄人所占据。① 《突厥语大辞典》记录 Uj 与上巴尔斯汗南北夹持别迭里山口。② 无疑,上述不同记录的 Uj 应为同地。语言学上,č 音与 j 音间的音转并非特殊现象。森安先生把第三件木杵铭文的 Uč 与上述 Uj 堪同起来,无疑是正确的。

据米诺尔斯基介绍,《世界境域志》的早年研究者巴托尔德(V. V. Barthold)将上述 Ūj 勘定为《新唐书》卷四三下《地理志七下》介绍的于祝,即贞元年间宰相贾耽《人四夷之路与关戍走集》"安西入西域道中"的于祝,③也即今阿克苏西边的乌什。王治来亦遵循此意见。④ 森安先生则把上述 Uj 与木杵铭文的 Uč 均视作于祝。于祝中古音可复原如下:

于:ᴶju⑤;wuǎ⑥;jiu⑦;ɣĭu⑧

祝:tʼśjuk/tʼśịəu'⑨;tɕuwʰ/tɕuwk⑩;﹡tɕiuk⑪

其中,高本汉(B. Karlgren)与蒲立本(E. G. Pulleyblank)给出的祝字音,除一般为人所知的带有入音 -k 的 tʼśjuk/tɕuwk 外,还有 tʼśịəu'/tɕuwʰ。假如于祝的祝是以 tʼśjuk/tɕuwk 音传入回鹘,通常而言,则入音 -k 在当时的回鹘语中理应以 -k/-q 或 -g/-ɣ 的形式反映出来,难以想象在回鹘语中出现

---

① V. Minorsky, *The Regions of The World*, p. 98.

② R. Dankoff & J. Kelly, (eds. and trs.), *Compendium of the Turkic Dialects*, *by Mahmud al-Kašɣari*, Vol. 1, p. 300, L. badal.

③ 《新唐书》卷四三下《地理志七下》,第 1149 页。

④ 王治来:《世界境域志》,第 78 页及其注 8。

⑤ B. Karlgren, *Analytic Dictionary of Chinese and Sino-Japanese*, Paris, Librairie Orientaliste Paul Geuthner, 1923, p. 371.

⑥ E. G. Pulleyblank, *Lexicon of Reconstructed Pronunciation in Early Middle Chinese*, *Late Middle Chinese*, *and Early Mandarin*, Vancouver, UBC Press, 1991, p. 381.

⑦ 郭锡良:《汉字古音手册》,北京大学出版社,1986 年,第 111 页。"于"云母虞韵合口三等平声。郭先生云母拟音据王力《汉语史稿》作 j,但标明其属于喉音,非舌面音。见例言第 6 页。

⑧ 李珍华、周长楫:《汉字古今音表》,中华书局,1998 年,第 91 页。

⑨ B. Karlgren, *Analytic Dictionary of Chinese and Sino-Japanese*, p. 75.

⑩ E. G. Pulleyblank, *Lexicon of Reconstructed Pronunciation in Early Middle Chinese*, *Late Middle Chinese*, *and Early Mandarin*, pp. 413, 415.

⑪ 郭锡良:《汉字古音手册》,第 95 页;李珍华、周长楫:《汉字古今音表》,第 24 页。

脱落。看来，回鹘语 uč 的-č 音应源自祝之中古音 tʼśiəuˊ/tɕuwʰ，只是韵尾已经轻化甚至脱落。据此，笔者相信 ü č ü＞üčü 即为于祝。恒宁以为 Uč 源自吐火罗语，毫无根据。

诚然，于祝之名在《世界境域志》与《突厥语大辞典》中记录作 Uj。而且，前舌音文字 Ötükän 在 1120 年成书的马卫集（Marvazī）著《动物的自然属性》（Ṭabāʼiʼ al-ḥayawān）中写作 Ūtkīn。[①] 进言之，上述第三件木杵铭文的 Uč 也不能简单看作是笔误所造成。[②] 虽然如此，这并不妨碍笔者把 ü č ü＞Üčü 视作于祝。如 Ötükän 在隋唐时期的汉文史料中更多记录作于都斤，笔者以为，进入回鹘语中的于祝，最初是以前舌音文字出现的。

结合上述关于古突厥语（包括回鹘语）音 ö-/ü-在中古汉语，以及相关古波斯语、阿拉伯语文献中的对音之讨论，笔者以为，ü č ü＞Üčü 应为唐代汉文史料记录的于祝的正统音译。就同属古突厥语的第三件木杵铭文记作 Uč 而言，以前元音 ü-出现，且韵尾-ü 尚未脱落的 üčü 所反映的历史年代，应早于 Uč 出现的 1019 年。

（三）宗教学

木牍 B 第 1 行出现（S）T＞šat"刹"，第 3 行出现（uP š i）uP S nč＞upasi upasančï"优婆夷，优婆塞"，即佛教俗家男女信徒。就该木牍以突厥语鲁尼文写成而言，木牍发信人族属可视为突厥语族。而佛教虽然在突厥第一汗国时期稍得流传，但并未形成气候。后突厥汗国时期，亦没有得到弘扬。取代突厥成为草原霸主的回鹘，763 年以后笃信摩尼教。840 年以后移至东部天山后，早期仍信奉摩尼教。之后在当地的汉传佛教、吐火罗佛教、粟特佛教的影响下，西州回鹘汗室逐渐改信佛教。佛教取代摩尼教成为西州回鹘主体宗教的过渡期，大体应在 10 世纪。张广达、荣新江二位解读的 S.6551

---

① V. Minorsky, *Sharaf al-Zamān Ṭāhir Marvazī on China , the Turks and India* , London, Royal Asiatic Society, 1942，pp. 18‑19. 相关考证见白玉冬《十世纪における九姓タタルとシルクロード貿易》，《史学杂志》第 120 编第 10 号，第 16—18 页；钟焓《辽代东西交通路线的走向——以可敦墓地望研究为中心》，《历史研究》2014 年第 4 期，第 44 页。

② 回鹘文文献中，词头 ö/ü 有时会写作 o/u。

《佛说阿弥陀经讲经文》,写作年代约 10 世纪 30 年代,反映的就是佛教与摩尼教等在西州回鹘境内共生的场景。[①] 据木牍 B 第 1 行"没有贪欲的我们是具有非常卓越名望的汗之高大的 šat"而言,虽不敢断言木牍作者定是佛教徒回鹘人,但至少对佛教不持敌对态度。依据佛教在突厥语民族中的流传年代推测,木牍写作年代大体应在 10 世纪初期以后。

结合上述文字学、语言学、宗教学方面的考述,首先可以肯定这批木牍年代上晚于突厥与回鹘的碑文,应属于回鹘移居至东部天山地区之后。而音译汉语地名于祝 Üčü 之尾音-ü 尚在存留,反映其年代应早于以 Uč 记录于祝的第三件木杵铭文的写作年代,即 1019 年。同时,动词副动词词缀-pän的出现,亦支持这一看法。进言之,出现佛教用词(S)T>šat"刹",以及部族 S R（G）>sarïγ"撒里族"(即黄头回鹘)中存在(uP š i) uP S nč>upasi upasančï"优婆夷,优婆塞",表明其背景是当时佛教已在突厥语部族中有了一定的传播。而只见于占卜文书的文字 uP 的出现,喻示其年代与占卜文书年代——9 或 10 世纪接近。综合上述几点,笔者以为,本稿讨论的和田出土木牍文书的年代约在 10 世纪,尤以 10 世纪中后期的可能性为大。

四、历 史 背 景

据此前给出的译注与年代之考释,可了解到发信人——于祝地区的某突厥语部族首领,在上达给于阗国王的书信中报告了如下事情:

1. 于祝(今乌什)部众捕获住了对于术(今车尔楚、七个星)构成威胁的敌人首领 25 人。

2. 表明以发信人为首的于祝部众支持于阗国王之决心。

3. 他们被敌人封锁住,但因与唆里迷(即焉耆)处于敌对关系无法获其救援。

4. 他们让 sarïγ"撒里族"的佛教徒一千人建"国"了。

[①] 张广达、荣新江:《有关西州回鹘的一篇敦煌汉文文献——S6551 讲经文的历史学研究》,收入张广达著《西域史地丛稿初编》,上海古籍出版社,1995 年,第 225—226、235—236 页,初刊《北京大学学报》1989 年第 2 期。

5. 已经收到于阗方面远送而来的马匹。

6. 要末斯寻找战斗用马匹等。

上面提到的几处地名,在《新唐书·地理志七下》均有记录。前辈学者的研究,①为笔者归纳其相互间的关系提供了便捷条件。按地理方位而言,书信送达地于阗位于丝路南道,塔里木盆地南缘。发信人所属于祝又名大石城、温宿州,位于塔里木盆地北,天山南麓。于祝东南经拨换城(又名威戎城、姑墨州,今阿克苏),沿和田河南下塔里木盆地,1 130 里抵于阗。于术西距焉耆 170 里,西经龟兹、拨换城等,1 180 里至于祝。考虑到发信人捕获的敌人是对于术构成威胁,且提到己方虽被敌人封锁住,但于术东邻焉耆不会过来救援,故发信人所在位置并非一定要限定在距于术千里之遥的于祝。若考虑到于术位于塔里木盆地北缘东西往来的交通必经之路上,发信人应是在于祝与于术之间——极可能是在于术一带捕获到上述 25 个敌人。看来,上述对于术构成威胁的敌人来自西面的可能性更大。换言之,围困发信人所属部族的敌人,同样来自西面的可能性更大。

此处不得不提的是,发信人特意向于阗国王报告让 sarïγ"撒里族"的佛教徒建"国"。突厥语的 el/il 原意为人民,同时有民众聚合体、国、国家等意。后三种意思大体与汉籍史料的国相当,但汉语的国显然没有人民之意。此种意义上,突厥语的 el/il 与蒙古语的 ulus 相当,大到一个国家,小至一个游牧集团都可以称之为 el/il。木牍文提到的一千 sarïγ"撒里族",是指一千人,抑或是指一千帐,仅据字面尚不能明断。据前面介绍的发信人的活动地域——于祝与于术之间而言,上述 sarïγ"撒里族"难以想象当时是在焉耆东面的塔里木盆地东南部活动,而可能位于包括龟兹在内的焉耆至于祝一带,即塔里木盆地北缘。

大英图书馆藏 Or. 8212/76 鲁尼文文书,斯坦因(A. Stein)第三次中亚考古期间发现于新疆米兰(Miran)的古城堡遗址,是盔甲等军需物品的发放

① 主要参见严耕望《唐代交通图考》第二卷《河陇碛西区》,第 470—479 页;荒川正晴《唐代河西以西の交通制度》,氏著《ユーラシアの交通·交易と唐帝国》,名古屋大学出版社,2010 年,第 290—298 页;荣新江《唐代安西都护府与丝绸之路——以吐鲁番出土文书为中心》,第 13—18 页。

账本。关于该文书,汤姆森(V. Thomsen)最早进行了解读研究。① 之后,奥尔昆(H. N. Orkun),以及爱丁(E. Aydin)的团队,按汤姆森的释读顺序重新进行了研究。② 笔者在上述前人研究基础之上,依据国际敦煌项目(IDP)网站公开的图版,对 Or. 8212/76 文书进行了重新研究,给出了文书的换写、转写和简单必要的词注。③ 据笔者释读,作为军需品受领者,该文书中出现撒里地方纛官(sarïɣ uluš urungu)。笔者以为,此撒里地方(sarïɣ uluš)即 sarïɣ 族所在之地。不过,就 Or. 8212/76 文书出自米兰,且日后的黄头回纥位于米兰以南而言,该文书反映的撒里地方(sarïɣ uluš)应该就在米兰附近,即塔里木盆地东缘。

马卫集《动物的自然属性》第 19 节介绍有由喀什噶尔经由于阗、沙州后,通往中原、契丹和回鹘(西州回鹘)的三条路线。第 20 节谈到前往契丹的旅行者从 Sānjū 需要半月路程会到达 Shārī 族地面,此集团因他们的一个首领之名 Bāsm. l(Basmïl,拔悉密)而为人所知,他们因畏惧伊斯兰教的割礼而逃亡至此地。④ 诚如米诺尔斯基所言,⑤上述有关从沙州到达契丹首都之路程的原始情报,当来自马卫集书中第 22 节所介绍的、于 1027 年同西州回鹘使者一同访问哥疾宁王朝的契丹使者。即,上述 Shārī 族定是在 1027 年之前移居至此地的。

关于地名 Sānjū,米诺尔斯基视作 Sājū"沙州",巴哈提视作鄯州。⑥ 无论结果如何,重要的是 Shārī 族是遭到伊斯兰教攻击后才向东方移动的。按

---

① V. Thomsen, "Dr. M. A. Stein's manuscripts in Turkish 'Runic' script from Miran and Tunhuang", *Journal of the Royal Asiatic Society*, 1912, pp. 181 - 189.

② H. N. Orkun, *Eski Türk Yazıtları*, Vol. 2, Istanbul, 1938, pp. 63 - 68; E. Aydin & R. Alimov & F. Yıldırım, *Yenisey-Kırgızistan Yazıtları ve Irk Bitig*, Ankara, 2013, pp. 467 - 470.

③ 白玉冬:《米兰出土 Or. 8212/76 鲁尼文文书译注》,余太山、李锦绣主编《丝瓷之路 Ⅶ——古代中外关系史研究》,商务印书馆,2019 年。

④ V. Minorsky, *Sharaf al-Zamān Ṭāhir Marvazī on China, the Turks and India*, pp. 18 - 19.

⑤ *Ibid.*, p. 72.

⑥ 同上注;巴哈提·依加汗:《辽代的拔悉密部落》,《西北民族研究》1992 年第 1 期,第 141—142 页。

sarï 可视作是 sarïγ 的尾音-γ 脱落后的简化形式。① 佐口透与巴哈提把其与马卫集书中记录的活动于钦察草原上的 al-Shāriya 相联系起来,固然可备一说。② 唯二者相距异常遥远,似有牵强之嫌。相反,米诺尔斯基与哈密屯将其与撒里畏兀儿(Sarï Uyγur)联系起来是有道理的。③ 不过,米诺尔斯基将其与甘州回鹘直接联系起来,则缺乏论据。哈密屯推定,11 世纪时期出现在于阗东面的黄头回鹘原本是操突厥语的佛教部族,因遭到伊斯兰教徒的驱逐而离开了塔里木盆地。现在,我们已经了解到,在 10 世纪时期的塔里木盆地北缘,有被称为 sarïγ 的集团在活动,且曾建"国"。我们没有必要再舍近求远,去遥远的西方去苛求他们的同类。上述 sarïγ,完全可以与马卫集记录的 1027 年之前移居至东方的 Shārī 族相联系起来。

笔者还注意到,马卫集记录的 Shārī 族因他们首领之一的名字 Basm. l (Basmil,拔悉密)而为人所知。巴哈提把上述拔悉密视作出自阿尔泰山北部鄂毕河上游附近的拔悉密集团,固然很有魅力。不过,我们不应忘记,俄罗斯圣彼得堡东方学会所藏 MS SI 2 Kr 17 号与 MS SI Kr Ⅳ 256 号回鹘语公文书记录,在塔里木盆地北面的裕勒都斯河谷与伊犁河流域之间,有拔悉密部落在活动,而且是西州回鹘下属焉耆的边防对象。④ 这些文书被抄写在年代属于 10 世纪后半叶至 11 世纪初的汉文佛典背面。虽然这些文书年代尚难断言,⑤但其字体更接近于哈密屯解读的年代为 9 至 10 世纪的敦煌出

---

① G. Clauson, *An Etymological Dictionary of Pre-Thirteenth Century Turkish*, 1972, p. 848.

② 佐口透:《サリク・ウイグル種族史考》,《山本博士還暦記念東洋史論叢》,山川出版社,第 199—200 页;巴哈提·依加汗:《辽代的拔悉密部落》,第 145—146 页。

③ V. Minorsky, *Sharaf al-Zamān Ṭāhir Marvazī on China*, *the Turks and India*, p. 73;哈密屯著,耿升译:《仲云考》,《西域史译丛》,新疆人民出版社,1985 年,第 174—176 页。

④ 主要参见 L. Ju. Tuguševa, "Three Letters of Uighur Princes", *Acta Orientalia* 24, 1971, pp. 173‑187; G. Clauson, "Two Uygur Administrative Orders", *Ural-altaische Jahrbücher* 45, 1973, pp. 213‑222,有关焉耆的勘读见第 219 页注 A31;耿世民《回鹘文社会经济文书研究》,中央民族大学出版社,2006 年,第 64—70 页;李树辉《圣彼得堡藏 S12 Kr17 号回鹘文文书研究》,《敦煌研究》2011 年第 5 期,第 97—99 页。

⑤ 主要观点有西州回鹘时期(L. Ju. Tuguševa);1030 年至 1130 年(G. Clauson);10 至 11 世纪时期(耿世民);1053 年(李树辉)。

土回鹘语文书。笔者倾向于这些文书年代约在 10 世纪末至 11 世纪初。张
广达、荣新江二位则提出,上述回鹘语文书反映,当时,拔悉密对回鹘的臣属
关系已经有所变化。① 考虑到木牍文记录的被敌人围困的发信人所属部族,
及其保护建"国"的 sariɣ 族,当时与西州回鹘下属焉耆处于敌对关系,上述
二族难言当时为西州回鹘直属部族。或许,上述回鹘语公文书记录的成为
焉耆边防对象的拔悉密,与木牍文发信人所属部族及其保护建"国"的 sariɣ
间存在某种联系。可能因这种联系,促使日后移居至东方的 Shārī 族有首领
名为 Basm. l(Basmil,拔悉密)。前面介绍的哈密屯观点,值得赞同。

　　不过,仅据上述考释,我们还难以明断木牍发信人的族属。《世界境域
志》言 Ūj"乌什"(于祝)为葛逻禄人所占据,同时还提到 Ūj 近旁的 B. Njūl
(温宿)现在为黠戛斯人所占据。② 这说明,这反映的不是作者当时的情况,
而是抄自前人。③ 另外,书中关于吐蕃的第十一章,介绍从第十个地名 Bāls
至第二十个地名 M. Th"过去属于中国,现在为吐蕃人所据有,在这些地方有
很多九姓古斯人"④。关于样磨的第十三章提到 Khīrm. Kī(Khīrakli?)是个
大村庄,住着样磨人、葛逻禄人和九姓古斯人三种突厥人。⑤ 米诺尔斯基与
王治来指出,上述九姓古斯人是在从喀什到和田沿途,以及喀什东北 45 公
里处的下阿图什。《世界境域志》记录的九姓古斯即西州回鹘王国,反映的
是回鹘人西迁后不久的情况。总之,在回鹘西迁前后,即便回鹘尚未完全占
据塔里木盆地南缘,但当地已有回鹘、葛逻禄等突厥语部落存在。

　　另外,S. 383《西天路竟》言自龟兹国"又西行三日入割鹿国"。此割鹿即
葛逻禄,位置在于祝东南拨换城(今阿克苏)一带。⑥ 敦煌研究院藏《归义军
衙内酒破历》言:"去正月廿四日,供于阗葛禄逐日酒贰升。"⑦按上述酒破历

---

①　张广达、荣新江:《有关西州回鹘的一篇敦煌汉文文献——S6551 讲经文的历史学研
　　究》,第 238 页。

②　V. Minorsky, *The Regions of The World*, pp. 293 - 295.

③　*Ibid.*, p. 294;王治来:《世界境域志》,第 78 页及其注 6、8。

④　*Ibid.*, p. 93;王治来:《世界境域志》,第 67 页及其注 3。

⑤　*Ibid.*, p. 96;王治来:《世界境域志》,第 73 页及其注 3。

⑥　相关考证见黄盛璋《〈西天路竟〉笺证》,《敦煌学辑刊》1984 年第 2 辑,第 6—7 页。

⑦　唐耕耦、陆宏基编:《敦煌社会经济文献真迹释录》第 3 辑,全国图书馆文献缩微复制中
　　心,1990 年,第 273 页第 36—37 行;荣新江、朱丽双:《于阗与敦煌》,第 132—133 页。

多以地名后续人名来记录获得招待的人员,上文葛禄应为住在于阗境内或政治上隶属于阗之葛逻禄人。

值得一提的是,年代在开宝九年至太平兴国五年(976—980)间的P.4065(3)号敦煌文书,记录了喀喇汗朝与于阗间的战争,且涉及葛逻禄与回鹘。该文书云:"西太子领大石兵马来侵大国,动天动地,日月昏沉;致于马甲人甲,刀枪斧钺,实填人怕。直回鹘、葛禄及诸蕃部族,计应当敌他不得。"①荣新江、朱丽双二位据此指出,在于阗以西地带,有回鹘、葛逻禄等突厥语部众,可能处于半独立状态,但也隶属于阗王国。从上文可以了解到,当时有回鹘、葛逻禄等部族,虽然他们与创建喀喇汗朝的部族同属突厥语族,但当面对伊斯兰教喀喇汗朝的进攻时,他们却联手于阗王国,进行了抵抗。喀喇汗朝的活动中心喀什噶尔,正位于塔里木盆地北缘东西交通干线的西端。这与笔者在前面推定的木牍文中敌人的来向——西方相一致。

综上,本稿讨论的和田出土木牍文,其年代极可能属于10世纪中后期,是由于祝的突厥语部族首领上给佛教国家于阗国王之公文。据木牍文中关于捕获敌人,被敌人围困,让佛教徒 sarïγ "撒里族"建"国"等叙述,笔者推定这些木牍当与10世纪中后期,塔里木盆地西面与北面一带的突厥语部落联手于阗对抗喀喇汗朝的战争有关。木牍文发信人应为这些半独立状态的突厥语部落首领之一,尤以葛逻禄的可能性最大,但也不能完全排除拔悉密,乃至回鹘的可能性。关于于阗抵抗喀喇汗朝的战争,荣新江、朱丽双二位已作细致研究,②此不复赘。

余　论

伊斯兰教产生以后,长期以来并未越过帕米尔高原一线。约10世纪中期,突厥语部族创建的喀喇汗朝,方使得今新疆西南喀什一带开始伊斯兰化。不过,其向东方的发展,一早就遭到其近邻的佛教王国——东面的于阗

---

① 关于该文书研究史及其详细背景研究,见荣新江、朱丽双《于阗与敦煌》,第332—334页。

② 荣新江、朱丽双:《于阗与敦煌》,第327—343页。

王国与北面的西州回鹘王国的强力抵抗。不仅如此,敦煌出土文书反映,沿塔里木盆地南北两侧丝路交通干线一带活动的葛逻禄、回鹘等其他突厥语部落,虽处于半独立状态,但深受于阗王国影响,也加入抵抗伊斯兰教扩张的战斗中。本文介绍的木牍文,正是记录这些突厥语弱小部落与于阗王国携手抵抗喀喇汗朝的真实写照,足以弥补相关史料空缺。对伊斯兰教在中国的传播问题之探讨,对新疆地区历史之研究而言,均有裨益。另外,该木牍文记录的佛教徒 sarïγ"撒里族",为众说纷纭的裕固族起源问题研究,提供了可信的第一手资料,相信能够为这一问题的解决,起到关键性作用。

木牍A

木牍B

木牍C

木牍D

木牍E

木牍F

高适与岑参的武威情结

李元辉

武威市凉州文化研究院

唐时武威,称作凉州,经济繁荣,市井繁华,人口众多,是西部军事重镇和战略要地,鉴于其在战略上的重要地位,唐王朝在凉州设置了河西节度使,并在河西、陇右屯驻重兵,史称"猛将精兵,皆聚于西北,中国无武备矣"①。高适与岑参正是在这样的背景下出入边塞幕府,并驻足武威,留下了一首首脍炙人口的诗篇,字里行间洋溢着诗人对武威的深厚感情。

一

高适(700—765),字达夫,河北景县人,早年生活困顿,随父旅居岭南。年轻时曾入长安求仕,并北上蓟门,漫游燕赵,希望立功边塞,但最终无果而还。后寓居宋中近十年,贫困落魄之极。天宝八载(749),49 岁的高适因有人举荐,试举有道科中举,授封丘尉。但小小的封丘尉与高适心中追求的不朽功名有较大的差距,使高适常怀不平,终于在三年后弃官,史书记载道:"非其好也,乃去位,客游河右。"②

约在 752 年秋冬之际,52 岁的高适盼到了他一生进退的第二次契机,他怀里揣着一封田梁丘写的推荐信,到边塞武威,去投拜威震河西的河西节度使哥舒翰。《旧唐书》卷一一一《高适传》记载:"河西节度哥舒翰见而异之。"③正是由于哥舒翰的赏识与挽留,高适遂入河西节度使哥舒翰幕府,担

---

① 《资治通鉴》卷二一六唐纪三十二,中华书局,1976 年,第 6895 页。

② 《旧唐书》卷一一一《高适传》,中华书局,1975 年,第 3328 页。

③ 同上注。

任左骁卫兵曹,掌书记。就这样,直至55岁,高适大部分时间都在河西度过,也在此期间,他与武威有了真正意义上的亲密接触。

刚来到武威,年过半百的高适就好像获得了重生,精神很是振奋,在其《送李侍御赴安西》一诗中说:"功名万里外,心事一杯中。虏障燕支北,秦城太白东。离魂莫惆怅,看取宝刀雄。"①大有一种壮志满怀,雄心勃发之豪情。但在艰苦的边塞武威生活一段时间后,他在豪情之外又多了一层悲凉,变得更加成熟和深沉起来。高适一想到虽然自己如愿进入幕府,毕竟已是50多岁、两鬓染霜的老人了,功名依旧空空,前途依旧迷茫,不由得生出一种悲壮苍凉之感。因此,他便在闲暇之余,寻古探幽,找朋访友,一边欣赏着边城武威的别样景致,一边尽情品尝着武威的葡萄美酒,借此抒发他怀才不遇的无尽伤感。且看他在天宝十三载(754)秋日写的《武威同诸公过杨七山人得藤字》一诗:"幕府日多暇,田家岁复登。相知恨不早,乘兴乃无恒。穷巷在乔木,深斋垂古藤。边城唯有醉,此外更何能。"②

身在武威的高适,常常打马出城,到处散心。登高望边塞茫茫,抬头见鸿雁南飞,不由慷慨激昂,意气风发,每每散发出一种立功边塞的豪情,但也分明透露出一种人生悲凉。追求不朽功名的高昂意气,与冷峻直面现实的悲慨相结合,使他的诗有一种慷慨悲壮的美。武威,已在他的心目中成为人生中永不能磨灭的记忆。如他写的《登百丈峰二首》其一:"朝登百丈峰,遥望燕支道。汉垒青冥间,胡天白如扫。忆昔霍将军,连年此征讨。匈奴终不灭,塞下徒草草。唯见鸿雁飞,令人伤怀抱!"③没有对武威边塞生活的实地体验,是不可能写出这样身临其境、感同身受的诗句的。

二

公元754年秋天,朝廷派窦侍御一行人前来边塞武威视察军情民生。河西节度使派高适陪同,公务之余,高适陪窦侍御游览武威美景。因窦侍御

---

① 《全唐诗》卷二一四,中华书局,1960年,第2230页。
② 同上书,第2231页。
③ 《全唐诗》卷二一二,第2204—2205页。

乃朝廷派来之人,高适自然不肯放过这个千载难逢、展示才华的机会。他在陪同窦侍御泛舟武威灵云池(武威古灵云池,又名灵渊池,史称原址在武威县治南,后凉吕光尝宴群臣于此。大约在今武威大云寺、海子巷一带,因年代久远,又兼武威地下水位下降,现早已不存)中时,便挥手写下《陪窦侍御泛灵云池》一诗,诗中吟唱道:"白露时先降,清川思不穷。江湖仍塞上,舟楫在军中。舞换临津树,歌饶向迥风。夕阳连积水,边色满秋空。乘兴宜投辖,邀欢莫避骢。谁怜持弱羽,犹欲伴鹓鸿。"①既写出了武威秋日优美独特的风光,又借边塞秋景抒发自己的情怀,隐隐道出自己渴望得到荐赏和重用之情。后又在酒席宴上,与窦侍御等人唱和酬酢之时,赋有《陪窦侍御灵云南亭宴诗得雷字》一诗,表达了自己渴望仕进的强烈愿望:"人幽宜眺听,目极喜亭台。风景知愁在,关山忆梦回。只言殊语默,何意忝游陪。连唱波澜动,冥搜物象开。新秋归远树,残雨拥轻雷。檐外长天尽,尊前独鸟来。常吟塞下曲,多谢幕中才。河汉徒相望,嘉期安在哉。"②

几天后,他又陪同窦侍御攀登武威西郊莲花山,并成功登顶。莲花山峰顶之上,有一七级浮图砖塔,巍然屹立,雄伟壮观。高适在向窦侍御介绍完景点之后,欣然赋诗一首,即《和窦侍御登凉州七级浮图之作》,诗曰:"化塔屹中起,孤高宜上跻。铁冠雄赏眺,金界宠招携。空色在轩户,边声连鼓鼙。天寒万里北,地豁九州西。清兴揖才彦,峻风和端倪。始知阳春后,具物皆筌蹄。"③借景抒情,流露了自己不甘寂寞、急于用世的雄心。

从泛舟灵云池到攀登莲花山,可见高适对武威已是相当熟悉了,对武威的名胜古迹、风土人情简直如数家珍。在这次陪同朝廷要员的过程中,高适巧妙地利用边塞武威独特的自然人文景观,又借一首首诗作展示了自己的才华,他只想能在窦侍御心目中留下一个较好的影响,希冀日后窦侍御能向皇帝举荐自己,实现自己的愿望。在窦侍御回京前,高适在武威设宴款待前者,"醉后欢甚",又写了《送窦侍御知河西和籴还京序》,"追台阁之旧游,惜轩车之远别",与窦侍御依依惜别。④

---

① 　《全唐诗》卷二一四,第 2239 页。
② 　同上书,第 2240 页。
③ 　同上书,第 2237 页。
④ 　参见周勋初《高适年谱》,上海古籍出版社,1980 年。

　　当时武威佛教兴盛,庙宇香火旺盛,在窦侍御离开后,年已 54 岁的高适思虑再三,在武威皈依佛教。也许,在他的心中,只有神佛,才能助他完成心愿;也许,年过 50,前途未知,高适顺知天命,生出了宿命论的思想,已把武威当作自己的人生归宿。①

　　岁月蹉跎,随着自己在武威停留的时间一天天延长,想着岁月的无情流逝,看着自己日益老去,高适心中也不时流露出一种英雄迟暮、廉颇老矣的悲凉,在武威每次送友人的时候,就不禁闪现出这种心态。在《河西送李十七》一诗中,诗人写道:"边城多远别,此去莫徒然。问礼知才子,登科及少年。出门看落日,驱马向秋天。高价人争重,行当早著鞭。"②

　　但历史却常常变幻莫测,一年后,安史之乱爆发,高适随哥舒翰离开武威,前去戍守潼关。当他走到古浪县时,想到自己就要离开生活了两年半的武威,又将奔赴别处,不知前程如何,心中不禁忐忑,便作了《入昌松东界山行》诗一首,以壮心志。昌松,即今武威市古浪县,诗曰:"鸟道几登顿,马蹄无暂闲。崎岖出长坂,合沓犹前山。石激水流处,天寒松色间。王程应未尽,且莫顾刀环。"③吟罢,高适轻轻拭去噙在眼角的沧桑泪,挥手向武威告别。此后,高适再也没有回过武威。

　　安史之乱是大唐衰败的节点,却又是高适人生的起点。哥舒翰兵败潼关,高适向玄宗陈潼关败亡之势,随即受到玄宗赏识,拜谏议大夫。一年之中,连迁左拾遗、监察御史、侍御史、谏议大夫、御史大夫数职,后又任扬州大都督府长史、淮南节度使等职。并先后入朝为吏部侍郎、刑部侍郎,进封渤海县侯。在此过程中,那位窦侍御从中起了多大作用,已不得而知。

　　武威,在高适的仕进历程中,如同一座跳板,将他抛上了权力的高层,再加上在那里生活了近两年半的时间,因此,无论走到哪里,武威,永远是高适心中抹不去的记忆。

---

①　参见周勋初《高适年谱》。
②　《全唐诗》卷二一四,第 2226 页。
③　同上书,第 2232 页。

三

　　而几乎和高适同时来到武威的,还有和他在边塞诗坛齐名的大诗人岑参。

　　岑参(715—770),祖籍南阳,出生于江陵(今湖北江陵)。他幼年丧父,家道中衰,于天宝三载(744)登进士第,授右内率兵曹参军。岑参一生中五次入戎幕,两次出塞。天宝八载(749),34 岁的岑参弃官从戎,首次出塞,赴龟兹(今新疆库车),入安西四镇节度使高仙芝幕府。

　　两年后,即天宝十载(751)旧历三月,安西节度使高仙芝调任河西节度使。在安西节度幕府盘桓了近两年之久的岑参,和其他幕僚一道跟随高仙芝来到春光初临的武威,在武威度过了近半年的军旅生活。那时的武威,虽处于边塞,但人民生活安定,经济繁荣,民风淳朴,景色优美,深受岑参喜爱,他不仅爱上了武威,也在这里写下了许多优美的诗歌。

　　早春的边城武威,春光醉人,人们生活安定,街市一派热闹、繁华的景象。在经历了漫漫瀚海的辛苦旅程之后,岑参忙里偷闲,小游武威城。当他来到花门楼(一说花楼,故址在今武威大云寺附近)前一家小酒店时,看到道旁榆钱初绽,一位年近七十的老翁安然沽酒待客,这诱人的场面深深吸引了岑参。他就在酒店小驻片刻,一边欣赏着动人的春光,一边让醉人的酒香驱散旅途的疲劳,并当即作了《戏问花门酒家翁》一诗:“老人七十仍沽酒,千壶百瓮花门口。道傍榆荚巧似钱,摘来沽酒君肯否?”①诗人为武威早春景色所激动,所陶醉,其中的心情,像一股涓涓细流,回荡在字里行间。当年的武威花门楼早已无迹可寻,但诗人留下的诗歌却表达了他对武威的喜爱。

　　生活在武威的日子里,岑参对武威的春光与景致流连忘返,并每每作诗记之。如他在三月与朋友登凉州尹台寺后写的《登凉州尹台寺》(尹台,指凉州沮渠蒙逊尹夫人台)便流露出对武威景致与众不同的感受:“胡地三月半,梨花今始开。因从老僧饭,更上夫人台。清唱云不去,弹弦风飒来。应须一

---

① 《全唐诗》卷二○一,第 2107 页。

倒载,还似山公回。"①

　　而在更多的时候,在武威的岑参,面对边塞风景,勾起了他对家乡的无尽思念。如他在是年春写的《河西春暮忆秦中》一诗:"渭北春已老,河西人未归。边城细草出,客馆梨花飞。别后乡梦数,昨来家信稀。凉州三月半,犹未脱寒衣。"②既写出了武威三月的景色,又透出了对家乡的牵挂。又如他的《武威春暮,闻宇文判官西使还,已到晋昌》一诗也写道:"岸雨过城头,黄鹂上戍楼。塞花飘客泪,边柳挂乡愁。白发悲明镜,青春换敝裘。君从万里使,闻已到瓜州。"③看着塞外飞花漫天飘舞,缕缕乡愁情不自禁地缀满了边塞垂柳,诗人融情入景,景中出情,突出了客泪之多,乡愁之浓。

四

　　在武威的日子里,尽管边塞生活比较艰苦,自然环境恶劣,岑参的心情却乐观开朗,充满了昂扬进取精神。岑参等幕府中人,经常因为军务奔走边塞各地,每次一别,不知何日再见,因此,在武威送别友人的场景,便络绎不绝地出现在岑参的诗歌中,只751年五月就写了多首送别诗,如《武威送刘判官赴碛西行军》:"火山五月行人少,看君马去疾如鸟。都护行营太白西,角声一动胡天晓。"④又如《武威送刘单判官赴安西行营便呈高开府》一诗,写得更是情切切意绵绵,全诗共50句,其中后几句说"置酒高馆夕,边城月苍苍。……望君仰青冥,短翮难可翔。苍然西郊道,握手何慨慷。"⑤在友人离开武威前,岑参置酒送别,在西去的驿道边和友人握别,其中滋味多么复杂,多么感伤!

　　公元751年旧历六月,岑参的好友李副使将离武威,远赴碛西,即安西都护府(今新疆库车)。诗人挽留李副使脱鞍稍驻,邀请他到武威城中的酒家,饮酒话别,并作《送李副使赴碛西官军》诗一首,祝酒劝饮,字里行间使人

---

① 《全唐诗》卷二〇〇,第2084—2085页。
② 同上书,第2089页。
③ 同上书,第2087页。
④ 《全唐诗》卷二〇一,第2104页。
⑤ 《全唐诗》卷一九八,第2032页。

感到一股激情在荡漾。诗曰："火山六月应更热,赤亭道口行人绝。知君惯度祁连城,岂能愁见轮台月。脱鞍暂入酒家垆,送君万里西击胡。功名祗向马上取,真是英雄一丈夫。"①身在边塞武威,遥想到路途中的祁连城、轮台月,这些边疆大漠中单调、冰冷的自然与人文景观,在诗人笔下却成了衬托英雄气概的壮观景色。

751年夏天,岑参将要离开武威回长安。但由于公务耽搁,他还需在武威暂留一段时间,不能与朋友一道回京,只好先送朋友。看他写的《送韦侍御先归京》:"闻欲朝龙阙,应须拂豸冠。风霜随马去,炎暑为君寒。客泪题书落,乡愁对酒宽。先凭报亲友,后月到长安。"②全诗表达出来对家乡和亲友的思念,情真意切。不久,岑参也离开武威,回到了长安。第一次武威之行,尽管只有半年的时间,但岑参对武威已有了一种独特的情感。

三年后,在天宝十三载(754)夏秋间,岑参又赴北庭都护、伊西节度使封常清幕府,做节度判官。从长安行至临洮,又从临洮出发时,岑参又想起了武威。他在《发临洮将赴北庭留别》一诗中说:"闻说轮台路,年年见雪飞。春风曾不到,汉使亦应稀。白草通疏勒,青山过武威。勤王敢道远,私向梦中归。"③

不久,岑参又来到了曾经生活过半年的武威,带着浓厚的感情在武威停留了好几天。第二次来到武威,虽然只是匆匆过客,但岑参又怎能忘记武威?看着武威的繁华与热闹,岑参禁不住豪气迸发,在武威与友人痛饮一番,发出爽朗的大笑。且看他途经武威时作的《凉州馆中与诸判官夜集》一诗:"弯弯月出挂城头,城头月出照凉州。凉州七里十万家,胡人半解弹琵琶。琵琶一曲肠堪断,风萧萧兮夜漫漫。河西幕中多故人,故人别来三五春。花门楼前见秋草,岂能贫贱相看老。一生大笑能几回,斗酒相逢须醉倒。"④此诗写出了武威多民族共同生活的情景和一片繁荣昌盛、和平安定的气象。岑参赴边的悲壮情怀,在这首诗中淋漓尽致地表达了出来,他印象中的军旅生活、武威风物、异域风情,全都变得神奇瑰丽起来。诗中两句一韵,

---

① 《全唐诗》卷一九九,第2055页。
② 《全唐诗》卷二〇〇,第2080页。
③ 同上书,第2081页。
④ 《全唐诗》卷一九九,第2055页。

最后四句为一韵,这种写法又深得武威民歌风韵。岑参一生"往来鞍马烽尘间十余载,极征行离别之情,城障塞堡,无不经行"[①],武威便是其中重要的一站,可见诗人对武威融进了更多的心血和真情。

岑参此次路过武威之时,高适也恰好在武威。作为盛唐边塞诗的两位杰出代表,他们的人生轨迹竟然在武威重合在一起,不能不说是一个奇迹。那年,高适 54 岁,岑参 40 岁。几天后,岑参继续向西赴北庭都护府,而此后不久,高适也离开武威,随哥舒翰开拔潼关。

但岑参心中永远也忘不了武威。后来的一天,他的一位朋友将要去武威,他怦然心动,悠悠往事浮上心头,不禁又想起了当年在武威的那段时光,恨不得插上翅膀飞到武威,再去看一看昔日他生活过的地方。他在《送李别将摄伊吾令充使赴武威,便寄崔员外》诗中激动地写道:"词赋满书囊,胡为在战场。行间脱宝剑,邑里挂铜章。马疾飞千里,凫飞向五凉。遥知竹林下,星使对星郎。"[②]对武威的情感跃然纸上,不言而喻。

五

在安西、北庭、河西、陇右的新天地里,在鞍马风尘的征战生活中,在冰天雪地的塞外风光下,高适与岑参两位诗人经过长期的观察与体会,他们的诗境空前开阔,成为边塞诗的领军人物。而武威,在他们的边塞诗中占据了非常重要的位置,缘自他们在武威度过的那段难忘的岁月,缘自他们对武威产生的深厚的感情,他们留存的那么多有关武威的诗歌,便是他们热爱武威、思念武威的最好证明。

高适与岑参把武威当作他们一生最重要的人生驿站之一,以他们自己的精神力量,为武威的自然景物与人文气象注入了独特的美。岑参第一次到武威是 36 岁,第二次是 40 岁,而高适停留在武威是在 52 岁至 55 岁之间,这样的年龄,正是诗歌创作的成熟时期,而武威的丰富经历又为他们的诗歌创作注入了新的动力,使他们的艺术才情得到了升华,他们笔下的边塞诗的

---

① (元)辛文房著,傅璇琮主编:《唐才子传校笺》卷三,中华书局,1987 年,第 443 页。
② 《全唐诗》卷二〇〇,第 2075 页。

意境因此而更为高昂、悲壮和瑰丽。

　　古城武威,因高适与岑参的到来而在文化上显得更加厚重,更加熠熠生辉,而他们共同拥有的武威生活经历,也洗礼和提炼了他们的创作,为他们的边塞诗增添了无穷的魅力,显得更加悠远与壮美……

唐代河西走廊诗歌文化浅论

——以李益为例

张颐洋

天津体育学院运动与文化艺术学院

一、唐代河西走廊文化地理因素

(一) 河西走廊的地理位置

河西走廊地处甘肃省西部,这里气候温和,四季分明,年温差大,光热充沛,日照时间长。南部雄伟的祁连山构成了巨大的冰川水库,夏秋季节冰雪融进杂木河、黄羊河、西营河、金塔河等河流,为武威发展农牧业提供了适宜的条件。

在过去的数千年里,河西走廊的自然条件发生了变化,但是整体改变是有限的。虽然气候的变化对人类影响巨大,但对于河西走廊而言是相对有限的。气候的变化只会影响畜牧区和农业区的边界,并且这种影响在三到五年内便可自动调整,这也为河西走廊历史文化的持续提供了稳定的自然基础。

(二) 河西走廊的历史简况

秦汉以前,河西走廊居住着西戎、乌孙、匈奴等民族。汉武帝时期的汉匈之战,使匈奴人远遁西域,元狩二年(前 121)汉朝在河西走廊先后建立四郡。至西晋怀帝"永嘉之乱","秦川中,血没腕,惟有凉州倚柱观"①,许多中原人从黄河流域转移到河西。这些移民成为河西走廊的主要人口,他们的文化成为河西文化的新血液。十六国时期,氐、鲜卑、匈奴等少数民族发动

---

① 《晋书》卷八六《张轨传》,中华书局,1974 年,第 2229 页。

河西分裂战争,建立了以"凉"为国号的政权。隋唐时期,河西走廊一直处于中原政权的管理之下,但一段时期被吐蕃占领。到了宋朝,河西走廊大部分地域属于西夏政权和回鹘政权管理,至元明清时期,属中原政权管理。

(三) 河西走廊的文化区位

若从文化地理区位的角度来看,河西走廊与蒙古文化圈、青藏文化圈相互交汇,同时又深受中原文明、西域文明的影响。另外,各民族文化的不断涌入,与河西走廊本土居民共同占用文化空间,使得河西文走廊的文化结构更加趋于多元、开放、包容。

在远古时期,河西走廊的先民们过着狩猎、饲养、捕鱼等生活。后来,随着生产力的发展,诞生了农业、畜牧业、手工业等。河西走廊居民在服饰、饮食、住房和运输等方面与中原不同,逐渐形成了特点鲜明的民俗。他们住毡帐篷、吃牛羊肉、喝牛马奶和葡萄酒、穿皮革,过着逐水草而居的生活。汉代的商业、佛教、乐器文化,魏晋时代形成的著姓文化、五凉文化、舞蹈文化,唐代形成的军旅文化、和籴文化,成为河西走廊文化系统的重要构成。

二、唐代河西走廊诗歌文化的特征

(一) 讴歌河西走廊的历史文化

"安史之乱"爆发之前,河西走廊的经济、文化发展繁荣,居于各州府的前列。那时候,游历西北的文人墨客、途经河西的官员、云游天下的僧道、经营物产的商贾、戍边卫国的军士纷纷来到河西走廊。他们或咏诵、或回忆、或记录凉州悠久厚重的历史文化和丰富的物产资源,留下了许多脍炙人口的诗篇。如北朝温子昇《凉州乐歌》:"远游武威郡,遥望姑臧城。车马相交错,歌吹日纵横。"写出了当时河西经济、文化的繁华。元稹的《西凉伎》则追忆盛唐时期河西走廊人烟稠密,农桑发达,展现了河西地区社会富足繁华的景象。

(二) 反映河西走廊的重要战事

河西走廊是我国西北地区的战略要地,同时,也是一个多民族聚居的地区。在唐代,写边塞、说戎旅,成为当时诗学界风尚之一。那时候的读书人都非常向往边塞,追求戎马功名。所以,在唐代关于河西走廊的诗以边塞诗为主。这些诗歌中,有对唐朝国力的宣扬,有抒发从军报国、安定边疆的壮志追求,有对朝廷政策不当、边战失利、军队腐败等现象的揭露。较为熟知的诗句有:"凉州城外少行人,百尺烽头望虏尘"(王维《凉州赛神》);"黄河九曲今归汉,塞外纵横战血流"(薛逢《凉州词》);"羌笛何须怨杨柳,春风不度玉门关"(王之涣《凉州词》);"陇头路断人不行,胡骑夜入凉州城"(张籍《陇头行》);"凉州四边沙皓皓,汉家无人开旧道"(王建《凉州行》);"连城边将但高会,每听此曲能不羞"(元稹《西凉伎》);"贞元边将爱此曲,醉坐笑看看不足"(白居易《西凉伎》);"醉卧沙场君莫笑,古来征战几人回"(王翰《凉州词》);"健儿击鼓吹羌笛,共赛城东越骑神"(王维《凉州赛神》)等。这些边塞诗展现了从军的乐趣与战争的残酷,表现出强烈的爱国主义感情,也从侧面反映出唐朝三百年繁盛与衰败的时代精神和社会心理。

(三) 再现河西走廊的民族风情

河西走廊是一座典型的多民族"熔炉",在这里先后有月氏、乌孙、西羌、匈奴、吐谷浑、鲜卑、突厥、吐蕃、回鹘、党项、蒙古等民族繁衍、生活。在历代诗歌中有很大一部分描写了河西走廊多民族生活的日常图景,其中唐代诗人们所写的诗歌最引人入胜,传世最广,艺术价值最高。所以,有学者赞誉唐代"是最浓于热情的一个时代,是最富有艺术精神的一个时代"。那个时期的诗人们向往壮阔、苍凉、雄奇的边地风光,沉醉在塞外民族的异域风情时尚中,用最热情的诗笔讴歌和赞美,创作了极富奇情异彩的诗歌。王维的《凉州郊外游望》一诗描写了凉州赛田神的情景,充满朴实的生活情趣和浓郁的乡土气息,描绘了一幅多姿多彩、淳朴逼真的古代河西民俗风情画。岑参的《戏问花门酒家翁》一诗描写了武威城内花门楼前老翁待客、美酒飘香的情景,堪称是盛唐时期河西凉州的一幅生动鲜活的风俗世情画,反映出闾阎不惊、边塞安定的时代氛围。岑参的《凉州馆中与诸判官夜集》一诗展现了唐代胡人的汉化和汉人的胡化情况,揭示出唐代的武威胡汉民族经济、文化的交流融合已达到互通共融。元稹的《西凉伎》以今昔对比和夸张的手法,勾画出河西走廊在盛唐时期昌盛繁华、富足悠闲、多彩壮美的生活面貌。

唐代诗人们描绘的一幅幅和谐的生活画卷和独特丰富的异域民族风情,无不给人一种鲜活、奇崛、独特的艺术享受。在和谐融洽的民族关系下,诞生了许多著名的边塞诗人,创作了许多流传后世的诗篇。

(四) 描写河西走廊的自然风光

在历代传诵不绝的诗句中,浩瀚、壮阔、雄奇的景象是唐代诗人重点描写的对象,黄河、祁连山(天山)、焉支山、长城、阳关、玉门关、大漠等,常常出现在诗人的笔下。王之涣、王翰、王维、高适、岑参等,他们不仅到过河西,而且写下了许多瑰丽的诗篇,深情地描写了河西走廊特有的自然风光、民情世风、名胜古迹等。"大漠孤烟直,长河落日圆"(王维《使至塞上》),描写了边陲大漠中壮阔雄奇的景象;"新秋归远树,残雨拥轻雷。檐外长天尽,樽前独鸟来"(高适《陪窦侍御灵云南亭宴诗得雷字》),描写了河西秋天的苍凉与寂寥;"胡地三月半,梨花今又开"(岑参《登凉州尹台寺》),描写了在独特的自然条件下梨花怒放的美景。

三、李益的生平

(一) 李益的行年与家世

唐朝诗人李益,字君虞,姑臧(今甘肃武威市)人氏,因排行第十,又称"李十郎"。李益出生于唐玄宗天宝七载(748),历经玄、肃、代、德、顺、宪、穆、敬、文九朝,到文宗大和三年(829)去世,享年82岁。

据史书记载,李益的先祖为陇西姑臧(今甘肃武威市凉州区)人。据柳宗元《先君石表阴先友记》记载:"李益,陇西姑臧人。"①《太平广记》"李益"条载:"李尚书益,有宗人庶子同名,俱出姑臧公。"②李益出生于一个仕宦家族,西汉飞将军李广是其二十七世祖,西凉王李暠是其十二世祖,十祖李宝曾仕北魏,祖父李成绩,曾为虞部郎中。李益的父亲名虬。

---

① 《全唐文》卷五八八柳宗元《先君石表阴先友记》,中华书局影印本,1983 年,第 5944 页。
② 《太平广记》卷一八四"李益",中华书局,1986 年,第 1379 页。

（二）李益的生平

河西走廊的武威姑臧，虽然是中华李姓之郡望，但李益长在河南。李益诗中亦有"仆居在陇上，陇水断人肠"（《从军有苦乐行》）、"莫笑关西将家子，只将诗思入凉州"（《边思》）、"本其凉国，则世将之后，乃西凉之遗民欤"（《从军诗序》）等。唐代宗广德二年（764），凉州被吐蕃攻陷，李益时年十七岁，迁居河南洛阳。大历四年（769），二十二岁的李益进士及第，名扬朝堂。唐代诗人韦应物赠诗李益，诗曰："二十挥篇翰，三十穷坟典。辟书五府至，名为四海闻。"（《送李侍御益赴幽州幕》）大历四年，李益进士及第，开始仕宦、军旅、漫游生活，后又回到官场。大历六年（771），李益任华州郑县尉，后迁主簿、侍御史等。贞元四年（788），李益在《从军诗序》中写道："出身二十年，三受末秩。从事十八载，五在兵间。"

李益才华出众，少年成名，结果未得重用，在县尉、主簿等卑职上奔走，这使他感到非常失望，以至想转到军幕中寻找机会。大历九年（774），李益被招入渭北节度使臧希让幕府，随军北征，开始了"五在兵间"的军旅生涯。德宗建中二年（781），李益转入朔方节度使李怀光的幕府，曾跟随后者巡行河朔。贞元元年（785），李益又入灵州大都督、灵盐丰夏等州节度使杜希全幕，再次从军塞上。直到贞元六年（790）前后，李益入邠宁节度使张献甫幕。贞元十三年（797），李益又被幽州节度使刘济辟招入军中为从事，进为营田副使。贞元十五年（799）前后，已是垂暮之年的李益离开幽州节度使刘济的幕府，结束了长达 20 多年的军旅生活。

在幕府期间，李益写了大量的边塞诗，驰骋边塞，亲历沙场，铸就了他的性格，也磨砺了他笔锋，成就了他沉雄多气、风骨凛然的边塞诗。随后，他又漫游江淮等地，写了不少诗歌，有描绘南方景色的山水诗，有刻画思妇哀怨的诗，也有抒写羁旅行役、思乡送远之情的咏怀诗、酬赠诗等。

贞元末年，李益返回长安。元和元年（806）前后，接近花甲之年的李益时来运转，被宪宗召入朝廷为都官郎中，后升任中书舍人，出为河南府少尹。元和七年（812），李益入朝，成为秘书少监，任集贤殿学士。后降官居散秩，不久又恢复原职，历任太子右庶子、秘书监、太子宾官等，官位不断上升。元和十五年（820），李益为右散骑常侍，后转为左散骑常侍。最后以礼部尚书衔致仕，此时为文宗大和元年（827）。

四、李益的河西诗缘

（一）李益边塞诗的类别

从初唐到中唐近 200 年间，西北边境战事频繁，各民族交流广泛，读书人越来越关心河西边塞的生活，对河西走廊的了解也越来越丰富、越来越渴望。他们不仅感觉到边塞并不是那般黑暗和可怕，甚至体会到其中的新奇与异样。一些富有抱负的士人于是辞去朝职，纷纷选择来到河西走廊，并在文学事业上得到了新的发展。曾在边塞生活过的高适、岑参在这方面成就最高。高适、岑参、王维曾在河西生活、任职过一段时间，创作有不少关于凉州的诗歌，流传于世。同一时期的诗人，如王昌龄、李颀、王之涣、王翰、崔颢等，都有许多广为传颂的边塞诗。这些诗人的诗歌从多个方面深刻地表现了河西走廊的百姓和戍边将士的生活，在艺术上有了新的创造和发展，极大地促进了唐代诗歌的繁荣与兴盛。他们的边塞诗可以说既是对盛唐诗风的传承和弘扬，也是中唐边塞诗的高潮和精华。

到了中唐时期，李益继承了盛唐边塞诗的优秀传统，创作了许多脍炙人口的边塞诗。若按题材类型，李益所创作的诗歌可以分为边塞诗、山水诗、咏怀诗、酬赠诗、妇女诗等。其中，以边塞诗的成就为最高，所以后世诗评家将他划入边塞诗人之列，与高适、岑参等齐名。

（二）李益边塞诗的艺术特征

纵观整个唐代，其边塞诗不仅反映中华民族形成发展的煌煌历史，还表现出极其旺盛的生命力、昂扬向前的斗志和决一死战的决心。这一时期的边塞诗具有一些鲜明的共同特点，即描写边塞壮丽雄奇的自然景色，表现将士们报效国家的英雄精神和不畏边塞困苦艰难的乐观情怀。同时，也反映戍边将士们的怀旧和乡愁之情，揭露个别边防将领的腐败和军民悬殊的不平等现象。

综合古代诗评家对李益的评价和现当代研究者的成果，李益边塞诗的思想艺术成就，从总体上说，在中唐诸多诗人中首屈一指。李益的诗歌从多方面形象而真实地再现了当时河西战争的实际状况、边塞风光的奇丽宏阔、从军生活的乐趣苦闷,具有一定的爱国主义情结和现实主义色彩。

具体而言,李益的边塞诗主要描写河西战事,赞扬戍边将士保家卫国的精神和英雄气概,反映并同情广大戍边战士的不幸遭遇和痛苦欲绝的心情,揭露并抨击朝廷对边防决策的失误和部分边将的腐败无能。如《暮过回乐峰》中"昔时征战回应乐,今日从军乐未回",抒写将士们从军的快乐和满怀的乐观主义精神。《早发破纳沙》中"破纳沙头雁正飞,鹏鹈泉上战初归。平明日出东南地,满碛寒光生铁衣",则通过对唐军将士战罢归来时初秋大漠早晨景色的描写,衬托出戍边将士们不畏艰苦、士气高昂的英雄豪情,抒发诗人参加战斗胜利归来时的激动不已和愉快心情。《塞下曲》四首,则以生动鲜明的笔触描绘了壮美雄奇的河西自然风光,回忆了秦汉两朝以来连年不断的战争对人民宁静生活的破坏,表达了唐军将士保卫边疆、驱逐外族、为国建功立业的壮志雄心。《赴滑北宿石泉驿南望黄堆烽》中"汉庭议事先黄老,麟阁何人定战功",通过借古讽今的手法表达强烈的不满和憎恨。诗人还沉痛地指出了一部分边防将士因各种缘由无心报国,士气低落。《夜发军中》"今日边庭战,缘赏不缘名",一方面指出朝廷守边无策,赏罚不明,另一方面表现将士久戍边庭,思归厌战。《盐州过胡儿饮马泉》:"绿杨著水草如烟,旧是胡儿饮马泉。几处吹箱明月夜,何人倚剑白云天?"从边地的秀丽风光和荒凉中想到边防的疏松,担忧时间如泉水般流逝,实现报效国家的雄心壮志难以实现。李益将明媚的景色与阴郁的心情进行对比,喜与忧、希望与失望交织,使明媚的春景更能衬托出将士们郁闷的心情,使情与景融为一体,含蓄地谴责朝廷守边不重人才的失策。

"安史之乱"平定后,边境战争还是层出不穷,再加上一些边将腐败无能,戍边将士因过于思家,又在苦于难归和功业无成的情感影响下,士气低落,甚至一度产生了厌战的情绪。这些戍边将士听到《凉州曲》时,思乡念亲之情陡然而生。"鸿雁新从北地来,闻声一半却飞回。金河戍客肠应断,更在秋风百尺台。"(李益《夜上西城听凉州二首》)南来的大雁尚且不能忍受《凉州曲》凄切的乐声而掉头飞回,何况长期过着寂苦悲凉生活的戍卒们。又如《从军北征》:"天山雪后海风寒,横笛偏吹行路难。碛里征人三十万,一时回首月中看。"李益描绘了严酷环境下的边塞风貌,刻画了一幅边防士兵在寒雪过后的夜晚继续前进的画面。这首诗从听觉、视觉入笔,使读者具象到所处的环境、听到的声音、见到的情景,给人一种身临其境的感觉,引起了许多战士的共鸣。又如《夜上受降城闻笛》一诗中的:"回乐烽前沙似雪,受降城外月如霜。不知何处吹芦管,一夜征人尽望乡。"诗人用简练的笔触,生动地描写了边地寥廓凄清、苦寒寂寞的景色,边地苦寒辽阔,连明月也是清冷肃杀,芦管的声音凄凉哀怨,戍边将士夜不能寐、翘首望乡。

(三) 李益边塞诗的艺术价值

后代学者对李益的诗歌给予了很高的评价。如明代文学家胡应麟以为李益的《夜上受降城闻笛》乃中唐七绝之冠:"初唐绝葡萄美酒为冠;盛唐绝渭城朝雨为冠;中唐绝回乐烽前为冠;晚唐绝清江一曲为冠。"①将李益这首诗和王翰的《凉州词》、王维的《送元二使安西》、刘禹锡的《柳枝词》列为整个唐代七绝的最高成就,是唐代七绝的巅峰。清代诗人施补华认为李益的七绝和王昌龄的《出塞》、王之涣的《凉州词》"皆边塞名作,意态绝健,音节高亮,情思悱恻,百读不厌也"②,是唐人七绝中的珍品。

五、小　　结

在李唐时期,诗人李益以边塞诗闻名于时,是继高适、岑参等诗人之后唐代又一位杰出的边塞诗人。清代乾嘉学者张澍(甘肃武威人)评价道:"君虞(李益)以爽飒之气,写征戍之情,览关塞之胜,极辛苦之状,当朔风驱雁,荒月拜狐,抗声读之,恍见士卒踏冰而鞍瘃,介马停秣而悲鸣,讵非才之所独至耶? 其他章句,亦清丽绝伦,宜与长吉齐名,无所愧让。"可见,在这位老乡眼里,李益的诗歌成就非常之高。

纵观李益波澜壮阔、起伏不定的一生,大致可分为三个时期:一是从军前的少年时期,束发言兵,积极谋取功名,并且开始诗歌创作,继而诗名彰显,这包括他"三受末秩"的短暂为官经历。二是开始军旅生活的青年时期,五次从军入幕府,诗歌创作成绩斐然,这段时间他还再次漫游江淮,诗风大

---

① (明) 胡应麟:《诗薮》内编卷六,中华书局,1958 年标点本,第 106 页。
② (清) 施补华:《岘佣说诗》,《清诗话》下册,上海古籍出版社,1978 年,第 974 页。

改。三是入朝为官,仕途顺达的暮年时期,这段时期他的创作回归到了台阁体,脱离现实生活,水平大降。在这三个时期中,第二个时期是李益一生中最关键的时期,在这段时期,李益身怀建功立业之伟大志向,驰骋边塞,留给后世大量悲壮优美的边塞诗。这些诗歌是李益所有诗歌中最为闪光、最具价值的精华,最能代表中唐边塞诗歌的成就。

李益的一生创作了大量优秀的诗篇,现存有 160 多首。这些诗歌题材广泛,形式灵活多样,内容丰富多彩,其诗歌境界之蕴藉、语言之隽美、音韵之流畅,在当时就具有非常大的影响。李肇《唐国史补》载:"李益诗名早著,有《征人歌且行》一篇,好事者画为图障。又有云:'回乐烽前沙似雪,受降城外月如霜。不知何处吹芦管,一夜征人尽望乡。'天下亦唱为乐曲。"①可见当时李益诗名满天下,以至于他的诗歌被画为图障、谱为乐曲。不仅如此,在同时代的令狐楚《御览诗》中,李益的诗歌入选 36 首,他的作品选入最多,名列第一,足以说明他的诗歌在当时就深受社会各阶层的欢迎和喜爱。

参考文献:

[1] 戴伟华:《论中唐边塞诗》,《内蒙古大学学报》1999 年第 1 期。

[2] 卞孝萱:《李益年谱稿》,《中华文史论丛》1978 年第 8 期。

[3] 郝润华:《试论李益诗歌地位的升降》,《文学评论丛刊》1998 年。

[4] 王其英:《凉州历史文化散论》,大众文艺出版社,2013 年。

[5] 张文兵:《全唐诗鉴赏辞典》,陕西旅游出版社,2008 年。

[6] 范之麟:《李益诗注》,上海古籍出版社,1984 年。

[7] 傅璇琮:《唐代诗人丛考》,中华书局,2003 年。

[8] 郝润华:《李益诗歌集评》,甘肃人民出版社,1997 年。

[9] 李鼎文:《甘肃唐代诗人李益》,《李鼎文甘肃文史丛稿》,甘肃人民出版社,1986 年。

[10] 张颐洋:《隋唐时期凉州文化特点研究》,《交流与融合:隋唐河西文化与丝路文明学术研讨会论文集》,中西书局,2020 年。

---

① (唐)李肇:《唐国史补》卷下,中华书局影印本,1991 年。

唐代歌咏凉州诗歌中的粟特人形象 *

张国才　柴多茂
武威市凉州文化研究院

唐代的凉州,是中国西北部的军事重镇和战略要地,经济繁荣,交通畅通,达官贵人、文人学士来往较多,其人才之众多、作品之丰富、艺术成就之高,达到了历史上的高峰,为我国文学艺术增添了光彩。特别是王维、岑参、高适、王翰、杜牧、王之涣、王昌龄、元稹、白居易等留下了许多歌咏凉州的诗歌,这些诗歌或描绘凉州之繁华,或抒写郊野之风情,或叙述战争之悲壮,或感怀边旅之愁苦等,都是不可多得的艺术佳品。其中,白居易、元稹《西凉伎》和李端《胡腾儿》,则为研究粟特及其艺术文化提供了重要信息。

一、唐代诗歌中的凉州粟特人

唐时的凉州,亦称武威、姑臧,是汉唐时期西北地区最重要的军政机构所在地,统辖河西走廊的河西节度使驻地即设在凉州(今甘肃武威市)。《大慈恩寺三藏法师传》记载:"凉州为河西都会,襟带西蕃、葱右诸国,商侣往来,无有停绝"①,故有"多诣凉土贩货"的粟特人在这里聚居,形成了较大的聚落。

(一) 白居易与《西凉伎》
白居易(772—846),字乐天,晚号香山居士,原籍山西太原,生于河南新

---

* 本文是甘肃省社科规划项目"汉唐丝路重镇凉州与中亚古国粟特的交流研究"(项目编号：19YB187)的阶段性成果。

① （唐）慧立,彦悰著：《大慈恩寺三藏法师传》卷一,中华书局,2000 年,第 11 页。

郑,后迁居下邽(今陕西渭南县)。他是继杜甫之后的又一位伟大的现实主义诗人。贞元十六年(800)进士,授秘书省校书郎,后为翰林学士、左拾遗等职。元和十年(815)上疏请捕刺杀宰相武元衡凶手,被贬为江州司马,后历任忠州、杭州、苏州刺史等职,以刑部尚书致仕。初与元稹唱和,号称"元白";又与刘禹锡齐名,号称"刘白"。他与元稹、张籍等人倡导新乐府运动,是中唐新乐府运动的主要倡导人,主张"文章合为时而著,歌诗合为事而作",强调继承《诗经》以来的优良传统,肯定诗歌的教育意义和政治作用,反对六朝以来的形式主义,以达到"救济人病,裨补时阙"、"上下交和,内外胥悦"的政治目的。他的讽喻诗继承了我国诗歌的现实主义传统,指斥时弊,痛下针砭,主题专一明确,对比鲜明强烈。《白氏长庆集》收录有一首描写粟特艺人的《西凉伎》,原诗如下:

《西凉伎》
刺封疆之臣也

西凉伎!西凉伎!假面胡人假狮子。刻木为头丝作尾,金镀眼睛银贴齿。奋迅毛衣摆双耳,如从流沙来万里。紫髯深目两胡儿,鼓舞跳梁前致辞。应似凉州未陷日,安西都护进来时。须臾云得新消息,安西路绝归不得。泣向狮子涕双垂,凉州陷落知不知?狮子回头向西望,哀吼一声观者悲。贞元边将爱此曲,醉坐笑看看不足。享宾犒士宴三军,狮子胡儿长在目。有一征夫年七十,见弄凉州低面泣。泣罢敛手白将军,主忧臣辱昔所闻。自从天宝兵戈起,犬戎日夜吞西鄙。凉州陷来四十年,河陇侵将七千里。平时安西万里疆,今日边防在凤翔。缘边空屯十万卒,饱食温衣闲过日。遗民肠断在凉州,将卒相看无意收。天子每思常痛惜,将军欲说合惭羞。奈何仍看西凉伎,取笑资欢无所愧。纵无智力未能收,忍取西凉弄为戏![①]

这首诗反映了安史之乱后,由于西北边防军事力量削弱,吐蕃趁机入侵,河陇国土沦丧,大批唐人沦为俘虏,广大农民沦为奴隶或农奴,而且被迫改换服装,这就更加激起唐人怀念故国的情思,而镇守边防的将帅却拥兵自

---

① (唐)白居易撰:《白氏长庆集》卷四《讽谕四》,文学古籍刊行社,1955 年,第 47 页。

重,只知纵酒玩乐,不思收复故土的情况。全诗以粟特艺人跳狮子舞为始,借一位老兵之口,对之进行痛斥,真切地表现了广大人民希望收复故土、光复大唐的爱国主义情怀。

(二) 元稹与《西凉伎》

元稹(779—831),字微之,河南洛阳(今洛阳市)人,中唐时期重要诗人。德宗贞元九年(793)明经及第,授校书郎,后任左拾遗、监察御史等职,因得罪宦官遭贬。后入朝为官,穆宗长庆二年(822)任宰相,不久出为同州、越州刺史。武宗时,为武昌节度使,卒于任所。与白居易情同手足,志同道合,并共同倡导新乐府运动,世称"元白",但所作乐府诗不及白氏乐府之尖锐深刻与通俗流畅。有不少自创新题的优秀之作,大多布局完整,描写细致。《元氏长庆集》收录有描写粟特艺人的《西凉伎》,原诗如下:

《西凉伎》

吾闻昔日西凉州,人烟扑地桑柘稠。葡萄酒熟恣行乐,红艳青旗朱粉楼。楼下当垆称卓女,楼头伴客名莫愁。乡人不识离别苦,更卒多为沉滞游。哥舒开府设高宴,八珍九酝当前头。前头百戏竞撩乱,丸剑跳踯霜雪浮。狮子摇光毛彩竖,胡腾醉舞筋骨柔。大宛来献赤汗马,赞普亦奉翠茸裘。一朝燕贼乱中国,河湟忽尽空遗丘。开远门前万里堠,今来蹙到行原州。去京五百而近何其逼,天子县内半没为荒陬。西京之道尔阻修。连城边将但高会,每听此曲能不羞!①

这首诗以今昔对比和夸张的手法,描绘了凉州的极度繁华以及开元、天宝盛世,四海归附,诸国来朝贡大唐帝国的声威,突出地显示了当时凉州沦陷、国境日蹙的颓败景象;同时对边将宴饮游乐而不思恢复故国家园的行径进行了无情的谴责。

(三) 李端与《胡腾儿》

李端(? —784),字正己,赵郡(今河北赵县)人。少居庐山,与道士交

---

① (唐)元稹撰:《元氏长庆集》,《钦定四库全书荟要》,吉林出版集团有限责任公司,2005 年,第 132 页。

游。大历五年(770)进士,曾任秘书省校书郎、杭州司马,后辞官隐居衡山,自号"衡山幽人"。与钱起、卢纶、司空曙、韩翃等号称"大历十才子",作诗以才思敏捷、诗句工丽著称。其诗大多为送别酬唱及求仙访道之作,描写山川景物的诗作清词丽句,也写了一些反映社会动乱和人民疾苦的诗歌。《全唐诗》编录有《胡腾儿》:

《胡腾儿》

胡腾身是凉州儿,肌肤如玉鼻如锥。桐布轻衫前后卷,葡萄长带一边垂。帐前跪作本音语,拈襟摆袖为君舞。安西旧牧收泪看,洛下词人抄曲与。扬眉动目踏花毡,红汗交流珠帽偏。醉却东倾又西倒,双靴柔弱满灯前。环行急蹴皆应节,反手叉腰如却月。丝桐忽奏一曲终,呜呜画角城头发。胡腾儿!胡腾儿!故乡路断知不知?[①]

这首诗通过描写生活在凉州的一位青年粟特艺人演出的精彩场面,抒写了胡腾儿背井离乡、有家难回的辛酸,反映了边境战争给人民带来的苦难和不幸,寄托了作者希望唐王朝收复沦陷区的强烈愿望。

二、咏凉州诗歌中的粟特人形象

(一) 外貌

在上述三首诗歌中,诗人以文学的笔调,非常传神地描写了粟特人的外貌,如"紫髯深目""肌肤如玉鼻如锥"等。这与敦煌壁画和一些出土的粟特墓葬壁画等中的粟特人形象相一致,如莫高窟第 45 窟"商人遇盗图"和唐懿德太子墓壁画胡人牵猎豹图、唐永泰公主墓彩绘胡人骑马带猎豹图、唐金山县主墓彩绘胡人骑马带猎豹俑,以及安伽墓图像等。可见,粟特男性大都是络腮胡须,深深的眼眶,白皙的皮肤,如锥的鼻子,具有鲜明特色,易于辨识。

(二) 服饰

粟特人的服饰也具有本民族的特色,但因久居凉州,其服饰也发生了变

---

① 《全唐诗》卷二八四《李端》,中华书局,1960 年影印本。

化。李端《胡腾儿》写道："桐布轻衫前后卷,葡萄长带一边垂。"桐布,即桐华布。《后汉书·西南夷传·哀牢夷》载:"有梧桐木华,绩以为布,幅广五尺,絜白不受垢污。"李贤注引《广志》:"梧桐有白者,剽国有桐木,其华有白毳,取其毳淹渍,缉织以为布。"后因以称梧桐花细毛织成的布为"桐华布"或"桐木布"。轻衫,即单薄的长衫。这两类服饰多为中原服装。配饰"葡萄长带"因是内地工匠在本土配饰的基础上进行了创新,虽然葡萄来源于西域。可见,粟特人入华后在着装方面已汉化,接收了先进的中华传统文化。这在敦煌壁画和一些出土的粟特墓葬壁画等中的粟特人着装上也有所反映。如莫高窟第45窟"商人遇盗图",我们可以看到来华粟特人有的头戴尖帽,有的不戴帽子,有的以长围巾缠头,多穿圆领衣服。

(三) 乐舞

粟特人不仅是善于经商的民族,也是一个能歌善舞的民族。胡腾舞,是粟特地区特有的舞蹈。上述三首诗歌中,"紫髯深目两胡儿,鼓舞跳梁前致辞""狮子摇光毛彩竖,胡腾醉舞筋骨柔""帐前跪作本音语,拈襟摆袖为君舞"等都描写了粟特艺人所跳的胡腾舞。唐朝时传入中原的异域乐舞中,以胡腾舞、胡旋舞和柘枝舞最为出名,深受中原人的喜爱,成为筵席上重要的助兴歌舞。同时,教坊乐伎和贵妃公卿也都纷纷仿效,以能够表演胡舞为荣。从这些诗歌中,我们亦可看出,胡腾舞是一种以跳跃和急促多变的腾踏舞步为主的舞蹈。在出土的唐代墓葬壁画中也有胡腾舞的舞蹈形象。如1957年在西安东郊发掘的唐代苏思勖墓,有一幅乐舞壁画,画中央有一位在地毯上表演舞蹈的深目高鼻、满脸胡须的胡人,高提右足,左手举至头上,像是一个跳起后刚落地的舞姿,便是唐诗中描写的胡腾舞者。

小　　结

古代的凉州是一座多民族的熔炉,在唐朝时,这里有吐谷浑、吐蕃、回鹘、粟特等民族与汉族同处。唐朝诗人们所作的歌咏凉州(或河西)诗歌中有相当部分描写了凉州多民族生活的图景,其中描写粟特人的诗歌,为我们今天从文学的角度研究粟特人提供了基础资料,特别是这两首《西凉伎》和《胡腾儿》,诗人在不经意的叙述中,展现了粟特人的形象。诗歌作品与传世文献、出土资料的互证,更加丰富了我们对入华粟特人的认识,也进一步增加了中晚唐时期粟特人的走向研究。

论宋初定难军李氏集团的分化

周永杰

首都师范大学历史学院

晚唐五代宋初,拓跋部李氏世袭定难军节度使,进行权力集中化建设,形成了稳定的地方势力。如后世史家评论:"思恭以宥州著节于咸通,夏虽未称国,而王其土久矣。子孙历王五代。"[①]太平兴国时期定难军李氏集团分化却使局势转折,地方势力重组,开启了西夏建国的政治进程。对唐宋时期西部秩序变化影响甚大。不过关于定难军分化,受史料限制,既往研究方法与结论都有极大分歧。幸运的是,近年出土墓志为解决此问题提供了新的可能。

一

关于定难军拓跋部李氏集团的分化,《续资治通鉴长编》(下文简称"《长编》")记载了其形式和性质。太平兴国七年(982)五月,"绥州刺史,西京作坊使李克文,继捧之从父也,表言继捧不当承袭,请遣使与偕至夏州谕继捧令入朝"[②]。是月己酉,"李继捧来朝,……自陈诸父昆弟多相怨怼,愿留京师,遂献其所管四州八县"[③]。众所周知,唐僖宗赐拓跋思恭国姓任定难军节度使后,家族绍袭节钺,字派依次是思、仁、彝、光(克)[④]、继。由此可知,定难军拓跋部李氏分化是因为李克文代表的诸父昆弟派系反对李继捧承袭节度使。

① 《宋史》卷四八六《夏国传下》,中华书局,1985年标点本,第14030页。
② 《长编》卷二三,太平兴国七年五月辛丑,中华书局,2004年,第519页。
③ 《长编》卷二三,太平兴国七年五月己酉,第520页。
④ 按,拓跋部李氏"光"字辈避宋太宗讳,改为"克"字,如"李光文"改为"李克文"等。

　　既言李继捧"不当承袭",说明定难军节度使过渡存在某种政治规范。对此学界已有若干推理。清人吴广成认为"继筠卒,子幼不得嗣。继捧以季弟袭职,失礼诸父,宗族多不协"①。是说定难军节度使绍袭遵循父死子继模式,其论后为吴天墀沿用。② 此说已为冈崎精郎所驳,待下文详论。20世纪日本学者藤枝晃将问题转向外部地缘环境,依凭当时宋、辽对峙的东亚格局,推理李氏分化系由向背宋辽的政治分歧引起。③ 冈崎精郎对此提出修正,认为根本原因应是定难军内部的政治斗争。从前引李克文奏章看,冈崎氏的看法是合理的。但指出这一点还不够,藤枝晃的立论依据亦值得推敲,其一是太平兴国时期宋、辽争夺东亚西部的地缘格局,二是《西夏书事》中银州刺史李克远袭击夏州的记录,三是李继迁时期依违于辽、宋的形势。其中最直接的便是银州刺史进攻夏州一项。但是这项史料尚存三方面问题:首先,《西夏书事》史源不明,多有吴广成之雄断,不能作为孤证史料;其次,即便吴氏言有所本,从李克远进攻夏州亦难推知其政治上向辽背宋。更重要的是,此前李克(光)远积极响应宋朝对辽及其同盟北汉的战争,④宋、辽史籍并无其依违于两朝的记载。⑤ 氏说依凭李继迁附辽后的形势,倒推分化缘起,属于"倒放电影"式研究,⑥在史料、方法上存在缺环,结论难以信服。

　　至于冈崎精郎,则从拓跋部李氏的蕃族身份出发,推理定难军权力逐渐由"兄终弟及"向"父死子继"模式过渡,权力向一系集中引发政治集团分化。⑦ 其说是在批判前引吴广成之说基础上建立的。冈崎氏指出吴说以汉

① （清）吴广成撰:《西夏书事校正》卷三,龚世俊等校正,甘肃文化出版社,1995年,第36页。
② 吴天墀:《西夏史稿》(增订本),四川人民出版社,1983年,第18页。
③ ［日］藤枝晃:《李继迁的兴起与东西交通》,辛德勇译,收入《日本学者研究中国史论著选译》(民族交通卷),中华书局,1993年,第449页。
④ 《长编》卷二〇,太平兴国四年三月乙巳,第447页。
⑤ 杨浣:《辽夏关系史》,人民出版社,2010年,第79页。
⑥ "倒放电影"之说最初是罗志田对20世纪民国史研究倾向的反思,其副作用是"有意无意中会以后起的观念和价值尺度去评说和判断昔人,结果常常得出超越于时代的判断"。藤枝晃利用后期文献记录的形势反推早期历史,属"倒放电影"的研究手法。随着近年碑石的出土和认识的累积,其方法和结论应予扬弃。(参见罗志田《民国史研究的"倒放电影"倾向》,《社会科学研究》1999年第4期)
⑦ ［日］冈崎精郎:《タングート古代史研究》,东洋史研究会,1972年,第179—182页。

礼阐释蕃族政治,忽视了李氏的族群身份与政治文化。不过,冈崎氏推理所依据的节度使谱系材料有限,且部分世系相当模糊;①尤为重要的是,其没有考虑权力更替时期政治斗争对继承谱系的影响,如李仁福即由政变袭职。②岩崎力批评这种分析将权力过渡简单化了,氏著转而考察节度使的权力基础,提出定难军节度使绍袭需部落首领支配的"三军拥立",推理李继捧嗣位未获"三军"支持。③ 岩崎氏立论依据有二,一是定难军属州刺史等将领由部族首领世袭,二是节度使继任奏书中部众拥立的说辞。④ 氏说基本延续了冈崎精郎蕃族政治的研究路径。不过唐末五代世袭方镇政治叙述中,部众拥立等说辞多属节度使权力自为的政治套话或表面文章,其实际意义相当模糊。如后唐时期李彝超拒绝移镇的说辞:"奉诏除延州留后,已受恩命讫,三军百姓拥隔,未遂赴任。"⑤

更为关键的是,近年出土碑铭显示,定难军刺史等将领的选任、迁转基本遵循方镇运作规范,并非由部落首领世袭。⑥ 以岩崎力立论之属州刺史为例,目前可见到三条史料:

(1)八月,夏州自署李彝殷为绥州刺史,乞正授,从之。⑦

(2)辛卯,夏州奏,差宥州刺史李仁立权知绥州。⑧

(3)以宥州地属要冲,……故虢王辖其绾众,权请知州。期年六月内,恩渥遐敷,正临郡印。⑨

---

① 定难军节度使谱系,可参阅周伟洲《早期党项拓跋氏世系补考》,《西夏研究》2015 年第4 期,第 7 页。

② 《资治通鉴》卷二六七,后梁开平四年四月甲子,中华书局,2011 年,第 8841 页。

③ [日]岩崎力:《西夏建国史》,汲古书院,2018 年,第 226—232 页。

④ 同上书,第 247—282 页。

⑤ 《旧五代史》卷四四《唐明宗纪第十》,中华书局,2018 年点校本,第 694 页。

⑥ 详细考证参见周永杰《族群身份与王朝秩序:五代宋初党项政治演进研究》,中央民族大学 2018 年博士学位论文,第 26—50 页。

⑦ 《册府元龟》卷一七八《帝王部·姑息》,周勋初等校订,凤凰出版社,2006 年,第1982 页。

⑧ 《旧五代史》卷八二《晋少帝纪》,第 1258 页。

⑨ 牛渥:《刘敬瑭墓志铭》,收入杜建录《党项西夏碑石整理研究》,上海古籍出版社,2015年,第 98 页。

由此可知定难军属州刺史选任的四则信息：一是"自署""权知某州""权请知州"表明刺史由定难军节度使荐拟；二是"乞正授""夏州奏""正临郡印"说明荐拟人选需奏送中央，获得中央文书和官印；三是属州刺史间可以互相调任；结合《刘敬瑭墓志铭》《李彝谨墓志铭》墓主担任刺史时间均为六年，说明定难军属州刺史存在任期；①四是第(3)条显示，权领知州与正临郡印时隔一年半，即中央任命前，节度使的政治安排已实际运作。因此岩崎力有关定难军属州刺史由部落首领世袭之说不能成立。岩崎力未使用这些材料，尤其是新出定难军墓志，立论难免偏颇。不过冈崎氏和岩崎氏将研究指向定难军内部权力过渡的政治规范，无疑是揭开定难军权力纷争之关键所在。

　　问题是定难军权力过渡的形式与合法性，是否如冈崎氏、岩崎氏所论，植根于蕃族政治文化中。从研究路径看，氏说偏重于定难军(蕃族节镇)之"蕃族"层面，忽略了节度使族属与方镇体制结合而成的政治形态才是定难军权力运作的主要特征。从近年出土碑铭看，定难军时期拓跋部李氏的权力整合仍需在方镇政治体制中实现。② 权力过渡作为其核心环节，有较为成熟的制度设计。

二

　　《李光睿墓志铭》所载李彝殷、李光睿的权力更替过程，有助于我们认识定难军权力过渡的制度安排。"王(指李彝殷)见公(指李光睿)之操持有则，划制多谋，谓必构之才，可以付于大事，乃奏授节度行军司马。……至于首历宾阶，位参使府，上则副贤君之委寄，下则分慈父之忧勤。"彝殷去世后，宋

---

① 刘敬瑭任宥州刺史，"自六年之为理，而久著于佳音"。李彝谨任绥州刺史，"公六年为政，万户承恩。法绝烦严，事惟平允"。可知其任期也为六年。(参见《党项西夏碑石整理研究》所收墓志：牛渥：《刘敬瑭墓志铭》，第98页；郭峭：《李彝谨墓志铭》，第130页)
② 康兰英编：《榆林碑石》，三秦出版社，2003年；宁夏大学西夏学研究中心、中国国家图书馆、甘肃省古籍文献整理编译中心编：《中国藏西夏文献》第18册(金石编、碑石、题记)，甘肃人民出版社、敦煌文艺出版社，2007年；杜建录：《党项西夏碑石整理研究》；高建国、王富林、杜林渊：《陕北横山新发现党项族〈故野利氏夫人墓志铭〉考释》，《中国国家博物馆馆刊》2020年第2期。

朝授予李光睿"定难军节度，夏、银、绥、宥、静等州观察处置押蕃落等使，起复云麾将军、右金吾卫大将军、员外置同正员、检校太保、使持节都督夏州诸军事、夏州刺史兼御史大夫、上柱国、陇西县开国子，食邑五百户"。①

　　由此可知，正常情况下，定难军节度使继承是一项有规划的政治安排。李彝殷时期，已安排继任者李光睿任行军司马，辅理镇务。《资治通鉴》（下文简称《通鉴》）胡注："唐制，行军司马位节度副使之上，天宝以后，节镇以为储帅。"②严耕望更为严谨地指出，此制在德宗以后成为普遍现象。③ 即晚唐五代存在以行军司马为节度储帅的制度环境。出土碑铭和传世文献显示定难军亦受此影响。除《李光睿墓志铭》所见彝殷、光睿时期权力过渡外，传世文献还载有李彝超与李彝殷，李继迁与李德明权力过渡中以行军司马嗣位的政治安排。后唐清泰二年（935）"以夏州行军司马李彝殷为本州节度使，兄彝超卒故也"④。北宋咸平元年（998）"继迁复表归顺，真宗乃授夏州刺史、定难军节度、夏银绥宥静等州观察处置押蕃落等使。……子德明为定难军节度行军司马"⑤。李继迁与德明权力更替后，宋朝书云："自太尉薨谥之后。行军主领以来。"⑥可见由彝超向彝殷、彝殷向光睿、继迁向德明的权力过渡皆遵循唐末五代时期行军司马为储帅之制。如所周知，李彝超以前，定难军权力过渡引发多次政治变动，李思谏向彝昌过渡时发生高宗益兵变，李仁福向彝超过渡时后唐发动移镇战争。权力过渡成为拓跋部李氏面临的主要政治危机，是其集权建设亟待解决的政治问题。彝超到光睿历四十四载，正是定难军集权建设的关键时期，或许这便是促成其采取行军司马为储帅

---

① 郭贻：《李光睿墓志铭》，《党项西夏碑石整理研究》，第137—138页。另外，括号内人名系笔者标注。

② 《通鉴》卷二一六，天宝十一载十二月丁酉，第7035页。

③ 严耕望：《唐代方镇使府僚佐考》，收入氏著《严耕望史学论文集》（上），上海古籍出版社，2009年，第410—414页。

④ 《旧五代史》卷四七《唐末帝纪中》，第740页。

⑤ 《宋史》卷四八五《夏国传上》，第13988页。另外，据《真宗纪》与《长编》，宋朝册封李继迁在至道三年（997）十二月。《夏国传》则系于咸平元年春，可能是官告到达定难军的时间。（参见《宋史》卷六《真宗纪一》，第106页；《长编》卷四二，至道三年十二月甲辰，第896页）

⑥ 司义祖整理：《宋大诏令集》卷二一三《再答向敏中诏》，中华书局，1962年，第809页。

之制的现实原因。①

参照《李光睿墓志铭》可知定难军权力过渡的具体过程,由节度使奏荐储帅人选行军司马、中央正授,形成体现藩镇意志与中央名分的政治共识,方镇权力更替后再由中央任命节度行军司马为节度使,授予权力过渡以合法性。这种程序将拓跋部李氏基于世系、能力的继承安排,借藩镇时代的政治名号实现制度化,形成定难军权力过渡的政治规范。

李继捧嗣位则不符合上述定难军权力过渡规范。据《李光睿墓志》所记其去世后的政治格局:"元昆二人:长曰光普,见任定难军节度行军司马。次曰光新,见任管内蕃汉都军指挥使。宠弟五人,长曰光文,衙前都知兵马使。次曰光宪,见任绥州刺史。次曰光美,见任衙内都虞侯。次曰光遂,见任管内蕃部越名都指挥使。次曰光信,见任马军都指挥使。……男二人,长曰继筠,次公而亡。次曰继捧,见权知夏州军府事。"②按照定难军政治惯例,李光普任定难军节度行军司马,具有绍袭节度使的合法身份。而李继捧嗣位前仅任"夏州衙内指挥使"③。所以李克文言"继捧不当承袭",应指其僭越李光普的继承位序。

之所以认为李继捧嗣位打破了权力过渡序列,除上述定难军自撰碑铭提供的线索外,还可从宋朝文献中得到佐证。前文已经指出,以行军司马为储帅,是通过行政程序表达的方镇与中央间政治共识——中央封授是权力过渡合法性的象征。所以中央对继任节度使的封授形式和态度也是其申说政治名分的途径。据《长编》记载,宋朝对李继捧的除授迁延不决。太平兴国四年(979)七月"定难留后李继筠卒,弟继捧嗣其位"④。太平兴国五年(980)十一月,宋廷始"以夏州衙内指挥使李继捧为定难军留后"⑤。需要指出的是,关于李继筠去世时间,《宋史》载有另一种说法,即"太平兴国五年,卒,弟继捧立"⑥。不过,据定难军自撰的《李继筠墓志铭》,继筠于"太平兴国

---

① 关于彝超以前定难军政治变动,参见《旧五代史》卷一三二《李仁福传附彝超传》,第2031—3033页。
② 郭贻:《李光睿墓志铭》,《党项西夏碑石整理研究》,第138—139页。
③ 《长编》卷二一,太平兴国五年十一月壬寅,第480页。
④ 《长编》卷二〇,太平兴国四年七月戊子,第457页。
⑤ 《长编》卷二一,太平兴国五年十一月壬寅,第480页。
⑥ 《宋史》卷四八五《夏国传上》,第13983页。

四年六月十九日辰时,薨于正衙"①。同年八月撰写的《李光睿墓志铭》亦云:"长曰继筠,次公而之,次曰继捧,见权知夏州军府事。"②因此当以《长编》记载为是,《宋史·夏国传》之说不可从。由上可知,定难军于太平兴国四年八月前已完成权力更替。宋朝推延一年半仍未正授节钺,仅命李继捧"定难军留后",释放出对权力交替不满的政治信号。正是对李继捧由夏州衙内指挥使跃居节度使,破坏继承序列的回应。

　　循此线索即会发现,这场权力继承纷争还可以上溯至李继筠时期。《长编》记载,太平兴国三年(978)五月"定难节度使李克叡卒,其子衙内指挥使继筠权知州事。乙巳,以继筠为定难留后"③。可见李继筠也以衙内指挥使继承节度使,宋朝亦未正授节钺。不过《宋史·太宗纪》所载袭职稍有不同。"乙巳,以继筠袭定难军节度使"④是说李继筠继任后宋朝已正授节度使。此说错误,理由有三,一是《宋史》本证,据《夏国传》记载:"继筠,初为衙内都指挥使、检校工部尚书,克睿卒,自权知州事,授检校司徒、定难军节度观察留后。"⑤可见宋朝仅授予李继筠节度留后。二是定难军所撰《李继筠墓志铭》中对宋朝授官的记录:"太平兴国三年六月,内降驲骑赍到官告一通、敕牒一道,授起复云麾将军、检校司徒、定难军节度观察留后。……当年十一月,以郊禋毕礼,渥泽普天。远□侍臣,曲宣明诏。赐官告一通、敕牒一道,特授检校太保、陇西县开国子、食邑五百户、食实封二百户。"⑥墓志依据官告写定,史源可信,太平兴国四年宋朝两次授官均未正授节钺。三是《长编》关于李继筠、继捧交替时的官爵记载:"定难留后李继筠卒,弟继捧嗣其位。"⑦可见李继筠卒时仍为"留后"。由上可知,继筠初受官爵应为"定难军留后",《宋史·太宗纪》记载有误。

① 郭正:《李继筠墓志铭》,《党项西夏碑石整理研究》,第 145 页。
② 郭贻:《李光睿墓志铭》,《党项西夏碑石整理研究》,第 139 页。
③ 《长编》卷一九,太平兴国三年五月壬寅,第 429 页。另外,"克叡"在定难军文献中作"光睿",下文除引文外统称作"光睿"。(郭贻:《李光睿墓志铭》,《党项西夏碑石整理研究》,第 137 页)
④ 《宋史》卷四《太宗纪一》,第 59 页。
⑤ 《宋史》卷四八五《夏国传上》,第 13983 页。
⑥ 郭正:《李继筠墓志铭》,《党项西夏碑石整理研究》,第 145 页。
⑦ 《长编》卷二〇,太平兴国四年七月戊子,第 457 页。

宋朝始终未正授李继筠节钺，此番政策突变一直延续到李继捧时期，显与李光睿之后的夏州变局有关。前文对《李光睿墓志》的分析已指出，按照李光睿去世的政治安排，李光普任定难军节度行军司马，是规划中的继任者。而李继筠以衙内指挥使权知州事，破坏了继承序列。其于太平兴国三年六月袭位，旋即于次年六月去世，遐寿不终，可能正是违反权力过渡规范引起的混乱所致。

在此过程中，宋朝悬置节度使策略亦不容小觑。如前所议，定难军权力过渡规范是拓跋部李氏将基于血缘的政治选择借助方镇政治资源制度化后形成的。之所以如此是因为，定难军处于王朝国家传统政治区，拓跋部李氏亦与远居草原腹地的民族不同，[①]其政治运作与合法性深受方镇时代制度环境的影响和制约。以晚唐李克用之言为例："若以臣云中之伐，获罪于时，则拓跋思恭取鄜、延，朱全忠侵徐、郓，陛下何不讨之？"[②]可知虽王朝中央权力失坠，方镇行为恣意，但其中之政治规范彼此尽知，且会转化为政治斗争的工具或合理化行动的政治资源。由是言之，正是在宋朝悬置节度使的助推下，定难军继承纷争迅速走向分化。

三

本文利用定难军墓志与传世文献，重新探讨了宋初定难军分化问题。唐末五代宋初拓跋部李氏世袭定难军，形成以节度行军司马嗣位的权力过渡规范。这种模式借助方镇时代的政治资源，将基于家族血缘的权力嬗递制度化，实现了家族政治与方镇体制的融合。李光睿之后的权力更替中，李继筠、李继捧先后以衙内指挥使僭越节度，打破了以行军司马李光普嗣位的既定序列，导致定难军内部分化。而宋朝悬置节度使则加速了政治分化进程。定难军时期拓跋部李氏的发展，不能单纯以部族体制抑或独立政权考之。

---

① 关于党项与远居草原民族之区别，可参阅［日］宫崎市定《西夏的兴起与青白盐问题》，周伟洲译，《西北历史资料》1984 年第 2 期。
② 《旧唐书》卷一七九《张濬传》，中华书局，1975 年标点本，第 4659 页。

从河西之战看宋夏关系变化 *

梁继红

武威市博物馆

西夏是建立在西北地区的一个少数民族政权,地域偏鄙狭小,生存环境
恶劣,周边大国环伺。为了在夹缝中求得生存和发展,党项民族以战争为重
要的外交手段,经过数百年的磨砺,从弱小的游牧部落,逐渐崛起、壮大直到
建立国家,发展成为西北地区较为强大的一个民族政权。在党项西夏的发
展历程中,中原宋朝与其交往最深,对其影响也最为深远。综观宋夏之间交
往的历史,战争依然是最重要和最频繁的方式,从李继迁叛宋到北宋灭亡,
双方的战争就没有停止过。近人戴锡章在《西夏纪》中以"叛服不常"[①]四个
字来评论西夏对宋的关系。

西夏征服凉州六谷吐蕃和甘州回鹘的河西之战,是宋夏实力发生变化
的一个分水岭,在宋夏关系史上具有重大意义。战争期间,宋朝多次支持援
助吐蕃和回鹘,以打击和削弱西夏。河西之战后,西夏完全控制河西走廊,
宋朝与吐蕃、回鹘之间的交通被切断,三方联合共同打击党项的计划成为泡
影。西夏解除了后顾之忧,开始集中力量与宋、辽交战,并取得决定性胜利,
版图和势力迅速扩大,形成与宋、辽三足鼎立的政治格局;河西走廊成为西
夏稳固的大后方,源源不断为西夏输送兵马粮草,保障西夏立国期间军需和
民用物资的供应。

---

* 本文是甘肃省文物局文化遗产保护领域甘肃省省级科研课题经费资助项目"武威市
博物馆藏汉文大藏经整理研究"课题成果论文。

① (清)戴锡章撰,(清)纪昀、陆锡熊总纂:《西夏纪》卷二十八"跋文",兰州古籍出版社,
1990年。

一、河西之战的历史背景

河西走廊位于甘肃西部,东起乌鞘岭,西至玉门关,南依祁连山和阿尔金山,北靠马鬃山、合黎山和龙首山,以及巴丹吉林和腾格里两大沙漠,东西长约 1 100 公里,南北宽 20 至 100 公里不等,因位于黄河以西,形似走廊,故名"河西走廊"。这一地区地理位置特殊,自然条件优越,在巩固西北边防、加强西北与中原的联系、疏通中西交通方面,都居于极其重要的地位。自张骞凿空西域、汉辟河西四郡以来,历代中原王朝和各个地方割据政权,都十分重视对河西的经略,能否控制河西,成为一个政权强盛与否的重要标志之一。

安史之乱后,吐蕃对河西近百年的统治,改变了这一地区的民族构成,吐蕃成为河西走廊重要的民族之一。唐末五代时期,中原陷于分裂,河西孤悬塞外,居住在河西的各民族乘机割据自立,瓜沙归义军、甘州回鹘、凉州吐蕃等政权相继出现,河西走廊成为各族政权争夺和角逐的战场。

瓜沙归义军政权是割据河西地区的汉人政权。安史之乱后,唐朝征调陇右、河西诸军入援内地,吐蕃乘机占领河西全境。唐大中二年(848),沙州人张议朝率众起义,赶走吐蕃,并收复凉州,唐朝在沙州置归义军,授张议朝为归义军节度使。后来朝廷无力西顾,张氏政权维持瓜、沙地区统治,延续三代。其后曹议金取代张氏,掌握了沙州地方政权,仍称归义军节度使,向五代、北宋诸政权奉表入贡。

甘州回鹘是河西回鹘建立的政权。9 世纪中叶,漠北回鹘汗国灭亡,回鹘诸部离散,其中一支南下迁入河西走廊,建立回鹘政权,因其牙帐设在甘州,故称甘州回鹘或河西回鹘。五代时期,占据河西走廊,统辖部落甚众,秦州、凉州、贺兰山、肃州、瓜州、沙州等地回鹘都听命于甘州回鹘,其疆域"东至黄河,西至雪山,有小郡数百,甲马甚精习"[1],成为当时控制河西走廊的一支重要力量。回鹘盛产橐驼、名马、珊瑚、琥珀等珍宝,从唐至五代,不断向中原朝贡,唐朝也先后以公主下嫁,双方一直保持友好的甥舅关系。宋朝建

---

[1]　(元)脱脱等撰:《宋史》卷四百九十《回鹘传》,中华书局点校本,1977 年。

立后,甘州回鹘加强了与中原的朝贡贸易,由原来的一年一贡变成一年两贡,进贡人数和贡品数量的种类也大大增加。河西走廊的自然地理条件,非常适宜畜牧业生产,回鹘给宋朝的贡品中马和驼占比最大,河西走廊也成为宋朝获取战马的重要基地。对于回鹘的进贡和朝贡,宋朝以回赐的方式来酬答,回赐物品要么是钱,要么是回鹘境内缺少的茶叶、药品、丝绸等物。双方往来密切。

　　吐蕃统治河西期间,大批吐蕃及随军奴隶嗢末族迁入河西。嗢末族成分复杂,由吐蕃、汉族、吐谷浑、回鹘、突厥、羌族等组成。吐蕃衰落后,嗢末族乘机起兵,自立名号,推举首领,后来占据凉州,势力渐强,称为凉州吐蕃。宋朝初期,逐渐形成了以凉州阳妃谷为主的六个山谷的吐蕃部落,称为凉州吐蕃六谷部,六谷部大首领先后由六谷部落首领折逋氏家族和潘罗支家族担任。凉州吐蕃政权自建立以来,一直保持与中原王朝的联系。凉州"南界横山,西通西域,东距河西,土宜三种,善水草,所谓凉州畜牧甲天下者也"①。擅长游牧的吐蕃族占据凉州后,"依深山而居,不植五谷,唯事畜牧",凉州畜牧业特别是养马业迅速发展,马的产量多,而且不乏名马。凉州吐蕃向宋朝进贡的物品以马为主,仅宋真宗(997—1022年在位)时期,贡马达两千匹以上就有三次。宋咸平五年(1002)六谷吐蕃潘罗支一次就向宋朝"贡马五千匹",可知凉州吐蕃养马业规模很大,这里也是北宋战马的重要供应基地。宋朝对凉州吐蕃的回赐,除了钱和茶叶等物,有时候也将在国内禁止买卖的铁制兵器作为对吐蕃的回赐。

　　宋朝初年党项崛起,党项族在首领李继迁带领下,公然打出抗宋的旗帜,与宋朝频繁征战,抢掠财物,扩大疆域。宋咸平五年,李继迁夺取宋朝重镇灵州(宁夏灵武),改为西平府,建立党项政权新的统治中心。随后,李继迁确立了"西掠吐蕃健马,北收回鹘锐兵,然后长驱南牧"②的战略方针,意欲摆脱河西诸部的掣肘,南下进攻中原。李继迁把攻略的目标对准了河西走廊,对往来中原与河西的回鹘和吐蕃使者、商人动辄劫掠,冲突不断。

　　北宋王朝为了牵制和打击西夏势力,积极联合聚居在河西地区的回鹘

---

① (清)吴广成著,龚世俊等校证:《西夏书事校证》,甘肃文化出版社,1995年。

② 《宋史》卷四百九十一《党项传》。

和吐蕃诸族,封官授爵,赏赐物品,加以笼络。回鹘和吐蕃诸族也因为受党项势力的胁迫,急欲和中原联手,削弱西夏,于是都加强了与北宋的贡使往来。河西走廊成为各个政权争夺的焦点,谁得到河西走廊,谁就得到了对中西交通的控制权。

二、西夏争夺河西的战争

(一)凉州之战

　　凉州是河西走廊的东大门,自古以来就是"通一线于广漠,控五郡之咽喉"的战略要地,占领河西,必先得到凉州。北宋建立后虽然在凉州设西凉府,但并未进行过实质性的管理,政权依然控制在吐蕃六谷部手中。李继迁早就觊觎凉州,对往来北宋的吐蕃、回鹘使者抄掠不断,"侵掠无虚日"[1]。宋至道二年(996),李继迁劫掠凉州吐蕃,被占据凉州的吐蕃首领折逋喻龙钵击退。此后,李继迁、李德明、李元昊三代西夏首领从未放松对凉州的进攻。宋朝为了制驭李继迁,采取"以夷制夷"方略,对河西吐蕃大首领潘罗支大加封赏,利用双方矛盾来牵制党项族。潘罗支也依附宋朝,并多次遣使,约定联合对抗西夏。李继迁数次进攻凉州,都被潘罗支打败。李继迁见凉州吐蕃不易力取,便派遣使者,表示愿意结好潘罗支,遭到拒绝。诱降不成,李继迁又采取偷袭手段。宋咸平六年(1003)冬十月,李继迁用声东击西之计,扬言进攻环庆(今甘肃庆阳),暗中移兵攻占西凉府,杀死知府丁惟清,驱赶居民于城外,尽取府库物资运回西平。潘罗支见凉州城破,诈降李继迁,暗中联合六谷部族与者龙族数万兵力,突然攻击,继迁大败,中箭而亡,党项部落损失惨重。[2] 宋景德元年(1004),继迁之子李德明继位,他联络潘罗支内部的党项族,里应外合,攻占凉州,杀死潘罗支,报了杀父之仇。河西吐蕃余部在大首领斯铎督的带领下逃到山谷,继续抵御党项。德明攻占凉州后,派大将苏守信驻守。宋大中祥符四年(1011),苏守信率领骑兵袭击凉州大族样

---

① (清)吴广成著,龚世俊等校证:《西夏书事校证》卷九,甘肃文化出版社,1995年。

② (清)张鉴撰,龚世俊等校点:《西夏纪事本末》卷六《六谷歼渠》,甘肃文化出版社,1998年。

丹族,斯铎督联合六谷诸部共同抵御,苏守信败亡,他的儿子啰麻自领西凉府事务,难服其众。大中祥符九年(1016),甘州回鹘可汗夜落纥乘机率兵攻占凉州,凉州又陷入回鹘手中。之后的十多年,德明与回鹘之间开始了对凉州的争夺,几番易手,皆败于回鹘。德明见凉州不易得,于是改变策略,先出兵攻下甘州(今张掖),切断回鹘后援,凉州处于西夏包围之中。宋明道元年(1032)九月,德明派元昊率兵袭取凉州,最终如愿以偿。正如清人吴广成在论及西夏统一河西之举时说:"昔汉人取之号为断匈奴右臂,德明立国兴灵,不得西凉,则酒泉、敦煌诸郡势不能通,故其毕世经营,精神全注于此。"[1]他借着"兵复西凉,国威已振"的机会向宋朝称臣纳贡,保持与宋朝的友好往来,宋朝每年赐给他白银万两、绢万匹、钱三万贯、茶二万斤,还允许他们在宋、夏边境开设榷场,发展贸易。德明称臣后不但没有遭受损失,反而换来宋朝大量财物,势力更加壮大,开始集中力量向西部开拓。

(二) 甘州之战

早在五代时期,党项族与甘州回鹘就因为利益之争,经常发生冲突,党项族常常野蛮劫掠回鹘朝贡中原王朝的物资人马,在中原王朝的强力打击下,双方在丝绸之路上基本保持和平关系。宋咸平四年(1001),回鹘可汗王禄胜派遣使者"以玉勒名马、独峰无峰橐驼、镔铁剑甲、琉璃器来贡"[2],并希望宋朝廷派兵援助回鹘,围剿党项,捉拿继迁。咸平五年李继迁攻占灵州,建立西平府政治中心后,多次进攻甘州,都失败而归。大中祥符元年(1008),西夏境内大旱,德明截留回鹘朝贡宋朝的物品,并派兵侵扰回鹘,在返回途中被回鹘埋伏的重兵击溃,粮草尽被截获,军兵也被剿杀殆尽,夏军损失惨重。大中祥符二年(1009),德明又派大将张浦率领精锐骑兵二万进攻甘州,大败而还。宋天圣四年(1026),甘州回鹘阿萨兰部背叛契丹,德明乘机联合契丹征讨回鹘,依然无功而返。天圣六年(1028),24岁的李元昊奉父亲之命率兵攻打回鹘。李元昊有谋略,善用兵,他率数万精兵,突袭甘州,甘州回鹘可汗夜落纥力战不敌,仓皇出逃。宋明道元年,元昊突袭凉州,失

---

[1] (清)吴广成著,龚世俊等校证:《西夏书事校证》,甘肃文化出版社,1995年。
[2] 《宋史》卷四百九十《回鹘传》。

去援助的甘州回鹘势力孤单,无力抵抗,率部归降,河西地区的甘州回鹘大部分变成西夏的属民,其余残部退保西州。甘州"东连西凉,西阻弱水,南跨青海,北控居延。德明得甘州,可以凭借此形势制驭西蕃,灵夏之右臂成矣"①。元昊夺取甘州后,以甘州为镇夷郡,设置宣化府,加强对这一地区回鹘和吐蕃的镇抚和统治,并在右厢甘州路屯兵三万,防备西蕃和回鹘。

元昊占领甘州、凉州后,于西夏广运三年(1036)再次举兵河西,矛头直指瓜沙曹氏归义军政权。归义军首领曹贤顺见西夏势不可挡,难以抵抗,遂率部众投降。元昊占领瓜(今安西县东南)、沙(今敦煌县西)、肃(今酒泉县西)三州,至此,西夏尽有河西之地,完全控制河西走廊。

三、战 争 影 响

(一) 形成与宋辽三足鼎立的政治格局

元昊占领河西走廊,解除了后顾之忧,宋朝再无联合回鹘、吐蕃打击西夏的机会和可能。"元昊自凉州尽有其地,则控制伊西,平吞漠北,从此用兵中原,无后顾忧矣。"②西夏自天授礼法延祚三年(1040)开始,接连对北宋、辽用兵,在与北宋的三川口、好水川、定川寨战役和对辽的河曲战役中,西夏取得了决定性胜利,宋、辽被迫议和,承认西夏独立政权的地位,每年赏赐给西夏大量白银和茶叶、绢等物品。通过战争,西夏不但在政治上争得了与宋、辽平等的地位,也取得了经济上的红利,实力增强,疆域迅速扩大,"东尽黄河,西界玉门,南接萧关,北控大漠"③,成为雄踞西北的一个强大少数民族政权,形成了与宋、辽"三国鼎立"新的政治格局,直到被蒙古灭亡。

(二) 建立以凉州为中心的西部屏障

西夏鼎盛时期疆域广大,面积达到50多万平方公里,仅河西地区就达到20多万平方公里。为了便于军事管理,元昊分全国为左、右厢,设置十二

---

① (清) 吴广成著,龚世俊等校证:《西夏书事校证》,甘肃文化出版社,1995 年。

② 同上注。

③ 同上注。

监军司,在凉州设置的右厢朝顺军司,管理西北地区的六个监军司,西凉府成为西夏在西部地区的军事管理中心。① 又升凉州为西凉府,确立凉州西夏辅郡的地位,凉州成为仅次于首都兴庆府的西夏重要的政治中心。西夏大安九年(1082),西夏"点集河南、西凉府、啰咙界、甘、肃、瓜、沙,十人发九人,欲诸路入寇"②,准备大举侵宋。在西夏文和藏文史籍中记载,凉州是西夏王族的祖先建功立业的地方。李元昊称帝建国后即率领皇族大臣到西凉府祀神,在他的潜意识里,他是相信这个传说的,更主要的是他认识到,对西夏来讲,凉州的战略防御功能和其对周边地区的政治辐射力是其他地区不能比的,建立凉州政治中心,既有利于加强对首都的拱卫,又利于防范中原宋朝与回鹘和吐蕃的再次联合,对整个河西走廊的稳定和发展也有积极的意义。

(三) 建成西夏的粮食和军需供应基地

西夏境内地形地貌复杂多样,沙漠戈壁占据全境的三分之二以上,生存环境恶劣。最适宜农牧的地区,除了宁夏平原,就是河西走廊。

河西走廊境内,有发源于祁连山冰雪融水的三大河流石羊河、黑河、疏勒河,河流丰富的水源,滋养和灌溉着河西地区的黄土地,这里水草丰茂,土地沃饶,是西夏赖以生存的粮食供应基地和畜牧业生产基地,其"府库积聚,足以给军需,调民用,真天府之国"③,西凉府府库的存粮,不但供给西夏的军需和民用,在饥荒年景,也起过重要的作用。西夏大安十一年(1084)秋七月,银夏州大旱,饥,"秉常令运甘、凉诸州粟济之"④。畜牧业是党项族传统的生产生活方式,以游牧为生的党项族长期从事畜牧业生产,有丰富的经验。占据河西走廊后,西夏疆域扩大,草场增加,朝廷设立专门的机构群牧司统一管理,西夏畜牧业有了更进一步的发展,"地广民稀,水草宜畜牧,故凉州之畜为天下饶"⑤,源源不断地为西夏提供着马匹、牛、羊、骆驼等军需和

---

① 《续资治通鉴长编》卷四百六十,哲宗元祐六年(1091)六月丙午条,宋朝知熙州范育奏神宗言:"臣观夏贼之为国,自奄有西凉,开右厢之地,其势加大。"中华书局,2004 年。
② (宋) 李焘:《续资治通鉴长编》卷三百二十六,中华书局,2004 年。
③ (清) 吴广成著,龚世俊等校证:《西夏书事校证》,甘肃文化出版社,1995 年。
④ 同上注。
⑤ 《汉书》卷二十八《地理志下》,中华书局,1962 年。

民用物资。

西夏控甲数十万之众,为了拓展疆土,掠夺财物,立国期间战事不断,先后与宋、辽、金周旋抗衡近两个世纪,凭借的正是河西走廊得天独厚的自然地理优势。正所谓"得西凉则灵州之根固"[①],河西之战后,西夏完全占有河西走廊,如虎添翼,从此控制了中西方交通,以西凉府为中心,不但发挥西部政治中心、军事战略要地、经济大后方的作用,还形成了以凉州、甘州为中心的交通网络,和东西方贸易的中转站。《西夏碑》载,凉州"当四冲地,车辙马迹,辐辏交汇,日有千数"。来自各地的商旅、使者,不仅给西夏带来了财富,也带来了先进的文化和发达的科学技术,善于借鉴和吸纳的西夏民族,兼收并蓄,博采众长,创造了富有本民族特色的西夏文化,为中华优秀传统文化增添了异彩。

---

① (清)吴广成著,龚世俊等校证:《西夏书事校证》,甘肃文化出版社,1995 年。

王韶熙河拓边对西陲边地经济开发的意义

贾海鹏

武威市凉州文化研究院

北宋太祖赵匡胤通过"陈桥兵变"黄袍加身,虽然承袭后周政权,但赵宋开国者仍具有完成大一统的宏愿。然而宋太宗接连北伐收复燕云战役受挫,使得宋统治集团眼光向内,采取"守内虚外"之策,放弃开疆拓土之举,追求内部统治稳定和"文治"功业成为施政中心,边防退为次要问题。[①] 熙河拓边是北宋历史上少有的积极对外开拓疆域的行动,是宋朝建立百余年之后,宋神宗在王韶、王安石等人谋划下试图突破传统治国理念,采取积极主动策略消除西夏威胁,改变对外被动屈辱局面的一次大行动。学术界对这一问题已经有了许多的研究,概括起来主要集中在以下几个方面:

一是从熙河拓边的主要人物王韶的角度来论述宋朝是如何得到这一地区的,如孙家骅的《试论王韶出师熙河》[②]一文,在肯定王韶是一位爱国主义军事家的同时,详细阐述了他支持王安石变法,出兵开拓熙河的历史贡献,驳斥了王韶是"勤兵费财""骤济政地"的说法。王晓燕的《王韶经营熙河管窥》一文[③]也认为王韶作为王安石变法的具体实施骨干之一,以卓越的军事才干开疆辟土、安抚蕃众,治理经略熙河地区,对边疆的稳定和开发起到了一定的积极作用。王可喜、冯瑞与贺兴等人从王韶的《平戎策》入手,认为王韶上《平戎策》并主持经略熙河地区,对招抚吐蕃诸部、开发和稳固我国西部边防、促进边疆地区的经济发展起了不可估量的作用,对今天处理民族关系

---

① 陈峰:《宋代治国理念及其实践研究》,人民出版社,2015年,第9页。

② 孙家骅:《试论王韶出师熙河》,《上海师范大学学报》1989年第1期,第62—67页。

③ 王晓燕:《王韶经营熙河管窥》,《中央民族大学学报》2005年第5期,第86—91页。

也有借鉴意义。① 业师陈峰先生的《将军归佩印累累：记北宋名臣王韶》②一文，记述了王韶从一位书生少年到开拓疆域、威震西陲的壮丽一生。还有研究熙河拓边的直接支持者王安石的文章，如邓广铭先生和陈守忠认为熙河拓边是王安石变法的对外方面，是其实现富国强兵、改变积贫积弱的重要举措。③ 另有一些文章从历史地理的角度探讨了北宋对熙河地区的开拓和经略，分析了这一地区的重要性及其产生的影响。④ 还有从宋人如何评价熙河拓边的视角来研究的，如方新荣《从宋人对"熙河之役"的评价看宋与吐蕃之间的关系》。⑤ 另有汪天顺的《熙河开发与北宋国家统一述评》，⑥该文分析了熙河路设置的背景及其设置的目的，并从军队供需、土地开发利用、民族关系、当职官员渎职等方面说明北宋开拓熙河的效果并不理想，但作者认为"北宋政府主观上没有也不可能达到经营熙河，一统天下的目的，但是客观上产生的积极影响不容忽视"。

一、从《平戎策》到熙河路

宋神宗熙宁元年（1068）王韶向朝廷上奏《平戎策》三篇，针对如何抵御西夏侵扰的问题，提出了先招抚处于西夏以南、河湟一带的吐蕃诸部，从而实现使西夏"腹背受敌之忧"的战略目标。宋神宗熙宁五年（1072）朝廷设置

① 王可喜：《王韶〈平戎策〉中处理民族关系的原则及借鉴意义——兼补辑〈全宋文〉中的王韶文》，《民族历史研究》2005 年第 2 期，第 134—137 页；冯瑞、贺兴：《王韶〈平戎策〉及其经略熙河》，《兰州大学学报》2002 年第 1 期，第 63—69 页。
② 陈峰：《将军归佩印累累：记北宋名臣王韶》，《美文（上半月）》2011 年第 9 期。
③ 邓广铭：《王安石统一中国的战略设想及其个人行藏》，《北京大学学报》1997 年第 2 期，第 16—29 页；陈守忠：《王安石变法与熙河之役》，《西北师范大学学报》1980 年第 3 期，第 3—14 页。
④ 唐敏：《北宋熙河路历史地理研究》，山东大学 2013 年硕士学位论文；叶梓：《北宋熙州经略研究》，西北师范大学 2014 年硕士学位论文；高路玄：《北宋熙河开边研究》，青海民族大学 2013 年硕士学位论文。
⑤ 方新荣：《从宋人对"熙河之役"的评价看宋与吐蕃之间的关系》，《西藏民族学院学报》2009 年第 3 期，第 25—28 页。
⑥ 汪天顺：《熙河开发与北宋国家统一述评》，《云南社会科学》2002 年第 3 期，第 76—80 页。

熙河路,短短五年时间就取得了开疆千里的硕果,这离不开宋神宗、王安石的坚定支持,更少不了主将王韶的英勇果断。

1. 王韶及其《平戎策》

王韶(1030—1081),字子纯,江州德安(今江西九江德安县)人。仁宗嘉祐二年(1057)中进士,后做过建昌军司理参军。曾"客游陕西,访采边事"①,掌握了许多的一手资料,这对他日后带兵开拓熙河、招抚平叛蕃属起了很大的作用。宋神宗继位后,有"励精图治,奋然将雪数世之耻"②的大志向。王韶于宋神宗熙宁元年十二月,向朝廷上奏《平戎策》三篇:

> 西夏可取。欲取西夏,当先复河、湟,则夏人有腹背受敌之忧。夏人比年攻青唐,不能克,万一克之,必并兵南向,大掠秦、渭之间,牧马于兰、会,断古渭境,尽服南山生羌……则河西李氏在吾股掌中矣……夏人无所连结,策之上也。③

王韶首先指出了吐蕃瓜分、莫相统一的现状,这为朝廷经营河湟地区提供了良机。其次,王韶在上书中指出,西夏正在连年进攻吐蕃,而吐蕃各部势孤力薄,一旦让西夏得手,将会对北宋造成巨大威胁。最后说河湟地区,土地肥美,适宜于种植作物,发展农业。如果河湟一旦收复,既对北宋的经济发展有很大裨益,又可加强对西夏的防务能力。

2. 开拓熙河,设置熙河路

王韶的上书得到了宋神宗和王安石的赞赏,熙宁三年(1070)冬,王安石为使王韶提出的开垦渭源至秦州、渭河两岸弃置未耕的闲田和在古渭寨建置市易司的建议得以顺利进行,进王韶的官阶为太子中允,授秘书省著作郎,差充秦凤路经略安抚司管勾公事,提举秦州西路蕃部及市易司公事等。不到一年,熙宁四年(1071)宋神宗就下敕赞扬王韶"以文学知名,素怀忠义,沉毅慷慨,富于机略。朕召见面问,实知其才,命之边要,抚夷招辑羌丑,而捍固疆围……"特授秘阁校理,管勾秦凤路安抚司、营田市易公事。同年八月,命王韶主洮、河安抚司事。王韶率军诏讨,收复青唐,并劝降酋豪俞龙

---

① (元)脱脱:《宋史》卷三二八《王韶传》,中华书局,1977 年,第 10579 页。
② 《宋史》卷一六《神宗本纪》,第 314 页。
③ 曾枣庄等:《全宋文》卷一六六二《王韶文》,上海辞书出版社,2006 年,第 149 页。

珂,使他率其所属 12 万人归顺宋朝。接着,又有一些吐蕃部落近 20 万人纷纷归附,使得北宋的疆土收复了 1 200 里。熙宁五年五月,朝廷以古渭寨升为通远军,命王韶兼知军,行教阅法。七月,王韶引兵城渭源堡及乞神坪,破蒙罗觉、抹耳水巴等族,朝廷委任其为秦凤路沿边安抚使。八月,王韶击败木征于巩令城,收复了武胜地区,筑城武胜。冬十月,朝廷置熙河路,领熙、河、洮、岷州、通远军,升镇洮军为熙州,以王韶为龙图阁待制、熙河路都总管、经略安抚使,兼知熙州。①

二、北宋对熙河地区的经略

北宋虽然开拓了大片疆域,设置了熙河路,但是由于这一地区民族复杂,朝廷刚刚得到,要想长久地治理需要花费很大的精力去经略。下面主要说明宋神宗时期王韶经略熙河的措施。

1. 讨抚并用,修筑堡寨

王韶在《平戎策》中已经提出了对河湟诸蕃要采取"并合而兼抚"的方针,这是王韶开拓熙河的战略指导思想。为了巩固新收复的熙州地区,王韶积极地在熙州招纳蕃部、修建堡寨。熙宁五年,王韶以怀柔政策招纳沿边蕃部:"自洮河武胜军以西至兰州马衔山,洮、岷 宕、叠等州,凡补蕃官、首领九百三十二人,首领给餐钱、蕃官给奉者四百七十二人,月计费钱四百八十余缗,得正兵三万、族帐数千。"②但是对那些抵制招抚,坚持分裂的部落酋长,则予以严厉的打击。如后来因为王韶返京述职,河州知州景思立被吐蕃别将诱至踏白城败死,木征乘机叛乱,包围了河州。王韶收到消息后火速赶往熙河,沉着冷静应对,焚烧叛军十八个营帐,击毙叛军七千余人,平定了叛乱。同时筑南关堡、北关堡。熙宁六年(1073)四月,王韶派兵筑康乐城,在洮河东岸修筑结河、临洮二堡,并在"熙州城下洮河及南、北关渡口并置浮

---

① 孙家骅:《江西北宋军事家王韶与熙河之役》,名家江西:http://jx.sina.com.cn/mingjia.html。

② 《宋史》卷一九一《兵五》,第 4757 页。

桥"①等,使得宋朝在这一地区的军事力量大大加强。

2. 辟荒屯田,发展经济

历代封建政府在开拓疆域时,屯田都是一个不可或缺的手段,一方面可以开垦出许多良田,解决戍卒的军粮供应,同时也能开发当地的经济。王韶也采用了营田、屯田的措施经略熙河。早在熙宁三年时,王韶就曾提出过"渭源城而下至秦州成纪,旁河五六百里,良田不耕者无虑万顷,治千顷,岁可得三十万斛"②的建议,加之吐蕃人受"贱土贵货"的传统经济观念影响深厚,王韶通过购买从吐蕃手中获取了大量田地,这也得到了北宋政府的积极支持。同时王韶积极招募劳动力进行开垦:"熙州王韶又请于河州蕃部近城川地招弓箭手,以山坡地招蕃地弓箭手,每寨五指挥以二百五十人为额,人给地一顷,蕃官二顷,大蕃官三顷。"③通过这一举措开垦闲田,促进了当地农业的发展,保证了军需供给。

3. 设置市易司、买马司

通过设立榷场、市易司同蕃属部族进行贸易,从经济上制约蕃属,是中原王朝在边疆经常采取的措施。宋神宗采纳了王韶的建议,开始在古渭寨设置市易司。熙宁五年八月,宋政府在镇洮军置市易司,赐钱帛五十万。熙宁六年,北宋政府还派遣官员来协助王韶经营市易司事务:"诏提点秦凤路刑狱张穆之与熙河官吏制置市易条约以闻。"④熙宁七年(1074)二月,王韶言:"通远军自置市易司以来,收本息钱五十七万余缗,乞下三司根磨,推奖官吏。"⑤可见设置市易司取得了很好的收益。

宋朝由于长期战马不足,在和辽、西夏作战时经常用步兵对骑兵,很是吃亏。凉州地区出产优良马匹,宋朝很看重,用茶叶、丝绸、瓷器等东西和蕃属易马,因此熙河路成为宋朝战马的主要来源地。熙宁七年七月,因"熙河

---

① (宋)李焘:《续资治通鉴长编》卷二四二,熙宁二年六月甲寅,中华书局,1980年,第5890页。
② 《宋史》卷一七六《食货上四》,第4267页。
③ 同上书,第4269页。
④ 《续资治通鉴长编》卷二四三,熙宁六年三月丁未,第5911页。
⑤ 《续资治通鉴长编》卷二五〇,熙宁七年二月庚辰,第6080页。

出马最多"①,在熙州置买马务,命王韶都提举熙河路买马。熙宁九年(1076)初,宋朝在熙、河、岷州、通远军和永宁寨置买马场,熙河地区成为宋朝战马的主要供给地。②

三、熙河拓边的评价

王韶熙河拓边是北宋历史上的大事,宋人对此有两种截然不同的评价。一派持赞扬观点,认为熙河拓边是宋朝自太宗北伐失败后取得的最大军事胜利,极大地振奋了宋人,实现了"断西夏右臂"的战略构想,从宋人的一些诗词贺表中就可以看出,如刘攽的《熙州行》③对王韶的赞颂:

> 自胡请盟供贡职,关西二纪剚兵革。
>
> 胡人岁来受金帛,地虽国本常不惜。
>
> 帝家将军勇无敌,谋如转圜心匪席。
>
> 精神动天天不隔,凿空借筹皆硕画。
>
> 贾生属国试五饵,买臣朔方发十策。
>
> 偏师倏然尽西海,一月三捷犹馀力。
>
> 百蛮解辫慕冠带,五郡扫地开城壁。
>
> ······
>
> 岂知洮河宜种稻,此去凉州皆白麦。
>
> 女桑被野水泉甘,吴儿力耕秦妇织。
>
> 行子虽为万里程,居人坐盈九年食。
>
> 熙州欢娱军事息,天王圣明丞相直。

刘攽把王韶的功业和汉武帝时的张骞出使西域相等价,同时通过具体描写熙州的五谷丰登、人民安居乐业的繁荣景象,肯定了宋置熙河路后,着手在西部进行经济开发的举措,改变了当地的落后生产状况。

也有对其持否定态度的,一是认为战争破坏了宋朝与吐蕃的和平友好,

---

① 《续资治通鉴长编》卷二五四,熙宁七年七月甲寅,第6205页。
② 傅增湘:《宋代蜀文辑存》卷三〇,文渊阁《四库全书》本。
③ 傅璇琮等主编:《全宋诗》卷六〇五,北京大学出版社,1991年。

引起边患不息。如郑侠《和荆公何处难忘酒诗》①：

> 何处难缄口？熙宁政失中。
>
> 四方三面战，十室九家空。
>
> 见佞眸如水，闻忠耳似聋。
>
> 君门深万里，安得此言通。

该诗字里行间对王安石支持熙河用兵事充满了不满。以司马光为首的"旧党"更是指责王韶为"开边生事"，致使其遭到免职贬谪。更有附会说王韶因在西陲杀戮太多，最后得到恶报而死：

> 王韶在熙河多杀伐。晚年知洪州，学佛，事长老祖心。一日拜而问曰："昔未闻道，罪障固多。今闻道矣，罪障灭乎？"心曰："今有人贫日负债，及贵而遇债主，其债偿乎？否也？"韶曰："必还。"心曰："然则虽闻道矣，奈债主不相放耶！"韶怏然不悦，未几，疽发于脑而卒。②

王韶主持的熙河开边战争得到了宋神宗的支持，是神宗统一中国、恢复"汉唐旧疆"宏伟目标的一个组成部分，同时也是变法派为了实践"强兵"理论、用边功支持新法推行的重要行动。时人的评价多少会受新旧党争的影响，而且南宋战和争论也会影响对熙河开边的评价，后人更把北宋的灭亡归咎于北宋朝廷在熙河投入了太多的人力、物力、财力，导致无暇顾及北边情势的变化，这是完全没有道理的。我们应该对宋神宗君臣主持的熙河拓边给予肯定的评价，而且确实达到了预想的"断西夏右臂"的目的，虽然宋夏战争中还是出现了后期的永乐之败，但是在宋和西夏的攻守关系上，宋朝已经完全占据了主动权，西夏再也没有对北宋发动像样的侵略扰边行动。

宋神宗立志恢复"汉唐旧疆"，改变宋朝长期形成的积贫积弱的困局，重用王安石、王韶等人，积极主动开拓熙河，并花费很大精力经略熙河，取得很大的成果，在武功常被诟病的宋代历史上书写了光辉的一页。虽然实现了"断西夏右臂"的战略目标，在对夏战争中取得了主动地位，但由于对防范猜

---

① 傅璇琮等主编：《全宋诗》卷八九二，北京大学出版社，1991年。

② （宋）魏泰：《东轩笔录》卷十五，中华书局，1983年点校本，第172页。

忌武将的家法恪守不渝,所以即使认为时机已经成熟,五路大军伐夏,还是不可避免地遭受了永乐之败。但不能由此否认开拓熙河对开发这一地区和巩固多民族国家的历史进步意义。

熙宁宋夏初次战争与宋方战时部署

陈朝阳

洛阳理工学院古都文化研究中心

宋神宗继位后,在熙宁三年(1070)至四年(1071),宋夏之间又一次爆发战争,这次战争从熙宁三年四月开始至熙宁四年五月结束,持续了十三个月之久,是宋夏在熙宁时期的第一次较量。李华瑞先生在其著作《宋夏关系史》①中对该战争的前因后果、过程影响都有过描述,本文拟在其研究的基础上呈现更多事件的细节,以期在细节的基础上更精准把握熙宁时期政治与边事的关系、边臣与两府的关联。

一、引　子

治平四年(1067),宋将种谔在二府不知情的情况下收复原被西夏占领的绥州,绥州是在太平兴国七年(982)的时候被西夏占领,可以说是西夏的起家之本,绥州②对于宋夏双方来讲都具有非常重要的战略意义,其防御范围是无定河下游河谷及周边地区,包括今陕西清涧县、绥德县、米脂县、吴堡县、佳县、横山县等地区,绥州控扼冲要,形势险胜,为宋夏之门户。西夏失去了绥州城,自是不甘心,宋夏双方自此摩擦不断。

由于枢密使文彦博主张将绥州归还西夏,提出用西夏占领的安远寨和塞门寨来换绥州,西夏口头上也答应了这一要求,于是宋方派出韩缜,西夏派出薛老峰共同商议交换事宜并达成共识。结果真正到交割之日,西夏耍

---

① 李华瑞:《宋夏关系史》,中国人民大学出版社,2010年,第135页。

② 绥州对于宋、夏的意义参看朱瑞《北宋鄜延路边防地理探微》,宁夏大学2013年硕士学位论文;张多勇、杨蕤《西夏绥州——石州监军司治所与防御系统考察研究》,《西夏研究》2016年第3期。

手段,"所献者寨基,其四旁土田皆不可得"①。宋神宗和文彦博等人都已经做好交换的准备,并已下诏给郭逵要焚弃绥州,结果发现被西夏要弄,又慌忙下诏给郭逵之前所下诏书不得执行,"使者以闻,上怒甚,以让文公,文公亟札鄜延:前札更不施行。时赵禼掌机宜于经略司,求前札不获,甚忧恐。逵乃出示之"②。

幸亏这次外交陷阱被郭逵及时识破,北宋政府的脸面才得以保存,此时宋廷在最高层面对西夏依然奉行的是战略防御的边防国策,但是边臣却常常会突破朝廷约束,宋夏之间摩擦不断,战争也就变得不可避免。

据李焘记载:"四月,夏人遣兵二万侵绥德城,筑八堡,近者四里。郭逵曰:'彼气方锐,不可与战,又不可止,但听使为之,俟其去而平之。'贼既成堡,各留三二百人戍之。五月,逵遣其将燕达等攻其二大堡,一日克之,余堡人皆逃去。时贼又筑堡于庆州荔原堡北,曰闹讹,在境外二十余里。及闻延州堡败,亦止不筑,申牙头求罢而兵留境上。"③

筑堡的西夏人受到郭逵打击,后短暂修整。八月,西夏号称二十万大兵攻大顺城以及周边堡寨,熙宁四年二月攻顺宁砦,围抚宁,在西夏的军事压力和庆州兵变的影响下,熙宁四年五月宋方终弃啰兀城,同西夏议和。

二、知庆州李复圭与这次宋夏战争的关系

李复圭,其人官场经历比较丰富,历任澶州通判,泾州知州,湖北、两浙、淮南、河东、陕西、成都六转运使,熙宁初年时进为庆州知州。这次战争的爆发与进程,与庆州李复圭有着密切的关系。

各类史书对这次战争最起初的记载潜在反映了不同的信息,到底是谁先挑起了这场战争?

战争的导火索是西夏在边境上筑堡,陈均的记载和李焘的记载,除了闹

---

① (宋)司马光:《涑水记闻》卷十一,中华书局,1989年,第211页。
② 同上注。
③ (宋)李焘:《续资治通鉴长编》(以下简称"《长编》")卷二百十四,熙宁三年八月,中华书局,2004年,第5203页。

讹堡为诺克①堡外,基本一致。官方史书用了一个"侵"字,已经给这次战争定了性,但问题是西夏侵绥德的行动只是在闹讹堡建筑堡寨,对绥德构成了一定的威胁,并没有实施具体的侵略行为。闹讹堡在今庆阳境内,郭逵出兵把修筑堡寨的西夏兵给赶跑了。

陈邦瞻的记载为:"先是夏人筑闹讹堡,知庆州李复圭合蕃汉兵三千,遣裨将李信、刘甫御之,信等大败而还。"②

从他的记载中透漏出的信息是:因为西夏筑堡,而李复圭出击,出击之后又失败,这其中丢失了很多信息,作者意图更加直接地归罪于李复圭。李复圭固然有罪,但因不在此。

如果仅仅是因为郭逵和李复圭把筑堡的西夏兵驱逐了的话,也许还不至于爆发这次战争。原因要复杂得多:蕃部巡检李宗谅的领地靠近闹讹堡,西夏修筑闹讹堡"害其佃作",故而李宗谅率部众与西夏争斗,李复圭派钤辖李信前往支持,但李信却按兵不动,不仅如此,当李宗谅失败回到李信所在堡寨时,李信拒绝其进入,无奈,李宗谅继续和西夏人战斗,最后全部覆灭。李复圭指责李信观火不救,不知李信是惧怕还是想将功折罪,带领三千宋兵深入西夏领地十二盘攻打夏人,结果战败,李信逃回荔原堡,"朝廷闻之,命李复圭酬赛",李信被捕,之后李信又派部下攻破金荡、白豹、兰浪、萌门、和市等寨。李焘的史料选择到此为止,而宋史则把李复圭所派宋军的残忍给记载下来:"出兵邛州堡,夜入栏浪、和市,掠老幼数百,又袭金汤,而夏人已去,惟杀其老幼一二百人,以功告捷,而边怨大起矣。"③当时李焘在编写《续资治通鉴长编》时应该也看到这样的记载,他在正文后面的史料取舍解释中写道:"《续纲目》载复圭既斩信等,复出兵追夏人,杀其老幼二百。与此小异,不知何所本也。"④

以上是熙宁三年四月至七月发生的事,可以看出宋边臣不断在制造摩擦,终于导致了西夏在"八月壬申,倾国入寇,攻围大顺城、柔远寨、荔原堡、

---

① 文渊阁《四库全书》电子版中该堡的名字写为纳斡,诺克、闹讹应该都是该堡的音译。
② (明)《宋史纪事本末》卷九,中华书局,1977 年。
③ (元)《宋史》卷四百八十六《夏国下》,中华书局,1985 年,第 14008 页。
④ 《长编》卷二百十四,熙宁三年八月,第 5205 页。

淮安镇、东谷寨、西谷寨、业乐镇,兵多者号三十万,少者二十万"①。两国矛盾升级,李复圭负有不可推卸的责任,据《长编》记载:"其实夏人初不犯汉地,复圭侥幸边功,致信等败衄,人皆冤之。"文彦博等人主张把实情告知西夏,使其明白这些摩擦为边臣所为,而非朝廷授意,但是王安石认为这样不妥:"夏人但见复圭屡出侵之,不知所以,或当少有畏惮。若便牒报,示以情实,往往旅拒。"②最终宋神宗听从王安石的建议。李复圭斩李信一事上,文彦博和冯京皆认为不妥,王安石却说:"复圭斩李信事甚当。"③因此李焘认为"王安石专主复圭"④。

李复圭受到谢景温的弹劾,离开庆州。战争结束后朝廷也加紧对边臣的管控,熙宁四年二月,宋神宗手诏枢密院:"昨李复圭擅易诏命,出师侵敌,遂致西鄙用兵。""恐边臣未悉朝廷之计,宜密戒谕之。"⑤

这次战争促使宋神宗和两府大臣在之后相当长一段时间内对两国关系采取更为审慎的态度,而把主要的精力放在变法上面。

三、两府与战时人事部署

(一) 陕西、河东路宣抚使和宣抚判官

宣抚使⑥是宋代地方最重要的使职官员,"祖宗以来,所置使名,莫重于宣抚,多以现任执政官充使"⑦。治平末年,同签书枢密院郭逵为陕西宣抚使。

时任参知政事的韩绛上奏前往陕西,亲自指挥战事。王安石也主动请缨说:"臣于边事未尝更历,宜往。"宋神宗也有意让王安石前往陕西:"王安石未尝行边,今可出使也。"⑧但是此时也是新法实施的关键节点,最终决定派韩绛前往。熙宁三年九月,乙未,工部侍郎、参知政事韩绛为陕西路宣抚

---

① 《长编》卷二百十四,熙宁三年八月,第 5220 页。
② 同上书,第 5218 页。
③ 同上注。
④ 同上书,第 5204 页。
⑤ 《长编》卷二百二十,熙宁四年二月,第 5349 页。
⑥ 关于宣抚使的详细研究,参见郑丽萍的博士论文《宋朝宣抚使制度研究》。
⑦ 《宋会要》职官四一之二五。
⑧ 《通鉴长编纪事本末》卷八十四。

使，度支员外郎、直舍人院吕大防为宣抚判官。① 以中书参知政事任宣抚使，中书属官为宣抚判官，在宋代并不常见。宋神宗还赋予韩绛特权："如有机事不可待奏报，听便宜施行。"②由此可见宋廷对这次战事的重视程度。

九月十七日，宋神宗召集二府执政官一同到韩绛处为韩绛送行。吕大防献攻守二议：止绝岁赐，坚壁清野。③

熙宁三年十一月，又命陕西宣抚使韩绛为陕西、河东宣抚使，判官吕大防为陕西、河东路宣抚判官。④ 此时韩绛正在鄜延路治兵，为了使陕西路和河东路能够步调一致，协同指挥，朝廷命令韩绛为两路宣抚使，这种任用方式在有宋一朝并不常见。当然韩绛主要精力及责任还是在陕西，韩绛在河东路的职责是配合陕西路的战事而设置的，因此朝廷也规定了韩绛在河东的职权范围："诏宣抚使韩绛不须亲至河东，止移文往来。其非招抚部族、开拓疆土、勾抽兵马、取索钱粮事，更不关预。"⑤

宋神宗对韩绛可谓是寄予厚望，在陕西路的权力全面下放："几事不可待报者，听便宜施行，授以空名告敕，得自除吏。"⑥"给空名敕百、告五十，付陕西宣抚司。其告，令吕大防临时撰词。"⑦不但赋予韩绛绝对的人事权，而且在熙宁三年十二月，将韩绛和王安石同时任命为宰相，由于韩绛此时还在陕西路，宋神宗"遣使即军中拜之"，韩绛"依前官平章事、昭文馆大学士"。⑧

为了更加便于韩绛和吕大防在陕西路的工作，又任"陕西河东宣抚判官、度支员外郎、直舍人院吕大防知制诰"⑨。韩绛又奏请吕大钧（吕大防之弟）宣抚司书写机宜文字，⑩吕大忠（吕大防之兄）提举义勇。⑪

① 《长编》卷二百十五，熙宁三年九月，第 5236 页。
② 同上书，第 5237 页。
③ 同上书，第 5241 页。
④ 《长编》卷二百十七，熙宁三年十一月，第 5283 页。
⑤ 《长编》卷二百十八，熙宁三年十二月，第 5291 页。
⑥ 《宋史》卷三百一十五《韩绛传》，第 10303 页。
⑦ 《长编》卷二百十八，熙宁三年十二月，第 5394 页。
⑧ 同上书，第 5301 页。
⑨ 同上书，第 5302 页。
⑩ 《长编》卷二百十六，熙宁三年十月，第 5256 页。
⑪ 同上书，第 5257 页。

据《长编》记载，熙宁三年十二月，权成都府路转运使范纯仁又被任命为陕西、河东宣抚判官，但是并未成行，据李焘给出的原因是："韩绛引纯仁自助，枢密院得旨，差至中书，寝不行，王安石恶纯仁不附己也。"①但情况究竟怎样，有待进一步考证。

韩绛到陕西后立刻招兵买马，同时把少数民族和汉族士兵分为七军，任命了这七军的长官：知原州种古、知环州种诊、环庆路都监任怀政、知保安军景思立、知青涧城种鄂、知德顺军周永清、秦凤路都钤辖向宝。种鄂又被韩绛任命为鄜延路钤辖，专管勾蕃部事。②

（二）秦州③、延州④、庆州长官

秦州和延州在陕西四路的战略地位非常重要，"延安，西夏之咽喉也"⑤，"延州当西戎三路之冲"，"最为控要"⑥，因而秦州和延州的知州人选于韩绛对西夏的战略计划实施也是很关键的一环。

先说秦州知州一职。熙宁三年六月，殿前都虞候、邕州观察使、秦凤路副总管窦舜卿知秦州，⑦代替李师中，李师中是因为反对王韶市易司及边田一事被最终换职的。窦舜卿仅仅任职一月余，又被韩缜代替。熙宁三年七月，盐铁副使、兵部郎中韩缜为天章阁待制、知秦州。王安石对刚刚任秦州知州的窦舜卿不满，因为窦舜卿把董裕作乱的原因归结为王韶招诱蕃部不当。王安石说"舜卿与李若愚等合党，欲倾王韶"，提出"窦舜卿不宜置在秦州。朝廷付舜卿以事，奏报乃尔乖方，虽黜责可也"。⑧ 宋神宗意用韩缜，此时中书和枢密院就韩缜的任用没有发生分歧，于是韩缜任秦州一职。

① 《长编》卷二百十八，熙宁三年十二月，第5304页。
② 《长编》卷二百十六，熙宁三年十月，第5255页。
③ 关于秦州在宋夏关系中的地位和作用，参见杨小敏《北宋时期的秦州（天水）经济与陆上丝绸之路》，《中国史研究》2017年第4期，第15页；杨小敏《军事地理环境与北宋时期秦州经济的发展特点》，《中国农史》2012年第2期。
④ 关于延州在宋夏关系中的地位，参见陈朔《论延州在宋夏和战中的战略地位》，《石家庄学院学报》2016年第2期。
⑤ 范仲淹：《范仲淹全集》，卷十四，四川大学出版社，2002年。
⑥ （宋）魏泰：《东轩笔录》卷五，中华书局，1983年，第54页。
⑦ 《长编》卷二百十二，熙宁三年六月，第5144页。
⑧ 《长编》卷二百十三，熙宁三年七月，第5188页。

再说延州知州,郭逵久在延州,熙宁三年八月,宣徽南院使、静难军留后、判延州郭逵加检校太尉、雄武军留后,令再任。① 蔡挺和郭逵资历相当,此时蔡挺已经转官,对于郭逵如何转,曾公亮和文彦博赞同用程戡的先例,授予节度使,王安石却反对:"节度使岂可轻授? 人知陛下吝惜名器,逵亦必绝望,程戡例固难用于今日。"文彦博说唐代藩镇也可效仿,王安石说:"唐时藩镇与今日事势不同。太祖使将帅平江南,尚只锡钱。今逵何功,便敢望节钺。"文彦博也反驳王安石:"太祖时事与今日又不同。"最后宋神宗定下郭逵是否转官的决定:"郭逵不至如此。若果如此,尤当节限,不可妄与官职。唐藩镇与今日事势不同,今移镇再任,厚加锡赐可也。"②

熙宁四年正月,"太常博士、集贤校理、权发遣提点陕西刑狱赵禼为右司谏、直龙图阁、权发遣延州"③。赵禼的本官为右司谏,所以只能任权发遣延州。熙宁四年二月,陕西河东宣抚判官、度支员外郎、知制诰吕大防知延州,权发遣延州、右司谏、直龙图阁赵禼权发遣庆州,知庆州、工部郎中、宝文阁待制王广渊知永兴军。④ 但是吕大防借口宣抚司的事没有了结,并未真正赴任,数日后,庆州兵变,因此对州级官员又作了调整。王安石认为吕大防不能胜任延州之事,宋神宗也认为:"大防不如赵禼。"⑤三月,赵禼恢复延州原职,"右司谏、直龙图阁赵禼复权发遣延州"⑥。郭逵判永兴军。

最后说一下庆州知州。西夏攻宋,宋大臣认为是由于知庆州李复圭擅兴致寇,受到知杂御史谢景温的弹劾,免去李复圭知州一职,由河东转运使工部郎中直龙图阁王广渊为宝文阁待制知庆州。⑦ 王广渊得待制,得益于王安石向宋神宗的荐举。

王广渊知庆州后,发生了一件足以影响这次宋夏战争进程的兵乱事件——庆州兵变。⑧ 由于王文谅的陷害,蕃将赵余庆、广锐都虞候吴奎被宣

① 《长编》卷二百十四,熙宁三年八月,第5188页。
② 同上书,第5194页。
③ 《长编》卷二百十九,熙宁四年正月,第5327页。
④ 《长编》卷二百二十,熙宁四年二月,第5345页。
⑤ 《长编》卷二百二十一,熙宁四年三月,第5371页。
⑥ 同上书,第5377页。
⑦ 《长编》卷二百十四,熙宁三年八月,第5220页。
⑧ 参见李华瑞《庆州兵变与王安石变法》,《河北大学学报》1990年S1期。

抚使韩绛逮捕,王文谅曾受到王安石的赏识,被加阁门祗侯,而韩绛又偏听王文谅的话,因此他对这两位将领的不公正待遇激起士兵的愤怒,加之西夏围攻啰兀城,韩绛命令庆州出兵牵制,"兵亟出,人不堪命"①。在熙宁四年二月,庆州发生兵乱,"朝廷忧之,乃罢兵,弃啰兀城、抚宁"②。庆州兵乱也激起了宋最高统治集团对于变法和改革的讨论,中书宰相王安石和枢密使文彦博进行了一次针锋相对的辩驳。

王广渊因为庆州兵乱而降职,"乙未,降工部郎中、宝文阁待制王广渊为度支员外郎,依旧职知庆州"③,王广渊被朝廷这样安置,还是由于王安石向宋神宗建议:"请降广渊官或职,留治庆,卨治延,逵治永兴,皆勿徙。"④

战时秦州、延州、庆州、永兴军长官情况一览表			
知秦州	判延州、权发遣延州	庆州	永兴军
熙宁三年:李师中、窦舜卿、韩缜 熙宁四年四月,"宣徽南院使、雄武军留后、判永兴郭逵判秦州"⑤ 熙宁五年二月,"观文殿学士、吏部侍郎、知郑州吕公弼为宣徽南院使、判秦州"⑥ 熙宁五年十二月,张诜接替吕公弼的职务,判秦州⑦	熙宁三年:郭逵;熙宁四年:赵卨⑧ 熙宁四年二月,陕西河东宣抚判官、度支员外郎、知制诰吕大防知延州,权发遣延州⑨ 熙宁四年三月,"右司谏、直龙图阁赵卨复权发遣延州"⑩	王广渊 熙宁四年二月权发遣延州、右司谏、直龙图阁赵卨权发遣庆州⑪ 熙宁四年三月,王广渊又回庆州,"降工部郎中、宝文阁待制王广渊为度支员外郎,依旧职知庆州"⑫	熙宁四年二月,知庆州、工部郎中、宝文阁待制王广渊知永兴军⑬ 熙宁四年三月,"用郭逵判永兴"⑭ 熙宁四年四月,"河阳三城节度使、司空兼侍中、集禧观使曾公亮判永兴军"⑮

---

① 《长编》卷二百二十,熙宁四年二月,第5361页。
② 《长编》卷二百二十一,熙宁四年三月,第5391页。
③ 同上书,第5377页。
④ 同上注。
⑤ 《长编》卷二百二十二,熙宁四年四月,第5411页。
⑥ 《长编》卷二百三十,熙宁五年二月,第5601页。
⑦ 《长编》卷二百四十一,熙宁五年十二月,第5878页。
⑧ 《长编》卷二百十九,熙宁四年正月,第5327页。
⑨ 《长编》卷二百二十,熙宁四年二月,第5345页。
⑩ 《长编》卷二百二十一,熙宁四年三月,第5377页。
⑪ 《长编》卷二百二十,熙宁四年二月,第5345页。
⑫ 《长编》卷二百二十一,熙宁四年三月,第5377页。
⑬ 《长编》卷二百二十,熙宁四年二月,第5345页。
⑭ 《长编》卷二百二十一,熙宁四年三月,第5377页。
⑮ 《长编》卷二百二十二,熙宁四年四月,第5411页。

（三）转运使副

宋代军需后勤保障有赖于路级转运使副，陕西之地盐、马、粮草的供应有其地域性和特殊性，因此这个职位人选也显得尤为重要。薛向首先进入韩绛的视野，韩绛对薛向的理财之术非常赞成，加之薛向曾为权陕西转运副使、制置解盐。① 熙宁三年十二月，韩绛建言"伏见薛向通知关陕钱盐移用之术，乞增差充陕西都转运使"，但是薛向此时是王安石均输法实行的关键人物，最后并未成行。

熙宁四年正月，权江、淮等路发运副使皮公弼为陕西路转运副使。知成德军、起居舍人、天章阁待制刘庠为河东都转运使。② 但不知为何，二月，韩绛请求用陕西路提点刑狱韩铎权河东转运使。但是对于韩铎，宋神宗和两府大臣都不以为然，宋神宗认为韩铎"暴刻，恐河东新经疮痍之后，未可用"。冯京认为"铎好希向时事"。王安石也说此人反复，"铎初助行常平法，后闻臣将罢政事，遂一切沮坏，如此人恐难任以边事"。文彦博考虑到此人为韩绛所推荐，如果不用，"韩绛要铎了边事，今不用铎用他人，恐败事"③。最后宋神宗和两府大臣商议的结果还是尊重韩绛的请求，任命韩铎为河东路转运使。

四、战时经费筹措及流向

（一）陕西路

熙宁三年九月的陕西，兵马已动，粮草还未先行，为了做好战争后勤物资保障，宋神宗、三司、陕西路转运司共同协调，优先保障陕西路的物资供应，"诏三司除在京合支用金帛外，应西川四路上供金帛及四路卖度僧牒钱所变转物，并截留陕西转运司，令相度于永兴或凤翔府桩以备边费，候见数可兑折，充将来起发往陕西银绢之数"④。"赐陕西转运司内藏库绢百万，以其半分四路封桩，余令贸易收籴缘边军储。"⑤

① 《宋史》卷三百二十八《薛向传》，第10586页。
② 《长编》卷二百十九，熙宁四年正月，第5329页。
③ 《长编》卷二百二十，熙宁四年二月，第5345页。
④ 《长编》卷二百十五，熙宁三年九月，第5244页。
⑤ 《长编》卷二百十五，熙宁三年九月，第5249页。

　　西川四路是北宋时期最主要的经济区之一,章如愚这样评价四川:"长江、剑阁以南,民户止当诸夏中分,而财赋所入当三分之二。"①从地缘关系上来说,西川四路接壤陕西路,因此王安石建议宋神宗,"移巴蜀物就与陕西封桩,非独省蜀人输送,且可以免自京师支拨之费"②,熙宁三年十一月,据三司统计,熙宁元年时,成都府路有剩钱七十四万缗、绢十九万匹、绸五万匹、布十三万匹、丝六万两、绵四十六万两、银四千九百两。据此,宋神宗下诏命陕西路转运使选派官员与成都府转运司对接,将应纳赋税"尽数发至陕西转运司变转,充西盐钞场本钱外,封桩以备边费"③。

(二) 河东路

　　河东路是支持陕西路的绝佳拍档,因此河东路驻军的给养尤为重要,河东路岚、石、隰、麟、府州本身资源缺乏,完全靠朝廷调配物资,熙宁三年十二月,宋神宗批复三司:"边事方起,河东岚、石、隰、麟、府州最是缓急应援陕西之地,近岁虚屯军马,颇闻粮草阙乏。令三司出钱三十二万缗或绸绢与转运司市籴。"遂下麟、府、丰、石、隰五州募人入中。④

　　进入熙宁四年正月后,河东路的军需也更为迫切,"己亥,河东转运司又请借常平、广惠仓钱十万缗,助籴军粮"⑤。朝廷在一月之内多次多渠道为河东路筹措军费,"甲辰,诏三司出银十万两赴河东转运司,仍许商人入便本路见钱十万缗以助军费"⑥。"诏河东军费不足,其令三司借内藏库银二十万两付本路,更不令商人入中见钱。又赐度僧牒鄜延路经略司二千道,河东转运司三千道,以助边费。"⑦

　　借鉴西川四路赋税直接输送陕西路的模式,河东路与河北路也因地缘关系,"诏河北转运司输钱十万缗于太原,以备军费"⑧。

---

① 《群书考索》续集卷四十九,影印文渊阁《四库全书》本。
② 《长编》卷二百十七,熙宁三年十一月,第5281页。
③ 同上注。
④ 《长编》卷二百十八,熙宁三年十二月,第5292页。
⑤ 《长编》卷二百十九,熙宁四年正月,第5323页。
⑥ 同上书,第5325页。
⑦ 同上书,第5330页。
⑧ 《长编》卷二百二十,熙宁四年二月,第5337页。

　　以上大量的军费涌入陕西,主要是和啰兀城等堡寨的修建有关。但是关于堡寨是否应该修建,宋廷是分为两方意见的。一方认为堡寨不必修,弊大于利,没有多少实际意义。以韩绛为首的人员认为应该修建堡寨。这样就导致宣抚司和转运司之间的摩擦不断,宋神宗对此态度更倾向韩绛。

五、战后反思及二府分歧

　　熙宁三年八月至熙宁四年三月这场战争的平息是以双方的妥协为基础的。宋方弃守啰兀城,西夏主动求和,故此战争平息。宋神宗继位以来,这场和西夏的战争折射出朝廷大臣的战略站位和战略导向问题。

　　此次战争由种谔取绥州引起,这样在宋朝的最高决策层关于绥州就有了两种不同的声音:弃与不弃。枢密使文彦博在得知种谔占领绥州后,一直主张将绥州归还西夏,“及奏得绥州,文潞公为枢密使,以为赵谅祚称臣奉贡,今忽袭取其地,无名,请归之”[1]。

　　熙宁元年七月,宋神宗把陈升之由知大名府改为知枢密院事。[2] 陈升之到任后,“遂言绥州不可弃,与文彦博异议”[3]。但是种谔却因为取绥德城获罪,薛向因为支持种谔而被贬信州。这也就反映出宋廷因为惧怕西夏报复而反对种谔之举。

　　熙宁二年三月,夏国主秉常向宋方请求归还绥州。前文介绍由于夏国并没有诚意和宋方交换绥州,因此,宋方下定决心不再与之谈论交换一事,开始积极经略绥州,于熙宁二年十月,宋“改绥州为绥德城”[4]。

　　熙宁三年八月,西夏举十万大军攻宋庆州七寨,双方多次发生战斗,互有胜负。此后,种谔带领宋军也打了几个漂亮的胜仗,如占领抚宁堡、啰兀城、荒堆、怀宁等处,让西夏闻风丧胆:“‘汉兵至矣!’皆溃而走。”[5]并且种谔“知横山有积粟,令民兵多辇版筑之具,往反三十五日,所将步骑二万,食官

---

①　《涑水记闻》卷十一,第 210 页。

②　《长编拾补》卷三上,第 114 页。

③　同上书,第 115 页。

④　《长编拾补》卷五,第 242 页。

⑤　《长编》卷二百十九,熙宁四年正月,第 5320 页。

米二斗二升,刍六束,余悉因粮于敌"。他又利用在横山一带战役胜利的成果物资来给养宋军。西夏也受到重创:"今西贼一二百里之外,方敢住止,使其弃失庐井,老小流寓,已废春耕,不为不困。彼虽时出兵马,弱势已露。荒堆、怀宁之战又复败北,独抚宁被害,若以全体校之,则胜负可见。"①

由此分析,如果没有庆州兵变,那么抚宁堡、啰兀城就不会陷落,宋神宗谋取横山的计划也许可以稳步推进。历史没有假设,庆州兵变和抚宁失陷顿时让宋朝最高决策层乱了阵脚,虽然宋朝也取得了不俗的战绩,但是惧战、反战的声音一直在朝野萦绕,放弃韩绛所修堡寨的声音则越来越强烈,加之时值青苗法和保甲法在推行的过程中也激起了一些社会问题,致使枢密使文彦博借题发挥,指责王安石变法更张,"朝廷施为,务合人心,以静重为先"。又说:"祖宗法制具在,不须更张以失人心。"王安石则反驳他:"法制具在,则财用益足,中国宜强。今皆不然,未可谓之法制具在也。"②王安石的话直刺人心,这次和夏国交战的败绩、战争过程中物资的捉襟见肘,宋神宗也亲历其中,因此,笔者认为这次战事也更加坚定了宋神宗通过变法求富求强的决心。

熙宁四年二月,朝廷还在考虑抚宁、啰兀城的存废问题,宋神宗和两府大臣决定让户部副使、思勋郎中张景宪,枢密都承旨、东上阁门使李评前往啰兀城、抚宁城调查情况,结果人还没到,抚宁城已经陷落。而啰兀城也是一座孤城,张景宪上言:"愿罢徒劳之役,废无用之城,严敕诸将大为守备而已。种谔首误国,乞正典刑。"③熙宁四年三月,命令赵卨再去调查啰兀城是否还有坚守的必要,"如不可守,令弃毁讫奏"④。

在赵卨去之前,宋神宗曾派范育前往实地调查此事,范育调查后将详细情况报告神宗:"臣自到河东,凡语劳费之状,无不归转运使,以调发之烦,驱率之暴,文书约束之峻,皆转运司所出,而宣抚使又出榜告谕以非己意故也。比臣取索到转运使承禀移文及遵行节次,并经略司出兵事状,乃知皆起于宣抚司妄举重兵,军须暴并,而成于转运司仓卒应命,计虑不精,使一路务本勤

---

① 《长编》卷二百二十一,熙宁四年三月,第 5390 页。
② 同上书,第 5369、5370 页。
③ 《长编》卷二百二十,熙宁四年二月,第 5353 页。
④ 《长编》卷二百二十一,熙宁四年三月,第 5385 页。

俭之民,荡析生业,濒于死亡之患。"

范育表明自己对此事的观点,他非常反对韩绛筑堡寨之举,认为此举虽有小利更有大害。小利:可以连通绥德、麟州和府州;大害:修筑这些堡寨,河东民力大困,"臣恐民不堪命,为河东万世之害。加以贼失所恃,必竭国死力来争,边祸之大,必自此始。伏望清衷,更赐深讲,顾大害损小利,以定安危至计"①。的确,韩绛的主导思想是在宋夏边境修筑八寨,一旦有战事,可以互为救援。但是当时北宋面临的强敌压力和财政压力不能为该方案提供可行条件。

宋神宗根据范育和边臣的建议,要求韩绛循序渐进,知太原府吕公弼认为对付西夏,实行坚壁清野的战术即可,不需要在这些地方筑堡寨,他还是出于缘边军费和民力的考虑。

在宋朝官员眼里啰兀城是"无用之城",所筑堡寨为"徒劳之役",如此站位,怎能巩固胜利成果? 而西夏对丢失的抚宁、啰兀之地则是要举倾国之力也要争夺的态势,两者怎可同日而语?

宋神宗对于熙宁四年和西夏交战之事,显然是没有太大把握,他的担心有很多方面。

(一)担心西夏和辽联手,对自己形成犄角之势,造成自己的被动局面,王安石安慰宋神宗:"陛下诚以静重待之。虽加一契丹,于边事亦不至狼狈。若欲进取,非臣所知。且我坚壁清野,积聚刍粮以待敌,则敌未能深为我患。"②

(二)庆州兵变、保甲法风波、黄河决口等一系列国内问题使宋朝君臣的执政重点不在边事,王安石认为:"西夏未宁,不害圣政,民力困敝实可忧。""朝廷既治,远人自宾,如尚倔强沙漠,但当蓄财养力,考择人材,一举破之。"③王安石主张搞好自己的事情,不争一时长短,宋神宗赞同王安石的这一观点。

(三)宋政府在筹措陕西边费时,也确实感到不小的压力,局促的经费也

① 《长编》卷二百二十,熙宁四年二月,第5344页。
② 同上书,第5350页。
③ 《长编》卷二百二十一,熙宁四年三月,第5373页。

使得宋神宗没有底气再继续和西夏作战,抚宁堡失陷后,就悲观失望,想要草草收兵。据熙宁五年宋朝廷的核算,和西夏几个月的战事摩擦"凡费缗钱七百余万","钱、粮、银、绸、绢共千二百万贯匹"。① 王安石对此所费之数颇为震惊和担忧:"一路半年有奇,所费已如是之多,何由供亿?"②加之宣抚使韩绛对各项事务处置不当,"绛素不习兵事,注措乖方,选蕃兵为七军,用知青涧城种谔策,欲取横山,令诸将听命于谔,厚赏犒蕃兵,众皆怨望;又夺骑兵马以与之,有抱马首以泣者。既城啰兀,又冒雪筑抚宁堡,调发骚然。已而二城陷,趣诸道兵出援,庆卒遂作乱"③。

战后对直接责任人员的处理情况如下表:

姓　名	原　　职	降　　职
韩　绛	吏部侍郎、平章事、昭文馆大学士	以本官知邓州
种　鄂	皇城副使	汝州团练副使
吕大防	宣抚判官	落知制诰,知临江军
陈汝义	直史馆、河东转运使	知南康军
张　问	礼部郎中、集贤殿修撰、河东转运使	落职,知光化军

《长编》卷三百二十一,第5388—5389页。

熙宁年间宋夏的第一次较量,由宋而起,互有胜负,但最终让宋神宗和二府大臣更清醒地认识到二者之间的关系,也促使宋对夏采取和平共处之路,暂时压抑制服西夏的愿望,而把精力专注于国内改革事项,希望借助改革增强国力和军事战斗力。

---

① 《长编》卷二百三十一,熙宁五年三月,第5610页。
② 同上书,第5610页。
③ 《宋史》卷三百一十五《韩绛传》,第10303页。

北宋徽宗时期凉州用兵史实探析[*]

尚 平

湖北师范大学历史文化学院

崇宁三年(1104),北宋军队进据青唐城,针对吐蕃的战事告一段落,但自政和五年(1115)起,河湟地区的宋军以凉州为攻取方向,对西夏频繁大规模用兵。《续资治通鉴长编》(下文简称"《长编》")虽以记录北宋史事最为详细,但在现存版本中,有关徽宗时期(1101—1125)的文字缺失严重,而其他史籍记录亦少,以至徽宗朝的西北边疆史料尤为零散。① 北宋晚期针对凉州用兵的有关史实多被学者所忽视,故有必要略作补充、探讨。②

* 本文是教育部人文社科规划基金一般研究项目"北宋西北地区寨堡与军事地理研究"(项目编号:15YJA770017)的阶段性成果。

① 李焘撰、上海师范大学古籍整理研究所、华东师范大学古籍整理研究所点校《续资治通鉴长编》(中华书局,2004 年),徽宗朝史迹全缺。杨仲良《皇宋通鉴长编纪事本末》对崇宁三年至大观二年的河湟用兵记录较为详细。参见卷一百三十九"收复湟州"、卷一百四十"收复鄯廓州""收复洮州积石军";对大观二年以后的西北战事却未能收录。北京图书馆出版社,2003 年。脱脱:《宋史》(中华书局,1985 年)及李埴撰,燕永成校正《皇宋十朝纲要校正》(北京,中华书局,2013 年)对这一时期西北史事记述也都较为简略。

② 李华瑞《宋夏关系史》(河北人民出版社,1998 年)仍是这一时期宋夏关系研究最重要的成果。任崇岳《宋徽宗、宋钦宗》(吉林文史出版社,1996 年)对徽宗时期的西北战事介绍较为扼要,尤其是宋夏关系的变化阶段梳理较为清晰。王天顺《西夏战史》(宁夏人民出版社,1993 年)从西夏视角出发,注重地理因素,对各个时期宋夏战争介绍较为全面,其中对徽宗时期宋夏战争的介绍重点较为突出。曾瑞龙《拓边西北——北宋中后期对夏战争研究》(香港中华书局,2005 年)及方震华等虽对北宋西北边疆问题有所开掘,但关于徽宗朝的史实论述偏少。方震华自 2002 年至 2019 年完成、发表的宋夏关系史方面的八篇论文统一收录在《和战之间的两难——北宋中后期的军政与对辽夏关系》(社会科学文献出版社,2020 年)一书中。伊佩霞著,韩华译:《宋徽宗》(广西师范大学出版社,2018 年)对徽宗朝的西北战争和宋夏关系讨论尤少。这些研究都未留意徽宗时期宋朝用兵中含有针对凉州的意图。

1. 震武军出兵方向之惑:"朔方"还是"西凉"

徽宗时期宋朝在河湟的经略活动,大致可以崇宁三年宋军进入青唐城,攻灭唃厮啰政权为界线,分为前后两个阶段。在后一个阶段,则以政和六年(1116)、宣和元年(1119)宋夏围绕古骨龙城(即震武军城,其位置学者多认为在今甘肃省永登县连城镇一带)附近地域所展开的战事最引后人瞩目。[①]有关事迹在《宋史》《东都事略》中记载略多,与之关联的宋夏关系史、战争史等问题也被研究者所留意,然而对于宋朝此次军事活动的意图,其认识似乎并不清楚。

《宋史·童贯传》中所存宣和元年宋夏战争及刘法战死事件的记录,被众多学者所引述:"时人称蔡京为公相,因称贯为媪相,将秦晋锐师深入河陇,薄于萧关、古骨龙,谓可制夏人死命。遣大将刘法取朔方。"[②]即刘法在古骨龙率领宋军作战的主要目标是针对"朔方"。《宋史·夏国传》对刘法战败一事有过一番记录,其中对刘法军攻取的目的地也认为是针对"朔方":"宣和元年,童贯复逼刘法使取朔方。法不得已,引兵二万出至统安城(张多勇引《永登县志》所记,认为统安城在永登县通远乡新站村),[③]遇夏国主弟。"《东都事略》中也有类似记载:逼大将刘法,使北取朔方。[④] 王天顺《西夏战史》、李华瑞《宋夏关系史》等著作在引用这些材料时保留了原词,而对于"朔方"一词的具体含义并未作说明。通常,若从狭义角度来理解,"朔方"一般指的是兴庆府、灵州一带;若作宽泛的考虑,"朔方"可以作为以河套为核心区的西夏的代称。如果不作区分,很容易会理解为刘法作战进军的方向是河套平原。实际上,古骨龙城所在位置距离河套地区非常遥远,所以,对于

---

①　古骨龙城位置研究探讨较多,赵朋柱《连城古城考》一文认为连城镇为古骨龙城位置,《西北师大学报》1991年第2期。周宏伟《连城古城新考——兼与赵朋柱同志商榷》一文认为古骨龙城在连城北大通河谷的扎隆口至甘禅口之间,《西北师大学报》1991年第5期。张多勇《西夏通吐蕃河湟间的交通路线及沿路军事堡寨考察》一文认为古骨龙城不在大通河谷,而在其支流水磨沟沿线的登登城古城处,《中国历史地理论丛》2020年第3期。

②　《宋史》卷四六八,第13658—13659页。

③　张多勇:《西夏通吐蕃河湟间的交通路线及沿路军事堡寨考察》,《永登县志》,甘肃民族出版社,1997年,第687页。

④　王称撰,孙言诚、崔国光点校:《东都事略》卷一二一,齐鲁书社,2000年,第1015页。

发生在古骨龙城一带战事的意图仍待参考新的史料或者另作分析。宣和元年六月宋夏罢兵后,尚书右丞王安中撰写了一篇颂扬北宋开边功绩的碑文《定功继伐碑》。该碑文被收入王安中《初寮集》,全文600余字,记录了徽宗时期西北拓边的重要军事活动以及宋夏、宋蕃关系的变化。在《定功继伐碑》中,古骨龙城的位置和军事地理意义被交待得较为明确:"古郭隆地,下瞰西凉。"①这里的"古郭隆"显然即是《宋史》等文献中提到的"古骨龙",可见,宋朝古骨龙城进筑的目的在于向西夏的凉州方向用兵。

目前,学界对于徽宗后期的西北战争过程和意图的认识之所以较为模糊,一方面因史料缺乏,以至有关湟兰会和泾原路北部的用兵过程的认识存在空白点;另一方面,由于很多重要城址的位置不明,如在《中国历史地图集》以及《中国行政区划通史·宋夏卷》中,湟州、乳酪河等地名,位置标识存在错误。② 加之《中国历史地图集》中的地名地理标识以政和元年(1111)为断面,徽宗后期西北战事的一些空间信息难以参照。《继伐碑》则为重新探讨徽宗后期河湟战争的目的等问题提供了新的空间。

《继伐碑》中不仅记录了古骨龙城修筑的背景信息,也包括了同时期相邻区域的军事活动。政和五年至宣和元年,西北地区的平静被打破。《继伐碑》称:"(政和)四年(西夏)始上誓表,设词谰谩,报以优诏,使人置于保安传舍而去,更入钞略造为兵端。"这时期宋夏边界出现争端,宋徽宗"始命以诸道兵讨之",北宋对西夏最后一个阶段的战争爆发。《继伐碑》中对于北宋在政和四年到六年陇右的军事行动意图有所说明,其指向除了凉州外还包括右厢之地。③

> 先是,上尝以御贼形胜语诸将曰:古郭隆地,下瞰西凉;清水河逼乌

---

① 王安中:《初寮集》卷六,文渊阁《四库全书》影印本,台湾商务印书馆,1982年,第1127册,第108—113页。

② 谭其骧主编:《中国历史地图集》第六册中秦凤路图,中国地图出版社,1982年,第20—21页。周宏伟《北宋河湟地区城堡寨关位置通考》一文指出了谭图湟州、乳酪河标识位置的错误,并进行了更正,《中国历史地理论丛》1992年2期。李昌宪《中国行政区划通史·宋西夏卷》仍将乐州治位置确定在今青海省乐都市(即今海东市),复旦大学出版社,2007年,第232页。

③ 王安中:《初寮集》卷六,第108—113页。

尔戗渡,压贼右厢,城此则贼在吾股掌中。于是法出乐州,据古郭隆,筑
震武军;仲武出会州,据清水河,筑德威城。贼悟来争,击败之,禽其酋
领,斩馘数千。①

文中除了提到古骨龙城(震武军城)外,还同时说明了清水河城(德威
城)的重要性。学者们对于清水河城的位置也存在着认识误区。《西夏战
史》将该城所在的清水河理解为与震武军城相近的河流,在永登县境内。该
书对这次战役中宋军行动路线的推断是:"童贯遣熙河经略使刘法率步骑 15
万出湟州,大败西夏军于古骨龙城(在今青海乐都县北);秦凤路经略使刘仲
武率兵 5 万出会州(在今甘肃靖远县东北),至清水河(在今甘肃永登县境
内)筑城屯守,……"②这段描述显然是依据《宋史·夏国传》而来。德威城的
位置虽与"清水河"有关,实际上却位于会州附近,靠近黄河渡口。在《宋
史·地理志》"会州"条下对于清水河新城(德威城)的位置有明确的记载:
"德威城,政和六年,筑清水河新城,赐名,属秦凤路。东至麻累山二十五里,
西至黄河四里,河北倚卓啰监军地分,水贼作过去处,南至啰迷谷口新移正
川堡二十五里,北至北浪口至马练贼城约二十余里。"③马练城的位置信息在
怀戎堡修建的碑记中有所透漏:"(怀戎堡)西南白草原,通会州;北有宝积
山,产石炭、甘铁;东北去寿监军一百五十里;西北去马练城八十里。"④怀戎
堡即在今甘肃靖远县共和乡打拉池古城处。⑤ 既然德威城距离马练城仅仅
二十里,自然距离打拉池不远,在会州附近。

可见,在古骨龙城军事地理意义不详、德威城的位置被误判的情况下,
政和六年的宋军行动指向问题认识会出现大的偏差,自然也会影响到对徽
宗后期河湟、陇中北部宋夏关系及战争史的认识。

2. 宋与西夏凉州、右厢对境地带的地理与交通

为何政和五年以后,河湟地区的宋军会大规模频繁自古骨龙城出发攻

---

① 王安中:《初寮集》卷六,第 111 页。
② 王天顺:《西夏战史》,第 226 页。
③ 《宋史》卷八十七《地理三·陕西》"会州"条,第 2160 页。
④ 陈之骥修:《(道光)靖远县志》卷六《碑记·宋建设怀戎堡碑记》,《中国地方志集成·
甘肃府县志辑(第十六辑)》,凤凰出版社,2008 年,第 212 页。
⑤ 国家文物局主编:《中国文物地图集·甘肃省分册》,测绘出版社,2001 年。

击西夏,并将目的地指向西凉?

　　宋军进筑古骨龙城,始于政和五年。"五年春,遣熙河经略刘法将步骑十五万出湟州(在今青海省民和县下川口),秦凤经略刘仲武将兵五万出会州(今甘肃省靖远县),(童)贯以中军驻兰州,为两路声援。仲武至清水河,筑城屯守而还。法与夏人右厢军战于古骨龙,大败之,斩首三千级。贯奏凯,皆迁秩。"①可以看出宋军的进军策略是以兰州为中枢,分别以清水河城和古骨龙城为两翼向西夏境内大举攻击。这次战役涉及的地域范围很广,而所强调的仅仅只有这两座军城。在《继伐碑》中,更明确说明了宋军修筑古骨龙城和清水河城的意图,一是威胁西凉,一是遏制右厢。所以,两城的地理意义非常突出。正如《继伐碑》和《东都事略》中都提到的"上尝以御贼形胜语诸将","扼据要害,谓可制西贼死命"。可见,宋朝在拟定攻取夏地的发力点时,控扼险要这一要求被放在了十分突出的位置。因此,有必要对湟水谷地东部至陇中北部这一区域的军事地理特点略作分析。

　　清水河城与会州的黄河对岸区域的核心是景泰草原区。这一带水草丰茂,地势平坦辽阔,连接凉州与天都山(在今宁夏海原县南)、鸣沙(宁夏中卫市附近)和兴庆府(宁夏银川市)、灵州(宁夏吴忠市东北),交通便利。在《西夏纪事本末》所附的《西夏地形图》中,庄浪河所在的卓啰和南军司至叶子川会(南入黄河一支流)之间的黄河以北地区列举了 12 处地名,其中包括"马练"。② 这里的马练,很可能是前文中怀戎堡西北七十里的马练城。这说明,在与会州隔河相对的景泰草原一带,西夏部族数量不少。崇宁五年(1106),熙河兰湟等路经略安抚使童贯派遣都总管刘法率兵入夏国界,"破席经河、大铁泉两堡,及攻马练川城,破之"③。大观二年(1108),河湟地区的吐蕃反抗激烈,宋军仍在青唐城外围用兵,西夏可能与吐蕃有所呼应,对会州发动过攻击。宋将刘法击败了西夏军队,并自会州渡河往北深入。《继伐碑》称,宋军"屠和尔提克泉、略乌尔戬川,乘冰坚逾河,蹂躏四百里,俘斩万计,余皆麇鹿散不思自保"。考虑到黄河以南为宋朝控制的陇中,从刘法渡过黄河深

---

①　《宋史》卷四八六《夏国传下》,第 14020 页。

②　张鉴撰:《西夏纪事本末》,《续修四库全书》第 387 册,上海古籍出版社,2002 年,第 549—550 页。

③　李埴撰,燕永成校正:《皇宋十朝纲要校正》卷十六,第 454 页。

入四百里看,其作战的区域应当针对的是景泰草原一带。张多勇认为景泰草原以西的旧松州城(天祝县松山镇松山村西北)为西夏罗庞岭监军司驻地,并探讨了会州至景泰草原的交通路线。① 如果从更广阔的地域范围来观察凉州的右厢监军司、啰庞岭监军司(中寨监军)和卓啰和南监军司的分布以及军事地理上的关联,则会看出这三处监军司所在的武威绿洲、景泰草原和庄浪河谷地,大致上可以联结为互相支撑的体系,进而对陇中西北部、兰州榆中、定西谷地和河湟地区形成压制和威胁。至崇宁三年时,宋朝军事控制区由陇中、熙河扩张至鄯、湟后,在军防地理上,也就形成了与这三处西夏监军司辖地更为直接的对境态势。由于凉州、庄浪河河谷距离湟水谷地较近,西夏便于支持吐蕃抗宋。

对于宋朝而言,若向陇中西部至湟水以北这一广大区域进行开拓,由大通河河谷进入庄浪河,由会州北入景泰草原是最为便利的行军路线。在这一辽阔边面上,邈川城位于湟水东段,北联大通河谷南段,具有面积较大的河谷平原,便于屯守,并有便捷的道路通往古浪河河谷和凉州绿洲平原。对于西夏而言,其干预、影响河湟事务的通道也同样十分依赖于自庄浪河进入大通河的这条路线。这条路线所经过的就是邈川北部地区,徽宗时期在这里设置了湟州,政和五年、六年在邈川北部修建的重要军城即为古骨龙城,其与这一交通地理关系紧密。张多勇认为西夏进入湟水谷地最重要的路线就是邈川北部的路线。② 这一观点和传统看法不同,如《西夏地理研究》将西夏进入青唐城的主要道路确定为经兰州以西黄河渡口直接进入湟水谷地、再经省章峡(即青海省民和县与乐都市之间的老鸦峡)至青唐城(今青海省西宁市)的道路,书中并未关注到大通河谷进入庄浪河河谷的道路。③ 最近,张多勇进一步考察了西夏吐蕃交通路线和震武军城位置的关系,再次指出

---

① 张多勇、李并成:《〈西夏地形图〉所绘交通道路的复原研究》,《历史地理》第三十六辑,复旦大学出版社,2018年。

② 同上注。

③ 王天顺等:《西夏地理研究》,甘肃文化出版社,2002年,第192页"(青唐城)东至卓啰和南军司路"。

水磨沟道路的重要性。① 笔者基本赞同这一观点。因为有乌鞘岭、冷龙岭和大阪山的阻隔，自今天西宁、互助县和民和往北翻越大阪山经门源或者永登，再翻越山岭虽可到达武威，但其中地形限制很大，所以常用的通道并不多。在这些通道中，由今青海省民和县沿大通河（浩门河）河谷进入连城小平原，然后沿平坦的水磨沟路可通往武威和庄浪河谷。连城镇即在水磨沟汇入大通河的河口位置。《西夏地形图》中标识了一些重要的交通路线，其中唯一由西夏进入吐蕃（图中为"西番"）的道路线被明确标注是经过卓啰和南军司治所。② 显然自兴庆府西行、穿过景泰草原后进入湟水流域最重要的路线是自庄浪河进入大通河河谷的道路。

　　那么便不难理解，宋徽宗在研究了地理形胜后，为何将古骨龙城方向作为攻击西夏的发力点。由乐州出兵攻击凉州是符合地理和交通条件的，其中另外一个重要因素是乐州（即湟州）靠近熙州、河州和兰州，更容易提供补给，而且乐州附近在当时屯垦开发已经取得了明显的成效。何灌任湟州知州时，积极招募人口，改善水利，"才半年，得善田二万六千余顷，应募者七千四百余人，马九百匹"，"为他路最"。随后，何灌也参加了进筑古骨龙城的行动，"以功迁吉州防御使，知兰州"③。古骨龙城应当在连城以北至武威的主要通道上，多数学者认为古骨龙城靠近连城镇是较为合理的，连城镇位于水磨沟入大通河的沟口位置。古骨龙城进筑的动议是在政和五年，政和六年，该城被赐名震武城，很快又以震武城为核心设置了震武军。至政和七年时，在震武军城外围设立的寨堡有善治堡（即通济桥堡）、大同堡、德通城（由瞎令古城赐名）、石门堡。④

　　正因为古骨龙城所在的位置和道路是河湟兰会地区进入凉州最重要的通道，古骨龙城的得失关系着西夏凉州、右厢之地和河湟吐蕃的安危，如果宋军牢牢控制了大通河谷，也就意味着西夏凉州与河湟吐蕃的联络通道被切断，河湟吐蕃自然更容易纳入宋朝的治理之下。西夏一方面不甘心轻易

① 张多勇：《西夏通吐蕃河湟间的交通路线及沿路军事寨堡考察》，附图《宋夏在庄浪河和水磨沟一带军事布局图》，《中国历史地理论丛》2020 年第 3 期。
② 张鉴撰：《西夏纪事本末》，第 549—550 页。
③ 《东都史略》卷一〇七《何灌传》，第 920 页。
④ 《宋史》卷八十七《地理三·陕西》"震武军"条，第 2169 页。

失去盟友,另一方面要应对宋军在卓啰和南军司、凉州和西夏的右厢地带更直接的威胁,会极力阻遏宋军经营古骨龙城一带。因而宋夏便在这一带发生了频繁、激烈的战争。

早在崇宁三年四月宋军进入青唐城和廓州数月后,西夏军队便出现在大通河谷地,距临宗寨(今甘肃省永登县河桥镇附近)"六七十里",后被宋军击退。① 崇宁四年闰二月,西宁州以北的吐蕃联合西夏军队包围宣威城(在今青海省大通县新城镇)。四月,西夏继续进攻西宁州,并于戊寅日,"又犯临宗寨"。庚寅日,西夏"万余众围湟州北番市城"。在宋军的反击下,西夏军队从临宗寨解围,由"迎龙谷"退走。不久,对宣威城包围了两个月的西夏军队也退走。② 可见,大通河谷与西宁以北的北川河谷是西夏进入湟水谷地的要道。此后,从政和五年到宣和元年,宋夏在古骨龙城一带至少还有过三次较量。第一次是政和五年宋军进筑古骨龙,击败西夏。宣和元年,西夏有两次进围震武军的行动,被宋军击退。如宣和元年,西夏反击宋军时仍极力利用邈川方向联络青唐城外围的吐蕃力量动摇宋军在河湟的统治,"进围震武军,结河南诸蕃攻积石军、洮州"③。由于景泰草原与凉州绿洲、庄浪河谷距离较近,从地形和交通条件来看,由景泰草原进入庄浪河谷和大通河谷在道路上是比较畅通的。那么,西夏的右厢军西移古骨龙方向阻击宋军也在情理之中。《宋史·夏国传》记政和五年,刘法进筑古骨龙城与西夏军队激战时,对方军队中就包括了其右厢军,"法与夏人右厢军战于古骨龙,大败之,斩首三千级"。《定功继伐碑》将进筑古骨龙、清水河作为政和五年用兵凉州、右厢之地同时进行考虑,也是由于古骨龙城的战事牵动的区域很广。

3. 大观二年(1108)以前:用兵凉州的提出与河湟局势的稳定

由于古骨龙城所在的大通河河谷南段平原的控制权对于河湟吐蕃、宋朝陇右和西夏的凉州、右厢地带的得失利益都有牵动,宋朝在很早就留意到这一区域,并有攻取凉州的谋议、策划。

元丰四年(1081),宋军进入兰州后,遂即形成了与西夏卓啰和南监军司

---

① 《皇宋十朝纲要校正》卷十六,第 445 页。

② 同上注。

③ 王安中:《初寮集》卷六《定功继伐碑》,第 111 页。

隔河相对的局面。如果能够渡过黄河，占据庄浪河谷，渐次向北推进，就会威胁到西夏的凉州。同年，神宗发动六路伐夏战役，对河湟唃厮啰政权便提出向凉州攻击的要求。但吐蕃部族并未大举深入西夏境内。元丰四年北伐失败后，神宗将经略西夏的重点放在鄜延路。至哲宗绍圣四年(1097)，据曾布反映，章惇当时"虽不以(钟)傅取会州为然，而锐意欲令经营卓罗监军司以窥凉州"。可见，章惇曾有以卓啰和南监军司和凉州为攻取目标的想法。由于绍圣四年时，宋军尚未控制湟水谷地，仅仅以兰州为前沿渡河攻取西夏的卓啰和南军司和凉州的想法并不现实。哲宗元符二年(1099)至建中靖国元年(1101)，宋军曾短暂进据过湟水流域，后因吐蕃激烈反抗而退出，因而，宋朝仍不具备在这一方向对西夏发动大规模攻势的条件。

　　崇宁二年(1103)，宋徽宗决定收复河湟。六月，王厚、童贯、高永年由河州以北的安乡关和兰州以西的京玉关出发，渡过黄河，再度向鄯湟地区大举进军。至崇宁三年四月，宋军占领了宗哥城、安儿城、青唐城、廓州，青唐唃厮啰政权结束。但此后，宋朝与吐蕃的战争仍在延续。

　　关于宋军崇宁三年之后的战事，由于记载更为零散、模糊，也多不被研究者注意。《玉海》所节选了宣和五年制《定功继伐碑》碑文，用以简要说明宋徽宗时期拓边概况，该史料已为李华瑞师所关注。[1] 但《继伐碑》全文在王安中《初寮集》有存录，尚未被研究者作进一步的解读。此碑便提供了宋军在崇宁三年以后河湟地区诸多重要行动的信息。

　　崇宁四年(1105)夏，锡鲁苏重新联合吐蕃部族分两路攻击青唐城南北的重要据点——宣威城和廓州，以至于"新边为之摇"。宋军奋力反击，吐蕃兵退去，宋军追击中"斩数千"。大观初(1107)，宋朝获得情报，吐蕃首领藏怎巴特噶尔占据锡桂城(溪哥城)，招结蕃族"稍创文法，立名号"。吐蕃部族在唃厮啰政权灭亡后仍在作复兴的努力，这对宋朝在河湟的统治构成了新的威胁。大观二年，宋徽宗下诏发兵六万征讨溪哥城。宋军"分军济河为翼"，攻下锡桂城(即溪哥城)，设积石军。藏怎巴特噶尔以其属降，宋军移师收复青藏川，设洮州。青藏川一带的大首领默锡勒罗密克"率户五万来归"。大致还是大观二年，宋军还向西跨过青海湖抵达了节占城，这一带生活着草

① 李华瑞：《宋夏关系史》，第103页。

头回纥族"数万",宋朝对其首领封赐官爵,并接通了与于阗的联系。宋朝的影响范围远远超出了河湟地区,"地辟青唐之外矣"。西夏在这一年可能与吐蕃的反抗有所呼应,但在攻击宋朝的地点上选择在了会州。宋将刘法在会州击败了西夏军队,渡过黄河深入四百里,进入景泰草原一带。①

可见从崇宁二年到大观二年,宋朝在河湟地区一直针对吐蕃用兵,在平息吐蕃的激烈反抗之前,熙河一带的宋军无法与兰会、泾原地区的宋军配合,进而向陇中北部的西夏境内大幅度开拓。在大观二年以后至政和五年之间的七八年里,宋夏关系尚且平静,河湟地区吐蕃的反抗可能渐趋微弱,河湟地区的统治有所稳固。随着政和六年至宣和元年宋夏战争的爆发,宋朝启动了以古骨龙城(震武军城)作为前哨,向凉州方向攻取的战事。此时,驻守在这一带的宋军数量也较多,从整体和长远的战略上来看,宋军自古骨龙城出击切断凉州与庄浪河谷的联系,并攻取凉州也是自然之选。

4. 政和、宣和年间古骨龙城一带的激烈战事

从政和六年开始,宋朝在更广阔的边面上发动了对西夏的战争。六年,在环庆路,七年,在鄜延路,都发生了激烈战争。宋军"乘胜分兵,筑熙河、泾原、河东城寨十数"。同年,刘法将步骑十五万出湟州,秦凤经略刘仲武将兵五万出会州,童贯以中军驻兰州,为两路声援。宋朝修筑了震武军城和德威城,引起西夏的警惕。"贼悟来争",宋军击败了西夏军队,"禽其酋领,斩馘数千"。《宋史·夏国传下》称,"法与夏人右厢军战于古骨龙,大败之,斩首三千级。贯奏凯,皆迁秩"②。政和六年五月,刘法授"熙河兰湟路经略安抚使、马步军都总管、知熙州",徽宗在制书中特意提到"兹统锐兵,往筑新垒。悉乃心力,济予事机"③。西夏的反击也十分猛烈,宋徽宗后发动了号称有二十万兵力的大规模进攻,"震怒,诸将以兵二十万,绝碛穷讨"。政和七年,宋军在兰会之地攻占了仁多泉城,"前直兰会,筑日木多泉,伪号治安城",在鄜延路北部的藏底河筑城。随后,宋夏在藏底河进行了伤亡惨重的拉锯战后,被宋军占据。宣和元年,西夏发动全面反击,"举国来寇鄜延,陷镇青堡,泾

---

① 王安中:《初寮集》卷六,第 110 页。

② 《宋史》卷四八六《夏国传下》,第 14020 页。

③ 《宋大诏令集》卷一〇五《刘法保大军节度使充熙河兰湟路经略安抚使马步军都总管知熙州制(政和六年五月二十六日)》,中华书局,1962 年,第 389 页。

原陷靖夏城"。在湟州方向,西夏军队"进围震武军,结河南诸蕃攻积石军、洮州"①(这是西夏军队第二次围攻震武军)。当时的激烈战事从无定河上游延绵到河湟上游。在整体的宋夏战场上,夏蕃联合对河湟地带的攻击非常猛烈,其中震武军城附近战事十分频繁。

宣和元年,震武军城解围之战异常激烈。三月庚戌,大将刘法为童贯所逼,"不得已,引兵二万出",在统安城遭到西夏军队伏击而战死。② 另据《皇宋十朝纲要》记载,宋军伤亡惨重,"士卒陷没者十万"。西夏军队"势益张",趁机进围震武军。③《永登县志》记统安城在永登县通远乡新站古城。④ 该城址位于震武军城东南方向,扼守着大通河谷通往庄浪河河谷中部腹地的另一条重要通道,中间也有道路与水磨沟和震武军城相通(笔者曾于2016年8月自永登县连城镇沿水磨沟至此地进行过实地考察)。此时,震武军城被西夏军队重重围住,形势危急。童贯于是调集多路兵马迅速赶往震武军支援。除了"泾原、秦凤两路兵往援"之外,距离震武军最近的熙河兰湟路两支军队也大致分别从湟州和兰州向北进发。陇右同都护辛叔詹、熙河统制何灌"选精锐直趋震武",可能是从湟州沿着乳酪河谷的大路,而另外一支"兰州兵"深入,夺取了西夏"水波、盖朱、朴龙三城"。兰州军所攻取的盖朱城的位置,大致在今甘肃省永登县红城堡。⑤ 可知兰州军是北渡黄河后,沿着庄浪河河谷攻击了卓啰和南军司驻地以南的地区。从当时的形势来看,西夏监军司的军队主力向西调动围困震武军城,卓啰城以南布防空虚。宋军希望通过向卓啰城方向攻击,牵制西夏对震武军城的围攻。西夏军队得知宋军"救兵大集",于丁巳日,"解围去"⑥。自三月乙丑算起,至此,震武城被围已有40日。

① 王安中:《初寮集》卷六,第111页。
② 《宋史》卷二十二《本纪·徽宗四》,第404页。
③ 《皇宋十朝纲要校正》卷十八,第511页。
④ 《永登县志》,第587页。
⑤ 《中国历史地图集》第六册。周宏伟《北宋河湟地区城堡寨关位置通考》,《中国历史地理论丛》1992年第2期,附图标注位置近似。张晓菲《西夏卓啰和南军司驻地新考》认为盖朱城在红城堡野泉村,《宁夏社会科学》2020年第4期。
⑥ 《皇宋十朝纲要校正》卷十六,第511页;《宋史·徽宗本纪》中记录震武城被围在三月己未,"败夏人于震武"在五月丙辰,略微不同,第404页。

经过这场大战后,宋朝的注意力逐渐转移至与女真的联盟攻辽上,而西夏也因战争消耗巨大,急于缓和双方关系。于是乾顺"款塞,请命辞意确至",宋军班师。虽然自神宗后期,宋朝希望通过加强对河湟东部地区的控制以发动针对西夏凉州方向的攻势,但这一计划的推行直至政和五年才得以推进。然而,震武军城所面对的是西夏凉州和卓啰和南军司两面的压力,宋军后方补给困难。加上战线漫长,攻击凉州实际上难以推进,刘法战败就是一个例证。宣和元年六月,宋夏议和后,宋朝有意淡化震武城战役攻取凉州失败的事实,转而将其看作是对吐蕃地区经略胜利的一个标志,并以此作为西北开拓的一个"完美"句号。所以,在《继伐碑》中对宣和年间河湟东部针对西夏战争的挫折避而不谈,而强调了这一年对于吐蕃地区统治的胜利这一重要意义。"凡平青唐吐蕃全国建州四、军一、关一、城六、寨十、堡十二,降王子三部族二十万,俘斩四万;收复夏国地数千里,筑军一、城七、寨五、堡垒二十四,破贼城八,禽首领三千,降部族二万,斩首五万。"[①]

徽宗朝在河湟地区的行动分为两个阶段,第一是继续完成哲宗时期失败的控制青唐吐蕃的计划,第二是立足河湟兰会发动对凉州的战役,这两个阶段以崇宁四年为界。宋军在用兵空间上则是前期集中在湟水谷地和黄河上游谷地的廓州,后期则以大通河谷为前沿向庄浪河方向推进。河湟地区在崇宁四年以后的战事多发生在青唐城外围,尤以震武军城附近区域居多。宋徽宗于政和五年后有向西夏右厢和凉州方向开拓、进一步压制西夏的希图,但这一目标却未能实现。

---

① 王安中:《初寮集》卷六,第 111 页。

论西夏粮食的货币属性

王 申

中国社会科学院古代史研究所

公元 10—13 世纪之间,辽、宋、夏、金等几个政权先后出现。这些政权在较长的时间中呈现相互并存、竞争、合作乃至交战的关系,交织互动十分频繁。也因此,邓广铭先生在 20 世纪 80 年代提出"大宋史"理念,指出宋史研究者应该关注辽、宋、夏、金各王朝之间的联系与影响,而不是局限于赵宋。比较各王朝的政治、经济、文化制度和发展状况,探查这些制度之间的联系、渊源、差异,成为备受学界重视的研究路径。在这其中,经济比较颇受关注,主要的角度包括农耕与游牧等生产方式的差异与优劣、自然经济向商品经济的演进、经济发达程度,等等。总体来说,以往的研究大多认为宋朝是这些政权中经济较为发达的,其余北方民族政权则相对落后。一个重要指标是,货币在宋朝得到了广泛的使用,表明宋朝的商品经济发展到了一定水准;而西夏等政权的货币流通规模则相对较小,货币渗透至市场经济贸易的程度不够高,说明商品经济发展程度低。研究者通常将货币定义为铜钱、铁钱等金属铸币,有时也包括金、银等贵金属。凡是不使用金属铸币的交换,均被归纳为"物物交换"。我们也经常可以在有关西夏经济文书的研究中看到,作者将文书呈现的经济活动按照是否使用金属铸币简单二分。

姑且不比较辽、宋、夏、金几个政权的经济发展水准,随着学界对于中国古代货币性质及发展动力等议题认识的深化,以货币作为商品经济发展程度的指标,似有重新检讨的必要。而所谓"物物交换"其实也有发展程度的区别,不能混为一谈,粮食在交换中的作用或被低估。下文试从这两个角度出发,以西夏经济文书中的记载为例,分析粮食在西夏的货币属性,及其在多元货币体系中的作用。

一、货币的多元化

与传统上将货币局限于金属铸币、纸币等形式不同,越来越多的学者开始拓宽货币所包含的内容,将布帛、粮食、牲畜等实物包含进来,有时也将这些实物称为"实物货币"。

经典理论将这些"实物货币"统一称为一般等价物,认为它们并未演进到货币的程度,并将货币的概念局限于金银铸币。使用何种一般等价物、何种货币,能够反映出当时的社会生产状况发展到何种程度。无独有偶,德国经济历史学派也将货币形式视为社会经济发展的指示器。其代表学者希尔德布兰德(B. Hildebrand)指出社会经济发展先后经历了自然经济、货币经济、信用经济三阶段。在自然经济状态下,物物交换占主流;货币经济时代则以金属铸币为交易媒介;而在信用经济时代,信用关系成为市场交易中的重要因素。① 这就将使用金属铸币以前的经济与之后的经济彻底区分开来,而无论粮食、布帛等是否起到了一般等价物乃至货币的作用,都属于自然经济和物物交换的一部分。

中国学者全汉昇是最早引入德国经济历史学派观点的重要学者,他基本赞成希尔德布兰德的观点,并以此为基础写作《中古自然经济》一文,辨析为何中古时期属于自然经济。全氏认为:

> 我们可知中国自汉末以后,至安史之乱的前后,约共五百多年,自然经济都占有很雄厚的势力。在买卖方面,人们多把谷帛等实物当作货币来交易,即物物交换。在租税方面,政府大部分征收实物。此外,地租的缴纳,和工资的支付,也多以实物为主。固然,钱币有时也用来购买商品、缴纳租税,或支付工资,但它并没有普遍而深刻的侵入一般人民的日常生活中,有如以后货币经济占优势的时代那样。因此,这五百多年虽然不是纯粹的自然经济时代,我们至少可以称它为自然经济

---

① B. Hildebrand, Naturalwirthschaft, Geldwirthschaft und Creditwirthschaft, *Jahrbücher für Nationalökonomie und Statistik*, Vol. 2 (1864), pp. 1 - 24.

占优势的时代。①

　　笔者曾在其他文章中指出全氏以德国人的理论来讨论中国古代经济所存在的问题，②包括以下两个层面：

　　第一，既然时人已经将谷、帛等实物当作货币来交易，为什么又只将"货币"限定于金属铸币？中古时期，谷、帛作为交易媒介与价值尺度的情况大量存在，从功能上看与金属铸币无异，谷、帛并不一定只作为交易中的商品。因此，当时的经济流通中存在作为货币和作为商品两种不同性质的谷、帛。马克·布洛赫（Marc Bloch）发现欧洲中世纪的胡椒既是十分重要的交易媒介，又是日常的生活用品。因此就西欧中世纪的史实来说，自然经济与货币经济并存。布洛赫认为以"自然经济"和"货币经济"这两个概念将交换形态、经济发展状况完全区隔开来是十分危险的。③

　　第二，若以物物交换与实物租税的使用程度来划分"自然经济"与"货币经济"，研究者能否给出定量或至少较为精确的标准？因缺乏统计数据，这类标准几乎不可能是精确的，研究者的心理预判恐怕才是测量不同经济阶段的尺子。佐原康夫指出，"货币经济"的解释理论总是会落脚到"发达""衰退"等视角上，但如何确定"发达"的判断指标却意外地十分困难，结果大多数前近代时期的经济都可以被称为"未成熟的近代经济"④。由此，"自然经济""货币经济"的解释有效性也就被自身隐含的矛盾消解了。

　　或许还可以略加补充第三点：中国古代几乎没有出现金银铸币，而是流通铜钱、铁钱等贱金属铸币。如果我们根据中国历史的实际情况，稍稍扩大货币的内涵，将贱金属货币也纳入其中，那就不得不再考虑另外一些实际情

---

①　全汉昇：《中古自然经济》，《中国经济史研究（一）》，中华书局，2011 年，第 1—114 页（原文发表于 1941 年）。

②　王申：《制度、流通与国家财政：南宋纸币史研究述评》，包伟民、刘后滨主编《唐宋历史评论》第五辑，社会科学文献出版社，2018 年，第 211 页。

③　M·ブロック著，森本芳樹译：《自然経済か、貨幣経済か。二者択一の図示の陥穽》，《西欧中世の自然経済と貨幣経済》，創文社，1982 年，第 3—50 页（Économie-nature ou économie-argent: un pseudo — dilemma, *Annales d'histoire sociale*, T. 1, No. 1, Jan., 1939, pp. 7 - 16）。

④　佐原康夫：《漢代の貨幣経済と社会》，《漢代都市機構の研究》，汲古書院，2002 年，第 522—557 页。

况。如早在秦汉时期已大量铸造、流通铜钱,这是否表明秦汉时期的商品经济已相当发达,当时已进入货币经济时代? 而"钱帛兼行"的唐代,则并未较秦汉发达多少,甚至因为布帛占据相当多的流通份额,反而在经济发展阶段上有所倒退? 宋朝已流通纸币,尤其是南宋流通不兑现的东南会子,表明当时已经迈入信用经济时代? 这些结论明显与一般的认识不符。中国古代几乎没有出现贵金属铸币,另一方面又很早使用铜钱、铁钱,乃至纸币,却又同时流通粮食、布帛甚至牲畜,可以说货币流通领域呈现出"先进"与"落后"的各种形式杂糅的状况。而这些货币往往同时流通,在更多的时候表现为合作、互补的关系,并非线性的取代关系。秦汉、魏晋南北朝时期多元货币同时流通、相互配合的情况已多有研究。唐代出现了典型的"钱帛兼行"情况,李埏对此有非常细致的论述。① 而赖瑞和主要讨论两税法之后的货币流通情况,指出唐人常以钱数来估价,但结账时,却又不需要支付铜钱,可以用布帛或他物来付账。铜钱虽然在两税法之后日渐成为价值尺度,但尚未成为最为主要的交易媒介,其与布帛、粮食及其他物品承担了不同的货币功能。② 而宋代在基本保留了铜钱、布帛、粮食等形式的基础上,进一步发展出多种财政票据和纸币,使多元货币并行呈现出更为复杂的状态。如南宋前期,纸币更多地作为财政票据流通于财政贸易和官府之间的财政收支等渠道,并未成为一般的日常流通货币,铜钱在低层级的民间小额日常交易中占据更为主要的地位。③ 因此,有学者在观察中国古代多种货币的功能之后,指出这些货币基本无法同时承担价值尺度、交易媒介、储藏手段、支付手段等货币职能,大多只具有其中的一项或两项。不应该按照理解现代货币功能的思考方式去认识古代货币,而应注意到古代货币在执行某项货币职能时,背后所隐藏的政治、经济、文化内涵。④

---

① 李埏:《略论唐代的"钱帛兼行"》,《历史研究》1964 年第 1 期,第 169—190 页。
② 赖瑞和:《唐人在多元货币下如何估价和结账》,《中华文史论丛》2016 年第 3 期,第 61—112 页。
③ 王申:《论南宋前期东南会子的性质与流通状况》,《清华大学学报》2019 年第 3 期,第 106—117 页。
④ 柿沼阳平:《中国古代货币经济史研究的意义和分析视角(二)》,《中国钱币》2010 年第 4 期,第 22—29 页。

从上述角度看,西夏经济运行中的粮食,就可能发挥着更为重要的多样功能,其究竟属于物物交换,还是与铜钱、铁钱等其他物品功能构成了西夏的多元货币体系需要重新检讨。

二、影响西夏、宋流通金属铸币的主要因素

比较影响西夏、宋流通金属铸币的主要因素,可知社会经济发展程度未必是决定性的因素。无论西夏或宋,无论投入金属铸币多少,都受到社会经济发展程度之外的众多因素的左右。

西夏境内几乎不产铜,这是限制西夏铜钱铸造量的最主要的原因。但是铜钱铸造量不足,并不表示经济交换行为就非常少甚至落后。相反,一方面西夏官方试图积极铸造铁钱,另一方面则较多地使用宋钱。根据考古资料所示,目前出土的西夏钱币窖藏中,宋钱占到了全部钱币的大多数。[①] 这既证明了铜矿资源匮乏是限制西夏铸造铜钱的主要原因,又说明即便无法较顺利地铸造铜钱,西夏对于铁钱和宋钱等替代品的需求仍然较高,官方和民众不遗余力地从北宋引进铜钱,并长期使用或保藏。从下文所引用的西夏经济文书来看,即便钱币数量从整体上来看十分不足,但基层的交易,甚至是乡村基层的交易,仍十分丰富。为了完成这些交易,时人不得不寻找便于获得,且在一定范围内易于流通和接受的物品作为货币,粮食就是其中重要的物品之一。

与之相对,宋朝的铜钱铸造量、流通量看似十分巨大,但近年来的研究日益证明,国家财政才是推动宋朝铜钱大量流通的主要力量。例如熙宁、元丰时期是宋朝铸造铜钱最多的时期,但这些铜钱基本上是为了满足青苗法、免役法、市易法、均输法等新法的需要。宫泽知之从“财政物流”角度将财政、市场与货币流通统合起来。氏著《北宋的财政与货币经济》指出了北宋陕西入中制度由实物入中改为现钱入中后,商税数量和南北物资流通受到

---

① 牛达生:《从出土西夏窖藏钱币看西夏货币经济》,《宁夏社会科学》1986 年第 2 期,第 81—89 页。杨继贤:《略论西夏的货币形态货币制度及货币经济》,《内蒙古金融研究》2003 年第 3 期,第 263—267 页。

何种影响;讨论了王安石新法之下的货币发行—回笼过程,解释宋代财政如何逐渐货币化。[1] 俞菁慧、雷博则指出王安石的青苗新法将经学理论与政策结合,且以价格杠杆诱导百姓使用货币。这一政策遭到了反对派的诸多批评。[2] 从这个角度看,宋朝铜钱在乡村和其他流通领域中的推广,很大程度上是国家财政为了自己的需求而强行把农民拉到一个交易过程中,强行让农民把农产品投放到市场上,强行把力役折钱,人为地增加了货币交易和折算过程。看似发达的宋代货币流通中其实充满了国家超经济强制力的影响,因此我们恐怕很难用货币流通情况来说明商品经济的发展程度。至少商品经济发展、国家超经济强制力的作用对货币流通大增的作用孰轻孰重,是可以仔细讨论的,而并非不证自明。

换言之,西夏的市场交易需要钱币而不得,宋朝则未必需要那么多铜钱。双方的铜钱流通量都无法准确地反映经济发展程度。那么讨论铜钱和粮食等其他物品在交易中的差异,似乎只能以功能为主要的比较标准了。如果粮食等实物与金属铸币的货币功能十分接近,恐怕应该将作为一般等价物的粮食与铜钱均视为货币,使用粮食作为货币的交易形态自然也就不应该被称作"物物交换"。

三、西夏经济文书所呈现的粮食的货币功能

本文主要利用史金波著《西夏经济文书研究》中收录的经济文书展开论述。[3] 此书中较为完整的文书收录、较为完备的分类和精准的汉译为本文的论述提供了极佳的文献基础。由于同类文书的数量十分丰富,下文在论述中仅选择某些文本保存情况相对较好的代表性文书加以说明,其他同类文书可参阅《西夏经济文书研究》。此外,下文列举不可能面面俱到,重点在于展示粮食在西夏经济活动中所呈现的各项货币职能。

---

① 宫泽知之:《北宋の财政と货币经济》,《宋代中国の国家と经济——财政・市场・货币》,创文社,1998年,第33—90页。
② 俞菁慧、雷博:《北宋熙宁青苗借贷及其经义论辩——以王安石〈周礼〉学为线索》,《历史研究》2016年第2期,第20—39页。
③ 史金波:《西夏经济文书研究》,社会科学文献出版社,2017年。

比较现存宋朝和西夏经济文书的内容,绝大部分文书的用途几乎没有区别,土地、牲畜的买卖和借贷是最主要的内容。① 零星的日常小额交易不用立契约,我们不清楚具体的状况。以下从不同用途的文书来考察西夏粮食的货币功能。

1. 从借贷类文书上看,西夏法律把借用粮食和钱的本利区分开来,如《天盛律令》规定:"全国中诸人放官私钱、粮食本者,一缗收利五钱以下,及一斛收利一斛以下等,依情愿使有利,不准比其增加。"②这说明用粮食与钱的借贷互不干扰,借贷利率各以粮食和钱为基准,钱并没有成为粮食借贷中的价值尺度。也即,粮食在粮食借贷中作为价值尺度,而无须专门将粮食的价格折算为钱,再以钱为价值尺度来计算利率和违约金。如俄 Инв. No. 4762-6 所录的一份天庆寅年(1194)贷粮契,姓名签押之前的正文意译为:

> 天庆寅年正月二十九日文状为者梁功
> 铁,今从普渡寺中持粮人梁喇嘛等处借十石
> 麦、十石大麦,自二月一日始,一月有一斗二升利,
> 至本利相等时还,日期过时按官法罚交十石麦,心
> 服。
> ……③

本利皆由粮食计算,利率为100%,到期还 20 石麦、20 石大麦。由此可见,以粮食为本计算利息并不复杂,无须铜钱作为价值尺度介入。铜钱在经济活动中并非不可或缺。那么,"借粮还粮"的形式就要较"借钱还钱"的形式更为落后吗? 考虑到西夏各地缺乏金属铸币、粮食是农民最为直接的产出、贫苦农民春夏缺粮十分严重等情况,④"借粮还粮"应当被视为完成乡村借贷的便利手段,也是最为急需的方式。当然,"借粮还粮"方式中利息计算过于简单,我们无法判断粮食在借贷中是否具有价值尺度功能,这还需要从

---

① 现存宋朝经济文书可参见张传玺主编《中国历代契约会编考释》,北京大学出版社,1995 年。
② 史金波、聂鸿音、白滨译注:《天盛改旧新定律令》第三"催索债利门",法律出版社,2000 年,第 188—189 页。
③ 史金波:《西夏经济文书研究》,第 546 页。
④ 同上书,第 228、232 页。

其他用途类别的文书中一探究竟。

2. 如果从土地交易文书看,粮食毫无疑问作为价值尺度和交易媒介。如俄 Инв. No. 5124 - 2 天庆寅年正月二十四日邱娱犬卖地契,姓名签押之前的部分正文意译为:

> 天庆甲寅年正月二十四日,立契者邱娱
> 犬等将自属渠尾左渠接熟生二十石撒处地一
> 块,及宅舍院全四舍房等,全部自愿卖与普渡寺内
> 粮食经手者梁那征茂及喇嘛等,卖价杂粮
> 十五石、麦十五石,价、地两无愆欠,
> 若其地有官私二种转贷及诸人同抄子弟等
> 追争诉讼者时,娱犬等管,那征茂等不管,不仅
> 以原取地价数一石付二石,服,且反悔者
> 按《律令》承责,依官罚交二两金,本心
> 服。
> ……①

此处毫无疑问,杂粮与麦作为给土地和屋舍定价的价值尺度,以及本次交易所实际使用的交易媒介。此处使用粮食或铜钱,在功能上没有差异。史金波先生试图归纳、换算这些交易文书中以不同粮食表示的价格,从而推测西夏土地和各种牲畜的市场价。② 当然,由于土地的质量优劣各不相同,每次买卖的议价过程、买卖双方对成交价格的心理预期也不一致,研究者很难准确地总结出地价规律。但类似的努力至少说明粮食定价应该被视作与钱币定价一样的价格,应该被视为和钱币一样的手交货币,不应简单将以粮食作为价值尺度和交易媒介的交易视为以物易物的物物交换。

3. 一则完整的光定十二年(1222)西夏汉文烧饼房买扑租赁契约则充分表明了粮食在当时可以作为货币被使用。该契约是俄藏黑水城文书,编号

---

① 史金波:《西夏经济文书研究》,第 590 页。
② 同上书,第 278、310—311 页。

Дx18993，误被收入俄藏敦煌文献中。① 姓名签押之前的正文录文如下：

> 光定十二年正月廿一日立文字人李春狗、刘
>
> 番家等，今于王元受处扑到面北烧饼房
>
> 舍一位，里九五行动用等全，下项内
>
> 炉鏊一富，重四十斤，无底。大小铮二口，重廿十五斤。
>
> 铁匙一张，餬饼划一张，大小槛二个，大小
>
> 岸三面，升房斗二面，大小口袋二个，里九
>
> 小麦本柒石伍斗。每月行价赁杂
>
> 壹石伍斗，恒月系送纳。每月不送纳，每一石倍
>
> 罚一石与元受用。扑限至伍拾日，如限满日，其
>
> 五行动用，小麦柒石五斗，回与王受元。如限日不
>
> 回还之时，其五行动用、小麦本每一石倍罚
>
> 一石；五行动用每一件倍罚一件与元受用。如本
>
> 人不回与不辨之时，一面契内有名人当管
>
> 填还数足，不词。只此文契为凭。

李华瑞认为从文书内容来看，租赁人不是为居住而租赁，从性质上属于经营租赁合同，即便是按现代经济合同要素衡量这份文契也多有契合处。② 此则文书的特殊之处在于，不同于土地交易的交易物仅为土地，此则文书中租赁的物品种类很多。其中"小麦本柒石伍斗"是对上文店面和所有种类物品的估价，充分体现了粮食作为货币所拥有的价值尺度功能，而这些小麦又是实际支付的"本"，故体现了交易媒介的功能。在此基础上，该七月规定利息用杂粮结算，这也是以小麦为尺度换算的结果。总之，从现存西夏经济文书的记载来看，粮食与铜钱的功能没有太大区别。在缺乏铜钱或使用粮食更为便利的场合，粮食作为货币被时人使用。

综上所述，粮食在西夏经济活动中的作用在以往的研究中被低估了。

---

① 俄罗斯科学院东方研究所圣彼得堡分所、俄罗斯科学出版社东方文学部、上海古籍出版社编：《俄藏敦煌文献》第17册，上海古籍出版社、俄罗斯科学出版社东方文学部，2001年，第310页。

② 李华瑞：《西夏社会文书补释》，《西夏学》2011年第8辑，第226—233页。

它在西夏经济,尤其是乡村经济中的作用和铜钱等金属铸币几乎是一样的。与其把使用粮食作为货币的交易,和原始的以满足使用价值为成交条件的物物交换归为一类,不如将发挥货币功能的粮食与铜钱等金属铸币功能归为货币。由此,以金属铸币的使用多少来判断经济发展程度,或不符合西夏与宋朝经济生活的实际状态。西夏民间经济中的交换活动,相较之前理论范式概括之下的认识,似要更为丰富和"先进"一些。

武威出土西夏及元代三方买地券考释

吴浩军

河西学院河西文献与文学研究中心

一、西夏乾祐十六年(1185)曹铁驴父买地券

1997 年出土于武威西关。柏木木牍。高 25.5 厘米,宽 38 厘米,厚 2 厘米。保存完好,文字清晰。朱书文字 15 行,行 2—20 字,共 252 字。原报告①附有释文,陈炳应②、于光建③、高朋④、鲁西奇⑤等亦有录文。兹据原报告释文,参照诸家录文并核以原物图片校订如次:

> 维大夏乾祐十六年岁次乙巳六月壬子朔十九日庚午直〔?〕,祭主曹铁驴以乙巳年四月内殂殁父亲,龟筮协从,相地袭吉,宜于西城郭外安厝宅兆。谨用钱九万九千九百九十九贯文兼五彩信币,买地壹段。东西柒步,南北玖步。东至青龙,西至白虎,南至朱雀,北至真武。内方勾陈,分擘〈掌〉四域;丘承墓伯,封步界畔;道路将军,齐整阡陌。千秋万岁,永无殃咎。若辄〔干〕犯诃禁者,将军亭长,收付河伯。今以牲牢酒饭,百味香新,共为信契。财地交相分付,工匠修营,安厝已后,永保吉利。
>
> 知见人:岁月主;
>
> 保人:今日直符。

---

① 朱安、钟雅萍等:《武威西关西夏墓清理简报》,《陇右文博》2001 年第 2 期。

② 陈炳应:《西夏探古》,甘肃文化出版社,2002 年。

③ 于光建、徐玉萍:《武威西夏墓出土冥契研究》,《西夏研究》2010 年第 3 期,第 39—43 页。

④ 高朋:《人神之契:宋代买地券研究》,中国社会科学出版社,2011 年,第 280 页。

⑤ 鲁西奇:《中国古代买地券研究》,厦门大学出版社,2014 年,第 307—308 页。

故气邪精，不得忓恡。先有居者，永避万里。主人内外存亡，悉皆安吉。急急如五帝使者女青律令。

“大夏”为党项拓跋氏首领李元昊于公元 1038 年在中国西北地区建立的独立政权称号。因其在西方，宋人称其为“西夏”，后世沿用至今。乾祐，西夏第五代君主李仁孝年号，时间为公元 1170 至 1193 年。十六年，当南宋孝宗淳熙十二年（1185）。查《二十史朔闰表》，干支朔望相合。“直”为建除十二直，其后当有其日所值，但原墓券阙而未书。以，原报告及陈、于两家释文均作“次”，误。“殁”字前尚有一字，诸家均未录，细查原物图片，似为“殆”。殆殁，意同“殁故”，死亡的讳饰语。“殁故”有时也作“没故”，于传世文献中罕有所见，而在宋元时期买地券等墓葬文献中出现的频次却很高。同样意思的词语在汉唐时期的墓葬文献中又常常用作“物故”。龟筮协从，语出《书·大禹谟》：“鬼神其依，龟筮协从。”①诸家误释“从”为“徒”，当是原件字迹辨识困难，“從”与“徒”之行书形近所致。协从，也作“叶从”。分擘〈掌〉四域，北京大学图书馆藏金刻本《重校正地理新书》作“分擘四域”，台湾集文书局《图解校正地理新书》作“分掌四域”，此件与下件西夏时期的买地券却是“擘”“掌”俱用。可能是当时流行的《地理新书》正文作擘，后有小注“掌”字，民间书写券契的方士不知，抄写时将“掌”字混入正文了。“安”字诸家脱录。承，通“丞”。封步，《地理新书》作“封部”，然今见宋元时期买地券往往作“封步”②。忓恡，冒犯，侵占。此词音义，毛远明、董志翘、赵家栋有专文讨论甚详，③结论可从，此不赘。

此墓券与下文所考《西夏乾祐廿三年（1192）窦依凡遣买地券》的格式及内容，除个别字句有出入外，绝大部分与宋代官修阴宅相地书《地理新书》所载当时买地券范本一致：

---

① 李民、王健译注：《尚书译注》，上海古籍出版社，2004 年，第 32 页。

② 详见鲁西奇《中国古代买地券研究》第四章《宋元买地券丛考》，第 260—577 页。

③ 毛远明：《释“忓恡”》，《中国语文》2008 年第 4 期，第 378—380 页；董志翘：《也释“忓恡”——兼及“占恡（吝）”、“占護”、“恡護（悋護）”、“障恡（吝）”等词》，四川大学汉语史研究所、四川大学中国俗文化研究所《汉语史研究集刊》第十二辑，巴蜀书社，2009 年，第 285—292 页；赵家栋：《“忓恡”释义复议》，《宁夏大学学报》2011 年第 1 期，第 20—22 页。

某年月日,具官封、姓名,以某年月日殁故。龟筮协从,相地袭吉,宜于某州某县某乡某原安厝宅兆。谨用钱九万九千九百九十九贯文兼五彩信币,买地一段。东西若干步,南北若干步。东至青龙,西至白虎,南至朱雀,北至玄武。内方勾陈,分擘四域;丘丞墓伯,封部界畔;道路将军,齐整阡陌。千秋万岁,永无殃咎。若辄干犯呵禁者,将军亭长,收付河伯。今以牲牢酒饭,百味香新,共为信契。财地交相分付,工匠修营,安厝已后,永保休吉。知见人:岁月主;保人:今日直符。故气邪精,不得忏悢。先有居者,永避万里。若违此约,地府主吏,自当其祸。主人内外存亡,悉皆安吉。急急如五帝使者女青律令。①

西夏自北宋太宗雍熙二年(985)李继迁被契丹人封为夏国王,公元1038年李元昊称帝,至公元1227年灭亡,其间虽在景宗时期提倡党项、吐蕃与回鹘文化,创立西夏文字,采取过立番官、建番俗等措施,梁太后等母党专权时期也曾一度提倡番礼,但总体倾向是崇尚儒学汉法,一步步加深了汉化程度的。除了首府兴庆以外,凉州是西夏时期最重要的政治、经济和文化的中心,“大夏开国,奄有西土,凉为辅郡,亦已百载”②,具有陪都的作用。乾祐年间这两件以北宋官修《地理新书》为范本的买地券的出土,从又一个角度让我们认识了武威在西夏历史中的地位及汉文化在党项人统治时期的延续性。

此外,值得注意的还有,此件中与青龙、白虎、朱雀同为四神之一的“玄武”作“真武”,而这并非书写失误。原来是,宋真宗大中祥符五年,附会赵氏始祖名玄朗,上尊号曰“圣祖”,自后终有宋一代,避其偏讳“玄”,“玄武”亦改为“真武”。对此,传世文献多有记载,如《梦溪笔谈》六壬十二神将,其后将“谓天后、太阴、真武、太常、白虎也”③;《困学纪闻》:“祥符中,以圣祖名改玄武为真武,玄枵为真枵。……若迎真、奉真、崇真之类,在祠宫者非一。其末

---

① (北宋)王洙等编撰,(金)毕履道、张谦校,金身佳整理:《地理新书校理》,湘潭大学出版社,2012年,第428—429页。金氏整理本句读颇有失误处,此引文笔者据《续修四库全书》影印北京大学图书馆藏金刻本覆校后,重新作了断句标点。

② 《凉州重修护国寺感应塔碑铭》。

③ (北宋)沈括:《元刊梦溪笔谈》,文物出版社,1975年影印本,第7卷,第7—8页。

也,目女冠为女真,遂为乱华之兆。"①《云麓漫钞》卷九亦曰:"祥符间避圣祖讳,始改玄武为真武,玄冥为真冥,玄枵为真枵,玄戈为真戈。"②等等。乾祐为西夏第五代君主仁宗嵬名仁孝的年号,共24年。仁孝在位时间较长,达54年,其间重用文化程度较高的党项和汉族大臣主持国政;设立各级学校,推广教育;实行科举,选拔人才;尊崇儒学,大修孔庙及尊奉孔子为文宣帝;建立翰林学士院,编纂历朝实录;重视礼乐,修乐书《新律》;天盛年间,颁行法典《天盛改旧新定律令》;尊尚佛教,供奉藏传佛教僧人为国师,并刻印佛经多种,使西夏文化臻于鼎盛。此件买地券的书写遵从汉文化自周代以来实行的避讳制度的传统习惯,特别是使用了赵宋王朝特有的避讳字,从一个侧面反映出仁孝统治时期西夏王朝推行汉文化政策的普及和深入程度。当然,联系到下条所考同出于武威的《窦依凡遣买地券》"玄武"一名没有使用避讳字的现象,我们也不能排除还有另外一种可能,即:死者及其家族为从宋朝迁徙来西夏的汉人,他们在丧葬仪式中使用宋朝通用的避讳字,既是出于一种书写习惯,也借以表达对自己汉文化身份的体认和坚守。

二、西夏乾祐廿三年(1192)窦依凡遣买地券

1998年出土于武威西郊。松木木牍。长31.5厘米,宽17.5厘米。朱书文字16行,行10—31字,略有漫漶,存237字。原报告③附有释文,于光建④、高朋⑤、鲁西奇⑥等亦有录文。兹据原报告及于光建录文并核以原物图片校订如次:

维大夏乾祐廿三年岁次壬子二月甲戌朔二十九日壬寅直〔?〕,祭主

---

① (南宋)王应麟著,(清)翁元圻等注,栾保群等校点:《困学纪闻》(下),上海古籍出版社,2008年,第2191页。
② (南宋)赵彦卫撰,傅根清点校:《云麓漫钞》,中华书局,1996年,第148页。
③ 姚永春:《武威西郊西夏墓清理简报》,《陇右文博》2000年第2期。
④ 于光建、徐玉萍:《武威西夏墓出土冥契研究》,《西夏研究》2010年第3期,第39—43页。
⑤ 高朋:《人神之契:宋代买地券研究》,第280—281页。
⑥ 鲁西奇:《中国古代买地券研究》,第309—310页。

男窦□□于西苑外咩布勒嵬卖（买）地壹段，殁故，龟筮□□〔协从〕，相地袭吉，安厝宅兆。谨用银钱九万九千九百九十九贯文兼五彩信〈帛〉币，买地壹段。东西七步，南北七□〔步〕。东至青龙，西至白虎，南至朱雀，北至玄武。内方勾陈，分擘〈掌〉四域；丘丞墓伯，封〔步界〕畔；道路将军，□□〈齐整〉〔阡陌〕。千秋〈佰〉万岁，永无殃咎。□□〔若辄干〕犯诃禁者，将军亭长，收付何（河）伯。今以牲牢酒饭，百味香新，共为信契。财地交于（相）分付，工匠修营，安厝宅兆以后，永保休吉。知见人：岁一；保人：今日直符。故气邪精，不得忏恠。先有居者，永避万里。若违此〈新〉〔约〕，地府主使（吏），自当其祸。主人内外存亡，悉皆吉□〔安〕。急如五帝使者如（女）青律令。

此件纪年，因原物文字略有漫漶，前述报告及研究者没有能释读完全。笔者利用图片处理软件通过反复调整对比度和亮度后释读如上。乾祐廿三年，当南宋光宗绍熙三年（1192）。查《二十史朔闰表》，干支朔望完全相合。"直"为建除十二直，其后当有其日所值，但与上件一样，原墓券阙而未书。

三、元至元二十六年（1289）蒲法先买地券

1998 年出土于武威永昌镇。松木木牍。高 57.5 厘米，宽 22 厘米，厚 2 厘米。① 虫蚀较严重，左侧残缺，但文字保存基本完好。自左至右朱书文字 12 行，行 6—25 字。原报告②附有释文，胡婷婷亦有录文和注释，③兹据原物图片重新校录如次：

    ……国永昌府君致祭孝男蒲文仲……以□□故父蒲法先存□壬辰相今卜□□之下神后之原安厝□□。谨用钱九万九千九百九十九贯文，兼五彩信币，买地一段。东□〔至〕青龙，西置（至）白虎，南

① 未见原件，此尺寸据梁继红《武威元墓清理简报》，《陇右文博》2003 年第 2 期。报告所附图片显示此券为长方形，但长宽尺寸相差不大，近乎正方形，据此可知梁继红报告尺寸可能有误。

② 梁继红：《武威元墓清理简报》，《陇右文博》2003 年第 2 期。

③ 胡婷婷：《甘肃出土散见简牍集释》，西北师范大学 2013 年硕士学位论文。

□□□〔至朱雀〕,北置(至)玄武。内方勾陈,分掌四域;丘承墓伯,封部界畔;道路将军,齐整阡陌。千秋万岁,永无殃咎。若辄□〔干〕犯诃禁者,将军亭长,收付何(河)伯。□□〔今以〕牲牢酒饭,百味香新,共为信契。财地相交分付,工匠修营。安厝已后,永保休吉。知见人:岁月主;保人:今日直符。故气邪精,不得干(忓)忓。先有□〔居〕者,永避万里。若违此约,地府主吏,自当其祸。主人内外存亡,悉皆安吉。急急一如女青诏书律令。

太岁己丑至元二十六年三月庚辰旦初五日甲申,直吉时告下:

给使故蒲法先　　　以执

此件墓券主体部分亦据《地理新书》买地券范本书写,故没有什么讨论的价值,唯其纪年格式比较独特。常见的帝王年号和干支前还有"太岁己丑",这是使用了太岁纪年法。

太岁纪年法又称岁星纪年法。太岁是古代天文学中假想的岁星,又称岁阴或太阴。在上古时期,人们以岁星每年运行一个星次来纪年,把周天分为12份,依次为星纪、玄枵、娵訾、降娄、大梁、实沈、鹑首、鹑火、鹑尾、寿星、大火、析木,称为十二次。此法的起源年代至少是周代初期,至春秋、战国时期很盛行。由于古人又将黄道划分有十二辰,用子、丑、寅、卯、辰、巳、午、未、申、酉、戌、亥十二支表示,但其方向与顺序正好与岁星纪年法中的十二次相反,在实际生活中应用起来很不方便。为了能顺应十二辰,就假想了一个太岁,顺十二辰而运行,于是有了太岁纪年。古人还为这十二个太岁年分别取了特别的名称——摄提格、单阏、执徐、大荒落、敦牂、协洽、涒滩、作噩、阉茂、大渊献、困敦、赤奋若来表示。大约战国末期或西汉初期,历家又为太岁纪年增取了十个名称——阏逢、旃蒙、柔兆、强圉、著雍、屠维、上章、重光、玄黓、昭阳,以表示岁阳。将十个岁阳名依次和十二个太岁年名相配,组成六十个年名,以"阏逢·摄提格"为第一年,"旃蒙·单阏"为第二年,由此类推,六十年周而复始。从此太岁纪年完善为每六十年一周,这为后来干支纪年打下了基础。太岁纪年法自西汉太初元年就开始使用了,有时这些年名可用干支来表示,如阏逢摄提格为甲寅年,旃蒙单阏为己卯年。创制这些名字是为了表示岁星逐年所在的方位,但后来发现岁星并不是每年整走一个

星次,所以就废而不用,而改用干支纪年了。① 但后人还有用这些古年名的,
是根据当年的干支来对照的,已经失去了这些年名的本来意义了。如司马
光《资治通鉴》卷一七六《陈纪》十下注"起阏蒙执徐,尽著雍涒滩,凡五年",
这是说从甲辰到戊申共五年。《地理新书》毕履道序"时大定岁在阏逢执
徐",是说时在大定甲辰,即金世宗大定二十四年。② 这件买地券独出心裁,
在帝王年号纪年和干支纪年前又加上了早已废弃不用的太岁纪年,大概是
方士为了唬人而故弄玄虚施展的伎俩。元至元二十六年,岁在己丑,按太岁
纪年法,是年当名为"屠维奋赤若"。查《二十史朔闰表》,此件纪年干支朔望
皆与历法相合。

　　此外,券文开头所记祭主乡里籍贯亦有讨论的必要,惜已残泐。"……
国永昌府君致祭孝男蒲文仲"之"永昌",原报告及胡婷婷均释为"永长"。细
察原物图片,实为"永昌"。按: 此券出土于武威市区以北约十五公里处的永
昌镇。③ 这里今有地名"石碑沟",曾出土有《亦都护高昌王世勋碑》,另有体
量巨大的《西宁王忻都公神道碑》,至今仍矗立在那里,均为学界所瞩目。要
明白永昌这个地方之于蒙元历史及诸王世系研究方面的意义,须对蒙古汗
国及大元建立初期的历史作一简要追述。公元 1206 年,统一了蒙古诸部的
铁木真被推举为"成吉思汗",于漠北建立政权,号蒙古国。1227 年,成吉思
汗在远征西夏时死去,临终留下遗命,让其三子窝阔台继承汗位。1229 年,
窝阔台在蒙古库里勒台大会上被推举为新的大汗。阔端是窝阔台次子,窝
阔台登上汗位后,受封西夏故地,建斡耳朵④于凉州府之西。1235 年,阔端
率右路军征南宋,取得一系列决定性的胜利。与此同时,他还着手经营吐
蕃,于 1246 年召请萨迦班智达到凉州,举行了著名的"凉州会盟"。阔端有
三子: 灭里吉歹、蒙哥都、只必帖木儿。据《逊都思氏世勋碑》记载,阔端死

① 干支纪年法最早应用于西汉,到了东汉元和二年(85),朝廷下令在全国范围内推行干
　支纪年,一直到今天还在使用。

② 当南宋孝宗淳熙十一年,公元 1184 年。

③ 永昌镇为今乡镇一级地方政府的建置名。这里在明、清、民国至解放初期的旧地名是
　"永昌堡"。

④ 斡耳朵,辽宫帐名,亦作斡鲁朵、斡里朵。辽太祖起,各帝及太后之执政者皆置斡鲁
　朵,有直属军队、民户及州县,构成独立的军事、经济单位。帝后死后由家族继承。
　金、元沿用为官署之称。

后,只必帖木儿嗣镇河西。至元九年(1272)十一月,"诸王只必帖木儿筑新城成,赐名永昌府"①。大约就在这时期,只必帖木儿被封为永昌王。《元史·地理志》"永昌路"条记载:"永昌路,唐凉州。宋初为西凉府,景德中陷入西夏。元初仍为西凉府。至元十五年,以永昌王宫殿所在,立永昌路,降西凉府为州隶焉。"②其间在至元十二年(1275),蒙古贵族海都、都哇、卜思巴等叛乱,围攻火州,此后又大约在至元十七年(1280)至二十六年(1289)间先后四次入侵元朝帝国在西北的防线。在这个过程中,因较早归附成吉思汗而被封为亦都护高昌王的高昌回鹘政权建立者之后裔火赤哈尔的斤在哈密战死,其子纽林的斤遂率部众东迁,至只必帖木儿的封地永昌府定居下来。而其时只必帖木儿因贪婪不法被削夺了大部分封地,正处于没落境地。

《亦都护高昌王世勋碑》和《西宁王忻都公神道碑》在永昌镇的发现,曾有力地证明这一带正是元朝永昌王宫殿的所在地,也是其时永昌路的治所。《蒲法先买地券》的出土,则从另一侧面为这一历史事实的揭示提供了新的证据。同时,由上述永昌府的来历及亦都护高昌王率部众迁居此地的历史可知,有元一代,武威城北的永昌府地域其主要居民应是蒙古贵族和亦都护高昌王家族及其部众,亦即畏吾儿人,而从前述两碑及这方直接取法于宋修《地理新书》的买地券,我们可以窥见,汉文化的影响是多么地广泛而深远。

余　论

元代著名史学家马端临曾说过:"河西之地,自唐中叶以后,一沦异域,顿化为龙荒沙漠之区,无复昔之殷富繁华矣。"③基本是符合历史事实的。但这几方买地券的出土,又从一个很小的侧面反映出在西夏蒙元统治时期凉州地区人民的文化认同和汉文化强大的生命力。

---

① (明)宋濂:《元史》卷七,中华书局,1976年,第143页。
② 《元史》卷六〇,第1450页。
③ (宋)马端临著,上海师范大学古籍研究所、华东师范大学古籍研究所点校:《文献通考》卷三二二《古雍州》,中华书局,2011年,第8840页。

甘肃武威元代《孙都思氏世勋碑》考

黎　李　黎大祥

甘肃省博物馆　武威市博物馆

一、《孙都思氏世勋碑》的立地及相关遗迹

《孙都思氏世勋碑》,在民国时期张维所著的《陇右金石录》一书中虽收有此碑,但仅收其碑铭,即《孙都思氏世勋碑》,没有收录碑文具体内容。这是因为:此碑当时就已不存在,所以在碑铭之后才记载"至顺二年,虞集文,在武威,今佚"①。2001 年出版的《武威金石录》,根据《陇右金石录》的记载,将其原文抄录,因也未见《孙都思氏世勋碑》的具体碑文内容。② 所以,后世学者都不知此碑的详细立碑地点,更无知其碑文具体内容,也未见任何碑志及近代史学书籍抄录。今见台湾新文丰出版公司影印《元人文集珍本丛刊》本《雍虞先生道园类稿》卷三九,刊出《孙都思氏世勋碑》影印件,③深感幸事,仔细阅读碑文,对研究元代及凉州地方历史具有重要的价值。从碑文内容可知:蒙古族孙都思氏的后裔曾跟随皇子阔端一系在凉州,死后就葬在这里;《孙都思氏世勋碑》原立于甘肃省武威永昌府孙都思氏家族墓先茔,即今武威市凉州区永昌镇石碑沟村,是研究元代及这一地区珍贵的历史实物资料。

甘肃武威永昌镇(现武威市城北 13 千米处)是元代永昌路所在地。这里保存着元代与此碑有关的重要历史文化遗迹。

(一)元代永昌路古城遗址

永昌之名,缘起于窝阔台之孙、阔端之子只必帖木儿自筑城池。公元

---

①　张维:《陇右金石录》卷五,甘肃省文献征集委员会,1943 年。

②　武威市市志编撰委员会编:《武威金石录》,兰州大学出版社,2001 年。

③　新文丰出版股份有限公司编辑:《元人文集珍本丛刊》影印本,1985 年。

1235年,元太宗皇帝窝阔台派次子阔端攻克秦(今甘肃天水)、巩(今甘肃陇西)等二十余州之后,于冬天率大军入蜀,1239年阔端由四川撤军到甘肃河西,驻扎在西凉府,为西凉王。阔端在当地拓展了大片疆土,也获赐大片封地(也称分地,泛指封户、食邑户、私属户所居地)。1251年蒙哥继任大汗后,对窝阔台系诸王进行打击,阔端因与蒙哥汗友善,封地未受影响。不久,阔端谢世,其王位和包括凉州在内的主要封地,由第三子只必帖木儿继承。只必帖木儿的封地,即屡见于元代文献的所谓"二十四城",主要分布在今甘肃、宁夏中南部地区,在其他地区也有少部分封地。在中统(1260—1263)初年忽必烈和阿里不哥争位期间,只必帖木儿支持忽必烈,虽然为此遭到阿里不哥党羽的攻击,损失惨重,却赢得元世祖忽必烈的信任,在世祖朝前期频繁出现于史册。《元史·世祖纪》载:"至元九年(1272)十一月,诸王只必帖木儿筑新城成,赐名永昌府。"这个"永昌府"是世祖赐予新建王城的名字,不是元朝行政区划中介于路和州之间的"府"。不久,情况又发生变化,《元史·地理志三》载:"至元十五年,以永昌王宫殿所在,立永昌路,降西凉府为州隶焉。"这便是永昌城(即王城)和永昌路的名称和建制的由来。这样永昌路从1272年由只必帖木儿开始筑城到公元1368年元朝灭亡,经过90多年的建设,成为元朝管辖西凉地区政治、经济、文化的中心。西凉王阔端之子只必帖木儿在这里筑有"永昌路新城",其城墙在清代及民国时期犹存,经文物普查:"永昌路故城周七里许,坐北向南,全城只有一座南门。东、西、北三面建墩,东曰碉楼墩,高二丈有余,墩基占地三亩有余;西曰皇姑墩,高六七丈,墩基占地二亩;北曰月牙墩,高六七丈,这些墩供瞭望、防卫之用……1951年作者曾见过此城全城,城门上嵌有'大元故路'四个砖雕大字,笔迹苍劲有力。"①从20世纪50年代开始城墙基本被当地老百姓拆除,后经武威市文物普查,1987年"元代永昌路故城址"被武威市人民政府公布为重点文物保护单位。

(二) 元代碑刻及墓葬

1. 墓葬

在距永昌路故城南1千米的石碑沟村是元代回鹘及蒙古王族的墓地,

---

① 梁新民:《武威史地综述》,兰州大学出版社,1997年。

据现存碑文及有关史料记载,原永昌镇石碑沟村树立三通元代的巨石碑刻,即《亦都护高昌王世勋碑》《西宁王忻都公神道碑》《孙都思氏世勋碑》。以上三碑简称《高昌王碑》《西宁王碑》《孙都思氏碑》。《高昌王碑》《西宁王碑》在1981年9月10日分别由甘肃省人民政府公布为省级重点文物保护单位。元代永昌路故城既是当时蒙古永昌王只必帖木儿的王宫所在,又是回鹘高昌王、西宁王王宫所在。高昌王、西宁王死后,就葬在了永昌路故城南1千米的地方(今永昌镇石碑沟村)。据碑文记载,这三通巨石碑刻,《高昌王碑》《西宁王碑》就立在纽林的斤及忻都公墓地;《孙都思氏碑》立于"西凉州之先茔",即凉州总管建都班之父唐兀礦及母亲的墓地。经多次文物普查确定了高昌王和西宁王碑的位置,墓葬就在立碑的附近,2013年墓葬及碑刻由国务院公布为全国重点文物保护单位。孙都思氏的墓地因石碑已佚,无法确定。《孙都思氏碑》文的出现,对确定孙都思氏的墓地提供了第一手实物资料,其墓地就在西凉州"永昌府"附近,其碑就立在孙都思氏的"先茔"。

2. 碑刻

(1)《高昌王碑》

《高昌王碑》通体有6米多高,现仅存残碑首及碑身中段。碑身残高1.82米,宽1.73米,厚0.47米;碑正面为汉文,36行,行残存41字;背面为回鹘文,于1934年武威人贾坛、唐发科移到县民众教育馆(即今武威文庙)保存。碑首刻蟠螭,残高1.3米,宽1.8米,厚0.52米,于1964年由省博物馆从永昌镇石碑村发掘出土,移至文庙。碑石的创立年代,史学界曾有争议,一说为至顺三年(1332),一说为元统二年(1334)。到1980年中央民族学院耿世民先生在《考古学报》第4期发表了《回鹘文亦都护高昌王世勋碑研究》一文,他根据回鹘文考证,立碑时间应为元顺帝元统二年。碑文由元代著名学者虞集撰文,元代大书法家、礼部尚书巎巎奉敕书,翰林学士承旨、奎章阁大学士赵世延篆额。碑文内容为元世祖命纽林的斤随大军北征,后者来到武威永昌这个地方,看到这里"土地沃饶,岁多丰稔,以为乐土,因定居焉"。从此以后,历代亦都护基本上以永昌路所在地为"治所",而"遥领"原高昌王国境内的畏兀儿人民。纽林的斤死后就葬在这里。碑文内容是研究回鹘史的第一手资料,历来为史学家所珍视援引。原文金石志著录不多,惟虞集《道园学古录》载碑全文,以后史书《元史·巴而术阿而忒的斤传》、邵元平《续弘简录·也立安敦传》,都根据《道园学古录》碑文写史传,《元文类》录全文大致与《道园学古录》相同。清乾隆《武威县志》、张澍《凉州府志备考》录碑全文,均有文字错误出现。《陇右金石录》虽录全碑文,但亦根据《道园学古录》任意删增。1943 年黄文弼先生赴新疆考察,路过武威,在文庙看到此碑,写了《亦都护高昌王世勋碑复原并校记》,发表于《文物》1964 年第 2 期,黄先生根据清乾隆版《武威县志》所载碑文,恢复石碑原来之旧。因当时条件所限,黄先生没有仔细观察所存石碑的状况,将所得拓本中部误认为是原石碑下端底部,所以在复原并校记一文中难免得出了"现石碑仅存下端"的结论。因此,他所复原的碑文,也很难恢复原来的面目。1983 年党寿山先生写了《亦都护高昌王世勋碑考》一文,发表于《考古与文物》第 1 期,党文根据所存碑文,纠正了黄先生的错误,并按先后顺序纠正了《道园学古录》《元文类》《陇右金石录》《亦都护高昌王世勋碑复原并校记》等所录碑文的多处错误,并将史学界对此碑的不同说法进行了考证,使碑文的内容更为准确。

(2)《西宁王碑》

西宁王碑位于武威市城北 13 千米的永昌镇石碑沟村,高昌王碑西 500米处。全碑由碑座、碑身、碑首三部分组成,通高 5.8 米。碑座为龟趺,制作十分精致,高 1.4 米,长 2.4 米,宽 1.6 米;碑身高 2.8 米,宽 1.5 米,厚 0.4米;碑首高 1.6 米,宽 1.6 米,厚 0.45 米。碑刻立于元至正二十二年(1362)。碑首刻蟠螭,为元代光禄大夫、中书右丞同知经筵事、提调国子监大都府学陈敬伯篆额"大元敕赐西宁王碑"。正面碑文为通奉大夫、中书参知政事知经筵事、提调四方献言详定使司危素撰文。由光禄大夫、滕国公、集贤大学士张瑑书丹。全文共 32 行,满行 63 字,碑正面为汉文,背面为蒙文,是甘肃省乃至全国保存最大且完整的汉、蒙文字碑刻。碑文载于清乾隆《武威县志》《凉州府志备考》《陇右金石录》等,1949 年美国哈佛大学博士珂力甫在《哈佛大学学报》用英文发表了《西宁王忻都碑蒙汉文碑研究》,刊布了汉文和蒙文拓片后,1983 年蒙古文学者布道先生、1992 年图力尔先生分别对此碑用蒙古文进行研究,其研究成果由民族出版社和内蒙古文化出版社发表。碑文内容主要记载元朝中书平章政事斡栾之父忻都及其先辈历代对元朝的卓著功勋。至正十八年(1358)四月,危素承皇帝诏令,"铭其先茔神道之碑",监察御史上疏,言斡栾忠勤,请加封其父王爵,于是忻都公得封西宁王。

碑文较详细地记述了忻都公之父亦都护离开他的政治中心火州（今吐鲁番），带全家归属元朝时，跋履险阻，行次永昌（今武威永昌），看到这里土地沃饶，岁多丰稔，以为乐土，便定居下来，死后就葬在这里。

二、《孙都思氏碑》碑文内容

孙都思氏世勋碑

至顺二年四月丙辰，中书省臣言："圣上幸念侍御史建都班，赠其祖父以官而封之，赐之金币，俾得以勒碑先茔。其碑之文，请以命奎章阁大学士臣阿荣，侍书学士臣集等。其凡役，请以命甘肃行省属诸郡县有司，而攻石之工，请取诸荆王之府。"上可其奏。明日，建都班以其僚治书侍御史臣马祖常所述家世岁月官簿行事之实来告。臣等谨奉诏次第而书之。维国人之贵者，有孙都思氏。昔在太祖皇帝，龙飞朔方，肇基帝业。时则有大勋劳之臣，实佐兴运，最贵重者四人，时为四杰。其次四，则锁儿罕、世剌子、赤老温、八都儿也。初，父子俱事太祖，以忠勇见知。至以衣物相易以缔交，相谓曰安答，盖永以为好也。上尝与召赤温战，不利。其父子率族党夜攻之，召赤温遁，脱太祖于难。自是，凡征讨之事，孙都思氏以功多著。上赐之名，而世宥之，曰答剌罕。国家凡宴飨，自天子至亲王，举酒将釂，则相礼者赞之，为之喝盏。非近臣不得执其政，故以命之。宿卫之士，必有其长为之怯薛官，亦非贵近臣不得居其职，则以命之。而赤老温、八都儿之子阿剌罕，亦以恭谨事上。上尝被创甚，阿剌罕百方疗之，七日而愈，事具信史。太宗皇帝时，命太子阔端镇河西，阿剌罕之子锁兀都从太子。生子曰只必帖木儿王，锁兀都夫人年忽黎为保母。太子薨，只必帖木儿嗣，镇河西，以锁兀都之子唐兀觯领怯薛官，及所属军匠保马诸民五十余年。内赞府事，外著边职，积年七十六而殁，葬于西凉州。其夫人忽都觯伯要真氏，能修妇职，以相其夫，年六十而殁，其墓在永昌府。子男凡几人，建都班其长子也。领王府怯连口奴都赤、八儿赤、昔保赤、哈赤军民诸色人匠。至治二年，授朝列大夫，永昌路总管。泰定二年，迁中顺大夫，授本路达鲁花赤。二年，进亚中大夫，王傅府尉。天历元年，皇帝入正大统。明年，也速

也不干邢王入觐,荐其从行者五十人,备太子宿卫。建都班实居第一
人,奏对称旨。拜奉议大夫,同金太常礼仪院。寻参议詹事院事,俄拜
监察御史,中书省左司员外郎,御史台经历,治书侍御史,升侍御史。
于是,制赠其曾祖父母、祖父母、父母某官封,今立碑于西凉州之先茔。
臣等以为深仁厚泽,其加于臣下者,可谓敦笃而不忘者矣。重念孙都
思氏之先,以瑰伟杰特之材,佐帝业于方兴之日。又以建都班之忠慎
才美,践历台省,推恩先世而宠荣之,何其盛也? 然则,凡在子孙,思上
之德意,安有不鞠躬尽力,以报称于万一者哉? 乃作铭诗以系之。
铭曰:

　　天启圣元,笃生圣神。谁其相之,有杰其臣。赞其猷诗,佐其征讨。
以成大业,万世是保。名臣子孙,固多贤才。圣皇在御,乃进乃来。乃
赞省议,乃正台纪。从容入朝,侃侃济济。天子曰嬉,维臣之良。自其
祖考,积德以昌。水求其源,木循其本。课忠责孝,式彰令闻。大河沄
沄,有阡在焉。勒文贞珉,何千百年。

三、有关碑文内容考述

(一) 关于"孙都思氏"

孙都思氏,即元代著名的蒙古国大将"赤老温"家族。赤老温又称齐拉
衮,是"元初四杰"之一。四杰即指成吉思汗建国初期的四位重要谋士或将
领,分别是木华黎、博尔术、博尔忽和赤老温。赤老温之文锁儿罕·失剌,以
雄勇善战著称。赤老温原附属于泰赤乌部,铁木真(成吉思汗)早年遭泰赤
乌部塔儿忽台执禁,得其营救幸免于难。后归附铁木真,随从参加统一蒙古
各部的战争。他还曾与博尔术等一起,配合克烈部,击败乃蛮部曲薛吾军。
因其作战勇敢,铁木真赐号"把阿秃儿"(勇士)。宋开禧二年(1206)蒙古国
建立时,赤老温与父同掌一千户,代父领军,统领薛凉格河(色楞格河)地区,
并与博尔术、木华黎、博尔忽并称"掇里班·曲律"(蒙古语,意为四杰)。世
任"怯薛"(护卫军)之长,为十大功臣之一,并世袭"答剌罕"之号,享有九次
犯罪不罚的特权。其子孙为元朝四大名族之一,极尽权势。

（二）关于碑文对"孙都思氏"家世记载

在《孙都思氏碑》中对孙都思氏家世进行了详细的记载和叙述。其内容大致为：

元太祖成吉思汗即位，大封功臣，赤老温之父锁儿罕·失剌言，愿得薛凉格河边牧地。太祖从之，并赐号答剌罕，子孙世为豁儿赤，志大宴礼，赦罪九次。赤老温及其兄弟沈伯并为千户。赤老温与木华黎、博尔术、博尔忽齐名。一日，与敌战，太祖坠马，敌将欲刺之，赤老温腾起，反刺杀敌将。太祖大悦。后从太祖平泰亦兀赤，以枪掷塔儿忽台，中之，后者遂为赤老温所杀。沈伯率右翼兵讨蔑儿乞酋带亦儿兀孙，亦有功。赤老温早卒。其子阿剌罕，以恭谨事太祖。太祖尝被创甚，阿剌罕疗之七日而愈。

太宗皇帝窝阔台时，命太子阔端镇河西，阿剌罕之子锁兀都从太子。阔端生子曰只必帖木儿王，锁兀都夫人牟忽黎为其保母。阔端太子死后，只必帖木儿嗣位，镇守河西，锁兀都之子唐兀觯领王府怯薛官，及所属军匠保马诸民五十余年。内赞府事，外著边职，积年七十六而死，葬于西凉州。其夫人忽都觯伯要真氏，能修妇职，以相其夫，年六十而死，其墓在永昌府（今凉州区永昌镇）。

唐兀觯有诸子，知名者曰建都班，领王府怯薛官军民诸色人匠。至治二年（1322），授永昌路总管。泰定二年（1325），授本路达鲁花赤，又迁王傅府尉。天历二年（1329），也速也不干邢王入觐，荐其从臣五十人为宿卫，以建都班为第一。奏对称旨，拜奉议大夫，同金太常礼仪院。后迁监察御史、中书省左司员外郎、治书侍御史、侍御史等。

碑文记载：至顺二年（1331）四月丙辰，中书省臣言："圣上幸念侍御史建都班，赠其祖父以官而封之，赐之金币，俾得以勒碑先茔。"

根据孙都思氏世勋碑记载，赤老温家族家世可列为：

锁儿罕·失剌——赤老温（太祖成吉思汗时期）——阿剌罕（太宗窝阔台时期）——锁兀都（阔端太子时期）——唐兀觯（只必帖木儿时期）——建都班。

（三）有关史书对"孙都思氏"的记载

经翻阅《元史》，赤老温无传，甚至还说赤老温无后。这是《元史》里面最大的问题,也是《元史》记载中罕见的错误。《元史》问世后,很多学者对它表示了不满,清代著名史学家钱大昕,则是不满者中持激烈否定态度的一个。他指出"古今史成之速,未有如《元史》者。而文之陋劣,亦无如《元史》者";"开国功臣首称四杰,而赤老温无传;尚主世胄不过数家,而郓国亦无传。丞相见于表者五十有九人,而立传者不及其半"。① 成书于 1920 年的《新元史》,是民国柯劭忞所撰写,他以《元史》为底本,斟酌损益,重加编撰,前后用了 30 年时间才完成。次年,北洋政府总统徐世昌,下令把《新元史》列入正史,1922 年刊行于世。经翻阅《新元史》关于孙都思氏的记载与《孙都思氏碑》中的记载基本相同,但《新元史》叙述更为详细。②

四、碑文重要的意义及历史研究价值

此碑由元文宗皇帝图帖睦尔,"为重念孙都思氏之先,以瑰玮杰特之材,佐帝业于方兴之日。又以建都班之忠慎才美",为其曾祖父母、祖父母、父母某官封,于至顺二年立碑于西凉州之先茔。孙都思氏原附属于蒙古泰赤乌部,以雄勇善战著称,曾随从铁木真(成吉思汗)南征北战,参加统一蒙古各部战争,为蒙古国的建立具有卓越贡献。因此,碑文具有重要的史料及历史研究价值。

(一) 为研究孙都思氏家族提供了第一手珍贵实物史料

从《成吉思汗传》可知,最早的蒙古部族是两个,即捏古思和乞颜。成吉思汗家族属于乞颜部落,而赤老温家族(迭儿列勤蒙古速勒都思氏人)属于捏古思。③ 在窝阔台在位及之前,孙都思赤老温家族的成员和黄金家族在位的大汗关系十分密切。由于赤老温家族拥有继承权的几个儿子分别效忠于术赤、察合台、窝阔台,乃至于蒙哥在王位争夺战中屠杀察合台、窝阔台贵族后裔的时候,赤老温家族的贵族也几乎全部被灭杀,这是在明初编撰《元史》

---

① (清) 钱大昕:《十驾斋养新录》卷九《元史》,凤凰出版社,2016 年,第 245 页。

② 柯劭忞撰,余大钧标点:《新元史》卷一二一《赤老温传》,吉林人民出版社,2005 年,第 2247—2250 页。

③ [法] 勒内·格鲁塞:《成吉思汗传·苍狼与白鹿的传说》。

的时候未能明确的地方,以至于出现了《元史》记载赤老温无后等问题。《孙都思氏碑》的存在,是研究这一家族历史极为珍贵的唯一的第一手实物资料。

清代著名史学家钱大昕勘定的《全元文》①以及成书于1920年的《新元史》都是根据《孙都思氏碑》撰写传记。

根据碑文、《全元文》及《新元史》的记载,孙都思氏家族的家世可列为:

一世

锁儿罕·失剌孙都思氏。有二子一女,子:赤老温、沈白,女:合达安。

二世

赤老温:有二子:纳图儿、阿剌罕。

沈白:锁儿罕·失剌次子。率右翼兵讨蔑儿乞酉带亦儿兀孙,亦有功。俄罗斯可能有其后代。

合达安(女):锁儿罕·失剌之女,赤老温之妹;元太祖成吉思汗第四斡儿朵可敦(皇后)。

三世

纳图儿:赤老温长子,御位下必阇赤。从伐金,数有功。后从攻西夏,战殁。

阿剌罕:赤老温次子。

四世

察剌:纳图儿长子,从太祖征西域,以功授业里城子达鲁花赤。后事太宗于潜邸,从太宗经略中原,赐金符,改授随州军民达鲁花赤。卒。

忽纳:纳图儿次子,袭父职,追封陈留郡公,谥景桓。子式列乌台,次脱帖穆儿。

锁兀都:阿剌罕之子。

五世

式列乌台:忽纳长子。

脱帖穆儿:忽纳次子。字可与。以勋家子人直宿卫。大德十年,用台臣荐,佩金符,为武德将军、东平管军上千户所达鲁花赤。泰定三年,移镇绍兴

---

① 清代钱大昕勘定的《全元文》中有蒙古孙都思氏赤老温家族谱。

摄军民万户府事。脱帖穆儿有威仪,人望而敬之。至正四年卒,年八十四。正妻是哈剌鲁氏,其他两位夫人则是汉女,为高氏、朱氏。正妻封陈留郡夫人,两位汉女封为范阳郡夫人;五子:大都、哈剌、月鲁不花、笃列图、王者不花。

唐兀觯:锁兀都之子,领王府怯薛官及所属军匠户。有子数名,知名者唯建都班。

六世

大都:脱帖穆儿长子,袭东平上千户所达鲁花赤。

哈剌:脱帖穆儿次子。

月鲁不花:字彦明,脱帖穆儿三子,生年不详,约卒于元惠宗至正下半期中。元统元年(1333)进士。历吏部尚书,招降程思忠。迁大都路达鲁花赤,以忠说著。后改山南道廉访使,浮海北往,遇倭船,被害。谥忠肃。他著有《芝兰集》,《元诗选》传于世。

笃列图:字敬夫、一字彦诚,号敬斋,脱帖穆儿四子,一说为火室答儿之子。生于1312年,卒于1348年,至顺元年(1330)庚午策试蒙古榜进士第一,授南台御史。发妻为马祖常之妹。二子沈、泷,皆名进士。

王者不花:脱帖穆儿五子。

建都班及兄弟数名:唐兀觯之子。

(二) 对研究元代历史具有重要的意义和史料价值

此碑现已不存,原碑文在有关金石志及地方史料中未见著录,唯虞集《道园学古录》卷一六载《孙都思氏世勋碑》全文,历来为史学家所珍视援引。其碑文内容,不仅使以后出版的史书《全元文》《新元史》等,都根据碑文写史传,而且对于探讨和研究元代历史也具有重要的意义及史料价值。

1. 碑文记载了孙都思氏家族的先祖救少年成吉思汗的故事

碑文中记载:"初,父子俱事太祖,以忠勇见知。至以衣物相易以缔交,相谓曰安答,盖永以为好也。上尝与召赤温战,不利。其父子率族党夜攻之,召赤温遁,脱太祖于难……赤老温八都儿之子阿剌罕,亦以恭谨事上。上尝被创甚,阿剌罕百方疗之,七日而愈,事具信史。"这就是著名的孙都思家族赤老温一家救少年成吉思汗的故事。

在国内外史记上，明确记载着孙都思氏在铁木真成吉思汗少年危难时期，解救过成吉思汗生死性命的家族故事，有关这一故事的记载，在《新元史》中就这样记载：

> （赤老温）父锁儿罕失剌，本泰亦兀赤部下人。太祖为泰亦兀赤酋塔儿忽台所执，命荷校徇军中。一夕，塔儿铁台等宴于斡难河上，使一童子监视太祖。太祖击童子眩仆，涌水而逸。比童子苏，大呼荷校者脱走，泰亦赤兀人分道追之。锁儿罕失剌见太祖仰面卧水中，即语太祖：'汝慎自匿，吾不以告人也。'既搜太祖不获，锁儿罕失剌言于众曰：'是荷校者焉往？明日再缉可也。'众散去，锁儿罕失剌复至太祖卧处，嘱太祖亟逃。①

在《蒙古秘史》中对这个故事有相当精彩的描绘：

> （铁木真）来到他家里。刚一进去，锁儿罕·失剌说："我不是教你去找你的母亲和弟弟们吗？你怎么到我这里来了。"他的两个儿子沈白、赤老温说："雀儿被鹞子②追赶入草丛，草丛还要救它。如今他来投奔咱们，你怎么能这样说话？"他们对父亲说的话不以为然，卸下（铁木真所戴的木枷），丢进火中烧掉。然后让（铁木真）坐进帐庐后面装羊毛的车里，让他们名叫合答安的妹妹去（把装羊毛车）收拾好，对她说："不要对任何人说。"……（搜查到）锁儿罕·失剌家里，帐庐里、车子里、床下都搜遍了。又去搜查帐庐后面的装羊毛车，车门口的羊毛被拉下，就快露出（铁木真的）脚时，锁儿罕·失剌说："这么热的天气，在羊毛里怎么能受得了！"搜查的人就从车上下来，走了。③

但也有元史书籍有不同的记载。清朝钱大昕整理的《元姓氏考》里，有另外一个捏古氏先祖救少年成吉思汗的故事。故事情节虽然与赤老温家族救少年成吉思汗的故事有差异，但这个故事在《蒙古秘史》里尚未查到，当然不能排除《蒙古秘史》里的记载会有遗漏，而两个家族都曾救过少年成吉思

---

① 《新元史》卷一二一《赤老温传》，第 2247 页。

② 鹞子———《秘史》原文为"土林台"（durimdai），旁译"龙多儿"，是一种头大、身小、行动敏捷的鹰。

③ 余大钧译注：《蒙古秘史》，河北人民出版社，2001 年，第 88—89 页。

汗。仔细阅读《元姓氏考》，故事是来自虞集撰写的《靖州路总管捏古台公墓志铭》，根据墓志记载，这个故事应该是笃列图自己告诉虞集的。而《新元史》记载，笃列图与建都班是堂兄弟，是赤老温的五世孙。因此，虞集在撰写《靖州路总管捏古台公墓志铭》时这样写捏古氏先祖救少年成吉思汗的故事，应该是正确的。两块墓碑为研究元史及孙都思氏家世提供了第一手珍贵的实物资料。

2. 碑文印证孙都思氏家族与元文帝以及马祖常的关系

据元史资料载，马祖常（1279—1338），字伯庸，元朝著名的文学家，出生于光州。先世为雍古部人，居住靖（净）州天山（今内蒙古西王子村）。高祖锡里吉思，是金代凤翔兵马判官，死后赠封恒州刺史，子孙按照以官为氏的惯例改姓马。曾祖月合乃，随从元世祖忽必烈攻宋，留居开封，累官礼部尚书。元仁宗延祐二年（1315），在大都参加科举考试，会试第一，殿试（廷试）第二，授应奉翰林文字，拜监察御史。元仁宗时，铁木迭儿为丞相，专权用事，马祖常率同列劾奏其十罪，因而累遭贬黜。自元英宗朝至元惠宗朝，历任翰林直学士、礼部尚书、参议中书省事、江南行台中丞、御史中丞、枢密副使等职。

《新元史》记载，笃列图是赤老温五世孙，建都班族弟。《元代状元榜》载："笃列图，捏古氏，居永丰（今属江西）。字敬夫。燕山（今属河北）人。生于元皇庆元年（1312），卒于元至正八年（1348）。元至顺元年（1330）右榜状元。"而至顺元年刚好是元文帝登基的这一年，从碑文可知，马祖常是建都班的同僚。笃列图就是赤老温的后裔，他是建都班的族弟，其父亲卜里也秃思在潜邸跟从文宗，官至靖江路总管。1330 年笃列图考取蒙古、色目人榜进士第一人后，元文宗亲览他的策对，然后说："是世家子弟，何以知吾家事若是之详。"钦点状元，授集贤修撰。御史中丞马祖常，将他的妹妹嫁给笃列图。笃列图娶马祖常妹妹，成为马祖常的妹夫。

元文宗不仅对孙都思氏后代笃列图考取状元大加赞赏，而且从碑文可知文帝至顺元年登位，第二年就嘉奖建都班的祖父，赐其金牌（碑文中说金币，根据史料，其实就是金牌），并对其后人委以重用，至治二年（1322），建都班授永昌路总管。这些信息告诉我们，刚刚登基的元文帝肯定要培养一批忠于自己的人，他显然看中的是曾经是成吉思汗四杰之一赤老温家族的后代；至顺二年制赠建都班曾祖父母、祖父母、父母某官封，今立碑于西凉州之先茔。

由于马祖常的妹妹嫁给了笃列图，他又是建都班的同僚，正因为这样一种特殊关系，知悉了建都班的家世。所以碑文所载孙都思氏家世、岁月官簿行事，由马祖常所述并告知。这也正是民国时期柯劭忞撰写的《新元史》，把笃列图作为孙都思家族赤老温的五世孙、建都班族弟的重要依据之一。

3. 碑文反映了孙都思氏家族与阔端太子的关系

碑文中记载建都班是赤老温五世孙，在太宗时期，其祖父锁兀都就跟随阔端太子来到西凉府；锁兀都又是赤老温的孙子。碑文纠正了《元史》记载赤老温无后的错误，记载了赤老温一系与阔端太子的关系。

1229 年，蒙古灭西夏后，窝阔台即蒙古汗位，将以西凉府为中心的西夏故地分封给次子阔端，同时，又把蒙古雪你惕部和速勒都思部共三千户，也一同封授阔端。拉施特对阔端兀鲁思（蒙古汗国诸王的分地）的形成有详细介绍："窝阔台当了合罕后，没有跟诸王、异密商量，擅自从也可那颜诸子管辖下的军队中将亦鲁该那颜的兄弟异密都剌带宝儿赤及雪你惕部异密连同一千雪你惕部军队及二千速勒都思部人分给了自己的儿子阔端。"[①]在拥有了这三千户军民集团后，窝阔台又把"唐古惕地区（原西夏故地）分给他作封地，并把他和军队一起派遣到了那里"[②]。1235 年，阔端统兵攻四川，旋往凉州就封土，形成了自己的兀鲁思。汉文史料则以"镇西土""镇西凉"之类的说法描述了阔端就封这一事实。特别是《孙都思氏碑》记载"太宗皇帝时命太子阔端镇河西"，孙都思部赤老温之后锁兀都从行，此后其家族世领王府怯薛官及所属军匠保马诸民，印证了《史集》阔端家族统有自己的军队，以唐兀惕之地为彼等之禹儿惕的记载。[③] 从碑文也可以看出，在太宗窝阔台时命太子阔端镇河西，赤老温之后的阿剌罕父子一支得到了阔端太子的信任，委以重用。阔端太子生子只必帖木儿王，锁兀都夫人牟忽黎为保母，太子死，只必帖木儿嗣位，镇河西，锁兀都之子唐兀觲领怯薛官及所属军匠保马诸民

---

① ［波斯］拉施特著，余大钧译：《史集》第 1 卷第 2 分册，商务印书馆，1985 年，第 381 页。

② 同上书，第 10 页。

③ 胡小鹏：《元代阔端系诸王研究》，《内蒙古社会科学》1998 年第 3 期，第 30—36 页。

五十余年。进而从另外一面也反映出赤老温一系对太宗窝阔台之子阔端一系的忠诚。

（三）孙都思氏跟随阔端一系，永昌路成为多民族和睦相处的地方

从《孙都思氏碑》碑文可知，"太宗皇帝时命太子阔端镇河西"。阔端到甘肃河西，驻扎在西凉府，为西凉王。孙都思部赤老温之后阿剌罕之子锁兀都就随从太子阔端，此后其家族世领王府怯薛官及所属军匠保马诸民。1244 年 9 月，阔端遵照父皇旨意，邀请西藏萨迦派宗教领袖萨班来凉州共商西藏归附元室大计。"一位精通'五明'的智者，吐蕃最具影响力的萨班，不愧为与藏族人民心脉相通，真正能够高瞻远瞩，为西藏的前途和命运深思熟虑的政治哲人。他力主和谈，并挺身而出，敢于为此而献身。"①当阔端的宗教政治内容合二为一的邀请诏书送达西藏时，萨班先遣 10 岁的八思巴和 6 岁的恰那多吉两个侄子到凉州，以表和谈诚意。继之他千方百计，统一西藏内部认识，终于在 1246 年，不辞年迈与路途险远到达凉州，在凉州广设经场，弘扬佛法，并在凉州为汉、藏各族百姓医病。1247 年阔端回到西凉府正式与之会晤，史称"凉州商谈"，使西藏正式纳入祖国的版图，完成了祖国的统一大业。

据藏文史料记载，阔端迎请萨迦班智达到凉州后，"由于教主的赐福，他得到了一个叫只必帖木儿的儿子"②。如果这一记载可信，那么只必帖木儿当生于 1247 年到 1250 年之间，即是说阔端死时他还在襁褓之中，这也可以解释，他为什么没有参加蒙哥汗即位大典。《孙都思氏碑》中载，只必帖木儿直承阔端"嗣镇河西"，这正符合幼子继承的蒙古草原习俗。1251 年阔端死后，其子只必帖木儿年幼，碑文载孙都思氏部赤老温之后锁兀都从阔端，父子相袭为王府总管。阔端"生子曰只必帖木儿王，锁兀都夫人牟忽黎为保母。太子薨，只必帖木儿嗣，镇河西，以锁兀都之子唐兀觯领怯薛官，及所属军匠保马诸民五十余年。内赞府事，外著边职"。因为"永昌王分地虽设有

---

① 樊保良、水天长：《阔端与萨班凉州会谈》，甘肃人民出版社，1997 年。

② 《萨迦五祖全集》函 313a - b，转引自[匈] J·史尔弼著《八思巴上师遗著考释》，载《国外藏学研究译文集》第二辑，西藏人民出版社，1987 年。

永昌路总管府,但监郡者往往就是永昌王家臣"①,所以孙都思氏部赤老温之后辅佐年幼的只必帖木儿,镇守西凉府。

"凉州商谈"后,八思巴继续跟萨班学习吐蕃教法即西藏佛教,恰那多吉穿着蒙古服装,学习蒙古语言。阔端不仅与萨班和八思巴兄弟关系密切,而且八思巴兄弟与阔端的儿孙们也建立了密切关系。更令人惊奇的是阔端很快将这种关系变成了与萨迦款氏家族通婚的关系。《汉藏史记》记载:"……(恰那多吉到凉州后)阔端令其着蒙古装,娶公主墨卡顿,朝见薛禅(忽必烈)皇帝后,受封白兰王。"《萨迦世系史》也说:"蒙古薛禅皇帝封他为白兰王,赐金印及左右两部同知衙署,并将公主墨卡顿嫁给他,让他穿蒙古衣服,任命为吐蕃三区执掌法度的长官。"还说:"众生法主恰那多吉有三个妻子,一个是阔端之女茫噶拉(即墨卡顿),一个是玛久丹察曲本,她们二人没有生子,第三个妻子是夏鲁万户家的堪卓本,他父亲名尚阿扎,是蒙古皇帝的一位重臣,她生子达玛巴拉合吉塔。"从这些记载看来,恰那多吉先是在凉州娶墨卡顿公主,在会见忽必烈之后,受封白兰王的。恰那多吉到凉州时年仅 8 岁,1251 年阔端和萨班在凉州相继去世时,他也才 12 岁。因此,他的这次婚姻自然是阔端和萨班为加强双方关系而采取的一个重要举措。当时整个西藏都属于阔端管辖,做出这样的安排,一方面符合蒙古王室与归附的其他民族主要贵族通婚的惯例,另一方面也符合萨迦款氏家族以一个儿子繁衍后裔的传统。后来恰那多吉的儿子达玛巴拉合吉塔被尊为帝师,忽必烈仍命他娶阔端之子只必帖木儿的女儿贝丹为妻。这是蒙古王室与萨迦款氏家族通婚政策的延续和发展,从而加强蒙藏之间的关系,也反映出了八思巴兄弟及后世与阔端及只必帖木儿王室之间建立的关系。

1272 年只必帖木儿在永昌(今永昌镇所在地)筑起了新城,元世祖皇帝忽必烈赐名"永昌府",由此人们称只必帖木儿为"永昌王"。至元十五年(1278),元朝廷又以永昌王宫殿所在地,设立永昌路,降西凉府为西凉州,西凉州隶属永昌路,于是这里成为蒙古永昌王的王宫和元永昌路治所。从《孙都思氏碑》碑文记载可知,建都班是唐兀觯的长子,是赤老温的五世孙,这时的建都班为永昌"府尉",这在 1982 年武威校尉乡珍珠台出土的一批元代窖

---

① 　胡小鹏:《元代阔端系诸王研究》,《内蒙古社会科学》1998 年第 3 期,第 30—36 页。

藏铜器铭文上得到了印证。

其中在一件铜熏鼎及一件铜壶上有这样的铭文：

> 建都班府尉□都波罗泽监司脱因黑汉总管薛长史完者帖木大使李同知蒙德信景克柔同义李文贵//赵文德赵文富牟朝迷姚仲仁贤讲主□吉祥//里思伯家奴曾付薛文胜扬(杨)明义央都//任才贵毛提举刑德显何文义高世安高阿旧□令真巴扬(杨)氏妹妹蒙宝李氏景宝姚氏张□真思蛮买驴张宝严氏李氏引儿瞿宝玉娥扬(杨)宝□柔//严达之□吉祥扬(杨)元瑞郭二薛十月薛□祥//景文才樊文义王同义忽都的□□宝秀直顺二嫂会首右录。

至元款铜壶铭文为"至元丙戌西凉报慈安国禅寺僧仁敏置"。"至元丙戌"为元至元二十三年(1286)；这里"西凉"，即为至元十五年(1278)"凉州西凉府"降为隶属永昌路的"西凉州"。[①]

铜熏鼎铭文中"建都班府尉"就是《孙都思氏碑》记载的建都班，"建都班府尉"在铜器铭文中的出现，进一步证实了《孙都思氏碑》所记建都班在永昌路西凉州的活动情况。建都班父子生活在永昌路西凉州，因此他们对西凉州有着深厚的感情。从铭文可知，铜器铸于至元十五年，铭文称"建都班府尉"，这说明至元十五年建都班任府尉。经查元代官职，"府尉"，即县尉，专职捕盗，与同僚共同负责地方治安。出于维护地方统治的特殊需要，元廷不断强化县尉的作用。这为研究建都班早期的简历及官职增加了新的历史资料。据碑文记载建都班后来又升为永昌路达鲁花赤、总管及永昌王王傅府中尉，既管理王府事务，又管理永昌路及下属西凉州的各项事务，以他为首的地方官吏，与西凉州人民一起，积极参与西凉州的佛事活动，从一个侧面也反映了他与西凉州人民的密切关系。元代"西凉报慈安国禅寺"遗址窖藏铭文铜器的发现，不仅为研究元代宗教信仰、民族交往、冶金铸造等方面提供了十分珍贵的实物资料，而且也反映了碑文中记载的蒙古孙都思家族后代建都班与西凉各民族之间的友好来往与亲密关系。

与此同时，阔端及只必帖木儿王室与回鹘之间也建立了密切的关系。

---

① 党菊红：《武威校尉乡珍珠台窖藏元代铜器铭文辨析》，《敦煌研究》2015 年第 1 期，第 77—85 页。

据《高昌王碑》记载,"(至元)十二年(1275),都哇、卜思巴等率兵十二万,围火州,……城受围六月,不解。……(回鹘王亦都护火赤哈儿)以其女也立亦黑迷失别吉厚载以茵,引绳坠诸城下而与之,都哇解去。其后入朝,上嘉其功,……还镇火州,屯于南哈密力之地。兵力尚寡,北方军猝至,大战力尽,遂死之。子纽林的斤,方幼,诣阙请兵北征,以复父仇。……有旨:师出河西,俟与北征大军齐发。遂留永昌焉"。战后余生的畏兀儿残部,没有停驻在河西走廊西部,而是东行跋涉近一千公里,最后定居在位于凉州以北不远的永昌城。"该城是只必帖木儿的王城,作为'驸马诸王'的亦都护家族,最终鸠占鹊巢,使永昌城成为本家族的世袭封地,这无论从哪个方面来看,都是一件极不寻常的事情。"①

　　在这期间,蒙古皇族及阔端王室与回鹘高昌国王家族通婚联姻。亦都护纽林的斤所娶的不鲁罕、八卜义两个公主,皆元太宗孙阔端女。高昌地区失陷于察合台汗国,纽林的斤流亡甘肃永昌,元世祖将元太宗孙女不鲁罕公主嫁给他。不鲁罕死后,妹妹八卜义公主又嫁给了纽林的斤。纽林的斤是高昌王,所以八卜义被封为高昌公主。八卜义公主生下帖睦尔普化和篯吉。八卜义死后,安西王阿难答的女儿兀剌真公主嫁给了纽林的斤。阔端孙女朵儿只思蛮公主嫁给了帖睦尔普化,朵儿只思蛮公主也就是八卜义的堂侄女。纽林的斤长子帖睦尔普化所娶的主朵地公主为阔端孙女。蒙古王室与回鹘高昌国王家族通婚的延续和发展,加强了蒙古回鹘之间的关系,并反映出了蒙古皇室及阔端、只必帖木儿王室与回鹘高昌国王家族之间建立的密切关系。

　　立于永昌石碑村的三通巨石碑刻,也反映了多民族文化特色。根据碑文记载,今武威永昌镇石碑沟村既是蒙古孙都思氏后代的墓地,也是回鹘族高昌王及西宁王家族的墓地,从石碑雕刻及碑文内容反映出多民族文化特色。这三通石碑刻立最早的是《孙都思氏碑》,立于至顺二年(1331);其次是《高昌王碑》,立于元统二年(1334);再后是《西宁王碑》,立于至正二十二年(1362)。《高昌王碑》及《西宁王碑》其碑正面用汉文书写,背面又为回鹘文、蒙文书写,碑座为龟趺,碑首刻蟠螭,雕刻制作十分精致,反映出了当时多种

①　胡小鹏:《元代阔端系诸王研究》,《内蒙古社会科学》1998年第3期,第30—36页。

文化并存的特色。《孙都思氏碑》背面是否刻有少数民族文字,是否刻龟趺、碑座和蟠螭碑首,因碑未有发现,不能确定,有待于以后发现和更进一步研究。但无论怎样,这些碑刻是我国历史上多民族集聚、文化融合、民族团结的历史象征。

明洪武五年(1372),明王朝废除了元朝的军政机构永昌路,西凉州设立凉州卫,治所今武威。永昌路故城所在地设永昌堡,直到明、清,成为武威乃至河西的一个重要集镇,经济繁荣,文化发达。汉文碑史料《孙都思氏碑》也印证了:孙都思氏部赤老温之后锁兀都父子从阔端、只必帖木儿父子镇守河西,父子相袭为王府总管。永昌路城也成为回鹘高昌国王的王宫,是蒙、回鹘、藏、汉多民族和睦相处的地方。蒙古统治者同这里的藏、汉民族以及元初徙居到这里的回鹘族首领及部落,和睦相处,相互联姻,共同创造了这一地区的繁荣发展和丰富灿烂的历史文化。

河西走廊多语文本碑刻、 题记考察与元史研究

乌云高娃

中国社会科学院古代史研究所

自古以来,河西走廊有着多民族杂居、多元文化融合的特点。河西走廊东西延伸 1 000 多公里,整个区域分布众多历史文化遗迹。100 年来,国外所谓"探险家"的活动揭开了西域很多历史之谜,实地踏查意义重大。

本文结合河西走廊实地考察,探讨河西走廊多语文本碑刻资料在元史研究中的重要性。

一、元代多语文本文献的书写特点

元朝是由北方游牧民族建立的多民族统一国家。元代多民族国家特征,形成多元文化一体、多民族融合的格局。元代文献中有不少以多语文合璧的形式书写的碑刻、摩崖铭文等。河西走廊现存的四种文字、五种文字、六种文字合璧的六字真言碣和题刻,更是极为罕见的元代以多种文字合璧书写形式的代表性资料。在蒙古草原发现的多语文合璧的碑刻、金石资料及居庸关云台六种文字合璧的石刻(居庸关)、敦煌《莫高窟六字真言碣》(敦煌莫高窟)和永昌御山圣容寺的《永昌六体六字真言题刻》(甘肃永昌御山圣容寺对面山崖)等文献为研究元代多语文书写格式、宗教文化等提供了重要的新资料。①

---

① 乌云高娃:《元代多语文合璧书写形式及其对明清的影响》,《中国史研究动态》2018年第 5 期,第 52 页。

　　河西走廊现存的多语种碑刻、题记中，有许多属于元代的文献。这些多语种文献为探讨元代丝绸之路、元代民族问题、阔端家族、西道诸王问题，提供了诸多线索。

　　敦煌莫高窟 464 窟前室南壁有汉、梵、藏、回鹘四种文字合璧的六字真言，北壁有汉、梵、藏、回鹘、八思巴字五种文字合璧的六字真言。

《莫高窟六字真言碣》（敦煌莫高窟）

《莫高窟六字真言碣》的年代为元顺帝至正八年（1348），碣石上部正楷横着书写"莫高窟"三个字，中央阴刻四臂观音坐像，上方刻梵文、藏文的六字真言，左方刻回鹘文、八思巴文的六字真言，右方刻西夏文、汉文的六字真言。外围刻有不同族群人名，可见，立这一碑刻之时，有多民族人士参与。①

――――――――――――

①　杨富学：《河西多体文字六字真言私臆》，《中国藏学》2012 年第 3 期。

《永昌六体六字真言题刻》(甘肃永昌御山圣容寺对面山崖)

　　《莫高窟六字真言碣》和《永昌六体六字真言题刻》以汉、梵、藏、回鹘、八思巴字、西夏文六种文字合璧的形式书写六字真言。

二、考察内容分类

主　题	内　　容	现　　状
博物馆	敦煌博物馆	新馆,2012 年 5 月开馆。6 个展厅,有简牍、画砖、石塔、写经等珍贵藏品 14 000 余件
	肃北蒙古族自治县博物馆	党城湾,旧展厅,新馆在建
	额济纳旗博物馆	2012 年 5 月开馆,有"秘境奇观""居延春秋""黑水流澜""民族风情""大漠朝阳""飞向宇宙"6 个常规展厅。另有铁器、石器、瓷器、汉代和西夏元时期居延地区居民生产生活用品
	高台县博物馆	新馆在建,高台县城关解放南路
	酒泉博物馆	新馆在建
	武威西夏博物馆	邻近文庙
	武威文庙	1996 年全国重点文物保护单位,武威市凉州区文昌路
	西夏大佛寺	张掖市西区
	罗什寺	武威市北大街

主 题	内 容	现 状
博物馆	百塔寺博物馆	武南镇白塔村刘家台庄
	桥湾博物馆	瓜州(安西)县河东乡双泉村
石 窟	莫高窟石窟	敦煌市七里镇秦家湾村,1961 年全国重点文物保护单位。此次参观 94 号、130 号、148 号、79 号、55 号、292 号、296 号、329 号、17—16 号窟
	西千佛洞石窟	敦煌市区西南 35 公里,党河北岸参观 3—7 号窟
	东千佛洞石窟	瓜州(安西)县锁阳镇南坝村。参观 2 号、5—7 号窟,主要是西夏、元代开凿的石窟
	五个庙石窟	肃北蒙古族自治县党城湾镇马场村
	榆林石窟	瓜州(安西)县城南 76 公里处榆林河谷
	马蹄寺石窟	张掖市肃南裕固族自治县马蹄寺乡马蹄村
壁 画	莫高窟	敦煌市七里镇秦家湾村
	西千佛洞	敦煌市区西南 35 公里,党河北岸
	东千佛洞	瓜州(安西)县锁阳镇南坝村
	五个庙	肃北蒙古族自治县党城湾镇马场村
	榆林石窟壁画	安西县城南 76 公里处榆林河谷
	骆驼城画像砖室墓	张掖市高台县骆驼城乡永胜村
	高台博物馆墓葬板画、壁画	
	酒泉博物馆丁家闸十六国壁画墓临摹	酒泉市
	丁家闸十六国壁画墓	酒泉市果园乡丁家闸村
	酒泉博物馆汉晋墓葬壁画砖	新馆在建
	马蹄寺壁画	肃南裕固族自治县马蹄乡马蹄村
古墓葬	骆驼城魏晋墓葬	1996 年全国重点文物保护单位
	西凉李超夫人尹氏墓	酒泉市城西北果园乡
	酒泉西凉王墓	酒泉市果园乡丁家闸村
	西沟晋唐墓(1 号)	酒泉市果园乡丁家闸村

主　题	内　　容	现　　状
古墓葬	西沟魏晋墓(4、5 号)	酒泉市果园乡丁家闸村
古　城	破城子遗址(汉代)	瓜州县锁阳镇常乐村
	锁阳城遗址(汉、唐)	瓜州县锁阳城镇南坝村
	石包城(汉代)	肃北蒙古族自治县石包城乡石板墩村,2006 年省级文物保护单位
	黑城遗址(西夏)	2001 年全国重点文物保护单位,阿拉善盟额济纳旗达来呼布镇南
	骆驼城遗址(汉、唐)	1996 年全国重点文物保护单位
	许三湾故城遗址(明代)	高台县新坝乡许三湾村
	高台明城遗址(明代)	?
	酒泉鼓楼	肃州老城区四条大街,1993 年省级文物保护单位
	酒泉古城门(南门)	2003 年省级文物保护单位
	桥湾城(青代)	瓜州县河东乡双泉村
	黑水国南城遗址(明)	2001 年全国重点文物保护单位
	元永昌府遗址(元代)	永昌镇石碑村
	白塔寺幻化寺遗址(元代)	武南镇白塔村刘家台庄
	甲渠塞(破城子)(汉代)	阿拉善盟额济纳旗达来呼布镇南二十四公里
题记、碑刻	莫高窟题记	敦煌市七里镇秦家湾村
	西千佛洞题记	敦煌市区西南 35 公里,党河北岸
	东千佛洞题记	瓜州县锁阳镇南坝村
	五个庙题记	肃北蒙古族自治县党城湾镇马场村
	榆林石窟题记	安西县城南 76 公里处榆林河谷。参观 4 号(窟中题记众多,有回鹘文、藏文、蒙文)、6 号、12 号(有蒙文、汉文题记)、13 号(有回鹘文题记、鹿塑像)、15 号(提到"榆林窟",有西夏文题记)、16 号(有回鹘文、西夏文、汉文、藏文、八思巴文等题记)、19 号(回鹘文、藏文题记)、25 号、27—26 号洞窟
	文庙石刻	武威市凉州区文昌路

续表

主　题	内　　容	现　　状
题记、碑刻	回鹘文世勋碑（元代）	武威市文庙。汉文、回鹘文
	西宁忻都王碑（元代）	永昌镇石碑村，1981 年省级、2013 年全国重点文物保护单位
	马蹄寺题记	肃南裕固族自治县马蹄乡马蹄村
	元代敏公阐师碑（元代）	武威市凉州区文昌路文庙
	武威西夏碑	武威市西夏博物馆
	大元肃州路也可达鲁花赤世袭之碑（元代）	肃州区博物馆
	八思巴字符牌（元代）	甘肃省博物馆
	八思巴字"镇海之碑"（元代）	泾川县博物馆（未考察）
	八思巴字官印（元代）	甘肃省博物馆、陇西县博物馆、定西县博物馆
关　隘	玉门关	敦煌市阳关镇二墩村
	汉长城遗址	敦煌市阳关镇二墩村
	嘉峪关	甘肃省嘉峪关市
历史景点	鸣沙山月牙泉	敦煌市郊
	东居延海	额济纳旗达来呼布镇
	神树	额济纳旗达来呼布镇
	漠中胡杨	额济纳旗达来呼布镇
	塔旺嘉布王旧居	额济纳旗达来呼布镇
	酒泉公园	酒泉市
	萨班灵骨塔基	武威市武南镇白塔村刘家台庄
走访城镇	敦煌市	
	肃北县党城湾	
	酒泉市	
	额济纳旗达来呼布镇	
	高台县	
	武威市	
	兰州市	

续表

主　题	内　　容	现　　状
走访单位	肃北县文体局	朝克图局长
	额济纳政协	阿拉腾其其格主席
	高台县文物局	寇克红局长（此时出差在外）
	酒泉市文物局	杨永生局长
	武威市文物局	王树华局长

三、地理环境与历史遗迹

古代西北的军事基地及边远城镇的建设无不与它的战略地位有关系。而战略地位的最大因素无疑是环境条件。河西走廊东起乌鞘岭，西至玉门关，长约 1 000 公里，最宽处近百公里，最窄处数公里。南边阿尔金山和祁连山延绵不断，北边马鬃山、合黎山、龙首山自西往东延伸，形成狭长谷地，在内陆欧亚南沿造就了一个东西南北的自然通道。由于山地草场丰美，谷地地势平坦，源自高山冰川的水流纵横，形成一个个肥沃的绿洲，因而可耕作，亦可游牧，自古以来为农耕和游牧相互交错、各种文化汇集交融的中心。几大水系孕育了绿洲，绿洲也给河西走廊文明创造了可持续发展的条件，使这一峡谷不仅仅扮演了重要通道角色，更重要的是创造了海纳百川、具有很强包容性的多元文化。所以，了解河西走廊城镇、历史遗迹与几大水系的关系，也就能够把握其几块区域特征及其历史遗迹的相互关系。由于条件所限，此次考察并未对这一关系和各自的特征进行系统调查研究，只是作为历史研究和实地考察的一种视角或方法，提出来以供参考。

疏勒河水系	疏勒河中下游	锁阳城、桥湾城、玉门、瓜州、敦煌	西部盆地，以石窟群为主要特点，西域风情浓厚
	党河峡谷	一个庙、五个庙、西千佛洞、莫高窟	
	榆林河峡谷	榆林窟、石包城	

续表

黑河水系	黑河流域	张掖、高台、金塔、黑城、居延海	中部盆地,以古墓葬为主要特点,农耕游牧交融显著
	讨赖河流域	酒泉、嘉峪关	
石羊河水系	三岔河	武威、民勤	东部盆地,中原文化发达
	水磨川	永昌	

疏勒河流域

疏勒河,当地蒙古语称 suri-yin gool,意为高山之流。河西走廊内流水系的第二大河,古名籍端水。源于祁连山脉西段托来南山与疏勒南山之间的疏勒脑,西北穿大雪山—托来南山间峡谷,经昌马盆地、玉门镇、饮马场后,折向西流,接纳踏实河、党河后,入敦煌市西北的哈拉湖。疏勒古河道穿哈拉诺尔至新疆罗布泊,至扇缘接纳诸泉水河后分为东、西两支流,东支汇部分泉水河又分南、北两支,名南石河和北石河,向东流入花海盆地的终端湖。西支为主流,又称布隆吉河。上游祁连山区降水较丰,冰川面积达 850平方公里,多高山草地,为良好牧场。中、下游地势低平,玉门镇、安西、敦煌和赤金—花海诸绿洲的灌溉农业发展迅速。

党河

党河,蒙古语 dang-yin gool,因源自党山而得名。发源于肃北蒙古族自治县盐池湾,为敦煌区域内唯一地表水,祁连山冰川是其主要水源。蒙古语"党金果勒河"译名的简称,汉称氐置水,唐叫甘泉,宋为都乡河。现名为元代所改。"党金果勒"的意思是肥沃的草原。

榆林河

又名踏实河,发源于祁连山脉大雪山北坡冰川群,其融雪水渗入洪积层,经长距离的调蓄,在石包城一带以泉水出露,汇集成泉水河后流入瓜州县境内,向北流经万佛峡至蘑菇台后进入踏实盆地,截山子流入疏勒河,全长 138 公里。

讨赖河

讨赖河，又写"陶勒""托来""讨莱""多乐水"或"洮赉"，古代称"呼蚕水"，发源于青海省祁连山中段讨赖掌，出冰沟口流经嘉峪关、酒泉、金塔后汇入黑河，属黑河水系一级支流。讨赖河源头至冰沟口河长 260 公里，河流来水由降水、冰雪融水和地下水补给，是嘉峪关地区唯一地表河流。

黑河

黑河，中国西北地区第二大内陆河，发源于祁连山北麓中断，北至内蒙古自治区额济纳旗境内的居延海。黑河流域自上游至下游内蒙古自治区额济纳旗居延海，分别流经青海的祁连县，甘肃省的肃南县、山丹、民乐、张掖、临泽、高台、金塔县。上游以牧业为主，中下游地区属灌溉农业经济区。其中西部子水系包括讨赖河、洪水河等，归宿于金塔盆地，面积 2.1 万平方公里；中部子水系包括马营河、丰乐河等，归宿于高台盐池—明花盆地，面积 0.6 万平方公里，东部子水系即黑河干流水系，包括黑河干流、梨园河及 20 多条沿山小支流，面积 11.6 万平方公里。黑河干流全长 821 千米。

石羊河

石羊河起源于南部祁连山，至巴丹吉林和腾格里沙漠之间的民勤盆地北部，由大靖河、古浪河、黄羊河、杂木河、金塔河、西营河、东大河、西大河等 8 条河流组成。中部 6 条河于武威城附近汇成石羊大河干流，西大河及东大河部分在永昌城北汇成金川河入金昌盆地。

从历史地理演变过程以及自然条件来看，河西走廊的生态环境结构有它自身的平衡原则。整体而言，降雨量极少，蒸发量又大大高于降雨量，所以，自始至终环境趋势在逐渐恶化状态中，而且其自我修复和调节能力十分薄弱，水系依赖有限的天然降雪和祁连山不多的冰川融化，虽水支流相当丰富，实际则水资源极其匮乏。可能先人较早认识到了这一点，其人文环境与自然环境基本保持了平衡，自汉代以来河西走廊的文明顺应了它的自然条件和基本规律。其特点是，人顺应自然变化，控制土地和水资源的大量开发，重复利用古代重镇，着重发挥其物流集散或东西南北通道作用，始终保持着一定的平衡度,从而可持续发展得以延续。当然,经历了一些曲折后人们的认识才能够达到一定的共识。但起初可能认识也是不足的,忽略环境条件因素的事件也时有发生。河西走廊的一些城镇遗迹,如破城子、锁阳城遗址、黑水城、明代黑水国遗址、汉代石包城遗址等等,虽然较好保留了基础原貌,但它们被遗弃的原因值得深思。有些直接原因或许是战争或是政权交替等,但与自然环境的关系可能是其根本原因。因在建设初期没有充分估计到环境条件因素,只是以人为改变水系,新开发土地来发展,但很快发现这破坏了环境平衡,环境迅速恶化,暴露其不宜居住的弱点,导致自身的毁灭,不得不被遗弃,自然也不会被后来再利用。河西走廊的中部,今日仍保留了很多以"坝"命名的地方,无疑是与古代水利工程有关,但环境早已改变面貌,很多是一片荒无人烟的地方,很难与丰富的水资源相联系。

在此次的调研考察中,我们在各个地方都听到近年对河西走廊水系的改造所造成的环境恶化和人文环境的破坏。其最大的问题是各种水利工程和水库建设对于下游造成的重大影响。黑河上游城镇开发建设,扩展农业灌溉,大兴水库建设,使黑水河断流,额济纳等已经到了全部沙漠化的边缘。目前虽然强制规定供给居延海水,但我们看到其水量微不足道,整个黑河下游大片地区的生态已经严重退化。黑河流域以及河西走廊曾经的几处湿地已荡然无存,而人为因素是罪魁祸首。除了黑河、疏勒河、石羊河水系几条干流被改造外,党河、榆林河等重要支流也有兴建水库而水被截流,对下游地区环境造成了严重影响。特别是各个地区各自为政,严重缺乏相互间的协调,不顾自然规律,大肆进行破坏性工程,失去了河西走廊独有的平衡状态。历史上河西走廊人文景观的形成、演变与地理环境的作用分不开,人们很早认识到与自然交往的合理方式,在较长时间内保持了基本平衡状态,保证了河西走廊在东西南北之间的重要通道作用。我们认为,河西走廊的未来也在于能否与地理环境相适应,应在总体上去规划整治,达到平衡,才能解决问题。这也与河西走廊历史文化遗迹的保护息息相关。

四、河西走廊多文种碑刻、题记

河西走廊由于其历史地理的特殊性,以石窟、壁画、石刻、造像、出土简牍、文献、寺院建筑、古城、古墓葬等类型组成了独具特色的历史文化长廊。其中题铭、题记是河西历史文化长廊中的一项重要内容。题铭、题记除了具备明确所处文化遗迹性质的第一手资料性质之外,其自身的形态也是多内容、多文种、多体例、多材质、丰富多彩的,是河西走廊特有的独特风景之一,包含着丰富的历史文化信息,与其他类型一样,也可以专门进行考察。其中最多的属汉文题记,包括供养人题名、事佛发愿文、功德记等等,光敦煌莫高窟就有7 000多条。但题铭、题记所涉及的人物却有匈奴、鲜卑、吐蕃、回鹘、党项、蒙古等民族或族群以及中亚其他民族,也不乏各种民族文字。此次调研特别关注了形成河西多文种题铭、题记走廊的几大遗迹群。特别是一部分题记由于模糊不清,仍未被充分解读,从而还未发挥其资料功能,应考虑各种技术手段或方法来进行识别。

题 记 群	时　　代	文　　种
敦煌题记群	魏晋南北朝—元	汉、西夏、藏、回鹘、蒙、八思巴、梵、叙利亚
五个庙题记群	魏晋南北朝—元	汉、西夏、藏、回鹘、蒙
东千佛洞题记群	西夏、元代	汉、回鹘、蒙、西夏
榆林窟题记群	唐—元	汉、藏、回鹘、蒙、八思巴、西夏
马蹄寺题记群	魏晋南北朝—民国	汉、藏
文殊山题记	元代	汉、八思巴、蒙、西夏、梵、藏
多文种碑刻	西夏、元代	汉、西夏、回鹘、蒙、八思巴、藏

敦煌题记群

敦煌题记包括汉文、西夏文、藏文、回鹘文、回鹘蒙文、八思巴文、梵文、叙利亚文等。其中汉文题记研究有敦煌研究院编《敦煌莫高窟供养人题记》(文物出版社,1986年)等。据称,敦煌汉文题记有7 000多条。其他文种题记的研究也有一些专题文章。

五个庙题记群

五个庙为此次重点考察的一处石窟遗迹,目前由肃北县文物部门管理,共存5个石窟,有汉文、西夏文、藏文、回鹘文和回鹘蒙文。回鹘蒙文有墙壁佛像绘画两侧题铭框中的榜题和用锐器刻画的游人漫题。原壁画蒙文榜题字迹规整、舒展,但已遭破坏,看不到完整的。有一处两行回鹘文十分清晰。锐器刻画的文字还有西夏文和藏文。汉文题记几处很清晰。未见有关五个庙题记的研究文章。

图1　五个庙石窟

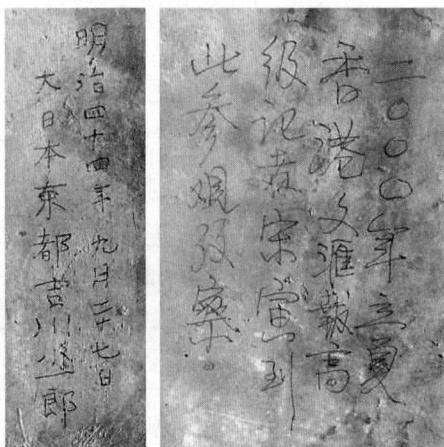

图2　吉川小一郎和宋寅题记

东千佛洞题记群

东千佛洞属瓜州县文物部门管理,现存洞窟 23 个,有汉文、回鹘文、回鹘蒙文、西夏文题记。未见相关研究。这里有近人日本大谷探险队吉川小一郎"明治四十四年九月二十七日"(1911)的漫题和"二〇〇〇年立夏香港文汇报高级记者宋寅"的漫题,十分醒目。据说吉川小一郎在莫高窟第 444 号洞窟北壁也留有题记。

榆林窟题记群

榆林窟现存 41 窟,题记有汉文、藏文、回鹘文、蒙文、八思巴文、西夏文,其中西夏 4 窟、元代 4 窟均有回鹘文和蒙文题记,已有学者进行过解读。另外榆林窟存在很多未进行研究的模糊回鹘文和蒙文题记,应运用技术手段进行识读。

马蹄寺题记群

由马蹄寺南北两个部分、金塔寺等共七处组成,北寺开凿于元代。南北石窟洞共 70 多个,有汉文、藏文题记,特别是存在不少模糊的元代题记。明、清、民国时期题记也不少,特别是明代地方官吏题记中涉及北元的信息。未见专门的研究文章。

多文种题铭、碑刻群

◇《莫高窟六字真言碣》——汉、梵、回鹘、藏、西夏、八思巴六种文字。立于元顺帝至正八年,藏敦煌研究院。

◇《莫高窟六字真言题记》——第 464 窟,梵、藏、回鹘、汉四种文字。北壁题铭框有梵文、回鹘文、藏文、汉文、八思巴文题铭。

◇《莫高窟六字真言题记》——第 465 窟,梵、回鹘和藏三种文字。

◇《圣容寺山崖六字真言》——八思巴文、回鹘文、西夏文、汉文、梵文、藏文六种文字。永昌县北御山圣容寺对面山崖。

◇《西夏碑》——亦称《凉州重修护国寺感通塔碑》,汉文、西夏文。立于 1094 年,现存武威西夏博物馆,此次发现其拓片民间流传很多。史金波有专论。

◇《西宁王忻都公神道碑》——汉文、蒙文。立于 1362 年,现存永昌镇,此次考察看到保存状态良好,碑额写"大元敕赐西宁王碑",在民间发现其早期拓片,十分珍贵。道布等有专论。

◇《亦都护高昌王世勋碑》——元代亦都护高昌王墓,1334 年立,汉文、回鹘文。原位于圣容寺西,现存武威文庙。此次考察发现保存状态不甚好。黄文弼、耿世民、党寿山有专论。

◇《元重修文殊寺碑》——汉文、回鹘文,1326 年立,今藏酒泉市肃州区文殊山石窟。耿世民有专论。

◇《大元肃州路也可达鲁花赤世袭之碑》——汉文、回鹘文,1361 年立,今藏酒泉市博物馆。耿世民有专论。

◇《西夏黑水桥碑》——汉文、藏文,1176 年立(藏文有"阳火猴年九月二十五日立石"字样),今藏张掖市文化馆。王尧有专论。

以上多文种题铭、碑刻中一部分在此次考察中没有能看到,尚不清楚目前的状态。

　　如上所述,多文种题铭、题记以及多文种文献资料的遗存遗迹,是河西走廊多元文化遗产的重要内容,不仅国内独有,在世界文化遗产中也独树一帜,一直以来备受关注。河西走廊的题铭、题记也形成了一条条链带,向东延伸到中原,向西延伸到了西域,以至更远的西方。各种语言文字文物,把各区域文明和各个人群的文化紧紧连在了一起,使这些资料所包含的历史信息成为最宝贵的遗产。对于河西走廊的多文种文物,虽然过去国内外已有了不少研究,特别是近几十年国内研究有了长足的进步,使一部分文物资料被整理研究和得以公开,但仍没有达到各个研究领域多角度多手段进行全面整理并形成综合整理研究的机制。在几十年前已被发现的资料仍掌握在少数机构或人员手中,除了一些基本的研究外,资料对各个领域及各类学者的开放程度不高,严重阻碍了国内研究水平的提升。我们发现,在榆林窟、马蹄寺等仍有一些题记因模糊不清而未被整理,有些地方博物馆的碑刻保护不够妥善,有些难以看到实物。

西宁王忻都公神道碑

凉州会盟的历史意义及时代启示

金 蓉

甘肃省社会科学院丝绸之路研究所

公元 1247 年,蒙古王子阔端邀请西藏萨迦派领袖萨迦班智达(简称萨班)在凉州(今甘肃武威市)举行会谈,商议西藏地方纳入中央王朝行政管辖。这一重大事件,在中华民族形成和发展史上写下不朽的一页,从此掀开了西藏历史发展的新纪元。

一、凉州会盟的历史背景

1. 蒙古汗国的异军突起

公元 13 世纪,西夏与南宋、吐蕃、金、大理、蒙古各霸一方,各方势力此消彼长。此时的蒙古汗国除了坐拥得天独厚的广袤草原,还掌握了一支最具战斗力的骑兵,统一天下的决心和骁勇善战的骑兵激发了蒙古汗国的扩张雄心。草原骑兵的铁骑不断向外扩张,1218 年灭亡西辽,1219 年西征花剌子模,此后一直打到伏尔加河流域。成吉思汗秉承“远交而近攻”的扩张策略,于公元 1226 年,率蒙古十万大军,在相继攻陷黑水城、肃州和甘州后,出现在凉州城下,在经受了蒙古与西夏的四次残酷较量后,凉州守将斡札箦审时度势,打开城门向成吉思汗投降,失去凉州的西夏逐渐走向衰落,1227 年,西夏归附蒙古汗国,成吉思汗也在征程中病逝。1229 年,窝阔台继任大汗,又相继征服高丽、灭东真国、灭金国,随后再次西征,占领了莫斯科,入侵波兰和匈牙利,大败神圣罗马帝国联军,前锋直指维也纳,横跨欧亚大陆的蒙古帝国走向鼎盛。

2. 凉州的独特地理区位

汉武帝设郡时的武威,在三国曹魏时更名为凉州,是经北方草原南下进入青藏高原的重要城市,也是从中原过河西走廊前往西域的必经之地。中原汉地、蒙古草原和青藏高原在这里交汇,特殊的地理位置使得这里成为各民族相互交流交融的地方。凉州坐拥河西走廊东段最大的一片沃野绿洲,更是历代中原王朝屯田畜牧的重要场所。自汉武帝开疆拓土,设立河西四郡以来,凉州就雄踞于河西走廊东端的咽喉要冲,成为历代兵家必争之地。汉唐以来,凉州城一直是中原王朝经略西北的战略要地,同时也是西北的商贸中心,是割据政权竞相争夺之地。作为西夏的战略后翼和第二都城,凉州一旦失守,它所护佑的河西走廊将失去屏障。

3. 吐蕃的长期分裂割据

松赞干布创立的吐蕃王朝是西藏历史上第一个有明确史料记载的地方政权,西藏各部落在吐蕃王朝的统一下凝聚成强大的势力,使得西藏的社会面貌第一次出现勃勃生机。公元 7 世纪初,松赞干布通过一系列制度、法律、驿站等建设将小邦政权和部落联盟有效整合起来,吐蕃地区语言及文化沟通逐步顺畅,吐蕃地区原本各自为政、分散孤立发展的局面得到改变。8世纪末叶以后,吐蕃统治阶级的内部矛盾日趋激化,吐蕃教派和地方势力林立,互不统属,王室内部互相争夺,使吐蕃陷于分裂。吐蕃将领之间的连年混战,大大削弱了吐蕃的国力,进入 9 世纪以后,吐蕃开始由盛转衰,直至崩溃。

藏传佛教的兴起在元朝统一西藏以前。西藏经历了两个派系和四大王系之争,从五代到南宋,这些王氏集团和其他地方势力集团相互混战,西藏社会变成了各自为政、四分五裂的局面。① 内部长期处于分裂状态,境内的大、小领主各霸一方,纠纷与战争连绵不断,加深了藏族人民的苦难。当多达那波的军队进入吐蕃时,宁玛派、噶当派、萨迦派、噶举派等地方性的宗教势力都是各据一方,形成了社会宗教势力和地方世俗集团势力相结合的局面,且各势力集团互不统属,纷纷通过修建寺院神殿扩大势力范围。各教派和地方势力对时局的变化采取消极应对的态度,多达那波意识到在这个政教合一的特殊地域,宗教的力量显得尤为重要,趁机通过各种形式寻求与吐蕃各教派的主要领袖人物建立友好关系。

---

① 张丽蓉:《"凉州会谈"对治藏的法律及启示》,西北师范大学 2017 年博士学位论文。

二、凉州会盟

1206年,成吉思汗统一了北方草原各部,建立了蒙古汗国,后又建立起横跨欧亚大陆的庞大帝国。元太宗窝阔台(1186—1241)在位期间(1229—1241)派王子阔端驻守凉州,筹划进军乌思藏(今西藏)。1240年,阔端令大将多达那波率军入藏,一方面了解西藏社会各派的政治、宗教势力等情况,以便物色合适人选来凉州商讨吐蕃诸部归顺蒙古的大事;另一方面想在西藏物色一位教法精通的高僧去蒙古传布和发展佛教,从而利用宗教来实现对吐蕃的统治。多达那波向阔端作了《请示迎谁为宜的详禀》:"现今藏土以噶当派丛林最多,达隆派法王最有德行,止贡派京俄大师最具法力,萨迦班智达(简称萨班)学富五明,最有学问,声誉最隆。"阔端采取了多达那波的建议,认为享有"学富五明"声望的萨班是最佳人选,于是,阔端于1244年八月正式向萨班发出邀请书,说"我为报答父母及天地之恩,需要一位能指示道路取舍的上师,我在抉择时选中了你,故望不辞道路艰难,前来此处,若是你以年迈为借口不来,那么以前释迦牟尼为利益众生做出的施舍牺牲又有多少,对比之下你岂不是违反了你学法时的誓言,你难道不惧怕我将以草原的法则派遣大军前来追究"云云,请萨班来凉州会晤。

尽管会遭到吐蕃其他教派的非议和责难,但考虑到吐蕃百姓对和平安定和休养生息的期盼,同时也为了避免武力抵抗带来的战火与杀戮,在蒙古人开放和包容宗教理念的感召下,已经63岁高龄的萨班审时度势,决定将此次危机作为契机,置自身生死于度外,毅然决然地选择了凉州之行。1244年,萨班带着两个尚年幼的侄子八思巴和恰那多吉,从萨迦寺动身前往凉州。途经拉萨时,萨班与前藏地区各教派的代表就归顺蒙古的条件和要求听取了各方的意见,进行了详细认真的商讨,陈述了他代表吐蕃前去凉州与蒙古构建新的关系要义。历经两年长途跋涉,萨班一行于1246年8月抵达凉州。

公元1247年,西藏地方宗教领袖萨迦班智达代表西藏地方,蒙古皇子额沁阔端代表蒙古汗庭,在今甘肃武威举行凉州会盟,双方以维吾尔人首领归附蒙古的条件作为参考,虽然在吐蕃归顺蒙古帝国后由谁来直接管理以及上交多少税赋的问题上发生了激烈争论,但经双方努力,最终达成西藏地方和平归附蒙古的条件,其内容主要有:(1)吐蕃各僧俗首领向蒙古降附纳贡,承认是蒙古汗国的臣民,接受蒙古汗国的统治,而蒙古汗国则维持各地僧俗首领原本的职权,并正式委任相应的官职。(2)双方在吐蕃的隶属关系及户口登记、征收赋税、地方官吏等问题上达成一致,蒙古汗国任用萨迦人员为吐蕃地区的总辖官,所有吐蕃地区头人必须听命萨迦的金符官,吐蕃各地缮写官吏、户口、贡赋清册三份,一份由各地官吏自行保存,两份分别呈交阔端和萨班。(3)蒙古派官员到吐蕃,会同萨迦人员议定税目。

　　凉州会盟对现今中国版图之形成和后来西藏成为中国领土不可分割的一部分提供了强有力的历史根据和理论依据。[①] 吐蕃归顺蒙古政权,实现了蒙古高原与青藏高原两大文化板块的历史性对接,奠定了吐蕃蒙古回归母体、践行中华民族大一统观念的政治基础。

三、凉州会盟取得的成果

1. 发布了《萨迦班智达致蕃人书》

　　会谈之后,产生了《萨迦班智达致蕃人书》这一重要的历史性文件。在这封具有公开性质的书信中,萨班指出:阔端励精图治,愿有益于天下各部族人民,用意甚善,蒙古军队众多而战术精良,西夏等部先后覆亡,反抗阔端之吐蕃偏师一败涂地,因而只有归附一途,奉劝吐蕃各派首领必须顺应时代的潮流,接受蒙古汗王的条件,遵从汗王的命令与蒙古法度,此乃大势所趋,同时,他号召大家齐心协力,审时度势,权衡利害,真心诚意地归附于已占支配地位的蒙古王室。萨班还在信中列举了归附条件及一系列实际情况,讲清蒙古王室尊重吐蕃宗教信仰,对萨班自己和八思巴兄弟特别关切,创造弘扬佛法的条件,安排宣讲佛法的场所,归顺之后可让本地人担任官职,百姓可安居乐业,反之,若自恃地险兵强,必遭灭顶之殃。中肯的规劝和告喻,也可以说是向吐蕃各派发出的使吐蕃顺应天下大势的号召书。萨班的这封具有划时代意义的公开信,标志着蒙藏直接的政治联合关系正式建立。萨班

---

① 宝鲁尔、双宝:《浅析"凉州会谈"对蒙藏关系的历史意义》,《剑南文学》2012 年第 12 期,第 227—229 页。

和阔端的成功合作,不仅使广大僧俗民众免遭战争之难,也使西藏内部的分裂局面趋向统一,以和平方式解决了祖国统一的大问题,维护了全民族的根本利益。

2. 吐蕃社会全面发展

对于生活在吐蕃各地的僧俗民众来说,凉州会盟的意义更为重大。由于西藏在完全归附元朝管辖之前处于一个政权割据、教派林立、互不统摄的局面,和平的谈判不仅使人们免遭战火杀戮,而且,由于蒙古帝国对各地各派僧俗首领的统一任用,加之对萨迦教派首领在吐蕃地区领导地位的委任,吐蕃四百余年的分裂局面宣告结束。元朝政府直接有效地对西藏地方进行管辖,西藏在 400 年分裂割据后,出现了全国大统一下的西藏内部安定的小统一局面。自此以后,吐蕃地区的农牧生产和人民生活得以正常进行,社会经济得到发展,在稳定的社会环境中,在元朝政府的大力支持下,萨迦政教合一制度初步确立,藏族文化出现了与宗教密切联系的特殊局面,浓厚的佛教信仰也开始向外传播。

3. 统一的多民族国家得到了进一步巩固和发展

对于蒙古王族来说,通过凉州会盟使吐蕃地区兵不血刃地归入帝国的版图,也进一步稳固了对西夏故地的统治,还保证了蒙古从西线进攻南宋侧翼的战略安全。此后,在元朝政府的有力管辖下,中央政府与各少数民族居住的边疆地区间的联系日益频繁,关系逐步密切,元朝大统一的局面促进了各民族社会经济的繁荣发展与文化交流。

4. 元朝政府对西藏地方的治理

凉州会盟把萨迦派隆重地推上了历史舞台,凉州会盟的顺利推进,让萨迦派成为最受蒙古大汗青睐的派系,萨迦派一跃而成为全藏范围的政教合一地方政权,从而使得政教合一制从分裂割据时期的雏形阶段发展到在西藏的完全确立。除此之外,元朝政府为了更有效地笼络萨迦派,还采取了政治联姻和赐封王爵的措施。在元朝统治者的心里,从未把宗教和政治割裂开来看待。但是,无论佛教僧侣地位如何显崇,他们与元廷的关系依然是地方对中央的隶属关系。[1]

---

[1]　樊保良、水天长编:《阔端与萨班凉州会谈》,甘肃人民出版社,2009 年,第 112 页。

四、凉州会盟的时代启示

历史上的凉州会盟绝不是一次简单的和平谈判,当时蒙古大军扫平了蒙古各部,消灭了西夏王国,占据了中国北部广大的疆域,凉州王阔端虎视眈眈陈兵吐蕃边境,战争一触即发,然而具有完全不同历史习俗和宗教传统的两个民族却出乎意料地和平统一了,避免了一场旷日持久的杀戮和征伐。这一切毫无疑问地归结为凉州会盟的历史功绩。历史车轮滚滚向前,具有特定历史烙印和划时代意义的凉州会盟也可以给我们很多现代启示。

1. 坚持团结宗教上层的边疆治理策略

凉州会盟充分说明团结宗教上层可以和平解决归附问题,历代统治者也不断通过政治、经济、社会地位等策略协调与民族地区宗教上层的关系,主要表现为:政治上给予宗教上层人士以高位,或是维持其在藏区的原有地位;给予宗教上层人士高规格的礼遇;给予宗教上层人士尊崇的名号;给予宗教上层人士经济优待。通过这些方式,统治者可以有效团结宗教上层,并利用他们的影响力实施有利于统治者的边疆治理策略,稳定边疆地区社会安定,促进边疆地区社会经济发展。

2. 重视宗教在社会稳定中的积极作用

在中央政府对边疆民族地区社会的管理中,引导宗教在边疆民族地区发挥积极正面的作用是重要的方式之一。纵观整个历史沿革,不难发现,自凉州会盟之后,西藏成为中央政府统辖的行政区域以来,历代中央政府非常重视藏传佛教在整个治藏过程中的精神纽带作用,虽然各个时期西藏的社会状况不同,但是藏传佛教在其中起到的作用都是举足轻重的。采取引导藏传佛教发挥积极作用的方式大致包括以下几点原因:藏区几乎全民信教,宗教的影响力是法律的有效补充;在藏区世俗权力时常与宗教权力相互交错;每个教派和每座较大的寺庙都有自己的教规戒律规范着僧人的行为。

3. 以民为本是解决一切问题的出发点

"水能载舟,亦能覆舟",人民群众是历史的创造者,是推动历史发展的主角。无论是萨班还是阔端,解决当时吐蕃问题的初衷都是以民为本。阔端以其卓越的智慧,兵不血刃地将吐蕃收归于蒙古汗国,而且在后期的治理中也充分利用了藏传佛教的影响力。萨班更是审时度势,看到当时吐蕃民众亟需社会安定以休养生息,因此才凭一己之力说服其他宗教领袖,让民众免遭血光之灾、生灵涂炭。今天,"以民为本"就是将一切工作的出发点归于群众利益,将为民服务的行为准则作为一切行为的基础,切实维护和实现广大人民的根本利益。只有人民群众的基本生活得到保障,国家才能和谐稳定、长远发展。

参考文献:

[1]樊保良,水天长主编:《阔端与萨班凉州会谈》,甘肃人民出版社,2009年。

[2]多杰才旦主编:《元以来西藏地方与中央政府关系研究》,中国藏学出版社,2005年。

[3]张云:《元朝中央政府治藏制度研究》,黑龙江教育出版社,2013年。

[4]赵改萍:《元明时期藏传佛教在内地的发展及影响》,中国社会科学出版社,2009年。

[5]周友苏、黄进:《近代西藏法律地位研究》,《西藏研究》2013年第1期。

[6]樊翔:《凉州白塔寺与藏传佛教跨出雪域》,《敦煌学辑刊》2006年第2期。

[7]樊保良:《凉州会盟:西藏纳入中国版图的历史见证》,《甘肃日报》2014年05版。

[8]罗旦:《凉州会盟推动了祖国统一大业的实现》,《黑龙江史志》2009年第24期。

[9]刘盖:《多民族国家治理长效机制研究——基于元明清治藏方略的分析》,《民族论坛》2014年第7期。

[10]宁珠达美:《民国时期西藏宗教法制的政治学研究》,中央民族大学2013年博士学位论文。

[11]黎同柏:《吐蕃王朝法制研究》,中央民族大学2013年博士学位论文。

从民族交往交流交融视角浅谈
"凉州会盟"的现实意义

王守荣

武威市凉州文化研究院

白塔寺,又名"百塔寺",位于武威市武南镇白塔村。清乾隆《武威县志·建置志》载:"内有大塔,四环小塔九十九,因得名。"1992 年 9 月 21 日,国务院发表了《西藏的主权归属于人权状况》白皮书,提出凉州白塔寺就是西藏纳入中国版图的历史见证,凉州白塔寺记录了"凉州会盟"那段辉煌的历史,见证了和平美好的岁月,作为西藏归属中央政府行政管辖的历史见证地,凉州白塔寺成为武威走出甘肃、走向全国的名片之一,成为见证中华民族多元一体历史文化教育基地、国家级民族团结进步示范基地、爱国主义和统一战线教育实践基地及河西走廊文化旅游示范景区。

公元 1247 年西藏萨迦派宗教领袖萨迦班智达应蒙古汗国皇子、西凉王阔端的邀请,在白塔寺举行具有重大历史意义的"凉州会盟",发布了著名的《萨迦班智达致蕃人书》[①],为西藏纳入中央政府行政管辖奠定了基础,揭开了西藏发展史上新的一页,为中华民族多元一体的形成提供了见证,为中华民族交往交流交融树立了典范。依照"凉州会盟"的成果,元朝建立了对西藏地方的许多施政制度,蒙、汉、藏等各民族开始结成了经济文化共同繁荣的祖国大家庭,自此以后尽管中央政权历次更替,但西藏地方与祖国紧密一体的关系并没有变,祖国统一和民族团结虽历经风雨沧桑的洗礼,但历久弥新,至今犹坚。

---

① 袁行霈、陈进玉:《中国地域文化通览·甘肃卷》第五章第六节"《萨迦班智达致番人书》与凉州会盟",中华书局,2013 年,第 168—173 页。

一、"凉州会盟"真实见证了各民族的交流交融

公元 1206 年,成吉思汗统一了北方草原各部,建立了蒙古汗国。公元 1229 年,成吉思汗的第三子窝阔台即汗位,把原属西夏和甘青部分地区划给了他的次子阔端作为封地。阔端坐镇凉州,称为西凉王。为了统一西藏,公元 1239 年,阔端派手下大将多达那波率军万人进入乌思藏(今西藏)侦察虚实。多达那波没有与吐蕃当地武装发生冲突,而是致力于搜集吐蕃各方面的资料,当他了解到西藏各地僧俗势力称雄割据、实力地位不等的情况后,向阔端上了一道请示迎谁为宜的详禀。里面写道:"在边野的藏区,僧迦团体以甘丹派为大,善顾情面以达隆法王为智,荣誉德望以枳空敬安大师为尊,通晓佛法以萨迦班智达为精。""萨迦班智达学富五明,具大法力,王如其请,遣使迎之。"阔端采纳了多达那波的建议,派遣"金字使者"迎请实力雄厚的萨迦派领袖萨迦班智达·贡噶坚赞(简称"萨班")赴凉州,共商西藏归顺大计,以和平方式实现对西藏的统治。[①]

萨班为藏传佛教萨迦派第四代祖师,元代藏族著名政治家、宗教领袖、学者,是著名的"萨迦五祖"之一。由于萨班学识渊博,通晓"五明",在当时是享誉西藏地方乃至印度佛教界的大学者。西藏自吐蕃王朝崩溃后,经历了四百年的分裂局面,《宋史·吐蕃传》载:"族种分散,大者数千家,小者百十家,无复统一矣。"吐蕃政权林立、军阀混战,人民生活水深火热。11 世纪中叶,西藏的封建经济得到了较大发展,封建领主之间争权夺利的斗争也日益激烈。依附于不同领主集团的佛教势力,也形成了宁玛派、噶当派、萨迦派、噶举派等众多教派,这些教派大都根据社会政治需要,"设道布教、各化一方","各标一胜、各树一帜"。各地方势力之间不断发动战争,各教派领袖也乘机参与军政,排斥异己,更加深了分裂和战乱,使藏族人民深受其害。渴望和平统一,要求能过"太平安宁的生活"已成为广大藏区人民的共同愿望。

---

① 《中国历史上影响深远的"凉州会盟"》,微信公众号"武威文体广电旅游",2020 年 11 月 23 日。

萨班在接到阔端送来的邀请函后,审时度势,权衡利害,为了西藏地方百姓的安危,63岁的萨班不顾自己年事已高,毅然决定带领侄子八思巴和恰那多吉亲往凉州去见阔端。萨班先是在拉萨等地,进行了一系列复杂而艰苦的政治协调活动。因为萨班明白,只有充分地说服、协调好地方实力派、各个教派的意见,处理好萨迦派与各大教派的利益关系,让各方面达成一致认识后才能赴凉州参加会谈,否则会影响会谈的结果,进而影响西藏的前途和命运。

萨班的凉州之行播撒了友谊的种子。萨班边走边从事传教活动,讲经说法。例如来到甘肃天祝极乐寺后,对该寺进行了扩建。萨班历经两年长途跋涉,于公元1246年8月到达凉州。当时,阔端王子正在蒙古和林参加贵由汗的即位典礼,双方未能立即见面。萨班趁这段时间在凉州广设经场,弘传佛法,又给各族信众施药治病,被凉州百姓视为"圣僧""神人",这为他与阔端会谈创造了良好气氛。

二、"凉州会盟"的重要成果《萨迦班智达致蕃人书》

公元1247年正月,阔端回到凉州,立即与萨班举行了具有深远历史影响的会谈,后世称为"凉州会盟"。这一重大历史事件,奠定了西藏正式归属中央政府直接管辖的基础。双方经过协商,共同议定吐蕃各地归附中央政府。随后,萨班给西藏各地方政教首领写了一封公开信,即著名的《萨迦班智达致蕃人书》。萨班在信中说,西藏已成为蒙古属地,阔端大王已委派萨迦和其他金字使者对西藏进行共同治理,信中还把蒙古为西藏规定的各项制度,包括委派官员、缴纳贡赋等,都作了说明。

《萨迦班智达致蕃人书》是一份关系西藏后来生存发展的告白书,是一份使西藏人民免受兵戈之苦的重要文献,著名的藏文史籍《萨迦世系史》对它作了完整记录。西藏地方各政教势力表示接受萨班与阔端达成的条件,这次会谈决定了西藏的前途和命运,会谈的成功使西藏避免了战争的破坏,西藏社会、经济、文化得以持续发展。此后,元朝的中央政府开始在西藏统计户口,设置驿站,对西藏地区行使行政管理权,在这一地区设立宣慰使司都元帅府,由宣政院直接统辖,掌管西藏的军民各项事务。中央政府还在当地设置地方机构,任命官员征收赋税,屯驻军队,实行充分和有效的管理,从此,西藏正式成为中央直接管辖下的一个地方行政区域。《萨迦班智达致蕃人书》为西藏纳入中央政府行政管辖奠定了基础,揭开了西藏发展史上新的一页,为中华民族多元一体提供了见证,为中华民族交往交流交融树立了典范。

三、"凉州会盟"与铸牢中华民族共同体意识

凉州会谈的成功,使西藏地方与中原大地紧密地联系在一起,中华民族的向心力和凝聚力又使这种牢不可破的一体关系一步步得到巩固和发展。凉州会盟,是我国蒙古族和藏族对共同创建祖国历史及发展中华文化所作出的杰出贡献,也是中华民族共同缔造祖国历史的一个典型事例。

中国是一个统一的多民族国家,中华民族的悠久历史和灿烂文化是各民族共同缔造和发展的,其中以青藏高原为主要聚居地的藏族,自古以来便与中原有着密切的经济文化交往和政治联系,随着历史的发展,这种交往与联系逐步由松散向稳固的方向深化,到了元朝,以"凉州会盟"的重要成果为标识,西藏作为一个行政区域归入中央,从而使西藏成为祖国领土不可分割的一部分。

2019年9月,习近平总书记在全国民族团结进步表彰大会上指出,我们伟大的精神是各民族共同培育的。在历史长河中,农耕文明的勤劳质朴、崇礼亲仁,草原文明的热烈奔放、勇猛刚健,海洋文明的海纳百川、敢拼会赢,源源不断注入中华民族的特质和禀赋,共同熔铸了以爱国主义为核心的伟大民族精神。昭君出塞、文成公主进藏、凉州会盟、瓦氏夫人抗倭、土尔扈特万里东归、锡伯族万里成边等就是这样的历史佳话。2020年8月,习近平总书记在中央第七次西藏工作座谈会上强调,要挖掘、整理、宣传西藏自古以来各民族交往交流交融的历史事实,引导各族群众看到民族的走向和未来,深刻认识到中华民族是命运共同体,促进各民族交流交融。

西藏自古以来就是祖国不可分割的一部分。13世纪中期在甘肃武威发生的"凉州会盟",更加清晰地印证了这一事实。武威自古就是一个多民族交往交流交融交汇地区,各民族共同书写了以"凉州会盟"为代表的民族团

结进步历史篇章。"凉州会盟"不仅仅是一次简单的会谈,它真实印证了各民族交往交流交融的历史事实,各族群众深刻认识到中华民族是命运共同体。在新时代,保护、挖掘、利用好"凉州会盟"这一独特的历史资源,对于正确认识西藏和祖国大家庭的关系,继承和弘扬中华民族精神,进行爱国主义、国家意识教育,铸牢中华民族共同体意识有着深远而重大的意义。

发现与传播:"西夏碑"的历史价值

林　江
武威市凉州文化研究院

《凉州重修护国寺感通塔碑铭》,俗称"西夏碑",刻于西夏天祐民安五年(1094),于清嘉庆九年(1804)由著名学者张澍在甘肃武威大云寺一封闭的碑亭发现,现存于甘肃省武威市西夏博物馆。作为迄今所见唯一的西夏文和汉文对照,且文字最多、保存最完整的西夏碑刻,"西夏碑"被国内外学者视为研究西夏史的重要资料,广泛地在学者之间赠阅传播。从19世纪初张澍发现西夏碑,到19世纪末"西夏碑"再入世人视野,再到20世纪众多学者对"西夏碑"的赠阅与研究,整个过程无不显现着"西夏碑"重要的历史价值。

一、重见天日:张澍与"西夏碑"

清朝嘉庆九年,张澍因疾病困扰,从贵州玉屏返回武威养病。偶有一日,他与友人去凉州城北的清应寺游览。在寺中,他发现一座封闭已久的碑亭,张澍很是好奇,想打开碑亭一探究竟,但寺庙住持不同意,理由是"启则必有风雹之灾",在张澍的再三坚持下,众人终于打开了碑亭,就这样,尘封数百年的"西夏碑"再次展现至世人眼前。[①]

对于"西夏碑"的发现,张澍在《素养堂文集》中曾这样描述:

> 史言,夏国字其臣野利仁荣所造。或云元昊作之,未知其审。此碑

---

① 关于张澍发现西夏碑的经过,兹不赘述,可参见牛达生《张澍、刘青园与"西夏碑"——兼论张澍发现"西夏碑"的年代》,《宁夏师范学院学报》1993年第2期;崔云胜《张澍发现西夏碑相关问题的再探讨》,《宁夏社会科学》2008年第5期;王丽霞《西夏碑最初发现地考证研究》,《丝绸之路》2013年第8期。

自余发之,乃始见于天壤。金石学家又增一种奇书矣!①

在"西夏碑"被发现之前,人们只知道西夏国创有文字,②但随着西夏亡国,西夏文字逐渐成为死字,谁也无法辨认。而"西夏碑"有"汉夏合璧"的特点,即碑刻正面是西夏文,背面是汉文,虽然西夏文和汉文在段落次序方面有一定区别,但碑文内容基本一致,这就可以互相对照,从而为识别西夏文字提供极大方便。

"西夏碑"的发现,揭开了西夏学研究的序幕。张澍"不仅发现了迄今所知全国乃至全世界保存唯一完整的一通西夏文碑刻,更重要的,他是近代确认、辨识西夏文字和进行西夏学研究的第一人,他的发现和研究为以后西夏学的研究和兴起奠定了基础"③。

二、再入视野:"西夏碑"与居庸关云台六体刻经

尽管张澍早在嘉庆四年(1799)就发现了"西夏碑",但由于其著作以及"西夏碑"拓片尚未流传开,所以实际上,在 19 世纪的一百年中,"西夏碑"的存在几乎不为外人所知,学术影响力很微弱,正如第一位识别出西夏文的外国学者卜士礼所说:"这通西夏碑铭的存在,似乎全然无人知晓,即使是中国的考古学者也概莫能外,我们看到新版直隶地方志的编者,仍然把居庸关劵

---

① (清)张澍:《素养堂文集》卷十九《书西夏天佑民安碑后》,《续修四库全书》,上海古籍出版社,2002 年据道光十五年本影印。

② 《宋史》说:"元昊自制蕃书,命野利仁荣演绎之;字形方整类八分,而画颇重复。"大庆元年(1036),西夏开国皇帝李元昊命大臣野利仁荣创制西夏文字,三年始成,共五千余字。

③ 张澍不仅是"西夏碑"的发现者,他更是西夏学研究的开拓者。他先后著有《夏书》《西夏姓氏录》《西夏纪年》等西夏研究著作。《夏书》有手稿 6 捆,可惜被家人误作废纸烧掉,未能传世;《西夏姓氏录》从西夏姓氏演变的角度,探讨了西北地区民族关系,是清朝西夏姓氏学研究领域中的第一部也是唯一的一部专著,这部著作当时并未刊刻,1908 年,法国汉学家希伯和从张澍故家购得,后来罗振玉从巴黎抄录得归,并收入罗氏《雪堂丛刻》中;《西夏纪年》是张澍在其《凉州府志备考》中编写的西夏专题,共两卷,主要记载了西夏国国主、疆域、物产、州郡设置、军事制度以及民俗等。

洞那种'未知的文字'视为女真字。"①

　　沉寂百年以后，"西夏碑"因为一次特殊的机缘而重新进入世人视野，这次机缘与北京居庸关云台六体刻经有关。北京居庸关云台六体刻经诞生于元至正五年（1345），所谓"六体"，是指藏、梵、八思巴、回鹘、汉和西夏六种文字。其中的西夏文，在相当一段时间内，中外学者都认为是"女真小字"。

　　1895 年，当时在英国驻华军事使团任职的卜士礼发表了一篇题为《唐古特的西夏王朝，其钱币和奇特的文字》的文章，在这篇文章中，他明确宣称：居庸关云台六体刻经的"这种文字，实际上恰是我们正在讨论的西夏文，只要把券洞石刻的拓片……和甘肃凉州府双语碑铭比较一下，马上就真相大白了"②。

　　紧接着，法国人戴维理亚在阅读了初尚龄的《吉金所见录》后，③根据书中提供的线索通过法国驻中国公使热拉尔搞到了一份"西夏碑"拓片，并于 1898 年发表了《凉州西夏碑考》和《西夏或唐古特王国的文字》两篇论文。根据"西夏碑"所刻文字，他发现这种文字与居庸关云台六体刻经上的未知文字相同，得出了居庸关石刻上那种不能解读的文字是西夏文的结论。"明白考定（居庸关）不识之字为西夏国书，于是以往疑团一扫而空。"④

　　卜士礼和戴维理亚借助"西夏碑"成功识辨出居庸关云台六体刻经中唯一没有被识别的文字，解决了当时学术界的一大困扰。在这个过程中，"西夏碑"的史料价值充分显现出来，当时的学术界很快意识到"西夏碑"的重要之处。于是，"西夏碑"再次进入世人视野，并进入一个更加广阔的学术世界，被众多文人学者所重视。

---

① 　［英］卜士礼著，孙伯君译：《唐古特的西夏王朝，其钱币和奇特的文字》，《国外早期西夏学论集》（一），宁夏人民出版社，2005 年，第 49 页。
② 　同上书，第 48 页。
③ 　1805 年，刘青园在凉州发现西夏窖藏钱币后，对照"西夏碑"文字，"乃知此钱是西夏国书。景岩作《泉志》时，即不知识。数百年后，破此疑窦，亦快事矣"。1827 年，初尚龄著《吉金所见录》，在这本书中，他引用了刘青园关于西夏窖藏钱币的论述。
④ 　［苏］聂斯克：《西夏语研究小史》，《北平图书馆馆刊·西夏文专号》，1932 年。

三、广泛传播:"西夏碑"的赠阅、研究

君子之交淡如水,文人赠书两相宜。自古以来,书籍著作往往是文人学者进行交往的一种重要媒介。你赠我一本书,我送你一方帖,这样一来一往,文人学者之间的关系就被拉近了。作为研究西夏学的重要史料,"西夏碑"拓片被许多学者赠阅,广泛流传于中外学者之间。

许全胜编修的《沈曾植年谱长编》中有这样一则记载:

> 十二月二十四日(11 月 23 日),访内藤湖南,赠其《西夏感通塔碑》。①

《内藤湖南全集》中也有这样一段话,可以和上述记载相互印证:

> 《东国通鉴》一书⋯⋯谨将一部奉寄沈子培编修。去年相见于燕京,畅谈两日,甚得有益。举所藏《吐蕃会盟碑》、西夏字《咸(感)通塔碑》见赠。弊邦无能读西夏字者,闻法人沙万能读之,泰西学者之精苦刻励,真令人愧死。②

内藤湖南口中的"沈子培",就是沈曾植,他们两人都是近代著名的学者。内藤湖南作为近代日本研究中国学首屈一指的人物,不仅精通中国历史,开创性地提出了"唐宋变革论",而且在经学、词章、书画鉴赏等领域都有很深的造诣。内藤湖南交友颇广,与王国维、郑孝胥、陈宝琛、张元济等国内文化大家多有交往,频繁进行书信往来。沈曾植博通广识,于蒙古舆地、元史及佛学有深入研究,又工诗,号称一代儒宗。

1902 年,沈曾植将"西夏碑"拓片资料赠予内藤湖南,内藤湖南在看到这些资料后,十分欣喜,他急忙在日本国内找寻能识别西夏文字的人,希望能够借助"西夏碑",挖掘出一些有价值的史料,可惜的是,日本国内几乎无人能够识别西夏文。和西方学者在西夏学研究方面一对比,内藤湖南觉得自愧不如。

---

① 许全胜:《沈曾植年谱长编》,中华书局,2007 年,第 278 页。
② 〔日〕内藤湖南:《湖南文存补遗·与文芸阁》,《内藤湖南全集》第十四卷。

围绕“西夏碑”,国内外学者做了很多卓有成效的研究。1932 年,罗福成在《国立北平图书馆刊》第 4 卷第 3 辑《西夏文专号》上发表了《重修护国寺感应塔碑》一文,首次把西夏文译成汉文。① 1964 年,日本学者西田龙雄在其所著的《西夏语之研究》(上卷)中,重新翻译校注了“西夏碑”上的西夏文,对罗氏译文进行了多处补充和校正。② 1979 年,陈炳应发表《重修护国寺感通塔碑(西夏碑)》一文,对“西夏碑”的历史价值进行了详细论述。③ 1984 年,史金波通过进一步考证研究,发表了《凉州感应塔碑西夏文校译补正》一文,对西夏文中的一些较为重要之处作了重新译证,使译释碑文更准确,更全面。④

古代凉州作为“西夏辅郡”,⑤见证了西夏王朝的兴衰荣辱,畅通了宋夏之间的交流之路,也继承了西夏王朝的历史遗产。纵观“西夏碑”的发现、传播、研究的整个过程,许多中外著名学者的身影显现其中,他们或赠阅传送,或翻译校对,或研究著述,乐此不疲。究其原因,还是因为“西夏碑”具有重要的史料价值。“西夏碑”对于西夏的社会经济、阶级关系、民族关系、语言文字、佛教盛况、国名及官制方面均有或详或概的记载,这些记载对于西夏学研究具有重大的历史意义。

---

① 罗福成,字君美,罗振玉长子,中国民族古文字学家、西夏学专家。
② 西田龙雄,日本京都大学名誉教授,日本乃至国际知名的语言学家、西夏学家、藏语专家。
③ 陈炳应:《重修护国寺感通塔碑(西夏碑)》,《文物》1979 年第 12 期。
④ 史金波:《凉州感应塔碑西夏文校译补正》,《西北史地》1984 年第 2 期。
⑤ “西夏碑”中记载:“大夏开国,奄有西土,凉为辅郡,亦已百载。”凉州在西夏的地位可见一斑。

清代祁连山西端矿产开采
利用情况初探

王 璞

玉门市博物馆

河西走廊祁连山矿藏丰富,清代由于军需,对祁连山矿藏的开发利用力度加大。本文以《清实录》文献记载为主,对清代对祁连山西端的矿藏利用情况作些探讨。祁连山西端指疏勒河流域的玉门、瓜州、肃北、敦煌等县市,清代开采利用的有硫磺、黄金、盐、煤炭、铅、石油等。

一、清代文献记载玉门硫磺矿

中国对硫矿的应用已有数千年历史,是世界最早利用硫的国家之一。硫是古代炼丹常用矿物之一,在清代主要用来生产火药。

西汉和东汉时期对硫的特性已有熟悉。中文硫的名称由公元前 6 世纪所谓的"石流黄"演变而来。公元 808 年《太上圣祖金丹秘诀》中有以硫、硝等为主要成分的黑炸药。明代李时珍的《本草纲目》中,对硫的名称、产地、性质及药用功能等进行了系统研究。明末宋应星所著《天工开物》中,较具体记述了用黄铁矿作原料烧取硫磺的技术,这比欧美国家采用黄铁矿制硫至少要早 200 年。清代因军火需要,硫的出产及销售由国家统管,一些省硫磺的库存量达数百吨,可见硫磺出产已有一定规模。

清代文献记载酒泉境内有两处产硫磺的,均在祁连山内,一是玉门县的牛尾山,二是肃州的硫磺山。

(一) 关于玉门硫磺的记载

《清实录》对玉门硫磺矿开采记录有 5 条。最早的记录是《清实录》乾隆卷之六百八十四,乾隆二十八年(1763)四月上。最晚的记录是《清实录》道光卷之四百四十,道光二十七年(1847)三月,相距 84 年。另有《玉门县志》的仓廒记载。分别记录如下:

1.《清实录》卷之六百八十四　乾隆二十八年四月上

查安西玉门县属牛尾山产有硝磺,已经开采试炼。工本外加以运费,较之运自肃州边外尚有节省。应责成地方官募商采办资用。[①]

2. 卷之一千一百九十六　乾隆四十九年正月上

陕甘总督李侍尧奏:甘省营制既多,近又添补额兵,岁需磺筋,应宽为备贮。向于皋兰县骚狐泉地方开采,现查磺苗已衰,不敷供用。查玉门县牛尾山,前经奏明开采,分贮肃州、玉门二处。拟将肃州磺斤拨运三十万存贮兰州。如骚狐泉采磺不敷,即于此内售给。至肃州运缺磺筋,即令在牛尾山招商采买。肃州为新疆门户,亦可备关外拨用。玉门地方,亦属紧要,皆应贮备宽裕,俟采足停止。其开采事宜,照原议章程办理,并责令该处镇道稽查。[②]

3. 卷之四十六　道光二年十二月上

以磺斤足敷储备,封闭甘肃玉门县牛尾山矿厂,从总督那彦成请也。[③]

4. 卷之二百六十四　道光十五年三月

封闭甘肃玉门县磺洞,从前任总督杨遇春请也。[④]

5. 卷之四百四十　道光二十七年三月

封闭甘肃玉门县磺洞,从总督布彦泰请也。[⑤]

6.《玉门县志》(清嘉庆年间)仓廒

靖逆:仓一所,共房一百三十五间。磺廒五间。银库一间。[⑥]

以上 6 条记录说明,玉门牛尾山硫磺因为运往新疆较肃州节约成本,所

① 王璞:《清实录·疏勒河流域(酒泉)资料辑录》(尚未出版),2017 年。

② 同上注。

③ 同上注。

④ 同上注。

⑤ 同上注。

⑥ 玉门市志编纂委员会:《玉门市志》,新华出版社,1991 年。

以乾隆于二十八年(1763)下令开采,乾隆四十九年(1784)陕甘总督李侍尧上奏,继续采卖。开采 50 年后,道光二年(1822)时任总督那彦成申请关闭,但道光十五年(1835)、二十七年(1847),又出现两任陕甘总督分别申请关闭玉门牛尾山硫磺矿,说明前次并没有完全关闭,至少在 1847 年还在生产,生产了 84 年。加上 1949 年后的生产,也算是开采百年以上。玉门硫磺对清军西征胜利发挥了重要的作用。

(二) 关于肃州硫磺的记载

明代李应魁《肃镇华夷志》(高启安、邰慧莉校注):

　　《卷一·山川:肃州卫》:"硫磺山,城南一百五十里,与寒水石山相连。"

　　《卷二·物产》:"硫磺,出肃州硫磺山山口内。先年有取之者,地下掘出如砖块,以油炒炼汁为硫磺,可做火器,今不见取制矣。"①

《重修肃州新志·肃州卫》(酒泉县博物馆翻印):

　　《山川》:"硫磺山,城南一百五十里,与寒水石山相连。"

　　《物产·土石类》:"硫磺,出肃州硫磺山山口内。先年有取之者,地下掘出如砖块,以油炒炼汁为硫磺,可做火器,雍正初,经略鄂相国巡边,奏准开采三十余万斤。建库贮之。十三年冬封闭。"②

硫磺是军火工业的重要原料。雍正时,督巡陕甘经略军务鄂尔泰奏:"查肃州嘉峪关金寺堡所管汛地内南山隘口抵牛鲁郭迤逦而西,有硫磺山一座,周围四至五十里,遍产硫磺。"③

按以上记载,祁连山西端(酒泉境内)生产硫磺的地方有肃州硫磺山和玉门牛尾山两处。两处的开采时间是不一样的,肃州硫磺山在明代就已经开采,开采时间至少在《肃镇华夷志》完成的时间 1617 年前,比玉门牛尾山开采时间至少早 150 年,但封闭时间是雍正十三年(1735),开采时间长达

---

① (明)李应魁:《肃镇华夷志》,高启安、邰慧莉校注。
② (清)黄文炜:《重修肃州新志》,酒泉县博物馆编印,1984 年。
③ 吴廷桢、郭厚安:《河西开发史研究》,甘肃教育出版社,1996 年。

118 年以上,封闭时间比玉门牛尾山开采时间还要早 28 年。两处硫磺前后相接,共计开采 200 年以上,为清政府用兵新疆、稳定西北提供了坚强的军事物资保障。

关于玉门牛尾山硫磺矿的开发,生活在祁连山昌马盆地的群众也有其祖辈们运销硫磺的记忆,昌马乡东湾村魏玉斌的祖辈就是运销户,据他反映,其祖辈们一般都是赶着三辆大牛车,向南穿越祁连山 280 里赶到硫磺矿,三天一个来回,拉回硫磺,先储存在魏家屯庄(已经消失),后再运销出去。据笔者推测,这些运销户应该是翻越北大阪,将硫磺运销到当时的靖逆营,这里建有磺厂,在昌马以北 70 公里,这里是清代在(嘉峪)关西设立的五卫之一——靖逆卫所在地,是清军向西进军补充粮草军需的重要一站。

二、祁连山之牛尾山位置

玉门牛尾山,在祁连山什么位置?《肃州重修新志》:"靖逆西南三百五十里。"查《肃北县志》,没有牛尾山,石包城东南有牛头山,也许是这座山的尾部。

清代《辛卯侍行记》载苏赖河折西北经鱼儿浑,又西北经九个达坂之西,出牛尾山口至于大坝,有昌马河出于苦峪东南山中,东北流,来会苏赖河。牛尾山则位于大坝之处。

《肃北县志》肃北蒙古族自治县①也有"硫磺矿"地名,位于疏勒河上,在玉门老市区正南直线距离约 50 公里,南是疏勒南山,北是陶勒南山,两山之间是疏勒河河谷,沿着疏勒河北行约 75 公里可到玉门市昌马乡。东北直线距离 30 公里是镜铁山。

《肃北县志》肃北蒙古族自治县南山地区②有"硫磺山",为疏勒南山的一段,海拔 4 500 米。位于肃北县境内。

《肃北县志》肃北蒙古族自治县盐池湾乡③,沿着疏勒河西有"硫磺山

---

① 肃北县人民政府:《肃北县志》(内部资料),1989 年。
② 同上注。
③ 同上注。

沟"，东有"硫磺矿"，两地相距约 30 公里。

《肃北县志》肃北蒙古族自治县石包城乡①在大雪山的老虎沟东 15 公里有"牛头沟"，不知是否为牛尾山。

《酒泉文物工作手册》②第 83 页"肃北蒙古族自治县文物图"疏勒河上游与青海接壤处有硫磺山和硫磺矿两个地名，硫磺山位于青海境内，硫磺矿位于肃北县境内，按照距离硫磺山也许是牛尾山。

《玉门市志》第 264 页"采矿"记载规模较大的矿点有"甘沟硫磺矿"。③据查为青海天峻县硫磺山甘沟矿区，该矿区为甘肃省农垦官庄联合企业公司经营。甘肃省国有甘沟硫磺矿办公室地址位于玉门镇官庄子，于 1989 年注册成立，公司主要经营天然硫磺、硅铁等。这说明牛尾山硫磺在当代仍然在利用，矿区开采点在深山，据《甘肃省志·农垦志》多次提到农垦甘沟硫磺矿，玉门镇至硫磺矿属于编外简易公路，距离 254 公里，其中玉门镇至昌马 70 公里，则昌马至硫磺矿为 180 公里。而企业办公地点在现在的玉门市新市区。

地图清楚地标明硫磺山和硫磺矿的位置，经查，周边再无生产硫磺的地方，因此判断清代文献中的牛尾山就是硫磺矿的位置，清代属于玉门地界，今日已经不在玉门地界，而在肃北蒙古族自治县与青海交界地带。牛尾山硫磺矿深处祁连山中，远无人烟，远离丝路古道，但仍然被古人开发利用，说明古人在祁连山区的活动范围比我们想象的要大。

玉门硫磺矿在清代大量开采使用，但有信息表明也许在距今 4 000 年的火烧沟时期就已经被开采使用作颜料。《甘肃玉门火烧沟遗址出土红—黄色混合颜料的再分析》④："火烧沟文化属中国早期青铜文化，1976 年的发掘中，出土六种块团状和粉末状颜料。经过偏光显微镜等仪器分析确定它们为赭石、硫磺(S)、朱砂、石膏。"而距离火烧沟最近的硫磺产地就是《清实录》中记载的牛尾山，火烧沟人应用的硫磺极有可能来自牛尾山硫磺矿。这说

---

① 肃北县人民政府：《肃北县志》(内部资料)，1989 年。

② 《酒泉文物工作手册》，酒泉市文物管理局，内部资料，2017 年。

③ 玉门市志编纂委员会：《玉门市志》，新华出版社，1991 年。

④ 马清林、苏黎世：《甘肃玉门火烧沟遗址出土红—黄色混合颜料的再分析》，《火烧沟与玉门历史文化研究文集》，甘肃文化出版社，2015 年。

明火烧沟人除了开采铜矿外,还学会了开采硫磺矿。

三、清代硫磺矿管理

硫磺为军营要需,严禁私贩。从《清实录》全国各地 15 条记载看,基本都是硫磺吃紧,清政府想尽办法管控硫磺,调拨硫磺,催解乏术,仍然短缺。

管理当中首防偷漏,经理督办,严密稽查,照数采足,即行封禁。库贮数目,呈明不实的,着先行交部议处。

累年拖欠硝斤,火速解部,不得借端浮冒。经过地方官妥为护送,催趱前进,毋令在途稍有耽延。采办与例解之款,不准牵混相抵,亦均不准迟延短少。

硫磺为军中利用之物,体恤商困,免扣三成,严禁私贩,以肃功令。

川省州县发给印票,由各州县给票准购章程,一人一票,准购百斤,严禁私销。

四、清代开采利用祁连山其他矿藏情况

清代在祁连山西端开采利用的除了硫磺,还有铅、黄金、盐、煤炭、黏土矿、石油等。

(一) 铅矿开采

《清实录》祁连山西端开采铅的记载有 6 条,安西英峨峡、松子岩、普城山等地方都有开采。据《中国历史地图集》(谭其骧主编,中国地图出版社,1996 年)标注,普城山即指今甘肃北县马鬃山,英峨峡在肃北县马鬃山,松子岩位置尚待考证。

1. 卷之一千二百五十七　乾隆五十一年六月下①

甲午,户部尚书仍管陕甘总督福康安奏,安西厅属英峨峡、松子岩地方,自停采铅筋以来,迄今十有余载,库贮铅筋,截至去年年底领卖全

---

① 王璞:《清实录·疏勒河流域(酒泉)资料辑录》(尚未出版),2017 年。

完。兹查英峨峡铅苗仍旺,又州属普城山,亦产铅苗。现在试采,英峨峡每日可得一百余筋,普城山每日可得一百三十余筋,应准其开采。再甘省标营,需用铅筋,向俱在安西州库领买,但距肃州六百里,口内领买,多费脚价,莫若两处分贮,将英峨峡铅筋令商人运交安西州库,普城山铅筋照前年采买磺筋例,径由厂所运赴肃州,俾领买各就其便,价值照三十六年每筋银六分例办理。再口外山厂,不便久开,俟两厂采足四十万斤之数,即行停止。得旨,如所议行。

2. 卷之一千四百十　乾隆五十七年八月上①

陕甘总督勒保奏,安西州属普城山厂铅苗旺盛,开采有效,请令采办四十万斤,分贮安西、肃州,以备各营构运,仍令马莲井州判,就近赴厂管理。下部知之。

3. 卷之四十六　道光二年十二月上②

工部议准前任陕甘总督长龄疏请,开采甘肃安西州普城山铅厂以备军储。从之。

4. 卷之二百四十一　道光十三年七月下③

谕内阁,工部奏,查明开采铅斤,逾限未经足额,请饬查办一折。甘肃省安西州地方开采铅斤,系备供通省各营配兵操防要需,前于道光二年,经该督以该省所贮铅斤为数无多,题请定限六年开采铅五十万斤,限满未经采足。兹据该督咨部,以曾经通饬各属招商试采,未据报有产铅之地。咨商邻省酌议采买,亦未覆到。而各营近年操演,均动营中贮备之款,现在操演无铅。请将督标等营寄存川楚军需案内用剩铅斤,并喀密营库收存乾隆元年交到雍正年间军需案内剩铅,分别动拨应用,俟采办购运到日,再为给发还款等语。此项备贮铅斤,原为贮备缓急之项。该省各营操演,如因采办维艰,即应先期妥议章程,题明办理,乃迟至五年之久,竟未设法采办,以致各营操演无铅,历年均于贮备铅内动用。兹复请以备贮军需案内剩铅动拨应用。着兵部核议具奏,并着杨

---

① 王璞:《清实录·疏勒河流域(酒泉)资料辑录》(尚未出版),2017年。
② 同上注。
③ 同上注。

遇春速议采办章程，具题报部办理。即查取采办此案铅斤迟延及督催不力文武各职名，送部核议。所有该省采办未经足额铅斤，即着如数筹补，并将历年动用各营备贮铅斤，一并补足还款，毋得再有迟延缺额，以实军储。

5. 卷之二百四十八　道光十四年正月[①]

谕军机大臣等，杨遇春奏筹补缺额铅斤一折。据称甘肃省各营岁需铅斤，前经奏准在于安西州所属之普城山，定限六年，采铅五十万斤，以供领用，嗣因限满未能足额，所有动缺铅斤，现经奉旨勒限归补，未便分年采买，请由黔省产铅之区，照数代办黑铅五十万斤，搭附来年额解，运送湖北汉阳官局，即将存局黑铅，先行照数拨给，咨明甘肃省委员赴楚领运，以补动缺，一面严饬西安州，并通饬各属，遍行躧勘，如有铅苗旺盛之地，即奏请招商采办等语。甘肃省近年操演，均动营中备贮之铅，所有动缺铅斤，前经降旨勒限半年，全数筹足，现据该督设法筹办，试采需时，刻难归补，请由黔省产铅之区，照数代办。着讷尔经额、尹济源、裕泰体察情形是否可行，悉心详查妥议，据实具奏。其甘肃省应行采买各铅斤，仍着该督严饬安西州，并通饬各属，躧勘铅苗畅旺之处，即行招商采办，俾省采买运脚之费，以济要需而供营用。将此各谕令知之。寻湖广总督讷尔经额奏，甘肃省所需买补缺额铅斤，应请即于局存五十二万四千余斤内，酌拨四十万斤，按每百斤例价银三两七钱九分一毫五丝计算，由甘肃省解价赴楚，兑交起运，至甘肃省尚有不敷应补动缺黑铅一十万斤，现查黔省各厂产铅未能丰旺，实难再行代办，应由甘肃省另筹足额。从之。

6. 卷之二百五十三　道光十四年六月

○辛亥，封闭甘肃安西州普城山铅洞。从总督杨遇春请也。

铅为清代军需物资，从以上记载看，祁连山西端的铅矿主要在河西走廊以北的肃北马鬃山，开采时间在乾隆三十六年（1771）前，第一次停采时间是乾隆四十一年（1776），封闭时间是道光十四年（1834），开采时间至少在63年以上。开采规模两处一天230余斤，则一年83 000余斤。每次开采，定限

① 王璞：《清实录·疏勒河流域（酒泉）资料辑录》（尚未出版），2017年。

五年 40 万斤、六年 50 万斤,为清政府用兵新疆提供了重要的军事物资保障。

(二) 金矿开采

《清实录》有 6 条记载祁连山西端开采金矿情况,从乾隆三年(1738)到光绪五年(1877),历时 139 年。除记载甘州之野牛沟、大通县属之札马图官等处金厂外,还有肃州之赤金湖、马莲井,安西钓鱼沟,敦煌南山等。敦煌水州金厂用工多达 2 000 人,其规模可以想见。

1. 卷之六十一　乾隆三年正月①

又奏,安西边外钓鱼沟地方,闻有聚众偷挖金沙事,经安西镇总兵豆斌委都司曹懋学带兵缉拿,俱已闻风逃遁。该镇复派兵前往,获犯二百三十八名,俱系前次逃匿,探知官兵回营,仍复聚集者。现委员严讯究拟外,仍饬该镇不时体察,至曹懋学有无卖纵情弊,另行查参。得旨,知道了。观其聚集多人,则向之疏纵,不问可知。然此次朕姑不究。再有似此之事,则卿等亦不能辞其责矣。至曹懋学,即非卖纵,亦必系一无用之弁,又何疑虑而不参处,以为属员之戒乎? 此件殊欠妥协。

2. 卷之一千二百五十三　乾隆五十一年四月下。②

军机大臣议准,陕甘总督福康安疏称,敦煌县沙州南北二山,深崖邃壑,每有金沙搀杂土内,无业贫民,潜往偷挖,诚恐日久滋衅,请明立官厂,令地方官出示招募人夫,俟春夏之交,给票入山。按乌噜木齐开设金厂例,每五十名设夫头一名,遴派文武员弁弹压,将采出金砂,尽数尽报,俟两三月后,统核成效,酌定条规,奏明办理。从之。

3. 卷之一百三十八　道光八年七月③

又谕,杨遇春奏请减金厂人夫一折。甘肃敦煌县水州金厂开于乾隆年间,厂夫定额二千名,嗣于嘉庆年间,因厂金微细,奏准减夫六百名,留夫一千四百名,采旺抽课。兹据该督奏称,自减夫以后,迄今又将二十年,矿老金微,情形更非昔比。本年开厂,商夫畏累不前,招募不能

---

① 王璞:《清实录·疏勒河流域(酒泉)资料辑录》(尚未出版),2017 年。
② 同上注。
③ 同上注。

足额,恳请再行核减。着照所请,准其再减夫四百名,以一千名定为正额。该督即饬该县会同厂员,赶紧募夫,督率开采,务期课项核实,毋许稍有短绌。该部知道。

4. 卷之三百四十二　道光二十年十二月上①

以甘肃安西州属马莲井金厂课绌,减额夫五百名为三百名。从署总督瑚松额请也。

5. 卷之一百一　光绪五年十月上②

辛亥,陕甘总督左宗棠奏,安西州马莲井金厂以陕回抢掠,敦煌县沙州南山金厂以矿老山空,均多年停办,悬欠课项,无从报解,请饬部查照立案。

(三) 煤炭开采

旱峡是祁连山中有名的一个山口,在近代,这里有河西最大的煤矿——旱峡煤矿,曾经在玉门工业发展的历史时期发挥了重要作用,作为煤矿,有开采 200 年的历史。

1. 地质上的旱峡

中生代(距今 2.25 亿年—1.35 亿年)早中期,是一个成煤期,玉门旱峡煤矿就在这一时期形成,煤层中有时含有“煤黄”,也叫琥珀,玉门火烧沟遗址也出土有琥珀,大小不一,在史前不仅仅是装饰品,可能还是史前先民作为礼仪活动的圣物。琥珀有其独特与奇妙之处,握在手中感觉温暖;对着太阳是透明的;在兽皮上摩擦,又能吸附灰尘;易雕刻,又能点燃,燃烧后会发出树脂的清香。远古的先民以为其有魔力,因而可能作为圣物崇拜。③

2. 旱峡煤矿

旱峡煤矿位于玉门老市区西南 54 公里的群山峡谷中,始采于清嘉庆年间(1796—1820),民国时由私人经营。20 世纪 40 年代,先由邓姓、贾姓两家开采,后来由一名姓杨的参与开采。旱峡煤矿分为东沟、西沟和中间沟采

---

① 王璞:《清实录·疏勒河流域(酒泉)资料辑录》(尚未出版),2017 年。
② 同上注。
③ 王璞:《玉门历史考古》,甘肃人民出版社,2014 年。

区,杨家开采东沟,邓、贾开采西沟,杨家开采的时间较长。据 1944 年统计,年产原煤 4 000 公斤。

当时,工人住的是地窝子,生活用水在 15 公里外用骆驼驮运。距离最近的赤金有 40 公里,向西翻越几座山就可以到达昌马,需要几十个小时。

这里地处偏远,山大沟深,1950 年,甘肃省工业厅接管,建立地方国营企业,职工 107 人,生产工具落后,年产原煤 3 500 吨。1956 年,增加了红沟、北大窑、胡峒沟和东大窑 4 个小煤矿。1964 年先后关停。1988 年原煤产量 10.21 万吨。这里的煤销往酒泉、嘉峪关等周边地区。21 世纪初,旱峡煤矿关闭,结束了这里 200 年的开采历史。

(四)新发现黏土矿开采利用情况①

2014 年 6 月 17 日,笔者在祁连南山的昂藏沟勘察唐蕃古道时发现一处清代烧制陶瓷制品的窑址,在这人迹罕至的地方发现人类活动遗迹让人很震撼。

窑址位于玉门祁连山昂藏沟 11 公里处,窑址周边四五十公里都是无人烟之地,距离奇险的昂藏沟石门关仅有 2 公里,距离疏勒河天生桥 31 公里,距离昌马乡政府 45 公里,民间叫家什窑,意为生产清代家里常用的陶瓷坛坛罐罐、碗等日常用品。窑址海拔 2 510 米,是清代玉门手工业的典型代表。

窑址在黏土山旁的一处高地上,现场发现窑址 3 座,其中一座较为完整(图 1),其余两座塌落,三座窑址相距 15 米。完整的一座高 8 米,窑顶直径 3 米,窑底直径 6 米,窑用耐火砖箍成。

家什窑的存在没有明确记载,据 1991 年《玉门市志》记载:"清嘉庆十三年(1808),玉门有陶窑 2 座,民国时期,仍有陶窑烧制粗陶器,以后消失。据 1940 年玉门县政府调查报告:"本县实业衰败,仅有……昌马陶窑……"此处陶窑应指家什窑,这样算下来,家什窑生产持续时间应在 140 年左右。另外窑址下方有巨大的灰堆(图 2),灰堆上堆满了碎的陶瓷制品和砖及炉渣等(图 3),灰堆形似一座小山丘,大约一二万立方米,从灰堆规模来判断,与这座陶窑持续 140 年是吻合的。玉门下西号乡邓氏是 20 世纪 40 年代旱峡煤

---

① 王璞:《疏勒河及内陆行历史文明考察》,甘肃文化出版社,2021 年。

图 1　较为完整的一座窑址(王璞摄)

图 2　巨大的灰堆,约有 2 万立方米(王璞摄)

矿的经营者,据其后裔回忆,其先辈当时除了贩卖煤炭外,还将家什窑生产的家什用骆驼运出山外,销往各地,远销达到新疆。

从残缺不全的瓷制品看,有碗,有带耳陶瓷(图4),据说还有缸、坛等。从巨大的灰堆判断,这个窑址生产时间比较长,从灰堆上发现的多种家什碎品来看,制作工艺比较复杂,制作水平也是比较高的。

灰堆上发现了许多烧制有"甘"字的耐火砖(图5),这引起了我们的注意。这些耐火砖的出处在哪里,还需要进一步考证。

为何要将家什窑设在这方圆几十里不见人烟的地方,很让人费解,但经

图3 堆满的碎瓷制品和灰渣(王璞摄)

图4 带耳瓷制品(王璞摄)

过分析,这里也是建窑烧瓷的理想地点。最重要的是这里瓷土资源丰富,质量优等,有很适合做陶瓷的黏土(图6),家什窑旁的山土黄色,有长约2 000米、厚约2米、大约2 000万吨的黏土,取材方便。其次是距离产煤的旱峡煤矿较近,清代,玉门旱峡、红沟、北大窑等地出现小规模个体采煤。旱峡煤窑始采于清嘉庆年间(1796—1820),是酒泉开采较早的煤矿,曾经是酒泉规模最大的煤炭企业之一,距离最近的煤窑只有数里,用煤方便。第三是位置处于过去的交通古道上,往外运输成品也较为方便。第四是近处有井,用水较

图5　耐火砖(王璞摄)

图6　黏土山(王璞摄)

方便。总之,窑址选址靠近原材料之地,而远离消费之地,地处祁连山中。

小　结

祁连山矿藏丰富,古代就已经有人类在这里开采,清代早期的开发多由于军需和政治需要,后期属于生活需要进行开发,为清代平定和开发西部发挥了一定的作用。由于古代生产力不高,其开采活动尚未对生态形成大的影响。祁连山又是河西走廊和青藏高原北部的生命之源,它维系着这条国际贸易通道数千年,成为东西方文明交流的桥梁。但同时,祁连山又是脆弱的,人类大量的开采活动,势必会影响到生态环境。

晚清民国时期武威邮政业的发展

李文钧

武威市凉州文化研究院

武威特殊的地理位置,决定了它历来都是我国西北地区重要的信息通道,古代烽燧和邮驿,密集分布于武威,河西四郡的"五里一燧,十里一墩,三十里一堡,百里一城寨",规模宏大,气势磅礴,其残存烽台,至今仍历历在目。嘉峪关魏晋墓出土的"驿使图",则描绘了驿使传邮,乘马奔驰于河西驿道的繁忙景象。

进入近代以后,清朝驿传体系的腐化不断加剧,再加上各级官员层层克扣驿银,导致驿传经费紧张奇缺,由于没有充足的经费保障,邮驿开始衰落,进而导致驿传体系速度变慢且效能低下。

随着西方侵略势力的进入,西方先进的近代邮政也开始传入我国,在面对紧急事务时,其高效、及时且迅速的信息传递,与我国传统邮驿体系的缓慢与低效形成了鲜明的对比,促使清政府不得不认真考虑建立近代邮政。光绪二十二年(1896)"大清邮政"正式开办,形成驿传与近代邮政并存局面。

一、清末武威邮政事业的初创(1904—1912)

清政府于 1904 年设立西安邮政副总局,隶属于汉口总局,管理西北地区的邮政事务。"光绪三十二年(1906),清政府在凉州府(武威)设邮政分局"[1],"1909 年 6 月 22 日(宣统元年五月五日)在古浪设代办分局,1911 年 9

---

[1] 甘肃省地方志编纂委员会编:《甘肃省志·邮电志》,甘肃人民出版社,1993 年,第 32 页。

月2日(宣统三年七月十日)在镇番(民勤)设邮寄代办所"①。这时武威邮政分局和古浪代办分局隶属于西安邮政副总局管理。1910年清政府设立兰州副邮界,将之前的兰州邮政分局升级为兰州邮政副总局,管辖甘肃全省的邮政事务。

这一时期是武威邮政的初步创立时期,邮政业务很少,运输邮件的工具十分简陋,邮路也非常简单,主要就是步差邮路和畜力班邮路。"光绪三十一年(1905),开辟了兰州—平番—古浪—凉州之间的步差邮路"②,"宣统元年,又开辟了凉州—嘉峪关间日步差邮路,于宣统三年改为逐日昼夜兼程快班"③。由于武威地处偏远,发展滞后,人民贫困潦倒,对邮政的使用很少,相应地就导致武威邮政业务发展缓慢滞后。

二、北洋军政府时期的武威邮政(1912—1928)

这一时期,武威地区军阀割据,政局不稳,社会动荡,所以这一时期武威邮政的发展受战争的影响非常大。

辛亥革命后,民国政府成立"中华邮政",将一省划为一个邮区,成立甘肃邮务管理局,邮政业务面不断扩大。1915年撤销了驿站,各衙署所有公文、函件均由邮政负责寄递。同时按各地业务量,将邮局划为一、二、三等几个不同级别。"1914年在武威设二等乙级邮局,后升级为二等甲级,1920年在民勤设三等乙级邮局,1920年在古浪设三等乙级邮局,1927年降为代办所。"④20世纪20年代以后,武威邮政发展速度明显加快,并且开始向乡村延伸,在乡镇设立邮政代办站。

中华民国建立之后,随着武威境内驿站的裁撤,各级衙署文件均由邮局寄递,凡行政及军事、司法各机关盖印公文,均按单挂号交寄,而且可享受双挂号待遇。在此之后,武威邮政又相继开办商务传单业务、寄递军队及衙署

---

① 甘肃省地方史志编纂委员会编:《甘肃省志·邮电志》,甘肃人民出版社,1993年,第494页。
② 同上书,第542页。
③ 同上书,第543页。
④ 同上书,第494页。

公件电报业务和謇者文件业务。所以这一时期武威邮政函件邮寄业务相对于大清邮政时期有了大幅的提升。

由于当时政局不稳,社会动荡,中华邮政在管理体制上"实行垂直领导,在人、财、物及指挥调度上,权力高度集中于邮政总局,各邮区管理局职权很小"①。"各个邮区的管理局虽然是单独的核算部门,却不是自负盈亏的单位"②,有盈余必须上缴,亏损时由邮政总局拨付。正是由于这种垂直领导、高度集中的管理体制,使得武威邮政在常年亏损的情况下,得到邮政总局拨付的资金支持,才得以在军阀割据混战的残局下艰难地生存并且缓慢地发展。

三、南京国民政府时期的武威邮政(1927—1949)

1933 年甘肃邮政管理局在古浪重新设立三等乙级邮局。邮局办理汇兑和储金业务由来已久。1930 年 3 月,国民政府在上海成立了"邮政储金汇业总局",其目的在于控制邮政财权,却遭到广大邮政职工的反对和抵制,1933年后,改为"邮政储金汇业局",隶属交通部邮政总局。1941 年 9 月 6 日,邮政储金汇业局甘肃分局正式成立并开张营业。1943 年 2 月,甘肃邮政管理局所属"甘肃邮政储金汇业分局"奉令改为"兰州邮政储金汇业分局",由重庆邮政储金汇业局管辖,在武威设立办事处。储汇分局从邮局分出后,除其本身所设的几个办事处外,全省的主要储汇业务仍由各地的邮局办理。

抗战的爆发和国民政府的西迁,给武威邮路的发展带来了机遇,特别是武威邮路建设方面。国民政府为了运输战略物资,加大了改善武威交通的投资,新的运邮工具出现,大大改善了武威邮政运输的效率。抗战胜利之后,国民政府提出"加强西北邮运"的战略,再次为武威邮政的发展注入了动力,提供了机遇。

1943 年 8 月 13 日,国民政府交通部对"长途汽车带运邮件规则"作了修

---

① 中国经济发展编写组:《中国经济发展史(1840—1949)》第二卷,上海财经大学出版社,2016 年,第 1111 页。

② 修晓波:《邮政史话》,社会科学文献出版社,2000 年,第 70 页。

正,规定:"凡以运输为业的长途汽车,对于邮局交运的邮件或包裹概不得拒绝。信函、明信片及普通、立券两种新闻纸等轻类邮件,均免费带运。"①随之"开通了兰州—武威的委办汽车邮路,每周一次班,全程 276 公里"②;"1948年又开通了武威—张掖的委办汽车邮路,全程 236 公里"③。

1946 年 7 月 1 日起,"甘肃邮政管理局在武威设邮运汽车站一处,武威站有汽车 3 辆,行驶武威—张掖段;兰州站用车 3 辆,行驶兰州—武威段"④。

抗战时期和抗战胜利之后,武威邮路建设所取得的巨大成就,进一步密切了武威与国内其他地区之间的信息沟通,弱化了武威偏僻封闭的状态,从而进一步促进了武威社会经济的发展。

武威在近代邮政建立之后,虽开辟了许多邮线,但业务投递多靠人力或畜力完成,靠机械完成的比例很低,这就影响到投递时间、速度和数量。偏远的农村尚未通邮,民勤县不通邮的乡村,群众通信来往,仍然依靠商号、车马店代转,通信毫无保障。

四、近代邮政业对武威社会发展的影响

1. 提高了政府的行政效率

邮政最初是国家出于政治和军事的需要而创办的,能够及时且迅速地传递信息。国家兴办邮政,能够及时地掌握地方形势的发展,采取有效的应对措施,也进一步沟通了国家和人民,"直接可以通达人民之意思"⑤。民国时期,武威地区社会动荡,天灾、人祸极大地影响着人民的生存与生活,武威邮政业的创立与发展,能够使上级政府更加及时、准确地了解武威各地的社会发展状态,对一些即将发生或发生初期的灾害,提前作出预警,采取有效的措施,并制定相应的政策,控制事态的发展,尽可能地减少民众损失,对武

---

① 甘肃省地方史志编纂委员会编:《甘肃省志·邮电志》,甘肃人民出版社,1993 年,第522 页。
② 同上注。
③ 同上书,第 523 页。
④ 同上书,第 528 页。
⑤ 谢彬:《中国邮电航空史》绪论,上海三联书店,2011 年,第 1 页。

威地区的发展进行有效的调控。

2. 有利于传递军情信息

战争中军情瞬息万变,战机稍纵即逝,迅速且及时的信息传递,是克敌制胜的关键。武威邮政业的近代化,其主要原因是出于当时国内的政治和军事需要,及时地传递军情就是武威邮政的主要业务。武威特殊的地理位置,近代邮政业在武威建立和发展,为巩固我国边防、维护国家统一发挥了巨大作用。

3. 促进了甘肃社会经济的发展

民国初年至抗日战争以前,由于武威经济落后,生活用品中的日用百货、呢绒绸缎、布匹纸张、糖茶等,多经邮局由津、沪、湘、粤邮寄来武,武威之土特产品,亦经邮局运送外埠。当时邮包寄费低廉,而又迅速保险,私人商号乐于交邮局寄递。再以邮局办理代收货款、包裹,商人购货只需去信说明需要某种货物及数量,不必汇款即能发货,货到后邮局代收货款汇给货主。"这种代办业务,既增加邮局利润,又方便商贾"①,也进一步促进和带动了武威社会经济的进步。

4. 便利了民众生活,促进了社会思想文化进步

自近代邮政在武威建立之后,大大便利了民众的通信需求,邮政成为民众与外界通讯的首选。"邮运交通之于西北边陲,较之其他各种交通机构为普遍而深入,因之与民关系日益密切。"②而邮政还在一些农村设立了邮政代办所负责邮件的投递,为广大农村的邮件投递提供了方便。为了进一步满足民众的需求和方便民众的生活,武威邮政先后开办了新业务,除了函件包裹业务之外,相继办理汇兑和邮政储金业务,同时还开办了一系列代理业务,比如邮转电报、代购书籍与代订刊物以及代售印花税票等。这都极大地便利了民众的通信需要,使得武威与各地之间的交流难度大大降低。

在促进民众思想文化进步方面,邮政业的发展所起的作用也不容忽视,"邮政负有提高人们文化程度的使命,而不应当仅仅坐享文化程度提高后的

---

① 中国人民政治协商会议甘肃省委员会文史资料研究委员会:《甘肃文史资料选辑》第26辑,甘肃人民出版社,1987年,第57—60页。
② 马振犊主编:《抗战时期西北开发档案史料选编》,中国社会科学出版社,2009年,第320页。

利益"①。武威偏居西北内陆,社会发展落后于我国中部、东部,思想文化上封闭、保守。通过邮政把东南沿海地区进步的书籍报刊和新思想输入武威地区,大大提升和增加了武威民众的知识,使其思想观念开始发生改变。随着民众思想观念的转变,这些新的思想、观念和文化也开始逐渐对人们的生活产生影响,进而使武威的社会风气得到改变。而且邮政也促进了武威文化教育的发展,新的教育理念、教育内容、教学方式等通过邮政传入武威,改变了武威传统的旧式教育,各种新式学校开始出现。武威文化教育水平的提高和改进,又反作用于武威邮政,对武威邮政业的进一步发展产生了重要的影响。

五、制约影响武威邮政发展的因素

1. 自然条件的制约

1927 年 5 月 23 日古浪发生地震,这是近代发生在河西最大的一次地震。这次地震的震中在古浪,破坏最严重的却是武威。武威人口稠密,商铺林立,"在地震中压毙 35 495 人,牛马羊牲畜 225 000 余头,倒塌村庄 19 000余座,房舍 418 000 余间"②;"邮局亦在其内,伤人甚多"③;"凉州郊外,河水泛滥,灾区甚广,邮差路线因需更改"④;"当古浪发生地震之后,该处三等局即改为邮寄代办所"⑤。地震致使邮路中断,制约了武威邮政业的正常运行。除了频繁的地震影响武威邮政发展之外,频繁的洪涝、泥石流、山体滑坡等自然灾害也限制和破坏了武威邮政的发展。

2. 社会不稳定因素的制约

辛亥革命后,甘肃政局混乱,军阀割据混战,阻断了境内各地之间的通讯往来。1928 年 5 月,马仲英率部围攻河州,史称"河湟事变",这是民国以来甘肃最大的一次动乱,历时六载,祸及武威。1929 年 3 月 15 日马仲英大

① 张梁任:《中国邮政(中卷)》,上海书店,1990 年,第 15 页。
② 袁林:《西北灾荒史》,甘肃人民出版社,1994 年,第 1394 页。
③ 张志和等主编:《中国邮政事务总论》,北京燕山出版社,1995 年,第 1212 页。
④ 同上注。
⑤ 同上书,第 1213 页。

队人马扑向民勤,城立即被攻破。从 3 月 15 日破城之日到 3 月 31 日离城时,屠杀没有间断,全城不满 1 万人口,被杀者达 4 600 多人。由于战乱不断,各邮路上,所有邮用之运输车马,均被军队征用,以致邮件之运寄大受阻碍。由于近代武威军阀割据,大小战争不断,天灾频发,年岁饥馑,致使土匪横行,匪患不断,邮路安全得不到保障,邮包被抢、邮差被杀,时有发生,致使多条邮路中断。更有甚者,一些邮局和代办所也被土匪洗劫一空,不能正常运行,不得不停止营业,进而严重影响武威邮政业的发展。

　　3. 经济的制约

　　武威地处偏远的西北内陆,经济始终是小农业和家庭手工业相结合的自然经济占统治地位,落后的封建自然经济仍然占绝对优势,商品经济和手工商业很不发达。近代以来,武威战乱不断,自然灾害频发,荒芜的土地很多。《申报》记者陈赓雅于 1934 年至 1935 年对西北各省作考察采访时途经武威,写道:“因遭同治巨变,迄今六七十年,不但元气未复,且房屋更加倒塌,几至全成废墟。一望无涯之田野,虽有山泉雪水之利,然年久无人治理,不为荒草蔓延,亦被山洪冲陷,荒凉之状,有如江西收复之赤区。”①武威由于农业和手工业生产的落后,再加上苛捐杂税的繁重、地主军阀的掠夺以及民众生活贫困、购买力低下,致使商业经济很难发展。社会经济的发展是邮政业发展的基础和依据,武威落后的经济严重限制和阻碍着武威邮政业的发展。

　　邮政业发展所需的资金,主要来自自身的营业收入、地方协款和交通部协款。武威邮政自建立后由于受多方因素的限制和阻碍,大多数年份都处于亏损状态,所以,武威邮政自身惨淡的营业收入限制着其进一步发展。再者,武威经济落后,所以武威当地政府对武威邮政的资金支持是非常有限的。

　　4. 交通条件的制约

　　交通状况决定着相关区域内经济社会发展水平,交通也是引发社会变迁最重要的因素,一定区域内最早产生社会变迁的地方往往是交通沿线。所以,张心一先生讲:“交通建设无论从政治、文化、经济哪一方面讲,在西北

---

① 　陈赓雅:《西北视察记》,甘肃人民出版社,2002 年,第 160 页。

是第一重要的。因为交通是一切建设的先决条件。"①在国民政府时期,武威开始使用现代化的交通工具汽车运送邮件,并且先后开辟了多条汽车邮路,但是纵观整个近代武威,这些快速便捷的近代邮运方式在武威邮运所占的比例是非常小的。首先交通条件的落后限制了邮运工具的发展。其次,道路交通不便也不利于邮政设施的维护和保养。当邮运机器设备损坏时,因交通问题而不能迅速地修复,从而导致邮件不能及时地送到。

　　武威邮政业的近代化,其主要原因是出于当时国内的政治和军事需要,因此最初建立武威邮政出于经济方面的考量较少,所以导致武威邮政业发展的竞争意识薄弱,致使武威邮政除在少数年份盈利,其他大部分时间常处于亏损状态,从而不能为其发展提供充足的资金支持,不得不依靠当地政府和邮政总局的拨款维持运营。再者,武威邮政业发展主要是为政治和军事需要服务,导致了武威邮政发展带有很强的突击性和应急性。在长达半个世纪中,武威邮政业发展很不平衡,农村邮政的发展远远落后于城市,在广大农村,邮电业几乎处于无人过问的状态。

　　但是,近代武威邮政业的创立和发展,为武威邮政业的进一步发展打下了基础,积累了经验。武威邮政业经过多年建设和发展,初步形成了自己的体系。尽管这种发展十分缓慢,所使用的邮运设备落后,但毕竟是武威邮政业发展的一个重要阶段,是武威社会近代化重要的组成部分。

---

① 中国人民政治协商会议甘肃省委员会文史资料研究委员会:《甘肃文史资料选辑》第26辑,甘肃人民出版社,1987年,第7页。

环塔里木历史文化资源调研路径研究[*]

张安福

上海大学文学院历史系

塔里木盆地地处亚洲低地,其南北缘的绿洲是连通东西的天然廊道,以塔里木盆地为中心,包括天山以南、帕米尔高原以东、昆仑山以北和阳关、玉门关以西的塔里木盆地和周边广大地区称为环塔里木地区,其范围大致与《汉书·西域传》所载的狭义的西域范围大体吻合。[①] 该区域西、南、北皆为高山环绕,中央沙漠广布,东缘为沙漠和戈壁一直延伸至敦煌。环塔里木地区干旱少雨,但得益于高山冰雪融水的润泽,在周缘山麓和沿河地带形成片状绿洲,"以绿洲为接点,利用崇山峻岭中的山口,探索出连接东西方的交通线路,迫使某些山脉、戈壁以及沙漠也纳入人类交通网络"[②]。该地区之所以形成这样的局面,是因为从地理环境看,塔里木盆地以南、帕米尔高原中间的隘口是沟通东西的要道,而昆仑山以南的藏北高原是天然绝壁,几乎没有东西交通的可能;天山以北是游牧人的天下,古代的商贸、传教或出使,很少与游牧人成为团队。因此,环塔里木南北两缘成为东西方古代人类文明相互交流的道路和文化融合的纽带。

---

* 本文是国家社科基金重大项目"环塔里木历史文化资源调查与研究"(11&ZD099)的阶段性成果。

① "西域以孝武时始通,本三十六国,其后稍分至五十余,皆在匈奴之西,乌孙之南。南北有大山,中央有河,东西六千余里,南北千余里。东则接汉,陋以玉门、阳关,西则限以葱岭。"(《汉书》卷九十六《西域传上》,中华书局,1962年,第3871页)

② 张广达:《古代欧亚的内陆交通》,《文本、图像与文化流传》,广西师范大学出版社,2008年,第124页。

一、早期探险家调查整理之不足

　　19世纪末20世纪初,环塔里木地区成为西方探险家的乐园,一些沙漠深处沉寂千年的西域文明得以重现,并引发了欧美、沙俄、日本等国的探险家纷至沓来,在吐鲁番、和田、塔里木河流域、罗布泊地区等展开了大规模的肆意探险和考察,①以发现古迹和攫取文物为荣耀,并将大量文物运出境外,散失于世界各地,从而使得塔里木盆地在内的西域文化扬名域外。

　　回顾百年来涉足新疆考察的中外探险家,早期探险家尽管在对塔里木历史文化资源的实地考察中收获丰硕,给后人留下宝贵的出土文物和发现,以及更多可资借鉴的调查经验,但总体而言,西方探险家各自为战,缺乏整体规划,对文化遗址的发掘清理很多属于贸然行事。② 由于塔里木盆地地处中国西部边陲,地域广阔、地貌复杂,自然环境恶劣,加之该地区历史文化遗存分布广、类型多、年代跨度大的特点,如何进行调查整理早就成为学界考

---

① 19世纪末20世纪初,此段时期是西方探险家进入环塔里木探寻和盗掘古迹遗存的高峰期,代表性人物有瑞典人斯文·赫定,曾于1895—1901年期间进入和田、若羌等地考察,发现丹丹乌里克、楼兰等遗址;英国人斯坦因,曾于1900—1931年期间先后四次进入塔里木盆地、敦煌等地,对丹丹乌里克遗址、尼雅遗址、楼兰遗址、高昌故城、交河故城、克孜尔石窟、莫高窟等进行了考察,出土并带走了大量珍贵的文物;俄国人奥登堡,曾于1909年到吐鲁番对交河故城、高昌故城等遗址进行了考察;日本橘瑞超等,曾于1906—1910年期间对楼兰遗址、高昌故城、苏巴什佛寺、敦煌石窟等遗址进行了考察,并在楼兰遗址附近出土"李柏文书";德国人格伦威德尔、勒柯克等,曾于1902—1913年期间对吐鲁番、库车等地的石窟寺、古城等遗址进行了发掘,带走大量古代文书和佛教壁画;法国人伯希和,曾于1906年对克孜尔石窟、苏巴什佛寺、敦煌石窟等遗址进行了考察,获取丰富的古代写本和宗教艺术品。

② 斯文·赫定在1896年第一次考察塔克拉玛干沙漠的时候,由于准备不足,考察队伍大多死于沙漠,甚至其本人也差点丧命。而面对面积广袤的塔里木盆地和众多遗存,更多考察者缺乏周密计划,斯坦因仅对和田地区考察时,就对该地面积广袤的历史遗存惊叹不已:"仅仅是古和田地界,我细致勘察或发掘过的故址就散布于东西直线距离超过300公里以上的区域中,古代遗址的种类同样令人惊讶。遗迹断定年代前后跨度至少为11个世纪,其本质与特征呈现出非常显著的多样性。……出土的考古物品极为丰富和新颖,这必然使正确的加以记录和诠释的任务变得相当艰难。"(斯坦因:《古代和田——中国新疆考古发掘的详细报告》,山东人民出版社,2009年,第4页)

虑和探索的问题。① 调查整理环塔里木历史文化资源，就要在前人调查成果基础上，立足塔里木盆地——既是中原文化、希腊文化、印度文化、波斯文化的边缘地带，同时又独立形成了具有融合特色"知域"的交融文化中心。② 因此，对于塔里木地区文化的研究，既要以塔里木文化为核心，同时又要注意不同区域文化对塔里木文化的影响，因为组成塔里木盆地文化的不是沙漠和绿洲，而是奔走在绿洲和沙漠中的人群，他们将东西方文化带到塔里木盆地，又将塔里木盆地的文化带向周缘甚至更远的地方。因此，对于塔里木历史文化遗存的调查整理，就要根据人群流动和文化融合的特点，由点到线，由线到面，从而梳理出塔里木地区历史文化遗存时空分布形态的整体性特色。

所以，正如 R·N. 弗拉埃所说："从近东的伊朗直到中国甘肃省的历史，基本上是一部大大小小的绿洲的历史。甚至像费尔干纳盆地和伊犁河谷这样的盆地，也可以被描述为特别巨大的绿洲，尽管二者的边界都由山脉而不是荒漠所构成。""无论如何，生活在一个绿洲里的感觉对所有人都是一样的，可耕地的开辟基本都是灌溉的结果。从发育于冰川的河水引流的沟渠，使中亚的大量人口能依赖一直逼近到周围高山和沙漠之边的农耕而生存下来，并且取得繁荣。"③但是，各个地区、不同人群，生活的方式、价值理念存在

---

① 早在 20 世纪 30 年代"中瑞西北联合调查团"时期，黄文弼在其《环塔里木盆地考古记》中写道："我们这次考察，还存在一些缺点，主要的是考察范围太广，包括南疆大部分地区，虽然时间达一年半之久……尤其当时强调了全面考查，多看地方，而忽略了重点发掘工作，有的遗址作的不够，有的遗址没有作，这样就增加了现在工作的难点。"（黄文弼：《环塔里木盆地考古记》，线装书局，2009 年，序言第 3 页）在其《罗布淖尔考古记》中，对发掘的资料纷杂，时间跨度长，内容丰富，如何整理也深有感慨："余在罗布淖尔所采集之物品，品质复杂，范围亦广，自金石以至草木，自军事文化以及日用饮食诸品，莫不备具，时值抗日战争期间，参考书既缺失，又无法觅取师承，皆由余一人之思考，坚苦探求，其不免于简陋。"（黄文弼：《罗布淖尔考古记》，线装书局，2009 年，第 3 页）

② 荷兰阿姆斯特丹大学历史学家 Willem van Schendel 教授近年来提出的"Zomia"地区的地理概念，是以几个区域之间的边界相连地区进行的命名，这实际上是一种多元文化融合的区域，是跨区域的人群、物资、知识的流动构建的"知域"。（Willem van Schendel, Grographies of Knowing, Grographies of Ignorance: Jumping Scale in Southeast Asia, in *Environment and Planning D*, Volume 20: 6, pp. 647–668）

③ 弗拉埃（Richard N. Frye）：《中亚的遗产：从远古到突厥扩张时代的亚洲》，马库斯·维那出版社，1996 年。

着不同,并且相对封闭的绿洲经济也需要交换,那么丝绸之路上的商队和迁徙的人群就成为携带不同绿洲的文化异质因子的载体,将丝绸之路沿线的绿洲联系起来,在族群、信仰、文化理念、经济方式等方面开始了融合。在调查整理丝绸之路沿线的文化遗存,尤其是塔里木盆地的遗存时,首先要注意大范围的绿洲的遗存状态,然后根据丝绸之路走向调查整理相应的文化遗存,从中发现其历史价值。

二、以塔里木南北两道典型绿洲为基点、 沿线遗存为点线调查

塔里木盆地是欧亚大陆交往的"瓶颈",南北两道的遗存最为丰富,在东西方文化交流中遗存的古代城址、宗教遗址、烽燧遗存、墓葬遗存等分布广泛、形式多样,体现了塔里木地区深厚的历史积淀和文化多样性。加之塔克拉玛干沙漠位于塔里木盆地中部,干旱少雨,这些遗存得以很好地保存下来。

在《汉书·西域传》中记载的"西域三十六国"典型绿洲城邦国家有楼兰、龟兹、焉耆、于阗、疏勒、车师等地;在唐朝设置的西域军政机构中,龟兹、疏勒、于阗、焉耆、碎叶、伊州、庭州、西州最为典型。从中可以看出,今天的库车、和田、焉耆和吐鲁番盆地,是典型遗址、文化累积较为深厚的地区。从近现代探险考察和考古发现来看,这些地区也是塔里木地区及其周缘遗存较为集中的地方,因此以这些典型遗址为基点,沿着塔里木盆地南北两道进行考察是对塔里木文化资源进行调查整理的重要途径。这样,既避免了漫灌式的费人费力的考察,又可以在典型遗址上积累考察经验,对塔里木地区多样的文化资源,如城址、烽燧、石窟寺、墓葬等,逐点推进,条分缕析,探寻这一核心区周围的遗存状况和文化分布规律,然后扩大这一遗存的范围,发现更多的文化信息。

根据《汉书·西域传》记载,至少自汉代以来,丝绸之路沿着塔里木盆地分为南北两道,西域绿洲大都分布在这两条路线上,目前的遗存也沿着古代丝绸之路南北两道分布。

北道"自车师前王廷随北山,波河西行至疏勒"[①],汉晋之后改称"中道",

---

① 《汉书》卷九十六《西域传上》,中华书局,1962年,第3872页。

《隋书》记载较详,其"从高昌、焉耆、龟兹、疏勒,度葱岭……"①今天经吐鲁番过干沟,到天山南麓的和硕、焉耆、库尔勒、轮台、龟兹到达喀什,是"北道"主要的历史遗存分布地。和硕县境内现存的曲惠古城曾是"西域三十六国"之一的危须国所在地;焉耆为焉耆国故地,亦是汉唐经略的重地,博格达沁古城是境内现存规模较大的唐城遗址,其与《大唐西域记》中所载"阿耆尼国"都城颇为相似。此外,地处霍拉山山前地带的有七个星佛教遗址,规模较大,由地面寺院和洞窟两部分组成,残存寺院建筑 93 处、洞窟 11 处,是目前新疆地区仅存的佛塔、佛殿与石窟并存的佛教遗址群。

沿北道过轮台继而西行至古龟兹国地域,其地理范围大致包括今库车、阿克苏、新和、拜城及温宿等地。龟兹地处西域之中,交通发达、经济发展、文化繁荣、国力强盛,亦是汉唐经略西域重地。汉代曾一度置西域都护府于此,唐朝置安西大都护府并设龟兹镇守军,"龟兹故城"、新和境内"通古斯巴西古城"和"玉奇喀特古城"都是汉唐时期龟兹的重要军镇遗存,唐驻军曾于此周边开垦有 10 万亩屯田。龟兹故城周边有大量烽燧拱卫,其中克孜尔尕哈烽燧是塔里木地区甚至西域的典型单体烽燧的代表,也是年代最早、保存现状最好的烽燧,始建于汉宣帝时期,现存高度仍有 13 米多,夯土筑造,夯层厚 10—20 厘米。

此外,龟兹还是北道上小乘佛教传播圣地,现存佛教遗迹主要有苏巴什佛寺,著名高僧鸠摩罗什、玄奘都曾与龟兹佛教结下不解之缘。拜城县克孜尔石窟、台台尔石窟、温巴什石窟,库车克孜尔尕哈石窟、库木吐喇石窟、森木塞姆石窟等遗存均是小乘佛教兴盛于北道的历史见证。喀什地区是北道的最后一站,主要包括巴楚县托库孜萨来古城遗址、喀什莫尔佛寺遗址和塔什库尔干的石头城、公主堡等,是考察的重点遗存。

南道"从鄯善傍南山北,波河西行至莎车",所经行的区域主要有今天的楼兰、米兰、若羌、且末、于田、和田、皮山等地。较之北道,南道自然环境恶劣,补给困难,魏晋之后已呈衰落之势,加之荒漠化严重,至今留存的历史遗址数量相对较少,并且大多湮没于沙漠之中,使得遗址调查整理的价值更大,如尼雅遗址、丹丹乌里克遗址等。其中米兰遗址曾是汉晋时期楼兰和鄯

---

① 《隋书》卷六十七《裴矩传》,中华书局,1973 年,第 1579 页。

善国辖地,是汉代伊循屯田所在地,《汉书》载"汉遣司马一人,吏士四十人,田伊循以镇抚之",至唐朝中后期为吐蕃占据,至今仍遗存有吐蕃戍堡,规模宏大,曾出土有大量汉文、吐蕃文文书。

从米兰遗址沿昆仑山北麓西行,有传为世界上最大的"陶片古城"遗址且末古城。此外,策勒县达玛沟佛教遗址群,其中托普鲁克墩佛寺占地面积仅 4.5 平方米,应该是世界上最小的佛寺;位于策勒县南部昆仑山中的阿萨、阿希戍堡,曾是佛国于阗与信奉伊斯兰教的喀喇汗王朝对抗的最后战场,见证了千年佛国于阗的湮灭和最终伊斯兰化的过程。洛浦县汉晋时期的山普拉墓葬遗址,曾出土大批较为完整的毛丝织品,图案不仅受中原风格影响,而且还杂有中亚、波斯元素;兴盛于公元 2—10 世纪的热瓦克佛寺,是和田地区保存较好的唯一一处具有犍陀罗风格的佛寺遗址。又如和田约特干遗址、达奎遗址、买力克阿瓦提古城、库克玛日方城、普基城堡,墨玉县扎瓦烽燧、英麻扎墓群,莎车县的奴如孜墩遗址等,这些历史遗存成为丝绸之路南道考察的重要文化遗存组成部分。

三、对河西地区、天山北麓和中亚的面状调查

任何一种文化现象都不是孤立存在的,都受其周围文化的影响从而呈现出区域性过渡状态的文化特征。罗马文化就是如此,"它与东方紧密相连并在许多地方受到东方的影响。古代社会确实是我们今日社会的原始模板:充满生机,竞争进取,成熟高效,精力旺盛。一个布满了城镇的区域带,形成了一个横跨亚洲的锁链。西方开始注视东方,东方开始注视西方"①。同样,在汉唐时期,环塔里木地区作为丝绸之路交通要道,其历史文化受天山北部的草原文化、中原河西文化和中亚、南亚文化的影响最大。斯坦因认为,这些绿洲城邦国家"特别适宜于吸收和传达远东以及西方来的文化的力量,而在别的方面塔里木盆地的地理似乎也是单单准备作这一件主要的史

---

① [英]彼得·弗兰科潘:《丝绸之路:一部全新的世界史》,浙江大学出版社,2016 年,第 23 页。

事之用"①,因此,对河西地区、天山北麓和中亚、南亚进行遗存调研,从而沿丝绸之路形成一个放射状的环塔里木文化圈。

1. 河西地区的历史遗存。河西地区是中原文化与西域文化接触的桥梁,也是汉代断匈奴右臂必须争取的地区。所以,汉武帝时期,首先取得在河西走廊的军事优势,然后在此地设置了武威、张掖、酒泉、敦煌河西四郡;同时,早期居住在此地的月氏、乌孙等部落,后来迁到伊犁河流域和巴克特里亚地区,成为族群迁徙的重要代表。河西地区的墓葬文化、烽燧建筑等都深深影响着楼兰、高昌、龟兹等地。同时,河西地区也是西域马匹、马拉战车、铸造技术传入中原的重要经行地,也是汉地丝绸、漆器、彩陶等传入西域的地区。

以法国学者布尔努娃为代表的西方汉学家也普遍认识到河西地区在中原文化与塔里木文化之间的重要性:"汉朝势力的存在,首先立足于甘肃,即中国的'西角',再逐渐向河西走廊的西北延续,一直到沙漠腹地,然后又扩展到沿塔里木盆地南北缘而延伸开的两道沿途的所有绿洲王国。"②河西文化代表性的地区有武威、张掖、酒泉、嘉峪关、瓜州和敦煌等地,目前的遗存以军事防御遗迹居多,如城址遗存、疏勒河沿岸的烽燧群、从敦煌至罗布泊的汉代长城、驿站等。瓜州锁阳城遗址,始建于晋,沿用至唐,至今仍遗存有马面、角楼等部分军事建筑,城内曾出土过大量唐代钱币等文物,此外,还有规模相对稍小的破城子、六工城等,均是唐代在此设置的军事屯城遗址。悬泉置是地处瓜州与敦煌之间的一处驿站,曾出土大量汉简,尤其以反映塔里木诸国与中原地区的频繁往来的信息让其闻名遐迩。河西墓葬是另外一大文化遗存特色,嘉峪关市附近的果园—新城墓群,是魏晋十六国时期和唐代的墓葬,遗存墓葬28座,其中魏晋十六国壁画墓11座,壁画取材范围广泛、内容丰富,图像惟妙惟肖,生动地再现了当时人们从事农业生产、生活的场景。这些墓葬文化遗存,与库车友谊路出土的魏晋十六国墓葬文化特征非常相似。这些都是河西与塔里木地区文化频繁交往的见证,对其的考

① ［英］斯坦因:《西域考古记》,商务印书馆,2016 年,第 27—28 页。
② ［法］L. 布尔努娃:《丝绸之路——神祇、军士与商贾》,云南人民出版社,2015 年,第 35 页。

察可以了解中原文化经过并结合河西文化进入塔里木盆地的情况。

2. 东部天山的历史遗存。东部天山地处丝绸之路中道和草原丝绸之路要冲,是包括北方草原游牧文化和河西文化与塔里木文化相互交流与交融的地区。考古资料显示,在阿尔泰山、天山周缘地区都发现了萨满教的遗存,如石人、岩画中刻有的人面形神灵图,都是萨满文化祖先崇拜和自然崇拜的体现,与孔雀河下游的古墓沟文化有着内在文化联系;哈密地区的焉不拉克文化①和吐鲁番地区的苏贝希文化各为代表,有学者认为苏贝希文化是焉不拉克文化与塔里木北道察吾乎文化的过渡阶段,体现了三个地区墓葬文化中的相互联系性。②

---

① 焉不拉克文化是分布于东疆哈密地区的一种早期铁器时代文化,其主要分布在哈密市西的三堡、四堡和五堡一带,包括的主要遗址有焉不拉克墓葬和小城堡遗址、拉甫却克墓葬、五堡水库墓葬等(新疆文化处等:《新疆亚布拉克墓地》,《考古学报》1989年第3期)。余太山在其《西域通史》中将该文化特征归纳为:"城堡、房屋和墓葬建筑都使用土坯,墓葬为竖穴土坑,流行屈肢葬,典型陶器是单耳钵、单耳杯、单耳豆和腹耳壶,彩陶花纹主要有曲线纹、锯齿纹、S形纹、十字双钩纹和倒三角纹,其绝对年代大约为公元前1200—前550年"(余太山:《西域通史》,中州古籍出版社,2003年)。关于焉不拉克的其他研究主要有陈戈《略论焉不拉克文化》(《西域研究》1991年第1期)、《焉不拉克补说》(《新疆文物》1999年第1期),王博《哈密焉不拉克墓葬的分期问题》(《新疆文物》1990年第3期),李文瑛《哈密焉不拉克墓地单人葬、合葬关系及相关问题探讨》(《新疆文物》1997年第2期)等。

② 陈戈认为在哈密焉不拉克与天山南麓察吾乎文化分布区域之间还存在有另一种史前考古学文化——苏贝希文化。其涵盖的地域范围主要为博格达山南北两侧山前地带或山谷间。其共有以下文化特征:① 房址为半地穴式,房内设灶,屋外有许多灰坑;② 墓葬地表一般都有石堆或石围封土标志,墓室结构基本为竖穴土坑和竖穴洞室,个别的为竖穴石室或石棺;③ 竖穴口部一般都棚架盖木,上铺压芦苇、杂草和卵石,墓底多有木框架或苇草葬具;④ 有多人合葬、一次葬和二次葬,姿势不一,头无定向;⑤ 一般有彩陶、铜器和铁器共出;⑥ 陶器基本是夹砂红陶、手制、素面等;⑦ 彩陶一般为红衣黑彩,个别是红衣红彩或土黄色彩,或者是黄白色陶衣上绘黑彩或红彩,还有的是红衣上涂白色圆点或半圆点,花纹母题主要是各种三角纹、变形三角纹、网格纹、涡纹、竖条纹等;⑧ 陶器类型主要是单耳罐、单耳圈底杯、单耳桶状杯、单耳或无耳壶、单耳豆、双耳瓮、双耳釜等,总体风格是单耳器形和双耳瓮或釜及盆、钵、碗占明显优势(《新疆史前时期又一种考古学文化——苏贝希文化试析》,载宿白主编《苏秉琦与当代中国考古学》,科学出版社,2001年,第153—172页)。关于苏贝希文化的其他研究主要为邵会秋《新疆苏贝希文化研究》(《边疆考古研究》第12辑,科学出版社,2012年)。

在宗教遗存中,以天山北麓的北庭回鹘佛寺遗址、哈密白杨沟佛寺群以及吐鲁番多元宗教遗址群最为典型,此三个地域基本涵盖了东天山宗教文化特征。高昌回鹘王室佛寺[①]是 10 世纪高昌回鹘王家佛寺,相对环塔里木地区的佛教遗存建筑年代稍晚;而白杨沟佛寺群遗址[②]则是 8 至 10 世纪东天山又一佛教圣地。佛寺群沿白杨河上游东西两侧台地分布,现存遗址包括寺院遗址 5 座、禅房遗址 1 座。其中哈密柳树泉农场附近遗址坐佛残存高度约 8.2 米,造型规模在整个西域地区都较为少见,造像风格明显受到中原佛像艺术的影响。

除墓葬和宗教文化遗存之外,北庭故城作为天山北麓的典型城址,与塔里木地区的城址有着密切的联系,历史上从北庭到吐鲁番进入塔里木地区有很便捷的道路,[③]文化交流较为频繁。现存北庭故城为内外两重,周长约 4.5 千米,故城规模及结构与吐鲁番地区的高昌故城、焉耆的博格达沁古城及龟兹故城建筑模式和文化特色略同,均是汉唐时期经略西域重要的军镇

---

① 北庭回鹘佛寺遗址地处今吉木萨尔县城西北约 12 千米,东距北庭故城 0.6 千米。20 世纪 70 年代末,中国社会科学院考古研究所新疆工作队曾对佛寺遗址进行过两次发掘。现存佛寺主体为宋元时期遗存,但其形制为承袭唐代建筑风格。详细发掘报告见《新疆吉木萨尔高昌回鹘佛寺遗址》(《考古》1983 年第 7 期)、《北庭回鹘佛寺遗址》(中国社科院考古研究所编制,辽宁美术出版社,1991 年)。1908 年,日本大谷探险队野村荣三郎率队到此考察,曾于此获得 16 块碑刻残块(上原芳太郎:《新西域记》,有光社,1937 年,第 491 页);1914 年,斯坦因在此进行了测绘和发掘,曾挖出放置雕像的平台(《亚洲腹地考古图记》,广西师范大学出版社,2004 年,第 795 页)。相关研究主要有:薛宗正《北庭回鹘王家佛寺与民间佛寺》(《丝绸之路北庭研究》,新疆人民出版社,2010 年),古丽比亚、柴剑虹《北庭高昌回鹘佛寺争分舍利图试析》(《段文杰敦煌研究五十年纪念文集》,世界图书出版公司,1996 年),栾睿《北庭西大寺所反映的高昌回鹘佛教特征》(《西域研究》2004 年第 1 期)等。

② 白杨沟佛寺群地处哈密市白杨河沿岸,佛寺群分为上游佛寺群和下游佛寺群两部分:上游佛寺群主要为白杨沟佛寺遗址;下游佛寺群主要分布在白杨沟佛寺遗址至拉甫却克古城之间,自东北向西南沿白杨河分布,依次为托玛佛寺遗址、恰普佛寺遗址、库木吐鲁佛寺遗址、央打克佛寺遗址、甲郎聚龙佛寺遗址、托呼齐佛寺遗址等,遗存年代主要为 8 世纪前后,这些佛寺曾是佛教东传和中原大乘佛教回传的重要载体,具有较高的学术研究价值(西北大学丝绸之路文化遗产与考古学研究中心:《新疆哈密白杨河下游佛寺遗址群调查报告》,《西部考古》第五辑,2011 年)。

③ 从北庭进入吐鲁番的"他地道""乌骨道"等,从吐鲁番进入塔里木平盆地的"银山道"等。

遗址,也是唐代北庭都护府所在地。①

3. 帕米尔以西丝绸之路沿线的历史遗存。葱岭以西古道,即帕米尔高原以西中国境外,穿越中亚、西亚抵达欧洲大陆的古代丝绸之路交通路线,是历史时期东西方文明相互传播的重要孔道。它虽与塔里木盆地相隔帕米尔高原,但帕米尔高原不仅没有隔绝文化传播,反而成为东西方文明传播的孔道。如位于帕米尔高原之上的"公主堡"在建筑方式上"城垣用土砖和杜松枝相间垒砌而成。再向东去,西元前二世纪的汉代长城边塞也是同样用中国的古法筑成的"②,说明了文化西来东去之间的影响。源于帕米尔高原的穆尔加布河、阿姆河,天山西北的锡尔河、伊犁河以及内流河——泽拉夫尚河,与塔里木河一样,在极其干燥的沙漠气候区孕育出的包括木鹿、撒马尔罕、布哈拉等在内的片片绿洲,成为东西方文明交流、传播的重要地区,遗存有古城址、宗教遗址、墓葬遗址等,与塔里木地区的遗存一起,共同形成一个更大的环塔里木文化圈。

中亚地区较为典型的城址。希腊人在中亚修建了许多城市,统称"亚历山大城"(Alexandra),目前已经发现的有 40 多座。如阿伊哈奴姆古城,这是一座典型的希腊化的城市,③不过,该城墙是用土坯垒砌,吸收了中亚本地的建筑艺术特点。撒马尔罕是历史上连接东西方文明的重要驿站,是佛教、伊斯兰教、拜火教、基督教等传播与汇聚之地,也是丝绸之路贸易中转之地,该

---

① 天山北麓的古城址另有乌鲁木齐市乌拉泊古城、下沙河古城,阜康市阜北古城,吉木萨尔头工古城,奇台县唐朝墩古城、奇台石城子、北道桥古城、半个泉古城、社营古城,木垒县油库古城、破城子遗址、大河古城、唐朝破城子,哈密头堡古城、拉甫却克古城等,均是唐朝时期在东天山所置的军镇遗存。目前这些城址规模多属中型规模的城市遗址,周长约 1—2 千米,城址结构多为两重,古城四角、四围城墙之上皆修筑有角楼、马面等军事防御工事,与环塔里木地区唐代屯城结构相一致。
② [英]斯坦因:《西域考古记》,第 49—50 页。
③ 阿伊哈奴姆古城,位于阿富汗昆都土城东北,建筑中垒砌的石块用金属锯钉连接并浇灌熔化的铅水加固,城中央是宫殿区,宫殿区的东、北、南三面分别建有神庙、体育馆和贵族的住宅。

城遗存丰富，①尤其是贸易画面更为凸显，如在发掘的"阿弗拉西阿卜壁画"中显示了一个以撒马尔罕为中心的世界：五个穿戴着典型中式袍服和黑帽的中国人手捧蚕丝和蚕茧站在画面中间，周边是世界各地的使节进奉的场景。唐高宗永徽年间，唐朝在此置羁縻都督府，②但在 8 世纪前后被阿拉伯势力攻占后，伊斯兰建筑逐渐占据了重要位置，比如 BibiKhanum 清真寺和 Registan 广场就透露出伊斯兰建筑艺术风采。再如阿克·贝希姆古城，这是一座典型的汉城，曾是唐安西四镇之"碎叶城"故址，在唐代东西方交通中占据有重要地位，《新唐书》中对塔里木盆地到碎叶城有着明确的道里记载。③ 目前的历史文化遗存与文献记载大体相符，城址有马面、佛寺、宫殿等，④与唐代塔里木地区城址的筑城方式、城内布局与城市功能大体相似。

　　探寻塔里木历史文化遗存信息，如果仅仅从地理上确定塔克拉玛干沙

---

① 　现存撒马尔罕城呈现为"新旧分治"六大区域格局：地处今撒马尔罕市东北的 Afrosiab 古城，始建于约公元前 7 世纪，是撒马尔罕城早期建筑遗存。考古资料显示，该古城占地面积多达 2.89 平方千米，遗存有城寨、防御工事、宫殿等遗迹；位于 Afrosiab 古城西南的帖木儿古城，遗迹多修建于 11 至 14 世纪，现仍有部分遗迹以及 300 余处零星遗址。但较为遗憾的是，古城的城墙、城西侧高地上的 Khala 城堡、东北部的 BibiKhanum 清真寺周边以及 Registan 广场的周围区域等诸多中世纪建筑，未能保留至今。中世纪之后的古城建筑与城市风貌更多体现了伊斯兰文化的伟大创造力，文化、建筑和城市结构则显示出 13 世纪至今的中亚文化与政治历史的变迁，并以此入选 2001 年"世界文化遗产名录"。

② 　《新唐书》载："高宗永徽时，以其地为康居都督府，即授其王拂呼缦为都督。"（《新唐书》卷二二一《西域传》，中华书局，1975 年，第 6243—6244 页）

③ 　"又四十里度拔达岭。又五十里到顿多城，乌孙所治赤山城也。又三十里渡真珠河，又西北度乏驿岭，五十里渡雪海，又三十里至碎卜戍，傍碎卜水五十里至热海。又四十里至冻城，又百一十里至贺猎城，又三十里至叶支城，出谷至碎叶川口，八十里至裴罗将军城。又西二十里至碎叶城，城北有碎叶水，水北四十里有羯丹山，十姓可汗每立君长于此。"（《新唐书》卷四十三《地理志》，中华书局，1975 年，第 1149—1150 页）

④ 　现存碎叶城城址分为东城、西城两部分。城址结构清晰可辨，城周长约 2.2 千米，西城墙长约 400 米，中段遗存马面遗迹两处，城垣相连接的转角处均有城楼遗迹，古城中央为一方形台地，其西南隅为宫堡，由其南 100 米处有一佛寺遗址，基址平面呈矩形，边长分别为 76 米、22 米，旧址上见有释迦与垂脚弥勒塑像残迹；东距佛寺约 250 米处为另一佛寺遗址，基址平面略成方形，边长约 38 米，内部佛像毁损严重，已无法分辨。东城接西城东面城墙而修筑，平面大致呈不规则五边形，城周长约 4 千米，相比西城遗存文化层较薄，修筑年代较晚。

漠和周缘狭窄的绿洲是远远不够的,我们可以把塔里木盆地"想象成一个磁场,或者一个电场,或者更简单的一个光源。这个光源的亮度不断降低,但是,人们无法一劳永逸地画出一条线来区分它的阴影部分和明亮部分"①,因此从塔里木盆地到周缘的绿洲,沿丝绸之路,从河西走廊到天山北麓,从帕米尔高原到费尔干纳盆地,形成了一个更大的文化"磁场",对这一"文化磁场"的调研路径中,可以明确看到塔里木盆地历史遗存的文化价值及其文化影响,并由此分析在汉唐历史上,塔里木盆地遗存文化中蕴含的多元文化信息。由此,也需要在调研方法上,更要有针对性,从而使这一面积广袤、遗存类型多样的塔里木地区及其更大范围的历史信息,得到更为科学的整理和研究。

小　结

调查整理与研究塔里木地区的历史文化资源,必须立足于塔里木盆地,以代表性的区域为立足点,以塔里木盆地南北两道为调研主轴,同时注意河西地区的中原文化、天山北麓的草原文化、帕米尔以西的贵霜、波斯文化对塔里木文化的冲击作用,如扎滚鲁克一号墓地在木纺轮筒和木梳上雕刻有草原艺术风格的鹿纹,反映了环塔里木地区与草原游牧文化的联系;汉晋时期,河西走廊流行彩棺壁画墓,这种葬俗很早就传入塔里木盆地,如孔雀河流域的营盘墓地15号墓就采用彩棺,年代在东汉晚期;库车的晋十六国墓葬,也采用了彩棺墓葬,是属于典型的河西砖室墓的墓葬形式;但是,同时又要注意塔里木盆地绿洲文化对草原、农耕文化有着反冲击甚至决定性的作用。从目前已有资料看,4 000年前起,塔里木盆地就是东西方、南北方文化交流的区域,草原文化越过天山进入塔里木盆地绿洲地区,中原文化经过漫长的河西走廊和库木塔格沙漠到达塔里木盆地,希腊文化以亚历山大东征为媒介进一步扩大了在中亚的存在,并与南亚印度佛教文化巧妙结合,形成具有文化交融特色的犍陀罗文化,从而影响了塔里木绿洲佛教文化上千年,

---

① [法]费尔南·布罗代尔:《地中海与菲利普二世时代的地中海世界》,商务印书馆,2014年,第247页。

而这些绿洲文化又经过丝绸之路传播到周缘各地。① 这些都说明,塔里木盆地有具体的盆地周缘,也有扩大的盆地周缘,阿尔泰山、河西地区、帕米尔和中亚草原地区、南亚地区甚至地中海地区都是塔里木盆地文明和文化的周缘,这些地区无论在地理上还是文化上都有着千丝万缕的联系。

因此,对于塔里木盆地的历史文化资源研究,立足于塔里木盆地,分析多元文化对塔里木文化的影响,同时更要注意到塔里木绿洲文化对周缘的冲击作用,探究塔里木文化遗存信息来源、汇融经过和最终流向,更为客观地解释塔里木盆地的文化遗存现象和内在文化信息。这样,在文化地理和历史地理的历史文化资源整理上,就有了更多的参照和更为丰富的内涵。

---

① 斯坦因向印度当局呈交的申请探险塔里木盆地的很重要的一条理由就是"众所周知,现今和田曾经是古代佛教文化中心。很显然,这种文化发源于印度,并且有明显的印度特色",从而使得这一申请非常有说服力,并得到印度政府的许可。

走向以"人"为中心的丝绸之路研究

何玉红

西北师范大学历史文化学院

丝绸之路研究一直是学术界关注的重大问题,已经积累了丰富的成果。新的历史时期,在"一带一路"倡议的时代感召和呼唤下,有关丝绸之路的研究迅速升温,再次引起学术界的高度重视。以"丝绸之路"命名的问题研讨、论著刊发、学术交流、会议论坛、田野考察等,有效地助推研究的深入展开。具体研究中,既有微观层面的个案分析,也有"全球史"视野下的通观考察,从历史学、考古学、民族学、人类学,再到宗教学、语言学、地理学、艺术学等,所涉及的学科不断增多,领域不断扩大,呈现出多学科交叉和整合的趋势。我们看到,当下的丝绸之路研究,将学术探讨与时代关照紧密结合,将研究的学术价值与现实意义有机统一,一个传统的学术问题再次生发出勃勃生机,研究前景日趋广阔。面对汗牛充栋的学术成果,要对丝绸之路研究作出全景式的回顾与展望,难度越来越大。笔者就有关丝绸之路研究的学术进路作一概览式的考察,在此基础上提出走向以"人"为中心的丝绸之路研究的思考。

一、"路"的进路

按照学术界的传统认识,丝绸之路的开辟,始自汉武帝时张骞出使西域的"凿空"之举。1877 年,德国地理学家李希霍芬在《中国》一书中首次提出的"丝绸之路"之名,指汉代中国与西方世界以丝绸贸易为主的交通路线。之后,这一名称逐渐成为指称古代联系中外的交通道路,范围也从陆路扩大到海路。交通道路的走向和具体路线考证,是丝绸之路研究的基础。学术界关于丝绸之路的研究,从中西交通史入手的路线考证、城址考察等成果丰硕,我们将之概括为以"路"为中心的研究。

　　从中西交通史角度入手的丝绸之路研究有很高的学术起点。早在 20 世纪初,中西交通史研究就引起了国内外学者的重视,在国外有英国亨利·玉尔《古代中国见闻录》等。在国内,张星烺《中西交通史料汇编》(1930 年)首次对我国中西交通史史料作了较为系统的搜集、梳理和考证。冯承钧《西域南海史地考证》(1934—1962 年)、向达《中西交通史》(1934 年)、方豪《中西交通史》(1953 年)等,都有相当内容涉及中外交通路线的考证,为丝绸之路研究奠定了坚实的基石。张星烺等在海陆交通路线的考释中,对中西史料进行比勘是一个突出特点。时至今日,中西史料比勘在丝绸之路研究中依然具有不可替代的作用。如张广达《唆里迷考》《碎叶城今地考》[①]等研究中,将阿拉伯地理学家伊本·胡尔达兹比赫《道里与诸国志》、库达玛·本·贾法尔《税册》、波斯佚名作家《世界境域志》和加尔迪齐《记述的装饰》,以及我国新疆喀什噶尔人马合木·喀什噶里《突厥语词汇》的记载,与唐代玄奘、杜环、贾耽的记载相互印证,再加上与中亚考古调查发掘相结合,以此确定丝路交通要冲之所在。

　　得益于新出土文献,丝绸之路交通路线考证走向细致和深入。学者将传世文献记载、新出土文献、考古发现等相互印证,使不同历史时期丝绸之路的走向等逐渐得到廓清。20 世纪初至今,在甘肃河西走廊以及新疆、青海等地先后出土数量庞大的汉代简牍,详细记载了东段丝绸之路的行进路线以及汉朝与中段丝绸之路沿线西域诸国的交流活动,对了解汉王朝与中亚和地中海北岸地区的交通往来具有重要价值。利用居延汉简和悬泉汉简中的道路里程简,张德芳考察长安到敦煌的基本路线、走向、里程以及停靠站体系,考证出从今天西安到敦煌近 2 000 公里之间停靠站点的具体数量、站点间的距离等。[②] 新旧史料的互证,丝绸交通史的研究日趋精细。

　　丝绸之路上的城邦、国家和政权,是道路交通的关节点,以此为切入点来探讨丝路的兴衰演变,是以"路"为中心研究的重要内容。美国学者芮乐伟·韩森《丝绸之路新史》[③]围绕几个重要城邦国家和城市来讨论丝绸之路

---

①　张广达:《文书、典籍与西域史地》,广西师范大学出版社,2008 年。
②　张德芳:《西北汉简中的丝绸之路》,《中原文化研究》2014 年第 5 期。
③　[美]芮乐伟·韩森:《丝绸之路新史》,张湛译,北京联合出版公司、后浪出版公司,2015 年。

的兴衰。作者从"楼兰：中亚的十字路口""龟兹：丝路诸语之门""高昌：胡汉交融之所""撒马尔罕：粟特胡商的故乡""长安：丝路终点的国际都会""于阗：佛教、伊斯兰教的入疆通道"等方面铺陈开来,将丝绸之路历史概括为"中亚陆路的历史",最终着眼于"路"的问题。

存留至今的古城遗址是丝绸之路的历史见证。以"路"为中心的研究中,丝路沿线古城遗址考证尤为重要。其中深入实地考察,将读万卷书和行万里路结合起来,是有效的途径。1927—1935 年,由中外科学工作者组成的"中国西北科学考查团",在丝路沿线的考察活动,取得了引人瞩目的发现和成果。在汉唐丝绸之路研究中,李并成 30 多年来深入实地进行考察,发表了一系列关于丝路古城、渡口①、关隘②、道路③的研究成果。李并成主张在丝路城址考察中,要仔细考察筑城形制,例如城垣平面形状,墙体长宽高度,夯层厚薄,有无瓮城、角墩、马面、马道、弩台、羊马墙、护城壕等设置情形。④这些在实地考察中总结出来的经验,具有方法论效应。随着"丝绸之路"项目列入世界遗产名录,相关的学术考察已经出现跨学科、跨国界的趋势,古城址考察在丝路研究中的作用发挥得更加明显。

数字信息技术的利用使丝绸之路城址考察等如虎添翼。张萍主持的国家社科基金重大项目"丝绸之路历史地理信息系统",具有历史地名查询、地图叠加和分析、制图、历史地图数据库及利用、地图故事呈现等功能,利用地理信息科学与虚拟空间技术,开展对丝绸之路交通地理"定位"和道路网络"复原"。⑤

中西史料的比勘、出土文献的使用、进入"历史现场"的实地考察,再加上信息技术的有效利用,以"路"为中心的丝绸之路研究将继续走向深入。

---

① 李并成:《索桥黄河渡口与汉代长安通西域"第一国道"》,《丝绸之路研究集刊》,商务印书馆,2019 年。
② 李并成:《玉门关历史变迁考》,《石河子大学学报》2015 年第 3 期。
③ 李并成:《炳灵寺石窟与丝绸之路东段五条干道》,《敦煌研究》2010 年第 2 期。
④ 李并成:《唐代会州故址及其相关问题考——兼谈对于古代城址考察研究的些许体会》,《中国历史地理论丛》2016 年第 3 期。
⑤ 张萍:《丝绸之路交通地理定位和道路网络复原研究》,《首都师范大学学报》2018 年第 2 期。

二、"物"的进路

　　丝绸之路是连接东西方的商贸之路。以"丝绸"来命名丝绸之路,突出强调"丝绸"这一特殊物品的标志性意义。"丝绸之路"的概念①提醒我们,丝绸之路的研究中,不能忽视这一道路得以命名的重要元素——"丝绸"。

　　古代罗马博物学家普林尼在《自然史》中将中国称之为"赛里斯",即希腊古语"丝"的意思。公元 1 世纪中成书的《红海周航记》就记载,中国蚕丝产品向西转输到达阿曼。汉代丝绸之路畅通后的东西方交流中,丝绸贸易"很快就从微小的开端增长到繁荣的顶点,在安东尼王朝,丝织品在伦敦(Londinium)也像在洛阳一样普遍"②。聚焦于以"丝绸"为代表的贸易交换和物品交流,是丝绸之路研究的重要内容和路径,即以"物"为中心的研究。

　　丝绸之路东西方商贸往来中,从中国传入西方的主要商品有丝绸、茶叶、瓷器、漆器等。彼得·弗兰科潘《丝绸之路:一部全新的世界史》研究称:古代中外贸易中,"游牧部落极为看重这种丝织品,因为它质地好、分量轻,铺床做衣都用得上。丝绸同样是一种政治权力和社会地位的象征",它作为"一种奢侈品的同时,还成为一种国际货币",具有特殊的作用和影响力。③法国学者阿里·玛扎海里所著《丝绸之路:中国—波斯文化交流史》④第三编为《丝绸之路和中国的物质文明的西传》,具体内容就包括"中国的谷子和高粱与丝绸之路""中国的樟脑与丝绸之路""中国的肉桂与丝绸之路""中国的姜黄与丝绸之路""中国的生姜与丝绸之路""中国的谷子和水稻的种植与丝绸之路""中国的麝香与丝绸之路""中国的大黄与丝绸之路"。作者聚焦中国农作物、药材等的栽培史、用途以及经波斯传向西方的过程,展现出经由丝绸之路中国之"物"由东向西传播和接受的历史。

---

① 田澍、孙文婷:《概念史视野下的"丝绸之路"》,《社会科学战线》2018 年第 2 期。
② [英]赫德逊:《欧洲与中国》,王遵仲、李申、张毅译,中华书局,1995 年,第 64 页。
③ [美]彼得·弗兰科潘:《丝绸之路:一部全新的世界史》,邵旭东、孙芳译,浙江大学出版社,2016 年,第 9—10 页。
④ [法]阿里·玛扎海里:《丝绸之路:中国—波斯文化交流史》,耿昇译,中华书局,1993 年。

　　沿丝绸之路从西方传入中国的主要有胡麻、胡桃、葡萄、石榴、琥珀等。早在 1919 年,美国学者劳费尔利用比较语言学的方法,撰写了古代中国与伊朗间物质文化交流的名著《中国伊朗编》。[①] 劳费尔关注古代中国与伊朗在植物方面的交流,兼及纺织品和矿物,具体包括植物、药材、产品、矿物、金属、宝石、纺织品等。薛爱华继劳费尔的研究而起,其《撒马尔罕的金桃:唐代舶来品研究》[②]以从域外传入唐代的"舶来品"为研究对象,详细讨论当时中外商贸交流,其内容涉及家畜、野兽、飞禽、植物、木材、食物、香料、药品、纺织品、颜料、矿石、金属制品、世俗器物、宗教器物、书籍等,共 18 类 170 余种,举凡唐朝生活的各个方面,几乎无所不包,呈现出域外之"物"经由丝路自西向东传播和接受的历史。学者还依据不同物品的类型,将丝绸之路称为"丝瓷之路""皮毛之路""玉石之路""珠宝之路""香料之路""黄金之路""白银之路"等。不同的命名,着眼于不同的"物"的传播和接受,均属于以"物"为中心的研究进路。

　　需要说明的是,以"物"为中心的丝绸之路研究,带有史料考据、名物考证和博物学的浓厚色彩。如何经由一个个具体"物"的传播和接受来揭示丝绸之路的兴衰演变? 如何以"物"这一切入点来牵动丝绸之路整体史的研究? 如何透过微观"物"来观照丝路背后的宏观世界图景? 这是丝绸之路研究中立足于"物"又超越"物"必须要回答的问题。前面提到薛爱华的研究,作者就力求通过外来文物观察唐代与周边世界的联系,尤其是与西域、南亚和东南亚的联系。学者将"撒马尔罕的金桃:唐代舶来品研究"的标题意译为"唐代的外来文明",就是此意。

　　国内学者在此方面的研究具有典范意义。季羡林在长达七十多万言的《糖史》[③]中,从"糖"这种微不足道的日常食品入手,考证有关甘蔗和食糖的种类、名称、种植技术、价值、产地分布和贩运、制造工艺等,在此基础上,考察糖的传播过程,从中反映出中国与印度、东亚、南洋、伊朗和阿拉伯国家之间的交流和传播,揭示这一过程背后体现的不同文化间传播和交流的轨迹。

---

① 〔美〕劳费尔:《中国伊朗编》,林筠因译,商务印书馆,2001 年。

② 〔美〕薛爱华:《撒马尔罕的金桃:唐代舶来品研究》,吴玉贵译,社会科学文献出版社,2016 年。

③ 季羡林:《糖史》,江西教育出版社,2009 年。

这一学术旨趣,正如季羡林所言:"与其说我对糖史有兴趣,毋宁说我对文化交流更有兴趣。"①尚永琪《欧亚文明中的鹰隼文化与古代王权象征》以"鹰隼"这一具体的飞鸟切入,认为鹰隼文化在欧亚大陆几千年的演化,包含着以游猎为背景的草原文明对欧亚大陆文明传播和交流的深刻影响,这是认识古代丝绸之路沿线文明的一个独特窗口。② 作者独辟蹊径,由"物"切入,由丝绸之路上的欧亚文明交流走出,见微知著之效可见一斑。

具体而微的"物"承载着宏大的经济史、制度史、文化史的意义。近年来,"物质文化史研究"日益引起学者重视。在研究方法上,学者倡导串联"物"的经济、社会与文化面向,打通经济史、社会史与文化史等诸领域的界限。③ 这对以"物"为中心的丝绸之路研究,具有重要的启发。

三、"文化"的进路

丝绸之路是东西方文化交流之路。丝绸之路的历史,是中外不同文化交流的历史。举世闻名的敦煌莫高窟,就是丝绸之路文明交流的见证和产物,"古代中国文明同来自古印度、古希腊、古波斯等不同国家和地区的思想、宗教、艺术、文化在这里汇聚交融。中华文明以海纳百川、开放包容的广阔胸襟,不断吸收借鉴域外优秀文明成果,造就了独具特色的敦煌文化和丝路精神"④。不同文化的传播、交流、接受、改造、化用,一直是丝绸之路研究的重点。我们将之称为以"文化"为中心的研究进路。

向达1933年发表的《唐代长安与西域文明》是中西方文化交流史的力作,在以"文化"为中心的丝绸之路研究中,有开示典范意义。向达选取唐代传入中国的西域文明与长安有关系者予以系统论述。作者的研究分为流寓长安的西域人、西市胡店与胡姬、开元前后长安的胡化、西域传来的画派与乐舞、长安的打毬活动、西亚新宗教的传入六个方面。作者从勾稽进入长安

① 季羡林:《学海泛槎》,新世界出版社,2017年,第238页。
② 尚永琪:《欧亚文明中的鹰隼文化与古代王权象征》,《历史研究》2017年第2期。
③ 刘永华:《物:多重面向、日常性与生命史》,《时间与主义》,北京师范大学出版社,2018年。
④ 习近平:《在敦煌研究院座谈时的讲话》,《求是》2020年第3期。

的西域各国使者、商人等各色人物入手,进而揭示开元前后长安所受西域文化影响的情况,再具体研究西域绘画、舞蹈、音乐、宗教对长安文化的影响。如"西域传来之画派与乐舞"一节中认为唐代吴道子的画风受西域凹凸画派影响,西域歌调乐曲和舞蹈在长安的流行影响到唐代的市民社会风尚。[①]

从学术史的角度讲,《唐代长安与西域文明》采用的中外文化"传播""交流"和"影响"的问题取向,对之后丝绸之路研究具有创发新途的意义。在此进路下,学者从宗教、民族、艺术、医药等具体的对象出发,最终指向丝绸之路上不同的"文化"交流。此处以新近研究成果为例说明。

如从宗教入手讨论"文化"交流。马小鹤《从死海古卷到明教文书——摩尼教"十天王"与"四天王"综考》[②]从霞浦文书中所见《赞天王》入手,认为大力士故事沿丝路随着宗教文明向东传播,从死海古卷中阿拉姆文《巨人书》残片到吐鲁番出土伊朗语《大力士经》,再到霞浦文书、日藏摩尼教绘画、屏南文书,展现出这一故事的传播路径。

如民族交流的例子。乌云毕力格《丝路沿线的民族交融:占星家与乌珠穆沁部》认为,蒙元时期,大量的景教徒和回教徒来到中国,不仅带来了西方的各种文化,而且本身也逐渐华化、蒙古化。元朝灭亡后,蒙元汗廷中来自阿拉伯、波斯和中亚的占星者,随蒙古人到了草原,进一步蒙古化并游牧化,之后在战乱中兼并源自丝路沿线的景教信仰者等人口和其他众多蒙古百姓,在明清形成了新的部族。西方占星者等外来人口同蒙古部众一道成为新的蒙古游牧部族之事,是丝绸之路沿线民族融合和不同文化交汇交融的典型例子。[③]

再如聚焦于艺术的交流。王子今《丝绸之路与中原"音乐"的西传》研究称,丝绸之路促成东西方文化交流,包括不同民族围绕音乐等艺术形式的相互学习;汉代西域民族喜好汉家"钟鼓""歌吹""音乐",中原"音乐"通过丝绸

---

① 向达:《唐代长安与西域文明》,《燕京学报》1933 年。
② 马小鹤:《从死海古卷到明教文书——摩尼教"十天王"与"四天王"综考》,荣新江、朱玉麒《丝绸之路新探索:考古、文献与学术史》,凤凰出版社,2019 年。
③ 乌云毕力格:《丝路沿线的民族交融:占星家与乌珠穆沁部》,《历史研究》2020 年第 1 期。

之路通道向西传播,是汉文化实现对外影响的重要方式。①

　　还有医药文化的交流。张勇安主编《医疗社会史研究》②第九辑的主题为"丝路医药交流与中国社会",多篇论文分析丝绸之路上东西方医药的交融,具体包括以东汉末年"伤寒"为中心讨论瘟疫与丝路贸易、隋唐医学知识的传承与医者群体、元代丝绸之路上的医药文化交流、琥珀在南方丝绸之路上的传播及其药用发展研究、苏合香丸与丝路医药文化交流、古代中国与阿拉伯国家的香药交流等。各文所涉时段、区域、医药对象不同,但有共同之处:揭示古代丝绸之路在东西方医药交流中所起的作用以及对中国社会的影响。

　　在以"文化"为中心的进路下,学者多用"华化""胡化""汉化""西化"等概念。"化"乃变化者也,即基于各自的立场,对外来的文化予以吸收改造为我所用。"文明因交流而多彩,文明因互鉴而丰富。"③以"文化"为中心的丝绸之路研究,具体的切入点如民族、宗教、音乐、舞蹈、医药、服饰等非常多元,其指向是不同区域、不同类型的"文化"经由丝路相互交流和学习,最终走向"互鉴"。从"华化""胡化""汉化""西化"到"互鉴",兼顾不同文化和文明的双向互动,兼顾不同文化和文明的立场。在"互鉴"立场下,以"文化"为中心的丝绸之路研究,具有再出发的新意。

四、"人"的进路

　　人是丝绸之路上最活跃的因素。此处借用鲁迅的名言:"世上本没有路,走的人多了,也便成了路。"丝绸之路因人的需要而开通,也因人的活动而拓展演变。彰显"人"在丝绸之路上的作用和影响,进而揭示丝路的兴衰演变,即以"人"为中心的进路。

　　活跃在丝绸之路上的"人",既包括做出杰出贡献的精英人物,也包括数量庞大的无名无姓的芸芸众生。在具体研究中,既有从个体人物入手的讨

---

①　王子今:《丝绸之路与中原"音乐"的西传》,《西域研究》2019年第4期。

②　张勇安:《医疗社会史研究》,社会科学文献出版社,2020年。

③　习近平:《深化文明交流互鉴　共建亚洲命运共同体》,人民出版社,2019年。

论,也有关注群体的研究。

以"人"为中心的二十四史中,曾经为丝绸之路的开辟畅通付出艰辛努力的外交家张骞、玄奘等,留下了浓墨重彩的一笔,如《史记·大宛列传》《汉书·张骞传》《旧唐书·玄奘传》等。学术界对张骞、玄奘、法显、鸠摩罗什①、陈诚②等知名使者与高僧,推出了不少高水平的人物专题研究。

丝绸之路上的使者和商旅,受到学者关注。田澍《明代丝绸之路上的外国商人》认为,明朝对丝绸之路管理得当,绝大多数外商能按照明朝的法令从事贸易,使丝绸之路在明代大放异彩,丝路贸易再度繁荣,并形成独特的贸易景观。③ 杨林坤《西风万里交河道——明代西域丝绸之路上的使者和商旅研究》以明代往来西域陆路丝绸之路上的使者和商旅为研究对象,将其放在明代西域舆地交通和明朝西域朝贡贸易体系的背景下,探讨明代西域贡使商旅群体、明朝奉使西域使者群体、西域丝路特殊使者群体(佛教僧侣、伊斯兰教学者、天主教传教士)三大群体的身份、职责、出使经历等。④

"胡人"是丝绸之路上活跃的群体。中古时期出现的"胡人",是一个分布地域广泛、民族成分复杂的群体,包括中亚、西亚甚至更远的人群。唐代的九姓胡,即中亚昭武九姓粟特人,是生活在古代丝绸之路上的特殊人群。蔡鸿生《唐代九姓胡与突厥文化》⑤上编《唐代九姓胡》对昭武九姓的城邦制度和聚落展开讨论,从家庭、婚姻、丧葬、居室、服饰、饮食、岁时、节庆、兴贩、胡名十个方面,展现出这一人群的礼俗与生活诸面向。关于粟特人的经商、宗教信仰等,学者的研究日趋深入。⑥

"译人"与佛经翻译家等,在丝绸之路上也发挥着重要作用。王子今《"译人"与汉代西域民族关系》聚焦汉代承担语言转译的"译人",分析汉代

---

① 尚永琪:《鸠摩罗什及其时代》,兰州大学出版社,2014 年。

② 王继光:《陈诚及其西使记研究》,中华书局,2014 年。

③ 田澍:《明代丝绸之路上的外国商人》,《光明日报》2003 年 1 月 28 日。

④ 杨林坤:《西风万里交河道——明代西域丝绸之路上的使者和商旅研究》,兰州大学出版社,2014 年。

⑤ 蔡鸿生:《唐代九姓胡与突厥文化》,中华书局,1998 年。

⑥ 《法国汉学》丛书编辑委员会:《粟特人在中国——历史、考古、语言的新探索》,中华书局,2005 年。

丝绸之路中原与西域政权在民族事务与外交事务处理中"译人"的特殊作用。① 尚永琪《胡僧东来——汉唐时期的佛经翻译家和传播人》展现出汉唐时期活跃于丝绸之路上的佛经翻译家的活动。②

讲述丝绸之路上"老百姓的故事"越来越受到重视。随着社会史的兴起,学者强调"眼光向下",即将观察视角实现"自上而下"的移转,由关注上层精英转而探讨社会下层民众的生活状态、社会心理及群体属性。

丝绸之路上的普罗民众,他们籍籍无名,却是丝路得以畅通运行的基础支撑。张德芳钩沉汉代丝绸之路"悬泉置"驿站上的一个名为啬夫弘的事迹,经由"小人物"的日常活动来反观历史上的"大事件"与世界史,③可谓见微知著。英国学者苏珊·惠特菲尔德《丝路岁月:从历史碎片拼接出的大时代和小人物》④通过10个不同民族、身份、职业、遭遇的"小人物"(商人、士兵、马夫、公主、僧侣、艺妓、尼姑、寡妇、官史、艺术家)的经历,展示公元8—10世纪丝绸之路的生活场景。作者在自序中称要"重塑丝绸之路人物的血肉",正如该书标题所示,通过"小人物"和历史的"碎片",最终"拼接"出丝绸之路"大时代"的变迁。

民众是丝路文明的创造者。日本学者土肥义和《八世纪末期—十一世纪初期敦煌氏族人名集成》⑤全面搜集敦煌文书、石窟、壁画、题记中的人名。这一"人名集成"中,除归义军节度使张议潮以及地方官衙吏员、佛教僧尼、部族头领外,绝大多数为普通民众,共计30 360多个,而这只是限于敦煌一地两百余年间的研究。若拉长时间、扩大地域空间,这一数字将是惊人的。丝路民众的历史,值得深入挖掘。

以"人"为中心的研究,离不开对人的情感、心态的探讨。冯培红《"眼光向下"看敦煌民众情感世界》提出要关注敦煌民众的现实生活与情感世界、

---

① 王子今:《"译人"与汉代西域民族关系》,《西域研究》2013年第1期。

② 尚永琪:《胡僧东来——汉唐时期的佛经翻译家和传播人》,兰州大学出版社,2012年。

③ 张德芳:《悬泉置:驿站小人物与历史大事件》,《甘肃日报》2019年10月30日。

④ [英]苏珊·惠特菲尔德:《丝路岁月:从历史碎片拼接出的大时代和小人物》,李淑珺译,海南出版社,2006年。

⑤ [日]土肥义和:《八世纪末期—十一世纪初期敦煌氏族人名集成》,汲古书院,2015年。

多民族语境下的敦煌民众心态史。如作者所称,若忽略对敦煌民众的切实关注,不贴近他们的生活和心灵、体味其喜怒哀乐的情感世界,就难以真正理解他们创造的敦煌文化的精髓。① 对丝绸之路研究而言,也是如此。丝路民众的情感和心态世界,是极具学术魅力的问题。

历史研究是今人和古人不停止的对话。近些年来,历史研究中"人"的因素越来越受到重视。学者对历史研究中"人的消失"现象作出深刻反思,②还有学者提出"人写的历史必须是人的历史吗"的问题。③ 从丝绸之路研究的学术史看,我们还需要在既有成果的基础上,进一步彰显"人"的因素,突出强调"人"的意义。为此,需要注意以下几个方面:一是"人"既是研究对象,更是切入点,由此带动整个丝绸之路的研究;二是眼光向下,注重丝绸之路上普通民众的社会生活;三是史料的扩充和解读,如深入挖掘简牍史料、敦煌文书、图像材料、口传故事等,通过"发现"的眼光,激活"死"的材料,讲述丝绸之路"活"的故事;四是避免碎片化倾向,关注整体史,走向话语体系的建构。走向以"人"为中心的丝绸之路研究,值得开掘的空间相当开阔。

---

① 冯培红:《"眼光向下"看敦煌民众情感世界》,《中国社会科学报》2020 年 7 月 13 日。
② 王汎森:《人的消失?! ——兼论 20 世纪史学中"非个人性历史力量"》,《思想是生活的一种方式:中国近代思想史的再思考》,北京大学出版社,2018 年。
③ 王晴佳:《人写的历史必须是人的历史吗?》,上海人民出版社,2020 年。

后　记

　　武威,古称姑臧、凉州,是我国历史文化名城,丝绸之路上的重要节点。武威地处中原、蒙古、河西走廊和青藏高原四大板块相联结的枢纽位置,在军事、政治、文化交流、民族融合方面具有不可替代的作用,曾经为中国历史上大一统国家治理体系的建立做出过重要贡献,在中西经济文化交流中扮演着重要角色,当前更是"一带一路"建设中的关键支点。

　　为深入研究河西历史文化,进一步发掘凉州与丝绸之路的文化遗产,并以凉州为视角,理解中国数千年来民族碰撞融合与演进发展的历史过程,2020 年 9 月 18 日至 21 日,中国社会科学院古代史研究所与中共武威市委、武威市人民政府在武威市举办了"凉州与中国的民族融合和文明嬗变"学术研讨会。会议由中国社会科学院古代史研究所、中共武威市委宣传部、武威市凉州文化研究院共同承办。本论文集就是此次研讨会的成果集结。

　　本论文集收录了会议开幕式上中共武威市委书记柳鹏、中国社会科学院古代史研究所所长卜宪群的致辞,以及来自国内各高校、科研院所及武威市文史研究者撰写的论文 40 篇。根据断代与研究方向的差别,这些论文大致可以分为三组。第一组是秦汉魏晋南北朝时期对武威、凉州及五凉文化的研究,其中包括对丝绸之路上的民族关系、地缘状况及时代风尚的研究,也有对五凉政治与文化的探讨发掘,同时也涉及佛教思想及其对政治和石窟造像艺术的影响。第二组是隋唐时期凉州与丝路文化的研究,涉及历史人物、丝绸贸易、佛教传播以及诗歌文化等各个面向,将文献、文学与经济、社会和民族关系的研究相结合。第三组是对宋西夏元明清时期凉州与丝绸之路的研究,主要包括宋夏关系、西夏与元代历史、凉州会盟和清代民国河西地区的产业研究,以及对丝绸之路研究的反思与展望。

　　总体而言,本论文集收录的研究成果,涵盖了从汉代到晚清近代两千多年的时间跨度,全面体现了凉州在政治、经济、社会、文化等各个方面对中国历史发展的重要影响。通过凉州这一个"点"和丝绸之路的一条"线",将中国文明演化的内生性脉络,纳入整个亚欧大陆乃至世界历史的辽阔视野中,既呈现出历史的复杂性、文化的多元性,同时也揭示出中国文明演进的方向和规律,可以说是通过学术研究,展开了一幅色彩斑斓的历史画卷,不仅对于我们发掘丝路与凉州文化的遗产、推动河西历史研究有积极的意义,更重要的是可以"通过凉州,回望中原",对我们理解中华民族多元一体的建构进程,乃至理解中国文明嬗变的内在逻辑,有十分重要的作用。

最后,要特别感谢中国社会科学院古代史研究所、中共武威市委、武威市人民政府、中共武威市委宣传部的大力支持!感谢中国社会科学院古代史研究所宋辽夏金史研究室、元史研究室、武威市凉州文化研究院相关工作人员以及中西书局的编辑同志们为会议组织和论文集出版付出的辛勤劳动!

编　者